아름다운 [복음] 이야기 1

- 신약성경의 숲 -

김 명 환 편저

예번예설

[마지막 유월절 만찬]

르네상스 정신에 충일했던 거장들은《유월절 마지막 만찬》을 '가룟 유다'와 그리스도간의 문제로 인식토록 구성해서 '최후의 만찬'이라는 제명으로 세상에 내놓았다. 그중 대표적인 작품이 '레오나르도 다빈치'의《최후의 만찬》이다. 그는 대각선구의 '소실점(消失點)'을 적용해서 화면 중앙이 예수 그리스도 얼굴이 되도록 구성했다. 그리고는 "너희 중 하나가 나를 팔 것"이라는 말씀에 술렁이는 제자들을 좌우로 배치해서 극적인 장면을 만들어냈다.

그 만찬사건이 '스승과 한 제자의 배반'이라는 것과, 더 나아가 '요한'을 여자로 억측하도록 묘사해서 인간사로 다뤘다. 그럼으로써 과연 누가 '가룟 유다'인지, 누가 '베드로'인지, 또는 누가 '도마'인지 하는 궁금증과, '막달라 마리아'와 그리스도는 연인관계인가 하는 억측을 유도해서 그 만찬광경을 희화(戱畵)화 했다. 성경이 계시하는 유월절(逾越節)의 구속적 의미를 교묘히 제거한 것이다.

'다빈치'의 〈최후의 만찬〉이 그려진 지 5세기가 지나는 시점에 성경이 가리키는 대로 구성된《마지막 유월절 만찬》이 마침내 한국 작가에 의해 복원되었다. 이 작품에는 2천 년 전 예수께서 베푸시는 만찬과 오늘날의 감상자 사이에 '컵'이 놓여 있는 구성이다. 시·공간의 간극을 걷어내어 르네상스 거장들이 타자로 내몰았던 만인을 은총의 자리로 되돌려 놓음으로써 복음이 현재성임을 인식토록 한 작품이다. 그러므로 관람자는 "이 잔을 받을 것인가?" 2천 년 전 그 물음 앞에 마주하게 한다.

마지막 유월절 만찬 200 X 100cm 2003년 황 학 만 作 트리니티 신학대학원대학교 소장

[성경 이야기 숲과 나무를 펴내면서]

2017년 10월 어느 날 갑자기 몸 상태가 나빠지면서, 도저히 제대로 움직일 수 없는 상황이 되었습니다. 심장 대수술을 받은 지 10여 년이 지난 후라 마음속으로 큰 걱정을 하면서 침상을 의지하여 몸을 제대로 가누지 못하고 하루하루의 생활이 뒤죽박죽이 되어 지낸 시간이 2개월 가까이 되었습니다. 무슨 원인인지 알고 싶어 건강검진 센터에서 종합적인 건강검진을 받아보니 전반적으로 몸의 저항력이 약화된 결과라는 것을 알 수 있었습니다. 지난 여름 몸과 마음이 힘들어 여러 날 식사를 거르고, 더운 날 사무실에서 운동도 없이 무리하게 일하면서 보낸 시간들의 결과라는 것을 깨닫게 되었습니다. 침대에 누워 복음 찬송을 수없이 들으면서 또 교회 라파 기도 팀의 기도와 소식을 들은 교우들의 기도 그리고 아내의 지극한 돌봄으로 힘을 얻어 하나님의 은혜 가운데 일어나게 되었습니다.

투병 중에 떠오른 생각이 친구의 전도로 고등학교에 입학하면서 1970년부터 시작하여 지난 50년간의 신앙생활을 미지근하게 해 왔기에 지금이라도 주님을 만나면 주님이 나를 알아보실까? 나는 진정으로 주님을 제대로 알고 있는 것인가? 라는 의문이 들면서 일어나면 나의 신앙생활을 점검해 보아야겠다고 굳게 마음먹었습니다. 또 하나는 내가 이 땅에서 생을 마감하면서 나의 아들과 딸들에게 무엇을 남기고 갈 것인가? 아직까지 그들이 제대로 주님을 만나지 못하고 신앙생활에 뿌리가 내리지 못한 상황을 보면서 나의 유언과 같은 무엇을 남겨야겠다는 생각을 하게 된 결과 이러한 문제에 답이 성경말씀을 통하여 얻을 수 있다는 믿음으로 다시금 말씀을 읽기 시작하였습니다.

그런데 늘 마음 한 구석에 있었던 것입니다만 성경을 보다 더 잘 이해할 수 있도록 정리된 책이 필요하다는 생각이 들었는데, 25년간 가르치고 교재정리한 달란트를 활용하여 아들딸들에게 성경말씀 내용을 정리된 책으로 만들어 물려주어야겠다고 생각하였습니다.

그런데 구약은 전체를 통독하기도 쉽지 않지만, 신약성경조차도 통독은 여러 번 하였으나 일목요연하게 체계적으로 정리되지 않는다는 아쉬움이 늘 있어 왔습니다. 그동안 통독용 책을 몇 권 사서 읽어 보았지만 지속적으로 곁에 두고 읽을 수 있도록 되어 있지 않아 아쉬움이 있었고, 또 책마다 몇 가지 아쉽게 생각되는 점을 느끼게 되었습니다.

첫째는, 구약과 신약을 한 권으로 한 것은 좋은 의도였으나, 구약의 내용이 많다 보니 뒷부분인 신약의 내용이 생각보다 적게 배정이 되었다는 느낌입니다. 기독교 신앙에서 구약의 중요성은 매우 크지만 무엇보다 우리 구주 예수 그리스도에 관한 내용을 담고 있는 신약(복음)을 제대로 알아야만 된다는 것이 저의 일관된 생각이었습니다.

두 번째는, 신약성경도 공관복음과 요한복음 그리고 사도행전과 나머지 서신들이 큰 중심적 체계(맥락) 속에 정리가 되지 않는다는 생각이 들었습니다.

끝으로, 오늘날 평신도의 신앙의 성장과 성숙을 위해 교회에서 행하여지는 양육훈련 프로그램은 크게 두 가닥으로 이루어지고 있는데, 그 하나는 성경(말씀) 체계와 내용공부를 중심으로 하는 연수 프로그램이며, 또 하나는 영적 성장과정으로 이루어지는 제자훈련, 두날개 프로세스, 네비게이토, 알파코스, 예닮 동산 등입니다. 그런데 이 두 가지는 어느 정도 균형적으로 이루어져야 건강한 신앙인이 될 수 있다고 봅니다. 그중에서 성경공부에 관한 것도 성경 전체에 대한 체계적인 교육보다는 각 개별 성경내용이나 주제로 이루어져 전체적으로 성경적 가치관과 체계를 형성하는데는 무언가 부족한 것이 아닌가? 하는 생각이 들었습니다. 그리하여 용기를 내어 절박한 심정으로 먼저 신약성경을 읽고, 많은 신앙의 선배들이 쓴 책들을 참고하면서 주로 새벽시간을 활용하여 5여 년에 걸쳐 마무리하게 되었습니다.

이 정리서는 신약성경을 단권으로 하여 그 안에 2부로 나누어 1부에서는 신양성경 전반(숲)을 다루고, 2부에서는 좀 더 세밀한 내용(나무)을 보도록 하는 체계로 전개되어 왔습니다. 그런데 2019년도에 1부와 2부를 보완하는 과정에서 시간이 지연되면서 원고 작성에 긴장감이 떨어졌고, 그 내용 또한 1, 2부을 합하면 1,000여 페이지가 넘는 분량이 되면서 읽는 분들에게 양적인 부담이 클 것으로 생각되어 신약성경을 단권으로 하려는 계획을 바꾸어 신약성경의 숲과 나무 이야기(2권)로 나누기로 하였습니다.

또한 아들딸들에게 물려 줄 처음 계획과는 달리 이 책을 예수 그리스도를 따르며 묵묵히 믿음 생활을 하면서 저와 같은 아쉬움을 느꼈던 분들과도 함께 나눌 수 있게 되기를 바라면서 평신도용으로 펴내게 되었습니다.

신약성경 이야기를 내면서 감사를 해야 할 사람들이 떠오릅니다. 먼저 50여 년 전 나에게 믿음의 길을 안내하였던 친구 류희곤 선생과 신실한 믿음의 친구 제주 국제순복음교회 박명일 목사에게, 또한 신앙적 길잡이 역할을 해 준 이소연 교수님과 이신복 목사님, 그리고 최진택 선생님, 그리고 무엇보다 지난 30여 년 동안 곁에서 진정한 사랑으로 힘든 상황들을 인내하면서 믿음으로 가정생활을 뒷바라지해 온 아내 박정의 권사와 아버지의 독특한 생각과 성격 때문에 함께 해야 할 많은 시간을 빼앗긴 재훈이, 지은이, 은영이에게 고마움과 무한한 미안함을 이 책에 담아 전합니다.

그리고 새벽마다 기도의 단에서 기도해 주시는 이훈창 담임목사님과 늘 믿음의 본으로 그리스도의 형제사랑을 몸소 실천하시고 보물을 하늘에 쌓으시는 존경하는 김종원 장로님, 지난 수년간 교회일로 만남의 시간을 통하여 늘 든든한 믿음의 길 안내를 해 주시는 김승기 장로님, 같은 마음으로 함께 주님의 사역을 감당하시는 김동호 장로님과 당회원 장로님들, 그 밖에도 함께 믿음의 길을 걸으면서 주님의 나라 확장을 위해 일하시는 라마나욧 선교회 대표 김홍희 선교사님, 말씀 탐구의 뜻을 세우도록 길잡이 노릇을 해 주신 '행복을 여는교회' 신규갑 목사님, 그리고 미처 언급하지 못한 기도의 동역자인 여러 믿음의 형제자매들에게도 진정한 마음으로 감사의 뜻을 전합니다. 특히 깊은 성경말씀의 진리들을 해석하고 설명해 주신 순복음영산목대원의 여러 교수님들께도 깊은 감사를 드립니다.

특히 지난 30여 년 이상 어려운 출판 사정에도 불구하고 기독교 신앙 서적 출간에 혼신을 다해 오신 도서출판 에벤에셀 김종관 대표님의 넘치는 수고가 없었다면 이 책은 빛을 볼 수 없었을 것입니다. 큰 사랑의 빚을 또다시 지게 되어 너무나 감사할 뿐입니다. 하나님께서 더 크게 갚아주실 것을 간절히 소망합니다.

이 책을 세상에 내보내면서 많은 선배님들의 고귀한 깨달음을 전한 책들의 내용을 끌어다 쓰면서 그분들의 깊은 통찰력과 진정한 뜻을 제대로 소화하지 못한 부분에 대한 두려움과 더 깊고 넓은 연구를 하지 못한 결과물을 서두르는 마음으로 내 놓게 된 아쉬움이 남게 됩니다. 신약성경 숲 이야기를 통하여 나타난 모든 잘못과 오류에 대해서는 전적으로 부족한 필자의 책임임을 고백하오니 넓고 긍휼한 마음으로 받아 주시길 간절히 소망하며 하나님이 부르시는 날까지 더욱더 정진하여 고치고 다듬어 나갈 것을 다짐합니다.

끝으로 이 이야기를 통하여 오직 우리 구주 나사렛 예수 그리스도만(=복음)이 전달되기를 간절히 기도하오며 모든 영광을 성삼위 하나님께 올려드립니다.

신림동에서 김 명 환 識

[성경 이야기 숲 길안내]

신약성경 이야기를 전개하면서 세운 몇 가지 방침들을 참고하시면 이 이야기(책)를 읽고 이해하시는데 도움이 될 것입니다. 이 책은 다음과 같은 점을 고려하면서 집필하였습니다.

첫째, 신약성경이 주는 중심 내용(주제)이 무엇인가? 에 초점을 맞추었습니다.

그것은 복음, 즉 예수 그리스도와 하나님 나라입니다.

둘째, 되도록 지루하고 딱딱하지 않게 이야기 형식으로 쓰려고 하였습니다.

셋째, 신약성경 내용을 체계적으로 이해하고, 정리가 되도록 하였습니다.

이를 위하여 목차와 정리용 박스를 사용하였습니다.

목차는 체계적으로 큰 목차에서부터 작은 제목까지 먼저 알아볼 수 있도록 글의 앞쪽에 배치하였습니다. 또한 작은 번호를 붙여 내용파악을 효과적으로 할 수 있도록 하였습니다.

그리고 관련 내용에 대하여 이해를 돕도록 [정리]를 통하여 내용 정리와 특히 성경 내용(구약과 신약, 같이 사용된 다른 경우 등)을 비교분석을 할 수 있도록 하였습니다.

넷째, 구약의 관련성 때문에 구약성경 내용도 군데군데 인용하였습니다.

내용상 성경구절의 인용은 강조체로 하였습니다.

다섯째, 내용을 이해하는데 도움이 되도록 지도와 그림과 설명 *박스를 덧붙였습니다.

지도와 그림을 많이 넣어 지명을 지도를 보면서 알고 익히게 하며, 추상적인 내용이라도 그림을 통하여 보다 더 잘 이해할 수 있도록 하였습니다.

또 배경에 관한 이야기와 보충 설명에 관하여 *표를 넣어 본문 내용을 보다 더 깊이 있고 잘 이해할 수 있도록 하였습니다.

여섯째, 제1부와 제2부로 나누어서 좀 더 자세한 설명이 필요한 내용과 교리적인 부분은 제2부에서 다루도록 하여 이해와 학습의 단계를 구분하였습니다. 이것은 제1부가

지나치게 깊게 들어가 숲을 파악하는데 걸림돌이 되는 것을 막기 위함입니다. 제2부는 다른 한 권의 책으로 펴내게 됩니다. 차례 말미에 제2부의 제목들을 요약 소개합니다.

일곱째, 내용을 엮어나가면서 관련된 선각자들의 글 내용을 끌어다 쓴 경우에는 각주를 통하여 인용부호와 그 출처를 밝히도록 하였습니다. 그 이유는 이 이야기 내용은 많은 부분이 먼저 성경을 탐구한 분들의 글을 옮겨 재구성한 것이기 때문에 그 점을 분명히 밝히는 것이 바른 일인 것으로 여겼기 때문이며, 또한 본문 내용 중 각주를 통하여 보다 더 이해를 도울 수 있기 때문입니다. 선각자들의 귀한 글에 대한 무한한 존경심과 감사하는 마음을 표합니다.

여덟째, 제목들을 물음형식으로 하여 탐구심을 갖도록 하였습니다. 막연한 의심과 무조건적인 비판은 진리의 말씀을 깨닫고 실천하는데 도움이 되지 않으나, 믿음을 굳건히 하기 위한 건전한 의문은 오히려 필요한 것이며 올바른 것이기 때문입니다.

아홉째, 부록의 도서목록은 전통적인 방법과는 달리 책의 내용에 따른 주요 테마 위주로 정리하여 관련 도서를 찾거나 구입하기 쉽도록 하였습니다. 참고문헌(도서)은 제1부와 제2부의 관련성과 중복성 때문에제2부의 내용을 마무리 짓고 정리해 두었습니다.

열 번째, 하지만 그럼에도 불구하고, 아쉬운 점은 있습니다. 그것은 내용의 중복입니다. 앞과 뒤의 내용 전개상 불가피하게 되풀이 될 수밖에 없는 경우가 더러 있게 됨을 양해하여 주시기를 바랍니다.

그리고 이 책의 저술 목적은 처음에는 아들딸들에게 주려는 것으로부터 그 방향을 바꾸어 평신도를 염두에 두면서 집필하게 되면서 저의 딸들과 아들에게 들려주고 싶은 개인적인 의견이나 교훈은 가급적 언급되지 않도록 하였습니다. 어디까지나 성경자체의 내용을 이해하고 정리하는데 집중하기로한 결과입니다.

[성경 이야기 숲 학습안내]

1. 내용전개

성경 (숲)이야기는 먼저 성경이란 무엇인가? 에 관한 이야기(제1편)를 하게 됩니다. 성경의 배경이 되는 이야기를 하고, 신약성경의 핵심 내용을 신약성경의 각 책별로 간단히 정리를 하였습니다.

그런 다음에, 신약성경에서 가장 중심적인 예수 그리스도의 일생의 사역에 관한 이야기(제2편)를 전개하고 있습니다.

그리고 예수님 부활 승천 이후의 제자들의 사역(제3편/사도행전 및 공동서신)과, 사도 바울의 선교여행과 편지(제4편)로 되어 있습니다.

끝으로 제5편 성경 이야기의 미래로 성경(숲) 이야기를 마무리 하고 있습니다.

2. 학습방법

(1) 이해와 정리와 암기(이정암식)

내용을 효과적으로 학습하는 과정은 이해와 정리와 암기의 순으로 나가는 것입니다. 특히 한국의 학습자들 가운데는 암기부터 함으로써 이해를 더디게 하거나 오해하게 되는 경우가 종종 있습니다. 암기를 통하여 쉬운 길로 가는 것이 결국 먼 길을 돌아가는 길임을 유념하여 주시기 바랍니다.

(2) 숲과 나무의 원리

내용 전체를 통독하여 망원경적으로 읽어 나간 후에 점차 자세한 부분을 정독하면서 현미경적으로 보아나가는 것을 반복하는 것입니다. 즉 망원경(숲) ⇒ 현미경(나무) ⇒ 망원경(숲) ⇒ 현미경(나무)의 순을 되풀이 하는 것입니다.

(3) 배우고 익히기

내용을 배우기만 하여서는 체계적으로 남아있지 않습니다. 배운 내용을 되풀이 공부하여 익혀야만 됩니다. 익히지 않으면 자기 것이 되기 어렵습니다.

(4) 성경과 본 교재를 함께 보기

가장 기본적인 신구약 성경과 본 교재(숲과 나무이야기 / 참고서)를 함께 보아 나가야만 성경에 대한 이해를 더 향상시킬 수 있습니다.

(5) 남겨두기

이 책으로 성경을 보아나가면서 여전히 풀리지 않는 의문사항은 남겨두십시오, 성경은 하나님이 주신 지혜와 교훈의 말씀과 하나님이 섭리하신 인간역사의 기록으로 단번에 모두 알 수도 없는 것입니다. 때로는 과제로 남겨두고 겸손히 하나님께서 주실 지혜로운 깨달음의 때를 기다릴 필요가 있습니다. 마치 한강에 물 한 방울과 같은 우리들의 지식과 짧은 생각으로는 턱 없이 부족하나 성령님의 은혜와 역사하심이 사차원적 영성으로 이루어질 깨달음을 조용히 기다리는 인내가 요청됩니다.

"만군의 여호와께로부터 난 것이라 그의 경영은 기묘하며 지혜는 광대하니라"(이사야 28:29).

3. 성경 표시방법

성경 인용 시 종래의 전통적인 표시방법에서 다소 벗어나 읽는 사람들에게 편리하도록 표시방법을 달리 하였습니다. 구약의 경우에도 같은 방법을 사용하였습니다.

성경구절	기존 책에서 성경구절 표시	이 책에서 성경구절 표시
마태복음	마	마태
마가복음	막	마가
누가복음	눅	누가
요한복음	요	요한
사도행전	행	사도행전
로마서	롬	로마서
고린도전서	고전	고린도전서
고린도후서	고후	고린도후서
갈라디아서	갈	갈라디아서
에베소서	엡	에베소서
빌립보서	빌	빌립보서
골로새서	골	골로새서
데살로니가전서	살전	데살로니가전
데살로니가후서	살후	데살로니가후
디모데전서	딤전	디모데전서
디모데후서	딤후	디모데후서
디도서	딛	디도서
빌레몬서	몬	빌레몬
히브리서	히	히브리서
야고보서	약	야고보
베드로전서	벧전	베드로전서
베드로후서	벧후	베드로후서
요한일서	요일	요한일서
요한이서	요이	요한이서
요한삼서	요삼	요한삼서
유다서	유	유다서
요한계시록	계	계시록

차 례

아름다운 [복음] 이야기 1 - 신약성경의 숲 -

아름다운 [복음] 이야기 1

- 신약성경의 숲 -

성경은 어떤 책인가요?

성경은 오늘날도 연중으로 세계에서 가장 많이 팔리고 있고, 가장 많은 언어로 번역되었으며, 가장 많은 사람들에게 깊은 사랑을 받는 책으로 우리가 세계 각국을 다니면서 머무는 많은 호텔에는 침대 옆에 성경이 놓여 있으며, 세계의 유명 음악, 문학작품이나 그림, 조각, 심지어 식품과 상품까지도 성경으로부터 영감을 얻어 탄생된 것이며[1], 가장 많은 순교자를 낸 책도 성경입니다. 또한 세계 속에 살아가는 오늘날 지구촌 사람들의 보편화된 계약(약속)의 개념, 정직, 공평(형평성), 투명성과 같은 규칙, 사랑과 겸손, 인내심, 배려와 용서 등의 윤리관의 바탕에 흐르는 사상은 성경에서 비롯되었다고 할 것입니다. 그러므로 성경은 인류문명 특히 서양문명을 이해하는 **출입문**과 같은 것입니다.

그렇다면 그와 같은 성경이 우리에게 무엇을 이야기하려고 할까요? 성경은 7가지의 핵심적 주제를 가지고 그 이야기를 펼쳐가고 있습니다.

---

1) 성경으로부터 영감을 얻어 탄생된 것들은 헤아릴 수 없이 많습니다. 그 대표적인 몇 가지만 들면 음악으로는 헨델의 메시야, 문학작품으로는 밀턴의 실락원, 번연의 천로역정, 그리고 그림은 미켈란젤로의 천지창조, 다빈치의 최후의 만찬, 식품과 상품으로는 미국의 땅콩박사 조지 워싱턴 카버는 약 300가지 이상의 땅콩 식품을 성경으로부터 영감을 받아 105가지나 되는 아주 맛 좋은 음식물과 200여 가지나 되는 실용품을 만들어 냈다고 합니다. L. 엘리엇 지음, 곽안전 옮김, 땅콩박사(조지 워싱턴 카버 전기), 대한기독교서회, 2002, 168, 173, 190쪽.

1. 창조 세계와 하나님의 나라 이야기입니다.

성경은 우주 만물과 인간의 출발(시작)에 대하여 이야기하고 있습니다. 성삼위 하나님께서는[2] 오직 말씀(=진리)으로 우주 만물과 땅(특히 에덴동산)과 사람(아담과 하와)을 창조하시고 축복하시어 아름답고 행복하며 거룩하고 - 하나님이 통치하시는 - 온전한 하나님 나라를 세웠습니다.

2. 인간 불순종의 죄로 심판과 형벌과 죽음이 다가왔습니다.

성경은 인간 삶의 역사의 근원과 본질, 그리고 흐름에 대하여 이야기하고 있습니다.

사람(아담)은 하나님이 정하신 궤도를 벗어나서 자기중심의 삶에 대한 자유의 욕망과 사탄(악의 세력)의 유혹에 이끌리어 하나님께 대한 불순종과 반역의 원죄(불의)를 저지르게 됩니다. 그 결과 하나님과의 관계는 단절(분리)되어 고통과 불행 그리고 죽음의 역사가 시작됩니다. 즉 이 땅에는 사탄의(지배와 통치) 세계가 인간 삶과 역사에 들어옵니다.

3. 오직 은혜로 구원과 영생(축복, 의)의 언약을 맺게 됩니다.

성경은 인간의 어두운 삶의 역사와 하나님의 축복의 언약(=약속)에 대하여 이야기 하고 있습니다. 인간의 불순종에도 불구하고 하나님 아버지의 한량없는 은혜와 사랑으로 율법(말씀=삶의 기준)과 이스라엘 백성과 가나안 땅이 새롭게 선택(언약=약속) 됩니다. 그리고 그들에게 구원과 영생의 축복과 의와 관계의 회복을 약속합니다. 하지만 그 사람들(이스라엘) 역시 또 다시 이것을 거부하고 자기 욕망의 길(죄=불의의 길)로 갔습니다.[3] 그리고 계속적으로 고통과 불행, 죽음의 역사를 되풀이하는 경험을 하게 됩니다.[4]

4. 오직 사랑으로 예수님의 십자가의 대속(代贖)적 죽음과 부활이 실행됩니다.

성경은 하나님의 사랑과 인간 구원에 대하여 이야기하고 있습니다. 하나님 아버지는 자기 자녀들에 대한 변함없으시고 끝이 없으신 사랑으로 유일하신 아들 예수 그리스도를 이 땅에 마지막으로 보내시고, 또한 예수님의 오직 사랑의 마음으로 죄 없으신 분이 죄인인 인간을 대신하여 십자가에 달리시어 죽으시고(대속하시고), 사흘 만에 부활하심으로 사탄의 (지배와 통치=죽음과 사망=장막의)세계는 깨어집니다. 예수 그리스도의 승리입니다.

---

2) 성부 하나님, 성자 하나님(예수 그리스도), 성령 하나님을 말합니다.
3) 이것을 **육신의 정욕, 안목의 정욕, 이생의 자랑**이라고도 합니다(요한일서 2:16).
4) 이러한 모습을 압축하여 잘 드러내 주고 있는 것이 구약의 **사사기**입니다.

그리하여 예수 그리스도를 통하여 새 율법(=복음)의 촛대는 **이스라엘을 넘어 만민과 열방으로** 옮겨집니다. 그리고 예수 그리스도의 십자가 사랑으로 말미암아 하나님 아버지와 자녀(인간) 사이(관계)에 새로운 화목(화해=회복)의 다리가 놓여집니다.

5. 오직 예수님을 구주로 믿음(모심)으로 구원과 영생은 주어집니다.

성경은 하나님의 인간 구원의 마지막 메시지인 예수 그리스도의 오심과 그에 대한 진정한 믿음으로 참된 그리스도인이 되는 길에 대하여 이야기하고 있습니다. 하나님의 나라(=예수 그리스도)가 우리 모두의 곁에 가까이 다가왔습니다. 오직 예수님을 구주(창조주, 우리 삶의 주인, 성삼위 하나님으)로 믿음(모심)으로 우리에게 구원과 영생은 주어집니다. 그러므로 회개하여(돌이키고) 그 징표로 세례(침례)를 받아 빛과 소금된 (변화된=거듭난=중생한) 행복한 그리스도인이 됩니다.

6. 이 기쁜 소식(=복음)을 온 세상에 전파하여야 할 소명을 받았습니다.

성경은 구원받은 인간이 살아가야 할 삶에 관하여 이야기하고 있습니다. 오직 그리스도인은 이 기쁜 소식인 복음(예수 그리스도)을 **일상생활의 삶을 통하여** 만민과 열방(=온 세상)으로 전파(전도와 선교)하고, 선포하여야 할 사역을 소명(삶의 목적)으로 받았으므로 기쁘게 감당합니다.

7. 새 하늘과 새 땅이 다가와 하나님 나라는 회복과 완성(성취) 됩니다.

성경은 언젠가는 주님이 정하시고 약속하신 대로 **예수 그리스도의 재림(다시 오심)**으로 사탄의 남은 (지배와 통치) 세계는 종말을 고하고, 고통도 눈물도 아픔도 이별도 죽음도 없는 온전한 새 하늘과 새 땅이 열리고 하나님의 나라는 온전한 회복과 완성(성취)이(가) 될 것이라는 이야기입니다.

이러한 성경이 오늘을 살아가는 우리에게 주려고 하는 것은 무엇인가요?

1) '인간의 진정한 자유'

여기에는 여러 가지 관점에서 여러 가지로 말할 수 있겠으나, 한마디로 압축하여 이야기한다면 그것은 죄와 사망 그리고 악한 세력으로부터의 '자유'입니다. 즉, 창세기 이후 인간의 잘못된 자유 욕구로 인간은 죄의 노예가 되었으며, 그 결과 죽음의 노예가 되었고, 세상

힘(지식, 명예, 경제 등)과 권력의 노예, 물질의 노예가 되었으며, 성(Sex)과 각종 우상의 노예, 즉 이 모든 것은 결국 **사탄(악의 세력, 어둠의 세력)의 노예**가 된 것입니다.

이것은 인간이 창세 이후 **하나님의 법 안에서의 자유를 찾기보다는 하나님의 법 밖에서 완전한 자유를 누리려는 생각과 욕심**에 사탄의 계략에 빠진 결과입니다. 그런데 인간을 창조하신 성삼위 하나님께서는 이러한 인간의 모습을 너무나 안타까이 생각하시고 마음 아파 하셔서 결국 스스로 사람들에게 오셔서 가르치시고 그리고 고쳐 주시고, 또 깨닫게 하시려고 말씀하시었으나, 깨닫지 못하자 무지(無知)하고 어리석은 인간을 위하여 은혜와 사랑으로 십자가에서 대신 죽으심과 부활하심으로 인간에게 이러한 **노예(죄) 상태로부터의 진정한 해방과 자유를 선물**로 주셨습니다.

> **예수께서 '너희가 내 말에 거하면 참으로 내 제자가 되고 진리를 알지니 진리가 너희를 자유롭게 하리라'** (요한 8:31-32)고 말씀하시었습니다.
>
> **'너희는 그 은혜에 의하여 믿음으로 말미암아 구원(죄에서 자유함)을 받았으니 이 것은 너희에게서 난 것이 아니요 하나님의 선물이라'**(에베소서 2:8).

2) '예수 그리스도의 사랑 앞에서 평등'

한편 인간과 인간과의 관계에서 문제는 예수 그리스도의 사랑 앞에서 **평등**입니다. 인간은 누구나 하나님 앞에서 평등합니다. 똑같은 한 사람의 인격적 존재(하나님의 성품을 닮은 피조물)로 하나님의 자녀입니다. 그리고 모든 인간은 아담의 후손입니다. 또한 누구나 똑같이 하나님께 범죄한 죄인입니다.[5] 그러므로 남녀의 성별이나 나이나 세상의 지위와 권세나 인종이나 피부색이나 사회적으로나 경제적으로나 정치적으로나 종교적으로나 문화적으로 모두 차별 없이 동등합니다.[6] 그럼에도 불구하고 사람들은 서로간의 사이에 이러한 것들을 통하여 **담을 만들어 구별 짓고 차별하고 불평등하게 되었습니다.** 남녀와 나이와 세상의 지위와 권세를 근거와 기준으로 서로를 나누고, 인종이나 피부색을 따지고 사회적, 경제적 차이를 만들고 정치적으로나 종교적 다름을 심화시키고, 문화적 다름을 존중하지 않고 불평등한 세상을 만들었습니다.

5) 로마서 3:23 '모든 사람이 죄를 범하였으매 하나님의 영광에 이르지 못하더니', 로마서 3:22 '유대인이나 헬라인이나 다 죄 아래 있다'.
6) 로마서 3:22 '하나님의 의니 차별이 없느니라'

그런데 한편으로는 그 고통과 불행으로부터 평등한 세상을 꿈꾸며 몸부림치고 갈등하고 혁명과[7] 전쟁에까지 이릅니다. 그리고 이러한 불평등의 문제를 해결하기 위한 기술과 제도와 전략을 만들어 내고 시행해오고 있습니다. 특히 경제(부)의 불평등을 없애기 위해 오랜 동안 애써 왔습니다. 하지만 인류 역사는 **진정한 그리고 완전한 해답은 영원히 찾지 못하고 인간의 불행과 비극적인 삶의 모습을 보여 주고 있습니다.**

예수 그리스도께서는 이러한 인간의 모습을 안타깝고 불쌍히 여기시고 스스로 이 불평등한 세상에 찾아오셔서 **누구에게나 차별 없이(평등하게) 다가가셨으며 평등의 참된 모습을 보여 주셨습니다.** 특별히 가난한 자들, 멸시당하는 자들, 상처 입은 자들, 병든 자들, 죄인들과 세상으로부터 소외된 자들에게 연민을 표하시고, 그들의 상처와 질병을 고치시고, 죄를 사하시고, 용서하시고, 마음의 참된 평안을 주시고자 하셨습니다.

> '너희는 유대인이나 헬라인이나 종이나 자유인이나 남자나 여자나 **다 그리스도 예수 안에서 하나**이니라' (갈라디아서 3:28).
>
> '유대인이나 헬라인이나 **차별이 없음이라** 한 분이신 주께서 **모든 사람의 주가 되사** 그를 부르는 모든 사람에게 부요하시도다'(로마서 10:12).
>
> **'하나님이 그 해를 악인과 선인에게 비추시며 비를 의로운 자와 불의한 자에게 내려주심이라'**(마태 5:45).
>
> '이는 다른 사람들은 평안하게 하고 너희는 곤고하게 하려는 것이 아니요 **균등하게 하려 함이니 이제 너희의 넉넉한 것으로 그들의 부족한 것을 보충함은 후에 그들의 넉넉한 것으로 너희의 부족한 것을 보충하여 균등하게 하려 함이라 기록한 것 같이[8] 많이 거둔 자도 남지 아니하였고 적게 거둔 자도 모자라지 아니하였느니라**'
> (고린도후서 8:13-15).
>
> '수고하고 무거운 짐 진 자들아 다 내게로 오라 **내가 너희를 쉬게 하리라**'
> (마태 11:28).

7) 대표적인 사건이 러시아, 쿠바, 북한 등에서 이루어진 사회주의(공산주의) 혁명입니다.
8) 출애굽기 16:18의 내용으로 이스라엘 백성에게 하나님이 만나를 내려 주시고 매일 아침 1명당 한 오멜씩 취하되 제6일에는 두 오멜씩 거두게 하였는데 그 거둔 것을 나중에 되어 보면 많이 거둔 자도 남음이 없고 적게 거둔 자도 부족함이 없었다는 것입니다.

‘**평안을 너희에게 끼치노니 곧 나의 평안을 너희에게 주노라 내가 너희에게 주는 것은 세상이 주는 것과 같지 아니하니라** 너희는 마음에 근심하지도 말고 두려워하지도 말라’(요한 14:27).

‘이것을 너희에게 이르는 것은 **너희로 내 안에서 평안을 누리게 하려 함이라** 세상에서는 너희가 환난을 당하나 담대하라 내가 세상을 이기었노라’(요한 16:33).

이제 이와 같은 참으로 막중한 우리 인간의 근본적인 존재와 문제 앞에서 그 해답을 찾기 위해 **성경(하나님의 말씀 = 인간 문제의 해답)을 읽고 깨닫는 (아는) 시간**을 갖고자 합니다.

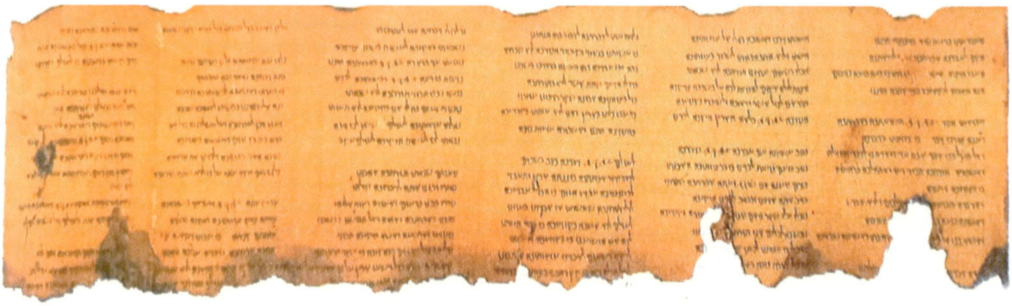

쿰란 동굴에서 발견된 사해 사본 중 시편 1편 1절 부분 (이스라엘 박물관 소장)

제1편 성경 전체에 관한 이야기

[돌아온 탕자]

그림의 주제는 신약성경 누가복음 15장의 이야기이다. 한 아들이 아버지한테서 자기 몫의 재산을 미리 받아 가지고 먼 객지로 떠나 방탕한 생활로 재물을 다 없앤다. 할 수 없이 남의 집 더부살이로 연명을 하지만, 누구도 그를 동정하여 도와주는 사람이 없었다. 아들은 그때서야 비로소 정신이 들어 아버지한테로 돌아가기로 한다.

멀리서 아들이 돌아오는 모습을 본 아버지는 측은한 생각이 들어 달려가 아들을 포옹한다. 그리고 하인을 불러 "어서 제일 좋은 옷을 꺼내 입히고, 가락지를 끼우고, 신을 신겨 주어라. 그리고 살진 송아지를 끌어내다 잡아라 먹고 즐기자! 죽었다가 살아났으며, 잃었던 아들을 다시 찾았다." :라고 말한다. 그리하여 성대한 잔치가 벌어졌다. 그러나 밭에 나가 일을 하고 돌아오던 큰아들은 이것이 못마땅하다. 그런 아들을 아버지는 좋은 말로 달랜다.

렘브란트는 이 이야기의 줄거리 가운데 인간의 사랑과 용서와 포용이 잘 드러나는 장면을 택했다. 집 나간 아들을 애타게 기다리다 늙어버린 아버지의 눈가는 슬픔의 눈물로 짓물러 있지만, 여전히 사랑이 가득한 자비롭고 평온한 모습이다.
아버지는 자식으로 인한 지난날의 고통과 슬픔의 감정을 억누르려는 듯 눈을 지그시 감고, 다정한 손길로 아들의 어깨를 어루만진다. 아버지 앞에 무릎을 꿇고 앉아 있는 아들의 모습은 왜소하고 초라하다. 값진 옷과 화려한 모자를 쓴 채 서 있는 형은 굳은 표정으로 아버지와 잃어버렸던 동생을 바라보고 있다.

누더기 옷과 다 해진 신발을 신고 늙은 아버지의 품에 안긴 아들의 얼굴을 정확히 볼 수는 없지만, 뒷모습만으로도 그가 깊은 회한에 잠겼음을 감지할 수 있다. 특히 시커먼 발바닥을 드러낸 채 무릎을 꿇고 있는 아들의 모습은 오갈 데 없는 그의 처지를 압축적으로 보여 준다.

그림 속 아버지가 두르고 있는 붉은 망토는 관용과 용서를 상징한다. 이에 반해 돌아온 탕자를 어둠 속에서 지켜보고 있는 큰아들의 시선은 냉정하다. 오른 편에 서 있는 이는 탕자의 형으로, 탕자를 바라보는 아버지의 눈빛이나 사랑으로 반겨주는 모습과는 상반된 모습을 하고 있다. 탕자의 형의 뒤편으로 보이는 한 구경꾼은 가슴을 치는 듯한 자세를 취하고, 여성으로 보이는 다른 구경꾼은 관망하는 표정을 짓고 있다.

밝은 빛으로 강조된 아버지의 인자한 얼굴 모습과 흰 수염, 그리고 핏기 없는 손길은 인간을 사랑하는 하나님의 모습을 연상시킨다. 쥐어뜯긴 것같이 보이는 엉성한 머리에 누더기옷을 걸친 아들은 죄 많은 우리의 모습이다. 뒤에 어둡게 묘사된 사람들은 시기와 무정과 죄악을 상징한다. 렘브란트는 인간 내면의 사악한 마음과 그에 따른 고통에 대한 깊은 이해로 성경의 의미를 해석하려고 하였다.

돌아온 탕자 262 X 206cm 1669년 렘브란트 하르민스 반 레인(네덜란드) 作

제1편 성경 전체에 관한 이야기

우리가 하나님의 말씀이 어떻게 인간 역사 속에서 펼쳐져 왔는지에 관한 이야기를 시작함에 있어 먼저 **망원경적인 눈으로 숲을 보고, 다음으로 현미경적인 눈으로 나무를 보아나가야** 효과적으로 이해할 수 있을 것입니다. 사실 신약성경 뿐만 아니라 구약성경의 배경까지도 함께 살펴보면서 이야기를 펼쳐 나갈 때 많은 양과 깊은 진리의 풍경에 자칫 길을 잃어버릴 수도 있기 때문입니다. 이제 안내에 따라 먼저 성경 전체를 보는 이야기(여행)를 출발하려고 합니다. 자. 이제 우리 모두 **(신구약) 성경을 펼쳐놓고** 출발합시다.

제1장 성경은 어떤 책이며 우리에게는 어떤 의미를 갖는가요?

성경을 한마디로 이야기하기란 힘들 수 있습니다. 왜냐하면 성경은 여러 가지 관점에서 이야기할 수 있기 때문입니다. 하지만 누구나 성경을 읽고 묵상한다면 성경의 기록 가운데 나타난 모습과 내용을 통하여 드러나는 핵심적인 주제를 찾아낼 수는 있을 것입니다.

제1절 성경은 베스트(스테디)셀러입니다.
제2절 성경은 기록된 하나님 말씀입니다.
제3절 성경은 하나님과 인간과의 관계를 이야기하고 있습니다.
제4절 성경은 예수님에 관한 이야기입니다.
제5절 성경은 이스라엘 민족의 역사에 관한 이야기입니다.

제1절 성경은 베스트(스테디)셀러입니다.

성경은 오늘날 세계 여러 나라의 언어 약 7,359여 개 중 약 3,000여 개(신구약 모두 번역된 언어는 704개) 언어로 번역되었고, 이는 72억 명의 인구가 사용하는 언어입니다.[9] 판매 부수는 세계적으로 연간 4000만 부 이상에 달하는 베스트셀러입니다. 일본에서도 연간 약120만 부가 팔리고 있습니다. 또한 오늘날에는 글로 쓰여진 성경 외에도 '멀티미디어 성경' 즉 컴퓨터용 CD에 담은 것과 점자 성경, 귀로 듣는 오디오 성경 등 다양한 형태로 우리 곁에 가까이 다가와 있습니다. 이와 같이 성경은 오늘날에도 끊임없이 인류에게 가장 큰 영향력을 끼치고 있는 책 중의 책 스테디셀러입니다.[10]

❃ 성경번역 현황[11]

세계성서공회연합회의 자료에 따르면 1946년부터 2022년까지 전 세계 58억 명이 사용하는 719개 언어로 성경이 번역되었다고 합니다. 2022년까지 성경이 번역된 언어는 전 세계 7376개 언어 가운데 719개에 달하며 신약전서의 경우 1593개, 단편 성경은 1212개로 번역이 이루어졌다고 합니다. 이러한

---

9) 세계성서공회연합회가 2020년까지를 기준으로 작성한 보고서 내용입니다. 기독교신문, 2021년 4월 6일. 2288호. 그러나 아직도 단편 성서조차 없는 언어가 3,924개에 달하여 2억4600만 명은 모국어로 된 성경을 단 한 줄도 읽지 못하고 있습니다.

10) 성경은 책(Biblos)이란 뜻의 그리스어에서 온 말입니다. 베스트 셀러는 많이 팔린 책을 말하며, 스테디 셀러는 오랫 동안 독자의 사랑을 받은 책을 말합니다.

11) 2020. 4. 14. 기독신문, 6면.

수치를 인구로 환산하면 전 세계 58억 명은 성경전서를 가지고 있고 자신의 언어로 번역된 신약성경을 갖게 된 사람은 8억 4500만 명, 부분적으로 번역된 성경을 소유하게 된 사람들은 4억 5400만 명인 셈입니다.

한편 아직도 자신의 언어로 된 성경이 없는 사람들은 10억 명이 남아 있으며 번역된 성경이 없는 언어군은 3852개에 이릅니다. 대한성서공회는 2020년 2월을 기점으로 63개의 성경번역이 완성되었고 전 세계 6억 명에게 성경을 보급할 수 있도록 20년 동안 1200개 성경번역 프로젝트를 마칠 목표로 성경번역 사업을 계속하고 있다고 합니다.

✽ 성경 수난사

성경은 오랜 기간 동안 세계역사를 통하여 수많은 사람들에게 감동과 영감과 삶의 등불이 되어 왔으나 한편으로 많은 수난이 있었던 것도 사실입니다. 특히 세상 권력자들(독재자들)이 이러한 성경을 자신의 권력유지에 장애물로 여기고 성경을 불살랐습니다.[12] 뿐만 아니라 이른바 '노예성경'에는[13] 흑인 노예들이 탈출할까 보아 성경을 가르치면서도 구약성경의 가장 극적인 장면을 빼었고, 백인 지배층은 성경을 통해 '사랑'이 아닌 '굴종'을 가르치려고 구약의 약 90%, 신약의 약 50%가 삭제되거나 편집되었습니다. 심지어 예수님의 가르침의 핵심적인 부분 중 '유대인이나 헬라인이나 종이나 자유인이나 남자나 여자나 다 예수 그리스도 안에서 하나이니라'(갈라디아서 3장)는 빼어 버렸던 것입니다. 또 구약의 창세기를 마친 뒤 바로 출애굽기 19장으로 넘어가는데, 출애굽기 1~18장은 이스라엘 지도자 모세가 이집트에서 노예 상태로 살아가던 유대인을 이끌고 이집트를 탈출하는 내용입니다. 이처럼 성경을 권력자가 수정하면 압제의 도구가 되어버리는 것입니다.[14] 하지만 그럼에도 불구하고 성경이 지금까지 수천 년 동안 보존되어온 것은 놀라운 기적입니다.

12) 셀레우쿠스의 안티오쿠스 에피파네스는 율법 책을 전부 불사릅니다. 히틀러도, 공산주의자들, 독재자들도 성경에 대해서 금서(禁書)로 취급하기는 마찬가지였습니다. 김일성 세습 정권도 같습니다.
13) 1808년 런던에서 간행된 것으로 현재 미국 워싱턴 '성경박물관'에 전시되어 있습니다.
14) 조선일보, 2019. 11. 22. A40면.

제2절 성경은 기록된 하나님의 말씀입니다.

성경(Canon)이라는 말은 자, 척도, 법규라는 뜻으로 우리의 신앙과 생활의 규범(행위의 기준)이 되는 하나님의 권위를 가진 말씀을 의미합니다.[15]

제3절 성경은 하나님과 인간과의 관계를 이야기하고 있습니다.

성경은 우주와 지구와 인간을 창조하신 하나님과 그 피조물인 인간과의 특별한 관계에 관한 그리고 그 관계가 어떻게 (인류의 역사로) 전개되고 있는지에 관한 이야기입니다. 하나님의 특별한 도움이나 축복을 약속하는 말[16] 즉, 성경은 하나님이 계시를[17] 통하여 그의 **성품(인격)**을 우리들에게 펼쳐 알게 하시며, 우리들의 궁극적 운명과 삶의 목적이 무엇인가를 가르쳐 줍니다.[18]

✻ 인격에 관한 이야기

사람이 다른 동물과 다른 점은 인격이 있다는 점일 것입니다. 그러면 과연 인격이란 무엇인가요? 이에 관하여 많은 사람들은 당연히 알고 있으며 무심코 사용하는 단어이지만 막상 대답하라고 하면 간단히 답할 수 없는 막연한 단어라고 여깁니다. 인격의 사전적 의미는 '사람의 품격으로 개인의 지.정.의 및 육체적 측면을 총괄하는 전체적 통일체' 또 '도덕적 행위의 주체로서의 개인, 자기 결정적이고, 자율적 의지를 가지며 자신이 목적 자체인 바의 개인 그리고 법적인 측면에서는 권리의무의 주체이며, 법률상 독자적 가치가 인정되는 자격' 등으로 규정하고 있습니다. 제임스 사이어는 인격에 대하여 '인격은 자기 반성과 자기 결정력이라는 두 가지 기본적인 특성을 지닌다' '즉 자기가 누구인지 아는 자기 의식적이며, 강요 없이도 결정을 내려 스스로 행동할 수 있는 자기 결정력을 가진다'는 것을 의미하는 것으로 설명하면서 이는 곧 하나님의 성품에 내포된 것임을 주장합니다.[19]

---

15) 특히 구약의 모세 5경이 이를 잘 나타내 주는 것이 됩니다. 카논은 히브리어 '카네'에서 나온 것으로 보는데, 카네는 길고 곧은 갈대로 이것을 측량의 도구로 삼았던 고대세계의 관습에서 **'규범'**, **'기준'**을 뜻하는 카논이라는 말이 생긴 것입니다.

16) 언약 · 동의 혹은 조약으로 히브리어 베리트로 헬라어는 다아데케로 번역되었습니다.

17) 계시(啓示)란 인간이 알 수 없는 하나님께서 자기 자신의 모습을 **인간에게 드러나 보이게 하는 것**을 말합니다. 계시에는 일반계시(자연계시)와 특별계시가 있습니다.
계시에 대하여 제2부에서 자세히 이야기합니다.

18) 신성종, 평신도 신학, 2004,국민일보, 15쪽. 그러므로 **성경은 하나님이 택한 도구**입니다.

19) 제임스 사이어, 김현수 옮김, 기독교세계관과 현대사상, IVP, 2007, 36,43쪽.

제4절 성경은 예수님[20]에 관한 이야기입니다.

성경은 예수님에 관한 이야기입니다. 즉 구약은 창조주 예수님[21]과 오실 예수님(메시야)을[22], 신약은 오신 예수님과 다시 오실(재림) 예수님에 관한 이야기를 담고 있습니다. 이렇게 본다면 신, 구약성경은 결국 예수 그리스도(누구인가? 왜 이 땅에 오셨는가?)에 관한 이야기입니다.

제5절 성경은 이스라엘 민족의 역사에 관한 이야기입니다.

성경 특히 구약은 이스라엘 민족의 역사에 관한 이야기를 담고 있습니다[23].즉 아브라함으로부터 시작되어 그의 아들인 이삭과 이삭의 아들 야곱 그리고 야곱의 12 아들을 통하여 이스라엘 12지파(부족)가 생겨나고, 이집트[24] 피난 시대를 거쳐 이스라엘 민족의 형성과 이집트 탈출 후 광야 생활을 통과하여 가나안에[25] 정착합니다. 그후 사사시대를[26] 지나 사울 왕과 다윗 왕 그리고 솔로몬 왕을 거치면서 통일왕국이 되었습니다. 이 통일왕국은 북쪽의 이스라엘과 남쪽의 유다로 분열되어 다른 민족의 지배과정을 지나고, 로마의 지배 아래 예수님이 오시기 전 400년간의 침묵까지[27] 이스라엘의 역사를 기록하고 있습니다. 신약은 예수님이 이스라엘 민족에 오셔서 사역하시고 십자가 죽음과 부활 그리고 승천하신 기록과 이후 제자들이 복음(=예수님과 하나님의 나라)을 동양과 서양세계에 전한 약 100년간의 역사를 기록하고 있습니다.

20) 그리스도인들이 예수님을 칭하는 이름은 '여호와는 구원이시다'는 뜻의 히브리어 여호수아(Joshua)를 번역한 예수(Jesus)와 '기름부음 받은 자' 혹은 '메시야'를 뜻하는 그리스어 크리스토스(Christos)를 음역한 그리스도(Christ)입니다. 즉 **예수 그리스도**이십니다.

21) 창세기 1장 26절에는 인간창조에 관하여 '하나님이 이르시되 **우리의 형상을 따라 우리의 모양대로 우리가** 사람을 만들고....'라고 하고 있습니다. 즉 우리라는 복수(複數)용어를 사용하고 있습니다. 또한 예수님 자신도 이와 같은 의미의 말씀을 하시었습니다. **'예수께서 이르시되 진실로 진실로 너희에게 이르노니 아브라함이 나기 전부터 내가 있느니라** 하시니'(요한 8:58).

22) 유대인들은 그들을 로마의 지배에서 벗어나게 할 메시야(구세주)를 기대하고 있었습니다.

23) 구약은 유대(이스라엘)민족의 역사에 관한 기록이라고도 할 수 있습니다.

24) 오늘날 이집트를 구약성경은 **애굽**으로 표현하고 있습니다.

25) 팔레스타인 지역을 말합니다.

26) 이스라엘의 민족 지도자 여호수아 이후 지도자로 등장한 사람들이 사사들입니다.

27) 구약의 마지막 기록으로 그리스도(메시야)를 예언한 **말라기** 책입니다. 그 이후를 침묵의 400년간으로 봅니다. 왜냐하면 선지자도, 계시의 말씀도 없으셨던 기간이기 때문입니다.

[정리] 이스라엘의 역사

아브라함의 선택 ⇨ 이삭의 아들 야곱 ⇨ 야곱의 12아들 ⇨ 애굽 포로시대 ⇨ 가나안 정착시대 ⇨ 사사시대 ⇨ 통일왕국시대 ⇨ 남북분열왕국시대 ⇨ 바벨론 포로시대 ⇨ 포로귀환시대 ⇨ 400년 침묵시대 ⇨ 예수님이 오심

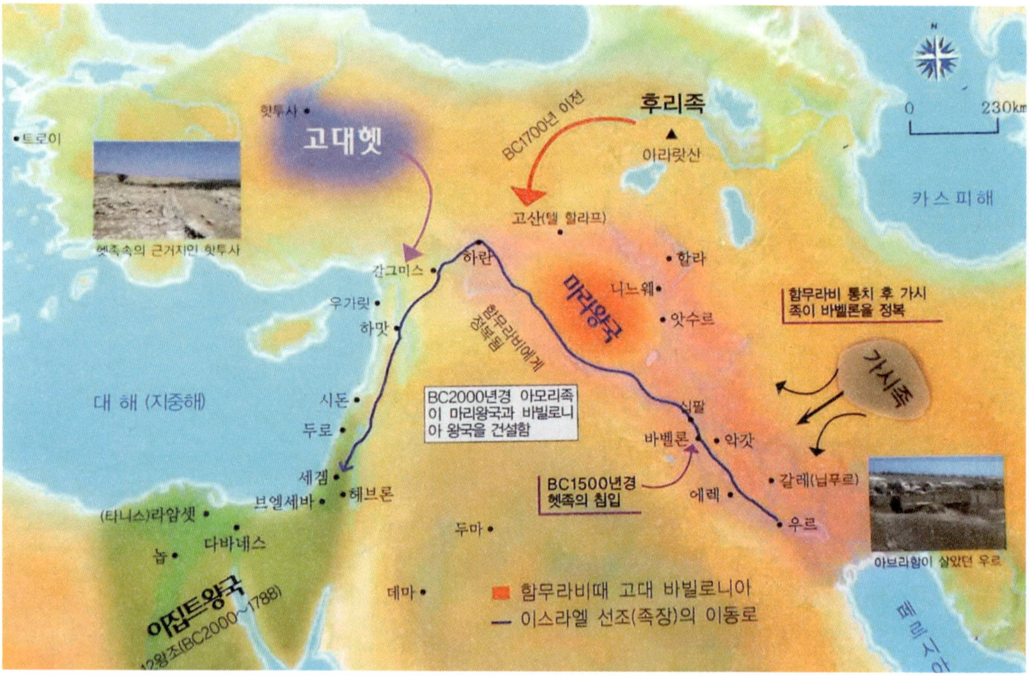

아브라함의 이동 경로 (성서지도, 지계석)

✽ 이스라엘 민족의 역사(구약)를 왜 그리스도인이 읽고 이해하여야 하나요?

1. 성경을 전체적이며 체계적으로 이해하기 위해서, 또 예수님(신약시대)을 보다 더 잘 알기 위해서입니다. **구약시대와 성경의 배경과 문화**를 바탕으로 신약성경이 탄생하였기 때문입니다. 구약(이스라엘 역사)과 신약(예수님)을 연결하여 이해하여야만 제대로 하나님의 뜻과 섭리와 역사 그리고 흐름을 알 수 있게 됩니다. 그러므로 그리스도인은 구약을 읽고 이해하여야 신약도 제대로 알 수 있습니다.

2. 예를 들면 안식일에 예수님과 제자들이 밀밭 사이를 가실 때 제자들이 배가 고파 이삭을 잘라 먹으니 바리새인들이 안식일을 지키지 않음을 보고 '안식일에 하지 못할 일을 하나이다'라고 예수님께 이르자 이에 대하여 구약의 내용을 들어 답변하십니다(마태 12:1-8)[28]. 이러한 내용은 구약의 **안식일에 대한 배경**을 알지 못하면 제대로 이해할 수 없게 됩니다(신명기 23:25, 출애굽기 25:30, 말라기 3:1 등).

3. 예수님께서 밤새껏 고기를 잡으려고 많은 수고를 했으나 한 마리의 고기도 잡지 못하여 허탈감에 빠져있던 베드로에게 깊은 데로 가서 그물을 내려 고기를 잡으라고 말씀하시매 그가 말씀을 의지하여 그물을 내렸더니 그물이 찢어질 정도로 많이 잡히는 놀라운 일을 체험하였습니다(누가 5:5). 그런데 갈릴리 호수(바다)에서의 고기잡이는 주로 밤에 행하여집니다. 또한 그 때는 고기들이 먹이를 찾으려고 바닷가로 많이 몰려듭니다.[29] **이러한 배경을 이해**할 때에 예수님의 말씀을 통한 기적이 이루어졌다는 것을 이해할 수 있는 것입니다.

4. 또한 예수님과 제자들의 유월절 전 최후의 만찬 날에 예수님께서 대야에 물을 떠 제자들의 발을 씻기시고 수건으로 닦이신 사건이 있었는데, 이때 베드로가 '주여 주께서 내 발을 씻으시나이까… 내 발을 절대로 씻지 못하시리이다…'(요한 13:4-8, 창세기 18:4;19:2;43:24) 하였습니다. 그런데, 팔레스타인 지역은 땅이 건조하고 먼지가 많기 때문에 사람들은 외출하였다가 돌아오면 반드시 신발을 벗고 발을 씻었습니다. 이 때 본인이 어느 정도 부를 누리고 있다면 하인이 급히 달려와서 신들메(신발끈)를 풀어서 신발을 벗기고 발을 씻겨 주었으며, 자신이 손님으로 방문한 경우에는 반드시 집주인이 그 역할을 대신하여야 하는 것으로 알고 행하는 것이 **유대인들의 생활문화**였습니다.[30]

'내 주여 돌이켜 종의 집으로 들어와 발을 씻고 주무시고 일찍이 일어나 갈 길을 가소서…'(창세기 19:2).

5. 구약성경은 신약성경을 이해하는 데 필요한 배경을 제공하여 주며, 신약성경은 구약성경에서 시작된 구원 이야기를 완결짓습니다. 그러므로 신약은 구약의 연속이며 완성입니다.

---

28) 신약성경 속에는 약 600회 이상 구약을 인용하고 있습니다.
29) 아더 W. 클린크 지음 유재원 옮김, 성경시대의 가정생활, 총신대학출판부, 1993, 22쪽.
30) 유재덕, 성경시대사람들은 어떻게 살았을까, 하늘기획, 2006. 17쪽.

제2장 성경은 누가, 언제, 어떻게 쓴 책인가요

위대한 책인 성경은 누가, 언제, 어떻게 쓰여진 책인가? 하는 의문은 성경에 관심 있는 기독교인 누구나 한 번쯤은 가졌을 것입니다. 하지만, 성경책의 뿌리와 기록 역사에 관한 관심을 시원하게 풀어서 이해를 하는 기회가 대부분 없었다는 것입니다.

제1절 성경은 누가 쓴 책인가요?

① 구약성경은 모세로부터 시작하여[31] 여러 저자들에 의해 쓰여졌습니다.

② 신약성경은 여덟 내지 아홉 명의 저자에 의하여 쓰여진 27편의 책들로 이루어져 있습니다. 신구약 성경은 합하여 40명 이상의 사람들(저자들)에 의해서 쓰여진 책입니다.

③ 하지만 **성경의 진정한 저자는 하나님 자신**인 셈입니다. 즉 하나님께서 직접 말씀하시거나 인간을 통하여 하신 말씀을 기록한 책이기 때문입니다[32]. 하나님은 인간 역사의 주역인 사람을 택하셔서 그들의 생활과 말을 통하여 쓰게 하신 것입니다.

④ 즉, 성서에 기록된 많은 책들은 그 기록 과정에서 하나님의 감동이 그 저자들에게 있었던 것입니다.

---

31) 트렘퍼 롱맨 3세, 김동혁 옮김, 손에 잡히는 구약개론, IVP, 2015. 19-23쪽. 구약 중 모세5경(창세기, 출애굽기, 레위기. 민수기, 신명기)도 여러 부분에서 모세가 직접 기록하지 않았고 후대에 덧붙여져 완성된 내용임을 알 수 있습니다. 그러므로 엄격하게 얘기하자면 모세5경은 작가를 알 수 없다고도 할 수 있지만, 모세5경이 모세 이름의 권위로 부르게 된다고 하여도 문제가 없는 것입니다.

32) 구약은 옛 언약, 신약은 새 언약이라는 뜻입니다. 언약(하나님의 약속)은 절대적인 것으로 깨어지지 않는 것을 말하며, 일반적으로 말하는 사람들간의 약속은 상대적인 것으로 깨어지기도 합니다.

'모든 성경은 하나님의 감동으로 된 것으로 교훈과 책망과 바르게 함과 의로 교육하기에 유익하니'(디모데후서 3:16).

'예언은 언제든지 사람의 뜻으로 낸 것이 아니요 오직 성령의 감동하심을 받은 사람들이 하나님께 받아 말한 것임이니라'(베드로후서 1:21).

'옛적에 선지자들을 통하여 여러 부분과 여러 모양으로 우리 조상들에게 말씀하신 하나님이 이 모든 날 마지막에는 아들을 통하여 우리에게 말씀하셨으니 이 아들을 만유의 상속자로 세우시고 또 그로 말미암아 모든 세계를 지으셨느니라'

(히브리서 1:1-2).

✾ 성경은 성령의 감동(영감)에 의한 기록 형태[33]

첫째, 하나님이 직접 말씀하시고, 저자들에게 지시하신 것입니다(창세기 1-2장).

둘째, 저자들이 직접 체험하거나, 이 저자들을 통해서 들은 것입니다(요한 21:24-25).

셋째, 증인들을 통해서 전하여 들은 것입니다(누가 1:1-4).

넷째, 선지자들의 경우 하나님으로부터 직접 들은 것입니다(예레미야 30:1-2).

성경 영감설(靈感說)은 성경은 하나님의 영으로 기록된 것이라는 뜻으로, 성경 무오설(하나님의 말씀에는 결함(오류)이 없다는 견해)과 같은 주장입니다.

'너희는 여호와의 책에서 찾아 읽어보라 이것(여호와의 책)들 가운데서 빠진 것이 하나도 없고(하나님의 말씀에 결함이 하나도 없다) 제 짝이[34] 없는 것이 없으리니 이는 **여호와의 입이 이를 명령하셨고 그의 영(성령)이 이것들을 모으셨음이라'**

(이사야 34:16).

제2절 성경은 언제 쓴 책인가요?

① 구약성경은 1,000년 이상의 기간에 걸쳐서 쓰여졌습니다. 구약성경을 쓰기 시작한 것은 모세 시대(BC 1,800년)부터이며 말라기(BC 444년)에서 끝을 맺고 있습니다.

② 신약성경은 대략 반세기(AD 50년 - AD 150년)에 걸쳐 쓰여진 것으로 전체가 AD 1

33) 신성종, 평신도 신학, 25쪽.

34) 여기서 제짝이란 **'구약과 신약을 말씀이 짝을 이룬다'**는 뜻으로, 또는 **'성경은 성경으로 푼다'**는 원칙을 말합니다(비젼성경, 두란노서원, 2007, 구약편, 1009쪽).

세기에 일어난 사건들을 기록하고 있습니다.[35)]

③ 그러므로 성경 전체가 쓰여진 기간은 약 1,600년 이상에 달하며 또 등장인물은 약 3,000명에 이릅니다.

④ 성경은 기독교인들이 구약이라고 부르는 책과 예수 그리스도에 관한 이야기인 신약을 결합하여 이루어지고 있는 것입니다. 즉 구약이라는 말은 신약과의 관계를 말하고 있으며, 두 부분은 서로 밀접한 관련을 갖는 책이라고 할 것입니다. 비록 구약이 고대 이스라엘에 대한 선별된 종교적 책들의 모음집으로, 신약은 초대교회에 대한 선별된 책들을 대표하는 책이라고 할 지라도 그 모음집에는 통일성이 있고, 또 각 개별 책들에는 각각의 개별성을 갖고 있다는 점을 이해하여야 할 것입니다.[36)]

제3절 성경은 어떻게 쓰여진 책인가요?

1. 오늘날 우리들이 사용하고 있는 구약성경은 어떻게 만들어지게 되었나요?

① 구약성경은 본래 이야기 형태로 전해 오다가 기록으로 된 것으로 처음에는 대부분 히브리어[37)]로 쓰여졌는데, BC 3세기(285년) 이후 수백 년에 걸쳐 헬라어(그리스어)로 번역된 적이 있습니다. 이때 이 번역에 참여한 사람들 72인을 단순화하여 70인역이라 부르는 것이 오늘날 기독교의 구약성경이 되었습니다.

✻ 70인역 성경 이야기

이집트의 프톨레미 왕조시대인 BC 3세기 경, 프톨레미 2세에 의해 유대 학자들(72인)로 하여금 히브리어로 된 구약성경을 헬라어(그리스어)로 번역하도록 하였는데[38)], 이것은 최초의 성경번역본으로 팔레스타인 땅 밖에서 살고 있던 유대인 사회에 매우 중요한 문서가 되었습니다. 알렉산드리아나 이집트에서 태어나 성장한 많은 유대인들은 히브리어보다는 헬라어를 훨씬 더 잘 이해하였는데, 그러한 필요를 채워주기 위한 작업이었습니다.[39)]

---

35) 말라기가 쓰여진 BC 444년과 신약이 쓰여진 AD 100년 사이에 약 400년간의 공백기를 구약과 신약의 중간기라고 합니다.

36) 이몬드 E. 브라운, 김근수 김경식 이은순 공역, 신약개론, CLC, 2017, 31쪽.

37) 유대인을 히브리인이라고 부르며 유대인의 언어가 히브리어인 것입니다.

38) 알렉산더 대왕 이후 제국은 그의 부하들에게 나누어 다스리게 되었는데, 당시 이집트를 지배한 왕조를 말합니다. 프톨레미 2세 필라텔푸스 왕(BC284-247)이 그의 궁중 도서관에 유대인 율법의 헬라어 번역본이 없다는 이야기를 듣고 율법을 헬라어로 번역할 임무를 수행할 학자를 보내 줄 것을 요청하여 예루살렘 각 지파에서 6명씩 72명을 택하여 알렉산드리아 시 앞에 있는 파로스 섬에서 번역 작업을 시작하여 72일 만에 완성하였습니다.

39) 폴N 밴웨어, 곽철호 옮김, 모든 이를 위한 신약성경개론, 요단출판사, 24쪽.

❀ 유대인이라는 칭호에 관한 이야기

'히브리인'이라는 용어는 모세와 시내 산 이전의 조상들을 말합니다. '이스라엘'(야곱에게 지어주신 이름: 창세기 32:28)은 얍복 나루에서, 솔로몬의 죽음(주전 920년경) 이후 '유다'는 예루살렘을 중심으로 한 남쪽 왕국을 말하며, '이스라엘'은 사마리아를 중심으로 한 북쪽 왕국을 말합니다. '유대인'은 바벨론 포로생활이 끝이 나고 페르샤의 통치가 유대에 미치게 되었던 시기부터 사용되었습니다.

② 히브리어 성경의 보존에 헌신한 유대인들은 맛소라 학자들인데, 그들이 전하여준 구약성경의 원전 사본들이[40] 1947년 사해 근처에 있는 쿰란이라는 동굴에서 나온 항아리 안에서 2,000년 정도 된 양피지 두루마리(약 200점)가 발견되었습니다. 이것이 가장 오래된 성경의 복사본(사해사본)입니다. 즉, 이 사해사본(두루마리)은 거의 2천 년 동안 원전 없이 전해져 온 **구약성경의 정통성을 찾아준 것**으로 그 가치가 빛나는 것입니다.

쿰란 제1동굴

쿰란 질항아리

❀ 맛소라 학자 -그들은 누구입니까?

1. '맛소라 학자들 또는 전통의 수호자들'이라고 불리는 히브리 서기관들은 대다수의 이름이 오늘날 우리에게 알려져 있지 않지만, 맛소라 학자들 가운데 한 가문의 이름-벤 아셀-은 기록으로 분명히 남아 있습니다. 본래 히브리어로 기록된 성경 부분, 즉 흔히 구약이라고 부르는 부분은 유대인 서기관들이 충실하게 복사하였습니다. 즉, 성경을 직접 손으로 쓴 것입니다.[41] B.C 140년경 즉 6세기부터 10세기까지, 이 성경 복사자들을 '맛소라 학자들'이라고 불렀습니다.

40) 사본(manuscript, ms)이라는 말은 '손으로 쓴'을 뜻하는 말입니다.
41) 사실 이러한 필경 작업은 인쇄기가 발명된 1500년대 이전 약 3천 년 동안 사람들이 손으로 직접 써서 후손들에게 전해 주었던 것입니다.

2. 맛소라 학자들의 주된 관심은 성서 본문의 각 단어를, 심지어 각 글자까지도 정확하게 전달하는 데 있었습니다. 정확하게 기술하기 위하여 각 페이지의 측면 여백을 활용하여, 이전의 복사자들이 부주의 해서든 고의로든 본문을 변경시켰을 가능성이 있는 모든 곳을 지적하는 정보를 기록하였습니다. 이 난외 각주(해설)에, 맛소라 학자들은 단어의 형태나 결합이 특이한 경우를 적어 놓았으며, 그러한 단어가 성서의 각 책이나 히브리어 성경 전체에 얼마나 자주 나오는지를 표시하였습니다. 여백이 한정되어 있었기 때문에, 고도로 축약된 부호로 이 주석들을 달았습니다. 그들은 비교 검토하기 위한 부가적인 방법으로, 특정한 책들의 중간에 있는 단어나 글자에 표시를 해 두었습니다. 또한 복사의 정확성을 기하기 위하여 성서의 모든 글자를 낱낱이 세기까지 하였던 것입니다. 이 복사자들은 사실상 히브리어 성서 전체를 암기해야 하였을 것입니다.

3. 이 유대인 복사자들은 하나님의 말씀을 정확하게 보존하는 일에 온전히 헌신하였습니다(마태 21:42-44 ; 23:37, 38). 벤 아셀 가문과 그밖의 맛소라 학자들의 업적은 겸손하면서도 꿋꿋한 이 일 즉, 성경 본문이 손상되거나 변경되지 않도록 지키는 매우 어렵고 방대한 일을, 세상이 알아주지 않는 가운데서 수행하였습니다.[42] 이들의 손에 의해 베껴져 오면서도 성경의 내용이 변질되지 않은 것은 하나님의 놀라운 기적이라 할 것입니다.

③ 구약성경의 대부분은 히브리어(유대인의 언어)로 쓰여졌으며, 극히 일부는 아람어[43]로 쓰여진 것도 있습니다.

✾ 성경과 히브리어

1. 보통 구약은 히브리어, 신약은 헬라어(그리스어)로 기록되었다는 것을 사실로 알고 있습니다. 하지만, 신약을 기록한 저자들의 대부분은 유대인이었고, 그들이 일상적으로 사용하였던 언어는 히브리어였던 것입니다. 즉, 그들은 유대교, 유대 전승, 유대적 사고와 문화에 익숙한 사람들이었습니다. 그러므로 신약성경이 비록 그 당시 세계 공용어인 헬라어로 기록되었다 할지라도 그 밑바탕에 깔린 세계관은 유대적일 수밖에 없습니다. 더 나아가 신약성경을 해석하는 경우에도 결국 유대적 세계관과 문화적 배경을 이해할 때 비로소 성경 말씀이 제대로 이해되고 해석될 수 있음을 지나치지 않아야 할 것입니다.

2. 성경을 원어라는 측면에서 검토하여 본다면 히브리어는 구약은 약 78%, 신약은 22%인데, 신약에서도 4복음서와 사도행전 1장에서 15장 35절까지는 유대적 배경에서 다루어져 있습니다. 그리고 여기까지 내용이 신약 전체의 43%를 차지합니다. 이렇게 본다면 성경 전체에서 히브리어가 차지하는 비중은 약 80%에 해당한다는 것을 알 수 있습니다.[44]

42) 자료 Pictorial Archive (Near Eastern History) Est. 인테넷 네이버 검색에서 재 인용하였음.
43) 아람어는 기원전 3세기경부터 서기 7세기에 걸쳐 시리아와 팔레스틴 지역에서 사용된 언어입니다. 구약에서 아람어로 쓰여진 책은 다니엘서와 에스라서의 일부입니다.
44) 류모세, 열린다 성경 난해 구절, 규장, 2014, 35-36쪽.

3. 그러므로 성경을 보다 더 잘 이해하고 해석하여 참 뜻을 파악하기 위해서는히브리어에 대한 이해가 필수적임을 유념할 필요가 있습니다. 다만, 일반 성도가 히브리어를 쉽게 배우는 제도가 아직 빈약한 것이 문제이기는 하지만 언젠가는 이 문제도 해결될 날이 올 것을 소망합니다.

④. 종이가 발명되기 이전에는 파피루스나 양피지에 글을 기록하였습니다. 종이의 일종인 파피루스는 늪지대의 갈대 줄기를 수직으로 잘라, 얇은 판으로 만들어 한 층을 놓고 서로 서로 십자형이 되도록 그 위에 또 한 층을 놓은 후, 한 덩어리가 되도록 압축을 함으로써 만들어집니다. 두루마리는 파피루스 여러 장을 나란히 붙여 둘둘 말아 만든 것입니다.

⑤ 유대인들의 히브리 원어 성경은 오늘날까지 율법서(토라), 예언서(느비임), 성문서(케투빔)의 세 부류로 구분합니다. 즉 이 세 가지 책이 합쳐져서 유대인의 구약성경이 된 것입니다.[45] 그리고 처음에는 성경은 장과 절로 나뉘어 있지 않았습니다.[46]

✿ 토라는 무엇인가요?

토라는 교훈하다는 동사에서 유래된 말이며, 율법이라는 뜻을 가지고 있습니다. 모세 오경이 기록되어 있으며, 좁은 뜻으로는 십계명만을 말하기도 하며 넓게는 구약 전체나 유대학문까지도 포함합니다. 회당에서는 안식일마다 토라를 벽장에서 꺼내어 일정한 분량을 읽으며, 누구든 같은 음율로 낭독하는데 랍비와 서기관들은 이 음율을 모두 외우고 있습니다. 토라 하나를 기록하는 데는 서기관 1명이 전념하여 1년 반 정도가 걸립니다. 토라 재료로는 염소 가죽이 주로 사용되지만, 양이나 소 가죽도 이용되고, 사슴 가죽은 최고급으로 꼽힙니다. [47]

토라(모세오경)

⑥ 유대인에게는 좀 더 정확하게 이야기하면 2개의 율법책을 가지고 있다고 할 수 있습니다. 즉 율법서(토라), 예언서(느비임), 성문서(케투빔)와 탈무드입니다.

---

45) 박창환, 성경의 형성사, 대한기독교서회, 2009, 25-26쪽.
46) 신약개론, 레이몬드 E 브라운, 김근수 김경식 이은순 공역, CLC, 2017. 109쪽. 각주 참조.
13세기에 영국의 주교 스티븐 랭턴이 성경을 여러 장으로 나누었습니다. 그리고 3세기 후에 로베르 에티엔이라는 프랑스 인쇄업자가 성경의 각 장을 여러 절로 나누어 표시했다는 견해와 1551년 스테파누스의 인쇄본에서 시작되었다는 견해가 있습니다.
47) 김종식, 성경에 나오는 물건과 관습, 크리스챤뮤지엄, 2017. 15쪽.

[정리] 유대인의 율법책

율법책	타나크	율법서(토라), 예언서(느비임), 성문서(케투빔)
	탈무드	조상들의 유전

✻ 탈무드[48] 이야기

1. 탈무드는 신약성경에 나타난 '**조상들(모세, 여호수아, 장로들, 선지자들)의 유전(말씀)**[49]을 글로 옮겨 놓은 것입니다. 즉 조상들을 통해 구전으로 전해져 내려온 **구전 율법**이라고 할 수 있습니다. 유대인들은 모세가 40일 동안 시내 산에 있으면서 돌 판에 새겨진 십계명 외에 한 가지 더 율법을 받았다고 믿는 것입니다. 즉 하나님께서는 십계명을 실천하고 해석하고 구체적인 법률적 지침을 주기 위해 직접 모세에게 설명해 주셨다고 믿고 있습니다. 즉 율법은 성문 율법(십계명)+구전 율법(행위 지침)으로 구성된다고 믿는 것입니다. 그러므로 탈무드 역시 성문 율법과 같은 효력을 갖는다고 봅니다. 즉 십계명이 포괄적이고 일반적인 행위규범이라면 구체적인 상황에 적용할 수 있는 행위지침이 필요하였던 것입니다.

2. 예컨대, 안식일을 거룩하게 지키라, 아무 일도 하지 말라(제3계명). 그렇다면 안식일에 하지 않아야 할 일들은 무엇인가? 탈무드는 이에 대해 구체적으로 39가지 금지법(행위지침)을 만들었습니다. A.D 200년경, 랍비 아키바에 의해 문서화되었는데, 이것이 '미쉬나'였으며, 미쉬나가 쉽지 않아서 여기에 또 해설을 붙여서 만든 것이 '그마라'로 결국 AD 400년에 미쉬나+그마라=예루살렘 탈무드, 팔레스타인 탈무드가 탄생되었습니다.

3. 그후 A.D 500년에 바벨론에 있던 랍비들이 미쉬나 + 그마라 = 바벨론 탈무드로 다시 만들어 오늘날 탈무드라고 하면 이 바벨론 탈무드를 말합니다.[50]

4. 하지만 이러한 율법은 오랫 동안 유대인들의 삶에서 지키기 어려운 무거운 짐이 되었던 것입니다. 탈무드는 한편으로는 유대인의 5천 년 동안 삶에 있어서 문화. 도덕. 종교. 전통 등이 종합되어 전하여져 내려오는 생활의 지혜였습니다.[51]

탈무드

48) 탈무드란 '위대한 연구, 위대한 학문, 위대한 고전연구'라는 뜻입니다.
49) 마태복음 15장 1-2절/마가복음 7장 3-7절.
50) 마빈 토케이어, 이찬일 편역, 탈무드, 선영사, 1993, 18쪽.
51) 전부 합쳐 20권, 총 1만 2천 페이지, 단어 수는 250만 단어 이상, 중량은 75kg입니다.
마빈 토케이어, 이찬일 편역, 탈무드, 17쪽.

⑦ 율법서를 유대인들은 모세 5경이라고 하는데, 이 모세 5경은 모세가 직접 기록한 책이라기보다는 하나 이상의 문서의 편집으로 오랫 동안에 걸쳐 이루어진 것으로 봅니다.[52)]

[정리] 기독교의 구약과 유대인의 율법책의 구성

기독교의 구약 (39권)	유대인의 율법책 (39권+탈무드)
1. 율법서(모세 오경) 창세기/출애굽기/레위기/민수기/신명기	**1. 율법(모세 오경)** 창세기/출애굽기/레위기/민수기/신명기
2. 역사서(12권) 여호수아/사사기/룻기/사무엘상.하/열왕기상,하/역대상,하/에스라/느헤미야/에스더	**2. 예언서(선지서/느비임)(21권)** 여호수아/사사기/사무엘상.하/열왕기상,하/이사야, 예레미야, 에스겔 및 12 소선지서
3. 시가서(5권) 욥기/시편/잠언/전도서/아가	**3. 성문서/케투빔(13권)** 시편, 잠언, 욥기, 아가서, 룻기, 예레미야애가, 전도서, 에스더, 다니엘, 에스라, 느헤미야, 역대상,하
4. 예언서(선지서) 1) 대선지서(5권) 이사야/예레미야/예레미야애가/에스겔/다니엘 2) 소선지서(12권) 호세아/요엘/아모스/오바댜/요나/미가/나훔/하박국/스바냐/학개/스가랴/말라기	**4. 탈무드**

⑧ 구약성서에 속하는 책들이 성서로서의 위치를 차지하게 된 것이 어떤 회의나 교회의 어떤 위원회의 결정이나 명령에 의한 것이라기보다는 하나님의 말씀이라는 것이 역사와 경험이 명백하게 효과적으로 증명해 주었기 때문입니다. **이스라엘 사람들이 그 책들 속에서 하나님을 만났고, 하나님은 그들을 만나 말씀하신 것을 후세에 사람들이 확인해 놓은 문서**라고 할 것입니다.

2. 오늘날 우리들이 사용하고 있는 신약성경은[53)] 어떻게 만들어지게 되었나요?

① 신약성경은 예수님 승천 후 상당 기간(대략 30년 이상으로 추정함) 동안은 그리스도

52) 박창환, 성경의 형성사, 대한기독교서회, 2009, 29,31 쪽. 마치 한글을 세종대왕이 창제한 것으로 여기듯이 율법서 또한 모세가 기록한 것으로 보는 것은 당시의 이스라엘 국부요 이스라엘 법의 창시자였던 모세의 이름을 붙이는 것은 자연스러운 현상이라고 봅니다.

53) 신약은 헬라어로 '코이네 다이데케' 곧 새 계약이란 뜻입니다. 즉 예수 그리스도를 중심으로 성립한 계약을 말합니다.

교 복음은 말(이야기)로써 전달(의사소통)되던 시대였습니다. 즉 예수님의 생애에 대한 이야기와 그의 말씀은 당시 예수님과 함께 생활하고 경험하고 목격하였던 사도들과 전도자들에 의해서 말로 전달되어졌습니다.[54] 하지만 사도들의 살아 있는 음성이 사라져가자 그것을 보충, 대용하기 위해서 나타난 것이 문서로 된 복음서들이었습니다.[55]

'예수께서 행하신 일이 이 외에도 많으니 만일 낱낱이 기록된다면 이 세상이라도 이 기록된 책을 두기에 부족할 줄 아노라'(요한 21:25).

✽ 초대교회와 성서

초대교회는 구약성서를 그대로 물려받았습니다. 예수님이 유대인이고 그의 제자들이 모두 유대인이었을 뿐 아니라 예루살렘과 유대 지방의 초대교회가 유대인으로 구성되었기 때문에 자연히 구약성서가 그들의 성서일 수밖에 없었습니다. 구약성서를 경전으로 계속 가지면서 동시에 그리스도의 사역과 죽음과 부활이 주는 감격스러운 의미에 도취되고, 성령의 감동과 지도를 받으면서 교회는 성장해 갔습니다. 구약성서가 말하는 하나님의 뜻과 약속이 그리스도와 그의 교회에서 실현되고 성취된 것을 그들은 발견하였습니다.[56]

② 신약성경을 기록한 언어는 헬라어입니다. 예수님과 다른 사람들의 언어 가운데 일부는 아람어로 이야기한 것이지만, 신약성경에서 인용할 때에는 헬라어로 번역하여 기록하였습니다. 헬라어 유형은 **코이네(koine)**라 부르는데, 그 뜻은 일반적인(common)이란 의미입니다. 즉 당시 로마 제국 전체에서 **일상생활의 언어**이기 때문입니다.[57]

③ 또한 청중이나 독자들이 이제는 예수님 생존 시의 팔레스타인이나 유대인이 아니고 유대 관습과 사상에 생소한 **이방인**들이었기 때문입니다.

'바리새인들과 모든 유대인들은 장로들의 전통을 지키어 손을 잘 씻지 않고서는 음식을 먹지 아니하며 또 시장에서 돌아와서도 물을 뿌리지 않고서는 먹지 아니하

54) 예수님께서 **'너희들 중에 죽기 전에 나를 볼 사람도 있을 것이다'**(마태 16:28)라고 하신 말씀을 통하여 종말론적 신앙은 **곧 오실 예수님에 관한 이야기를 문서로 적을 필요를 느끼지 못한 점**도 있습니다.

55) 예수 그리스도의 삶과 말씀(=복음)에 관하여 여러 사람들에 의해 기록한 기록물이 있었던 것입니다 (요한 21:25). 대략 3,000개의 헬라어 사본들이(부분적으로 혹은 전체적으로) 보존되어 있습니다. 신약 책 중 원본 혹은 자필 원고가 보존된 것은 없으며 원본을 복사한 사본만 전해져 있습니다.

56) 박창환, 성경의 형성사, 대한기독교서회, 2009, 61-62쪽.

57) 박창환, 성경의 형성사, 대한기독교서회, 2009, 410-411쪽. 오늘날 그리스를 고대에는 헬라(희랍)라고 하였습니다.

며 그 외에도 여러 가지를 지키어 오는 것이 있으니 잔과 주발과 놋그릇을 씻음이러라'(마가 7:3-4).

✲ 신약성경의 저자들이 손으로 쓴 최초의 원본들은 어디로 갔나요?

그것들은 너무 많이 사용한 결과, 오래 전에 사라지고 맙니다. 반면 이러한 원문들을 베껴 쓴 5,000개 이상의 사본들이 보존 선택되어 신약 정경이 된 것입니다.[58] 인쇄술이 발달 되지 않았던 과거에는 성경은 직접 손으로 써야 했던 것입니다. 손으로 베끼는 방법은 두 가지로 먼저 기록된 원본이나 사본을 보고 서기관들이 직접 베껴서 기록하는 것이고, 다른 하나는 한 사람이 불러주고 서기관들이 쓰는 방법이었습니다.[59]

④ **어떤 기록이나 말씀이 신약성경의 정경에 들어가게 되기까지는 여러 단계를 거쳐야**만 했는데, 우선 그것이 기록되어야 하고, 다음으로는 그 기록된 책이 교회에서 널리 읽혀졌어야 합니다. 그리고 다음에는 그리스도인의 생활과 교리에 유용한 것으로 인정되고 수락되어야 합니다. 그리하여 교회의 공적 예배에서 낭독될 수 있는 것이 되고, 다음에는 온 교회가 채택하고 수락해야만 하며 끝으로 교회의 결정에 의해서 공식적으로 승인을 받아야합니다.[60]

⑤ 오늘날과 같은 신약성경은 A.D 3-4세기 초에 유세비우스에 의해 그 목록이 정비되어졌고, 367년에는 이집트의 알렉산드리아 감독 아타나시우스가 지금의 신약성경과 똑 같은 내용의 목록을 제시하여 신약 정경 형성 역사의 하나의 분기점을 이루었습니다.[61]

⑥ 예수님은 자신의 계시를 담은 글을 하나도 남기지 않으셨으며, 예수님과 함께한 사건들과 하나님의 나라의 선포는 처음에는 경험적 언어(구두口頭)로 전달되어져 왔습니다. 또한 **초기 기독교 세대는 종말론적 성격이 강하여 '마지막 시간'은 임박해 있었으며, 의심의 여지 없이 예수님은 곧 오실 것으로 생각하였기에 기록의 필요를 느끼지 못하였습니다.**[62] 하지만 점차 기억의 한계, 사도들의 사후의 문제, 그리고 여러 이단적인 도전 등에 대응하기 위하여 기록의 필요성을 사도들이 깨닫고 성령의 능력에 의해 기록하기 시작하였으며 그 문헌들(편지들과 서신들)이 차츰 걸러져서 엄격한 기준에 따라 정경화(正經化)되었습니다. 그리하여 신약성경을 27권으로 확정한 것은 A.D 397년 카르타고 공회에서입니다.

---

58) 박창환, 앞의 책, 412쪽.
59) 신성종, 평신도 신학, 국민일보, 2004, 21쪽.
60) 박창환, 앞의 책, 84쪽.
61) 박창환, 앞의 책, 109쪽.
62) 레이몬드 E. 브라운, 김근수. 김경식. 이은순 공역, 신약개론, CLC, 2017, 52쪽. 고린도전서 16:22, 요한계시록 22:20 **'내가 진실로 속히 오리라', 마라나타=주 예수여 어서 오시옵소서.**

⑦ **복음서의 기록을 위한 성령의 사역**은 진리로 인도하며 사도들로 하여금 그리스도에 관한 진리를 왜곡하거나 실수하지 아니하고 기억할 수 있도록 하는 것이었습니다

(요한 14:26; 16:14-15/고린도전서 2:12).

⑧ 그러므로 신약은 기독교인들이 구약이라고 부르는 책과 결합하여 성경을 이루고 있습니다.

[정리] 구약과 신약

구약성경	신약성경
옛 언약	새 언약
39권 929장	27권 260장
4,000 년 이상의 기간을 다룸	약 100 년의 기간을 다룸
약 31 명의 저자	약 9명의 저자

✻ 성경이 우리 손에 들어오기까지 이야기 [63)]

1. 성경은 하나님의 영감을 받은 사람들에 의해 쓰여진 책입니다. 성경은 모세 때부터 주후 1세기까지 오랜 시간에 걸쳐 기록되었습니다. 성경이 처음으로 쓰여질 당시에는 오늘날처럼 종이와 필기구가 없거나 귀한 것이기 때문에 돌판이나 토판에 기록되었습니다. 그러다 필기도구가 발전함에 따라 동물의 가죽으로 만든 두루마리 모양의 양피지나 파피루스로 만든 종이에 하나님의 말씀을 기록하기 시작하였습니다.

2. 근대 이후 종이가 발명되고 필기구들이 발전함에 따라 성경이 종이에 기록되었습니다. 하지만 처음에는 사람들이 일일이 베껴 썼기 때문에 성경의 값은 매우 비쌌습니다. 그래서 누구나 성경을 지니고 읽을 수는 없었습니다.

3. 그러나 1456년 인쇄술의 발명으로 성경이 대량으로 인쇄되면서부터는 개인적인 소유가 가능해졌으며, 더욱이 히브리어, 헬라어로 기록된 구약성경과 신약성경이 종교개혁 이후에 각 나라말로 번역되기 시작하면서 성경이 더욱 널리 읽혀지게 되었습니다.

4. 한글 성경은 1875년부터 번역이 시작되어 1938년 한글 성경번역본이 완성되었고, 그때서야 한글로 된 신구약 성경이 믿는 사람들 손에 들려지게 되었던 것입니다.

63) 비젼성경, 신약편, 두란노서원, 2007, 389쪽.

3. 한글로 성경을 읽게 된 것은 언제부터였나요?

최초의 한글 성경은 1882년 만주에서 스코틀랜드 선교사 존 로스 목사를 중심으로 매킨타이어(John MacIntyre), 이응찬, 박홍준, 서상륜, 이성하 등이 누가복음과 요한복음을 각각 낱권으로 번역해서 출판하였습니다. 1887년에는 우리말로 번역된 최초의 신약성경이 태어나는데 이 신약성경을 가리켜 **'예수셩교젼서'**라고 부르며 흔히 로스 번역 신약전서라고도 합니다. 이 신약성경은 한문 성서를 번역한 것으로 구어체를 많이 사용한 번역이었습니다.

예수셩교전서

① 1911년 3월 6일 미국 선교사 윌리엄 레널즈와 한국인 이승두, 김정삼 등이 번역한 **'셩경젼셔'**가 출간되어 한국인이 **성경 전체를 최초로 우리말로 한 권의 책으로** 읽을 수 있게 된 것입니다.

성경전서

② 성경의 일부 번역은 이전에도 몇 차례 있었습니다.

19세기 후반 중국 선양에서 활동하던 스코틀랜드 출신 중국 선교사 존 로스는 현지에서 한국인들에게 한국어를 배우고 1882년 3월 '예수셩교누가복음전서'를 출간했습니다. 최초의 한글 번역인 이 성경에서 로스는 'GOD'이라는 단어를 '하나님'이라고 번역했습니다.

③ 1885년 2월에는 수신사 박영효의 수행원으로 일본 도쿄에 도착한 이수정이 '신약마가젼복음셔언해'를 출판했는데, 이것이 한국인에 의한 최초의 성경번역입니다.

✽ 이수정과 성경번역 이야기

조선 왕조가 몰락하던 때, 임오군란으로 인하여 위기에 처한 민비를 구출해 준 공로로 1882년 수신사 박영효의 비공식 수행원으로 일본에 간 이수정이라는 사람이 있었습니다. 그는 일본의 근대화에 크게 공헌한 농학자 쯔다 센에게서 농학뿐만 아니라 기독교의 복음의 진리를 배우고, 그의 소개로 알게 된 야스가와 목사에게서 이듬해인 1883년 4월에 세례를 받고 두 달 후인 6월에 마가복음을, 그리고 이듬해인 1885년에 순 한글로 된 누가복음을 번역했습니다. 그는 성경의 복음의 진리를 알고 또 복음으로 사는 사람들의 경건한 삶을 보고서 조선 왕조뿐만 아니라 우리 민족의 살 길이 무엇인지를 깨닫게 되었습니다. 그래서 미국 선교부에 편지하여 선교사를 한국에 파송해 줄 것을 간곡하게 청원하였고, 그의 기도와 간청으로 인하여 그가 번역한 성경을 한국 최초의 선교사인 언더우드와 아펜젤러가 가지고 한국에 들어왔던 것입니다.[64)]

④ 한국개척 선교사인 언더우드와 아펜젤러는 이수정이 번역한 이 한글 성서를 들고 1885년 4월 5일 인천에 입국했습니다. 언더우드와 아펜젤러는 '한글성경번역자회'를 설립하고 '신약전서'를 출간, 보급한 데 이어 구약성경번역을 주도해 1911년 마침내 성경을 완역했습니다.[65)] 이와 같이 오늘날 우리들의 손에서 귀하게 읽혀지고 있는 성경은 많은 사람들의 헌신적인 노력에 의지하여 그리고 하나님의 섭리에 힘입어 이루어진 위대한 성경번역과 신앙의 역사인 것입니다.

✽ 토마스 선교사의 성경 전달 이야기

1. 로버트 저마인 토마스(Robert Jermain Tomas)는 1840년에 출생하여 1866년에 순교한 영국 출신 선교사입니다. 그는 목사였던 아버지의 6남매 중 둘째로 태어나 런던대학을 졸업하고 1863년 아내 캐롤라인 갓프리와 결혼하여 해외선교에 소명을 품고, 1864년 런던선교회의 후원금을 받아 중국 선교사로 파송되었습니다.

2. 불행히도 중국에서 아내가 곧 세상을 떠난 후, 런던선교회를 사임하고 산둥성 지푸로 이동하여 세관의 통역과 감독관으로 근무하던 중 조선사람 김자평, 최선일과 접촉하게 됩니다. 그는 조선의 소식을 듣고 조선의 선교에 마음을 두고 스코틀랜드성서공회의 대리인으로 1865년 4월 1차 황해도 옹진을 방문하여 성경을 배포하였습니다.

---

64) 나용화, 기독교의 정석, 에페코북스, 2014. 6-7쪽.

65) 이 신약전서와 구약전서를 합쳐서 옛 번역 또는 구역(舊譯)이라고 합니다. 성경번역에서 특이한점 중에 하나로 1910년 성결교회의 전신인 동양선교회에서 발행한 성경으로 당시 성서공회에서 출판한 신약성경에 부표(죄, 심판, 회개, 사죄, 구원 등 기독교의 주요 개념들을 12개의 그림으로 표시)와 관주를 붙여 성경말씀을 쉽게 이해하도록 하고, 예수님의 말씀은 붉은색으로 인쇄하였는데 모두 우리나라 최초의 일입니다.

3. 그런데 고종임금과 대원군을 만나 조선의 문호개방과 기독교 선교를 허락받고자 강화만 연안에 당도하여 백령도 등지에서 2-3개월간 조선말을 좀더 배우고 그리고 풍습도 익히며 선교하다가 한강을 올라 한양(당시 수도)에 도달하고자 항해하던 중 심한 풍랑을 만나 강화 창후리 앞바다(현재 교동 상룡리 달 우물 마을 건너편의 바다) 암초에 부딪혀 조난을 당하여 육지에 올라와 마을 사람들에 구원을 청하자 당시 박동엽 만호[66]가 정부의 처벌의 위험을 무릅쓰고 구조한 후 배를 제공하여 무사히 북경으로 귀환하였습니다.[67]

4. 그후 미국 상선 제너럴셔만 호의 통역관으로 승선하여 백령도를 거쳐 대동강을 따라 8월 20일 평양을 향하여 갔습니다. 처음에는 백성들의 호기심을 사기도 하였습니다. 통상과 무역을 원하였던 그들이었으나 조선의 당시 상황은 대원군과 고종의 쇄국정책으로 인하여 천주교 박해와 외국과의 통상은 금지되어 있었음에도 불구하고 셔만 호의 강행으로 조선과 충돌이 일어나게 되어 셔만 호는 최후를 맞게 됩니다.

5. 제너럴셔만 호는 평양행을 고집하고 8월 21일에는 평양 신장포에 도착했습니다. 이 곳에서도 구경꾼들이 몰려왔고, 토마스는 성경책을 나눠 주었습니다. 토마스로서는 어떤 상황에서든 자신의 의무를 다하면 된다고 생각한 것입니다. 이때 성경을 받은 김영섭은 후에 기독교 신앙을 받아들였고, 두 아들 김종권과 김성집은 장로가 되었다고 합니다. 이 곳에서도 조선 관리는 선박의 도래 경위를 조사하고 철수를 요구했습니다.

6. 8월 22일 셔만 호는 평양 만경대의 작은 섬 두로도에 닻을 내렸습니다. 토마스는 이 곳에서 100여 권의 성경을 배포했다고 합니다. 평양 감사 박규수는 셔만 호의 공격에 대비하여 만경대를 둘러싸는 방어선 구축을 지시했습니다. 그럼에도 셔만 호는 대동강으로 계속 진입했습니다.

7. 8월 27일에는 셔만 호 승무원들이 순시 대장 중군(中軍) 이현익을 억류한 심각한 일이 발생한 것입니다. 이현익의 억류소식을 접한 주민들은 셔만 호에 돌을 던졌고, 석방을 요구했습니다. 관군은 사격을 가했고 셔만 호 측에서도 발포했습니다. 셔만 호가 8월 28일 발포를 시작했고, 고종의 허락에 따라 평양 감사 박규수는 공격을 지시했습니다. 곧 강 수위는 낮아졌고 배는 좌초되었습니다.

8. 9월 4일 달빛도 없는 그믐밤 결국 선원은 쑥섬에 갇힌 신세가 되었습니다. 관군은 작은 거룻배에 나무를 싣고 불을 붙여 셔만 호로 접근시켜 셔만 호를 불태웠습니다. 선원들은 불길을 피해 강 밖으로 헤엄쳐 나왔으나 강변에 정렬해 있던 군인들에 의해 창에 찔려 죽임을 당했습니다.

9. 토마스 목사도 남은 성경책을 안고 배에서 뛰어 내려 강가로 나와 모래사장에 머리를 숙이고 기도했습니다. 그리고는 마지막 성경을 관군에게 내밀었습니다. 관군의 칼은 토마스의 가슴을 내리쳤고 토마스는 9월 5일 대동강 쑥 섬 모래사장에서 26세의 젊은 나이로 생을 마감하여 시신은 대동강변에 묻혔습니다.

66) 만호(萬戶)란 조선시대 각도의 여러 진에 배치한 종4품의 무관직을 말합니다.
67) 박은재, '강화 교동교회사' 노트를 참조한 내용입니다. 이후 만호의 집안은 강화 교동의 감리교 집안으로 감리교 복음의 전초기지 역할을 한 가문이 되었습니다.

10. 제너럴셔만 호를 구경하러 갔던 소년 최치량(崔致良, 1854-1930)은 12살 때 숙부와 함께 1866년 9월 5일 토마스 순교 장면을 목격하였고, 토마스 목사가 뿌린 한문성경 3권을 주웠다고 합니다. 책 소지자에 체포 명령이 내려 대부분 성경을 소각하거나 강변에 버렸습니다. 최치량도 이 성경을 집으로 가져오지 못하고 영문주사(營門主事) 박영식(朴永植)에게 주었고 그는 이 성경을 가져와 찢어 벽지로 사용했습니다.

11. 오랜 후 최치량은 사업에 성공하여 물상객주(物商客主)가 되어 평양 대동문 안에 집을 사 여관을 운영하게 되었는데, 그 여관의 전 주인이 박영식이었습니다. 최치량은 이 벽지로 사용된 성경을 읽고 또 한석진의 전도로 회심하였고, 평양에서 최초로 마펫에게 세례를 받고 평양지역 교회의 초석이 되었다고 합니다. 그는 널다리 골의 홍종대(洪鐘大)의 집을 사서 예배처소로 사용했는데, 이것이 평양 최초의 교회인 널다리골 교회요, 이후에 1907년 대부흥을 이끌었던 평양장대현교회의 시작이었다고 합니다.

12. 그 사건이 있은 후 18년이 지난 1884년 선교의 자유를 얻어 알렌이 입국하였습니다. 토마스 선교사가 뿌린 한 알의 밀알이 그 열매를 맺게 된 것입니다.

⑤ 1938년 기존의 성경을 개정하여 출판하게 되는 데 바로 이 성경을 가리켜 '개역성경'이라고 부릅니다. 이 성경번역이 오늘날 우리가 널리 사용하고 있는 성경번역과 거의 같습니다. 대략 100여 년 전이었습니다.

✻ 피터스 목사의 한글 구약성경번역[68]

최초의 한글 구약성경을 번역한 사람은 알렉산더 피터스 목사(1871-1958)로 알려져 있습니다. 그는 우크라이나 지역의 정통 유대인 가정에서 태어나 히브리어에 능통했으며, 일본을 찾았다가 미국인 선교사 헨리 루미스로부터 세례를 받고 기독교인으로 거듭났으며, 그의 권고에 따라 24살 때인 1895년 한국에 들어와 권서인으로 전국을 쭉 복음을 팔면서 다녔으며, 1898년 시편 예순 두 편을 한글로 번역해 [시편촬요]를 출간했습니다. 1898년 찬송가(383장 눈을 들어 산을 보니, 75장 주여 우리 무리를)를 작사하였으며, 1911년에는 [구약전서]를 1938년에는 [개역구약성경]의 번역을 완료하였습니다.

⑥ 1961년에 개정된 한글 맞춤법 통일안에 맞추어서 개정한 것이 현재의 개역한글 번역본입니다. 대부분의 개신교 교단 및 교회가 공인한 표준성경입니다.

⑦ 1993년에 발행된 '표준새번역'은 원어번역 성경입니다.[69] 2001년에 나온 '표준새번

68) 기독신문 제2212호, 한교총 피터스 목사 기념 심포지움, 2019년 9월 2일자 참조.
69) 이전까지는 한문성경을 번역한 수준이었습니다. 구약은 맛소라 사본을 기준으로 한 히브리어 성경 Biblica Hebraica Stuttgartencia를, 신약은 국제성서공회의 그리스어 성서 Novum Testantum Graece를 사용했습니다.

역' 개정판이 발행되었는데, 2004년에 표준새번역 개정판의 공식 명칭이 '새번역'으로 정해졌습니다.

⑧ 1998년에 개역개정 번역본이 발행되었습니다.[70] 개역개정 번역본은 그후에 새로운 개정판이 계속해서 발행되어 지금 사용하는 개역개정은 2006년 5월에 개정된 제4차 개역개정 번역본입니다.

[정리] 한글 성경번역의 역사 : 2022년 현재

연 도	번역된 성경	특 징
1887년	예수셩교전서	우리말로 된 최초의 신약성경
1911년	성경전서	우리말로 된 최초의 신구약성경
1938년	개역성경	기존 성경 전면 개정
1967년	신약전서 새번역	
1977년	공동번역	개신교와 천주교가 공동으로 번역함
1985년	현대인의 성경	신구약을 현대어로 번역
1993년, 2001년	표준새번역	현대어로 개정한 번역 '여호와'를 '주'로
1998년	개역개정판	1938년 개역성경을 개정한 성경
2000년 이후		독자에 맞게 다양한 번역 성경이 반포되고 있음

✻ 성경번역의 역사 이야기

1. 1882년 존 로스의 최초 한글성경, 1885년 이수정의 한글성경은 신약성경의 일부분이었습니다. 1885년 조선에 입국한 아펜젤러와 언더우드 선교사는 먼저 입국한 헤론의 제의를 받아들여 성경 전체를 번역하여 조선 전역에 보급하는 것이 조선 복음화의 가장 지름길이라는 것을 인식하고 공감하였습니다.

2. 1887년 상임성서번역위원회 위원장으로는 언더우드가 되었고, 히브리어, 헬라어, 라틴어 등 고전어에 능통한 레이놀즈 선교사가 합류하였고, 각국의 언어에 통달하며 문학적 재능까지 겸비한 게일 선교사도 합류하면서 가속도가 붙었습니다. 1900년 드디어 신약성경 전체의 번역이 완료되었고, 1906년 한국 최초의 공인역본으로 신약전서가 출간 완료되었습니다.

3. 1907년 봄 한글구약성경의 조속한 완성을 위해 미국성서공회의 팍스와 영국성서공회의 릿슨이 내한하였으며, 한국성서실행위원회의 레이놀즈 선교사와 이승두, 김정삼 두 명의 조사에게 구약 성경번역을 일임하였는데, 조사에 머물던 한국인들이 정식 번역위원으로 참가하였습니다. 1910년 4월 구약

70) 1938년에 발행된 개역을 골격으로 하고 고어체를 현대적인 단어로 대체했습니다.

성경번역을 완료하였고, 1937년 신구약 전체 한글 번역을 완성한 공인번역 '성경전서'가 탄생하였습니다.

4. 이 과정에서 1902년 6월, 목포에서 열리는 번역자회의에 참석키 위해 제물포에서 목포로 가던 중 아펜젤러와 그의 조사 조성규가 목포 앞 바다에서 조난, 순교하였고, 1915년 성경번역을 전담하던 언더우드가 작업에 몰두하다가 건강을 잃은 후 회복하지 못하고 순교하였고, 1916년에는 게일마저 개역위원들과 뜻이 맞지 않아 사임함으로써 장벽에 부딪치기도 하였습니다.

5. 선교사들은 한글 성경을 가지고 한글로 설교를 하였으며, 안창호, 주시경, 박헌영, 여운형, 이승만, 조만식, 이상재 등 개화기의 수많은 지식인, 애국지사, 독립투사, 학자들과 이들이 세운 교회와 학교에서 한글 성경을 접하였고 그들의 설교에 영향을 받았던 것입니다.[71]

[성경번역과정] 한글 성경은 여러 번역과정을 거쳐서 우리 손으로 들어왔습니다.

① 히브리어 ⇨ 헬라어 ⇨ 중국한자/영어 ⇨ 한글
② 히브리어 ⇨ 헬라어 ⇨ 영어 ⇨ 한글

✻ 한글 성경번역과 보급의 역사에 관한 이야기

1. 오늘날 우리들이 매일같이 읽고 있는 한글 성경은 약 120년 전에 이 땅에 죽음을 각오하고 왔던 선교사님들과 그들로부터 예수 그리스도의 복음을 안내 받았던 신실한 사람들에 의해서 이루어진 일이며 이 모든 일이 하나님의 섭리에 의해서 진행된 사건입니다. 우리는 무엇보다 한국의 선교역사에서 선교사들에 의해 수행된 한글 교육이 성경번역과 읽기를 통해 이루어진 위대한 일임을 귀하게 평가하여야 할 것입니다.[72]

2. 또한 19세기 말 복음서가 조선에 전래된 이후부터 일제 강점기 기간 동안 한글로 번역된 성경과 찬송가 등 기독교 책자를 등에 지고 다니면서 팔던 권서인(勸書人) 또는 매서인(賣書人)이라 불린 사람들이 있었습니다. 이들은 전국 팔도에 성경을 보급하고, 하나님 말씀을 전하는 한편 한글을 읽을 수 없는 사람들에게는 한글을 가르쳐 주는 교사가 되기도 하였습니다. 1945년 해방되기까지 2천여 명의 권서인들이 활동하였는데 대부분이 남자였고 여자도 40여 명 정도 있었습니다.[73] 한국에 기독교가 널리 전파되고 성장할 수 있었던 것은 한글의 덕이 컸던 것입니다.

---

71) 박용규, 한국기독교회사 1, 한국기독교회사연구소, 2017, 참조.
72) 조성돈, 교회다니면서 그것도 몰라, 국제제자훈련원, 2010, 41쪽.
73) 강진구, 한글의 시대를 여는 21세기 권서인, 신앙계, 2019, 10월호, 74-77쪽 참조.

권서인(매서인)

헐버트 선교사

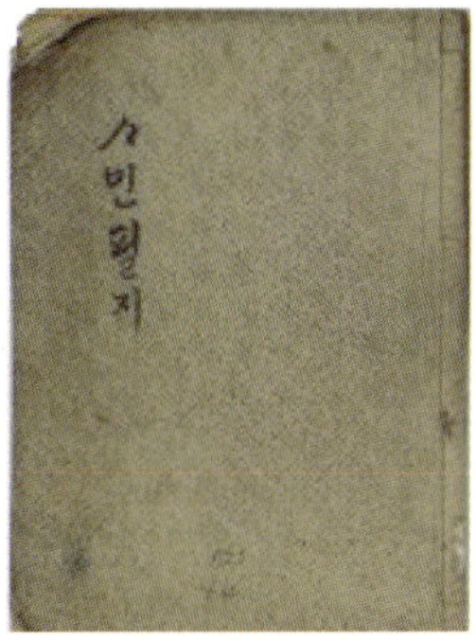

사민필지 초판본

3. 헐버트 선교사는 1886년 조선 최초의 관립 근대식 학교인 육영공원 교사로 이 땅을 밟았습니다. 그는 외국인이지만 역사상 최초로 조선 말글을 과학적으로 연구한 최초의 근대적 언어학자였습니다. 1891년 역사상 최초로 한글 종합교과서인 사민필지(士民必知)를 출간하였습니다. 또한 1889년 '뉴욕 트리뷴지'에 '조선어'라는 글을 기고하여 국제사회에 최초로 한글 자모를 소개하였으며, 한글은 단순하면서도 광범위한 표음능력을 지닌 완벽한 글자라고 칭송하였습니다. 그는 한글 사랑을 표현하기를 '한글은 현존하는 문자 가운데 가장 훌륭한 문자 중의 하나임에 틀림없다'고 1905년 출간한 [한국사] 세종편에 표현하고 있습니다. 뿐만 아니라 한글 보급을 위해 많은 노력을 쏟았으며 특히 배재학당을 통하여 주시경과 같은 제자를 길러내었습니다. 최초의 한글신문인 '독립신문' 발간에도 크게 공헌하였으며, 서재필과 더불어 띄어쓰기와 점찍기를 정착시키는 계기를 만들기도 하였고, 고종황제가 윤허한 한글 보급을 목적으로 한 '국문연구소'설치에도 공헌하였으며, 1907년 일본의 박해로 미국에 귀환했으나 미국에서도 38년간을 한국의 독립을 위해 투쟁하였습니다. 그는 대한민국 정부로부터 '건국훈장'과 '금관문화훈장'을 받았습니다. 그의 한글사랑은 우리의 역사에 길이 빛날 것입니다.[74]

제4절 성경과 정경(正經)은 어떤 관계인가요?

1. 정경의 탄생

성경을 카논(Canon)이라고 부르는데, 예수님 당시에 사용된 구약은 70인역 성경이었습니다. 이외에도 몇 가지 문서가 있었으나 그중에는 이단으로 불리는 것으로 하나님의 말씀이 아닌 가르침도 섞여 있었습니다. 따라서 2세기경 교회는 어떤 문서가 하나님의 말씀이 담긴 문서이며 어떤 것이 아닌지를 선별하여야만 했습니다.

74) 김동진, 훈민정음을 부활시킨 헐버트 선교사, 신앙계, 2019, 10월호, 81-85쪽 참조.

2. 정경으로 선택

그 뒤 약 100년 동안 교회의 간부들은 정기적으로 모임을 갖고 어떤 문서를 선택할 것인지를 논의했습니다. 구약은 AD 90년 얌니아 회의에서 정경으로 확정되어 AD 1세기 정경화 과정을 거쳐 39권의 책만을 정경으로 채택하였으며, 신약은 AD 4세기 중반인 AD 393년 히포 종교회의와 397년 카르타고 회의에서 합의를 통하여 끝을 맺고 선별한 것이 정경(正經, Canon)으로 결정되었습니다. 즉 정경으로써 구약 39권과 신약 27권이 된 것입니다. 오늘날 우리가 성경이라고 부르는 것은 바로 많은 문서들 중에 선택된 정경인 것입니다.

[정리] 성경의 구성

성경	정경	구약--39권	AD 90년 얌니아 회의에서 정경으로 확정됨 AD 1세기경 정경화 과정을 거쳐 39권만 정경으로 채택
		신약--27권	AD 393년 히포 종교회의와 AD 397년 카르타고 회의에서 아타나시우스의 신약 성경목록에 만장일치 의견으로 27권이 확정됨
	외경	15권	BC 2세기 말부터 AD 1세기 사이에 쓰여진 역사적 산물

3. 정경이 되기 위한 선택기준은 어떤 것이었나요?

① 영감(靈感)된 말씀이어야 합니다.[75]

② 선지자나 하나님의 사람들(사도들)에 의해 즉 그들의 이름과 정신 또한 권위로 기록되어야 합니다.

③ 사실과 부합되며 역사적으로 언어적으로 정확해야 하며, 기독교 공동체(교회) 내에서 표준이 되는 신앙과의 일치성이 있어야 합니다.

④ 누구를 위하여 기록되었는가? 교회에서 사용되고 있는가?의 여부입니다.

제5절 외경은 무엇이며 어떻게 이해하여야 하나요?

1. 외경은 무엇인가요?

외경은[76] 히브리어 성경에는 없지만 헬라어 성경(70인역 성경)에 들어있는 정경 외의 책

75) 영감이란 하나님께서 사람이 성경을 기록할 때 하나님의 계시하고자 하는 내용을 틀림없이 기록하도록 **성령의 초자연적인 감동과 감화**를 말합니다.

76) 외경은 '감추인 것', '숨긴 것'이라는 뜻입니다. 역사문학 4(3)권, 교훈서 2권, 소설류 2권, 예언서 1권, 성문서 6권, 합 15권(14)으로 되어 있습니다.

을 말합니다.[77] 외경의 저자들은 주로 알렉산드리아의 유대인, 팔레스타인 지역의 유대인과 익명으로 쓰여진 책들입니다. 언어는 주로 헬라어(그리스어)로 쓰여 졌으며 부분적으로는 히브리어와 아람어로 쓰여졌습니다. 기록연대는 BC 200~AD 100년으로 보고 있습니다.[78]

2. 왜 외경을 정경으로 받아들일 수 없는가요?

① 외경에는 역사적, 지리적, 연대적인 부정확함과 시대착오가 많습니다. 또한 외경은 거짓된 교리를 가르치고 영감으로 기록된 성경과는 다른 관습들을 가르칩니다. 외경의 기록은 문학적 형태에 의존하고 영감으로 기록된 성경과는 맞지 않는 인위적인 주제와 문체를 표현하고 있습니다.

② 신약의 저자들이 70인역은 인용하였지만 외경에서 인용한 것은 없습니다.

③ 기독교회는 동방교회나 서방교회[79] 모두가 히브리 정경만을 찬성하였고, 종교개혁 시대로부터 현대에 이르기까지 외경을 정경으로 받아들이는 것을 거부하였습니다.

3. 외경은 전혀 고려할 가치가 없는 것인가요?

외경은 영감으로 기록된 책들은 아니지만 고대 유대인들의 종교, 문학의 일부분으로써 가치 있고 중요한 점을 인정할 수 있다는 주장이 있습니다.[80]

1) 성경적으로 외경은

말라기 시대로부터 세례 요한이 등장하기 전까지 예언과 영감이 중단되었던 신, 구약 중간사의 공백을 메워줍니다.

2) 종교적으로 외경은

신, 구약 중간기의 시대에 있었던 유대교의 영적, 철학적, 지적인 생활에 대한 통찰을 하도록 합니다.

3) 정치적으로 외경은

중요한 시기의 유대 국가의 역사를 추적할 수 있습니다. 특히 마카베오상(上)은 헬라 이

77) 외경 이외에도 위경이 있는데, 이것은 정경과 외경에 포함되지 않은 상당수의 유대적 문헌으로 BC 3세기부터 AD 1세기 사이에 기록된 책들을 말합니다.위경은 제1,2 에녹서, 모세의 승천서, 아브라함 묵시록 등 17권입니다.

78) 신, 구약 중간기에 발달한 다양한 특색의 유대문학인 셈입니다.

79) **교회와 그 유형**에 대해서는 **제2부에서 자세히 이야기**하게 됩니다.

80) 레이몬드, 설버그, 김의원 역, 신구약 중간사, 기독문서선교회, 2004, 140쪽.

교도의 학정에 대항하여 종교적, 정치적 자유를 위해 맹렬하게 싸운 유대인들에 대해 주의 깊고 신뢰할 수 있는 내용의 자료를 제공해 주고 있습니다.

4) 문학적으로 외경은

문학에 폭넓은 영향을 미쳤습니다. 외경들은 1629년까지는 모든 영어 성경에 그리고 1827년까지는 대부분의 영어 성경 속에 포함되어 인쇄되었으므로 외경들이 널리 읽혀졌고 문학적으로 많은 영향을 미치게 되었습니다.

* 묵시문학(문헌) 이야기[81)]

묵시문학(문헌)이란 묵시(계시)를 일정한 체계 속에 담고 있는 글을 총체적으로 일컫는 말입니다. 성경 신,구약의 모든 책들은 하나님의 '계시'에 의해 주어진 말씀이지만 그 중에서도 '묵시문학(문헌)'의 장르를 가진 책은 다니엘서와 요한계시록을 대표적인 것으로 들 수 있습니다. 한편 신,구약 중간기에는 묵시문헌의 형태를 가진 많은 유대교 책들이 기록되어 묵시문학(문헌)의 전성기였습니다. 대표적인 것으로 외경 중에도 '에스드라 2서' 같은 책입니다. 중간기 시대의 묵시문학(문헌)은 성경(정경)으로 인정하지 않습니다. 왜냐하면 성경처럼 하나님의 직접적인 계시(묵시)에 의해서 쓰여진 묵시문학(문헌)이 아니라, 사람들이 자기의 머리로 계시를 받은 것처럼 꾸며서 쓴 순수한 문학작품으로서의 묵시문헌이기 때문입니다. 묵시문학(문헌)의 배경에는 유대인들에 대한 하나님의 구원 약속에 대하여 강대국의 식민시민으로 고통과 비애로 가득차 있는 이 세상에서는 구원의 빛을 찾을 수 없는 현재의 절망적인 상황을 극복하기 위하여 이 세상이 지나고 모든 것이 변한 후에 있을 종말(저세상)에 그들의 소망을 두고 하나님의 초월적 역사를 기대하면서 ' 이 세상은 죽음과 멸망으로 타락하여 망할 것이나, 미래에 올 저 세상은 슬픔을 알지 못할 것이며 회복된 낙원으로 임할 것'이라는 유대인의 소망을 담게 된 것입니다. 이 종말사상은 초대 기독교 공동체에 많은 영향을 주었습니다. 하지만, 기독교에서는 새로운 내용들이 보충되어 복음 선포에 이바지하게 되었습니다. [82)]

4. 가톨릭(천주)교회에서는 외경을 인정하는가요?

로마교회가 1546년 4월 8일 트렌트 회의에서 11권의 외경서(빌게이트역)를 권위 있는 성경으로 공포하였기 때문에 인정하고 있습니다.

81) 정성미, 성서배경사, 대서, 2015, 183-196쪽.

82) 묵시문학(문헌)에서의 저 세상은 즉 영감을 받은 성경으로 간주합니다.하나님의 나라로 수정되어 즉 그 하나님의 나라는 이 세상의 종말이 온 이후에만 가는 나라가 아니라 이 세상에서도 맛볼 수 있게 되는 나라라고 말씀하셨습니다(마태 12:28). 자세한 사항은 **제2부 하나님의 나라와 종말론에서 이야기**합니다. 신구약성경 길라잡이, 도서출판 지민, 2013, 399쪽.

5. 오늘날도 외경은 계속 문제가 되고 있나요?

한국의 개혁교회(기독교회)는 구약 외경을 분명한 태도로 반대하고 있습니다. 하지만 가톨릭(천주교)에서는 이를 인정하고 있습니다.[83] 한 가지 특이할 만한 것은 1977년 신, 구교가 공동으로 성경을 번역하여 출판하였고, 여기에는 외경도 포함되어 있었다는 점입니다.[84]

✾ 최근의 외경 및 정경 외의 문헌의 발견과 해석

최근에는 외경 및 정경 외의 문헌 등의 발견으로 성경에 대한 새로운 또는 보완적 해석이 행하여지고 있습니다. 그동안 전통교회(특히 가톨릭)에서 왜곡 또는 삭제되었던 여러 사건이나 기록들이 새로운 해석과 연구를 기다리고 있습니다. 그 대표적인 것으로 1945년 이집트에서 발견된 나그함마디 문서를 통하여 영지주의, 도마 복음, 필립 복음, 유다 복음 등과 막달라 마리아에 대한 해석, 그리고 이단으로 몰렸던 신학 견해 등에 대한 논의를 주목할 필요가 있습니다. 다만, 이러한 문서들에 대한 검증과 분석과 연구 등을 통하여 지배적인 해석이 자리잡기까지는 무조건 그러한 문서들의 내용에 함부로 휩쓸리는 것은 신중하여야 할 것입니다.

제6절 성경을 구성(번역)하는 과정에서 언어상의 문제는 없었나요?

성경에는 전혀 오류가 없다는 주장과 성경에도 오류가 있다는 주장이 있습니다. 어느 주장이 맞는 것일까요? 특히 성경을 구성(번역)하는 과정에서 언어상 문제가 있을 수 있다고 보는 견해가 있습니다.

1. 성경 오류설(誤謬說)

① 성경은 오랜 기간 동안 여러 사람과 여러 문화적 배경에 의해서 쓰여져왔기 때문에 오류가 있을 수밖에 없다는 주장으로 현실적인 설득력을 갖게 됩니다. 특히 오늘날 다양한 이름의 그리고 다양한 형태의 성경번역이 출판되어 우리들이 성경을 손쉽게 접할 수 있으며, 때로는 이러한 성경이 옛날 성경보다 더 그 내용을 잘 이해할 수 있고, 또 이전 성경에서 오해하였던 부분이 바로 잡혀지게 된 것도 있다는 점을 볼 때 성경 오류설의 주장이 언뜻 타당한 것처럼 들립니다.

83) 가톨릭(천주교)에서는 구약과 신약을 '제1의 정경'으로, 외경을 '제2의 정경'이라 부릅니다.
84) 박창환, 앞의 책, 147-148쪽. 한국 천주교는 그때까지 성경전서의 번역이 없었는데 이 공동번역이 천주교에 활력소를 준 것으로 평가하기도 합니다. 또한 최근 한국 천주교회가 급속도로 성장하는 원인 중에 하나가 되고 있다고 보기도 합니다. 하지만 이 공동번역은 개신교에서는 이후 여러 가지 번역상의 문제를 삼아 채택하지 아니하고 1993년 '표준새번역'을 출판하여 사용하게 되었습니다.

② 하지만, 성경은 누구에게나 필요한 생명의 말씀이고 귀중한 하나님의 말씀이기 때문에 모든 사람이 알 수 있게 번역되는 동시에 정확하게 그리고 성실하게 번역 되어야 하며 또한 번역자는 성령의 감화와 감동으로 번역 작업에 임해야 함을 잊지 말아야 합니다. 성경을 번역함에 자신의 목소리를 담게 되는 순간 성경은 오류를 범하게 되는 것입니다.

> '… 우리가 사랑하는 형제 바울도 그 받은 지혜대로 너희에게 이같이 썼고 또 그 모든 편지에도 이런 일에 관하여 말하였으되 그 중에 알기 어려운 것이 더러 있으니 무식한 자들과 굳세지 못한 자들이 다른 성경과 같이 그것도 **억지로 풀다가 스스로 멸망에** 이르느니라(베드로후서 3:15-16).

2. 성경 무오설(無誤說)

① **'신구약 성경은 하나님의 말씀이니 신앙과 행위에 대하여 정확 무오한 유일의 법칙이다'**라는 믿음을 말합니다. 지금 우리에게 성경이 주어진 것도 하나님께서 하신 일이며, 지금 주어진 성경이 하나님의 뜻을 나타내는데 오류가 없다는 것입니다. 하나님께서 택하신 저자들이 기록할 때 성령님이 역사하시어 하나님의 말씀인 성경이 독자들에게 전하고자 하는 메시지에 있어서는 하나님의 뜻과 상반되거나 결여됨이 없이 완전하다는 뜻에서 오류가 없다고 하는 것입니다.[85)]

✾ 성경 무오설에 대한 이해

성경 무오설에 대해서 우리가 오해하면 안 되는 것은 성경의 문자 하나하나가 (번역과정에서) 전혀 오류가 없다는 의미는 아니라는 것입니다. 우리에게는 성경의 '원본'은 없습니다. 우리는 사본을 통해서 성경의 원본에 가깝게 읽고 있는 것입니다.

② 성경 무오설과 성경 영감설은 같은 선상(線上)에 있는 견해입니다.

85) 성경 무오설은 16세기 서방교회의 종교개혁을 지지한 개혁 찬성파인 현재의 개신(개혁)교회가 강조한 신학이론으로 하나님의 복음을 담은 성경이 구원에 이르도록 하기에 **완전함**을, **흠 없음**을 강조하는 성경이해의 방법입니다. 즉, 성경의 권위를 강조하며 서방교회 문제가 제도주의, 즉 '교황중심주의'였으므로 이를 극복하고자 제시한 기독교의 원형, 즉 '복음중심주의'를 말하는 핵심적 개념입니다.

[정리] 성경번역상의 차이[86)]

개역성경(로마서 8장 1절)	한글 킹 제임스성경(로마서 8장 1절)
그러므로 이제 그리스도 예수 안에 있는 자에게는 결코 정죄함이 없나니	그러므로 이제 그리스도 예수 안에 있는 자에게는 결코 정죄함이 없나니, 그들은 육신을 따라 행하지 아니하고 성령을 따라 행하느니라

개역성경(호세아서 10장 1절)	한글 킹 제임스성경(호세아서 10장 1절)
이스라엘은 열매 맺는 무성한 포도나무라	이스라엘은 텅 빈 포도나무요

개역성경(로마서 16장 24절)	한글 킹 제임스성경(로마서 16장 24절)
없음	우리 주 예수 그리스도의 은혜가 너희 모두와 함께 있을지어다 아멘

3. 성경을 기록한 언어

① 성경을 기록한 언어는 크게 세 가지입니다. 구약은 히브리어와[87)] 아람어로 기록되었고, 신약은 헬라어로 기록되어 있습니다. 아람어는 주전 2000년경부터 사용된 말인데, 아카드어를 밀어내고 고대 근동 지역의 국제 언어가 되었습니다. 히브리어는 가나안 지역에서 사용되었던 아람어 방언으로 여겨집니다.[88)]

② 남유다의 멸망과 더불어 뒤이은 바벨론 포로 생활을 통해 유대인들은 국제 언어인 아람어에 무차별적으로 노출되었고, 점차 히브리어를 잊어버리고 아람어에 익숙해지게 되었습니다. 바벨론 제국의 지배 이후 페르시아 제국에 의해 유대인 포로들이 이스라엘로 돌아왔을 때만 해도 이들은 히브리어보다는 아람어에 익숙하였던 것이 확실합니다. 이 시기에 유대 민중들의 성경 이해를 돕기 위해 성경의 아람어 번역본이 만들어졌기 때문입니다. 유대 귀환자들은 본국에 돌아오며 아람어도 함께 가져왔고, 이 무렵에 기록된 에스라서와 다니엘서는 그 안에 아람어 섹션을 포함하고 있었습니다(에스라서 4:8-6:18; 7:12-26/다니엘서 2:4-7:28).

86) 김창선, '한국교회를 위한 21세기 신약성서 해설', 도서출판 시유시, 2005, 22쪽.
87) 히브리어는 고대 이스라엘의 언어입니다. 아람어는 고대 수리아 지역의 언어였으며 당시의 국제적 언어였습니다.
88) 히브리어와 아람어의 관계는 제주도 방언과 한국말 표준어와 같다고 할 수 있습니다.

③ 하지만 예수님이 사역하시던 주후 1세기에 발견된 기록물의 대부분이 히브리어로 된 것으로 볼 때 이스라엘 사람들은 시간이 지나면서 점차 아람어를 벗어나 다시 히브리어로 돌아온 것으로 볼 수 있습니다. 예수님 당시의 유대인의 공용어는 아람어가 아닌 히브리어를 사용하였습니다.[89)]

④ 신약의 헬라어(=그리스어, 희랍어)는 고전적 헬라어가 아닌 알렉산더 왕이 세계를 (언어적으로도) 통일하기 위해 쉽게 만든 소위 코이네 헬라어로 일반인들이 쉽게 배울 수 있게 된 형태입니다. 신약성경은 바로 이 코이네 헬라어로 기록된 것입니다.[90)]

⑤ 신약성경이 헬라어로 쓰여진 이유는 당시 세계를 지배하고 있던 로마 제국의 공식 언어였기 때문에 그리스도의 복음이 전 세계로 전파되기 위해서는 당시의 공용어였던 헬라어로 성경이 쓰여진 것은 지혜로운 선택이었으며, 하나님의 섭리라고도 할 것입니다.

⑥ 그렇지만 예수님도 히브리어를 사용하여[91)] 대중들을 가르쳤다는 주장에 근거하여 볼 때 히브리어를 통한 성경 원어에 접근하여야 할 필요성이 있습니다.

[정리] 성경의 기록에 사용된 언어와 실제 생활에 사용된 언어

구분	구약시대	신약시대
기록에 사용된 언어	*히브리어/아람어	*헬라어=그리스어=희랍어(국제 언어)
실생활 언어	*아람어(국제 언어)	*히브리어(표준어) / 아람어(방언)

❃ 히브리어로 성경 읽기 및 해석이 필요한가요?[92)]

우리가 성경과 예수님의 말씀의 진정한 의미와 현재 우리가 읽고 있는 성경 말씀의 난해한 구절을 잘 이해하기 위해서는 히브리어를 읽고 그 언어를 통한 이해가 필요합니다. 그 이유는 첫째로, 성경 전체에서 히브리어가 차지하는 비중이 크기 때문입니다. 성경에서 구약은 78%를, 신약은 22%를 차지합니다. 신약 중에서도 공관복음 전체와 사도행전 1장-15장까지는 신약의 43%를 차지하고 있는데, 이것은 유대적인 텍스트로 이루어져 있으며 주로 예루살렘 사역을 다루고 있습니다.

89) 류모세, 열린다 성경난해구절, 규장, 2014, 38-40쪽.
90) 신성종, 평신도 신학, 국민일보, 2004, 19쪽. 현재 그리스어(헬라어)를 쓰고 있는 나라는 그리스, 키프러스, 불가리아 등이며 사용 인구로는 약 1500만 명 정도라고 합니다. 그리스어의 알파와 베타에서 '알파벳'이라는 이름이 나왔으므로 영어의 모체가 되기도 합니다.
91) 예수님이 사용한 언어는 '히브리어'라는 주장과 '아람어'라는 주장이 있습니다.
92) 류모세, 앞의 책, 12,13,36쪽.

둘째로, 신약의 대부분의 기록자들은 유대인으로 유대적 사고(思考)와 문화(文化)에 익숙하였습니다. 언어는 사고를 담는 그릇이며, 또한 문화를 표현하는 도구입니다.

셋째로, 예수님 시대에 이스라엘 사람들은 히브리어가 공용어로 사용되었고, 예수님도 히브리어를 사용하여 가르쳤습니다.

넷째, 성경구절에 많은 이해하기 힘든 부분은 히브리어로써 풀 수 있기 때문입니다.

⑦ 그런데, 여러 종교 경전이 대개 창시자의 언어로 기록되었으나,[93] 성경은 예수님이 사용하신 언어가 아닌 국제어를 사용하여 번역한 경전인 것이 특징입니다. 즉, 당시 로마제국의 공용어인 헬라어로 기록한 기독교는 처음부터 메시지의 전달과 소통에 강조점을 둔 **'선교적 언어(종교)'**라고 할 수 있습니다.[94]

4. 성경번역과 해석의 새로운 시도

① 성경번역은 원어 성경의 뜻에 부합되도록 끊임없이 재번역 되어야 하며, 성경 해석의 틀 역시 아무리 그것이 대중화 되었다고 해도 성경 전체에 흐르는 사상과 부합되지 않을 때는 끊임없이 새로운 해석의 틀을 찾아야 합니다. 성경적 진리는 불변하지만 그에 대한 해석의 틀은 변화하기 때문입니다. 즉, 말과 글은 장소와 시대와 함께 변화하기에 성경번역 작업은 계속되어야 하며, 번역은 계속하여 보완되고 수정되어야 합니다.[95] 특히 성경 속의 수많은 인명과 지명은 논의를 통하여 어떤 교회. 교파에서든지 통일하여 써야 합니다. 고대 지명과 오늘날의 지명이 완전히 다른 곳이 많은데, 이것도 성경을 번역할 때에는 ( ) 속에 부기해 두는 것이 혼란을 방지하기도 하거니와 쓸데없는 일에 힘을 낭비하지 않기 위해서도 필요합니다. 예를 들면 한글 성경에서도 구브로는 키프로스, 애굽은 이집트, 바사는 페르시아로 현대에 쓰이는 용어로 바꾸는 작업이 필요합니다.[96]

② 우리가 유의하여야 할 것은 성경 (내용 형성) 무오설과 (언어로 기록한) 번역상의 오류가 있을 수 있다는 점은 다른 것입니다.

93) 이슬람교의 '코란'은 아랍어로, 힌두교의 '베다경'은 산스크리트어로 기록되었습니다.
94) 정민영, 성경과 번역의 종교, 국민일보, 2018.6.22.
95) 김창선, 앞의 책, 24쪽.
96) 허대영, 바울의 발자취를 따라가는 길, 예맥, 2016,106-107쪽.

✽ 신학과 신앙생활 및 교회에서 사용되는 용어의 문제

말(언어)은 생각(내용)을 담는 그릇과 같습니다. 그릇이 잘못되면 내용도 잘못될 수밖에 없습니다. 신학 용어는 신학을 담는 그릇이므로 신학 용어가 잘못되면 신학(神學)도 따라서 잘못될 수 있습니다. 용어는 모든 학문의 나침반과 같은 구실을 합니다. 이러한 문제는 그리스도인의 신앙생활과 교회에서 사용되는 용어에까지 그 영향력을 미치게 되어 잘못 사용되고 있는 용어들과 개념들이 기독교인들의 삶에 반영되기도 합니다.

몇 가지 사례들을 보면, '교회'나 '성전' 등이 동의 관계에 있는 단어이며 다의성을 가진 단어라는 사실에 대한 이해 부족으로 여러 주장을 하게 되는 혼란이 있습니다. 또한 개신교에서는 '하나님'을 천주교에서는 '하느님'으로 부르는 혼란이 아직도 계속되고 있는데, '하나님'이라는 용어에 대해 '하늘에 계신 유일하신 존재(신)'이라는 새로운 개념으로 이해하는 것이 타당하다는 주장이 설득력을 갖습니다.[97] 성경에서도 사탄, 사단, 마귀, 귀신 등의 용어가 혼용되어 사용되고 있어 때로는 구분이 되지 않고 혼동스러울 때도 있습니다.[98] 뿐만 아니라 일상적인 신앙생활에서도 잘못 사용되는 용어로는 소천(召天), 전지전능하시고 무소부재하신 하나님, 감사하신 하나님, 하나님을 당신이라고 부르는 것과[99] 성도들의 모임에서 갖는 식사를 '유사'라고 부르는 것 등을 들 수 있을 것입니다.

③ 성경의 해석과 비평을 통하여 우리들은 성경의 의미와 내용을 보다 더 잘 이해할 수 있으며, 또한 성경을 통하여 우리가 만나고 찾으려는 하나님과 예수 그리스도 그리고 성령님을 만나고 찾게 되며 우리 삶의 목적과 목표 그리고 삶의 문제에 대한 해답을 얻게 되고 성경이 오늘 나의 삶에서 어떻게 적용될 수 있는가? 와 연결시킬 수 있습니다.

④ 성경 해석은 넓게는 성경 본문에 나타난 언어가 어떤 사람이 생각하고 있는 바를 표현해 줄 때에는 말하는 것 자체가 해석이며, 또 한 언어에서 다른 언어로 번역하는 것도 해석이고, **어떤 사람이 말하거나 기록한 것에 대한 설명 혹은 주석이 해석**이기도 합니다.

뿐만 아니라 성경 내용을 다양한 방법으로 접근하면서 **신중한 분석**을 하는 본문비평, 역사비평, 자료비평 및 편집비평 등이 있습니다.[100]

---

97) 변이주, 교회에 뿌려진 가라지 용어들, 나침반, 2016, 28, 49쪽

98) 이상윤, 교회용어 바로알기, 국민일보 2019. 6.13자 참조. **사탄이란 말은 히브리어 표현이고, 마귀라는 말은 헬라어 표현입**니다. 요한계시록 12장 9절에서는 '마귀라고도 하고 사탄이라고도 하며 온 천하를 꾀는 자'라고 하여 큰 차이가 없음을 알 수 있습니다. 즉 사탄은 대적, 대적자, 고소자라는 뜻입니다. 그러나 귀신은 헬라어로 다이몬인데, 이는 사탄 혹은 마귀가 부리고 있는 낮은 등급의 악한 영들이라고 할 수 있습니다.

99) 조효훈, 한국교회 진단서, 일상과초월, 2014, 146-152쪽 참조.

100) 레이몬드 E. 브라운, 김근수 외 공역, 신약개론, CLC, 2017, 71쪽. 성경비평은 **적대적 판단이라는 의미의 비평을 말하는 것이 아님**을 유의할 필요가 있습니다. 비평유형은 보다 더 다양할 수 있습니다.

[정리] 언어와 문자에 관한 이해

<table>
<tr><th>구분</th><th colspan="2">내 용</th></tr>
<tr><td>뜻</td><td colspan="2">*음성 또는 문자를 수단으로 하여 사람의 사상이나 감정을 표현하고
의사를 전달하는 수단과 체계를 말함</td></tr>
<tr><td>기능</td><td colspan="2">*생각과 느낌을 표현하도록 함
즉 생각과 느낌(내용)을 언어(그릇)로 담아냅니다.
*다른 사람과 의사소통을 하도록 함</td></tr>
<tr><td>구조</td><td>* 다층 구조</td><td>--- 표층구조 --------- 외부적 의미
--- 심층구조 --------- 상징적 의미</td></tr>
<tr><td>종류</td><td colspan="2">*단일(통합) → 다양(혼합) → 회복(소통)
[에덴동산] [바벨탑사건] [오순절성령강림]</td></tr>
<tr><td>장애와 결과</td><td colspan="2">*다양한 언어습득 미비 → 의사소통장애 → 오해, 갈등, 다툼, 전쟁
*(정치적)지배 수단 : 사상 통일을 위해서 정복 국가의 언어 강요
(예)남미 : 스페인어, 포르투칼어, 아프리카 : 영어, 불어, 독어 등
(예)아시아 : 영어, 불어, 스페인어 등</td></tr>
<tr><td>언어의 회복</td><td colspan="2">*오순절 성령강림 사건 → 의사 소통
*통번역 시스템 개발 → 의사 소통</td></tr>
</table>

[정리] 언어의 흩음과 회복

창조시대	바벨탑 사건	알렉산더 헬라시대	오순절 성령강림 사건
하나의 언어	언어의 흩음	언어의 통일 시도(헬라어)	언어의 회복

제7절 서점에는 많은 종류의 성경들이 나와 있는데 어떻게 다르나요?

① 오늘날 서점에 가서 보면 전문 성경 코너에는 여러 종류의 성경들이 판매되고 있습니다. 그러한 성경번역본 가운데는 성경 이해를 돕기 위해 여러 모양의 해설이나 관련 그림과 지도와 함께 성경구절의 배경 지식까지도 덧붙이고 있고, 또한 성경을 읽는 사람들의 눈높이와 형편에 맞게 용어들도 바뀌어져 있습니다. 하지만, 이러한 풍성함 속에서도 어떤 성경번역본을 선택하여야 하는지에 대해서 때로는 망설여지게 되는 경우가 있습니다. 그래서 아래에 그 번역본들의 성격에 따라 정리를 해 보았습니다.

[정리] 성경번역본[101)]

성경번역 방법에 의한 구분	번역본
축어적 번역(직역)	킹제임스 성경(KJV), 개정표준역(RSV), 미국표준 성경(ASV), 개역한글, 개정개역(한글성경)
의미를 옮기는 의역	새국제역본(NIV), 굿뉴스 성경(GNB), 표준새번역(한글성경)
창조적 번역	리빙바이블(LB), 현대인의 성경(한글성경)

개인의 영적인 회복이나 묵상과 성찰을 위하여 성경을 읽고자 한다면 아름다운 문체나 읽기 쉬운 문체로 되어 있는 번역이 많은 도움을 줄 수도 있을 것입니다. 즉 우리가 성경읽기를 위하여 어떤 성경을 선택할 것인지는 읽는 목적에 따라 달라질 것입니다.

✾ 왜 성경은 기독교인조차 통독하기 어려운 책인가요?

1. 성경은 매년 세계적인 베스트셀러입니다. 누구나 참 좋은 책이라고들 합니다. 하지만 한편으로는 성경 전체를 통독하는 데 어려움도 많습니다. 그 결과 기독교인조차도 구약의 경우 1년에 1회독을 하는 데 어려움을 겪고 있으며, 많은 교우들이 매년 초에 성경통독의 계획을 세우지만 실제 실천되기가 쉽지 않다는 이야기가 여기저기서 들려옵니다.

2. 왜 그럴까요? 여기에는 몇 가지 이유가 있습니다.
먼저 성경 특히 구약에서 사용된 용어들이 친숙하지 않은 것에 있습니다. 즉 구약에 등장하는 이름과 지명은 우리에게는 대단히 낯설은 이름과 지명이기 때문입니다. 그리고 구약성경의 배열이 역사적인 순서에 맞추어져 있지 않고 여러 가지 간격이 있기 때문입니다. 그리고 구약에서 기록된 내용과 사건이 우리의 역사 이야기가 아닌 이스라엘 유다 민족의 역사 이야기로 생소하게 느껴지기 때문입니다. 뿐만 아니라 성경 이야기와 문화의 배경 지식이 없는 상태에서 무조건 읽기 때문에 읽는 동기 부여가 적은 것도 한 가지 이유가 될 것입니다. 더욱이 성경을 전체적인 관점(숲)에서 보지 않기 때문이기도 합니다.

3. 그럼에도 불구하고, 많은 교우들이 성경의 내용이 단순한 역사적 사실이나 사건의 기록이 아닌 하나님의 섭리와 경륜 그리고 하나님 나라의 전개과정이라는 것을 깨달아 알기 때문에 인내심을 가지고 읽고 있지만, 평신도 입장에서는 통독과 이해와 정리에 상당히 어려움을 느끼는 것이 현실입니다. 이러한 어려움을 덜어 주기 위해 10여 가지 이상의 성경통독 교재가 나와 제각각 특징과 장점으로 많은 도움을 주고 있지만 시원한 해결책이 되지는 못하고 있는 것 같습니다.

101) 최초의 인쇄된 성경은 1456년판 라틴어 성경인 구텐베르크 성경입니다.

② 성경은 3000년 내지 2000년 전에 기록된 것으로 당시의 특정한 환경에 있던 특정한 사람들에게 잘 이해되는 말과 내용이었을 것입니다. 하지만 오늘 우리들과는 시간적으로나 공간적으로 멀리 떨어져 있기 때문에 **성경을 이해하는 데는 객관적 연구에 의해 여러 차원에서 관찰하고 판단함으로 보편적이고 (좌우로 치우치지 않고) 균형적이며 종합적인 견해를 가지려고 노력하여야** 할 것입니다. 그리하여 성경을 바로 보고, 바로 알아, 올바르고 정당한 지식에 의해 올바로 적용하는 일이 기독교 신앙인으로써 필요한 것입니다.

[정리] 현대인에게 있어서 성경과의 간격

현대인과 성경의 간격	구체적 내용
언어적 간격	현대인의 언어 : 각국의 서로 다른 언어 성경의 언어 : 구약(히브리어), 신약(헬라어)
문화적 간격	현대인의 문화 : 다양성과 개별성, 문화 상대주의 성경의 문화 : 유대인의 문화+이방(헬라문화+로마 문화 등) 배경
지리적 간격	현대인의 지리 : 세계 250여 나라의 지역 성경의 지리 : 팔레스틴, 고대(앗시리아, 바빌로니아, 페르시아, 이집트 등) 지중해 지역, 그리스 반도, 이태리 반도, 발칸 반도 등
역사적 간격	현대인의 역사 : 2000년대(21세기) 성경의 역사 : BC 5천년-AD 100년

제3장 성경은 무엇에 관하여 말하고 있나요?

성경은 단순히 어떤 흥미로운 내용을 재미있게 전달하고자 하는 이야기 책 이거나 또한 어떤 일어난 모든 사실을 아무런 의미 없이 기록한 책이 아닙니다. 과거의 일어난 사실과 사건을 말하고자 하는 목적에 따라 쓰고, 전달하고자 하는 목적에 의해 써 내려간 책입니다. 성경이 무엇에 관하여 말하고 있는가, 무엇을 말하려고 하는가? 에 관하여 대략 5가지 관점에서 이야기해 볼 수 있습니다.

제1절 성경은 예수님에 관한 이야기입니다.
제2절 성경은 하나님의 인간 사랑에 관한 이야기입니다.
제3절 성경은 하나님의 인간 구원에 관한 이야기입니다.
제4절 성경은 하나님의 언약(약속)에 관한 이야기입니다.
제5절 성경은 하나님의 나라(천국)에 관한 이야기입니다.

제1절 성경은 예수님에 관한 이야기입니다.

① 구약은 오실 예수님에 관한 예표이고[102] 신약은 오신 예수님과 다시 오실(재림하실) 예수님에 관한 이야기라고 말할 수 있습니다.

'아담은 오실 자(예수님)의 모형이라'(로마서 5:14). ⇒ 아담(모형/예표)과 예수님(원형)

[정리] 예표에 관한 것으로 볼 수 있는 것

구약(예표)	신약(원형)	비고
아담--불순종, 죽음	예수 그리스도--순종, 생명	*창세기 3장
아브라함--약속(씨)	예수 그리스도--성취, 후손(씨)	*갈라디아서 3:15-22
요셉-----하나님의 섭리	예수 그리스도--약속, 쓰임 받음	*하나님의 선택

102) 예표란 **하나님에 의해 정해진 구약의 제도나 기관 그리고 역사적 사건과 인물들이 신약의 기독교적인 진리를 효과적으로 미리 보여 주는 것**을 말합니다.

홍해를 건넘	세례 = 침례	*물
만나	성찬	*생명의 떡
반석	예수 그리스도	*기초
지상 성도	하늘 성도	*하나님 나라의 백성
노아 홍수의 물	세례 = 침례	*새 생명
놋 뱀	십자가상의 예수 그리스도	*희생과 구원
도수장으로 끌려가는 어린양	고난의 종 어린양 = 예수 그리스도	*희생제물
모세의 도고기도	예수 그리스도의 인류구원 기도	*하나님과의 대화
요나의 기적	예수님 그리스도의 죽음과 부활	*3일간의 무덤 속
아사셀 염소	예수 그리스도의 속죄 사역	*죄의 전가
도피성	예수 그리스도 ⇨ 교회 : 구원의 성	*민수기 35장

예표 : '여호와께서 이미 큰 물고기를 예비하사 요나를 삼키게 하셨으므로 **요나가 밤낮 삼 일을 물고기 뱃속에 있으니라'**(요나 1:17). ⇨ 3일 동안 무덤에 머물러 있었던 예표

원형 : 무리가 모였을 때에 예수께서 말씀하시되,
'이 세대는 악한 세대라 표적을 구하되 **요나의 표적** 밖에는 보일 표적이 없나니'(누가 11:29/마태 12:38-42/마가 8:12).
⇨ 예수님께서 3일간 무덤에 머물러 계신 후 부활하심

② **구약의 많은 내용은 예수님에 대한 예표로 해석**할 수 있습니다. 즉 구약은 전체적으로는 예수 그리스도의 오심과 그분에 대하여 말씀(예언)하고 있습니다. 하지만 구약의 모든 내용을 오직 신약과 예수님에 대한 예표 중심으로만 연결시키게 될 때에는 자연스럽지 못하게 될 수도 있으므로 예표로 설명하게 될 경우에는 성경 독자들이 이해할 수 있도록 보다 더 신중하게 분석하고 연구하여야 할 것입니다.

[정리] 예수 그리스도를 예표하는 요셉

주제	요셉(창세기)	예수 그리스도(마태복음)
사랑	야곱의 사랑받는 아들(37:3)	하나님의 사랑받는 아들(3:17)
배신	유다에 의해 은20에 팔림(37:26-28)	유다에 의해 은 30에 팔림(26:15-16)
권세	애굽의 모든 권세를 받음(42-44)	하늘과 땅의 모든 권세를 받음(28:18)
양식	요셉을 통해 식물을 얻음(41:55-57)	예수님을 통해서만 생명을 얻음(사도행전 4:12)
용서	형제들을 용서함(50:20-21)	자기의 죄를 고백하는 모든 사람은 예수 그리스도를 통해 용서를 받음(요한일서 1:9)

[정리] 예수님은 어떤 분이신가?

예수님에 관한 영역구분	내 용	성경구절
1. 성품, 인격 영역	하나님+인간 ⇨ 죄를 사하시고(하나님이심) ⇨ 불쌍히 여기심(인간영역)	누가 5:20 마가 5:19
2. 공간적 영역	자연적+초자연적 ⇨ 물 위를 걸으심	마태 14:25
3. 시간적 영역	현재적+미래적 ⇨ 아버지에게서 나와 세상에 왔고(현재적) ⇨ 세상을 떠나 아버지께로 감(미래적)	요한 16:28
4. 생명 영역	육체적+영적 ⇨ 살아 있는 떡	요한 6:51
	유한적+무한적 ⇨ 죽으시고(유한적) ⇨ 부활하심(무한적)	마가 16:6
5. 죄의 영역	죄 없으심+죄 짓지 않으심 ⇨ 무죄하심	누가 23:3,14
6. 죽음(사망)의 영역	십자가에 달려 죽으심(사망)+3일 만에 부활하심(죽음을 이기심)	마태 27장 - 28장

③ 성경 특히 신약은 예수님은 왜 이 땅에 오셨는가? 에 대하여 대답하고 있습니다. 하나님이신 예수님께서 사람의 몸을 입으시고 인간 세상에 오실 수밖에 없었던 까닭은 무엇이며 또 다시 재림하시어야 하는 이유는 무엇인가? 또 이 땅에 오셔서 사역하실 필요는 무엇이었고 또 무엇을 위해 사역을 필요로 하였는가? 그 전에 승천하실 수도 있었는데도 불구하고 왜 십자가에 달려 죽으셔야만 하셨는가? 등에 대한 대답을 성경으로부터 얻을 수 있습니다.

[정리] 왜 예수님은 이 땅에 오셨는가?

인간의 죄를 대신하시기 위하여 인간에 구원(영생)을 주시기 위하여	십자가에 달려 죽으심	마가 10:45 누가 24:47 요한 3:15-17
하나님 나라를 알게 하시기 위하여	복음을 선포하심	마태 5:1-12
하나님을 보여 주시기 위하여	사람들과 함께 하시고 기적과 이적을 행하심	요한 2:11 요한 9:24
언약을 실현(지키기, 나타내기) 위하여	선지자들의 예언을 실현하심	요한 7:42

제2절 성경은 하나님의 인간 사랑에 관한 이야기입니다.

구약은 이스라엘에 대한 하나님의 사랑을 말하고 있고,[103] 신약은 하나님이 인류를 사랑하신 것을 말하고 있습니다. 하나님은 예수님을 통하여 이스라엘과 궁극적으로는 온 세상에 구원의 사랑을 보여 주셨습니다.

'여호와께서 이르시되 내가 애굽에 있는 내 백성의 고통을 분명히 보고 그들이 그들의 감독자로 말미암아 부르짖음을 듣고 그 근심을 알고 내가 내려가서 그들을 애굽인의 손에서 건져내고 그들을 그 땅에서 인도하여 아름답고 광대한 땅, 젖과 꿀이 흐르는 땅 곧 가나안 족속, 헷 족속, 아모리 족속, 브리스 족속, 히위 족속, 여부스 족속의 **지방에 데려가려 하노라'**(출애굽기 3:7-8).

'하나님이 세상을 이처럼 사랑하사 독생자를 주셨으니 이는 그를 믿는 자마다 멸망하지 않고 영생을 얻게 하려 하심이라'(요한 3:16).

'하나님이 우리를 사랑하시는 사랑을 우리가 알고 믿었노니 하나님은 사랑이시라'
(요한일서 4:16).

[정리] 하나님의 인간 사랑

구약에서의 하나님의 사랑	신약에서의 하나님의 사랑
• 창세시대 : 인간(인류)에 대한 사랑 • 언약시대 : 이스라엘에 대한 사랑 • 때로는 : 이방인에 대한 사랑	(이스라엘을 포함한) 온 인류에 대한 사랑

103) 구약시대에는 하나님의 인류(삶과 역사)에 대해 무관심하시었다는 것은 결코 아닙니다.

제3절 성경은 하나님의 인간 구원에 관한 이야기입니다.

하나님께서 인간을 창조하시었으나, 인간이 하나님께 대하여 타락과 범죄를 함으로 인하여 하나님과 관계가 끊어지고 인간은 고통과 죽음이 오게 되었습니다. 하나님은 이 같은 인간을 구원하시고자 인류 역사에 개입(섭리)하시었으며, 결국에는 하나님(예수 그리스도) 스스로가 이 땅에 인간의 몸으로 직접 오시어 구원의 사역을 펼치신 역사(섭리)를 기록하고 있습니다.[104] 즉, 이 땅에서 펼쳐지는 모든 역사(구원사역)는(은) 예수 그리스도를 중심으로 진행되고, 예수 그리스도를 통하여 성취되며, 예수 그리스도가 다시 오심으로 완성될 것입니다. 그러므로 예수 그리스도는 인간 역사의 주관자이십니다.

> **'하나님이 그 아들을 세상에 보내신 것은 세상을 심판하려 하심이 아니요 그로 말미암아 세상이 구원을 받게 하려 하심이라'**(요한 3:17).
>
> **'인자가 온 것은 잃어버린 자를 찾아 구원하려 함이니라'**(누가 19:10).
>
> **'내가 문이니 누구든지 나로 말미암아 들어가면 구원을 받고** 또는 들어가며 나오며 꼴을 얻으리라'(요한 10:9).
>
> **'누구든지 주의 이름을 부르는 자는 구원을 받으리라** 하였느니라'(사도행전 2:21).
>
> '사람이 마음으로 믿어 의에 이르고 **입으로 시인하여 구원에 이르느니라'** (로마서 10:10).
>
> **'성경은 능히 너로 하여금 그리스도 예수 안에 있는 믿음으로 말미암아 구원에 이르는 지혜가 있게 하느니라'**(디모데후서 3:15).

제4절 성경은 하나님의 언약(약속)에 관한 이야기입니다.

1. 구약은 옛 언약으로 하나님을 사랑하라는 말씀으로 채워져 있습니다.

구약은 하나님이 이스라엘 민족(즉, 아브라함과의 언약, 야곱과의 언약, 모세와의 언약, 다윗과의 언약, 예레미야를 통한 언약, 에스겔과 맺은 언약 등)을 통하여 하나님을 사랑하라는 말씀으로 이루어져 있습니다.

---

104) **구원에 관하여 보다 자세한 이야기는 제2부에서 전개됩니다.**

'너는 마음을 다하고 뜻을 다하고 힘을 다하여 네 하나님 여호와를 사랑하라'
(신명기 6:6).

❀ 하나님의 구속사적인 경륜과 언약(약속)[105)]

성경은 인류 구원을 위한 하나님의 구속 계획(경륜)이 역사 속에서 구체적으로 나타나는 여러 가지 활동들로 하나님의 섭리 이야기입니다. 그리고 이러한 섭리(이야기)를 진행시키는 가장 큰 원동력이 다름 아닌 '언약'과 그 언약의 '성취'입니다. 구약은 예수 그리스도가 오실 일(이사야 53:4-6)에 대한 언약이고, 신약은 언약의 성취자로 예수 그리스도가 오신 것(누가 24:27,44)과, 다시 오실 것(사도행전 1:11, 계시록 1:7)에 대한 언약(약속)입니다. 예수 그리스도께서는 구약의 언약(약속)대로(창세기 3:15, 갈라디아서 3:19)오신 분입니다.

1) 언약의 의미

① 계약은 계약 당사자들이 그 내용에 상호 동의하는 것을 나타냅니다. 그러나 하나님과 하나님의 백성과의 언약은 하나님의 일방적이고 주권적인 약속입니다. 하나님께서는 창조주요 인간은 피조물이기 때문이며 서로 동등한 존재가 아니기 때문입니다. 하나님과 인간은 죄 때문에 대등한 입장에서 약속할 수 없기 때문이며, 타락한 이후 하나님과 언약을 맺을 수 있는 자격을 상실했기 때문입니다.[106)]

② 언약은 '쪼갠다', 짐승을 죽여서 쪼개어 양쪽으로 나누어 놓은 데서 유래된 말입니다(창세기 15:10, 예레미야 34:18). 즉, 계약자들이 약속을 어기면 짐승처럼 쪼갬을 당한다(죽는다)는 의미를 나타내 주고 있습니다.[107)] 하나님과 그 언약의 상대인 인간이 하나로 결속되어 인격적인 관계가 되는 것을 의미합니다. 신약에서는 둘 사이에 두다. 즉, 하나님과 그의 백성 사이에 이루어진 것을 말합니다.

'**아브라함이 그 모든 것을 가져다가 그 중간을 쪼개고 그 쪼갠 것을 마주 대하여 놓고** 그 새는 쪼개지 아니하였으며…'(창세기 15:10).

'해가 져서 어두울 때에 연기 나는 화로가 보이며 **타는 횃불이 쪼갠 고기 사이로 지나더라 그날에 여호와께서 아브람과 더불어 언약을 세워** 이르시되 내가 이 땅을 애굽 강에서부터 그 큰 강 유브라데까지 네 자손에게 주노니'(창세기 15:17-18).

105) 박윤식, 잊어버렸던 만남, 휘선, 2008, 46-48쪽.
106) **언약에 관하여 자세한 이야기는 제2부에서 하게 됩니다.**
107) 언약은 인류역사상에 공식적으로 나타난 것으로는 **국가간의 조약에서 유래**된 것으로 보기도 합니다.

2) 언약과 계약의 차이

하나님과 사람이 맺은 언약은 사람과 사람 사이에 맺은 계약과는 차이점이 있습니다. 그러므로 구약에 나타난 하나님과 노아, 아브라함, 다윗 그리고 이스라엘과 맺은 언약은 사람들 사이에 맺은 계약의 개념과는 다르게 이해하여야 합니다.

언 약	계 약
하나님의 일방적이고 주권적인 행위입니다.	양 당사자가 대등한 입장으로 자유로운 의사표시의 합치입니다.
하나님과 인간은 대등하지 않습니다. 즉, 창조주와 피조물의 관계입니다.	사람들과 사람들은 꼭 같은 피조물로 대등한 관계입니다.
하나님의 일방적이고 주권적인 은혜입니다. 인간은 (죄로 인하여) 언약할 수 없는 존재입니다.	양 당사자가 지켜야 하는 의무로 자신의 의사에 강제(구속)되는 것입니다.
변하지 않고 신실하게 이루어집니다.	변경되기도 하고, 불이행되기도 합니다.
무효나 취소되지 않고 소멸되지 않습니다.	무효가 되기도 하고 취소되기도 하며 때로는 해제되기도 합니다.
역사 속에서 반드시 성취(이행)하십니다.	인간의 삶 가운데 때로는 약속이 지켜지지 않는 경우도 발생합니다.

2. 신약은 새로운 언약으로 '하나님과 이웃을 사랑하라'는 이야기입니다.

① 신약은 헬라어로 '코이네 다이데케' 곧 새 계약(언약)이라는 뜻입니다. 즉 예수 그리스도를 중심으로 한 약속(언약)입니다.[108] 물론 그 핵심은 '사랑'입니다. 그러므로 하나님에 대한 (수직적 관계에서의) 사랑과 이웃에 대한 (수평적 관계에서의) 사랑은 서로 교차되어 통합된 하나의 사랑인 것입니다. 그러므로 새 언약은 하나님이 아브라함에게 주신 옛 언약의 확장(연장)이라고 할 수 있습니다.

'너는 마음을 다하고 뜻을 다하고 힘을 다하여 네 하나님 여호와를 사랑하라' (신명기 6:5).

'네 이웃 사랑하기를 네 자신과 같이 사랑하라'(레위기 19:18)

108) 누가복음 22:20.

'첫째는 … 네 마음을 다하고 목숨을 다하고 뜻을 다하고 힘을 다하여 주 너의 하나님을 사랑하라 하신 것이요, 둘째는 네 이웃을 네 자신과 같이 사랑하는 것이라 이보다 더 큰 계명이 없느니라'(마가 12: 30-31/누가 10:27).

[네 하나님 여호와를 사랑하라]

[네 이웃을 네 자신과 같이 사랑하라]

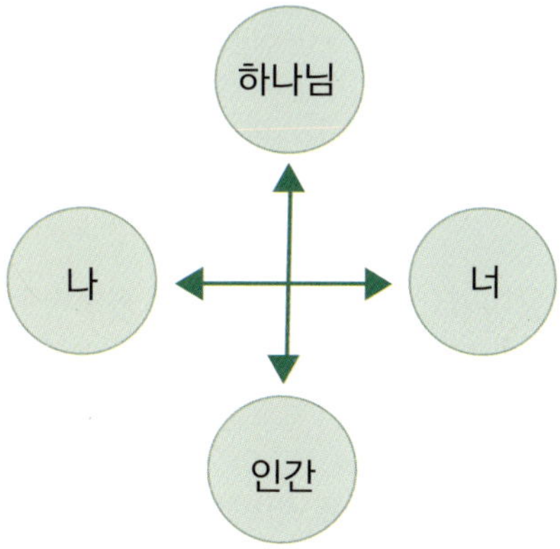

② 새 언약이란 말은 예수 그리스도에 의하여 마련된 새로운 구원질서가 옛 언약(구약)을 대신함을 뜻하는 표현입니다. 예를 들면, 구약에서 드렸던 **동물의 희생 제물(의 피)은 죄를 덮을 수는 있으나 죄를 제거(히브리서 9:11-15, 24-28; 10:4-14)할 수는 없었습니다.** 하지만 예수 그리스도의 피로써 죄를 제거하여 인간을 죄의 형벌과 권세에서 자유롭게 하고 거룩하신 하나님과 교제할 수 있게 되었습니다.

[정리] 옛 언약과 새 언약에 의한 구원질서

옛 언약	새 언약
인간의 범죄함→심판→사망	인간의 범죄함→심판→사망→ (예수 그리스도의 십자가와 부활로) 깨뜨림
구원을 위한 하나님의 (언약) 약속과 은혜	구원을 위한 하나님의 (언약의 성취)약속과 은혜
희생 제물(제사) : 동물의 피, 계속적 제사	희생 제물(제사) : 예수 그리스도 자신, 단번에 드려짐(제사)
제사의 결과 : 죄를 덮음	제사의 결과 : 죄를 제거하여 죄로부터 자유롭게 함
중보자 : 제사장	중보자 : 예수 그리스도
하나님과 관계 : 단절됨, 불완전한 회복	하나님과 관계 : 완전하게 회복, 의롭다 칭함

③ 새 언약이란 표현은 예수님의 최후의 만찬에서 하신 말씀으로부터 나온 것입니다.

'식후에 또한 그와 같이 잔을 가지시고 이르시되 **이 잔은 내 피로 세운 새 언약이니** 이것을 행하여 마실 때마다 나를 기념하라'(고린도전서 11:25/마태 26:28 / 마가 14:24).

④ 이외에도 새 언약에 관한 많은 표현이 신약성경 안에 나타나고 있습니다.

> '**새 언약**의 중보자이신 예수와 및 아벨의 피보다 더 나은 것을 말하는 뿌린 피니라' (히브리서 12:24).
>
> '이로 말미암아 그는 **새 언약**의 중보자시니 이는 첫 언약(구약) 때에 범한 죄에서 속량하고 죽으사 부르심을 입은 자로 하여금 영원한 기업의 약속을 얻게 하려하심이라'(히브리서 9:15).
>
> '그가 또한 우리를 **새 언약**의 일꾼 되기에 만족하게 하셨으니…'(고린도후서 3:6) 등 입니다.

[정리] 구약시대의 언약과 신약시대의 언약

구분	구약시대		신약시대
관계	하나님-이스라엘	하나님-이스라엘	예수님-전 인류
전달자	노아, 아브라함, 모세 등	예레미야	제자들
명칭	옛 언약	새 언약	새 언약
방법	돌판에 새김	마음을 새롭게 함	예수님의 피로써 세움
의미	하나님의 사랑의 표현 심판과 구원을 약속	약속을 새롭게	새롭게 약속
내용	나는 그들의 하나님이 되고 그들은 나의 백성이 됨	나는 그들의 하나님이 되고 그들은 나의 백성이 됨	예수님의 피와 이름을 믿는 사람은 누구든지 구원을 얻음
성경	출애굽기 31:18; 34:28	예레미야 31:31-33	히브리서 8:6; 9:15; 12:24

⑤ 하나님께서 인류와 맺은 최초의 **행위언약**

이에 관하여는 일반적으로는 선악과 금지법이라고 보고 있으나, 이와는 달리 하나님 나라를 복 주시겠다는 약속을 첫 번째 언약으로 보는 견해도 있습니다.[109]

109) 정성욱, 밝고 행복한 종말론, 큐리오스, 2016. 99쪽.

'여호와 하나님이 그 사람에게 명하여 이르시되 동산 각종 나무의 열매는 네가 임의로 먹되 선악을 알게 하는 나무의 열매는 먹지 말라 네가 먹는 날에는 반드시 죽으리라 하시니라'(창세기 2:16-17).

'하나님이 그들에게 복을 주시며 하나님이 그들에게 이르시되 생육하고 번성하여 땅에 충만하라, 땅을 정복하라, 바다의 물고기와 하늘의 새와 땅에 움직이는 모든 생물을 다스리라 하시니라'(창세기 1:28).

[정리] 성경에 나타난 하나님의 주요 언약

언약	언약의 내용	언약의 상대방	성경구절
1. 선악과 언약	선악을 알게 하는 나무의 열매를 먹지 말라 이를 어기면 죽게 될 것이다.	아담과 하와	창세기 2:16, 17
2. 여자의 후손 언약	한 완전한 자가 여자의 후손으로 나타나 뱀의 머리를 깨뜨리고 뱀은 그의 발꿈치를 상하게 할 것이다.	아담과 하와	창세기 3:15
3. 무지개 언약	다시는 땅 위의 생물들을 홍수로 멸하지 않으리라.	노아와 후손	창세기 9:8-17
4. 횃불 언약	가나안 땅을 기업으로 주리라. 너는 열국의 아비가 될 것이다.	아브라함	창세기 15:9-21
5. 할례 언약	하나님은 이스라엘의 하나님, 이스라엘은 하나님의 백성이 되리라.	아브라함과 그의 후손	창세기 17:1-22
6. 시내 산 언약	율법을 지키면 하나님의 축복을 받고, 거역하면 저주를 받으리라. 너희가 내 말을 지키면 제사장 나라가 되고 거룩한 백성이 되리라.	이스라엘 백성	출애굽기 19:5-6
7. 소금 언약	하나님께 드리는 거제로써 성물을 제사장들에게 음식으로 주리라.	제사장 아론과 후손	민수기 18:19
8. 제사장 언약	비느하스와 그의 후손에게 영원히 제사장 직분을 수행케 하리라.	비느하스	민수기 25:10-13
9. 다윗 언약	다윗 왕의 위를 영원히 그의 후손에게 있게 하리라. 네 몸에서 날 자식을 세워 그 나라를 견고케 하리라.	다윗	사무엘하 7:5-17

10. 새 언약	이스라엘의 죄악을 사하고 다시는 죄를 기억하지 아니하리라.	죄 지은 이스라엘	예레미야 31:31-34
구원 언약	예수를 믿는 자는 죄 사함과 구원을 받을 것이다.	모든 믿는 자	마태복음 26:26-28
11. 보혜사 언약	보혜사 성령을 보내리라.	성령을 기다리는 모든 성도	요한복음 14:16
12. 재림 언약	예수 그리스도께서 다시 오시리라.	예수님의 재림을 기다리는 성도	요한복음 14:2,3 사도행전 1:11

제5절 성경은 하나님의 나라(천국)에 관한 이야기입니다.[110)]

하나님의 창조 세계는 하나님 나라의 창조이며 성경의 핵심 주제의 하나는 하나님이 온 세상(하나님 나라)의 왕(통치자)이라는 사실을 보여 주려는 데 있습니다. 즉, 하나님 나라의 통치가 이 땅에 이루어지게 하려는 데 있다는 것입니다. 또한 예수님과 사도들이 가르친 복음의 핵심 내용의 하나도 하나님의 나라였습니다.[111)]

'이때부터 예수께서 비로소 전파하여 이르시되 **회개하라 천국(=하나님 나라)이 가까이 왔느니라**'(마태 4:17).

'무리가 알고 따라왔거늘 **예수께서 그들을 영접하사 하나님 나라의 일을 이야기하시며** 병 고칠 자들은 고치시더라'(누가 9:11).

'이르시되 **하나님 나라의 비밀**을 너희에게는 주었으나 외인에게는 모든 것을 비유로 하나니'(마가 4:11).

'너희는 이렇게 기도하라 하늘에 계신 우리 아버지여 이름이 거룩히 여김을 받으시오며 **나라가 임하시오며** 뜻이 하늘에 이루어진 것같이 땅에서도 이루어지이다' (마태 6:9-10).

'너희는 **그의 나라**를 구하라 그리하면 이런 것들을 너희에게 더하시리라' (누가 12:31).

---

110) **하나님 나라에** 관하여는 **제2부에서 별도로 자세하게** 이야기하게 됩니다.
111) 마태 4:17, 마가 1:15, 누가 4:43, 마태 12:22-29, 사도행전 8:12, 골로새서 4:11 등

‘바울이 회당에 들어가 석 달 동안 담대히 **하나님 나라**에 관하여 강론하며 권면하되’
(사도행전 19:8).

‘이같이 하면 우리 주 곧 구주 예수 그리스도의 영원한 나라(하나님의 나라)에 들어감을 넉넉히 너희에게 주시리라’(베드로후서 1:11).

'여호와께서 **그의 보좌를 하늘에 세우시고** 그의 왕권으로 만유를 다스리시도다‘
(시편 103:19).

‘참으로 크도다 그의 이적이여, 참으로 능하도다 그의 놀라운 일이여, **그의 나라**는 영원한 나라요 그의 통치는 대대에 이르리로다’(다니엘 4:3).

‘하나님이여 주의 보좌는 영원하며 **주의 나라**의 규는[112] 공평한 규이니이다’(시편 45:6).

예수님의 산상설교 (카를 블로흐 作, 덴마크, 1834-1890)

112) **규(홀)는 왕이 손에 쥐던 단장이나 패로 왕권이나 왕위를 상징합니다.** 바사(페르시아)에서는 백성들이 왕에게 나가서 간청할 수는 있었는데, 왕 앞에 섰다고 해서 누구나 간구할 수 있는 것은 아니었습니다. 왕이 규를 내밀어야만 말할 수 있었고, 만일 규를 내밀지 않으면 당장 처형되었습니다. 그러므로 에스더가 왕에게 나간 것은 목숨을 건 모험이었습니다(에스더 4:16). 비젼성경, 구약편, 759쪽.

제4장 성경은 어떻게 구성되어 있나요?

우리는 성경을 이야기함에 있어 먼저 전체적인 구성(틀)을 이해할 필요가 있습니다. 즉 성경의 숲을 보아야 합니다. 구약과 신약은 하나의 거대한 **진리(= 하나님 말씀, 하나님 나라, 하나님의 사랑의 역사, 복음 = 예수 그리스도 등)의 숲**입니다.

제1절 성경은 몇 권으로 구성되어 있나요?
제2절 성경을 어떻게 구분(분류)해 볼 수 있나요?
제3절 숫자를 통해서 본 성격적 의미는 무엇인가요?

제1절 성경은 몇 권으로 구성되어 있나요?

성경은 구약 제39권과 신약 제27권, 합하여 66권으로 구성되어 있습니다.[113] 어떤 사람들은 구약 가운데 이사야서가 66장으로 되어 있어 신구약을 압축한 것이라고도 합니다.[114]

제2절 성경을 어떻게 구분(분류)해 볼 수 있나요?

성경을 구분(분류)하는 방법에는 관점에 따라 다양할 수 있습니다. 여기서는 전통적인 분류방법에 따라 구분하여 본 것입니다.

전체	구 분	권 수	성 경
구약	① 율법서(모세오경)	5권	창세기, 출애굽기, 레위기, 민수기, 신명기
	② 역사서	12권	여호수아, 사사기, 룻기, 사무엘상, 사무엘하, 열왕기상, 열왕기하, 역대상, 역대하, 에스라, 느헤미야, 에스더.
	③ 시가서(문학서)	5권	욥기, 시편, 잠언, 전도서, 아가서

113) 암기법 : 3 x 9 = 27로 암기하면 됩니다.
114) 하지만 성경을 지나치게 보이는 현상에 의해 짜 맞추기식으로 해석하는 것은 오해를 낳을 수 있습니다.

구약	④ 예언서	대선지서5권	이사야, 예레미야, 예레미야애가, 에스겔, 다니엘
		소선지서12권	호세아, 요엘, 아모스, 오바댜, 요나, 미가,나훔, 하박국, 스바냐, 학개, 스가랴, 말라기
신약	① 복음서	4권	마태, 마가, 누가, 요한 복음
	② 역사서	1권	사도행전
	③ 서신서	22권	
	교리서신	(4권)	로마서, 고린도전서, 고린도후서, 갈라디아서
	옥중서신	(4권)	에베소서, 빌립보서, 골로새서, 빌레몬서
	목회서신	(3권)	디모데전서, 디모데후서, 디도서
	일반서신	(2권)	데살로니가전서, 데살로니가후서
	사도서신	(8권)	히브리, 야고보서, 베드로전서, 베드로후서, 요한1.2.3서, 유다서
	④ 예언서	1권	요한계시록

구분	구약	신약	전체	비고
기록된 언어	히브리어 (이스라엘 언어)	헬라어(그리스어)		
책권 수	39권	27권	66권	
장수	929장	260장	1,189장	
절수	23,214절	7,959절	31,173절	
글자 수(영문)	2,728,110자	838,380자	3,566,490자	
쓴 사람 수	26명	8명(9명 주장 있음)	34명(35명)	
쓴 기간	1500년 동안	100년 동안	1600여 년 동안	
가장 긴 책	시편	사도행전	시편	
가장 짧은 책	오바댜	요한2서	요한2서	
가장 긴 장	시편 119편	마태복음 26장	마태복음 26장	
가장 짧은 장	시편 117편	계시록 15장	시편 117편	
가장 긴 절	에스더 8장 9절	고후 12장 20절	에스더 8장 9절	
가장 짧은 절	출애굽 20장 13절	살전 5장 16절	출애굽 20장 13절	

제3절 숫자를 통해서 본 성격적 의미는 무엇인가요?

① 히브리인들은 바빌론 포로시대 이후 시대(BC 539년 이후)에 들어와서야 숫자를 나타내는 기호 체계를 발전시켰습니다. 그 이전에는 숫자만큼의 획(/)을 그어 표시하거나 애굽식 기호나 숫자의 이름을 적었습니다. 히브리어 알파벳 숫자를 나타내는 기호로 처음 쓰인 것은 마카비 왕조시대(BC 167년 이후)에 주조된 동전에서 나타나고 있습니다. 성경의 여러 본문들은 히브리인들이 덧셈, 뺄셈, 곱셈, 나눗셈 등 기본적인 사칙연산에 능통했음을 보여 주고 있습니다. 또 2분의1, 3분의1과 같은 분수도 사용했습니다. 성경에 나타난 숫자들은 특정한 숫자나 양을 나타내는 용도 외에도 상징적인 의미를 갖게 되었습니다.[115)]

✻ 숫자의 발명과 역사

수(학)는 인류의 역사와 더불어 시작되었다고 할 만큼 오래되었으나, 보다 체계화된 형태는 BC 5000년경 이집트에서 1년을 12개월, 365일로하고, 4년마다 윤년을 두는 태양력을 만들었고, 십진법을 생각해 내었습니다. 이것이 뒤에 로마에 전해졌습니다. 또 고대 바빌로니아(메소포타미아 문명, 오리엔트 문명)는 태음력을 만들고 1년을 12개월, 1주일을 7일, 1일은 24시간, 1시간을 60분으로 나누었습니다. 그리스와 로마의 천문학적 지식은 이집트와 메소포타미아에서 배운 것이 많았습니다. 오리엔트(메소포타미아 지역)에서는 홍수 뒤에 경계를 측정하고 치수토목공사를 일으키고, 큰 건축물을 건축하기 위하여 숫자 특히 기하학이 발달하였는데, 60진법과 원주률 360도로 나누는 원주도분할법 등을 생각해 내었습니다. 지중해 연안의 페니키아 상인들은 상업에 이용(소통과 계산)하고자 알파벳을 만들고 숫자를 이용하였습니다. 또 BC 3000년경 인도에서도 0의 개념을 생각해 내었습니다.

② 성경 내용을 숫자를 통하여 정리해보는 방법은 성경을 이해하는 또 하나의 방안이 될 수 있을 것입니다. 특히 이것은 성경을 전체적으로 보는 좋은 방법이라 할 것입니다.

[사례] 숫자 40

이스라엘 광야 생활	예수님의 광야 생활	예수님이 부활 후 활동
40년	40일	40일

숫자	성경적 의미	성경에 나타난 장과 구절
1	통일의 의미	창세기 2:24, 신명기 6:4, 에스겔 37:17,19, 요한 10:16; 17:11, 고전 8:4; 12:13

115) 폴 라이트, 이용중 옮김, 손에 잡히는 성경지도, 부흥과개혁사, 97쪽.

2	차별 중에 조화	창세기 2:18-24, 레위기 5:7
3	질적으로 본 거룩, 완전	출애굽 25:32, 하루 세 번 기도(다니엘 6:10), 성소의 구분은 현관, 본당, 성소(열왕기상 3:1-15), 3년 된 짐승제사(사무엘상 1:24, 창세기 15:9). 예수님이 사흘 밤낮 무덤에 계심(마태 12:40), 요나가 물고기 배 속에 있은 기간(요나 1:17).
4	전 세계적 창조의 뜻 충만한 보편성, 신성한 숫자	창세기 2:10, 네 개의 강물(근원), 땅의 네 모퉁이(이사야 11:12), 네 바람(예레미야 49:36), 하나님을 둘러싼 네 생물(에스겔 1장, 계시록 4:6-7).
5	은총	출애굽 29:3,26-29
6	인간의 불완전	출애굽 21:2
7	양적으로 본 거룩 / 완전 / 완성 서원이나 맹세	창세기 2:2, 창조가 7일 만에 이루어짐
8	부활, 새로운 질서	창세기 17:12
10	서열적으로 본 완전성	창세기 18:32
11	부족, 미조직	창세기 32:22, 마가 16:14, 사도행전 1:26
12	거룩한 조직 또는 그 기초 하나님의 백성	창세기 35:23-26 / 야곱의 12아들이 이스라엘 12지파 계시록 21:12-14, 새 예루살렘 12문, 12 기초석 / 예수님의 12사도 / 계시록 22:2, 생명나무가 열두 개의 열매를 맺음
13	모반, 혁명, 붕괴	창세기 14:4; 17:25, 열왕기상 7:1
14	양적인 거룩 완전의 강조	창세기 31:41; 46:22, 민수기 29:13, 영왕기상 8:65, 마 1:17
15	질적인 거룩 완전의 강조	레위기 23:24, 열왕기하 20:6, 이사야 38:5
24	12의 배수	제사장 집안의 수(역대상 24:4), 하늘보좌 24장로(계시록 4:4)
40	시련, 견습, 준비	창세기 7:4, 출애굽 16:35; 24:18; 34:28, 민수기 14:33-34, 민수기 5:6, 마태 4:2, 사도행전 1:3; 7:23,30
50	오순절, 희년, 회복, 해방, 자유, 칠칠절, 맥추절, 초실절	사도행전 2:1, 레위기 25:8, 신명기 16:9
70	장로70인, 70명의 제자전도, 바빌론포로 70년, 메시야가 세울 왕국 70이레 기간 후	출애굽 24:1, 9, 누가 10:1-7, 예레미야 25:12, 다니엘 9:2; 9:24

제5장 성경은 탐구할 만한 가치가 있나요? 나의 삶에 어떤 의미를 갖는가요?

왜 그리스도인들은 성경을 매일같이 읽고 또 듣고 묵상하는가? 또 늘 성경 말씀을 가까이 하며, 또 그 말씀을 붙잡고 살아가려고 하며, 그리고 성경이 말씀하시는 참된 뜻과 의미를 더욱더 탐구하려고 애쓰는가? 또 어떻게 하면 더 잘 이해할 수 있는가? 를 늘 생각하면서 살아가려고 하는 것일까요?

한편 그리스도인이 아닌 사람들 가운데서도 기독교에 관심을 갖거나 신앙에 입문하고자 할 때에도 무엇보다 먼저 성경을 가까이 하려고 하며 또 그리스도인들은 그들에게 성경 읽기를 권합니다. 그리고 성경이 가장 효과적인 전도의 수단이라는 것을 강조하면서 성경 반포(전달)에 힘씁니다.[116)]

이제 그 성경탐구의 가치와 의미, 근거와 방법과 목적이 무엇인지? 알아보려고 합니다.

제1절 성경 탐구의 가치
제2절 성경은 내 삶의 등불, 내 인생의 나침반
제3절 성경 탐구의 성경적 근거
제4절 성경 탐구의 방법과 자세
제5절 성경 탐구의 궁극적 목적은 무엇입니까?

제1절 성경 탐구의 가치

① 성경은 현존하는 책 가운데 가장 위대한 책으로 하나님 자신이 친히 인간에게 선포(계시)하신 말씀이며, 인간을 향하여 말씀하신 교훈을 기록한 책입니다. 성경은 슬픔과 아픔을 당한 사람에게는 위로를 주고, 갈 길을 몰라서 방황하는 사람에게는 인생의 길을 안내하며, 인간이 살아가는데 만나는 여러 가지 문제들에 대하여 권면과 해결의 지혜를 제공

116) 국제기드온협회(Gideons International)는 성경의 전 세계적인 출판과 보급을 지향하는 국제 개신교 단체로, 1899년 위스콘신 주에서 시작되어 점차 확대되었으며, 미국에 본부를 두고 한국에서도 1963년 조직되어 활동하고 있습니다. 기드온은 구약성경에 나오는 사사 기드온의 이름을 딴 것입니다. 국제기드온협회에서는 전 세계 호텔, 병원, 군부대, 학교, 교도소 등에 무료로 성경을 배포하고 있으며, 성경은 배포 대상에 따라 표지 색상을 다르게 **학생용은 청색, 군용은 녹색, 간호사용은 백색** 등으로 합니다.

할 뿐만 아니라, 우리들의 죄에 대하여는 책망과 징계로 회개를 촉구하기도 하면서, 우리 자신을 순간순간 돌아보면서 바른 길 가도록 합니다. 즉, 진정한 **나를 비추는 거울**입니다.

② 나아가 우리들의 모든 필요에 대하여 날마다 순간순간마다 영감을 제공하여 주기도 합니다. 다양한 문학 장르를 포함하는 책들로 구성된 성경은 역사, 시, 드라마, 옛 이야기, 전기, 예언, 철학, 과학 그리고 영적인 글들을 포함하고 있는 종합 예술적이고 백과사전적 책입니다. 성경은 인간의 삶의 현장과 역사에서 일어나는 모든 생사화복과 희로애락, 생로병사와 행. 불행이 펼쳐지고 그 목적지(종착역)와(과) 해답을 알려주고 있습니다.

그러므로 누구든지 자신의 삶이 **가야할 길을 찾는 사람**은 성경을 탐구할 필요가 있는 것입니다.

> 예수께서 이르시되, '**내가 곧 길이요** 진리요 생명이니 나로 말미암지 않고는 아버지께로 올 자가 없느니라'(요한 14:6).
>
> '너희가 전에는 양과 같이 **길을 잃었더니** 이제는 너희 영혼의 목자와 감독 되신 이에게 돌아왔느니라'(베드로전서 2:25).
>
> '깊도다 하나님의 지혜와 지식의 풍성함이여, 그의 판단은 헤아리지 못할 것이며 **그의 길은 찾지 못할 것이로다**'(로마서 11:33).
>
> '그 제사장이 그들에게 이르되 평안히 가라 **너희가 가는 길은 여호와 앞에 있느니라**' 하니라(사사기 18:6).
>
> '주께서 **생명의 길**을 내게 보이시리니 주의 앞에는 충만한 기쁨이 있고 주의 오른쪽에는 영원한 즐거움이 있느니라'(시편 16:11).
>
> '이 하나님이 힘으로 내게 띠 띠우시며 **내 길을 완전하게 하시며**'(시편 18:32).
>
> '내 영혼을 소생시키시고 자기 이름을 위하여 **의의 길로** 인도하시는도다'(시편 23:3).
>
> '**네 길을 여호와께 맡기라 그를 의지하면 그가 이루시고**'(시편 37:5).
>
> '여호와께서 사람의 걸음을 정하시고 **그의 길을 기뻐하시나니**'(시편 37:23).
>
> '**바른 길로 인도하사** 거주할 성읍에 이르게 하셨도다'(시편 107:7).
>
> '주의 말씀은 내 발에 등이요 **내 길에 빛이니이다**'(시편 119:105).

제2절 성경은 내 삶의 등불, 내 인생의 나침반

나는 어디에서 왔으며, 어디로 가고 있는가? 나는 왜 여기에 있는가? 나는 왜 사는가? 나는 어떻게 진리를 알 수 있는가? 죽음은 끝인가? 왜 인간은 고통 속에서 살아가야만 하는 것인가? 진정한 행복은 무엇이며 어디에 있는가? 나는 삶의 목적을 가지고 태어난 것인가? 아니면 그냥 이 세상에 던져진 한 사람의 인간에 불과한가? 나의 삶을 어떻게 살아야 하며 무엇을 해야 하는 것인가? 인생을 어떻게 헤쳐 나갈 수 있을까? 진정한 희망은 존재하는가? 선과 악은 무엇이며 어디까지인가? 나는 죄의식과 죄로부터 자유로울 수 있는가? 하나님께서는 왜 침묵하시는가? 세상의 종말은 있는 것이며, 언제 올 것인가? 인간은 하나님으로부터 벗어날 수 없는 것인가? 이 땅에 어둠의 권세가 있는 것인가? 하나님과 예수 그리스도는 누구이시며 어떤 분이신가? 와 같은 인간과 하나님 그리고 인간과 인간의 삶에 대한 근본적(근원적)인 질문에 대한 해답은 오직 성경에서만 찾을 수 있을 것입니다.

성경은 우리 인생이 캄캄한 밤에 다닐 때 앞길을 밝혀주는 등불과 같으며 인생이란 망망한 바다를 항해할 때 가야할 방향을 알려주는 나침반과 같다고 할 것입니다.[117)]

> '여호와여 **주는 나의 등불**이시니 여호와께서 나의 어둠을 밝히시리이다'
> (사무엘하 22:29).

> '주께서 **나의 등불을 켜심이여** 여호와 내 하나님이 내 흑암을 밝히시리이다'
> (시편 18:28).

> '또 우리에게는 **더 확실한 예언이 있어 어두운 데를 비추는 등불과 같으니…**'
> (베드로후서 1:19).

> **'사람이 마음으로 자기의 길을 계획할지라도 그의 걸음을 인도하시는 이는 여호와시니라'**(잠언 16:9).

제3절 성경 탐구의 성경적 근거

우리가 성경을 탐구하여야 할 근거와 이유에 대하여 이미 구약과 신약성경자체에서 말씀하시고 있습니다.

'오늘 내가 네게 명하는 이 말씀을 너는 마음에 새기고 네 자녀에게 부지런히 가르

117) 이책 제5편 '성경과 미래'를 보시기를 바랍니다.

치며 집에 앉았을 때에든지 길을 갈 때에든지 누워 있을 때에든지 일어날 때에든지 이 말씀을 강론할 것이며 너는 또 그것을 네 손목에 매어 기호를 삼으며 네 미간에 붙여 표로 삼고 또 네 집 문설주와 바깥 문에 기록할지니라'(신명기 6:6-9).

'너는 배우고 확신한 일에 거하라 너는 네가 누구에게서 배운 것을 알며 또 어려서부터 성경을 알았나니 **성경은 능히 너로 하여금 그리스도 예수 안에 있는 믿음으로 말미암아 구원에 이르는 지혜가 있게 하느니라 모든 성경은 하나님의 감동으로 된 것으로 교훈과 책망과 바르게 함과 의로 교육하기에 유익하니 이는 하나님의 사람으로 온전하게 하며 모든 선한 일을 행할 능력을 갖추게 하려 함이라**'

(디모데후서 3:14-17).

제4절 성경 탐구의 방법과 자세

성경을 탐구하는 방법에는 여러 가지가 있을 수 있습니다. 즉 어느 한 가지 방법만이 유일하고 올바른 방법이라고 말할 수 없다는 뜻입니다. 탐구자의 관심과 관점에 따라서 다양하게 탐구되어질 수 있습니다. 성경의 이해 정도가 신앙의 깊이를 결정한다고 할 수는 없지만 성경 이해가 넓어지고 깊어질수록 신앙 성장의 가능성도 커지게 될 것입니다. 올바른 신앙인으로 살아가려면 성경 말씀을 받아들이기 위한 겸손한 마음과 더불어 삶의 규범과 기준이 되는 성경을 이해하려는 진지한 노력이 필요합니다. 온전한 성경이해를 하여야 비로소 신앙인으로서의 온전한 실천이 가능하며,[118] 또한 건강한 신앙인으로써 성장과 성숙을 바라볼 수 있을 것입니다. 뿐만 아니라 사이비 이단으로부터의 유혹에도 넘어가지 않는 굳건한 믿음을 가질 수 있습니다.[119]

1. 숲(전체)을 보고 나무(부분)를 보아야 합니다.

1) 먼저 성경을 효과적으로 탐구하는 방법의 하나로 숲과 나무의 원리입니다.

숲(성경 전체)을 먼저 보고, 하나하나의 나무(개별 성경)를 보아나가는 것입니다. [120] 그 이유는 성경은 오랜 기간 동안 또 여러 역사적, 정치적, 사회적, 경제적, 문화적 배경을 통하여 이루어져 왔기 때문입니다. 처음부터 개별 성경을 이해하려면 낯선 지명과 이름 그리고 용어 등으로 곧 지쳐버리기 쉽기 때문입니다.

---

118) 김창선, 앞의 책, 17쪽.
119) **사이비 이단에 대하여는 제2부에서 자세히 이야기하게 됩니다.**
120) 이러한 방법을 망원경(숲)과 현미경(나무)에 비유하여 말하기도 합니다.

2) 처음에는 순서를 정하여 통독을 먼저 하여야 합니다.

통독(처음부터 끝까지 내리읽음)의 경우에도 상당한 인내를 가지지 않으면 처음 성경을 접하는 사람은 힘이 들게 됩니다. 특히 구약을 읽게 되는 경우에는 이러한 어려움이 중간에 통독을 포기하게 만들기도 합니다.[121] 그러므로 구약을 통독하는 경우는 물론 신약을 통독하는 경우에도 지혜를 발휘하여 순서를 정할 필요가 있습니다.[122] 성경 읽기를 시작한 후 이해가 안 되는 부분이 있으면 다음 페이지로 넘어가면 됩니다. 통독과 정독(자세히 살펴가면서 읽음)을 되풀이 하다가 보면 점차 성경 읽기를 통하여 보물을 발견하는 기쁨을 얻게 될 것입니다.

✾ 브라질 농부의 땅 만들기[123]

브라질에 사는 한 농부가 조그만 땅을 얻게 되었는데 그 땅은 온통 원시림이었어요. 그는 나무들을 베어내고 나무 둥치를 치우고 바위를 깨부수었어요. 마침내 어느 날 그는 두 마리 황소에 쟁기를 달고 처음으로 땅을 갈게 되었어요. 얼마 쯤 갈았을 때 쟁기가 땅에 꽉 박혀 버리기도 하였어요. 그러자 그는 바위 주위를 쟁기로 계속하여 갈아엎었어요. 일을 다 끝냈을 때 들판은 아주 흉측스러웠지만, 씨를 뿌리고 약간의 수확을 올렸어요. 다음해에 씨를 뿌렸을 때는 수확이 조금 더 많아졌고, 삼 년 째 밭을 갈고 씨를 뿌렸을 때는 더욱 많아졌어요. 성경을 읽는 것도 이와 같아요. 통독과 정독을 계속하다 보면 어느덧 성경말씀을 통해 하나님이 말씀하시는 것을 듣게 될 것입니다.[124]

3) 말씀을 읽는 분량이나 속도를 조절하여야 합니다.

우리는 때로는 처음부터 성경을 너무 깊이 파고들기 때문에 전체적인 파악을 놓쳐버리는 위험성이 있을 뿐만 아니라 어떤 경우에는 한꺼번에 너무 많은 양을 읽어 버림으로써 의미도 제대로 파악하지 못할 수도 있기 때문에 말씀을 읽는 분량이나 속도를 조절할 필요가 있습니다.[125]

2. 기록 배경을 탐구하여야 합니다.

① 성경이해를 위해서는 성경의 여러 내용이 형성된 역사적, 정치적, 문화적 배경을 이

121) 실제 많은 그리스도인들이 길고 생소하고 어렵다는 이유로 성경의 4분의3 이상이나 되는 구약을 등한시 하고 있습니다.

122) 성경을 구약부터 통독하는 경우에 사람들이 지쳐버리는 경우가 많습니다. 그러므로 통독의 경우도 처음에는 구약 읽기의 순서를 창세기, 출애굽기, 신명기, 여호수아, 사사기를 읽은 후에 다시 잠언과 전도서 그리고 이사야를 읽은 후 말라기를 읽고, 신약으로 가서 마태복음과 누가복음 그리고 요한복음을 읽은 후 사도행전 이후를 읽는 방식도 상관없습니다.

123) 빌렐름 부쉬, 홍혜정 옮김, 예수 우리의 운명, 기독교문사, 2002,100-101쪽.

124) 조이 도우슨, 방원선 옮김, 하나님의 음성을 듣는 삶, 예수전도단, 2001, 59쪽 이하.

125) 대천덕, 산골짜기에서 온 편지 1권, 국민일보사, 1993, 31쪽.

해하여야만 하는 경우가 있습니다. 예를 들면 구약의 출애굽기는 이스라엘 민족의 이집트 탈출기(노예해방의 역사 및 이야기)입니다. 이러한 내용을 이해하기 위해서는 이집트와 유대민족의 관계[126] 그리고 당시의 역사적 상황[127] 등의 배경지식이 필요합니다.[128]

② 또한 신약의 사마리아인에 대하여 유대인들이 멸시하는 감정 역시 당시의 북이스라엘에 대한 앗시리아 침략과 정복 그리고 앗시리아의 이민정책 등으로 인한 혼혈된 상황을 알아야만 유대인이 같은 동족인 사마리아인을 혐오하는 이유를 이해하게 됩니다.[129] 성경의 많은 부분은 이러한 배경지식을 갖게 될 때 좀더 이해가 쉬울 뿐만 아니라 성경을 탐구하는 흥미가 더하여질 것입니다.

3. 성경의 중심 주제를 탐구합니다.[130]

성경 전체는 아무런 목적 없이 단순한 어떤 사실과 사건 그리고 인물만을 이야기 식으로 써내려간 문서가 아닙니다. 그것은 어떤 중심된 주제[131] 즉 하나님(하나님을 대언하는 저자들)이 말씀하시려고 하는 주제(테마)를 가지고 쓰여졌다고 할 것입니다.[132] 그러므로 성경을 읽고 그 중심 주제를 탐구함으로써 성경을 더욱 더 깊이 이해할 수 있고 그것으로부터 참된 진리와 지혜를 퍼 올릴 수 있을 것입니다.

4. 인물과 사건에 관하여 탐구합니다.

① 성경의 내용을 단순히 크게 두 가지로 구분하자면 등장인물과 일어난 사건입니다. 하나님은 역사 속에서 특수한 사건들을 통하여 의도(계획)하시고, 간섭(개입과 섭리)하시고, 지휘하십니다. 즉 인간 역사 속에서 하나님의 특별계시의 사건들입니다.

---

126) 유대민족은 자연재해로 어려움이 있을 때 피난할 수 있는 곳으로 이집트를 택하였습니다. 왜냐하면 이집트는 나일 강의 덕으로 생산물이 풍부한 농업국가였기 때문입니다.

127) 요셉을 알지 못하는 왕조가 성립되고, 또 이집트의 농업생산을 위해 유대인들이 노예노동을 제공하였기에 그것을 잃고 싶지 않았으나, 인구증가가 왕성한 유대민족에 대해 한편으로는 (반란)의 두려움도 있었기에 박해하였습니다.

128) 성경의 배경지식을 위한 다양한 책들이 출판되어 있으므로 참고하시면 좋습니다.

129) 앗시리아가 이스라엘의 분열왕국 시대에 북쪽 국가인 이스라엘을 침공하여 정복한 후, 그 수도 사마리아에 반란 등을 막기 위해 다른 이민족을 이주시켜 생활하게 함으로 혼혈족이 생기게 됨으로써 순수 유대인들은 동족인 이들을 혐오하게 되었던 것입니다.

130) **성경의 중심주제**에 대하여 **보다 자세한 것은 제2부에서** 이야기합니다.

131) 구약의 중심주제는 창조, 죄, 심판(징계)과 구원, 하나님 나라(이스라엘 민족 선택, 가나안의 영토, 하나님의 주권), 하나님의 언약, 메시야 소망 등과 신약의 중심주제로는 그리스도의 오심, 12제자를 부르심, 예수님의 전파하심, 가르치심, 치유하심, 하나님의 나라, 십자가, 부활, 재림, 영생(구원)과 (복음)전도의 명령, 성령의 역사, 바울의 회심과 선교(기독교의 확장) 등 입니다.

132) 알반 더글라스, 두란노서원, 주제별성경연구, 2017. 이 책은 성경의 주제 100가지를 정리하였습니다.

예를 들면 구약의 노아의 홍수는 노아라는 인물과 홍수사건으로 이루어져 있습니다. 또 출애굽기(이집트 탈출기)는 모세라는 인물과 이스라엘 민족의 이집트 탈출사건과 광야생활사건입니다. 신약에서도 사도행전은 사도들과 바울(인물)의 전도 및 선교활동(사건)에 관한 이야기입니다. 물론 보다 더 개별적인 사건들도 있습니다.

② 또한 하나님이 선택하신 사람들을 통하여 이루어지고, 또한 특별한 사람들(예언자, 선지자, 사도와 제자 등)을 통하여 감동을 주어 그 사건들을 바로 해석하도록 하셨습니다. 성경은 처음에는 구전으로 전해지다가 좀 더 체계가 있는 글로 기록되었으며, 그 옳고 그릇됨을 검증하는 과정을 거쳐 정경으로 결정된 것입니다.

그러므로 인물과 사건을 탐구하는 것은 성경 탐구의 깊이를 더하게 하며 또한 탐구의 묘미를 느끼게 될 것입니다.

5. 씨줄과 날줄, 가로 세로로 탐구합니다.

성경의 내용을 서로 연관지어 탐구할 필요가 있습니다. 즉 구약과 신약을 비교하면서 탐구하고 또한 책, 장, 절 별로 세부적으로 메모하면서 체계적으로 탐구하는 방법입니다. 그 책과 장과 절의 내용의 주제를 잡아보고, 핵심 단어와 그 원 뜻을 찾아보고, 관련되는 구약과 신약을 비교해 보고 하는 것입니다. 또 같은 4복음서도 서로 비교해 보는 것이 유익하게 될 수 있습니다. 그리고 등장인물과 사건을 분석해 보면서 그 배경지식을 알게 된다면 더욱 더 풍성한 성경탐구가 될 것입니다. 특히 신약의 경우는 무엇보다 그 중심에 예수 그리스도를 놓고서 탐구할 때 올바른 성경 이해가 될 것입니다.

✽ 4 복음서의 비교 사례

구분	마태복음	마가복음	누가복음	요한복음
오천 명을 먹이심	14:13~21	6:30~44	9:10~17	6:1~13
70명을 파송하심			10:1~24	
첫 번째 기적				2:1~11 (갈릴리 가나)
부활의 아침	28:1 (겟세마네)			
막달라 마리아에게 나타나심		16:9~11 (예루살렘)		20:11~18 (예루살렘)

6. 구체적인 장면에서 묵상하면서 왜? 라는 의문표를 던지며 탐구합니다.

① 우리는 성경의 진리를 탐구하면서 많은 의문을 품게 됩니다.[133] 때로는 그에 대한 목회자들의 대답이 만족스럽지 못하든지, 아니면 시원한 대답을 듣지 못하든지 하면 어떤 사람들은 곧 실망하게 되는 경우를 보게 됩니다.

예를 들면 마태복음은 누가 언제 어디서 왜 누구를 대상으로 기록되었나요? 공간복음에서는 왜 같은 내용을 다르게 표현하고 있나요? 마태복음에는 왜? '천국'이라는 용어를 즐겨 사용하였는데, 누가복음은 '하나님의 나라'라는 용어를 사용하고 있을 까? 왜 요한복음에는 공관복음의 공통적 내용의 많은 부분이 언급되지 않고 있을까? 왜 가룟 유다 대신 맛디아를 새로 뽑았을까?[134] 등등 많은 의문들이 탐구과정에서 생기며 그에 대한 성령의 가르침을 얻기를 기도하며, 또한 성경을 탐구하는 과정에서 깨달아질 때 탐구의 기쁨과 행복을 얻게 되기도 하며, 드디어 예수 그리스도와 하나님을 만나게 됩니다.

[의심의 사례] 베드로의 의심

'제자들이 그가 바다 위로 걸어오심을 보고 놀라 유령이라 하며 무서워하여 소리지르거늘 예수께서 즉시 이르시되 안심하라 내니 두려워하지 말라 베드로가 대답하여 이르되 주여 만일 주님이시거든 나를 명하사 물 위로 오라 하소서 하니 오라 하시니 베드로가 배에서 내려 물 위로 걸어서 예수께로 가되 바람을 보고 무서워 빠져 가는지라 소리 질러 이르되 주여 나를 구원하소서 하니 예수께서 즉시 손을 내밀어 그를 붙잡으시며 이르시되 믿음이 작은 자여 왜 의심하였느냐 하시고'(마태 14:26-31).

[의문의 사례] 에디오피아 여왕 간다게의 국고 관리인 내시가 제기한 의문

에디오피아 여왕 간다게의 국고 관리인 내시가 선지자 이사야의 글을 읽고,
'그 내시가 빌립에게 말하되 청컨대 내가 묻노니 선지자가 이 말한 것이 누구를 가리킴이냐 자기를 가리킴이냐 타인을 가리킴이냐'(사도행전 8:34).

② 하지만 성경은 단순히 어떤 발생된 사실과 시대마다 스쳐지나가는 사람들의 이야기를 소개하는 역사서나 전기서가 아닙니다. 고대의 많은 역사적 유물들과 기록들을 통하여

---

133) 의문과 의심은 다른 것입니다. 의심은 믿지 않는 불신을 말하는 것이지만, 의문은 탐구의 한 과정으로 어떤 사항과 사실에 대하여 보다 더 확실하게 이해하기 위한 자세로 오히려 일상생활에서도 신앙생활에서도 필요한 태도입니다.

134) 가룟 유다의 배신으로 깨어진 열둘의 고리가 완성되었다는 의미를 가집니다.

당시의 역사적 사실을 확인하고 입증한 바가 있으나 단순히 역사적 사실만의 기록도 아닙니다. 복음서의 저자들은 구약의 예언들이 예수 그리스도에게서 어떻게 성취되었는가? 하는 관점에서 기록하였습니다.[135)]

예언 : **'주 여호와의 영이 내게 내리셨으니 이는 여호와께서 내게 기름을 부으사 가난한 자에게 아름다운 소식을 전하게 하려 하심이라…'**(이사야 61:1).

성취 : '이에 예수께서 그들에게 말씀 하시되 **이 글이 오늘 너희 귀에 응하였느니라** 하시니'(누가 4:21).

③ 또한 과학적 연구에 의해 성경 속의 기록(특히 기적과 이적 등)이 과학적으로 증명되기도 하지만[136)] 그렇다고 성경이 과학적으로 모두 설명되어야 하는 것도 아니며 그러한 것을 염두에 두고 기술된 것도 아닙니다. 성경(기자)은 우주를 과학적으로 설명하는 일을 목적으로 하지 않고 온 우주가 전능하신 하나님의 창조물이라는 신학적 진리를 선포하고자 한 것(사람)이었습니다.[137)]

④ 뿐만 아니라, 성경의 모든 내용이 인간의 이성(理性) 작용과 철학적 탐구와 연구를 통하여 이해되거나 해석될 수 없는 것입니다.[138)] 인간이 아무리 뛰어난 두뇌와 지식을 가졌다 하더라도 우주와 인간을 창조하신 전지전능하신 하나님의 뜻과 경륜을 다 헤아리는 데는 마치 한강에 있는 물 한 방울과 같기 때문입니다.

'이는 내 생각이 너희의 생각과 다르며 내 길은 너희의 길과 다름이니라 여호와의 말씀이니라 이는 하늘이 땅보다 높음같이 내 길은 너희의 길보다 높으며 내 생각은 너희의 생각보다 높음이니라'(이사야 55:8-9).

'깊도다 하나님의 지혜와 지식의 풍성함이여, 그의 판단은 헤아리지 못할 것이며 그의 길은 찾지 못할 것이로다'(로마서 11:33 / 신명기 29:29 / 욥기 11:7 / 골로새서 2:3).

⑤ 성경 탐구를 통하여 이 신앙적 진리에 도달하고자 하는 의문은 당연히 존중되어야 하며 그것은 올바른 자세이기도 하고, 또 그러한 탐구과정을 통하여 성경은 더욱더 그 생명력을 이어가게 되는 것입니다.

---

135) 신성종, 신약역사, 개혁주의신행협회, 1997, 94쪽.
136) 야곱의 얼룩무늬 양의 비밀은 창세기(30:32-43 이하)에 나타난 멘델의 법칙을 잘 나타내 주고 있습니다.
137) 김창선, 앞의 책, 27쪽.
138) 인간 이성으로 하나님을 탐구하려는 생각은 그리스, 로마 시대부터이며, 본격적으로는 17세기 근대 계몽사상 시대부터 시작된 신론(神論) 및 신학(神學)을 자유주의 신학이라고 부릅니다.

7. 겸손한 자세로 탐구합니다.

① 성경 탐구의 궁극적 목적은 하나님을 더 잘 알기 위함이며 믿음을 더욱더 강화하기 위한 것임을 잊지 말아야 합니다. 무엇보다도 하나님의 음성을 들으려는 진지한 자세와 믿음을 가지고[139] 탐구하여야 합니다.

> '**내 백성이 내 소리를 듣지 아니하며** 이스라엘이 나를 원하지 아니하였도다 그러므로 내가 그의 마음을 완악한 대로 버려 두어 그의 임의대로 행하게 하였도다 **내 백성아 내 말을 들으라 이스라엘아 내 도를 따르라'(시편 81:11-13).**

② 성경의 깊고 오묘한 내용을 모두 이해하기에는 인간은 너무도 미약합니다. 그러므로 성경을 탐구하는 자세와 태도는 항상 기도하면서 진솔한 마음으로 탐구되어야 합니다. 철저히 인간한계를 인식하고 겸손한 자세로 접근할 때 '하나님은 놀랍게도 말씀으로 가르쳐 주시고 놀라운 통찰력과 깨달음을 주신다'는 고백을 많은 사람들이 하게 됩니다.[140]

✾ 하나님을 보여 주셔요!

어떤 로마인이 랍비들을[141] 찾아 와서 말했습니다. '당신들은 하나님만 이야기 하는데, 대체 그 하나님이 어디에 있는지 가르쳐 주시오. 하나님을 볼 수만 있다면 나도 하나님을 믿겠소.' 이 말을 들은 한 랍비가 로마인을 데리고 밖으로 나가 태양을 가리키며 말하였습니다. '저 태양을 똑바로 쳐다보시오.' 그러자 로마인은 태양을 잠깐 쳐다보고는 소리쳤습니다. '아니 저렇게 강렬한 태양을 어떻게 똑바로 쳐다본단 말이오?' 그러자 랍비는 말했습니다. '하나님께서 창조하신 많은 것들 가운데 하나인 태양조차도 똑바로 바라볼 수 없다면, 어떻게 상상할 수 없이 더 크고 위대하신 하나님을 당신의 눈으로 볼 수 있겠소.[142]'.

③ 성경을 읽고 탐구할 때에는 그것이 기록된 본래의 정신을 가지고 읽어야 합니다. 오로지 진리를 사랑하는 순수한 마음으로 성경을 읽고, '누가 이 말을 했는가'? 보다는 '무엇을 말하고 있는가'?에 주의를 집중시켜야 합니다.

> '**무엇이든지 전에 기록 된 바(성경)**는 우리의 교훈을 위하여 기록된 것이니 우리로 하여금 인내로 또는 성경의 위로로 소망을 가지게 함이니라'(로마서 15:4).

---

139) 조이도우슨, 방원선 옮김, 하나님의 음성을 듣는 삶, 예수전도단, 2003, 27-30쪽.
140) 안점식, 세계관을 분별하라, 죠이선교회, 2015, 16쪽.
141) 마빈 토케이이어/이찬일 역, 탈무드, 선영사, 1993,253쪽.
랍비란 유대인이 바벨론에 포로로 간 이후 생긴 유대인들의 지역사회의 지도자이며, 재판관이며, 때로는 생활의 카운슬러이며, 그리고 학자였습니다.
142) 마빈 토케이어/이찬일 역, 탈무드, 79쪽.

④ 성경으로부터 유익을 얻으려면 겸손한 마음과 단순한 생각, 정직한 믿음을 가지고 읽고 탐구하되 지식에 집착하여 논란을 일으키지 말아야 합니다.[143] 비판을 위한 비판, 의심을 위한 의문제기 등의 태도는 결국 성경의 깊은 진리를 퍼 올리는 대신 무신론과 회의론의 낭떠러지에 떨어져 스스로가 불행한 결과로 빠져들게 될 것입니다.

⑤ 특히 성경의 어느 한 구절과 문장에만 집착하고 집중하여 의문시하고, 비판하고, 지나치게 너무 좁게 또는 너무 넓게 해석함으로써 성경을 왜곡되게 알게 되고 특히 이단적 사고에 빠져 들게 되는 불행한 경우를 보게 되므로 매우 조심하여야 합니다.

✾ 성경 바르게 읽기

신비의 책, 보물 같은 책, 지혜의 책, 치유와 회복의 책, 구원과 영생의 책(말씀)인 성경을 바르게 읽는 일이야말로 우리들이 성경으로부터 얻게 될 많은 것들을 놓치지 않고 얻을 수 있는 길이기 때문입니다. 다만 이러한 길은 목적은 뚜렷하고, 방법은 다양하며, 태도는 진솔하고 겸손하여야 합니다. 여기서 우리가 특히 강조하게 되는 점은 효과적인 올바른 방법에 관한 것인데, 다층적인 혹은 다양한 진입로를 지닌 방식이 일반적으로 성경을 접하는 가장 현명한 길임을 알 수 있습니다. 즉, 성경본문의 이면을 읽고, 때로는 본문 안을 읽고, 때로는 본문 앞을 읽는 것을 통하여 성경의 역사적 성격과 문학적 성격, 그리고 신학적인 성격을 파악하는 방법을 말합니다.

여기서 성경의 이면 읽기란 성경 이면에 놓여 있는 역사적인 것들 특히 저자와 저작에 관한 문제들에 관한 것을 말하며, 성경 본문 안의 읽기란 성경 본문 자체는 어떻게 주제들과 개념을 발전시키고 있으며, 그 자체의 요점들을 어떻게 드러내고 있는가? 어떤 구조를 가지며, 서로 간에 어떻게 유기적으로 연결되어 있는가? 를 읽는 것을 말하고, 성경 앞의 읽기란 성경 본문이 시간의 흐름(과거-현재) 속에서 어떻게 해석되어 왔으며, 또 어떤 성경 텍스트가 그 성경 텍스트를 받아들였던 문화들(음악, 미술, 체육, 문학 등 예술, 사회적 행동 등)에 어떻게 반응해 왔고, 어떻게 문화들을 만들어 냈으며, 어떻게 문화들에 영향을 미쳐 왔는가? 등 그 영향력을 읽는 것을 말합니다.[144]

제5절 성경 탐구의 궁극적 목적은 무엇입니까?

우리가 배나 비행기를 타고 여행한다면 목적과 목적지가 있을 것입니다. 그냥 배나 비행기가 왔으니까 또는 아무 배나 비행기를 무조건 타고 떠나는 사람은 없을 것입니다. 목적과 목표를 분명히 하면서 출발해야 제대로 된 도착과 목적을 성취할 수 있을 것입니다. 그

143) 토마스 아 켐피스, 박명곤 옮김, 그리스도를 본받아, 크리스찬다이제스트, 2002,55-56쪽.
144) 조나단 T. 페닝톤, 류호영 옮김, 복음서 읽기, CLC, 2015, 265-270쪽.

렇다면 우리가 성경 말씀을 듣고, 읽고, 묵상하고, 탐구하는 궁극적은 목적은 무엇인가요? 그것은 각자 사람마다 다소간의 차이가 있을 수 있으나, 그리스도인은 누구에게나 공통적인 목적과 목적지가 있습니다.

1. 성삼위 하나님을 만나는(아는) 것입니다.

① 우리 삶의 주인 되시는 성삼위 하나님을 인격적으로 만나지(알지) 못한다면 우리는 목적 없고 목적지도 없는 여행을 하는 것과 같습니다. 우리는 성경과 성경 말씀을 통하여 인생의 항해와 여행에서 우리를 하나님 나라로 인도하시며 영원한 생명을 주실 우리 삶의 주인 되시는 하나님과 그 아들 예수 그리스도 그리고 성령님을 만나야 하는 것입니다.

② 왜냐하면 우리를 지으신 하나님을 만나야만 창조의 계획(목적, 설계도)과 목적지를 알 수 있고, 구원(=영생)과 진정한 행복과 기쁨과 소망을 얻을 수 있기 때문입니다.

③ 성경은 하나님(나라)과 구원(=영생)을 분명하고 구체적으로 말하고 있으므로, 하나님을 알기 원한다면 반드시 성경을 통해서 하나님을 만나보아야 합니다.[145] 또한 우리의 참된 모습을 제대로 알기 위해서도 반드시 하나님을 먼저 알아야만 합니다.

'영생은 곧 유일하신 참 하나님과 그가 보내신 자 예수 그리스도를 아는 것이니이다'
(요한 17:3).

✾ 누구를 만나는가요? 어떤 관계를 가지는가요?

1. 사람들은 일생 동안 누구를 만나 어떤 관계를 가지는가? 하는 것이 자신의 삶에 있어 참으로 중요합니다. 그런데, 신앙의 영역에서도 마찬가지입니다. 기독교 신앙을 갖는 데 있어서도 전도자, 교회오빠, 목사님, 교회 직분자인 장로, 권사, 집사들과의 만남과 관계에 따라 자신의 신앙과 믿음의 온도계가 달라질 수 있으며, 때로는 기독교 신앙에 비판적이고 돌아서는 계기가 되기도 합니다.

2. 특히 가장 가까운 부모님과 담임목사님이나 교회 직분자들(신앙생활 모델)의 신앙모습을 보면서 실망하거나 포기하는 경우도 발생합니다. 그러므로 신앙생활을 하는 부모님이나 지도자들은 자신들의 영향력을 생각하면서 참으로 신실하고 거룩한 신앙생활을 하려고 하여야 합니다.

3. 하지만, 신앙은 근본적으로 자신과 하나님(예수님, 성령님)과의 직접적인 만남과 관계를 통하여 진리를 깨닫고 하나님 나라의 백성이 되는 것입니다. 즉 자신과 성삼위 하나님과의 1:1의 만남과 관계라는 뜻입니다.

145) 존 칼빈, 기독교 강요, 김태희 엮음, 처음시작하는 기독교강요, 세움북스, 2018, 35쪽.

4. 그럼에도 불구하고, 많은 사람들이 손가락 끝에 있는 태양은 보지 않고, 손만 쳐다보면서 판단하는 결과 참된 진리와 하나님을 만나지(보지) 못하게 됩니다. 성경은 말합니다. **'모든 사람은 본질적으로 죄인으로 하나님의 영광에 이르지 못한다'**(로마서 3: 23)고 하였습니다. 그러므로 사람들은 누구도 완전한 모델이 될 수 없습니다.

오로지 우리 주님만이 절대 진리이시며 우리가 따라야 할 삶의 모본이십니다.

❃ 교회와 목사를 믿을 수 없어요.

어떤 사람들 - 특히 기독교에 대하여 부정적이고 비판적인 사람들 - 중에 교회와 목사들 때문에 믿을 수가 없다는 말을 하면서 온갖 은혜롭지 못한 이야기를 늘어놓는 경우가 있습니다. 최근에 한국교회와 목사(이단이나 무자격자인 목회자들을 포함하여)의 여자관계, 부정직한 재정 관계, 교권의 세습 문제, 지나친 명예욕과 은퇴에 따른 좋지 않은 이야기들이 있는 것은 부인할 수 없는 사실입니다. 하지만, 이러한 이야기는 사람들이 살아가는 이 땅의 어떤 조직 속에서도 일어나는 일입니다. 왜냐하면, 목사도 인간이며, 또 교회도 인간들의 모임이기 때문이고, 근본적으로는 인간이 죄의 성향(罪 性向)을 가지고 있기 때문입니다. 하지만 그것은 백지 위에 나타난 하나의 점에 불과합니다. 중요한 것은 의무를 잘 감당하고 있는 목회자들은 예수 그리스도를 향한 길을 제시하여 주는 표지판일 뿐입니다. 그러므로 **우리는 성경 말씀처럼 '('목사와 교회를 믿으라'가 아닌) 주 예수 그리스도를 믿으라 그리하면 너와 네 집이 구원을 얻으리라'(사도행전 16:31), '누구든지 주의 이름을 부르는 자는 구원을 받으리라'(사도행전 2;21)**는 말씀에 집중하여야 합니다. 때로는 표지판이 약간 구부러졌거나, 비에 젖어 있거나, 약간 비뚤어지게 서 있다고 하여도 우리는 어디로 가야 할지 표지판을 잘 읽을 수만 있으면 됩니다. 눈에 보이는 교회와 교회 제도 역시 같은 맥락에서 이해하여야 합니다. 그리고 백지 위의 작은 검은 점보다 더 큰 남은 백지(여백)를 보는 지혜도 필요합니다. **우리가 찾고 만나고 깨달아야 할 것은 하나님과 예수 그리스도와 참된 진리입니다.**

우리가 믿고 따르려고 하는 것이 목사나 보이는 교회입니까? 아니면 참된 진리입니까?

2. 성경적 세계관(가치관)을 세우는 것입니다.

1) 세계관이란 무엇인가요?

① 세계관은[146] **'우리가 사는 세계와 세상을 보는 눈 또는 관점'**을 말합니다. 그러므로 우리들은 이 세계관을 통하여 우리들 앞에 펼쳐지는 세계와 현상에 대하여 이해하고 해석하며 그리고 그 해석에 따라 행동하게 되는 것입니다. 즉 세계관이란 우리가 세상을 보고 이해하고 해석하는 틀(구조화된 것)을 말합니다. 마치 우리가 쓴 안경(세계관)을 통하여 세상을 보는 것과 같은 것입니다.

146) 세계관이라는 표현을 처음 쓴 사람은 철학자 칸트로 세계관은 '실체가 무엇인가?'에 대한 답이라는 것입니다.

② '세계관이란 이야기 형태로 혹은 실제의 근본적 구성에 대해 우리가(의식적으로든 무의식적으로든, 일관적이든 비일관적이든) 보유하고 있는 일련의 전제(부분으로 옳거나 완전히 잘못된)로 표현되는 것으로써, 우리가 살고 움직이고 몸담을 수 있는 토대를 제공해 주는 하나의 결단이요, 근본적인 마음의 지향으로' 설명하기도 합니다.[147)]

2) 세계관은 어떻게 만들어지나요?

이러한 세계관은 경험들이 이성의 합리화 과정을 통하여 무의식적, 비의도적으로 형성된 것으로[148)] 모든 사람은 나름대로 이러한 세계관을 가지고 판단하고 평가하고 행동하면서 살아가고 있는 것입니다.

3) 세계관에 따른 일상생활은 어떠한가요?

① 세계관은 사람들의 가치 체계나 행동 양식의 기초가 되는 것으로써 일상생활에 매우 밀착되어 있습니다. 그 결과 똑같은 현상을 보고도 세계관과 가치관에 따라 그 이해와 해석과 행동이 달라지게 됩니다. 인간은 본질상 가치 중립적인 존재가 아니므로 개인의 가치 체계를 나타내는 세계관으로부터 자유로울 수 없습니다.[149)]

예를 들면 동성애에 대하여[150)] 이것은 인간의 성적 행위나 사랑의 자연스런 표현이라고 보는 세계관에 따르면 이를 허용 내지 적극적으로 옹호하려는 태도를 보일 것입니다.[151)] 한편 그러한 행위는 왜곡된 정신적 병리현상의 하나로 보는 세계관에 따르면 그러한 행위는 정신적 치료가 필요한 것으로 판단하고 취급하려고 할 것입니다. 그러나 동성행위는 하나님이 세우신 창조의 질서에 어긋난다는[152)] 성경적 세계관에 따르면 이러한 동성행위는 허용될 수 없는 것으로 그 배후에는 악한 영적 세력이 있으므로 영적 싸움의 대상으로 취급하고 이를 엄격하게 다룰 것입니다.

---

147) 제임스 사이어, 김현수 옮김, 기독교세계관과 현대사상, IVP, 2007, 23쪽.

148) 안점식, 앞의 책, 26쪽.

149) 양승훈, 기독교세계관 렌즈로 세상읽기, 바울, 2003, 185쪽. 늘 가치판단을 하는 존재입니다.

150) 여기서는 이러한 현상에 대해 그것이 옳고 정당한 행위인가를 판단하는 자리가 아니라 그 배후에 있는 관점 및 세계관에 대하여 말하려고 한다는 점을 이해하셔야 합니다.

151) 이러한 관점에서는 동성애를 인간의 기본적인 권리(인권)로까지 높여서 행복추구권이라든지, 양성평등권이라든지 하는 논리를 전개하고 있습니다.

152) 성경말씀에 따르면 한 사람의 남자와 한 사람의 여자가 그 부모를 떠나(결혼하여) 한 몸을 이루고 (자녀와 함께) 한 가정을 이루며 서로 사랑하며 존중하고 아내를 보호하고, 남편을 돕고 하나님 말씀으로 자녀를 양육하도록 하셨습니다. 그러므로 동성애는 이와 어긋나는 행위로 엄격히 금지하는 행위로 규정하고 있습니다(창세기 2:18; 3:23-24).

'여호와 하나님이 이르시되 **사람이 혼자 사는 것이 좋지 아니하니 내가 그를 위하여 돕는 배필을** 지으리라 하시니라'(창세기 2:18).

'남자가 부모를 떠나 그의 아내와 합하여 둘이 한 몸을 이룰지로다'
(창세기 2:24 / 에베소서 5:31).

'주 **안에는 남자 없이 여자만 있지 않고 여자 없이 남자만 있지 아니하니라'**
(고린도전서 11:11).

'누구든지 여인과 동침하듯 **(남자가)남자와 동침하면 둘 다 가증한 일을 행함인즉 반드시 죽일지니'**(레위기 20:13).

'그 땅에 또 **남색(동성애)하는 자가 있었고** 여호와께서 이스라엘 자손 앞에서 쫓아 내신 국민의 모든 가증한 일을 무리가 본받아 행하였더라'(열왕기상 14:24).
⇨ 르호보암 왕 때 유다 땅에 동성애가 있었다.
'음행을 피하기 위하여 **남자마다 자기 아내를 두고 여자마다 자기 남편을 두라'**
(고린도전서 7:2).

② 이와 같이 어떤 세계관을 가지는가에 따라 우리 앞에 펼쳐지는 현상에 대한 대응과 조치가 달라지게 되고 그것을 대하는 태도 역시 달라지게 됩니다. 즉, 세계관은 우리의 삶을 지배하는 실제적인 능력으로 어떤 세계관을 가지느냐에 따라 우리의 삶의 방향이 정해지게 됩니다.[153)]

4) 성경적 세계관은 무엇인가요?

① 우리 그리스도인들이 가져야 하는 세계관은 바로 성경적 세계관이며 이러한 것을 보다 확고하고 분명하게 구축할 때에 비로소 하나님의 뜻을 분별하고, 그 뜻을 이루며 이 땅에서의 우리의 삶이 구별되고 하나님 보시기에 합당한 삶이 될 수 있을 것입니다.

② 역사와 인간의 지식을 하나님 말씀의 틀 안에서 바라보는 것으로 하나님의 관점이 성경적 세계관이므로, **성경적 세계관은 복음을 담아내는 그릇**인 셈입니다.

5) 성경적 세계관(가치관)과 신앙생활과는 어떤 관계인가요?

우리들이 성경과 성경 말씀을 탐구함은 이러한 성경적 세계관(성경적 인간관, 성경적 물질관, 성경적 결혼과 가정관, 성경적 구원관, 성경적 사회와 국가관, 성경적 사랑관, 성경

---

153) 박공서, 성경적 세계관 바로알기, 소망, 2019. 10쪽. 자세한 내용은 제2부를 참고하셔요.

적 교회관, 성경적 교육관,[154] 성경적 건강관, 성경적 기업관 등)을 가지려는 것이며 또한 그것을 신앙생활 가운데 만들고 구축(구조화)하기 위한 것입니다.

✾ 현대 그리스도인의 삶의 현장과 세계관은 어떠한가요?

오늘날 그리스도인들 중에서도 이러한 성경적 세계관이 확립되어 있지 않고 살아가는 경우를 볼 수 있습니다. 이러한 사람들의 경우 자신의 삶과 그러한 삶을 둘러싸고 있는 환경과 사회와 국가의 모든 현상과 활동을 평가하고 판단을 함에 있어서 **성경의 눈(가치관)으로 세상을 보는 것이 아니라 도리어 세상의 눈(가치관)으로[155] 성경을 보려고 합니다.** 이러한 태도를 가지고는 성경 말씀과 하나님과 예수 그리스도를 진정으로 만나기는 어려울 수 있습니다.

예를 들면 세월호 사건의 경우도 성경적 세계관에 따르면 기업주(교주)와 그 추종자가 인간을 우상화하고, 재물을 소유욕으로 채우고 그리고 하나님의 뜻에 반하는 인간 무시와 선한 청지기로서의 일을 수행하지 않은데 대한 하나님의 징계라고 해석합니다. 물론 행정적(기관과 종사자들)인 잘못과 재난에 대한 지도자들의 과오를 지적하고 책임을 지게 하는 일은 별개로 평가하고 판단해야 할 문제이지만 오직 여기에만 매달리는 것은 성경적 세계관적 삶의 방식(태도)은 아닌 것입니다.[156]

✾ 성경적 세계관

성경적 세계관(역사관)을 다음과 같이 다섯 가지로 요약하기도 합니다.[157]

1. 유신론(有神論)적 세계관

절대자인 단 한 분의 인격적 신(여호와 하나님)이 있다는 것을 믿는 것을 말합니다. 유신론 중에 이신론(二神論)과 범신론(汎神論), 다신론(多神論)이 아닌 유일신(唯一神)을 믿는 것입니다. 하나님에 관한 가장 본질적인 것은 하나님은 무한하시고 (삼위의)인격이시며, 초월적이고 내재적이며, 전지하시고 주권자이시며 선하시다는 것을 말합니다.[158] 그러므로 이 세상 삶의 원리와 역사가 물질로 구성되고 물질에 의해 움직인다는 유물론(唯物論)을 기초로 한 공산주의나 사회주의와는 함께 하기 어려운 것입니다.

---

154) 알버트 E. 그린, 현은자, 정희영, 황보영란 옮김, 기독교 세계관으로 가르치기, CUP, 2000 10-17쪽.
155) 성경적 눈은 '영적인 눈, 믿음의 눈'으로 또한 세상의 눈은 '육(혼)적인 눈'이라고 이해할 수도 있습니다.
156) 세월호 사건은 2014년 4월 15일 인천 연안여객터미널을 출발, 제주로 향하던 여객선 세월호(청해진해운 소속)가 4월 16일 전남 진도군 병풍도 앞 인근 해상에서 침몰해 수백 명의 사망·실종자가 발생한 대형 사고로 탑승객 476명 가운데 172명만이 생존했고, 300여 명이 넘는 사망·실종자가 발생했습니다. 특히 제주도로 수학여행을 떠난 안산시 단원고 2학년 학생 325명이 탑승, 어린 학생들의 피해가 컸습니다. **[네이버 지식백과]** 4.16 세월호 참사(시사상식사전, 박문각) 참조.
157) 신성종, 성경적 세계관(1),(2), 국민일보, 신성종 목사의 영적전쟁 (3),(4) 참조.
158) 재임스 사이어, 김현수 옮김, 기독교 세계관과 현대사상, IVP, 2007, 35쪽.

2. 계시적 세계관

기독교 신앙은 성경을 인간의 통찰력이나 상식의 산물로 보지 않고 하나님께서 인간에게 계시(말씀)한 것이라는 믿음에 근거합니다.

3. 삼위일체 세계관

기독교 신앙은 성부 하나님과 성자 하나님, 성령 하나님은 각 삼위이면서 하나인 것을 믿는 믿음을 말합니다.

4. 구원(구속)사적 세계관

하나님의 계시는 인간구원에 중심을 두고 있습니다. 인간역사는 타락한(범죄한) 인간에 대한 하나님의 활동(역사개입)은 인간을 하나님께로 인도하는데 그 중심이 있습니다.

5. 영적 전쟁의 세계관

성경적 세계관은 이 세상을 영적 전쟁(하나님의 나라와 사탄의 왕국과의 싸움)으로 보고 있습니다. 현재는 하나님의 나라와 사탄의 왕국 두 세계가 존재하지만, 세상의 시작에는 악이 존재하지 않았으며 마지막에도 악의 왕국은 멸망하게 되어 마침내 하나님의 왕국(하나님의 나라)만이 서게 될 것입니다.

그 외에도 성경은 **종말론적 세계관** 내지 **직선적 세계관**을 나타내고 있습니다. 즉 인간역사는 창조와 타락과 심판과 종말(구원)을 향하여 나가는 역사입니다.

창조 ⇨ 타락 ⇨ 심판 ⇨ 종말(구원)

3. 성경 본문의 본래의 의미를 알기 위함입니다.

우리가 성경을 탐구하는 목적은 성경의 본문 안에 있는 의미를 본문 밖으로 이끌어 내는 것이며, 또한 본문에 없는 의미를 본문 안으로 집어넣어 읽는 것입니다. 그렇게 함으로써 하나님의 말씀인 성경의 진정한 의미(뜻)를 찾아 그에 합당한 삶을 살고 선포하는 것입니다. 즉, 그 말씀을 오늘 우리의 상황에 알맞게 적용하기 위해서입니다.

[정리] 성경 탐구의 목적과 목적지

성경 탐구의 목적과 목적지	성경 탐구의 결과
1. 성삼위 하나님을 만남	하나님 나라에 들어감, 영생(구원)을 얻음
2. 성경적 세계관(가치관)을 세움	하나님 나라 백성으로 살아가기, 하나님의 뜻에 합당하게 살아가기, 구별된 삶을 살기
3. 성경 본문의 의미(뜻)을 알기	깨달은 말씀대로 살고, 선포하기 말씀을 오늘 우리의 상황에 맞게 적용하기

제6장 성경과 예수 그리스도에 대해 과연 믿을 수 있는 것인가요?

이 세상에는 성경과 예수 그리스도(=진리)에 대해 알며 그분을 믿고 일생 동안 따르는 사람과 성경과 예수 그리스도에 대해서는 알지 못하고 또 믿지 못하는 사람도 많습니다.

앎과 믿음은 손의 앞면과 뒷면의 관계와 같습니다. 알게 되면 믿게 되고, 참된 믿음은 곧 참된 앎과 같기 때문입니다. 모르고 믿는 믿음을 맹신(盲信)이라고 부릅니다. 맹신은 어리석을 뿐만 아니라, 자신을 불행에 빠뜨리게 되어 위험하기조차 합니다.

제1절 성경과 예수 그리스도를 믿을 수 없다고 주장하는 사람들

성경을 고대 중근동 지방에서 여러 종교로부터 떠돌던 이야기(신화)를 편집한 것으로 본다든지, 예수 그리스도라는 한 사람의 유대 지도자를 신격화한 것이라고 주장을 하면서 진정한 믿음과 신앙의 대상으로 인정하지 않으려는 사람들과, 믿는 사람들을 혼란시키고 흔들려는 많은 악한 세력에 의한 시도들이 끊임없이 이어져 왔습니다. 하지만, 그러한 시도는 궁극적으로 승리하지 못하였다는 것을 인류 역사는 보여 주고 있으며 하나님의 섭리와 권능(권위=권세와 능력)은 오늘도 인간의 역사를 주관하시고 계십니다.

제2절 성경과 예수 그리스도를 믿는 사람들

1. 성경은 예수 그리스도를 증거하고 있습니다.

그리스도인(기독교인)들에 있어서 구약성경으로부터는 오실 예수 그리스도를, 신약성경은 오신 예수 그리스도와 다시 오실 예수 그리스도에 관한 이야기로 많은 증거를 제시하고 있으며 이를 믿음으로 받아들입니다. 또한 신앙과 믿음은 과학이나 철학과는 달리 수많은 믿는 사람들 자신의 체험적 고백에 의해 확증되는 것입니다.

2. 신약성경 특히 마태, 마가, 누가, 요한 복음이 증거하고 있습니다.

① 신약성경 중 4복음(마태, 마가, 누가, 요한 복음)은 네 명의 저자에 의하여 예수 그리스도의 생애에 관하여 쓰여진 책입니다. 그런데 네 사람이 어느 날 한 자리에 모여 의논하면서 쓴 것이 아니라 각각 자신의 삶 가운데 예수 그리스도에 관한 직접 또는 간접적 경험적 사실을 기록한 것이 당시의 성도들에게 읽혀지다가 AD 397년 카르타고 공회에서 27권의 신약성경을 확정할 때 4복음서로 채택된 것입니다. 즉 그 자체에 정경인 증거들을 이미 갖추고 있음을 공적으로 인정하게 된 것입니다.

② 그렇기 때문에 4복음서에는 서로 공통적 사건을 기록한 것도 있지만 각 복음서에만 기록된 내용들도 있습니다. 이것이 진정한 것임을 믿게 하여 주는 증거가 되는 것입니다.

3. 역사적 기록과 발굴 및 발견된 사실을 통해 확증하게 됩니다.

① 예수 그리스도에 관한 역사적 기록과[159] 발굴 및 발견된 사실(유물, 유적들)을 통하여 우리는 예수 그리스도의 실존적 사실을 확증하게 됩니다.

빌라도의 명각

가이샤라에서 출토된 석조각으로 빌라도가 예수님 당시 실존했던 인물임이 증명되었다. (이원희, 포토 성경사전, 하늘기획)

159) 발레루스 파테르쿠러스, 구영재 옮김, 빌라도의 보고서, 아가페, 2004. 원제목은 '예수의 체포와 심문 및 처형에 관하여 가이사에게 보낸 빌라도의 보고서'로 되어 있습니다.
조좌호, 세계문화사, 박영사, 1980, 109쪽

② 유대인 역사가 요세푸스의 〈유대인 고대사〉의 기록[160]

예수 그리스도는 당시의 직접적인 역사적 기록이 제대로 남아 있지 않은 것은 사실이지만, 전무한 것은 아니며 여러 가지 기록들에 의해 어느 정도 역사적 사실임을 확인할 수 있습니다. 유대인 역사가 플라비우스 요세푸스(Flavius Josephus, 37~c.100)의[161] 저서 〈유대인 고대사〉에 다음과 같은 기록이 있습니다.

'황제는 베스도가 죽었다는 소식을 듣자 알비누스를 유대인 행정관으로 파견하였다. 한편 아그립바 왕은 요셉을 대제사장에서 해임시키고, 아나누스의 아들인 같은 이름을 가진 아나누스를 대제사장으로 임명하였다. 사실 그의 부친인 늙은 아나누스는 많은 행운을 누렸다고 사람들은 말하였다. 그에게는 아들이 다섯 있었는데 그들이 모두 대제사장에 올랐고, 그 자신도 오랫동안 대제사장의 명예를 누렸기 때문이다. 이런 일은 다른 대제사장들에게는 없었던 일이다. 그런데 아들 아나누스의 성격은 오만하였으며 몹시 무례하였다.

그는 내가 이미 지적한 것처럼 모든 유대인들 중에서 가장 엄격한 심판을 내리는 사두가이파를 추종하였다. 아나누스는 베스도가 죽고 알비누스 신임 행정관이 아직 도착하지 않았기 때문에 이를 권위를 행사할 적절한 기회라고 생각하였다. **그는 산헤드린을 소집하여 그리스도라고 불리우는 예수의 형제 야고보와 다른 몇 명을 소환하였다. 그는 율법을 어긴 혐의로 그들을 고발하고 돌로 쳐죽이도록 보냈다.** 그러나 예루살렘 시민들 중 가장 공평하고 율법위반을 불안하게 생각하던 사람들은 아나누스가 행한 일을 싫어했다. 그들은 아나누스가 그런 행동을 못하게 명령하도록 요구하기 위해 왕에게 은밀히 사람을 보내었다. 왜냐하면 아나누스가 부당하게 행동한 것이 처음이 아니었기 때문이다.

160) 플라비우스 요세푸스(기원후 37년경 ~ 100년경)는 1세기 제정 로마 시대의 유대인 출신의 정치가이자 역사가이다. 기원후 66년에 발발한 유다이아 전쟁에서 유대군을 지휘하여 로마군에 맞섰으나, 로마군의 포로가 된 뒤 투항하여 정보를 제공해 주고 베스파시아누스 황제의 배려로 풀려나 로마 시민이 되었다. 티투스의 막료로서 예루살렘 함락의 순간을 모두 지켜보았으며, 훗날 이 전말을 《유대 전쟁사》라는 책으로 남겼다. 또한 기원후 95년경, 천지창조 때부터 시작해 유대인들의 역사를 서술한 《유대 고대사》도 완성시켰다.('플라비우스 증언'이라 불리는 예수에 관한 기술로도 유명하다.)

161) 각주 5) 요세푸스의 기록에 의해 역사적인 인물과 단체, 관습과 지리적인 정보를 얻을 수 있었는데, 히브리 대학의 에후드 넷저는 요세푸스의 저술을 연구하여, 헤롯의 무덤의 위치를 알아낼 수 있었다. 그것은 요세푸스가 기록한 것과 일치하는, 예루살렘에서 12킬로미터 남쪽에 떨어진 헤로디움 언덕으로 가는 길의 사막 평지의 터널과 물웅덩이 속에 있었다.

그들은 알렉산드리아로부터 오는 알비누스를 만나러 갔고, 그에게 아나누스가 허락 없이 산헤드린을 소집할 권리가 없다는 것을 알렸다. 그들의 말을 듣고 알비누스는 몹시 화가 나서 아나누스에게 문책할 것이라는 서신을 보냈다. 그리고 아그립바 왕은 아나누스를 대제사장에서 3개월 만에 해임시키고 댐네우스의 아들 예수를 후임 대제사장으로 임명하였다'. 〈유대인 고대사〉, 20, 199-203 : 나무위키

제3절 예수 그리스도는 성인(聖人)인가? 아니면 신(神)인가?

예수 그리스도는 인류 역사에 있어 실존 인물로서 인류가 세계 4대 성인(聖人)으로 인정하고 있는 역사적 인물입니다.[162] 하지만 그가 하나님의 아들 즉 신으로써 인정받느냐는 다른 문제입니다. 기독교인은 그가 하나님의 아들이며 동시에 하나님의 한 분으로 인정하고 믿습니다. 이러한 증거는 예수님의 삶과 신약과 구약의 성경이 증거하고 있습니다. 하지만 아직까지도 지구상의 많은 사람들이 이를 인정하지 않고 있습니다. 또한 어떤 사람들은 아예 역사적 예수 그리스도 자체를 부인하는 사람들도 있습니다.

즉 예수 그리스도에 대한 사람들의 이해와 평가는 크게 3가지가 있는 셈입니다.

첫째, 그는 역사적 인물로서 세계 4대 성인(인류의 위대한 스승) 가운데 한 분이시나 신은 아니라고 하는 사람들입니다.

둘째, 그는 역사적 인물이며 하나님인 동시에 하나님의 아들이며 육신의 몸으로 이 땅에 오신 분이라는 믿음을 갖는 사람들입니다. 이를 (구교이든 신교이든) 기독교인이라고 합니다.

셋째, 그가 역사적 인물임도 알지 못하고 또 신이라는 점도 부인하는 사람들입니다.

세 번째에 속하는 사람들은 먼저 세계역사에 무지한 사람들임을 알 수 있습니다.[163]

162) 세계 역사상 4대 성인으로는 예수, 석가모니, 공자, 마호메트를 들고 있습니다.
163) 조좌호, 세계문화사, 박영사, 1980. 109쪽.

제7장 구약성경과 신약성경은 어떤 관계에 있나요?

오늘 우리가 매일같이 읽고 묵상하고 탐구하는 성경은 구약과 신약으로 구성되어 있습니다. 그런데 구약 내용은 창세기의 일부를 제외하고는 거의 모든 내용이 이스라엘 즉 유대인의 역사 이야기(역사책)인 셈입니다. 그럼에도 불구하고 전 세계 그리스도인들은 왜 구약을 읽고 묵상하고 탐구하여야 하는가? 하는 의문이 있습니다. 즉, 예수 그리스도의 생애와 말씀(신약)과 무슨 관계가 있는가? 다른 말로 하면 그리스도인들의 삶에 신약(=예수 그리스도=복음) 외에 구약의 필요성이 있는 것인가? 하는 물음을 갖게 됩니다.

제1절 구약과 신약은 통일성과 연속성을 가진 서로 관련된 이야기입니다.
제2절 구약은 유대인의 역사, 신약은 예수 그리스도에 관한 이야기입니다.
제3절 구약은 하나님 나라의 모형이며 또 신약의 모형입니다.
제4절 구약을 통해 신약을 정확하게 이해할 수 있습니다.

제1절 구약과 신약은 통일성과 연속성을 가진 서로 관련되는 이야기입니다.

1. 구약과 신약은 통일성과 연속성을 가지고 서로 관련되어 있습니다.

구약은 앞으로 올 것(신약)을 지속적으로 바라보며, 신약은 구약을 지속적으로 뒤돌아봅니다. 그러므로 구약 없이 신약을 이해할 수 없고, 신약 없이도 구약을 완전히 이해할 수 없게 됩니다.[164] 즉, 성경은 하나님의 백성에 대한 역사가 그 중심에 있으며(역사적 관련성), 신약의 저자들이 구약을 인용하고 있으며(성경적 의존성), [165]구약과 신약은 그 중심 주제의 통일성과 연속성을 가지고 있습니다(통일성과 연속성).[166] 구약에 나오는 사건들과 인물들과 제도들 그리고 기관들은 신약에서의 사람들과 기관들과 사건들의 예시와 모형으로 제시되고 있습니다(예표론). 물론 성경의 각각은 개별성이 있음을[167] 지나쳐서도 안됩니다. 즉, 구약과 신약은 서로 간 자율성과 독립성을 갖는 것입니다.

164) 신약신학강의안, 심상법, 총신대학교신학대학원, 27쪽.
165) 예, 신약성경에서 예수님을 구약의 그리스도(메시야)로 부르는 것은 약 500회 이상입니다.
166) 버나드 W. 앤더슨, 최종진 옮김, 구약신학, 한들출판사, 2012, 32쪽에서도 연속성을 강조하고 있습니다.
167) 레이몬드 E. 브라운, 김근수 김경식 이은순 공역, 신약개론, CLC, 2017, 31쪽.

2. 구약과 신약은 모두 언약의 성취와 구속사입니다.

구약에서 하나님이 하신 약속(언약)은 신약을 통하여 성취되고 있습니다(약속과 성취). 신구약은 하나님과 인간의 구원(구속)사적 관점으로 관통되고 있습니다(구원, 구속사).[168] 그러므로 구약 없는 신약은 반석 없는 건물과 같으며, 신약 없는 구약은 인류 역사와 무관한 한 민족(이스라엘 민족)에 관한 역사 이야기에 불과한 것입니다.

언약(약속) : '**광야에서 외치는 자의 소리가 있어 이르되 너희는 주의 길을 준비하라** 그의 오실 길을 곧게 하라 기록된 것과 같이'(이사야 40:3, 마가 1:3).

성취 : '**세례 요한이 광야에 이르러 죄 사함을 받게 하는 회개의 세례를 전파하니**'(마가 1:4).

'무엇이든지 **전에 기록된 바(구약)**는 우리의 교훈을 위하여 기록된 것이니 우리로 하여금 인내로 또는 성경의 위로로 소망을 가지게 함이니라'(로마서 15:4).

제2절 구약은 유대인의 역사, 신약은 예수 그리스도에 관한 이야기입니다.

구약은 표면적으로는 유대인(이스라엘)의 역사에 관한 이야기이며, 신약은 예수 그리스도에 관한 이야기입니다. 이 둘의 공통적인 점은 모두가 하나님 나라 건설의 역사에 포섭(포함)된다고 볼 수 있습니다. 즉 (구약, 신약 모두 포함한) **성경은 하나님 나라의 건설(하나님의 계획과 섭리)에 관한 이야기**입니다.

✾ 왜 대한민국 기독교인이 이스라엘 역사(구약성경)를 학습해야 하나요?

한국 기독교인들은 가끔 통독조차 어려운 이스라엘 역사(구약)를 유대인도 아니면서 열심을 내어 학습해야만 하는가? 하는 의문을 가질 때가 있습니다. 그 까닭은 구약이 ① 이스라엘이라는 무대를 중심으로 하고 있다는 점과 ② 하나님 나라 건설의 역사라는 점입니다. ③ 또 세상 모든 그리스도인에게 하나님의 섭리와 교훈을 준다는 점입니다.

이스라엘은 하나님이 특별히 선택한 민족으로 하나님 나라를 모형으로 삼기 위한 뜻을 가지고 세우시고, 하나님이 직접(대리인을 통하여 간접적)으로 통치하시고, 율법과 규례를 주셨으며 그들의 과거의 삶에 역사(섭리)하셨음을 알게 되기 때문입니다. 또한 구약은 이스라엘(유대인) 역사(과거의 삶에 섭리)로 그것(이스라엘 민족의 삶)을 통하여 (대한민국 뿐만아니라) 세상 모든 그리스도인에게 하나님의 섭리를 통한 교훈(바른 길)을 주시기 위함이기 때문입니다.

---

168) 신상법, 신약신학강의안, 총신대학교대학원, 위의 책 27~29쪽 참조.

[정리] 성경에 나타난 시대와 역사

시대와 역사	주요 내용	중심 메시지
창조 시대	천지창조, 인간창조, 셋, 노아, 셈, 데라, 아브람과 야곱의 선택	하나님의 선택
족장 시대	야곱의 12아들과 요셉의 생애 및 이후	하나님의 나라의 백성
출애굽 및 가나안 정착 시대	*이스라엘 백성들의 애굽에서 탈출과 광야 훈련, 가나안 정복과 정착 *모세와 여호수아를 통한 하나님의 대리인 제사장, 지도자 선택	*하나님 나라 세움 *이스라엘의 구원 *제사장 나라 백성의 거룩한 삶 *하나님 나라 영토와 법
사사 시대	7번의 악순환(우상숭배-하나님의 징계-민족의 고통-여호와를 찾음-사사를 보내어 구원)을 통한 이스라엘 역사에 섭리 *옷니엘, 드보라, 기드온, 입다, 삼손 등	사사(지도자)를 통한 하나님의 인도와 통치
통일왕국 시대	사울과 다윗과 솔로몬을 통한 하나님의 섭리 (하나님 나라의 불완전한 회복)	왕을 통한 하나님의 통치
분열왕국 시대	*남유다와 북이스라엘의 분열과 혼란으로 왕국의 멸망과 이민족(앗수르, 바빌로니아, 페르시아 등)의 지배 *아하스, 히스기야, 므낫세, 요시야, 시드기야, 이사야, 요나, 아모스, 호세아, 요엘, 하박국 등	*하나님의 통치를 멀리하고 우상을 숭배 *하나님의 경고 *하나님의 징계
포로기 시대	*앗수르와 바빌로니아, 페르시아 등에 의해 지배와 압박을 받고 회개하고 회복을 소망, 예배의 회복과 율법의 회고 *에스더, 다니엘, 에스겔, 예레미야 등	*하나님 나라 백성의 유배(포로생활과 징계)와 하나님 백성의 회개
포로귀환 시대	*70년이 지나 포로된 신분으로부터 이스라엘로 귀환함, 성전과 성벽을 재건함. *학개, 스가랴, 에스라, 느헤미야 등	하나님 나라의 재건
구약과 신약 중간기	말라기 이후 400년간 이상 하나님의 통치는 침묵상태	하나님의 침묵
신약 시대	하나님 자신(예수 그리스도)의 오심, 사도들과 제자들과 함께 사역, 죽으심과 부활, 승천과 재림의 약속	하나님 나라의 도래

제3절 구약은 하나님 나라의 모형이며 또 신약의 모형입니다.

1. 구약은 하나님 나라의 모형을 보여 줍니다.

하나님 나라의 건설에 있어서는 세 가지 요소가 필요한데, 백성과 영토와 주권입니다. 그리하여 영토로서의 천지창조 및 가나안, 백성으로써 아담과 하와의 창조와 그 이후 이스라엘 백성의 선택, 그리고 하나님의 주권(통치)으로써 하나님의 말씀과 법 그리고 제도들과 섭리(통치)가 이스라엘 역사를 통하여 주어졌습니다.

2. 구약은 신약의 모형을 보여 줍니다.

① 구약은 하나님 나라 백성의 타락과 범죄 그리고 인간의 불순종에 따른 하나님의 구원의 역사가 진행되어온 과정(하나님이신 예수님의 직접적 오심과 죽음과 부활과 재림의 예언들)을 말해주고 있으며, 그 가운데서 예수님과 그분의 사역(하나님의 나라 회복)에 관한 모형들이 제시되고 있습니다.

✾ 사사기에 반복되는 죄의 쳇바퀴

(이스라엘 백성들은 죄의 쳇바퀴를 350년 동안이나 돌았다.)

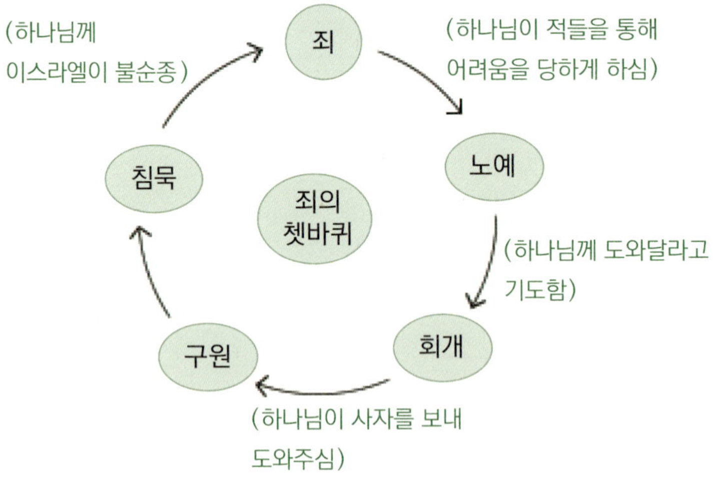

② 그러므로 구약과 신약은 서로 하나의 목표(하나님 나라의 건설)에 연결된 연속성을 갖는 이야기입니다.

❀ 모형(Type) 혹은 표상(Type)에 관한 이야기

모형(닮음꼴) 및 표상이란[169] 원형을 줄여서 만든 본을 말합니다. 즉 성경의 진리(원형)가 모형을 통하여 전달되는 것을 말합니다. 표상은 영적인 실재를 미리 나타내는 가시적인 모형입니다. 구약 성경에는 모형(모델)이 나타나며, 그 모형의 실현(실체)인 원형은 신약에서 나타납니다. 그러므로 모형과 원형의 관계는 예언과 예언의 성취로, 모형과 표상은 원형의 그림자에 해당한다고 할 것입니다.

[정리] 구약은 모형과 표상 및 신약은 원형

구약(모형과 표상)	신약(원형)	성경구절
창조	*새 창조	창세기 1-2장 요한계시록 21-22장
아담	*예수 그리스도	창세기 1:26-27
여자의 후손	*예수 그리스도	창세기 3:15
아브라함(이스라엘 나라)	*하나님의 나라(천국) *예수 그리스도	창세기 12:1-3 마태 4:17
엘리야	*세례 요한	열왕기상 18:16-45
유월절(어린 양)	*구속의 상징(예수 그리스도)	출애굽기 12:27 역대하 35:1, 6
만나	*예수 그리스도	출애굽기 16:31
생수의 근원인 반석	*예수 그리스도	출애굽기 17:6
성막(성육신 및 임재)	*예수 그리스도	출애굽기 26:1이하
방주, 성막, 성전	*교회 *예수 그리스도(마태 16:18)	창세기 6:14-22 출애굽기 26:1이하 역대하 2:1-5:1 사도행전 24:12
대제사장, 예언자 모세	*예수 그리스도	출애굽기 3:12 히브리서 8:1
놋 뱀, 유월절, 요단강 건넘	*보혈, (그리스도의) 구원 (십자가)	출애굽기 12:13 여호수아 3:13-17 고린도전서 1:18
희생제물	*예수 그리스도	에베소서 5:2
대제사장, 성막	*예수 그리스도	출애굽기 19:6 히브리서 9:·11-12

169) 표상은 신약의 영적 실재에 관해서 구약에 예시되어 있는 하나님의 계획적인 표현방법을 말하기도 합니다. 표상은 하나님이 사용하셨고, 구약에 있으며, 그림자를 말합니다.

왕	*예수 그리스도	사무엘상 10:24 마태 27:29,37
고난의 종 어린 양	*예수 그리스도	이사야 53:7 요한 1:29
하나님 나라의 백성 아담과 하와-노아의 8식구 -이스라엘 민족	*하나님 나라의 백성 *교회-우주적 교회	창세기 1:27; 6:9-10 출애굽기 12:37 사도행전 1:15
하나님 나라의 영토 에덴동산-가나안 땅	*하나님 나라의 영토 *그리스도-새 하늘과 새 땅	창세기 2:8 민수기 34:2 요한계시록 21:1

✾ 상징에 관하여

1. 개념

상징은 보편적인 의미에 추가된 어떤 의미를 암시하거나 대표하는 일체의 것입니다.

2. 특징

상징은 과거, 현재 또는 미래에 속한 어떤 것을 대표하며, 시간에 대하여 근본적으로 지시하는 것이 없습니다. 그러므로 무시간적인 비유입니다. 예를 들면 사자는 힘의 상징이거나 굶주린 자의 상징입니다. 그리고 상징은 일반적이며 한 개의 대상만 가지고 있고, 반드시 역사적 실재인 것은 아닙니다.

3. 종류

1) 물건 : 소금 - 부패방지 2) 재료 : 흰 세마포 - 거룩, 성결 3) 색깔 : 청색 - 천상, 거룩
4) 금속 : 보석 - 진주 5) 생물 : 사자 - 난폭성, 비둘기 - 유순, 평화 6) 숫자 - 4 : 완전, 축복 등

제4절 구약을 통해 신약을 정확하게 이해할 수 있습니다.

1. 구약은 신약을 이해하는 문화적 배경을 제공해 줍니다.

① 성경 이야기는 역사와 함께 전개됩니다. 역사(인물과 사건) 속의 인간은 그 시대의 문화를 지니며 문화와 더불어 살아갑니다. 이런 의미에서 성경 역사 속에 등장하는 인물도 그 시대의 문화를 배경으로 하여 나타남으로 성경을 보다 깊이 있게 이해하기 위해서는 그 시대의 문화적 배경을 알아야 합니다. 특히 구약은 신약을 보다 더 잘 이해하기 위한 징검다리(문화적 배경)가 될 것입니다. 즉, 구약은 신약 탄생의 모태입니다.

② 예를 들면, 구약의 마지막 예언서인 말라기는 선지자를 통하여 예수님이 오시기전 하나님의 마지막 말씀으로 이스라엘의 죄에 대한 책망이 대부분이지만 그 메시지에는 주님과 그의 사자(使者)가 언젠가 올 것이라는 약속이 포함되어 있었습니다. 이 약속은 세례 요한이 주 예수 그리스도의 오심을 알릴 때까지 약 400년이 지나서 성취되었습니다.[170]

언약(약속) : '만군의 여호와가 이르노라 **보라 내가 내 사자를 보내리니 그가 내 앞에서 길을 준비할 것이요 또 너희가 구하는 바 주가 갑자기 그의 성전에 임하시리니 곧 너희가 사모하는 바 언약의 사자가 임하실 것이라'**(말라기 3:1).

'보라 여호와의 크고 두려운 날이 이르기 전에 내가 선지자 엘리야를 저희에게 보내리니 그가 아버지의 마음을 자녀에게로 돌이키게 하고 자녀들의 마음을 그들의 아버지에게로 돌이키게 하리라 돌이키지 아니하면 두렵건대 내가 와서 저주로 그 땅을 칠까 하노라 하시니라'(말라기 4:5-6).

⇨ **선지자와 엘리야는 모두 신약에서 세례 요한을 가리키고 있습니다.**

성취 : **'요한이 대답하여 이르되 만일 하늘에서 주신 바 아니면 사람이 아무것도 받을 수 없느니라 내가 말한 바 나는 그리스도가 아니요 그의 앞에 보내심을 받은 자**라고 한 것을 증언할 자는 너희니라'(요한 3:27-28).

[정리] 하나님의 섭리와 성취시간의 간격

구분	창세기 마지막과 출애굽(모세)	말라기와 마태복음(예수 그리스도)
성취시간의 간격	400년	400년

③ 신약성경에는 구약의 예언 내용을 이루는 것(성취되는 것)으로 선포되고 있는 경우가 많이 있습니다.

[예언] **'내가 입을 열어 비유로 말하여[171] 예(창세)로부터 감추어졌던 것을 드러내려 하니'**(시편 78:2).

[성취] 예수께서 이 모든 것을 무리에게 비유로 말씀하시고 비유가 아니면 아무것도 말씀하지 아니하였으니 이는 선지자를 통하여 말씀하신 바 **'내가 입을 열어 비유로 말하고 창세부터 감추인 것들을 드러내리라'** 함을 이루려 하심이라 (마태 23:34-35).

170) 하나님의 계획과 때를 소망을 갖고 인내로서 기다림은 그리스도인의 믿음임을 알 수 있습니다.
171) 예수님이 비유로 말씀하신 이유는 ①쉽게 설명(이해)하도록 하기 위함이었고 또 ② 하늘의 비밀이기 때문이었습니다. 이훈창, 설교 노트 참조.

2. 신약과 구약은 서로 연결되어 있습니다.

신약성경 속에는 약 600회 이상 구약을 인용하고 있습니다. 마태복음은 53회, 마가복음은 36회, 누가복음은 25회, 요한복음은 20회, 바울 서신은 90회 이상을 인용하고 있습니다. 그러므로 구약은 신약의 바탕이 되며 신약은 구약을 되돌아보게 합니다. 구약에서 하나님은 메시야를 통하여 인간에게 복과 죄 사함을 주실 것을 약속(=언약=예언)하셨고, 신약에서 그 약속(=언약=예언)은 그대로 이루십니다(성취).

[정리] 구약과 신약의 차이점 : 존 칼빈[172)]

구약	신약
현세적 축복을 통하여 영적 축복을 바라 봄	영적 축복을 직접 강조함
실체의 그림자만 보여 줌	실체이신 그리스도를 직접 보여 줌
율법(문자적)임	복음(영적)임
사람의 마음에 두려움을 만듦	사람의 마음에 신뢰와 확신을 갖게 함
이스라엘과 관계됨	모든 민족과 관계됨

172) 존 칼빈, 김태희 엮음, 기독교강요, 세움북스, 129-131쪽.

제8장 유대교와 기독교는 어떤 관계에 있나요?

현대 그리스도인들은 구약과 신약이라는 경전을 대하면서 유대인에 대하여 자연스럽게 접근하게 되면서 구약을 유대인의 역사로 받아들이게 되고, 그들의 역사를 통하여 하나님을 만나게 됩니다. 유대인들은 수천 년 전부터 전 세계 특히 중동지방에서는 이웃 나라들과는 달리 **유일신 하나님을 믿는 신앙**을 가지고 있었습니다.

신약은 예수 그리스도를 통한 새로운 세계를 만나게 됩니다. 그러나 신약에서는 유대인 특히 그중에서 바리새인과 서기관과 사두개인 그리고 장로들과 같은 유대인의 지도자 그룹과는 긴장관계를 가지게 되고, 그들에 의해 예수 그리스도가 십자가에 달려 돌아가시게 됩니다. 그러므로 신약에서 나타난 유대인에 대하여 기독교인들은 좋은 인상을 갖지 않게 된 결과 유대교에 대하여 가까이 하지 않게 되고, 좋지 않은 이미지가 형성되어 온 것이 사실입니다.

하지만 우리는 당시의 지도자들이 유대교를 모두 드러내고 있다고 생각해서는 안 될 것입니다. 특히 **기독교는 당시의 유대교의 우물(문화)로부터 나온 것이며, 그곳이 기독교의 샘물(근원)이 되었다**는 점을 부인할 수 없으므로 유대교와 유대인을 이해하는 일이야말로 기독교를 더 잘 이해하는 디딤돌이 될 것입니다.[173]특히 초기 기독교 운동이 유대교의 중심에서 시작되었고, 원시 기독교 선포는 유대인 성서들에 기초를 두고 있었으며, 두 신앙 공동체는 공통의 성서를, 공통의 이야기를 공유하고 있으면서 함께 속하였습니다.[174]

한편, 기독교는 그 본질에서 유대교와 차이를 발견하게 됩니다. 특히 예수 그리스도에 관하여 관점의 차이가 있으며 오늘날까지도 크게 달라진 것은 아닙니다. 복음서 특히 요한복음을 통하여 나타난 예수 그리스도에 대한 관점과 예수님 당시의 유대교(유대인)의 예수 그리스도에 대한 이해는 근본적으로 다르고, 기독교의 중심인 예수 그리스도에 관한 체계적 인식을 한 바울 사도의 견해에 따르면 유대교와는 나란히 하기 어려운 점이 있습니다.[175]

이제부터라도 기독교(기독교인)는 유대교과 유대인에 대하여 올바른 이해를 위한 학습과 노력이 있어야만 구약과 신약을 보다 더 잘 이해하게 될 것입니다. [176]

---

173) 기독교인들의 신앙생활과 교회생활에서는 유대인과 유대교에 대해서는 자세한 정규적인 학습은 전혀 이루어지지 않고 있는 것이 현실입니다.

174) 버나드 W. 앤더슨, 최종진 옮김, 구약신학, 25쪽.

175) Milton Steinberg, 최명덕 역, 유대교의 기본진리, 한글, 2011, 141-152쪽 참조.

176) 현대 한국인의 유대인 이해는 단편적인 것으로 주로 유대인은 머리가 뛰어나 노벨상 수상자의 22%(사이언스 타임즈, 2018)를 차지하고 있으며, 그들이 현대 최강대국 미국(정치와 특히 경제)을 움직이는 사람들이라는 정도이다. 그래서 이러한 뛰어남의 배경에는 유대인의 (성경, 어머니) 교육이 있으며 이것을 배워야 한다는 것입니다.

제1절 유대인과 유대교 이야기

제2절 유대교 성립의 역사 이야기

제3절 유대교와 기독교 관계에 관한 이야기

제1절 유대인과 유대교 이야기

1. 유대인은 누구를 말하나요?

BC 2,000년경 메소포타미아에서 팔레스티나로 이주한 헤브라이어를 말하는 사람들과 그 자손으로 보통 헤브라이인. 유대인(이스라엘인)이라고 부릅니다.[177] BC 10세기경 통일 이스라엘 왕국이 북쪽 이스라엘 왕국과 남쪽 유다 왕국으로 갈리고, 바빌론유수기(포로시대)를 거쳐 고향으로 돌아온 이스라엘인을 모두 유대인이라 불렀고, 스스로도 유대인(이스라엘인)이라고 부르게 되었습니다.[178]

'그가 이르되 **네 이름을 다시는 야곱이라 부를 것이 아니요 이스라엘이라 부를 것이니 이는 네가 하나님과 및 사람들과 겨루어 이겼음이니라**'(창세기 32:28).

[정리] 성경에 나타난 이스라엘 민족의 호칭

민족의 호칭	부르게 된 시기	성경구절
히브리 민족	*BC 1235년 - 1210년경 *이스라엘 백성이 가나안에 정착하기 전 유목생활을 할 때 붙여진 명칭 *'걸어서 건너온 사람'이라는 뜻	창세기 14:13 사무엘상 4:6,9
이스라엘 민족	*BC 1235-586년경 *가나안에 정착하고 그 곳에서 추방당할 때까지 사용된 명칭 *민족의 조상인 야곱(나중에 이스라엘로 부르게 됨)에서 붙여진 이름 *'하나님은 강하다', '하나님은 싸운다'라는 뜻	창세기 32:28-29

177) 헤브라이는 히브리족에서, 유대인은 야곱의 맏아들 유다에서, 이스라엘은 야곱의 변경된 이름에서 따온 명칭입니다(창세기 32:28).

178) [네이버 지식백과] 유대인 [Jew] (두산백과) 참조.

유대 민족	*BC 536년 이후 *처음에는 예루살렘 근처에 살고 있던 유다 지파만을 가리켰다. *가나안에서 바벨론으로 추방되었다가 예루살렘으로 돌아온 이후 민족 전체를 가리키는 말이 되었다. '축하하다', '경배하다'는 뜻	창세기 29:35 역대하 36:20-23

2. 유대교와 그 특징

유대교의 기원은 고대 이스라엘인의 종교로 거슬러 올라가지만, 보통 유대교라고 하면 바벨론 포로(BC 586~BC 536) 이후 **'모세의 율법'**을 근간으로 하여 발달한 유대인의 고유 종교를 말하며 유대교에는 몇 가지 특징적 요소를 가지고 있습니다.

1) 유일신 사상 및 선민사상

(1) 유일신 사상

① 유대교의 큰 특징은 당시 주변의 다신교 세계와 달리 가장 먼저 일신교를 정립했다는 점입니다. 물론 그 유일신은 **아브라함**과 만나고 **모세와 언약**을 맺은 여호와(야훼)입니다. 눈에 보이지는 않지만 전지전능한 존재라는 점에서 전능자(샤다이, Shadai)로 불려지기도 합니다.

② 그들은 신앙의 조상 아브라함과 같이 조상 대대로 믿어온 여호와에게만 정성을 다하고, 자신들을 신의 백성으로 선택한 야훼 신 이외의 신을 섬기지는 않습니다. 이 언약이행의 내용은 신의 편에서는 '헤세드(은혜)'이고, 백성 쪽에서는 야훼가 부여한 '율법의 준수'입니다.

✼ '여호와'란 이름

구약에서 가장 자주 나오는 하나님의 이름을 말합니다. 원래 히브리 원어는 모음 없이 4개의 자음 즉 야훼(YHWH)로만 쓰게 되어 있어 발음에 어려움이 있었습니다. 그런데 이스라엘 사람들은 거룩한 하나님의 이름을 함부로 부를 수 없다고 생각해[179] 야훼라는 단어가 나오면 '아도니아'(주)라고 읽고, 자음으로 된 야훼와 아도니아에 쓰여진 모음을 합하여 '여호와'라고 읽게 되었습니다. 여호와란 이름은 **'스스로 존재하는 자'**라는 뜻으로 대부분의 영어번역본은 주(The Lord)로 번역하였습니다. 하나님은 여호와란 이름을 통해 '지금 여기서 행동하시고 특별히 구원의 행동을 보이시는 분'으로 자신을 드러내시고자 사용하신 것임을 알게 됩니다. 그러므로 여호와라는 이름은 '구원하시는 하나님의 임재'를 보여주는 이름인 것입니다.[180]

179) 출애굽기 20장 7절 **'너는 네 하나님 여호와의 이름을 망령되이 부르지 말라'**
180) 비젼성경, 구약 편, 133쪽.

(2) 선민사상(選民思想)

이스라엘 민족의 신(야훼)은 그들의 조상을 선택하여 자기 백성으로 삼았고, 그 자손들에게 약속한 땅을 주어 그들을 지키고 축복한다는 것, 더 나아가 다른 민족을 이끄는 사명을 가진 민족이라는 생각이 **선민사상**입니다.[181)]

> '여호와께서 아브람에게 이르시되…**내가 너로 큰 민족을 이루고 네게 복을 주어 네 이름을 창대하게 하리니 너는 복이 될지라** 너를 축복하는 자에게는 내가 복을 내리고 너를 저주하는 자에게는 내가 저주하리니 **땅의 모든 족속이 너로 말미암아 복을 얻을 것이라**' 하신지라(창세기 12:1-3).

> **'이스라엘아…진실과 정의와 공의로 여호와의 삶을 두고 맹세하면 나라들이 나로 말미암아 스스로 복을 빌며 나로 말미암아 자랑하리라'**(예레미야 4:1-2).

[정리] 구약과 신약에서의 하나님의 선택 의미[182)]

구분	구약	신약
천국백성 천국잔치	하나님 나라의 백성으로 선택 : 이스라엘(유대민족) → 소명부여 : 선민의식으로 발전	천국 잔치에 초청과 선택 : 구원받은(예복 입은) 백성
성경구절	창세기 12장 1-3절	마태복음 22장 1-14절

2) 경전

① 유대교의 경전(구약성서)[183)]은 BC 1세기에 편집이 거의 완료되었지만, 그 기본적인 구성은 BC 4세기경에 이루어졌습니다. 유대교 본래의 특색은 율법(律法)에 있습니다.[184)] 율법의 기초는 계약의 개념으로, 원래 고대 메소포타미아의 경제적·사회적 통념이었는데, 그것을 신(神) 대 인간(人間)의 관계 속에 끌어들인 점에 유대교의 특성이 있습니다.

---

181) 선민사상은 유대민족에게는 자긍심으로 작용하였으나 다른 한편 다른 민족에 대한 차별적 사고와 인식에 따른 행동(배타적 행동)으로 인하여 도리어 유대인에 대한 반감을 갖게 되었던 것입니다.

182) 이훈창, 설교노트, 2019년 6월 30일 참조.

183) 구약성서(Old Testament)의 '구약'이란 모세와 신과의 계약(언약)을 의미합니다. 그런데, 이 구약이라는 말은 기독교도들이 쓰는 언어이며, 유대교도에게 '계약'은 단 하나뿐이기 때문에 '성서'라고만 부릅니다.

184) 유대교의 경전은 구약성서, 특히 최초의 「창세기」부터 「신명기」까지 다섯 권의 책을 '모세5경, 일반적으로는 '토라(Torah)'라고 부르며 가장 중요시합니다.

② 유대교의 경전은 뒤에 그리스도교의 경전(구약성경)이 되었기 때문에, 정통적 유대교에서는 그 이후의 구전(口傳)의 율법과 고대 말기에 그 해석을 집대성한 '탈무드'를 경전에 추가하여, 거기에서 유대교의 특색을 찾는 경향이 있습니다.

③ 이후에도 시대에 따른 율법해석이나 전승(傳承) 형성이 랍비(스승: 율법교사)의 지도 아래 꾸준히 이어지고 있으며, 정통파·개혁파 등 여러 파가 생겨나고 있습니다.[185] 오랫 동안 구전 율법은 구두로 전승되었는데, AD 200년경 총 주교 유다에 의해서 미슈나로 모아졌습니다. 그후 다시 300년간 미슈나의 본문에 의거한 구전 율법의 연구 즉, 토라(율법)에 관한 해석 및 주석을 집대성한 것으로 이것이 계속된 결과, 4세기 말에 『예루살렘 탈무드』, 5세기 말에 『바빌로니아 탈무드』의 편찬이 완결되었는데 미슈나와 탈무드는 성문율법을 중심으로 해서 1세기 말에 성립한 구약성서와 함께 유대교의 경전이 되었습니다.

> '바리새인들과 서기관들이 예수께 묻되 어찌하여 당신의 제자들은 **장로들의 전통**을 준행하지 아니하고 부정한 손으로 떡을 먹나이까'(마가 7:5 / 마가 7:3 / 마태 15:2).

> '내가 너희와 함께 있을 때에 너희에게 말한 바 곧 **모세의 율법과 선지자의 글과 시편에 나를 가리켜 기록된 모든 것**이 이루어져야 하리라 한 말이 이것이라'
> (누가 24:44).

3) 메시야 사상[186]과 시오니즘(지상천국)

① 다윗 왕의 아들 솔로몬이 예루살렘의 시온의 언덕에 야훼의 신전을 건립하자, 야훼는 다윗 가문을 이스라엘의 지배자로 선택하고 시온을 **야훼의 이름을 두는 유일한 장소**로 정하는 약속**(다윗 언약)**을 했습니다. 여기에서 **메시야** (원뜻은 '즉위 시에 기름이 부어진 왕')가 세상의 종말에 다윗 가문의 자손에서 나타난다는 기대와 예루살렘(=시온)을 가장 중요한 성지로 보는 신앙(시오니즘)이 생겼습니다. 예수님께서도 스스로를 메시야임을 시인하시었습니다.

> '여자가 이르되 **메시야 곧 그리스도라 하는 이가 오실 줄을 내가 아노니 그가 오시면 모든 것을 우리에게 알려 주시리이다 예수께서 이르시되 네게 말하는 내가 그(메시야)라** 하시니라'(요한 4:25-26).

---

185) [네이버 지식백과] 유대교 [Judaism] (두산백과) (천사, 2000. 3. 31. 도서출판 들녘).
186) **메시야 사상**에 관하여는 **제2부에서 자세히 이야기**합니다.

❀ 시온이란 어떤 곳인가요?

1. 시온(이사야 52:1)은 원래 여부스의 영토이자 요새의 이름이었습니다(사무엘하 5:6). 다윗이 시온을 빼앗아 다윗 성이라 이름하고 (사무엘하 5:7-9), 이 곳에 하나님의 법궤를 안치하면서부터(열왕기상 8:1) 시온은 이스라엘의 중심지가 되었습니다.

그래서 시온은 이스라엘의 상징으로, 예루살렘을 나타내는 말로 사용되었습니다(시편 48:12, 이사야 1:27, 예레미야 14:19). 또한 시온은 하나님께서 거하시는 곳의 대명사로 사용되어졌으며(시편 20:1-2), 거룩한 산(시편 2:6)으로 생각되어졌습니다.

2. 하나님은 시온에서 자신을 보여 주시며(아모스 1:2), 구원을 베푸시고(시편 14:7; 53:6), 그 곳에서 그의 백성에게 복을 주신다고(시편 128:5; 134:3) 이스라엘 사람들은 믿었습니다. 이 때문에 이스라엘 사람들은 포로 시대 중에도 시온의 회복을 사모했는데, 시온의 회복은 하나님의 복과 임재의 회복을 의미하기 때문이었습니다(=시온이즘, 이사야 51:3; 52:1-8).

3. 시온의 복과 관련하여 신약에서는 시온이 하나님의 거처(히브리서 12:22), 새 예루살렘(베드로전서 2:6), 신천신지(계시록 14:1)를 의미하는 상징으로 쓰였습니다.[187)]

예루살렘 전경

❀ 시오니즘/시온이즘[Zionism]

1. 고대 유대인들의 바벨론 포로 시절부터 나타난 사상으로 고국 팔레스타인에 유대 민족국가를 건설하는 것을 목표로 한 유대민족주의 운동입니다. 2천 년 동안 나라 없이 방황한 유대인들에게서 1870년경부터 동유럽 및 중부유럽에서 시작되었는데, 여러 면에서 이것은 고대 예루살렘 중심부의 시온이라는 약속된 땅인 팔레스타인에 대한 유대인과 유대 종교의 민족주의적인 염원에서 비롯된 것입니다.

2. 이에 앞서 16~17세기에는 수많은 '메시야'들이 유대인의 팔레스타인 복귀를 지원하였습니다. 한편, 18세기 말의 하스칼라(계몽)운동은 유대인들이 서양의 세속문화에 동화되도록 유도하였으나, 동유

187) 비젼성경, 구약편 1031쪽. '여호와께 구속받은 자들이 돌아와 노래하며 **시온으로 돌아오니** 영원한 기쁨이 그들의 머리 위에 있고 슬픔과 탄식이 달아나니이다'(이사야 51:11).

럽의 유대인들은 동화되지 않았을 뿐더러 제정 러시아의 유대인 학살에 대한 반발로서 '호베베 시온(시온을 사랑하는 자들)'을 결성하여 유대 농민들 및 기술자들의 팔레스타인 이주운동을 촉진시켰습니다.

3. 시오니즘에 대해 정치적 성향을 부여한 인물은 오스트리아의 저널리스트인 T. 헤르츨이었습니다. 그의 유토피아적인 정치소설 《유대인 국가》(1896)와 《오래된 새로운 땅》(1903)은 시오니즘을 촉진하는 데 결정적인 영향을 끼쳤습니다. 1897년 헤르츨은 스위스의 바젤에서 제1차 시오니스트회의를 소집하여 바젤계획안을 작성하였습니다. 제1차 세계대전 이전에는 시오니즘이 단지 러시아 출신의 유대인 소수파만을 대표하였으나, 그 이후 오스트리아 및 독일의 유대인들에 의해 주도되었습니다. 시오니즘은 전 세계에 걸쳐서 자발적으로 규합된 유대인 조직으로써 연설 및 안내 책자, 여러 언어로 발행되는 신문들을 통해서 적극적인 홍보 활동을 전개하였습니다.

4. 1905년 러시아혁명이 실패하고 유대인에 대한 학살과 억압이 뒤따르자 러시아의 젊은 유대인들은 선구적인 이주자들로서 팔레스타인으로 이주하기 시작하였습니다. 그리하여 1914년에는 팔레스타인에 9만 명에 달하는 유대인들이 있었고, 이 가운데 1만 3000명에 이르는 이주자들은 43개의 유대인 정착촌에서 생활하였습니다.

5. 제1차 세계대전이 발발하자 정치적인 시오니즘이 재 주창되었고, 그 주도 역할은 영국에 거주하는 유대인들이 맡게 되었는데, 그중에 C. A. 바이츠만과 N. 소콜로는 1917년 11월 2일, 영국으로부터 팔레스타인 내의 유대 민족국가 건설에 대한 영국의 지지를 약속하는 밸푸어선언을 얻어내는 데 주요한 역할을 담당하였습니다. 시온주의자들은 팔레스타인의 도시 및 농촌에서 유대인 정착촌을 건설하여 유대인 자치조직을 완성하였고, 그들의 문화생활과 헤브라이어 교육을 강화하였습니다. 1925년 3월 당시 팔레스타인 내의 유대인 수는 공식적으로 10만 8000명에 달하였고, 1933년에는 23만 8000명으로 증가하였습니다.

6. 아랍인들은 팔레스타인이 유대인 국가가 되는 것을 우려하였고, 따라서 시오니즘과 이를 지원하는 영국의 정책에 강력하게 반발하였습니다. 특히 1929년과 1936-1939년에 아랍인들이 반란을 일으켜 영국은 아랍의 요구와 시온주의자들의 요구를 조정하기 위한 계획을 마련하게 되었습니다.

7. 히틀러주의가 대두되고 그에 의한 유대인 학살이 자행되자 유대인들도 도피처로서 팔레스타인과 그 밖의 지역, 특히 시오니즘을 옹호하는 미국으로 이주하였습니다. 아랍인들과 시온주의자들 간의 긴장이 고조됨에 따라 영국은 팔레스타인 문제를 처음에는 미국과 협의하였으나, 후에는 국제연합에 맡겼습니다. 1947년 10월 27일 국제연합은 팔레스타인을 아랍 국가 및 유대 국가로 각각 분할할 것과 예루살렘을 국제화할 것을 제안하였습니다.

8. 1948년 5월 14일 이스라엘 국가가 정식으로 성립하자 1948-1949년에는 아랍- 이스라엘 전쟁이 발발하였고, 전쟁 결과 이스라엘은 국제연합의 결의에 따라 제공 받은 땅보다 많은 부분을 아랍으로부터 획득하였습니다.

9 제1차 시오니스트회의 이후 50년이 지나고, 밸푸어선언 이후 30년만에 시오니즘은 팔레스타인에 유대 국가를 건설하려는 목표를 달성하였습니다. 그후 20여 년에 걸쳐 세계에 흩어져 있는 시오니즘 조직들은 이스라엘에 대해 재정적 지원을 계속하였고, 유대인의 팔레스타인 이주를 장려하게 되었습니다.

(네이버 지식백과, 시오니즘 [Zionism], 두산백과)

② 페르시아(키로스 2세)의 메소포타미아 정복은 반세기에 걸친 바벨론 포로시기에 종지부를 찍고, 포로민의 해방을 가져왔습니다. 그들 중 일부가, 야훼신이 그들 조상에게 주기로 약속한 땅 팔레스티나로 돌아와 폐허가 된 예루살렘과 성전을 복구하였고, 학자인 에스라의 지도 아래 선민사상(選民思想)적 유일신 신앙을 종교적 이념으로 하는 민족 집단으로써 그들의 역사를 재개하였습니다. 이 시기에 과거의 역사가 신학적으로 검토·반성되고, 그에 따라 전승(傳承)이 재편성 되었습니다.

③ 유대교측은 예수가 일반 민중을 상대로 한 종교적 인격자라는 사실은 인정하지만, 기독교가 주장하는 바와 같이 하나님의 아들, 즉 메시야로는 인정하지 않으며, 유대교에서의 메시야 대망(待望)은 현재까지도 존속하고 있습니다. 실제로 메시야라고 호칭 되거나, 자칭하여 다수의 추종자를 끌어들인 인물이 근세에 이르기까지 때때로 나타나고 있었습니다. 현재의 이스라엘을 성립시킨 시오니즘운동의 배후에도 성지(聖地)귀환 촉진의 한 요인으로 현대적인 메시야 사상이 깔려 있습니다.

✾ 유대교의 메시야 사상

1. 유대인(유대교)에서는 오래 전 특히 바벨론 포로기부터 그들을 현재의 고통과 괴로움으로부터 구원하실 메시야의 오심을 기다리는 메시야 사상이 싹트게 되었습니다. 그러한 사상은 예수님 당시에도 여전히 강하게 품고 있었던 것이었으며 오늘날까지도 변함없이 계속되어온 것입니다.

2. 예수님 이후 그러한 메시야 사상은 이제는 더 이상 유의미한 것이 될 수 없는 것입니다. 그 까닭은 그들은 스스로 범죄로 인하여 하나님으로부터 외면당하고 그들에게 향하였던 촛대는 옮겨지게 되었기 때문입니다. 즉 이제 하나님은 유대교와 유대인에게서 새로운 하나님의 나라를 세우시려는 것이 아니라 온 인류를 향하여 이루시려는 것입니다.[188)]

3. 이미 예수 그리스도께서 직접 말씀하시었고(마태 28:19), 또 예수님의 제자들과 특히 사도 바울에 의해서 또한 이후 수많은 제자들에 의해서 오늘날까지도 이를 실천해 나가고 있기 때문입니다.

---

188) 마태복음 21장 43절 '그러므로 내가 너희에게 이르노니 **하나님의 나라를 너희는 빼앗기고 그 나라의 열매 맺는 백성이 받으리라**'

'내가 내 백성이 아닌 자를 내 백성이라, 사랑하지 아니한 자를 사랑한 자라 부르리라 너희는 내 백성이 아니라 한 그곳에서 그들이 살아 계신 하나님의 아들이라 일컬음을 받으리라'(로마서 9:25, 호세아 2:23).

'너희는 온 천하에 다니며 만민에게 **복음을 전파하라**'(마가 16:15).

'그리스도는 모든 믿는 자에게 의를 이루기 위하여 율법의 마침이 되시니라' (로마서 10:4).

'누구든지 주의 이름을 부르는 자는 구원을 받으리라'(로마서 10:13).

'그러므로 이제부터 너희는 외인도 아니요 나그네도 아니요 오직 성도들과 동일한 시민이요 하나님의 권속이라'(에베소서 2:19).

4) 종말론

① 종말론이란 인간 역사는 정점(종말)로 향하여 가고 있는 직선적인 역사로 이 모든 것을 전능하신 하나님께서 지배하고 있으며, 종말은 '주의 날'로 하나님의 인간 역사에의 개입 내지 섭리로 모든 악을 소멸하는 날로써 주님께서 재림하시는 날이라는 주장을 말합니다.

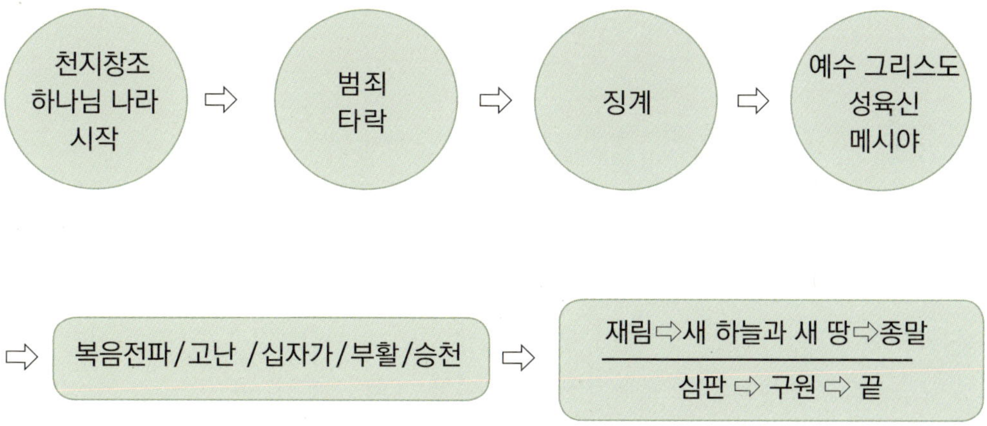

② 유대교 역사상 종말론이 실제로 중요한 역할을 하게 된 것은 바사(페르시아) 사상의 영향을 크게 받은 BC 2세기 이후이지만, 이스라엘적 종말 사상의 싹은 이미 바벨론 포로(유수) 이전의 예언자들에 의하여 싹텄습니다.

③ 기독교는 바로 이 종말론적 정신풍토 속에서 태어났습니다. 기독교는 처음에는 유대인 중 일부에게 받아들여져 팔레스티나와 외지(外地) 거류민의 유대교 회당을 포교의 장(場)으로 활용하면서 전파되었으나, 할례(割禮) 문제를 계기로 하여 유대인의 울타리를 넘어서 이방인들에게 전하여지게 되었습니다.[189)]

✤ 종말론을 팔아 배를 불리는 이단들

1. 대부분의 이단들은 기독교 교리 중 종말론을 그들의 중요한 또는 중심적인 (교리적) 주장으로 하면서 사람들을 끌어들입니다. 특히 신약성경 중 계시적(예언적)인 말씀으로 기록되어 있는 요한계시록을 사람들의 입맛에 맞게 억지 해석하여 **종말에 대한 두려움과 공포심을 조장**하고,[190)] 마치 이 세상의 종말이 곧 올 것처럼 주장하면서 현재의 삶조차 포기하게 하고, 모든 재산을 처분하여 그들의 교주나 단체에게 내어주게 하는 것이 공통적인 모습임을 알 수 있습니다.

2. 다시 말하면 이단들은 교묘하게 종말론을 팔아 자신들(교주와 그 단체)의 사리사욕을 채우는 수단으로 삼고 있는 것입니다.

3. 신구약 전체를 통하여 종말론은 지속적으로 주장되어 왔으며, 종말(현상)이란 비록 이 시대의 상황만이 아니라 언제나 시대 시대마다 종말에 가까운 것임을 알 수 있습니다. 그러므로 **종말(론)에 관한 바른 이해**를 하는 것이 건강한 기독교 신앙을 확립하고 이단으로부터 방어하는 길이 될 것입니다.[191)]

제2절 유대교 성립의 역사 이야기

1. 아브라함의 선택과 언약(약속)

유대 민족의 역사는 기원전 2000년경으로 거슬러 올라갑니다. 하나님이 선택한 아브라함은 서아시아에서 아프리카 북동부에 걸쳐 거주하고 있던 셈족의[192)] 한 집단을 족장 아브라함이 인솔하고, 메소포타미아의 우르(현 이라크 남부)에서 서쪽을 향해 유목 여행을 계속하다가 가나안(지금의 팔레스타인)에 정착했습니다. 아브라함은 다른 부족 집단과는 달리 우상숭배를 거부하고 눈에 보이지 않는 '유일한 신'을 숭배했으며, 신과의 약속(언약)에 의해 가나안을 자손들의 '약속의 땅'으로 정했습니다.

---

189) 할례는 사도들(특히 베드로와 바울)이 구원과는 관련이 없는 것으로 선포하였습니다.
190) **'예수 천당, 불신 지옥'**이란 결코 종말에 대한 두려움과 공포심을 조장하는 것이 아니라 구원의 희망을 외침임을 이해하여야 합니다.
191) **종말론**에 대하여 **제2부에서 자세히 이야기**하게 됩니다.
192) 노아의 세 아들은 셈과 함과 야벳이었는데, 그중 셈은 아르박삿을 낳고... 나훌은 데라를 낳았고 데라는 아브람과 나홀과 하란을 낳았더라(창세기 10:1-11:26).

언약 : '**여호와께서 아브람에게 이르시되 너는 너의 고향과 친척 아버지의 집을 떠나 내가 네게 보여줄 땅으로 가라 내가 너로 큰 민족을 이루고 네게 복을 주어 네 이름을 창대하게 하리니 너는 복이 될지라… 이에 아브람이 여호와의 말씀을 따라 갔고…** 아브람이 그의 아내 사래와 조카 롯과 하란에서 모은 모든 소유와 얻은 사람들을 이끌고 가나안 땅으로 가려고 떠나서 마침내 **가나안 땅으로 들어갔더라… 여호와께서 아브람에게 나타나 이르시되 내가 이 땅을 네 자손에게 주리라** 하신지라…'(창세기 12:1-7).

'이에 **아브람이 장막을 옮겨 헤브론에 있는 마므레 상수리 수풀에 이르러 거주하며 거기서 여호와를 위하여 제단을 쌓았더라**'(창세기 13:18).

'그날에 여호와께서 아브람과 더불어 **언약을 세워 이르시되 내가 이 땅을 애굽 강에서부터 그 큰 강 유브라데까지 네 자손에게 주노니**'(창세기 15:18).

'여호와께서 아브라함에게 이르시되 너는 반드시 알라 **네 자손이 이방에서 객이 되어 그들을 섬기겠고 그들은 사백 년 동안 네 자손을 괴롭히리니 그들이 섬기는 나라를 내가 징벌할지며 그 후에 네 자손이 큰 재물을 이끌고 나오리라**'
(창세기 15:13-14).

성취 : '**여호와께서 말씀하신 대로 사라를 돌보셨고 여호와께서 말씀하신 대로 사라에게 행하셨으므로 사라가 임신하고 하나님이 말씀하신 시기가 되어 노년의 아브라함에게 아들을 낳으니**'(창세기 21:1-2).

'밤에 바로가 모세와 아론을 불러서 이르되 **너희와 이스라엘 자손은 일어나 내 백성 가운데서 떠나 너희의 말대로 가서 여호와를 섬기며 너희가 말한 대로 너희 양과 너희 소도 몰아가**고 나를 위하여 축복하라 하며, 이스라엘 자손이 모세의 말대로 하여 애굽 사람에게 은금 패물과 의복을 구하매 여호와께서 애굽 사람들에게 이스라엘 백성에게 은혜를 입히게 하사 **그들이 구하는 대로 주게 하시므로 그들이 애굽 사람의 물품을 취하였더라**'(출애굽기 12: 31-32, 35-36).

'여호와께서 이스라엘의 열조에게 **맹세하사 주리라 하신 온 땅을 이와 같이 이스라엘에게 다 주셨으므로** 그들이 그것을 차지하여 거기에 거하였으니'(여호수아 21:43).

아브라함의 선택과 이주
(성서지도, 지계석)

2. 야곱의 12아들의 이집트 이주

한편 아브라함의 손자 야곱(새 이름은 이스라엘)은 나중에 이스라엘 열두 부족의 조상이 되는 열두 자녀를 낳았지만 기근 때문에 이집트로 이주합니다. 그 곳에는 식량이 넉넉하였고, 살기가 훨씬 쉬웠기 때문입니다. 이때 야곱의 아들 요셉이 먼저 노예로 팔려가 이집트에서 국무총리가 되어 야곱의 이주를 준비해 주는 하나님의 섭리가 있었습니다. 이 가족이 점점 커져서 하나의 민족을 이루게 되었습니다.

> **'야곱의 집 사람으로 애굽에 이른 자가 모두 칠십 명이었더라'**(창세기 46:27).

> '**바로가 요셉에게 말하여** 이르되 네 아버지와 형들이 네게 왔은즉 애굽 땅이 네 앞에 있으니 땅의 좋은 곳에 네 아버지와 네 형들이 거주하게 하되 **그들이 고센 땅에 거주하고** 그들 중에 능력 있는 자가 있거든 그들로 내 가축을 관리하게 하라'
> (창세기 47:5-6).

> **'하나님이 큰 구원으로 당신들의 생명을 보존하고 당신들의 후손을 세상에 두시려고 나를 당신들보다 먼저 보내셨나니 그런즉 나를 이리로 보낸 이는 당신들이 아니요 하나님이시라** 하나님이 나를 바로에게 아버지로 삼으시고 그 온 집의 주로 삼으시며 애굽 온 땅의 통치자로 삼으셨나이다'(창세기 45:7-8).

[정리] 이스라엘 12지파와 부족

르우벤	시므온	레위 ⇨ 제사장 직분
유다	잇사갈	스불론
요셉 ⇨ 에브라임, 므낫세	베냐민	단
납달리	갓	아셀

* 레위는 제사장이므로 대신 요셉의 아들 둘(→요셉을 이은 에브라임과 므낫세)을 세워 12지파가 되게 하였습니다(창세기 48:19).

3. 이스라엘 백성의 이집트 탈출(출애굽)

요셉이 죽은 후 요셉을 알지 못하는 이집트의 파라오(왕)이[193] 그들의 자손을 이집트의 노예로 만들어 그들이 노역에 종사할 때, 하나님의 음성을 들은 모세는 이집트 탈출을 계획하여 하나님의 유월절 은혜 가운데 이집트군의 추적을 피하고, 하나님의 기적 같은 역사를 통해 홍해 바다를 건너 아라비아반도에 있는 시나이 광야에 도착합니다. 이 곳에서 **모세는 하나님과 언약을 맺습니다.** 즉, 하나님이 주신 십계명을 준수하는 대가로 하나님은 유대 민족을 지켜주시고 이스라엘 땅을 보증한 것입니다. 마침내 하나님은 이스라엘의 '주인'이 되시고 이스라엘 민족은 주인의 '선택을 받은 민족'이 되었습니다.

'세계가 다 내게 속하였나니 너희가 내 말을 잘 듣고 내 언약을 지키면 너희는 모든 민족 중에서 내 소유가 되겠고 너희가 내게 대하여 제사장 나라가 되며 거룩한 백성이 되리라'(출애굽기 19:5-6).

'네 하나님 여호와를 섬기라 그리하면 여호와가 너희의 양식과 물에 복을 내리고 너희 중에서 병을 제하리니 네 나라에 낙태하는 자가 없고 임신하지 못하는 자가 없을 것이라 내가 너의 날 수를 채우리라'(출애굽기 23:25-26).

'모세가 와서 여호와의 모든 말씀과 그의 모든 율례를 백성에게 전하매 그들이 한 소리로 응답하여 이르되 여호와께서 말씀하신 모든 것을 우리가 준행하리이다'
(출애굽기 24:3).

193) 이 당시의 이집트 파라오(왕)는 팔레스티나 북쪽에 거주하고 있던 힛타이트족이 이집트로 침입해와 새로운 왕조를 열었습니다. 조좌호, 세계문화사, 박영사, 1980. 53쪽. 그래서 이 왕조는 요셉을 알지 못하였던 것입니다. **'요셉을 알지 못하는 새 왕이 일어나 애굽을 다스리더니'**(출애굽기 1:8).

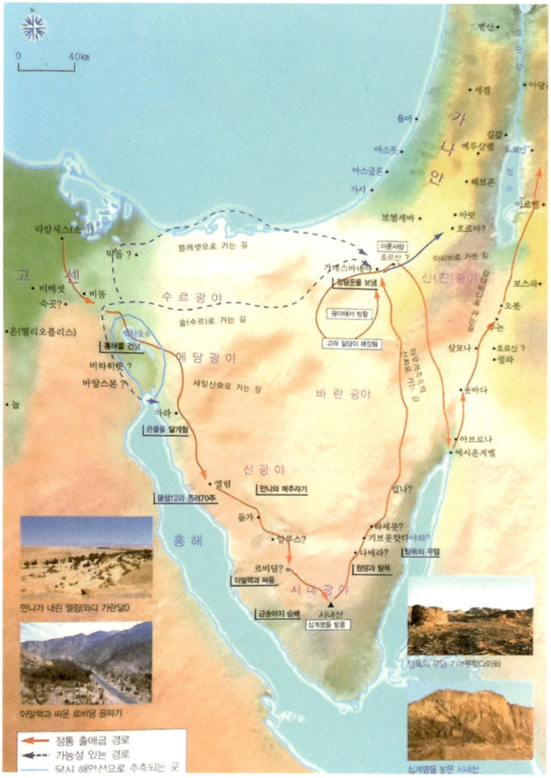

이스라엘의 출애굽 경로
(이원희, 성서지도, 지계석)

4. 이스라엘 백성의 가나안 정착

이스라엘 백성의 광야생활에서의 불순종으로 시나이(광야)의 방랑 40년 후(BC.13세기 말), 여호수아와 갈렙의 지도아래 그들은 약속의 땅, '젖과 꿀이 흐르는 땅'인 가나안에 정착하게 됩니다. 가나안 땅에 들어간 이스라엘 민족은 유목생활을 농경생활로 바꾸고 비교적 평화스러운 생활로 2백 년 동안 지냈으나, 원주민이었던 팔레스타인의 위협을 받음과 동시에 부족들이 서로 협조하지 않는 등의 문제가 발생했습니다.

> **'여호수아가 여호와께서 모세에게 말씀하신 대로 그 온 땅을 점령하여 이스라엘 지파의 구분에 따라 기업으로 주매 그 땅에 전쟁이 그쳤더라'**(여호수아 11:23).
>
> **'여호와께서 이스라엘의 조상들에게 맹세하사 주리라 하신 온 땅을 이와 같이 이스라엘에게 다 주셨으므로 그들이 그것을 차지하여 거기에 거주하였으니'** (여호수아 21:43).

이스라엘 지파에게 분배된 땅
(성서지도, 지계석)

✽ 가나안과 팔레스티나[194] 지역과 팔레스타인 사람들과 이스라엘의 관계

1. 이스라엘 민족의 영토인 가나안 지역은 서쪽으로는 나일 강을 중심으로 파라오와 피라미드의 문화를 지닌 이집트가 자리 잡고 있었고, 동쪽에는 유프라테스 강과 티그리스 강을 끼고 비옥한 평야와 넓은 옥토를 지닌 앗시리아와 바빌로니아가 자리잡고 있는 두 대제국의 중간에 위치하고 있습니다.

2. 두 제국은 가나안 지역을 통과해야만 서로 교류하고 접촉할 수 있었기 때문에, 이스라엘은 역사 형성 과정에서 그들의 세력 다툼에 끊임없이 엮어지게 되었습니다.

3. 이 지역에는 가나안뿐만 아니라 주변에 페니키아, 시리아, 바산, 암몬, 모압, 에돔, 블레셋 같은 여러 개의 작은 국가들이 있었습니다.[195]

4. 팔레스타인 사람들은 유럽의 소아시아계통의 전투적인 해양민족으로, 토착세력이 아닌 에게 해나 지중해 크레타 섬에서 쫓겨 온 고대 미케네 문명을 건설한 그리이스계 이주세력으로써 원래는 이집트에 정착하려고 하였지만 실패하고, 가나안 땅의 일부를 차지해서 들어온 민족입니다. 연안 지대를 영토

194) 성경에는 **블레셋**이라고 표현하고 있습니다. 오늘날에는 팔레스틴, 팔레스타인이라고 부릅니다.
195) 자크 뮈세, 곽노경 옮김, 구약성서 이야기, 미래 M&B, 1999, 16-17쪽.

로 가진 팔레스타인은 시리아와 이집트 사이에 있는 땅으로 두 왕조와 나라에 의해 지배를 당하였으며, 또한 외침(外侵)을 수없이 당한 땅이었습니다.

5. **필리스티아인** 또는 **블레셋** 사람은 고대 가나안 지방의 지중해 연안 지역에 5도시(가자, 아스글론, 아스돗, 에글론, 갓) 연맹체를 구성하고 있던 민족 집단의 하나입니다. 구약성경에 나오는 블레셋 사람이 바로 필리스티아인들입니다. 이스라엘 민족의 강력한 적으로 구약성경에 자주 등장합니다. 이들을 가리키는 필리스티아란 말은 팔레스타인의 유래가 되었습니다. 구약성경에는 필리스티아인에 대하여 약 250번의 언급이 나오는데 이들을 **"할례받지 않은 자"**라고 부르며, 할례 풍습이 있었던 이스라엘인 등 셈족들과 구분하고 있습니다.

6. 그들은 종교적으로는 인어처럼 반은 물고기이고, 반은 사람 모양의 바다신인 다곤 신을 믿었습니다. 사사기에는 사사 삼손이 들릴라의 유혹으로 필리스티아 사람들에게 잡혔는데, 다곤 신전을 무너뜨려 그들과 같이 죽었다는 내용이 나옵니다.[196)]

7. 출애굽 이후 이스라엘 백성들이 이 지역을 정복하여 이스라엘 땅으로 만듭니다. 그런데 AD 70년 로마에 반란하자 로마 군대가 이스라엘을 다 파괴하고 성전도 무너뜨렸습니다. 그리고 이스라엘 백성들은 전 세계에 흩어지게 되었습니다. 당시 로마 장군 디도가 이 땅을 이방 족속들 블레셋의 땅이라는 뜻으로 팔레스타인이라고 이름을 붙였습니다.[197)]

8. 이 지역은 오늘날까지도 이스라엘과 팔레스타인이 서로 자신들의 본 거주지였다고 주장하고 있는데, 역사적으로는 이스라엘 민족의 조상 아브라함이 먼저 이 땅을 하나님의 지시하심으로 차지(거주)한 것이라는 것을 알 수 있습니다(창세기 12:7).

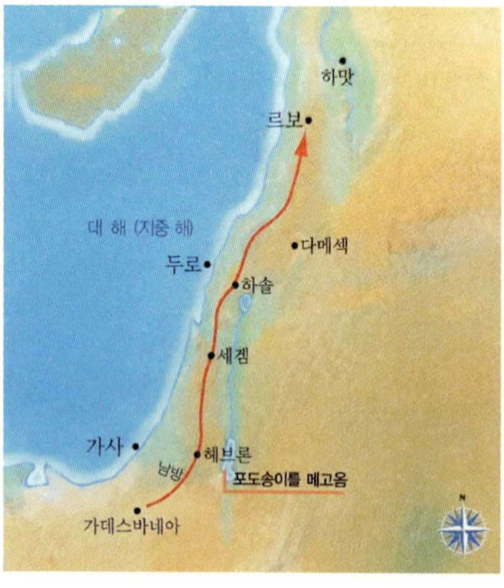

12정탐꾼의 정탐로 / 민 13:17-29
(성서지도, 지계석)

196) 사사기 16:23-31 및 위키백과 참조.
197) 2차대전 후 전 세계에 흩어져 있던 유대인(민족)이 독립을 맞아 귀환하여 원주민을 몰아내자 그들이 다시 이스라엘에 반기를 들고 투쟁하게 됨으로써 팔레스타인 지역(Palestine Liberation Oranization:PLO)은 이스라엘 유대인들에게는 아직도 완전히 정복되지 않은 땅인 것입니다.

정복당한 가나안 도시들
(성서지도, 지계석)

[정리] 가나안 지역에 대한 명칭

가나안 지역 명칭	시기	성경구절
약속의 땅	*아브라함이 조카 롯과 헤어진 후에 하나님이 약속하신 땅	창세기 13:15-18 신명기 34:4 역대하 20:7 사도행전 7:5
블레셋	*지중해에서 이주해 온 이주민	창세기 21:32-34
이스라엘	*야곱이 벧엘에서 하나님과 겨룸	창세기 32:28
북쪽 이스라엘 남쪽 유다	*분열왕국 이후	열왕기상 12:20
갈릴리(북쪽)	*BC 587년 바벨론에 포로로 끌려간 이후	
사마리아(중앙)		에스겔 16:53-55
유다(남쪽)		
팔레스타인	*그리스인과 로마인이 사용하던 명칭	

5. 왕정(통일왕국) 시대 및 분열시대

① 세월이 지나 하나님의 뜻과는 달리 백성들은 왕을 원하였습니다.[198] 기원전 1000년경, 첫 번째 왕인 사울 왕을 이어 유대 족(지파) 출신의 다윗 왕이 팔레스타인을 무찌르고 왕정을 확고히 하여 국가 번영의 초석을 구축했습니다. 다윗이 인솔한 유대 왕국은 시리아와 팔레스타인 전역에 걸친 나라를 건설하고 예루살렘을 수도로 정했습니다. 그리고 앞으로 세울 성전 터로 삼았습니다. 하나님은 다윗과는 축복과 메시야의 언약**(다윗의 언약)**을 맺습니다. 다윗의 아들인 솔로몬은 외국 무역에 주력하는 한편, 금속 기술 등 국내 산업의 발전에 진력해 경제적 기반을 더욱 확고히 했습니다.

'이스라엘 모든 장로가 모여 라마에 있는 사무엘에게 나아가서 그에게 이르되… 모든 나라와 같이 우리에게 왕을 세워 우리를 다스리게 하소서 한지라' (사무엘상 8:4-5).

다윗의 정복활동
(성서지도, 지계석)

198) 하나님은 왕정(王政)정치를 원하지 아니하시고 신정(神政)정치를 원하셨습니다.

② 그러나 솔로몬 왕이 죽자 부족이 분열하고 왕국이 남과 북으로 나뉘어졌습니다.[199] 그리고 결국 북쪽은 앗수르(앗시리아) 군대, 남쪽은 바벨론 군대에 의해 멸망당했습니다. 기원전 586년~538년경에 북쪽의 열 부족은 앗수르의 이주정책에 의해 추방당하여 앗수르 제국에 흩어져 살게 되었으며 **역사에서 모습이 사라졌습니다.** 기원전 587년 남쪽 유다 역시 하나님이 예언자들을 보내시어 경고한 것을 무시하자 **바벨론에 의해** 정복당하게 되고 **예루살렘 성과 성전은 파괴**되었습니다.

북이스라엘 멸망 후 팔레스틴
(성서지도, 지계석)

199) 북이스라엘(10부족)과 남유다(2부족)로 나누이게 되었습니다. 유다 왕국에서 오늘날 유대인이라는 말이 유래되었습니다.

❀ 이스라엘 백성들이 택한 왕정정치

선지자 사무엘이 늙어 그의 아들들을 이스라엘 사사로 삼았으나 그들의 행위는 바르지 못하였습니다. 그러자 이스라엘 백성들은 다른 나라와 같이 강력한 왕에 의한 정치를 원하였습니다. 이에 대하여 여호와께서는 **'이는 백성들이 하나님을 버리고 또 자기들의 왕이(신정정치) 되지 못하게 한 행위'**(사무엘상 8:7)라고 하시면서 이스라엘 백성들의 원대로 왕정제도를 허락하셨습니다. 하지만 왕정제도가 어떤 결과를 가져올지에 대해서도 경고하시었습니다.

즉, **'왕은 백성들의 아들들을 데려다가 병거와 말을 어거하게 하고, 천부장과 오십 부장으로 삼으며, 자기 밭을 갈게 하고 자기 추수를 하게 할 것이며, 무기와 병거의 장비도 만들게 하고, 백성들의 딸들을 데려다가 향료 만드는 자와 요리한 자와 떡 굽는 자로 삼을 것이며, 백성들의 밭과 포도원과 감람원에서 제일 좋은 것을 가져다가 자기의 신하들에게 줄 것이며 곡식과 포도원 소산의 십일조를 거두어 자기의 관리와 신하에게 줄 것이고, 백성들의 노비와 가장 아름다운 소년과 나귀들을 끌어다가 자기 일을 시킬 것이며, 양 떼의 십분의 일을 거두어 가며 백성들은 왕의 종이 될 것이다. 그 날에 택한 왕으로 말마암아 부르짖어도 여호와께서는 응답하지 않을 것이다'**라고 하셨습니다(사무엘상 8장 9절-18절). 인류 역사를 살펴볼 때 왕정정치가 가져다 준 대가는 하나님께서 경고하신 그대로 백성들의 인권 유린과 폭정으로 얼룩져온 역사라는 것을 알 수 있습니다.

[정리] 이스라엘 민족의 정치 형태

시기	모세-여호수아	사사시대	다윗-솔로몬-포로시대	포로귀환	로마통치
정치형태	신정정치	신정정치	왕정정치(선지자)	왕정정치	제국지배

6. 바빌론 포로시대와 조국 이스라엘로의 귀환

남쪽의 주민은 바벨론 군대에 끌려가서 70년간 포로생활을 하게 됩니다.[200] 유대인의 조국 귀환이 실현된 것은 바벨론 왕국이 바사(페르시아)에 정복되면서입니다. 기원전 536년 바사(페르시아)의 키루스 왕은 유대민족이 예루살렘으로 돌아가 성전을 건설해도 좋다는 법령을 발표하였습니다. 그리고 587년에는 약탈한 성전의 보물과 돈을 돌려주었습니다. 조상의 땅으로 돌아가고 싶어하던 5만여 명의 유대인이 예루살렘으로 돌아왔습니다. 이들 중에 에스라, 느헤미야, 학개 그리고 말라기 같은 선지자들이 바빌로니아 왕국의 포로에서 돌아와

200) 트럼퍼 롱맨 3세, 김동혁 옮김, 손에 잡히는 구약개론, IVP, 2015, 19쪽.
바빌로니아가 유대 백성들을 포로로 잡아간 것이 아니라 강제 이주시킨 것이라는 주장이 있습니다.

귀환과 회복에 중요한 역할을 한 결과 **성전이 재건되고 성(방어)벽도 쌓아**올려진 예루살렘은 위엄을 다시 회복했습니다.[201] 물론 페르시아 제국의 지배 아래서 이루어진 일이었습니다.

[정리] 성전과 성벽의 재건

성전과 성벽의 재건 시기	주도한 선지자	성경구절
성전 재건 : BC 516	학개와 스가랴	스가랴 1:5-6:22
성벽 재건 : BC 458, 444	에스라와 느헤미야	느헤미야 6:15

❀ 다른 민족에게 흩어짐을 당할 것은 예고된 것이다?

하나님은 이스라엘 민족에게 우상을 섬기게 될 때에는 여러 민족 중에 흩으실 것임을 예고(경고)하셨습니다. 그럼에도 불구하고 그들은 이러한 말씀을 듣지 아니하여 앗수르(앗시리아)와 바빌로니아로 또한 그후 페르시아와 로마로 그리고 세계 여러 나라로 흩어져 살아가게 되었습니다. 이러한 유대인들을 **'디아스포라'**라고도 합니다.

'여호와께서 너희를 여러 민족 중에 흩으실 것이요 여호와께서 너희를 쫓아 보내실 그 여러 민족 중에 너희의 남은 수가 많지 못할 것이며 너희는 거기서 사람의 손으로 만든 바 보지도 못하며 듣지도 못하며 먹지도 못하며 냄새도 맡지 못하는 목석의 신들을 섬기리라 그러나 네가 거기서 네 하나님 여호와를 찾게 되리니 만일 마음을 다하고 뜻을 다하여 그를 찾으면 만나리라'(신명기 4:27-29).

'만일 내게로 돌아와 내 계명을 지켜 행하면 너희 쫓긴 자가 하늘 끝에 있을지라도 내가 거기서부터 그들을 모아 내 이름을 두려고 택한 곳으로 돌아오게 하리라 하신 말씀을 이제 청하건대 기억하옵소서' (느헤미야 1:9).

예루살렘으로의 귀환 경로
BC 538-445년
(성서지도, 지계석)

201) 이때 돌아온 사람들은 대략 5만 명 정도이지만, 상당수 유대인들은 페르시아에 남아 계속적으로 그 곳 생활을 하게 되었습니다.

[정리] 바벨론 포로에서 이스라엘(유다 민족)의 귀환[202)]

회차 및 연대	1차 BC 537년	2차 BC 458년	3차 BC 444년
지도자	스룹바벨(세스바살) 학개	에스라	느헤미야
바사(페르시아) 왕	고레스	아닥사스다 1세	아닥사스다 1세
조서내용	포로만 귀향 허가, 성전건축 허가, 성전그릇 반환, 성전건축 재료지원	포로만 귀향 허가, 제물. 재정지원, 성직자 세금 면제, 관리 조직 허용	예루살렘 중건 허가, 건축
귀환자 수	49,897명	1,754명	소수인원(통계 없음)
관련사건	성전건축 시작 (사마리아인의 방해로 BC 520년까지 중단), 제사 드림, 장막절 지킴, 성전 건축 다시 시작[203)]	이방인과의 결혼으로 상실된 신앙의 순수성을 회복하기 위한 개혁이 에스라에 의해 주도됨[204)]	사마리아인들의 반대에도 불구하고 성벽이 52일 만에 완성됨. 에스라가 율법을 가르침[205)]

7. 알렉산더 대왕과 로마제국 이후 피지배 상황

① 이스라엘은 바사(페르시아)를 정복한 알렉산더 대왕의 죽음 이후 그리스계(프톨레미)인 이집트와 시리아의 셀레우코스 왕조의 지배를 받게 되는데, 유대인들은 유대교의 관습이 금지된 것에 대항해 반란을 일으켰습니다. 기원전 166년에 **'마카비의 봉기'**를 계기로 잠시 유대 국가는 독립을 합니다.

헬라제국의 분열 / BC 323-30년
(성서지도, 지계석)

202) 비전성경, 구약편, 729쪽
203) 에스라 1:1-6; 4:24-6:22.
204) 에스라 7:1-10:44.
205) 느헤미야 1:1-13:31.

② 그러나 약 100년간 지속되었던 독립의 시기는 가고 기원전 60년부터는 당시에 최대로 강대한 로마제국의 지배와 통치를 받게 됩니다. 그리고 서기 30년 예수의 처형 이후 로마제국에 대한 유대인들의 반란이 시작됩니다. 서기 70년, 1년 반에 걸친 로마 군대와의 공방전 끝에 예루살렘은 완전히 함락되어 조국 이스라엘 땅에서 추방된 이후 로마의 지배를 받게 됩니다.

③ 이후 1948년 흩어졌던 유대인들이 돌아와 독립국가로 회복될 때까지 유대인들은 약 2,000년간의 '**유랑**'이 다시 시작됩니다.

✽ 2차 대전 후 독립국가가 된 이스라엘 이야기

1. 이스라엘은 '하나님과 겨루어 이김'이란 뜻으로 이 이름은, 야곱이 얍복 나루에서 하나님의 천사와 겨루어 이긴 후 부여받은 새 이름입니다(창세기 32:28; 35:10, 호세아 12:12). 출애굽과 가나안 정복을 전후한 시기에는 '히브리의 열두 지파의 자손들'(창세기 49:28, 출애굽기 3:16, 호세아 12:13)을, 통일왕국 시대에는 '이스라엘 백성이나 그 영토'(열왕기상 5:13)를, 분열왕국 시대에는 '북왕국 이스라엘'(사무엘상 11:8, 열왕기상 14:19, 29, 호세아 4:15)을, 북왕국 멸망 후에는 '남유다 왕국'(이사야 5:7)을, 바벨론 포로기 이후에는 '귀환한 유다인들'(스가랴 9:1, 느헤미야 9:2)을 말합니다.

2. 신약시대에 와서 영적으로는 '아브라함의 믿음을 가진 모든 자들' 곧 '예수 그리스도를 구주로 믿는 모든 성도들'을 부르는 말입니다(요한 1:47, 로마서 9:6; 11:26, 갈라디아서 6:16).[206)]

3. 정식 명칭은 이스라엘(State of Israel)로, 지중해 동남방 연안에 위치하며, 해안선의 길이는 273㎞이고, 면적은 2만 770㎢(남한의 1/4.5 정도), 인구는 804만 9314명(2015년 현재), 수도는 예루살렘(Jerusalem)입니다.[207)] 주민은 유태인 80.1%, 아랍계 비유태인 19.9%로 구성되어 있으며, 언어는 히브리어와 아랍어를 주로 쓰지만 1948년까지 영국의 신탁통치의 영향으로 영어가 널리 사용되고 있습니다. 종교는 유태교 80.1%, 이슬람교 14.6%, 기독교 2.1% 등입니다. 국토의 많은 부분이 사막이나 키부츠 조직에 의한 농업이 발달하였으며 공업 수준도 높은 편이고, 2015년 현재 국민총생산은 3,206억 달러, 1인당 국민소득은 3만 8166달러입니다. 이 나라의 정체는 의원내각제의 공화제이며, 의회는 임기 4년의 단원제(120석)이고, 초대 수상은 1917년 이스라엘에 영국군과 함께 유대인 부대를 이끈 지도자 데이빗 벤구리온, 초대 대통령은 30년간 시오니즘을 지도한 와이즈만 박사였습니다.

4. 서기 전 12~8세기에 있었던 고대 이스라엘 왕국의 멸망 후 전 세계로 흩어졌던 유대민족이 민족국가 건설을 열망한 끝에 1948년 5월 14일 팔레스타인지역에서 건국되었습니다. 성문헌법은 없고, 기본법이 그 역할을 대신합니다. 유대인과 아랍계 주민간의 마찰이 사회적 불안요인으로 작용하고 있으나,

206) [네이버 지식백과] 이스라엘 [Israel] (라이프성경사전, 2006. 8. 15., 생명의말씀사).
207) 오늘날 이스라엘 헌법상의 수도는 예루살렘이며 텔아비브를 1948년부터 1977년까지 임시수도로 삼고 있어서, 현재 정치중심, 경제중심의 상호역할 분담을 하고 있습니다.

의회민주주의제도의 확립으로 정치적 안정도는 높은 편입니다. 대외적으로 이집트를 제외한 인접 아랍 국가들과 적대관계에 있으며, 서유럽 나라들 외에는 외교관계가 단절상태였으나, 1993년에는 이스라엘과 팔레스타인해방기구(PLO) 간의 상호승인이 이루어지고, 요르단과 시리아 등과도 관계가 개선되었고, 1949년 유엔에 가입하였습니다.[208)]

제3절 유대교와 기독교 관계에 관한 이야기

유대교와 기독교는 같은 점과 차이점이 나란히 나타납니다. 그 이유는 유대교와 기독교가 그 뿌리가 같다는 점에서 같은 점이 있다면, 다른 한편으로 기독교는 유대교의 한계를 뛰어넘으면서 나타났기 때문에 다른 점을 발견할 수 있습니다. 앞서 살펴본 바와 같이 유대교는 천지만물의 창조주인 유일신(야훼)을 신봉하면서, 스스로 하나님의 선민(選民)임을 자처하며 메시야(구세주)의 다시 오심 및 그의 지상 천국(하나님 나라) 건설을 믿습니다. 즉, 유대인은 하나님의 말씀(= 성경⇒하나님의 주권)을 잊지 않고, 선민의식(하나님의 백성의식)을 가지고, 가나안 땅(시온, 예루살렘)을 소망하면서 살아왔습니다.[209)]

1. 유대교로부터 기독교의 분리[210)]

① 예수님의 부활 이후 예수님을 만난 제자들이 예루살렘에 모여 성령을 받고 초대교회가 성립되었습니다. 이 예루살렘 초대교회는 유대인으로 구성된 공동체였습니다. 초대교회의 구성원들은 아람어를 말하는 팔레스타인 유대인들(= 히브리파 사람)뿐만 아니라, 팔레스타인 본토 밖에서 살다가 본토로 귀향한 주로 그리스어를 말하는 유대인들(= 헬라파 유대인)로 구성된 통합 공통체였습니다.

> '그때에 제자가 더 많아졌는데 **헬라파 유대인들**이 자기의 과부들이 매일의 구제에 빠지므로 **히브리파 사람**을 원망하니…'(사도행전 6:1).

② 예루살렘 초대교회에 들이닥친 박해는 헬라파를 향한 것이었습니다. 즉, 스데반 사건으로 인하여 그리스도교 공동체가 박해를 받았는데, 예루살렘에 있던 모든 그리스도인들이 아니라 헬라파 공동체 사람들이 박해의 대상이 되었다는 점입니다. 이것은 헬라파 유대

---

208) [네이버 지식백과] (한국민족문화대백과, 한국학중앙연구원).

209) 하나님의 나라는 백성, 땅(영토)와 주권(하나님의 말씀, 하나님의 주권과 그 위임) 3요소를 근거로 함을 일찍부터 인식하였습니다.

210) 김창선, 21세기 신약성서 해설, 2005, 시유시, 102-109쪽.

그리스도인들이 히브리파 유대 그리스도인들과는 구분되었다는 사실을 나타내 주는 것입니다.

> '그날에 **예루살렘에 있는 교회에 큰 박해가 있어 사도**[211] **외에는 다 유대와 사마리아 모든 땅으로 흩어지니라**'(사도행전 8:1).

③ 하지만 초대교회가 유대교로부터 완전히 분리된 것은 유대 전쟁 이후입니다. 즉 유대인과 그리스도인 사이의 구분이 어느 정도 명확해진 것은 주후 67-70년에 있었던 유대전쟁 이후라고 짐작할 수 있습니다.[212] 이후 예수님을 믿는 그리스도인들은 더 이상 유대교 회당 예배에 참석할 수 없게 되었고, 전통적인 유대인과 복음을 영접한 유대 그리스도인들이 완전히 분리되었습니다.

[정리] 유대교와 그리스도교의 분리

초기 그리스도교와 유대교	초기 그리스도교 내의 구분	주후 70년 이후의 분리
유대교(그리스도교인도 포함)	유대교(히브리파 그리스도교인과 헬라파 그리스도교인)	유대교
		그리스도교

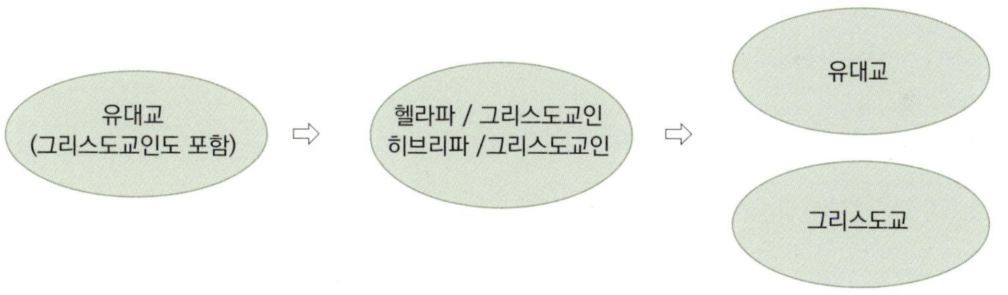

2. 유대교와 기독교의 공통점

유대교와 기독교는 유일신 여호와(야훼)를 믿는 믿음과 우상숭배를 배격하는 점, 구약을 경전으로 인정하는 점, 하나님의 구원의 섭리와 메시야 사상과 하나님의 나라 도래에 관한 신앙에는 공통점이 있습니다. 즉 유대교인과 기독교인의 두 공동체는 결국 하나님의 백성

---

211) 여기서 사도들은 히브리파 그리스도인들을 말하는 것으로 해석할 수 있습니다.

212) 유대인들이 로마의 압제에 항거하여 일으킨 유대전쟁에 그리스도인들이 동참하지 않은 것이 분리의 원인이 된 것이라고 하는 사람도 있습니다(김창선, 21세기 신약성서 해설, 108쪽 재인용).

인 이스라엘에 속하는 것입니다.

'무릇 이 규례를 행하는 자에게와 **하나님의 이스라엘**에게 평강과 긍휼이 있을지어다'
(갈라디아서 6:16).

3. 유대교와 기독교의 다른 점

유대교와 기독교는 여러 가지 점에서 공통점을 지니고 있습니다. 하지만 차이점도 여전히 무시할 수 없습니다.

[정리] 유대교와 기독교의 차이점

항목	유대교	기독교
예수님에 대한 인식과 믿음	한 사람의 인간(지도자)	*성삼위 하나님 *메시야
안식일	안식일 :창조의 제7일이 되는 날 :토요일이 안식일이다.	주일 :예수님이 부활하신 날 :일요일이 안식일이다.
부활에 대하여	(죽음 후의)부활을 믿지 않는다.	(죽음 후의)부활을 믿는다.
경전	구약+탈무드+해석서 등	구약+신약
메시야	메시야는 아직 이 땅에 오지 않음	메시야(=예수님)는 이미 오심
	위대한 지도자 ⇨ 여러 사람 가능	구원자 ⇨ 오직 예수님만 메시야임
이스라엘인	선민사상(다른 민족과 차등됨)	만민평등사상
천국	예루살렘=시온	*예수님이 계신 곳(장소적) *인간관계 속(통치권)
하나님	유일하시고 하나이신 하나님	삼위일체 하나님
하나님의 존재	하나님은 영이시므로 육신이 될 수 없다.	예수 그리스도=하나님=말씀 말씀이신 하나님이 육신(인간) 예수님이 되어 세상에 오셨다.
하나님의 성품	심판자	사랑
하나님과 역사	*지상 역사에만 관계하심 *내세관 없음	지상 역사와 내세(구원=영생)에 관계하심

율법	율법에 구속된다.	율법을 극복 및 완성한다.
성격	배타적 형식적 민족주의, 귀족적	내면적, 인류주의, 대중적
교회와 구원	교회 밖에도 구원이 있다.	교회 밖에는 구원이 없다.
할례	육체의 할례로 하나님의 언약의 백성이 되는 표	마음의 할례로 믿음으로 하나님의 백성이 됨
땅	젖과 꿀이 흐르는 가나안	복음이 전파되는 온 땅
구원	***모세의 율법을 지켜서 의롭다 함을 받음으로써 구원을 받는다.** ***自力宗教** ***각 사람이 자기 영혼을 구원**	***죄인이라도 예수님의 대속의 희생을 의지하여 믿음으로 구원을 얻는다.** ***他力宗教** ***예수 그리스도가 인간을 구원**

✾ 유대교(유대인)과 기독교(기독교인)과의 대립과 갈등

1. 오늘날 많은 유대인들은 예수 그리스도를 그들이 기다리는 메시야로 받아들이지 않고 있으며, 기독교 성지를 외면합니다. 거기에는 몇 가지 이유가 있다고 봅니다.

첫째는, 유대인들은 아직도 예수 그리스도를 그들의 신앙대상(메시야)으로 인정하지 않기 때문입니다.

둘째는, 유대인에게 있어서 (예수님이 죽으신) 십자가는 거리끼는 것(고린도전서 1:23)이기 때문이기도 합니다.[213)]

셋째는, 이스라엘 전역에 널려 있는 그리스도교의 유적(건축물)들은 예수님의 십자가 사건이 있은 지 300년이 넘은 서기 313년경부터 건축된 것이기 때문입니다. 즉, 기독교 유적지는 철저히 이방인들에 의해서 세워졌고, 그후의 역사의 소용돌이 속에서도 성지의 유적지는 아직도 이방인들의 소유로 남아 있기 때문입니다.

넷째는, 유대인들은 기독교인들에 의해 지난 2천년 동안 참혹한 핍박을 받았습니다.

2. 그 시작은 4세기 말경 기독교가 로마제국의 국교가 되면서부터였고, 그후 십자군 전쟁을 통하여 유대인은 수만 명이나 학살되었고, 1218년에는 영국에 이어 유럽에서, 1348년 유럽의 흑사병의 원인 제공자라는 음모에 의해서 또 1566년에는 로마 교황 바오로 4세가 유대인들을 격리지역인 게토

213) 신명기 21:22-23 '사람이 만일 죽을 죄를 범하므로 네가 그를 **죽여 나무 위에 달거든** 그 시체를 나무 위에 밤새도록 두지 말고 그날에 장사하여 네 하나님 여호와께서 네게 기업으로 주시는 땅을 더럽히지 말라 **나무에 달린 자는 하나님께 저주를 받았음이니라'**
⇨ **유대인에게는 거리끼는 것**

(ghetto)[214]에 강제로 살게 한 일이 19세기 초까지 이어졌습니다. 하지만 그들은 굴하지 않고 회당을 세우고 율법과 토라를 익히고 전승하였으며, 1870년경부터 시온운동을 펼쳐왔습니다.

3. 그럼에도 불구하고, 1933년부터 1945년까지 12년 동안 기독교 국가인 독일의 히틀러 정권에 의해 약 600만 명 이상이 학살되는 비극을 맛보게 되었습니다.[215]

4. 이상의 역사 흐름 속에 유대교(유대인)과 기독교(기독교인) 간의 반목과 대립과 갈등은 서로 간의 편견과 오해 속에서 진행되어온 결과였습니다. 이러한 일에는 유대인의 야훼(하나님)의 뜻도 기독교의 예수 그리스도의 뜻도 아닌 오직 인간 자신들의 생각과 감정에 불과한 것입니다.[216] 그러므로 성경 말씀을 통하여 참 하나님과 예수 그리스도의 참 뜻을 알아야만 더 이상의 비극은 계속되지 아니하고 멈추게 될 것입니다.

5. 오늘날도 유대인이 기독교인으로 개종하려면 많은 고난을 감수하여야 하고, 기독교인은 유대인을 예수 그리스도를 십자가에 못 받은 민족으로만 이해하고 있습니다.

4. 유대교(인)를 바라보는 예수 그리스도의 입장

신약성경에 나타난 예수 그리스도의 유대교(인) 특히 그들의 지도자 그룹인 바리새인과 사두개인 그리고 서기관과 장로들과 랍비들을 바라보는 입장은 매우 비판적이셨습니다. 특히 그들은 많은 유대 민중들에게 율법과 전통을 형식적으로 해석하여 삶의 무거운 짐이 되게 만든 사람들임을 지적하였습니다. 심지어 이러한 현상은 오늘날 전통 유대인에게서도 볼 수 있는 우스운 모습입니다. 그러므로 예수님은 그들의 율법주의를 꾸짖으시면서 율법의 참된 정신을 깨우쳐 주시고, 새로운 해석을 내 놓으셨습니다. 하지만 그것은 율법을 폐지하는 일이 결코 아니며 오히려 율법을 더욱더 온전하게 하기 위한 것입니다. 이러한 현상은 사실상 기독교(인)이 유대교(인)을 바라보는 입장에서도 나타나고 있는 것입니다. 그러므로 오늘날 유대교(인)이든 기독교(인)이든 **서로 진정한 율법과 복음을 이해하는 노력**과 더불어 성령의 인도함에 따라 깨달음이 있어야 할 것입니다.

'삼가 **바리새인과 사두개인들의 누룩을 주의하라** 하시니'(마태 16:6).

214) 게토라는 용어는 르네상스 때 베네치아에서 처음으로 사용되었습니다. 즉 도시 안에 소수민족의 거주지 분리의 유형으로 오늘날에도 뉴욕의 저소득층 흑인이 거주하는 지역이 있습니다. 손정렬, 박수진 편, 도시해석, 푸른길, 2019, 127쪽

215) 조정구, 예수님 삶의 흔적을 찾아, 영문, 1997. 264-276쪽

216) 기독교회(교인)들은 **유대인들**에 대하여 **예수 그리스도를 십자가에 매달아 죽인 사람들**이라고 생각하고 미워하고 원수와 같이 대하게 됩니다.

'… **독사의 자식들**아 누가 너희를 가르쳐 임박한 진노를 피하라 하더냐'(마태 3:7).

'내가 너희에게 이르노니 **너희 의가 서기관과 바리새인보다 더 낫지 못하면 결코 천국에 들어가지 못하리라**'(마태 5:20).

'화 있을진저 **외식하는 서기관들과 바리새인들이여 너희가 박하와 회향과 근채의 십일조는 드리되 율법의 더 중한 바 정의와 긍휼과 믿음은 버렸도다** 그러나 이것도 행하고 저것도 버리지 말아야 할지니라'(마태 23:23).

[정리] 유대교(인)의 구약에 대한 오해와 기독교(인)의 유대교(유대인)에 대한 오해

유대인의 구약에 대한 오해	기독교인의 유대교(유대인)에 대한 오해
모세의 율법을 형식적, 문자적으로 이해함 ⇨ (오늘날까지도)율법에 담긴 진정한 뜻과 의미를 이해하지 아니하고 있으며, 특히 유대인의 지도자들의 과오가 무거움	유대인이 따르는 모세의 율법은 예수 그리스도가 오셔서 폐지되었다. ⇨ 예수님은 율법을 폐하지 않고 완성하시러 오셨다.
아브라함이 유대인의 조상으로 하나님과 언약을 맺었으며 축복을 받았다(선민의식). ⇨ 선민이란 온 족속을 위한 하나님의 사역을 감당해야 할 의무를 진 대리 사역자이다.	예수님과 인류가 새로운 연약을 맺었고, 기독교인(예수 그리스도의 제자들)만이 하나님의 사역 대리인이다. 로마 교황(사제)과 교회를 통하여서만 하나님께로 갈 수 있다. ⇨ 예수 그리스도를 믿는 자는 누구든지 그의 제자가 되며 복음 사역대리인이다.
다윗 왕(을 계승한 임금)이 지상에서의 현실적 하나님의 왕국이다. ⇨ 다윗 왕을 계승한 예수님이 하나님 나라(현재적이고 미래적인 나라)의 임금이다.	하나님의 나라는 이 지상이 아닌 하늘에 있는 것이며, 현재의 고난을 믿음으로 이기기보다는 하루 빨리 천국에 가는 것이 복이다. ⇨ 하나님 나라는 오늘 우리(마음과 생활)와 함께 이루어지고, 미래에 온전히 완성된다.
이스라엘(유대인)을 (로마와 현재의 고통으로)구원하실 메시야는 아직 오지 않았다. ⇨ 예수 그리스도가 이스라엘과 온 인류에게 영생과 구원을 주시기 위해 오셨다.	유대인의 메시야는 이미 성취되었으나 그들은 헛것을 믿고 따르는 무지한 사람들임 예수님도 그들의 무지와 교만을 비판하심 ⇨ 유대인의 메시야 사상을 비난하고 무시하기보다 그들의 오해를 고치려는 노력 필요

제9장 신약성경의 구성은 어떻게 되어 있나요?

지금까지 우리는 신약성경을 본격적으로 여행(탐구)하기 앞서 그 배경이 되는 기본적 사항에 관하여 탐구함으로써 그 준비 작업을 하였습니다. 이제부터 우리가 여행하려는 여행 목표지인 신약성경에 관한 이야기를 하게 됩니다.

그런데 먼저 여행지(신약)의 전체적인 윤곽(숲)을 파악하고 이해하는 것이 필요합니다.

신약성경은 크게 다음과 같이 구분해 볼수 있습니다.

1. 예수 그리스도의 생애에 관한 이야기인 공관복음과 요한복음
2. 예수 그리스도 부활과 승천 이후 사도들에 의한 복음의 전도와 선교 이야기인 사도행전
3. 사도 바울의 전도와 선교 이야기들(사도행전 외의 복음서들)
4. 바울 이외의 사도들이 기록한 나머지 이야기

예수 그리스도의 일생과 사역에 관한 4복음서 이야기부터 시작합니다.

제1절 신약성경의 구성에 관한 이야기

① 신약은 크게 4복음서[217)]와 사도행전, 21편의 서신, 그리고 요한계시록으로 구성되어 있습니다.

217) 복음이란 그리스어 "유앙겔리온(euangelion)에서 유래한 것으로 '좋은 소식, 기쁜 소식을 뜻합니다. 즉 예수 그리스도와 하늘나라에 관한 이야기가 복음인 것입니다. 바울서신에는 약 66번 언급되고 있습니다. ⇨ **자세한 것은 제2부에서 소개합니다.**
고대세계에서 유앙겔리온은 운동경기에서 승리의 소식이나 황제의 탄생을 로마 세계에 알려 주는 것을 뜻하는 말이었습니다.

② 신약을 다시 역사서와 서신서 및 예언서로 나누어 볼 수도 있습니다.

③ 역사서를 다시 예수 그리스도의 시대와 성령의 시대로 나누어 볼 수도 있습니다.

④ 서신서는 바울의 서신과 그 외 다른 제자가 기록한 서신으로 나누어 볼 수 있습니다.

[정리] 신약의 구성

역사서		서신서[218]		예언서
예수 그리스도 시대	성령 시대	바울서신	일반서신	
마태복음 마가복음 누가복음 요한복음	사도행전	로마서, 고린도전 · 후서 갈라디아서, 에베소서 빌립보서 데살로니가전 · 후서 데모전 · 후서, 디도서 빌레몬서	히브리서 야고보서 베드로전 · 후서 요한1.2.3서 유다서	요한 계시록

1. 공관(共觀)복음은 무엇을 말하나요?

마태복음, 마가복음, 누가복음을 일컬어 공관복음이라고 부르기도 하는데, 이것은 **'공통된 견해를 가진 복음서'**라는 뜻으로, 예수님의 삶과 가르침에 관해서 사건의 순서, 내용, 단어 표현들이 매우 비슷하기 때문입니다.[219] 즉, 예수님 사건을 함께 보고 기록한 복음이라는 뜻으로,[220] 그리스도의 생애와 사역에 관하여 마태, 마가, 누가가 근본적으로 공통된 시각(視覺)을 갖고 있다는 사실을 강조한 말입니다.

✽ 복음이란?

복음이란 '복된 소식' '기쁜 소식'이라는 뜻인데 그것은 다름 아닌 우리의 죄를 사하시고 구원(=영생을 주심)하시기 위하여 하나님의 보내심을 받아 **십자가 죽음을 당하시고 부활하신 분인 예수 그리스도**를 주님으로 선포하는 것을 말합니다. 즉 **복음은 바로 예수 그리스도**를 말합니다. 복음이란 개념은 먼저 신약성경에서는 주로 바울서신과 바울의 영향을 받아 기록된 서신에 나타나고 있습니다. 이후 마가복음에도 기록되어 나타납니다. 바울 이후에는 **예수님의 전체 역사**를 하나님의 구원활동의 완성으로써 복음이라는 개념으로 이해하게 되었습니다.[221]

218) 서신서를 바울서신과 공동(일반)서신(베드로, 요한, 야고보, 유다가 쓴 서신)으로 나누기도 합니다. 바울서신은 수신자의 이름으로 부르고, 일반서신은 발신자의 이름으로 부릅니다.
219) 문봉주, 앞의 책, 402쪽.
220) 이애실, 앞의 책, 213쪽. 그러므로 마태, 마가, 누가 복음의 시대 순으로 쓴 복음서가 아닙니다.
221) 김창선, 앞의 책, 41쪽.

'예수 그리스도의 종 바울은 사도로 부르심을 받아 **하나님의 복음**을 위하여 택정함을 입었으니 **이 복음은** 하나님이 선지자들을 통하여 그의 아들에 관하여 성경에 미리 약속하신 것이라 그의 아들에 관하여 말하면 육신으로는 다윗의 혈통에서 나셨고 성결의 영으로는 죽은 자들 가운데서 부활하사 능력으로 하나님의 아들로 선포되셨으니 곧 우리 주 예수 그리스도시니라'(로마서 1:1-4).

'하나님의 아들 예수 그리스도의 복음의 시작이라'(마가 1:1).

'요한이 잡힌 후에 예수께서 갈릴리에 오셔서 **하나님의 복음을 전파하여** 이르시되 때가 찼고 하나님의 나라가 가까이 왔으니 회개하고 **복음을 믿으라** 하시더라'
(마가 1:14-15).

[정리] 복음이란? = 예수 그리스도

예수 그리스도의 **탄생**이 복음입니다.	인자는 섬기고 또 자기 목숨을 많은 사람의 대속물로 주기 위하여 왔습니다(마가 10:45).
예수 그리스도의 **순종(=고난)**이 복음입니다.	근본 하나님이시나 종의 형체를 가지시고 자기를 낮추시고 죽기까지 복종하셨습니다(빌립보서 2:6-8). 온갖 고난과 모욕을 당하셨습니다(마태 26:67-68; 27:39-42).
예수 그리스도의 **십자가의 죽으심**이 복음입니다.	우리의 죄 값을 대신 치르시기 위하여 십자가상에서 죽으셨습니다(갈라디아 3:13, 베드로전서 2:24, 에베소 4:22-24, 히브리서 9:14;10:19-20, 골로새서 3:9-10).
예수 그리스도의 **부활**이 복음입니다.	예수 그리스도의 부활로 우리가 의롭게 되었으며, 새 생명을 얻게 되었습니다(고린도후서 5:17).
예수 그리스도의 **재림**이 복음입니다.	예수 그리스도께서 다시 오심을 약속하고 있습니다(마태 24:30).

바울이 기록한 서신에 나타난 복음	마가복음에 타나난 복음
예수님의 십자가죽음과 부활이 복음입니다.	예수님의 사역 전체가 복음입니다.

✽ 왜 신약성경에는 예수님에 관한 이야기를 세 번씩 하도록 하였나요?

① 마태복음과 마가복음과 누가복음은 예수님의 일생에 관한 이야기로 기록되어 있습니다. 그런데 왜 예수님에 관한 이야기를 세 번씩 되풀이 하여 신약성경으로 넣으려고 하였을까요?

② 그것은 신약성경을 구성할 당시 깊은 통찰력으로 공관복음은 공통적인 부분을 많이 포함하고 있지만, 저술한 각 저자들이 **예수님을 보는 관점을 달리하기 때문**에 이러한 면을 높이 평가한 것이라고 할 것입니다. 예수님은 어느 한 면만을 보여주신 것이 아니라는 뜻이기도 한 것입니다. 즉 이러한 예수님을 보는 관점이 바로 성령님이 인도하신 결과로, 복음서가 다 같은 내용을 담고 있으면 네 권이[222] 있을 필요가 없을 것입니다.

③ 마치 한 멋진 미술 작품을 두고 네 사람이 감상한 뒤 각자 자신의 느낀 바를 기록한 경우에 비유할 수 있습니다. 이 들 네 사람의 보고는 결코 같을 수 없습니다. 그렇다고 어느 한 사람의 감상만이 옳고 다른 세 사람의 감상은 틀렸다고 말할 수 도 없으며, 오히려 네 사람의 서로 다른 감상을 종합함으로써 작품에 대한 한 층 깊은 이해를 얻을 수 있을 것입니다.[223] 또 각 악기를 연주하면서도 전체적으로 화음을 내는 오케스트라와 같다고도 할 수 있을 것입니다.

제2절 공관복음과 요한복음의 명칭은 어떻게 지어졌나요?

마태복음	'마태에 따른 복음'이라는 이름으로부터 지어졌습니다.
마가복음	'마가에 따른 복음'이라는 이름으로부터 지어졌습니다.
누가복음	이레네우스가 누가를 저자로 봄. 신약성경 목록표인 카논 무라토리에 따라 누가복음으로 지어졌습니다.
요한복음	이레니우스는 초대교회의 유력한 증언을 들어 저자를 요한으로 보았음 공관복음과 요한복음은 그 이야기 기록이 공통점 보다는 차이점이 많다.

제3절 공관복음과 요한복음의 저자는 누구인가요?

마태복음	마태 예수님의 12사도 중의 한 사람입니다.
마가복음	마가 요한 예수님의 12사도 중의 한 사람입니다.
누가복음	누가 예수님의 12사도 중의 한 사람은 아닙니다.
요한복음	요한 예수님의 12사도 중의 한 사람으로 특별히 아낀 제자입니다. 베드로의 친한 동료로 나타나 있습니다.

222) 마태복음, 마가복음, 누가복음, 요한복음을 말합니다.
223) 김창선, 앞의 책, 37쪽.

제4절 공관복음과 요한복음은 언제, 어디서 기록되었나요?

마태복음	서기60년대/부활 후 15년 내지 20년	시리아의 안디옥으로 추측
마가복음	서기50년대 후반 내지는 60년대 초	로마
누가복음	서기60년	가이사랴 내지는 로마로 추측
요한복음	서기80년대 후반 내지는 90년대 초	에베소

제5절 공관복음과 요한복음의 기록자와 기록의 특징[224)]은 무엇인가요?

마태복음	자신이 예수님의 제자로서 직접 보고 듣고 경험한 바를 기록하였다.
마가복음	베드로의 동역자로서 베드로에게서 직접 들은 내용을 기록하였다.
누가복음	이방인으로써 바울의 동역자로 사도들(특히 바울)에게서 들은 내용을 기록하였다.
요한복음	예수님의 말씀과 사역을 가장 가까이서 듣고 경험한 사실을 기록하였다.

'우리(베드로와 요한 등 사도들)는 보고 들은 것을 말하지 아니할 수 없다' 하니 (사도행전 4:20).

공관복음의 기록된 과정에 대해서는 누가복음을 통하여 이해할 수 있습니다 (누가 1:1-4).

1. 구전 전승

'목격자와 말씀의 일꾼된 자들'이 예수님에 관한 진리를 전하여 주었습니다.

2. 기록된 자료

예수님과 초대교회의 내력을 저술하기 위하여 이미 **많은 사람들이 붓을 들었습니다.**

3. 최종 저술

누가는 그런 자료들을 '근원부터 자세히 미루어 살핀 후 차례대로' 자신의 설명을 저술하였습니다.

224) 이애실, 앞의 책, 204쪽. 신약 27권 외에도 많은 기록과 저술이 있었음을 드러내 주고 있습니다.

[정리] 공관복음과 요한복음[225)]

구분	마태복음	마가복음	누가복음	요한복음
기록 시기	서기 60년	서기 50년 말 60년 초	서기 60년 경	서기 80년대 말 서기 90년대 초
기록 장소	안디옥 또는 시리아	로마	로마	에베소
예상 독자	시리아에 사는 유대인	로마의 비기독교인	비기독교인인 로마의 관리, 타문화권의 비기독교인	에베소 주변지역의 그리스도인과 비기독교인
예수님에 대한 관점	메시야 유대인의 왕	여호와의 종 구속자(적)활동	인자	하나님의 아들 영원한 말씀
기록 비중	하나님의 나라	예수님의 사역	예수님 전 생애	예수님의 초기사역
기록 방법	예수님의 가르침을 소개하고 설명하는 방식			예수님과 사람들이 나누는 대화내용을 주제별로 기록함

✽ 공관복음이 거의 비슷하나 차이가 있는 이유는 무엇인가요?

공간복음의 내용은 비슷하나 특정사건의 배열순서가 다른 까닭은 세 사람이 예수 그리스도를 보는 관점과 강조점이 다르기 때문이며, 세 사람이 각기 복음서를 기록할 때 문서에 의한 부분 외에도 사람들에게 듣고, 또 자신이나 다른 사람이 본 것을 기록한 까닭에 공통점과 차이점이 생겼습니다.[226)] 즉 공통점이 많이 발생하는 것은 예수 그리스도에 관한 자료에 의존한 경우에 나타나는 현상이라면 차이점은 전승(듣고 본 것에 따른 것)에 의존한 경우에 나타나는 현상이라고 할 수 있습니다. 그러므로 기독교의 초기에는 '구전된 복음'으로부터 점차 '기록된 복음'으로 옮겨지게 되었습니다.

또 데이비드 바게트가 '역사란 주어진 대로 사실의 나열이 아니라 사건에 대한 해석이라는 입장에서 볼 때, 어떤 사건에 담긴 깊은 의미는 그것이 기록된 방식을 통해 표현됨으로 사건의 어떤 측면은 그것이 이야기 되는 과정에서 수정되기도 하는 것입니다. 이러한 관점에서 볼 때 같은 사건을 다르게 기술한 공관복음과 요한복음의 차이를 이해할 수 있다'고 하였습니다.[227)]

---

225) H. 웨인 하우스, 김일우 편역, 챠트로 본 신약, 아가페문화사, 89쪽.

226) 이러한 견해를 구전설이라고 합니다. 마태는 예수님을 직접 만난 사도였으므로 그가 직접 본 것과 기억한 사실을 기록한 것이며, 마가는 베드로의 조수였으므로 베드로에게 받은 교훈과 초대교회로부터 전한 말들을 기록한 것이며, 누가는 바울의 조수였으므로 사도 바울의 전달을 정확히 권위 있게 기록하였을 것입니다.

227) 엔터니 플루. 게리 하버마스 지음, 데이비드 바게트 편집, 조효은 옮김, 부활논쟁, IVP,2012. 152쪽.

＊ 일반서신이란?

많은 학자들은 베드로, 야고보, 유다의 이름으로 된 서신들과 요한 일, 이, 삼서 들은 서기 70년대 이후에 속한 것이며, 이 서신들은 보편적이며 영구적인 색체를 띠고 있어 보편(Catholic)서신으로 부르는데, 이 용어는 동방 기독교에서 이 서신들을 보편적인 교회에 보낸 서신들로 보는 것이 합당하다고 생각하여 붙여진 용어입니다.[228)]

제6절 오늘날 복음에 대하여 어떤 오해가 있나요?

그리스도인이나 예수 그리스도에 관하여 알아보려는 사람이나 관심 있는 사람은 기독교의 본질인 복음을 제대로 이해하고 알아야 할 것입니다. 그런데 때로는 '예수 믿으면 복받습니다, 예수 믿고 천당 가셔요, 예수 천당, 지옥 불신' 이러한 단편적인 외침이 곧 기독교라고 이해하던가 아니면 이러한 단편적인 외침은 너무 마음에 와 닿지 않아 외면하게 됩니다. 그렇다면, 오늘날 많은 사람들이 심지어 그리스도인조차도 오해하고 있는 복음은 어떤 것인가? 누구든지 이에 대한 올바른 이해를 필요로 한다고 할 것입니다.

'하나님의 아들 예수 그리스도의 복음의 시작이라'(마가 1:1).

'예수께서 온 갈릴리에 두루 다니사 그들의 회당에서 가르치시며 **천국 복음을 전파하시며** 백성 중의 모든 병과 모든 약한 것을 고치시니'(마태 4:23).

'이 **복음**은 하나님이 선지자들을 통하여 그의 아들에 관하여 성경에 **미리 약속하신 것이라**'(로마서 1:2).

'… 이 **복음은** 모든 **믿는 자에게 구원을 주시는 하나님의 능력**이 됨이라 먼저는 유대인에게요 그리고 헬라인에게로다'(로마서 1:16).

'하나님이 세상을 이처럼 사랑하사 독생자를 주셨으니 이는 **그를 믿는 자마다 멸망하지 않고 영생을 얻게 하려 하심**이라'(요한 3:16).

---

228) 레이몬드 E 브라운 지음, 김근수 김경식 이은순 공역, 신약개론, CLC, 2017, 54쪽.

[정리] 예수 그리스도의 복음에 관한 올바른 이해[229]

<table>
<tr><th>복음이란?</th><th>복음에 대한 오해</th><th>복음에 대한 올바른 이해</th></tr>
<tr><td rowspan="5">*기쁜 소식/좋은 소식

*하나님의 인간사랑

*현세-죄로 인해 가난,
질병과 저주와 죽음
*내세-지옥불의 심판

*예수 그리스도가
세상에 오셔서 대신
죽으시고 부활하심

*예수 그리스도를
믿고 영생을 얻음

*예수 그리스도=복음</td><td>복음은 영혼만을 구원해 주는 것 ⇨ 내세지향주의 ⇨ 현실적 삶을 무시 ⇨ 현실도피주의</td><td>복음은 영혼구원+현실구원 ⇨ 현실적인 삶의 모든 영역에도 구원의 은혜와 축복</td></tr>
<tr><td>복음을 윤리와 도덕규범으로 생각 ⇨ 인간의 선행을 지나치게 강조하고 선행으로 천국 간다고 믿음 ⇨ 하나님의 의와 은혜 무시</td><td>복음은
윤리와 도덕+영혼과 삶에 생명을 주는 하나님의 능력</td></tr>
<tr><td>복음을 종교적인 교리나 엄격한 율법으로 이해
⇨ 율법주의/형식주의/교리주의
⇨ (율법을 지키지 못한)죄책감</td><td>복음은
말씀으로 변화 받고 그리스도의 진리로 참 자유 얻음</td></tr>
<tr><td>복음을 반 율법주의로 이해함
⇨ 복음은 율법을 폐지함
⇨ 도덕률을 벗어난 방종을 정당화</td><td>복음은 율법을 폐지하는 것이 아니라 완전하게 함
⇨율법의 정신을 이해하고 실천하여야 함(율법 준수)</td></tr>
<tr><td>복음을 학문이나 사회개혁원리로 이해함 ⇨ 종교철학이나 종교사상 ⇨ 계시, 기사, 이적, 하나님의 섭리는 무시함
⇨ 합리적 이론, 과학적 지식 숭배
⇨ 사회질서와 제도개혁 원리로 이해하여 이상사회건설에만 관심</td><td>복음은 먼저 개인 개인의 영혼구원이 이루어지고, 다음으로 이를 토대로 사회제도의 개혁이 이루어짐
복음으로 인간 변화가 이루어지면 사회와 제도의 개혁이 이루어질 수 있다.</td></tr>
</table>

229) 조용기, 오중복음과 삼중축복, 서울말씀사, 2015, 35-41쪽의 내용을 정리한 것입니다.

제10장 신약성경에 나타난 환경은 어떠했나요?

우리가 신약성경을 보다 더 잘 이해하기 위해서는 신약성경이 쓰여질 당시의 여러 가지 환경(정치, 지리, 경제, 사회, 문화 그리고 종교적 환경)을 살펴볼 필요가 있습니다. 왜냐하면 성경은 하나님이 말씀 선포(저술)를 위해 선택한 사람들(저술가들)이 처한 시대의 여러 가지 환경을 반영하고 있으므로 그것을 무시할 수 없기 때문입니다.

제1절 신약성경의 정치적 환경은 어떠했나요?

1. 유대(이스라엘) 땅(팔레스타인 지역)의 통치

① 유대(이스라엘) 땅은 메소포타미아 지역으로부터 하나님의 부르심을 받은 아브라함이 가나안 땅에 정착한 후 이삭과 야곱을 거쳐 야곱의 아들 요셉이 이집트의 국무총리가 되고, 야곱과 그의 나머지 아들들의 집안이 기근을 피하여 애굽(이집트)에 이주한 이후 새로운 이집트 왕조가 열리면서 노예생활을 하게 됩니다.[230)]

② 그후 지도자 모세의 인도로 애굽을 탈출하여 광야 40년간의 생활을 거쳐, 여호수아의 지도 아래 가나안 땅(팔레스타인 땅)에 다시 정착하게 됩니다. 여호수아 이후 많은 팔레스타인 원주민과의 투쟁과정을 통과한 후 이스라엘 민족은 사사시대를[231)] 거쳐 왕정시대를 열게 되는데, 최초의 왕이 사울 왕입니다.

230) 이스라엘 민족이 인구가 증가하자 이집트 왕국은 그들의 반란을 염려하게 되고 더욱더 혹독하게 다루면서 하나님의 구원계획이 이루어집니다. 즉 모세를 지도자로 하여 약 250만 명에 달하는 이스라엘 민족을 이집트로부터 탈출시켜 가나안 땅으로 인도하게 합니다.

231) 사사시대의 상황을 잘 기록한 것이 구약성경 사사기입니다. 사사는 여호수아가 가나안을 정복한 후부터 통일왕국 시대까지 약 350여 년간 백성들의 문제를 판결하고 전쟁 때는 주변 부족들과 싸웠던 지도자를 말합니다.

③ 사울과 다윗과 솔로몬으로 이어져 온 통일 유대왕국은 솔로몬 이후 북쪽의 이스라엘(10지파 : 부족)과 남쪽의 유대왕국(2지파 : 부족)으로 나누어져, 각각 북쪽은 앗시리아에 남쪽은 바빌로니아에게 패하게 됩니다.

❁ 이스라엘 왕국의 분열

남북 왕국의 분열 / BC 928년 (성서지도, 지계석)

이집트를 탈출한 이스라엘은 40년간의 광야생활과 5년간의 정복 전쟁을 거쳐 가나안을 차지했습니다. 그리고 사사시대라고 일컫는 사사들이 치리하는 시기를 300년 가까이 보내게 됩니다. 사사시대는 사무엘을 통하여 마감하고, 드디어 이스라엘 왕정 500년이 시작됩니다. 통일 왕정은 120년 동안으로 사울시대 40년, 다윗 시대 40년간, 솔로몬 시대 40년간을 보냅니다. 이후 북이스라엘과 남유다로 나뉘어 약 200년을 한 민족 두 국가로 보내게 됩니다. 북이스라엘은 200년 만에 결국 앗수르(앗시리아)에 의해 문을 닫게 되고, 이후 남유다는 150년을 더 지낸 후 바벨론(바빌로니아)에 의해 나라의 문을 잠시 닫고 바벨론에서 70년간의 포로생활을 하게 됩니다.

④ 한편 팔레스타인 땅은 유대인들이 바벨론에 포로로 잡혀가 70년간을 바벨론의 통치 아래에 있은 후 다시 바사(페르시아)의 지배 아래에 200년간 놓입니다. 그후 BC 336년 경 바사를 정복한 알렉산더 대왕의 통치 아래에 약 30년간 있은 후, 알렉산더의 부하였던 프톨레미가 이집트 지역을 정복하면서 가나안 땅을 차지하게 되어 100년을 지배당합니다.

⑤ 그후 프톨레미로부터 팔레스타인 지역을 빼앗은 시리아의 셀레우코스 왕조가 약 34년을 지배합니다. 그런데 이때 유대의 마카비가 BC 165년에 셀레우코스에 대항하는 독립전쟁을 일으켜 성공하여 그후 **약100년간 유대는 독립국가(마카비 왕조)로 있다가** BC 63년 로마의 폼페이 장군에게 예루살렘을 점령당하므로 로마제국의 지배 아래 놓이게 되었습니다.

2. 이스라엘과 5대제국[232)]

인류역사에서 동서양문명의 중심인 중동지방을 지배한 제국들을 순서대로 배열한다면 **앗수르(앗시리아) - 바벨론(바빌로니아) - 바사(페르시아) - 헬라(그리스) - 로마제국**으로 전개된 것을 알 수 있습니다. 이는 성경의 기록에서도 그대로 반영되어 있으므로 성경의 배경을 이해하기 위해서는 이들 제국에 대하여 이해하여야 합니다. 이러한 제국들의 흥망성쇠를 공부하는 것은 단순한 흥미 이상으로 하나님이 인류역사를 주관하시고, 인류역사가 하나님의 섭리 속에 움직인다는 것을 깨닫게 되기 때문입니다.

1) 앗수르(앗시리아) 제국[233)]

앗수르는 처음에는 너비 160킬로, 길이 640킬로 크기의 땅을 소유한 작은 나라로 출발하였으나, BC 745년 디글랏 - 빌레셀 3세가 앗수르 왕이 된 후로 동쪽으로는 인도까지 서쪽으로는 애굽까지, 북쪽으로는 러시아까지, 남으로는 아라비아 펠릭스까지 뻗어나가 3200킬로에 걸친 소아시아와 초원과 사막을 장악하고 다스렸다고 합니다.[234)]

(1) 앗수르 제국과 북이스라엘

① 북이스라엘은 200년간 나라를 유지하면서 7번의 쿠데타를 통해 19명의 왕이 나라를 다스렸습니다. 그들은 하나같이 여로보암의 길로[235)] 달려간 안타까운 왕들이었습니다. 하나님은 백성들이 돌이키도록 엘리야, 엘리사를 보내셨으나, 말씀을 새기지 않고, 계속해서 불순종의 길을 걸었으며 노예상태에서 구원해 주신 하나님을 경홀히 여겼습니다.

> **'내가 에브라임에게 걸음을 가르치고 내 팔로 안았음에도 내가 그들을 고치는 줄을 그들은 알지 못하였도다 내가 사람의 줄 곧 사랑의 줄로 그들을 이끌었고 그들에게 대하여 그 목에서 멍에를 벗기는 자 같이 되었으며 그들 앞에 먹을 것을 두었었노라 그들은 애굽 땅으로 되돌아가지 못하겠거늘 내게 돌아오기를 싫어하니 앗수르 사람이 그 임금이 될 것이라'**(호세아 11:3-5).

232) 제국(帝國)이란 황제가 통치하는 국가를 말합니다. 즉 여러 나라(王國)을 다스리는 나라의 임금이라는 뜻입니다. 하지만 고려말의 왕을 황제라고 부른 것이나, 조선말 고종이 대한제국(황제)이라고 부른 것은 형식적인 명칭에 불과한 것입니다.

233) 앗수르 제국의 존재 여부는 영국의 고고학자 레이어드에 의해서 1846년부터 7년간에 걸친 앗수르의 수도 니느웨(니네베)의 발굴로 밝혀지게 되었습니다.

234) 아놀드, C, 브랙만, '니네베 발굴기, 안경숙 옮김(서울 : 대원사,1990), 22쪽. 조병호, 성경과 5대 제국, 통독원, 2013, 71쪽. 참조.

235) 여로보암의 길이란 하나님께 불순종과 악행(특히 우상숭배)을 행한 왕을 말합니다.

② 북이스라엘 16번째 왕인 므나헴이 왕위에 오른 후 앗수르가 침략해 오자 앗수르 왕에게 은 1,000달란트를 조공으로 바침으로 화친하게 됩니다.

③ 북이스라엘 17번째 왕인 브가히야를 죽이고 18번째 왕이 된 베가 때에 앗수르가 쳐들어와 백성들을 앗수르로 잡아가기 시작했습니다.

> **'이스라엘 왕 베가 때에 앗수르 왕 디글랏 빌레셀이 와서 이욘과 아벨벳 마아가와 야노아와 게데스와 하솔과 길르앗과 갈릴리와 납달리 온 땅을 점령하고 그 백성을 사로잡아 앗수르로 옮겼더라'**(열왕기하 15:29).

④ 그후 19번째 왕이 된 호세아 왕 때 앗수르가 이스라엘을 치니 이스라엘은 패망하게 됩니다.

(2) 앗수르의 식민지 사마리아

호세아 왕 9년째 북이스라엘은 앗수르에 의해 완전히 멸망당합니다. 이때 앗수르(디글랏 빌레셀 3세 왕)는 북이스라엘 사람들을 잡아다가 앗수르 제국의 여러 나라로 흩어져 살게 했으며 북이스라엘에도 다른 침략당한 나라의 사람들을 들여와 살게 하였습니다.[236] 시간이 지나면서 북이스라엘의 혈통이 섞이게 되고 그 새로운 혈족이 바로 사마리아인입니다. 이로써 결국 북이스라엘에는 영토도 백성도 모두 잃게 되어 나라가 역사 속으로 사라진 것입니다.

✽ 앗수르의 식민정책 = 인구혼혈정책

앗수르의 식민지 통치 정책 중 중요한 것이 인구혼혈정책입니다. 즉 민족들을 섞어 인구혼혈정책을 실행함으로써 하나의 단일민족이 민족정신을 형성하여 반란을 도모하지 못하도록 아예 민족 근원의 싹을 제거하는 정책입니다. 이외에도 서양역사에서 정복을 한 국가가 정복을 당한 국가를 지배하는 방법으로는 언어를 혼잡하게 하여 생각을 통일하지 못하게 하거나, 허수아비 정권이나 지역을 만들어 힘을 분산시키거나, 정복당한 국가의 국민끼리 서로 등지게 하는 방법 등을 사용하였음을 알 수 있습니다.

(3) 앗수르와 남유다

① 남유다 왕국에는 북이스라엘과 아람의 연합군의 공격에서 피하기 위해서 친 앗 수르 정책을 폈던 아하스 왕이 있었습니다. 아하스 왕이 앗수르 왕에게 요청하여 북이스라엘을 치게 됩니다. 즉 남유다는 형제의 나라인 북이스라엘이 망하는 일을 돕는 셈이 되었습니다.

② 북이스라엘이 망한 후 하나님은 100년이 넘도록 선지자들(요엘, 이사야, 미가, 스바

236) 사르곤 2세(BC 705-681년)도 BC 722년 사마리아를 점령 그 곳 사람들 27,090명을 사로잡아 갔습니다(열왕기하 18-19장).

냐, 예레미야, 하박국)을 통해 남유다에 거듭 경고의 메시지를 보냈으나 그들도 듣지 않았습니다.[237]

(4) 앗수르 제국의 멸망

강성한 앗수르 제국도 결국에는 새롭게 일어난 바벨론에 의해 멸망당하게 됩니다.

[정리] 앗수르(앗시리아)와 이스라엘 남북분열 왕국과의 관계

<table>
<tr><th>시기</th><th>앗수르 왕</th><th>북이스라엘 왕국</th><th>남유다 왕국</th></tr>
<tr><td>BC 752</td><td>아수르단 3세</td><td>살룸</td><td>요나(여로보암 2세 시대 선지자)의 외침[238]</td></tr>
<tr><td>BC 745-727</td><td>티글랏 빌레셋 3세
대제국의 창시자</td><td>므나헴, 베가 : 조공</td><td>아하스 : 굴욕서신[239]
제사장 우리야</td></tr>
<tr><td>BC 727-722</td><td>살만에셀 5세</td><td>호세아(BC 722년 멸망당함)
*공성전 3년 전쟁</td><td>아하스(BC 746-730)
이사야</td></tr>
<tr><td>BC 722-705</td><td>사르곤 2세
BC 720년
가사에서 전쟁
BC 712년
아스돗에서 전쟁</td><td>*호세아 감금
*사마리아
귀족 27,290명 강제로 타지 이주(혼혈정책)</td><td>히스기야
이사야</td></tr>
<tr><td>BC 705-681</td><td>산헤립 : 랍사게 장수(왕하 18장).[240]</td><td rowspan="4">앗수르에 의한 지배
바벨론에 의한 지배</td><td>히스기야 / 이사야
유다 성읍 46개 파괴
200,150명 포로</td></tr>
<tr><td>BC 689-669</td><td>에살핫돈 / 이집트
침공(671)</td><td>히스기야 / 이사야
므낫세 앗수르에 충성</td></tr>
<tr><td>BC 612</td><td>앗수바니팔
BC 627년 죽음
앗수르 니네베
바벨론에 함락됨</td><td rowspan="2">나훔</td></tr>
<tr><td>BC 602</td><td>앗수르 바벨론에
멸망</td></tr>
</table>

237) 당시 가나안의 종교는 여호와 신앙과 이방신앙이 혼합되어 많은 이스라엘 백성은 바알신과 여호와 하나님을 잘 구별할 수 없었습니다. 심지어 여로보암 초기에는 경제적 부를 여호와 하나님이 아닌 바알신의 덕분으로 여기는 자도 있었습니다(호세아 2:8-13; 9:1-2; 10:1-2).

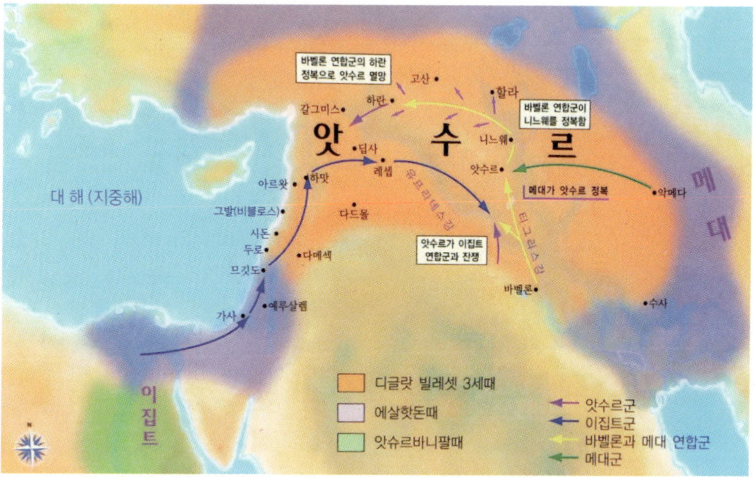

앗수르 제국의 흥망
(성서지도, 지계석)

2) 바벨론 제국의 유다 왕국 정복[241)]

바빌로니아는 BC 587년 8월에 유다 왕국을 침공하여 유다 왕국을 무너뜨리고 유대인을 포로로 끌고 가서[242)] 노예로 부려 유대인을 70년간 지배합니다. 바빌로니아 포로 생활 중에서도 다니엘과 에스겔과 같은 사람을 통하여 하나님은 역사하시었습니다. 또 이 곳에 잡혀온 레위인, 제사장을 중심으로 율법이 가르쳐지고 핍박 속에서도 하나님을 믿는 사람들을 통하여 유대인으로써의 정체의식을 지켜나갔습니다.

> **'여호와께서 이와 같이 말씀하시니라 바벨론에서 칠십 년이 차면 내가 너희를 돌보고 나의 선한 말을 너희에게 성취하여 너희를 이 곳으로 돌아오게 하리라'**
> (예레미야 29:10).

---

238) 여로보함 2세 시대 선지자로 니느웨에 회개를 외치자, 재앙과 일식으로 인해 큰 회개가 일어났습니다.

239) 북이스라엘이 아람, 다메섹과 3국 동맹을 맺고 남유다에게도 동맹하여 앗수르를 치자고 하였으나 남유다의 아하스는 앗수르편에 서게 되고, 이에 3국의 침입을 받자 긴급구원의 요청을 보냈습니다(열왕기하 16:7). *아하스의 아들 히스기야는 반 앗수르, 친 애굽 정책을 폈다가 앗수르 산헤립의 침공을 받았습니다.

240) 앗수르 왕으로 히브리어로 심리전을 펴기도 하였습니다(열왕기하 18:28-35). 그는 아들의 쿠데타로 죽었고, 이후 제국은 쇠퇴기로 접어들고, 식민지들의 반란과 동맹국이었던 메데(메디아)가 바벨론과 함께 동맹하여 공격함으로 앗수르는 패망하였습니다. 또한 티그리스 강의 범람으로 니느웨 전체가 덮히게 되었습니다.

241) 두 제국(앗수르와 바벨론)은 이전의 수메르나 아카드 제국이 탄생했던 메소포타미아에서 발흥하였으므로 언어, 예술 등 비슷한 점이 많았습니다.

242) 이때 포로로 끌려간 유대인 수는 약 5만 명이 되며, 유대 지도층과 중산층이 주를 이루었다고 합니다. 즉 남은 자들은 일반 백성 중 어려운 사람들뿐이었습니다.

[정리] 바벨론과 남유다

시기	바벨론 왕	남유다	비고
BC	므로닥 발라단	히스기야 병문안	이사야 39장
BC 625-605	나보플랏사르	예레미야	대제국 창시자
BC 605-562	느부갓네살 2세	여호야김 봉신으로 삼음 여호야긴 포로 BC 598 시드기야/에스겔 남유다 멸망(BC 586)	대제국 전성기
BC 562-556	에윌 므로닥- 느리글릿사르- 라바시 말둑	바벨론 포로생활 에스겔	대제국 쇠퇴기 모두 살해됨 에윌모로닥 원년 여호야긴 석방
BC 556-539	나보니두스 아들 벨사살 다니엘 5장	바벨론 포로생활 다니엘	페르시아 고레스에 멸망당함 BC 540

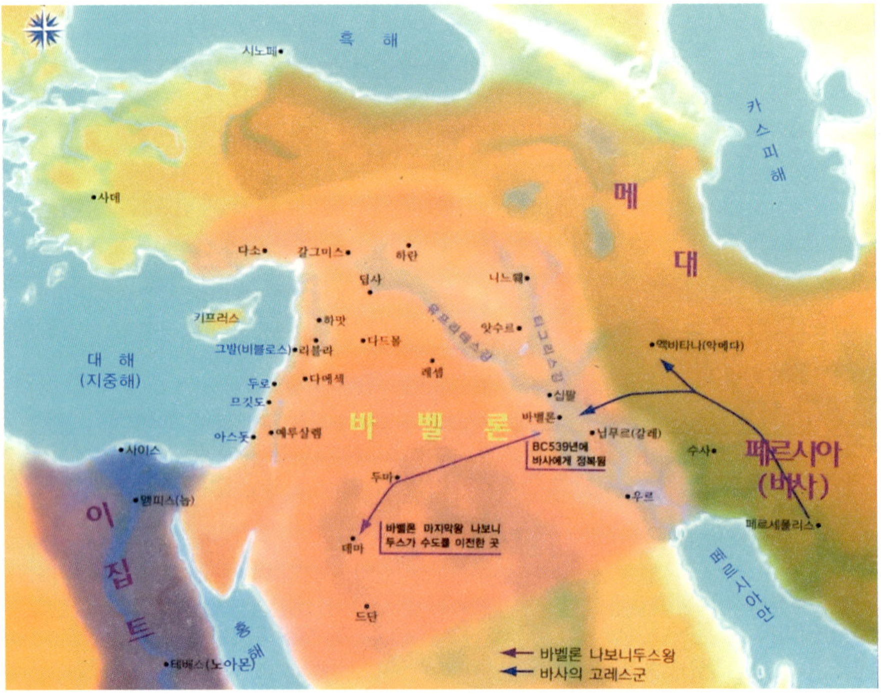

바벨론 제국 / BC 560년경 (성서지도, 지계석)

3) 바사(페르시아) 제국의 유다 왕국 지배

① 바벨론은 바사(페르시아)[243] 왕 고레스가 정복하게 됩니다. 또한 포로에게 자유령을 내린 고레스를 비롯한 다리오 1세, 아하수에로, 아닥사스다 1세, 다리오 2세, 아닥사스다 2세를 거쳐 다리오 3세에 이르기까지 유대 지도자들과 관련되어 있습니다. 즉 구약의 다니엘, 스룹바벨, 예수아, 학개, 스가랴, 에스더, 에스라, 느헤미야, 말라기 등이 이 시대의 인물들입니다.

② 예루살렘으로의 포로귀환, 성전재건, 성곽재건, 개혁운동 등을 통해 새로운 포로귀환(신앙) 공동체가 형성되었는데, 이를 후대에 유대교라고 이름 붙이게 되었습니다. 즉 유대교는 왕국시대가 없어진 후에 새로운 **유대인들의 (신앙)공동체**로서의 역할을 대신한 것입니다.

❀ 바사(페르시아) 제국과 이스라엘

① 고대 바벨론을 무찌른 나라는 페르시아(바사)로 오늘날 이란에 해당하는 나라입니다. 앗수르(앗시리아)에 북쪽의 절반을 빼앗긴 유다는 BC 605년과 597년에 바벨론의 침공을 받아 많은 귀족과 백성들이 사로잡혀 갔으며 BC 586년에는 완전히 멸망했습니다.

② 그러나 BC 539년 바벨론을 점령한 바사의 고레스 왕은 유대인의 귀환을 허가하는 조서를 내렸고 유대인들은 감격적인 귀향을 하게 되었습니다.

③ 이란에는 아직도 이스라엘의 흔적이 많이 남아 있는데, 그중에는 바사의 도성이었던 수사에는 바벨론에서 총리를 지냈고, 다리오 왕에게도 신임을 얻었던 다니엘의 무덤이 있으며, 왕의 여름 궁이 있던 하마다에는 에스더와 모르드개의 무덤이 남아 있습니다.

④ 예수님이 탄생하셨던 때, 별을 보고 동방에서 온 박사들은 바사(페르시아)의 천문학자라고 알려져 있으며, 예수님 승천 이후 사도 다대오가 페르시아에 복음을 전하고 순교하였다고 합니다.

⑤ 또한 기독교 역사에서도 로마 교회의 성모론에 반대하다가 431년 에베소 공의회에서 패배한 네스토리우스파의 그리스도인들도 페르시아로 들어가 페르시아는 동방선교의 중심이 되었습니다.

⑥ 서기 636년 선교사 알로펜이 20명의 선교사와 함께 중국 당나라의 수도 장안에 도착하자 태종이 재상 방현령을 보내 마중하고, 그의 설교를 듣고 크게 감동하여 전국에 교회를 세우라고 명령하였다는 내용이 '경교유행중국비'에 기록되어 있습니다. 당나라에서는 그리스도를 경존(景尊), 기독교를 경교, 교회를 경사라고 했으며, 선교사를 경승이라고 불렀습니다.

---

243) 오늘날에는 '이란'이라는 나라이며 고대에는 성경에 '바사'라고 하였습니다.

⑦ 경주 불국사 경내에서 돌 십자가와 성모자상이 발견되고, 해남 대흥사에서도 발견된 것은 **경교(기독교)가 신라와 백제에까지 들어왔었음**을 증거하고 있는 것입니다. 특히 칭기스칸의 부인이 독실한 경교 신자였고, 칭기스칸도 가는 곳마다 병영에 교회를 설치했다는 것이 역사적 사실입니다.

이렇게 페르시아(이란)은 복음을 동방에 전해 준 선교의 중심지였던 것입니다.

바사(페르시아) 제국 / BC 538-332년경 (성서지도, 지계석)

[정리] 바사(페르시아)와 이스라엘, 주변국과의 관계

시기	정치	남 유다(당시 이스라엘)	주변국
BC 586	고레스 왕	남 유다 멸망 -바벨론 3차 포로	바벨론의 느부갓네살 왕
BC 539	고레스(키루스2세)		바벨론 점령
BC 538	고레스 칙령	성전 재건 허락	
BC 537	스룹바벨에 의한 1차 귀환	성전 재건 시작	이집트 점령
BC 530	2대왕, 캄비세스(2세) -폭군, 7년 통치	성전 재건 지연	
BC 522	다리오(1세) 왕 등장	성전 재건 다시 시작 및 완공	2번의 그리스 점령 전쟁 실패

BC 486	아하수에로 왕 등장 (크세르크세스)	에스더/모르더개	스파르타 300용사와 전투 승리
BC 480	스타르타 정복 성공		살라미스 해전 패전
BC 480	아테네 정복 실패		
BC 465	아닥사스다(1세)	2차 귀환(에스라)	
BC 465-331	다리오(2세), 아닥사스다(2세)	3차 귀환(느헤미야)	
BC 331	헬라에 멸망, 이수스 전투(알렉산더 대왕)		

4) 그리스(헬라) 제국의 통치

① 바사(페르시아)의 다리우스 3세와 그리스 마케도니아의 알렉산더가 패권을 다투게 되었는데, 결국 BC 333년 이수스 전투에서 알렉산더가 최후의 승리를 하게 됩니다.

② 그후 뵈니게, 두로, 이집트가 그의 지배아래 놓이게 되었고, 팔레스티나도 그의 지배아래에 들어가게 되었습니다. 그리고 그는 바벨론의 수사와 멀리 인더스 강까지 건너갔습니다. 그가 시도한 새로운 세계는 바로 서양과 동양이 합쳐지는[244] 헬레니즘화였습니다.

③ 즉, 하나의 언어와 하나의 세계가 그가 꿈꾸었던 것이었습니다. 그리하여 헬라어는 일상어로 그리고 헬라 문화는 생활문화로 장려되어 그의 갑작스런 죽음에도 불구하고 그 영향은 오래 동안 지속되었습니다.

④ 그리하여 **헬라어는 기독교 메시지를 위한 표현도구로 사용되었습니다. 다시 말하면 사도들의 설교들은 주로 헬라어로 행해졌고, 신약성경은 그 시대의 통용어였던 헬라어로 기록되었습니다.**[245]

✾ 알렉산더 대왕과 헬라(헬레니즘) 제국

1. 마케도니아인

현재 그리스 북부 지역과 마케도니아 공화국 일대에는 아주 오래 전부터 마케도니아인들이 살고 있었습니다. 오랜 기간 그리스인에게는 '변방의 야만인'이라고 무시당했던 이들은 BC 5세기 페르시아(고대 이란제국)의 침략을 받았을 때에도 속절없이 굴복했을 만큼 세력이 미약했습니다.

244) 알렉산더의 대표적인 통합(통일)정책 중의 하나가 (동서양인의) 결혼정책이었습니다.
245) E.T.T.A 편, 박영호 역, 성서개론, 기독교문서선교회, 275쪽.

2. 필리포스 2세의 통일

BC 4세기 중반, 필리포스 2세가 마케도니아 왕국의 왕이 되면서 정치, 군사 개혁을 통해 강력한 왕권을 확립하여 그리스 북부 지역 일대를 통일했습니다. 당시 그리스 패권은 도시국가(폴리스)인 테베가 장악하고 있었습니다. 테베는 아테네를 비롯한 다른 도시국가들과 함께 반 마케도니아 전선을 형성하여 싸웠는데, BC 338년 마케도니아 군대와 카이로네이아(현재 그리스 중부지역)에서 필리포스 왕의 아들 알렉산더의[246] 활약에 힘입어 마케도니아는 대승을 거두었습니다.

3. 알렉산더 대왕의 등장과 페르시아 황제 다리우스와의 전쟁

그후 필로포스 왕이 페르시아와의 전쟁을 준비하던 중 갑자기 암살되자 알렉산더가 왕위를 계승하였고, BC 333년, 알렉산더는 마케도니아 군과 헬라스 연맹군(폴리스 연합군)등 4만-6만 대군을 이끌고 아버지가 꿈꾸던 페르시아 정벌에 나섰습니다. 당시 페르시아 황제 다리우스 3세가 10만 대군으로 대응하였지만, 이수스 전투에서 패하고 도망쳤으나 부하에게 암살당하면서 페르시아 제국은 완전히 멸망하고 말았습니다. 이후 진격을 계속하여 인도 북부까지 진출하였으나 10여 년 간의 전쟁으로 군사들이 지치고 또 전염병이 돌아 회군하던 중 알렉산더 대왕도 열병에 걸려 BC 323년 33세 나이로 세상을 떠나고 말았습니다.

4. 알렉산더 대왕의 죽음과 제국의 분할

알렉산더의 원정으로 동으로는 인더스강, 서로는 아드리아 해(이탈리아와 발칸반도사이 지중해) 남으로는 이집트, 북으로는 다뉴브 강에 이르기까지 세 대륙에 걸친 광대한 제국을 이룩하였습니다. 알렉산더 대왕 이후 제국은 그의 부하들에 의해 4개로 크게 분할되었습니다.

알렉산더의 팔레스틴 원정 (성서지도, 지계석)

---

246) 알렉산더 왕자의 지도 스승이 서양학문(철학 ,정치학, 과학, 수학, 물리학, 의학, 예술 등)의 시조이며 창시자인 아리스토텔레스였습니다.

5) 헬레니즘 세계와 문화

알렉산더가 사망한 후 그리스 문화를 바탕으로 페르시아 등 동양(오리엔트)문화가 융합된 헬레니즘[247] 문화가 발전했으며 알렉산더가 정복지마다 **'알렉산드리아라'**는 그리스식 도시를 건설하고, 현지 제도나 관습을 존중하는 모습을 보였습니다.

헬레니즘 문화는 세계주의와 개인주의에 바탕한 것입니다. 즉 민족적 차이를 초월하고 인류를 다 같은 동포이며, 세계의 시민이라고 생각하는 세계동포주의가 유행하고, 이와 함께 국가, 민족보다 개인을 더 존중하는 개인주의가 유행하였습니다.[248]

성경에서 헬라라고 하는 단어는 바로 이 알렉산더 대왕이 형성한 문화권의 중심을 일컫는 말입니다. **서양문화는 드디어 헬레니즘이 하나의 큰 기둥이 되어 흘러갑니다.**

(1) 프톨레미 왕조의[249] 통치(BC 303-197년)

① 알렉산더 대왕의 갑작스런 사망(BC 323년)이후 제국은 그의 부하 장군들에 의해 4분되게 되는데, 그중 대표적인 권력자인 프톨레미는 이집트 지역을, 셀레우코스는 바벨론 땅(수리아 = 시리아에 중심을 둠)을 다스리게 되었습니다. 수도를 이집트의 알렉산드리아에 정하고, 이 곳을 헬레니즘 문화의 성지로 만듭니다. 이 곳에는 전 유럽과 아시아에 있는 모든 사상과 문학과 역사와 예술을 연구하는 기관과 대학을 두었으며, 큰 박물관(도서관)을 지어 동서고금의 모든 문화와, 각국의 사상과 종교의 경전을 모아서 보관했습니다.

② 팔레스타인 땅은 수리아(시리아)와 이집트 사이에 놓여 있었기 때문에 위의 두 왕조에 의해 번갈아 가면서 지배당하게 되었습니다. 먼저 팔레스타인 땅은 BC 320년에 프톨레미 1세에 의해 이집트에 합병되어 122년 동안 지배를 받게 되었습니다.

③ 프톨레미 왕조 시대의 유대인들의 삶은 대체로 안정적이고 순조로운 삶을 살았습니다. 왕조의 통치자들은 온건하였고 정복민들의 종교적 신앙을 간섭하려 하지 않았습니다.[250]

---

247) **'헬레니즘'**이라는 용어는 독일의 역사학자 요한 구스타프 드로이젠의 저서[헬레니즘의 역사]에서 유래된 개념으로, 알렉산더 시대부터 기독교가 성립된 시기 이전 기간에 **그리스 교육을 통해 서방문화와 근동지방의 문화가 서로 혼합된 것**을 가리키는 것을 개념으로 사용했습니다. 즉, **그리스적인 문화가 동양문화와 융합되어 하나의 새로운 문화형태를 나타낸 것**으로, 특히 그 핵심은 그리스적인 문화의 본질을 나타낸 것을 말합니다.

248) 조좌호, 세계문화사, 88쪽.

249) 프톨레마이오스 영어식으로는 '톨레미'라고도 합니다.

250) 신성종, 신약역사, 개혁주의신행협의회, 12쪽.

(2) 셀레우코스 왕조의 통치(BC 197-164)

① BC 198년 시리아의 안티오커스 3세는 이집트로부터 팔레스타인 땅을 빼앗아 수리아(시리아)에 합병시켰습니다. 셀레우코스 4세는 유대인들을 호의적으로 대하여, 포로 석방령을 내렸고, 세금도 면제해 주었으며 율법에 따라 여호와 하나님을 섬길 수 있도록 해 주었으며, 제사 지원과 성전 수리비 등을 위한 국가보조비도 약속했습니다. 그리고 제단용 땔감도 면세대상이었고 제사에 종사하는 사람들에게 세금을 면제해 주기도 하였습니다.[251] BC 197년부터 164년까지 약 30년 동안 팔레스타인을 지배합니다.

② 그러나 그의 아들 안티오커스 4세 에피파네스 시대에는 유대인에게 헬레니즘(헬라)문화를 장려했을 뿐만 아니라 유대의 종교와 문화를 공격하고 유대인을 핍박하였습니다. 즉, 알렉산더 대왕의 꿈을 이루기 위해 미개한 야만인들의 사상을 합리적이고 냉철한 이성의 사상으로 바꾸려고 강압적인 계몽운동을 펼치며 헬라문화로 개화시키려고 종교를 탄압하고 매우 포악하게 통치하였습니다.

③ 그는 헬라극장의 참석, 헬라복장의 착용, 할례의 흔적을 없애기 위한 수술, 히브리 이름을 헬라 이름으로 바꾸는 것은 물론, 심지어 나체로 참석하는 헬라식 운동경기를 열기도 했습니다.

④ 예루살렘 성전은 그 귀중품을 약탈당했고[252] 올림푸스 제우스신의 전당으로 바뀌었습니다. 유대교는 금지되었고, 율법 책은 불살라졌으며, 율법(Torah)을 소유하거나 읽는 사람은 사형 선고를 받았습니다. 안식일 준수와 할례는 금지되었습니다.[253]

⑤ 그는 BC 167년 유대인 양민을 급습하여 학살하였으며 이교도 제단을 여러 곳에 세웠고 돼지고기를 제물로 바쳤습니다.[254] 성전 앞에 돼지 머리를 달아놓고 '들어가고 싶으면 돼지 머리에 절하고 입 맞추라'고 하였습니다.[255]

* 수리아 (시리아)

팔레스타인 북쪽에 위치한 이방 나라로 B.C. 12세기경 아람 사람들이 점거한 이후 구약성경에는(히브리어로) '아람'으로 언급되었으며 '수리아'는 헬라식 명칭입니다.

동쪽으로 유브라데 강과 아라비아 사막, 서쪽으로 지중해, 남쪽으로는 팔레스타인의 갈릴리와 바산 지

251) 이애실, 앞의 책, 188쪽.
252) 시리아는 로마와의 전쟁에서 패한 후(주전 190년) 전쟁 배상금을 치르어야 했기 때문입니다.
253) 폴 N 밴웨어, 곽철호 옮김, 앞의 책, 25쪽.
254) 이애실, 앞의 책, 189쪽.
255) 문봉주, 앞의 책, 392쪽.

역, 북쪽으로 타우루스(Taurus, 길리기아 지방) 산맥과 아마누스(Amanus) 산맥으로 둘러싸여 있습니다. 수도는 다메섹(이사야 7:8)이며 주요 성읍은 안디옥, 비블로스, 알렙포, 팔미라, 갈그미스 등입니다.

수리아는 상업, 군사, 교통의 요충지로서, 다윗과 솔로몬 시대를 제외하고는 이스라엘보다 강한 위치에 있으면서 항시 긴장 관계에 있었습니다(열왕기상 15:18-20; 20:22, 열왕기하 6:8-33; 7장; 9:14-15; 10:32-33; 13장). 다윗 왕에 의해 정복되었다가(사무엘하 10:6-19) 솔로몬 왕 때 다시 독립하였습니다(열왕기상 11:23-25). 그리고 남북 왕국이 분열되어 있을 시기에는 때로는 북이스라엘과 동맹을 맺고 남유다를 견제했고, 때로는 남유다와 동맹을 맺고는 북이스라엘을 견제하는 정책을 폈습니다. B.C. 732년 앗수르 제국에 의해 멸망당한 뒤 바벨론, 애굽, 바사, 그리스, 로마의 지배를 받았습니다.

신약 당시 박해를 피해 이주한 그리스도인들의 좋은 은신처였습니다. 사도 바울은 그리스도인들을 체포하기 위해 다메섹으로 향하던 중 부활하신 예수를 만난 후 이방인을 위한 하나님의 사도로 부름을 받게 됩니다(사도행전 9:1-9). 이후 수리아는 바울과 일반 평신도들에 의해 복음을 받게 됩니다. 대표적 도시로는 수리아의 안디옥입니다(사도행전 11:26). 이 도시는 최초로 성도를 가리키는 '그리스도인'이란 호칭이 생겨난 곳이며, 최초로 이방 지역에 선교사를 파송한 도시로 유명합니다(사도행전 13:1-3).

＊ 수리아의 안디옥

1. 위치 - 오론테스(Orontes) 강의 하구에 위치하면서 지중해와 수리아 내륙, 동방 국가들을 연결하는 주요 교통, 상업, 전략 요충지로 신약 시대에 이르러 이방 지역에 복음을 전파하는 중심 역할을 하기에 충분하였습니다.

2. 역사 - 안디옥은 B.C. 300년경 수리아의 셀레우코스 1세에 의해 정복되어 수리아의 수도가 되었고, 셀레우코스 1세의 부친 안티오쿠스(Antiochus)에게 드려졌는데, 안디옥이란 지명은 여기서 유래합니다. 주민은 마게도냐인, 헬라인, 수리아 원주민으로 구성되어 있었으며, 셀레우코스 군대에 속해 있던 많은 유대인 퇴역 군인들도 복무 대가로 많은 땅을 양도받아 한 계층을 형성하고 있었습니다.

3. 신약에서의 안디옥 - 신약 당시 스데반의 순교를 기점으로 교회와 성도에 대한 박해가 더욱 가중되어 많은 성도들이 베니게, 구브로 등 이방 지역으로 뿔뿔이 흩어졌고, 그 곳에서 복음을 전하였는데, 안디옥 지역도 예외가 아니었습니다(사도행전 11:19). 평신도들이 이방 지역 안디옥에서 교회를 개척했다는 소문이 예루살렘 교회에 전해지자 지도자들은 안디옥 교회를 다스릴 교역자를 파송키로 결정하고 바나바를 선임하였습니다. 이때 바나바는 이미 회심하여 예루살렘 교회 지도자들에게도 소개된 바 있는 바울을 그의 고향 길리기아 다소에서 불러와 함께 안디옥 교회에서 공동 목회를 하였습니다. 안디옥에서는 최초로 '그리스도인'이란 별칭이 생겨났고(사도행전 11:22-26), 이방 지역에 선교사를 파송키로 결정하고 바나바와 바울을 복음 전도자로 파송하였습니다(사도행전13:1-3). 뿐만 아니라 그들에게 복음을 전해주고 지도자를 파송해준 모(母) 교회인 예루살렘 교회가 기근으로 어려움을 겪자 바나바와 바울을 보내 많은 구제를 하였습니다(사도행전 11:27-30). 이렇게 이방 최초의 교회로 초대교

회 당시 이방 땅에 복음을 전파하는 데 선봉장 역할을 톡톡히 하였고, 선교사적으로도 기억할 만합니다.
[네이버 지식백과] 수리아[Syria] (라이프성경사전, 2006. 8. 15., 가스펠서브)

수리아의 안디옥 (성지순례 가이드북, 하늘기획)

안디옥 1(비시디아), 안디옥 2(수리아)
(포토 성경사전, 하늘기획)

(3) 마카비 왕조의 독립

① 유대인들은 안티오쿠스 4세의 유대교 탄압에 저항하여 무장 궐기를 하였는데, 이때 제사장 가문에 속하였던 맛다디아라는 사람이 아들들(요한, 시몬, 유다, 엘르아살, 요나단)과 함께 대항하고 투쟁하여 BC 166-143년 안티오쿠스 4세에게서 독립하여 이후 100년 가까이 다스리게 되는데 이를 마카비 운동 또는 마카비 왕조(또는 하스모니안 왕조)라고도 합니다.[256)]

❃ 마카베오와 수전절[257)]

1. 맛다디아의 아들 유다가 마카베오라는 쇠망치를 잘 휘둘러서 마카베오라는 별명을 얻었습니다. 이때 성전을 회복한 기념으로 수전절(하누카, 봉헌절, 마카베오 축제)을 처음으로 지킵니다.

2. 마카비 시대는 유대교 부흥운동이 일어났는데, BC 165년 예루살렘 성전을 깨끗케 했습니다. 그리고 율법과 성전 중심의 부흥을 강조한 당시는 율법적 행위로서 제사가 강조될 수밖에 없었습니다. 그리고 마카비 혁명을 주도한 맛다디아 가문은 아론 계열의 대제사장 혈통으로 주장되어 구약적인 가치가 다시 점검되고 재강조될 수밖에 없었습니다. 또한 유대인과 시리아인들 사이의 증오를 더욱 증대시켰던 그리심 산의 사마리아 성전을 파괴하였습니다.

3. 이 마카비 시대 속에서 발전된 유대교가 신약시대의 영적 배경이 되었습니다.

---

256) 이 왕조는 반란을 일으켜 승리한 BC 164년부터 로마의 폼페이 장군이 입성한 BC 63년경 까지의 기간을 말합니다. 힐카누스 2세와 아리스토블루스 2세간의 권력다툼으로 종말을 고하게 되었습니다.
257) 이애실, 앞의 책, 189쪽 : 마카비 시대의 성전청결을 기념하는 것이 수전절이라고 합니다.

요한 힐카누스의 정복활동
(성서지도, 지계석)

6) 로마제국의 세계 지배

① BC 8세기경 이탈리아반도 중간쯤에서 시작된 작은 도시국가였던 로마는 점점 힘이 강대해져서 BC 270년경에는 드디어 이탈리아반도를 통일하게 되었습니다.

② 정복과정에서 잡아 온 노예들이 반란을 일으키자 이를 진압하기 위해 원로원은 폼페이, 크랏수스 그리고 케자르(율리어스 시저)를 임명하게 되고, 이들이 이탈리아 원로원과 더불어 집정관(행정관)을 맡게 되었습니다.[258]

③ 폼페이 장군은 특별히 동방으로 진출해서 터키 지역과 시리아 등지를 정복하게 되는데, BC 64년 다마스커스를 점령한 1년 후 예루살렘 성을 함락시킴으로써 마카비 하스모

258) 이러한 통치모습을 **3두 정치**라고 합니다.

니안 왕조의[259] 힐카누스 2세는 항복을 하고 왕이 아닌 대제사장으로 폼페이에 의해 임명되어 유다를 다스리게 되었고, 안티파터는 집정관이라는 직책으로 유대지역을 다스리게 되었습니다. 이로써 유대 땅 팔레스틴 지역은 로마의 통치 아래 놓이게 된 것입니다.[260]

④ 그후 가이사는 그의 충신이었던 부르투스에 의해 살해되어 일생을 마감하게 되고(BC 44년), 그의 양아들 옥타비아누스와 장군 안토니우스에게 권력은 옮겨졌습니다.

⑤ 시리아, 터어키 등 지중해 동쪽 내륙을 장악했던 안토니우스는 이집트의 여왕 크레오파트라와 사랑에 빠져 연합하여 전쟁을 일으켜 옥타비아누스와 악티움 해전에서 패하여 옥타비아누스가 로마의 대권을 차지하여 최초의 황제가 되었습니다.

바로 이 시기에 예수님이 유대 땅 베들레헴에서 탄생하게 된 것입니다

⑥ 로마는 지중해의 서쪽에서부터 동쪽의 유프라데스 강 유역까지 지배한 광할한 제국이었습니다.[261] 지방과 지역은 총독에 의해 감독되는 체제로 전 로마 제국은 효율적으로 통치되었습니다. 초기 기독교와 로마의 관계를 검토해 봅니다.

첫째, 법과 질서에 대한 강조는 우월한 군사력 아래 가이사 아우구스투스의 통치 기간 동안 평화를 유지할 수 있었습니다.

둘째, 로마의 도로망이 잘 되어 있어 여행자들이 안전하고 편리하게 제국의 여러 곳을 왕래할 수 있었습니다. 또한 바닷길도 안전하도록 지중해를 지배하고 있었던 헬라의 남은 세력인 해적들을 소탕하였습니다.[262] 바울이 이러한 주요 길을 통하여 여러 지역의 선교와 전도여행을 다녔으며 아가야와 마케도니아를 지나 에그나티우스 길 또는 아피우스 길로 로마에 갔던 것입니다.

259) 하스몬 왕조는 그 정당성에 대한 내분(내전)이 일어나 로마가 내전에 개입하는 계기를 만들게 되었고, 로마 군대는 그 사태를 진정시켰으나, 결국 로마의 지배를 받게 되었습니다.

260) 폼페이 장군의 예루살렘 정복에 일조한 사람이 당시 에돔 총독이었던 안티파터(안티파스의 아들, 대 헤롯의 아버지)였습니다.

261) 제국주의는 법에 의한 명령이라는 로마 시대의 임페리움(Imperium)에서 비롯된 말로, 다른 나라를 정복해 지배하는 것으로 로마 제국은 식민지에서 세금이나 공물 등을 바치고, 로마 황제에게 충성을 약속하면 평화를 보장해 주었는데, 특히 19세기 자기나라의 정치적· 경제적 지배권을 다른 민족 · 국가의 영토로 확대시키려는 국가의 정책을 말합니다.

262) 영화 '벤허'는 이러한 시대적 배경아래 유대인이었던 자신을 시기한 친구에 의해 로마의 노예가 되어 전함에서 일하던 중 배가 적의 포에 맞아 파선하게 되자 자살하려던 로마 장군을 구하고 양아들이 되어 개선한다는 이야기를 담고 있습니다.

셋째, 로마는 권력과 부귀가 증가함에 따라 부패되고 타락되어 안락과 죄악과 무사 안일 주의로 뒤죽박죽이 된 나라로 떨어지게 되고 말았습니다.[263] 그 결과 종교와 도덕의 타락과 지중해 연안 사람들의 구원에 대한 갈망이 일반인들에게 영향을 주었습니다. 그리하여 당시의 철학들은 진정한 활력을 잃게 되고 '신비 종교가 발흥'하였습니다. 이러한 배경하에 기독교가 구원과 용서와 평화를 선포한 것이었습니다.[264]

넷째, 로마는 모국어인 라틴어를 공용어로 하지 않고 대신 당시 일반 민중이 사용하고 있던 헬라어를 공용어로 사용함으로써 당시 중동 및 유럽세계의 일반 민중에게 선교와 전도하는 데 유용한 도구가 되었습니다.

✾ 로마의 팔레스타인(유대 땅) 지배 방식

로마가 오랫 동안 세계를 지배할 수 있었던 것은 현지문화와 종교를 인정하고 재산을 착취하지 않았으며, 지배받는 나라가 스스로 다스리도록(자치정부 인정) 했기 때문입니다. 이것은 로마의 팔레스타인 지역(유대 땅)을 지배하는 방식에서도 나타났습니다.

가이사랴 항구를 개발하여 그 곳에 총독본부를 두고 천부장, 백부장 제도를 통해 다스렸습니다. 각 주요 지방마다 백부장을 두고 문제가 생기면 가이사랴 본부에 있는 천부장이 직접 말을 타고 달려가서 해결하도록 하였습니다.[265]

✾ 로마는 세계를 3번 지배하였다는 말은 무슨 뜻인가요?

로마는 첫 번째로는 군사력으로 지배하였고, 두 번째로는 로마법으로 지배하였고, 세 번째는 기독교를 국교로 함으로써 기독교를 통하여 중세 천 년을 지배한 것을 말합니다.[266] 또한 로마의 역사는 동로마 제국의 멸망시기까지(AD 1453년)로 계산한다면 대략 2000년간을 지속한 것으로 볼 수 있습니다.

263) 공동체의 종말과 몰락의 원인과 나타난 현상의 공통점이 지도자들의 권력(세력)다툼, 부의 불평등 문제, 성적 타락 등이라는 것을 역사를 통하여 알 수 있습니다. 로마의 경우도 트라야누스 황제시대에는 반년 간에 만여 명의 검투사들이 싸워야(죽어야)만 했었다고 합니다.

264) 성서개론, E.T.T.A편, 박영호 역, 기독교문서선교회, 275-276쪽.

265) 천부장은 1,000명의 군대장군이며, 백부장은 100명의 군대장군을 말합니다.

266) 하지만 이러한 말은 어디까지나 세계역사를 서양사를 중심으로 한 관점입니다.

그리스와 지중해 지역 (성서지도, 지계석)

3. 유대 땅의 통치자들

1) 헤롯

① 헤롯(일명 대 헤롯 Herod Greate)은 B.C 37~B.C 4년에 살았던 유대인의 왕으로 군림하였던 인물입니다. 그의 가문은 에돔 인의[267] 후손으로 아버지였던 안티파터는 로마의 집정관으로 유대 지역을 다스리게 되었는데, 그의 작은 아들 헤롯을 갈릴리 총독으로 임명하였습니다.

② 그후 안티파터가 정치적 이유로 살해되고 헤롯은 이집트로 피신하여 있다가 로마의 원로원으로부터 유대인의 왕으로 임명받아 로마군의 지원으로 마카비 왕조 하스모니안 왕조 계열의 마지막 통치자인 아티고누스를 죽이고 예루살렘 성을 빼앗아 유대의 왕으로 등장하였습니다.

③ 그후 30년간 재임하면서 예루살렘 성전을 재건하고 여러 도시를 건설하여 이스라엘 백성의 민심을 사려고 하였습니다. 그리고 예수님의 탄생 때 유아살해 명령을 내리기도 한 인물이기도 합니다.

267) 에돔('붉다'는 뜻)인은 에서의 후예로 사해 밑에 자리 잡았습니다. 이들은 북이스라엘이 사라지고 남유다가 망해서 바벨론의 포로가 되어 팔레스타인 땅이 비어있을 때 올라와서 유다남부지방을 장악했던 것입니다. 예수님 당시도 사실상 이들이 장악한 상태였습니다.

④ 헤롯 대왕이 죽은 후 그의 영토는 세 아들 안티파스, 빌립, 아켈라오와 여동생에게 나누어졌습니다. 안티파스에게는 갈리리와 베뢰아 지역(요단 동편)을, 빌립에게는 갈릴리 동북부 지역을, 아킬라오에게는 유다, 사마리아, 이두메(에돔 지역)의 통치권을 나누어 주었습니다. 즉 분봉왕(자치정부의 대표)들이 되었던 것입니다.

예수 그리스도 탄생 시기의 헤롯 왕국 / BC 40-4년
(성서지도, 지계석)

2) 아켈라오

① 헤롯(대 헤롯)의 아들로 유대, 사마리아, 에스드렐론 평야 남부지역을 다스렸으며 베들레헴은 아켈라오가 통치하고 있었습니다. 그는 아버지 헤롯에 못지않게 잔인한 성격의 소유자로 즉위 후 폭동이 나자 3,000명의 반대파를 숙청하였습니다.

② 그러나 그의 잔임함은 유대인과 로마인에게 미움을 사 로마에 소환되어 고올(프랑스 지역)로 서기 6년에 추방되었습니다. 그후 이 지역은 로마의 직할 통치지역이 되었습니다.[268)]

3) 빌립

① 헤롯(대 헤롯)의 아들로 그가 다스리던 지역은 갈릴리 동북부 데가볼리 지역으로 주로 이방 사람들이 사는 곳이었습니다.

② 그가 세운 도시는 "가이사랴 빌립보"로 로마 황제 가이사(시저)를 기리기 위해 지은 곳으로 북쪽의 헐몬 산 자락에 있는 휴양도시입니다.[269)]

4) 헤롯 안티파스

① 헤롯(대 헤롯)의 아들로 그는 갈릴리와 베뢰아를 중심으로 다스렸습니다. 예수님의 공생애 중에 나오는 헤롯 왕은 바로 이 헤롯 안티파스를 말합니다.

② 그는 나바테아 왕 아레다의 딸과 이혼하고[270)] 헤롯빌립(대 헤롯의 아들인 분봉 왕 빌립이 아닌 다른 빌립)의 아내 헤로디아와 결혼한 헤롯 왕입니다. 세례 요한이 질책을 하자 그를 미워하였고, 결국 그를 죽이게 되었습니다(마태 14:1-12).

③ 그는 헬라 문화의 장려자였으며, 건설가로서 갈릴리 바다 서해안에 있는 디베랴 도성을 건설하였습니다.[271)]

④ 예수님은 그를 '교활한 여우'라고 불렀고, 마지막에 이 헤롯에게 심문을 받게 되었습니다.

5) 아그립바 1세

① 대 헤롯의 손자이며 아리스토불루스의 아들입니다. 서기 37년 빌립의 영토를 이어받은 후 점차 대 헤롯의 모든 영토를 관할하게 되었습니다.

② 사도 야고보를 죽이고 베드로를 체포하였고, 교회를 핍박하였으며(사도행전 12:1 이하), 백성들의 환호에 자만하여 죽게 되었습니다(사도행전 12:23).

---

268) 마태복음 2장 22절에 한 번 언급되고 있을 뿐이다.

269) 가이사랴 도시는 빌립의 아버지 헤롯(대 헤롯)이 세운 도시로 그 도시와 구분하기 위해 아들 빌립이 세운 도시를 가이사랴 빌립보라고 붙인 것입니다. 가이사랴는 바울이 예루살렘에서 체포된 후 로마에 재판을 받으러 가기 전에 2년 동안 억류되어 있던 곳이었습니다.

270) 딸의 강제 이혼에 분노한 아레타스 왕은 주후 36년 베뢰아를 침공하여 안디파스의 군대를 박살 내어 버렸습니다.

271) 로마 황제인 디베료를 기념하기 위해 지은 이름으로 공동묘지 위에 건설되어 유대인들은 부정한 것으로 여겼습니다.

6) 아그립바 2세

아그립바 1세의 아들로 일부 영토만 관할했고, 나머지는 로마의 집정관이 통치하였습니다. 여동생 버니게와 불륜관계를 가졌습니다(사도행전 25:13). 바울의 재판이 바로 이 아그립바 왕과 그의 여동생 버니게 앞에서 이루어진 것입니다(사도행전 25:13-27; 26:32).

[정리] 헤롯 가문의 이스라엘 통치 272)

통치자	계보	통치의 시기 및 특징
헤롯 (대 헤롯)	안티파터 (로마의 집정관)의 아들	*BC 37~4에 살았던 유대인의 왕, 마태복음 2:1 *예수님 탄생 후 유아살해 명령을 한 자 *예루살렘성전을 재건하여 유대인의 민심을 얻음 *여러 도시를 건설하여 로마의 신망을 얻음
아켈라오	대 헤롯의 아들	*BC 4-AD 6년, 마태복음 2:22 유대, 사마리아, 이두매, 에스드렐론 평야 남부지역을 통치 *베들레헴은 그의 통치지역 *잔인하여 많은 사람을 죽여 로마로 소환됨
빌립 2세	대 헤롯의 아들	*AD 4-34년, 누가복음 3:1 *갈릴리 동북부 데가볼리 지역을 통치 *가이사랴 빌립보라는 도시를 세움
헤롯 안티파스	대 헤롯의 아들	*AD 4-39년, 누가복음 3:1; 13:31; 23:7 *갈릴리와 베레아를 중심으로 통치 *세례 요한을 죽인 자, 예수님을 심문한 자 *예수님이 교활한 여우라고 부른 자
아그립바 1세	대 헤롯의 손자	*AD 37-44년, 사도행전 12:1-23 *헤롯의 모든 영토 관할(팔레스타인의 왕) *야고보를 죽임, 기독교 박해 *자만하여 벌레에 물려 죽음
아그립바 2세	아그립바 1세 아들 대 헤롯의 증손자	*AD 48-70년, 사도행전 25:13-27 *팔레스틴 일부(켈시스 및 다른 지방)의 분봉 왕

272) 신약성경에 언급된 헤롯의 다른 친척들 즉, 헤롯 빌립 1세(마가 6:17), 헤로디아(마가 6:17), 드루실라(사도행전 24:24), 버니게(사도행전 25:23) 등은 모두 통치자가 아니었습니다.

제2절 신약성경의 지리적 환경은 어떠했나요?

성경의 사건들이 펼쳐진 무대(땅과 지역)를 모르면 성경의 가르침을 충분히 이해하기 어렵습니다. 성경에 등장하는 많은 도시, 언덕, 계곡 등은 그 지리적 위치가 잘 알려져 있고, 성경의 지리적 배경을 열심히 공부함으로써 성경의 세계 속으로 더 깊이 들어갈 수 있습니다.[273] **특히 신약성경은 예수님과 제자들에 관하여 역사 속에서 일어난 이야기를 다루고 실제의 사람들과 장소들은 지리와 관련되어 있으므로 지리적 환경을 이해하여야만 신약성경에 기록된 내용을 바르게 이해할 수 있게 됩니다**.

> '예수께서 거기서 나가사 **두로와 시돈** 지방으로 들어가시니'(마태 15:21).
>
> '유대와 예루살렘과 이두매와 요단 강 건너편과 또 **두로와 시돈** 근처에서 많은 무리가 그가 하신 큰 일을 듣고 나아오는지라'(마가 3:8).
>
> '예수께서 다시 **두로 지방에서 나와 시돈을** 지나고 데가볼리 지방을 통과하여 갈릴리 호수에 이르시매'(마가 7:31).

1. 지중해의 세계와 지리적 환경

① 고대 서양 사회는 지중해를 중심으로 역사가 펼쳐지고 있었으므로 이것을 일컬어 (에게해 포함) **지중해 세계 또는 지중해 시대**라고도 합니다. 그 당시의 세계의 모든 생활은 지중해를 중심으로 해안을 따라 이루어지고 있었는데, 지중해라는 이름은 지구의 중심이라는 뜻입니다.[274] 그러므로 BC 3000년경부터 형성된 지중해 시대의 특징은 바다를 중심으로 한 해양문화와 그 곳과 연접한 육지문화(지중해의 동쪽과 서쪽)가 융합하는 특징을 나타내고 있습니다.[275]

② 당시의 생활의 모든 관심은 유럽의 남부해변, 아프리카 북부해변 그리고 수리아와 팔레스타인의 서부해변으로 연결되어 이루어진 좁은 육지를 이어서 집중되어 있었습니다. 이 좁은 지경의 건너편(북부 프랑스, 영국, 독일, 오스트리아, 러시아 등 지역과 서부지역인

---

273) 폴라이트 지음, 이용중 옮김, 손에 잡히는 성경지도, 부흥과개혁사, 2013, 22-23쪽.

274) 다만 이것은 **세계역사를 서양사를 중심으로 한 생각**이라는 점을 유의하여야 합니다.

275) **해양문화의 특징은 자유롭고 인간적인 문화**를 나타내 주고 있으며, 다신교와 개인주의적이고 현실적인 성격이 강하고, 무역을 통한 경제적 개념과 부(富)가 뒷받침된 문명과 문화였습니다. 이것이 발전된 것으로 알렉산더 이후 헬레니즘문화라고 합니다.

스페인, 포르투칼 등)은 아직 야만인들이 살고 있는 미개의 지역이었으며, 이들 야만인들은 훨씬 이후에 와서야 문명의 물줄기에 가담하였습니다.

③ 그중 3개국이 강하고 위대한 국가였는데, 그리이스 왕국, 로마 제국, 그리고 이스라엘 나라였습니다.[276)]

④ 알렉산더 대제 시대이래 유대인들은 헬라 세계에서 살게 되었으며, 예수님 탄생 시기에는 유대인들의 대부분은 로마 군대가 지배하는 지역에서 살았습니다. 또한 예수님 탄생 시기에는 유대인의 상당수, 거의 대부분이 헬라어를 사용할 정도였습니다.[277)]

⑤ 특히, 사도행전과 사도 바울의 서신을 이해하기 위해서는 지중해 지역의 이해가 매우 중요함을 알 수 있습니다.

초대교회 시기의 지중해 지역 (성서지도, 지계석)

276) Charles Ferguson Ball, 이수철 역, 사도 바울의 생애, 뉴욕만백성교회, 2000,16쪽.
277) 레이몬드 E. 브라운, 김근수 외 공역, 신약개론, CLC, 2017. 130쪽.

2. 팔레스타인의 지형

① 예수님이 활동하시던 당시 유대 땅인 팔레스타인[278] 지역은 비교적 조그만 지역으로 약 19,300평방 킬로미터쯤 됩니다.

② 팔레스타인은 남북으로는 약 280킬로미터(**헬몬 산**에서부터 사해의 남쪽 끝까지), 폭이 약 80킬로미터(지중해로부터 요단 강까지)에 해당합니다. 남쪽 보다는 북쪽이 더 좁습니다. 즉 스위스보다는 좀 작으며, 스코틀랜드의 반이 못됩니다. 미국의 메릴랜드 주 정도이며, 한국의 강원도만한 크기를 가진 나라입니다

헬몬 산

③ 팔레스타인은 지중해와 동부 사막 지역 사이에서 남북으로 걸쳐 있는 지역인데 몇 가지 분명한 지형학적 특성으로 나누어집니다.

첫째는, 해안 평야 지역으로 팔레스타인 서쪽 해안 지역 전체를 따라 형성되어 있습니다.
둘째는, 중앙 산맥 지역(또는 구릉지대)으로 북쪽에 있는 레바논 산맥의 연장입니다.
세 번째는, 요단 골짜기로 터키 남동부에서 아프리카의 모잠비크까지의 6,500킬로 미터에 걸친 단층 지구 지역의 일부입니다.
네 번째는, 동부 산맥 지역으로 고원 지대는 폭이 80킬로미터에서 209킬로미터이며 지역에 따라서는 해발 1,500미터가 넘는 지역도 있습니다. 이 지역은 많은 강수량으로 인하여 비옥한 지역이라고 볼 수 있습니다.

278) 성경에 기술된 대부분의 사건은 현재의 이스라엘과 웨스트 뱅크 지역, 그리고 현재 팔레스타인 자치 지구에 속한 지역에서 일어났습니다. 많은 성경 독자들은 이 지역 전체를 **이스라엘**이라고 말하고, 어떤 사람들은 **팔레스타인**이라고 합니다. **가나안, 이스라엘, 팔레스타인(또는 팔레스티나)** 같은 이름들은 역사적으로 제작기 다른 시기에 지중해와 요르단(요단) 강 사이에 위치한 땅을 가리키는 데 사용되어 왔습니다. 폴라이트 지음, 이용중 옮김, 손에 잡히는 성경지도, 25쪽.

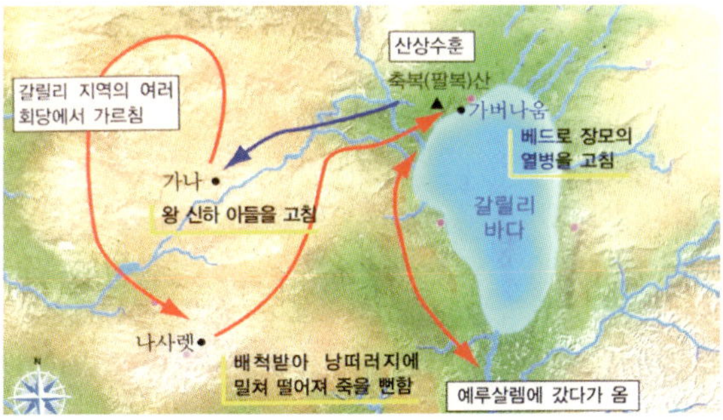

예수님의 갈릴리 1차 사역
(성서지도, 지계석)

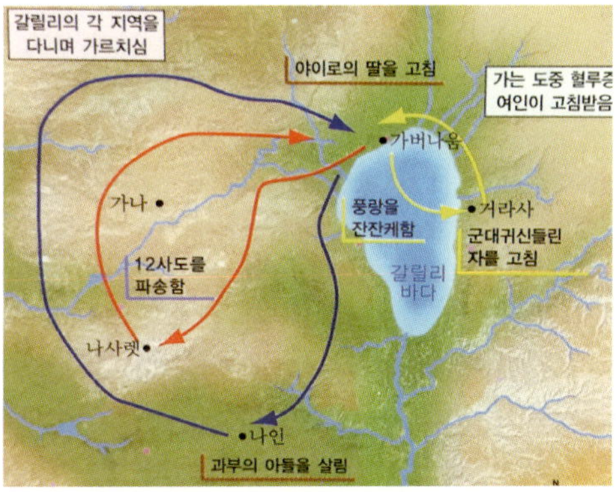

예수님의 갈릴리 2차 사역
(성서지도, 지계석)

④ 팔레스타인의 기후적 특징은 대체로 사막과 바다 사이에 끼인 좁은 땅이라는 특징에서 비롯됩니다. 요르단 지구대의 동쪽에 펼쳐진 거대한 아라비아 사막은 지중해에서 약 161킬로미터도 안 되는 지점까지 뻗어 있기 때문에 팔레스타인은 매우 뜨겁고 건조한 사막 기후와 온화한 해양성 기후 사이의 좁은 틈바구니에 끼어 있습니다.

⑤ 남쪽의 시나이(시내)반도에서는 사하라 사막의 동쪽 끝과 아라비아 사막이 서로 만나고 두 사막 모두 지중해 해안과 닿아 있습니다. 지형의 기복이 심하기 때문에 단 몇 킬로미터 떨어진 지점 사이에서도 기후가 크게 달라질 수 있습니다. 비는 대부분 분수령 서쪽 지역에 내리므로 분수령 동쪽 사면과 요르단 지구대는 건조한 그늘 지역이 됩니다. 북서부의 고도가 높은 지역은 강수량이 많은 반면(갈멜 산 연평균 강수량은 81센티미터, 갈멜산 남동쪽 129킬로미터 지역인 사해는 연평균 강수량 5센티미터) 예루살렘은 연평균 강수량이 64센티미터, 계절은 크게 우기(보통 10월 중순에서 이듬해 4월 중순)와 건기로 나누입니다. 헤르몬 산에서는 매년 눈이 오지만 다른 지역에서는 눈이 오지 않아 눈을 보기 매우 어렵습니다.

⑥ 예루살렘은 해발 고도 약 792미터에 위치한 도시이며 8월 낮 평균 기온은 30도이며 밤 평균 기온은 18도입니다.[279)]

279) 폴 라이트 지음, 이용중 옮김, 손에 잡히는 성경 지도, 29-32쪽.

✻ 예수님의 사역지역

예수님의 활동지역을 북쪽 갈릴리 사역, 남쪽 유대 사역, 중간 사마리아 사역, 동쪽 베뢰아 사역 등으로 크게 나누어 볼 수 있습니다.

1. 갈릴리 사역

예수님의 주된 사역지는 갈릴리 지역이었습니다. 첫 번째 기적을 갈릴리 가나의 혼인잔치 집에서 행하셨습니다. 그리고 대부분의 제자들도 갈릴리 사람들이었습니다.

2. 유대 사역

갈릴리 지역에서 얼마 동안 사역하신 후 유대 지역으로 돌아오셨습니다. 예루살렘 성전에서 매매행위에 대해 분노하셨으며, 수많은 이적들을 예루살렘에서 행하셨습니다. 십자가 사건 6개월 전이었습니다.

3. 사마리아 사역

사마리아 여인과의 만난 곳이며 많은 사람들이 믿었습니다.

4. 베레아 사역

십자가에 달리시기 약 3,4개월 전에 예수님은 요단 강을 건너 베레아 지역으로 돌아가셨습니다. 산헤드린이 예수님을 죽이려고 결심하였으므로 그들의 관할 지역을 벗어난 것은 지혜로운 일이라고 할 수 있을 것입니다.

⑦ 예수님의 사역은 초기에는 갈릴리를 중심으로 이루어졌으나 점차 갈릴리를 넘어 주변 지역으로 그리고 남으로는 예루살렘, 북으로는 두로와 시돈까지 확장되었음을 알 수 있습니다(누가 3:7-12).

✻ 레바논의 두로와 시돈 이야기

1. 레바논은 북으로는 시리아, 남으로는 이스라엘, 서로는 지중해를 접하고 있는 남북 210킬로 동서로 70킬로 정도의 한반도의 1/20, 경기도보다 작은 나라이며, 해안선과 평행을 이루고 남북으로 뻗은 레바논 산맥은 해발 2,000미터가 넘는 봉우리만도 13개나 됩니다. 현재의 수도는 베이루트이고, 인구는 400만 명(2011년)으로 푸른 산과 지중해성 기후를 띄고 있는 나라입니다.

2. 레바논의 백향목은 독특한 향을 내는 나무로 구약시대부터 유명하였으며, 솔로몬 왕 때 성전건축의 재목으로 사용되기 위하여 두로 항구에서 뗏목을 만들어 욥바 항구까지 띄운 다음 육로를 통해 예루살렘까지 운반하였습니다.

3. 두로(오늘날 사이다, Saida)는 항구 도시로, 처음에는 팔레스틴 본토에 있는 두로 성읍과 그 맞은편 섬에 있는 두 성읍을 합하여 두로라고 하였습니다. 바다 중심에 위치한 두로 인들은 해상무역을 통해

부요해지자 적의 침략을 막기 위한 국방을 강화하고 많은 식민지를 거느렸으나(에스겔 27:25; 28:2), '부귀영화가 한 여름밤의 꿈같이 물 속에 잠기고 그물 말리는 한적한 어촌이 되리라'(에스겔 26:14)는 예언처럼 되었습니다.

4. 예수님은 한 번 두로를 들렀으며(마태 15:21-28), 두로 지방인들이 교만한 헤롯에게 아첨하여 백성을 회유하는 말을 할 때 헤롯이 교만하여 하나님께 영광을 돌리지 않다가 주의 사자가 쳐서 충이 먹어 죽는 일이 발생하였습니다(사도행전 12:20-25).

5. 시돈은 두로 북쪽 40킬로 지점, 베이루트 남방 48킬로미터 지점에 있는 지중해안 항구 도시입니다. 예수님이 이 곳을 방문하여 가나안 여인의 딸을 귀신으로부터 구해 주셨고, 고라신과 벳새다를 두로와 시돈에 비교하여 그들보다 더 빨리 회개하였을 것이라고 하셨습니다(누가 10:13-14). 그리고 로마로 호송되어 가던 바울은 이 곳에서 백부장의 배려로 친구들을 만나기도 하였습니다(사도행전 27:1-3).

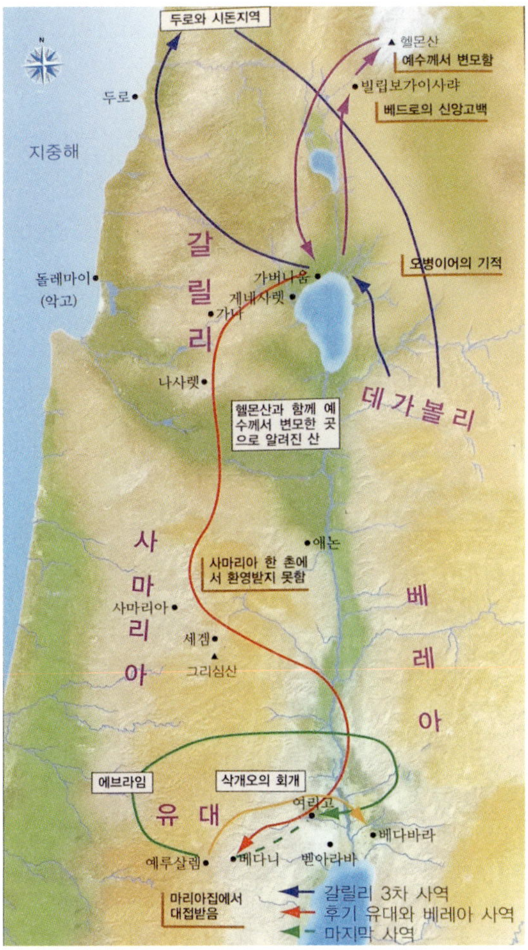

예수님의 갈릴리 3차, 베레아, 마지막 사역
(성서지도, 지계석)

3. 팔레스타인의 사람들

예수님 당시의 팔레스타인[280] 지역에는 주로 유대인들의 거주지였으나 오랜 기간 동안의 정치적 사정 등에 의하여 유대인들만이 거주한 것은 아니었습니다. 그 곳에는 여러 민족이 살고 있고 있었습니다.[281]

1) 유대인

① 팔레스타인 지역은 아브라함에게 행한 하나님의 언약의 땅으로 이집트 탈출 이후 이 지역에 정착한 유대인들의 전통적인 거주지였습니다. 하지만, 지난 2000년 이상의 정치적 소용돌이 속에서 이 지역은 유대인들만이 평화롭게 살아갈 수 없는 땅이 되고 말았습니다. 뿐만 아니라 예수님 당시에는 유대인들 사이에서도 유대 지역(예루살렘)에 거주하던 유대인들과 갈릴리 지역에 거주하던 유대인들 사이에 구별이 있었습니다.

② 즉 당시의 예루살렘은 유대인의 교육, 종교 생활, 정치적 권력의 중심지였으나, 갈릴리(갈릴리 유대인)는 예루살렘에 비하면 시골 동네(사람) 정도였던 것입니다.

③ 예수님은 **가버나움을 행동의 본거지로 하여 갈릴리 지역을 중심으로 사역**의 대부분을 보내셨습니다. 갈릴리 사람들은 율법을 엄격하게 지켰으며, 예수님이 행하신 이적들에 대해 보다 개방적이었고, 이적과 치유에 대한 믿음을 더 잘 받아들였습니다. 성경에 기록된 예수님의 이적들 중에서 상당수가 갈릴리 지역에서 일어났습니다.[282] 예수님의 12제자들 중 11제자가 갈릴리 출신이었던 것입니다.

④ 아무튼 예수님을 믿기 시작한 최초의 사람들은 유대인들이었습니다. 그러므로 유대교가 신약성경에 영향을 미쳤음은 분명합니다.

2) 사마리아인

① 사마리아인은 앗수르(앗시리아)에 의해 이스라엘에 강제로 거주하게 된 이주민의 후손들을 말합니다. BC 722년에 앗수르(앗시리아)가 북이스라엘을 정복하고 많은 이스라엘 사람들을 다른 나라로 강제 이주시켰고, 또한 다른 지역 사람들을 이스라엘로 이주시켜 남

280) 팔레스타인은 필리스티네(블레셋)이라는 단어에서 파생되었습니다. 이 단어는 BC 5세기의 그리스 역사가 헤로도투스가 지중해 남동부 해안을 지칭하기 위해 처음 사용한 말입니다. '여러 나라가 듣고 떨며 블레셋 주민이 두려움에 잡히며'(출애굽기 15:14).

281) 예수님 당시인 AD 1세기 팔레스틴의 인구는 150만 정도였으며 유대인이 약 1/3정도 되었다고 합니다. 또한 유월절 때 예루살렘에 모여드는 유대인의 숫자가 270만 명이나 되었다고 합니다.

282) 4복음서들에 기록된 33개의 특별한 이적들 중에서 23개가 갈릴리 지역에서 행하여졌으며, 단지 6개만 유대 지역에서 일어난 것으로 기록되고 있습니다.

아 있던 이스라엘 사람들과 이주한 타 지역 사람들이 혼인함으로써 태어난 후손들(혼혈인)을 사마리아인이라고 불렀습니다.

② 그리하여 순수 유대인들은 이들을 경멸하게 되었습니다. 특히 구약과 신약의 중간시대에 사마리아인들이 그리심 산에 그들 나름대로의 성도를 세움으로써 이들과 이스라엘 사람들과는 감정의 골이 깊게 되었습니다. 예수님이 사마리아 여인과 우물가에서 대화하였던 배경을 알 수 있을 것입니다(마태복음 4장).

3) 이방인

팔레스타인 지역에는 이방인들도 살고 있었습니다. 예수님의 지상 사역은 유대인들에게로 향한 것이었지만 이방인들을 완전히 배제한 것은 아니었다는 것을 알 수 있습니다. 예를 들면, **두로와 시돈 출신**인 어떤 믿음 있는 여인의 딸을 고쳐 주셨으며(마태 15:21-28), **로마 군대 장교의 종**을 고쳐 주시기도 하였고(누가 7:1-10), 이방 지역에서 이적들을[283] 행하기도 하였습니다(마가 8:1-9; 7:31-37).

✾ 하나님과 이방인들은 무관한 것인가요?

1. 이방인이란 유대인 이외의 모든 족속들과 우상을 섬기는 사람들을 가리킵니다(로마서 11:11; 15:9 / 갈라디아서 2:8). 원래 이방인들은 하나님의 (이스라엘) 언약에서는 소외된 자들이었으나, 하나님께서 예수 그리스도의 구속으로 말미암아 그들에게도 구원의 값진 선물을 주셨습니다(사도행전 26:17-18 / 로마서 11:11 / 갈라디아서 1:16; 3:8, 14 / 에베소서 2:11-14; 3:6).

2. 하지만 이방인들의 구원에 대하여는 개별적으로 시행하셨고(창세기 17:12), 구약에 이미 여러 차례 이방인들에 대해 전체적으로 예고되었습니다(창세기 22:18; 28:14 / 이사야 54:2, 3 / 말라기 1:11).

3. 예수 그리스도가 오시기 전까지는 혈통적 유대인을 중심으로 하나님의 역사가 진행되었지만, 예수 그리스도의 십자가 대속 사건 이후에는 하나님의 역사가 이방인에게까지 확대되었습니다(로마서 2:28-29 / 갈라디아서 3:7-9, 26-29). 그러므로 이제 **구원에 있어서는 유대인과 이방인의 구분은 없어진 것**입니다(로마서 1:16 / 갈라디아서 3:28).

283) 예를 들면 5천 명을 먹이신 사건과 데가볼리에서 병 고치신 이적들이 이에 해당합니다.

제3절 신약성경의 경제적 환경은 어떠했나요?

① 로마가 팔레스타인 땅을 지배한 1세기의 동양의 경제적 사정은 서양에 비하여 대체적으로 부유했습니다. 특히 소아시아와 시리아에는 산업이 번창하였습니다.

② 당시 로마는 국방지출을 위해 성전세(聖殿稅)와 십일조 등만을 지불하던 유대인들에게 더 많은 세금을 강요하였습니다. 따라서 유대인들은 기근이 들 때마다 이 경제적 부담 때문에 많은 고통을 당했습니다.[284)]

③ 유대인들의 경제생활 및 화폐 등

하나님에 의해서 선택된 땅인 가나안(팔레스틴)은 산지의 목자들, 포도재배자들, 저지대의 농부들, 지중해와 갈릴리의 어부들로 유대인들은 부단한 생존경쟁의 과정에서 스스로 독립할 수 있고 적으로부터 자신을 방어할 수 있는 경제생활을 하도록 하였습니다. BC 140년 경 마카비 독립 이후 하스모니안 왕조시대에는 화폐가 사용되기도 하였습니다.

제4절 신약성경의 사회적 환경은 어떠했나요?

1. 로마에 의한 무력(군대)에 의한 지배와 통치

예수님 당시의 이스라엘의 팔레스타인 지역에는 로마의 군인과 헤롯의 군대가 있었습니다. 로마의 군인들은 로마 시민으로부터 뽑은 군대가 아니라 사마리아와 가이사랴 지역으로부터 모집한 군대였습니다.

2. 로마의 경제적 지배

① 당시의 로마인들은 그들의 지배 민족에게 평화를 가져다 주었다고 자랑했으며, 예루살렘 지역에 소수(700명~1000명)의 군대만 주둔시켰습니다. 대다수의 군대는 가이사랴에 주둔하고 있었는데 이 곳은 총독의 공적 거주지가 있는 곳이기도 하였습니다.

② 로마와 헤롯 당국은 세금을 거두고 행정업무를 하는 일을 행하였는데, 세금에는 토지세와 인두세를 거두었고, 국경지대인 가버나움과 여리고에서 받아들였습니다.

284) 신성종, 신약역사, 96쪽.

③ 세무 관리들은 세금이 부족한데 대한 책임을 졌을 뿐만 아니라, 남을 때에는 그들이 가져갈 수가 있었습니다. 그래서 그들은 자연히 규정 이상의 세금을 거두어 들였으며, 따라서 이들은 유대인의 미움을 사게 되었습니다.

④ 비록 로마의 유대인에 대한 경제적 지배는 간접적인 것처럼 보일지라도 대부분의 유대인은 성전세 외에도 로마에 납부하는 각종 세금으로 인하여 경제적 빈곤을 면하지 못하였습니다. 그리하여 가난한 자들은 황폐한 땅 혹은 불모지의 땅을 갖고 있는 보잘 것 없는 농부들 혹은 대지주들의 노예들이었습니다.[285] 특히 생산의 도움을 얻을 수 있는 땅마저도 없는 도시에 살고 있는 가난한 자들의 상황은 더욱 나빴습니다.[286] 전쟁과 강제로 징수되는 조세로 인하여 많은 유대인들이 고국을 떠나갔습니다.

⑤ 디아스포라 유대인들은 로마 횡제에 의해 주어진 특권을 계속 누릴 수 있었고, 방해받지 않고 로마제국의 도처에서 회당공동체를 건설할 수 있었으며, 유대사회 안에서 율법의 엄격한 준수를 촉구할 수 있었습니다.[287]

3. 지배받는 나라의 자치권 인정

당시 로마의 정책은 가능한 한 지배 받는 백성들에게 자치권을 주는 것이었으며, 팔레스타인 지역 안에서도 비정치적인 문제에 관한 한 사법권을 유대인 당국의 손에 맡겼습니다. 하지만, 사형권에 있어서만은 총독의 동의를 얻어야 했습니다. 즉 로마 당국은 헤롯에게 제한된 행정권을 주었던 것이었습니다.

4. 이스라엘 민족의 행위규범들

① 일반 업무에 관해서 적용되는 유대인들의 기준은 구약의 율법과 함께 사법 규정, 예배법 및 의식 규례들이었습니다. 율법은 산헤드린 공회(성경은 다만 공회라고만 언급되고 있다)에 의해 실행되어졌습니다.

② 산헤드린은 지방에 7명(좀 더 큰 재판을 위해서는 22명으로 구성된 공회도 있다)으로 구성된 공회가 있고, 예루살렘에 있는 산헤드린 공회는 최고의 공회라고 부릅니다.

③ 총독이 없을 때에는 대제사장이 큰 영향력을 행사했습니다. 이때에 서기관들이 등장합니다. 공회는 성전의 질서를 유지하고 보호하기 위하여 성전경찰을 가지고 있었습니다.

---

285) 유대인들을 섬기는 노예들은 안식년이 되면 해방이 주어졌습니다.
286) 레이몬드 E. 브라운, 신약개론, 134쪽.
287) 정성미, 성서배경사, 대서, 2015, 260쪽.

5. 이스라엘 민족의 가족제도 및 결혼제도

이스라엘 민족의 가족과 결혼은 구약성경을 통하여 그 기준을 엿볼 수 있습니다.

> '하나님이 자기 형상 곧 하나님의 형상대로 사람을 창조하시되 **남자와 여자를 창조하시고 하나님이 그들에게 복을 주시며 하나님이 그들에게 이르시되 생육하고 번성하여** 땅에 충만하라, 땅을 정복하라, 바다의 물고기와 하늘의 새와 땅에 움직이는 모든 생물을 다스리라 하시니라'(창세기 1장 27-28절).

> '아담이 이르되 이는 내 뼈 중의 뼈요 살 중의 살이라 이것을 남자에게서 취하였은즉 여자라 부르리라 하니라 이러므로 **남자가 부모를 떠나 그의 아내와 합하여 둘이 한 몸을 이룰지로다**'(창세기 2:23-24).

1) 가족제도

당시의 가족제도는 로마제국이 여자와 아이들에게 자유를 준 것과는 다르게 유대교에서는 여자와 아이들은 남편과 아버지의 보호를 받도록 되어 있었습니다. 여자들의 신분은 구약성경의 교훈에 따라 남자들보다 열등하였고, 여자들은 성전에서 여자의 뜰까지만 출입이 허용되었습니다. 여자들은 율법을 배우지 않아도 되었습니다(왜냐하면 율법은 남자들이 배우고 여자들은 그 남편의 권위에 복종하면 되었기 때문이다). 또 법정에서 증언할 수도 없었습니다. 유대인들은 주로 하나의 창문도 없는 조그마한 방에서 살았고, 가족 모두가 한 방에서 잠을 잤습니다.

> '그가 안에서 대답하여 이르되 나를 괴롭게 하지 말라 문이 이미 닫혔고 **아이들이 나와 함께 침실에 누웠으니** 일어나 네게 줄 수가 없노라 하겠느냐'(누가 11:7).

2) 결혼제도

(1) 결혼 절차

당시의 결혼제도는 일반적으로 조혼이었습니다. 남자는 18세~24세, 여자는 13세~14세가 일반적이었습니다. 여자의 결혼이란 말하자면 아버지의 권위에서 남편의 권위로 옮겨지는 것으로 결혼은 세 가지 절차에 의해서 이루어졌습니다.

첫째는 정혼식이고, 둘째는 잔치이며, 셋째는 결혼 예식입니다. 정혼식에서는 세 가지를 결정해야 합니다.

① 아내의 상속 재산으로 남게 될 재산 문제,

② 남편의 재산이 될 지참금 문제,

③ 이혼 또는 남편이 죽게 될 경우 아내에게 돌아갈 돈의 액수를 결정짓는 일이었습니다.

(2) 이혼제도

결혼을 했다가 파혼하게 되는 경우, 이혼 수속에 의해서만 가능하며 결혼식은 신랑이 신부의 집에 가서 자신의 집으로 데리고 옴으로써 보통은 밤에 시작됩니다.[288] 결혼식은 가족 및 친지들과 함께 몇 일 동안 계속됩니다.[289] 이혼의 사유가 있는 경우 남편은 이혼증서를 아내에게 주어[290] 자기 집에서 내어 보내게 됩니다. 아내가 이혼을 원할 경우, 이혼 증서를 줄 수 없었습니다. 이혼의 경우에 있어서도 남자에 의해 일방적으로 이루어졌습니다. 실제로는 남자들은 이혼한 여자에게 혼인증서에 보증하였던 금액을 주어야 하고 새로운 결혼을 하면 더 많은 돈을 지불하여야 했기 때문에 마음대로 이혼을 할 수 없었습니다.

(3) 여성과 어린이의 인권

여자는 특별한 경우를 제외하고는 집 안에 머물러 있었으며 여자아이들은 여자들의 침실에 머물러 있는 것이 일반적이었습니다. 그래서 이성과의 만남을 피하도록 하였습니다. 일부다처제는 법적으로 허용되지 않았습니다. 어린아이들을 내어버리는 일은 엄격히 규제되었으며 유대인들에게 부모를 공경하는 계명은 가장 중요한 계명의 하나였습니다. 대개 4대가 함께 사는 것이 관행적이었다고 합니다.[291]

6. 이스라엘 민족의 신분제도 및 직업

① 당시 유대인들은 혈통의 순결을 강조하여 순수 혈통의 유대인들은 다시 제사장, 레위인들, 그리고 온전한 이스라엘인으로 3분하였습니다. 그리고 이러한 혈통을 표시해 주는 족보를 강조하였습니다.

② 유대인들도 농업이나 어업 그리고 목축업처럼 생필품을 직접 생산하는 일은 물론 오늘날과 다름없는 여러 직업에 종사하면서 제각기 나름대로 일상생활을 열심히 꾸려 나갔습니다. 그리하여 빵장수, 치즈장수, 물장수와 의복과 관련된 일을 하는 사람들, 도

288) 결혼식에 등불을 준비한 지혜로운 처녀의 비유(마태 25:1-13)나, 가나의 혼인잔치(요한 2:1-10)에서 추측해 볼 수 있습니다.

289) 사사기 14장 12절에서 삼손의 결혼식은 7일간 계속되었습니다.

290) 이혼증서라는 법적 형식을 취함으로써 아내를 보호하기 위함이며, 이혼증서 형식에 세심한 규정을 둠으로써 성급한 이혼을 막으려고 하였습니다.

291) 유재덕, 성경시대 사람들은 어떻게 살았을까, 2006, 하늘기획, 99쪽.

공, 이발사와 세공사, 의사 그리고 건축업자, 천막업자, 대장장이, 교사나 군인들 목동들까지 다양한 직업에 종사하는 사람들이 있었으며, 세금 징수원이나 성전 환전상들도 있었습니다.[292)]

③ 또 유대인들은 여러 가지의 부정한 직업이 있다고 생각했는데, 그들은 법정에서 증거하는 권리도 없었고 공직에 있을 수도 없었습니다. 이러한 직업에는 세리는 물론이고 당나귀 몰잇군, 행상인, 피장이(가죽제품을 다루는 직업) 및 목자들이 여기에 속하였습니다. 이들이 부정한 직업이라고 생각하는 것은 남을 속이기 쉽다는 데 그 이유가 있었습니다.

* 로마의 노예제도

1. 로마 제국의 노예제도의 성립계기는 주로 전쟁의 승패에서 발생되었습니다. 즉 전쟁 포로들이 노예로 전락하게 되었으며, 유대에서는 조세 청부자들에 의해 체납자나 채무자를 노예로 만들었습니다.[293)] 또한 생활고로 인하여 가족을 파는 경우와 범죄로 인하여 형벌에 의한 노예신분이 된 경우뿐만 아니라 유괴 등에 의해서도 생겼습니다. 노예시장을 형성하였던 델로스섬에는 한 때 하루에 1만 명의 노예가 매매되었다고도 합니다. 또한 BC 1세기 로마의 이탈리아에서는 인구 450만 명 중 150만 명이 노예였다고도 합니다.[294)] 그런데 바울 시대에는 노예제도가 인종에 기반을 두고 있지는 않았습니다.

2. 이들은 대농장(라티푼디움)에서 노동력을 제공하게 되었으며, 노예 신분은 다양하여 노 젓는 자, 채석장에서 일하던 자, 장사, 농사, 노예들의 관리자, 의사, 선생, 학자, 시인도 될 수 있었으며, 부를 축적할 수도 있었고, 해방될 수도 있었습니다.[295)]

3. 하지만 그리스-로마 세계에서 노예제도가 비루하고, 인간을 짓밟으며, 철저히 역겨운 것이었다는 사실은 틀림없었습니다. 당시에는 노예를 재산으로 인식하고 다루었으며, 주인의 악독한 변덕에 따라 노예가 상상할 수 없는 벌을 받는 일도 허다했습니다.[296)] 그리하여 노예의 반란이 끊임없이 일어나곤 하였습니다.[297)]

4. 기독교 복음 선교사들은 도시의 가난한 사람들과 노예들을 개종자로 만들었습니다. 노예제도는 신약시대까지 수세기 동안 존속되었습니다. 바울은 노예 해방을 바람직한 것으로 여겼습니다[298)]

---

292) 유재덕, 성경시대 사람들은 어떻게 살았을까, 316-317쪽.

293) 열왕기하 4:1, '…나의 남편이 이미 죽었는데 당신의 종이 여호와를 경외한 줄은 당신이 아시는 바니이다 이제 **빚 준 사람이 와서 나의 두 아이를 데려가 그의 종을 삼고자 하나이다**'.

294) 조좌호, 세계문화사, 박영사, 1980, 98-99쪽.

295) 레이몬드 E. 브라운, 신약개론, 134-135쪽.

296) 브루스 W 외, 박규태 옮김, 바울-그의 생애와 서신. 신학, 399쪽.

297) 대표적 반란은 **스파르타쿠스**로 로마인의 검투오락 목적으로 양성된 노예로 B.C. 73-71 노예 12만 명을 이끌고 남부이탈리아에서 봉기하여 로마로 쳐들어가 로마시민의 간담을 서늘하게 하였습니다.

298) 빌레몬서 1:16 **'이후로는 종과 같이 대하지 아니하고 종 이상으로 곧 사랑 받는 형제로 둘 자라…'**

7. 유대 지도자들의 부패

① 예수님이 이 땅에 사람의 몸으로 오셨을 때 그 시대 이스라엘(유대)의 사회 특히 지도자들은 부패하였고, 백성들은 흑암의 그늘과 사망의 땅에서 절망 가운데 살고 있었습니다(마태 4:16).

② 로마제국의 통치 아래 황제 디베료 가이사가 본디오 빌라도를 유대총독으로 삼았고, 헤롯 가문의 사람들을 유대 땅의 분봉왕들로 세워 그가 통치하되 세리들을 통해서 과도한 세금을 징수함으로 유대 백성들의 삶은 힘들었습니다. 사람들은 가난에 시달려 굶주린 가운데 각종 질병으로 고생하였고, 악한 영들에 사로잡혀 미친 사람들이 많았으며, 나병 환자도 많았습니다. 그런 가운데서도 대제사장인 안나스와 가야바는 장인과 사위로 종교적으로 부정부패하였습니다(누가 3:1-2).[299]

[로마제국의 유대인 지배방식]

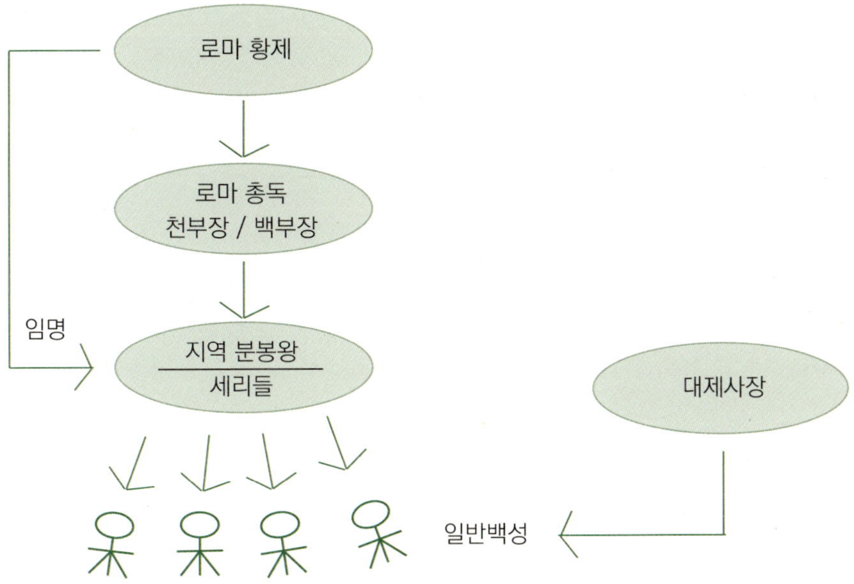

299) 나용화, 기독교의 정석, 에페코북스, 2014, 13쪽. 당시의 대제사장은 종신직으로 원칙적으로 한 사람뿐이어야 했고, 아버지로부터 아들에게로 직무가 세습되고 사위에게는 물려질 수가 없었으나, 대제사장 직무를 장인과 사위가 함께 담당한 것은 성직 매매가 성행한 것을 증명하는 것이라고 할 것입니다.

제5절 신약성경의 문화적 환경은 어떠했나요?

1. 유대인의 헤브라이즘

유대인(히브리인)의 사상과 문화는 앞서 살펴본 것처럼 당시의 이웃 나라들과는 달랐습니다. 이러한 **유대인의 사상과 문화를 헤브라이즘**이라고 부릅니다. 그리고 이러한 사상과 문화는 서양세계에 깊은 영향을 주게 됨으로써 서양세계에서 두 개의 사상과 문화 흐름의 한 축이 되었습니다. 그리하여 **서양 문화와 사상을 크게 헬레니즘과 헤브라이즘**이라고 부르게 된 것입니다. 그렇다면 헤브라이즘은 어떤 특징적인 성격을 갖는 것일까요?

2. 헬라인(그리스인)의 헬레니즘

헬레니즘 문화는 알렉산더 대왕의 동방정복 결과 그리스 문명과 동방 문명이 융합되어 하나의 새로운 문명이 형성된 것으로 그리스를 넘어 동방의 이집트의 알렉산드리아, 시리아의 안티오키아를 넘어 라틴 문명을 낳고, 박트리아, 대하를 거쳐 인도의 간다라 예술을 낳아 그 영향은 서역을 거쳐 중국과 조선 그리고 일본에까지 미치고 있습니다.

이러한 영향은 예수 그리스도의 부활 이후 제자들에 의해 기독교 문화가 전파되는 세계에도 영향을 주었던 것입니다.

✾ 헬라문화와 헬레니즘

서양의 두 개의 사상과 문화는 헬레니즘과 헤브라이즘으로 대표되는데, 헬레니즘이란 나 중심적이며 개인 중심적이고 합리주의를 내세웁니다. 또 헬레니즘 문화를 개인주의와 세계(동포)주의를 핵심으로 한다고 보기도 합니다.[300] 이에 대하여 헤브라이즘은 관계 중심적이고 체험(경험)주의를 특징으로 하고 있습니다.

그런데 '헬레니즘은 영적으로는 사탄의 영에 의해 나온 것이어서 보이지 않는 신을 의인화하는 데까지 발전하여 신을 사람과 똑같이 여겼으며, 신을 사람의 단계로 사람을 짐승의 단계로 끌어 내립니다. 사탄의 영이 역사하면 사람을 짐승의 본능으로만 채우고, 영의 문제에는 관심을 갖지 못하게 합니다. 냉철한 합리주의라는 명분으로 영의 세계를 거부하는 것은 헬레니즘 사상에서 비롯된 것이라'는 견해도 있습니다.[301] 한편으로 고대 헬라 및 헬레니즘 문화가 중세 암흑기를 지나 근대 르네상스로 다시 꽃을 피우게 됨으로써 오늘날까지 그 영향을 받고 있으므로 로마가 군사와 정치, 법률로써 세계를 정복하였다면 그리스는 문화와 학문으로 세계를 지배하고 있다고 할 것입니다.

---

300) 조좌호, 세계문화사, 88쪽.
301) 문봉주, 앞의 책, 389쪽.

[정리] 서양세계의 2대 사상 비교

주요 내용	헬레니즘	헤브라이즘
중심 주체	인본주의 : 사람 중심, 나(개인) 중심	신본주의 : 신 중심, 하나님 중심
신	다신교	유일신
삶의 중심점	실험중심, 합리주의	관계중심, 체험중심
삶의 강조점	현세적 삶(행복과 쾌락)을 강조	내세의 영원한 삶(절제, 금욕, 거룩)을 강조
인간에 대한 평가	인간의 능력과 이성	인간의 죄성과 한계
근대에서의 변형	르네상스	종교개혁
사상적 특징	이성적, 과학적, 미적	의지적, 윤리적, 종교적
출발 지역	헬라(그리스)	이스라엘

[정리] 서양사상의 변화

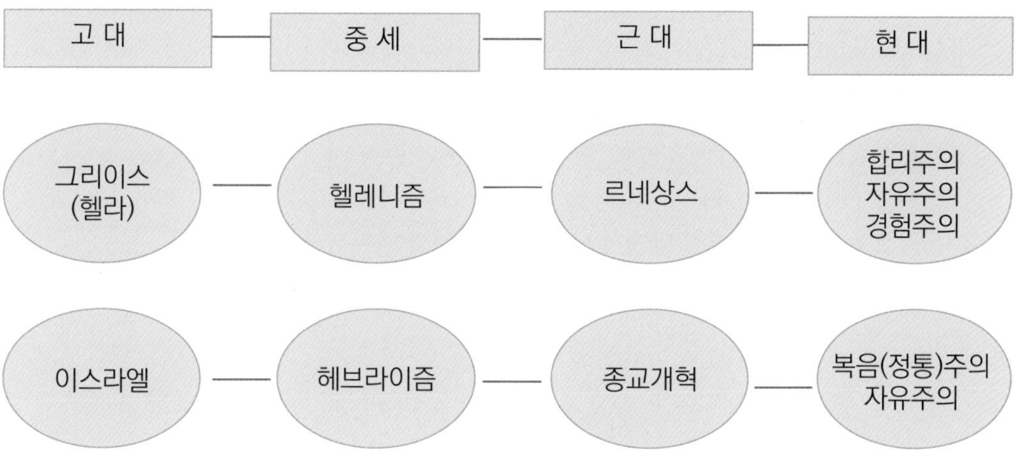

제6절 신약성경의 종교적 환경은 어떠했나요?

1. 유대인들의 종교생활은 어떠했나요?

1) 예루살렘 성전을 중심으로 한 종교생활

① 예수님이 활동하던 당시의 유대인들의 종교생활은 주로 예루살렘 성전을 중심으로 이루어졌습니다. 그런데 이 성전은 그들의 종교적 희망과 동경의 상징이었습니다. 전국 각지에 사는 유대인들은 이 곳으로 모여와 예배하고 희생제물을 드리며[302] 특히 유월절, 오순절 그리고 장막절과 같은 유대인의 종교절기를 지켰습니다.

② 유대인의 절기는 두 가지 의미를 갖는데, 그 하나는 하나님이 이스라엘 백성에게 직접 주신 것(절기)입니다. 또 하나는 여호와를 기억하는 것을 의미합니다.[303]

❋ 유대인의 절기(명절)

1. 유월절

유월절은 무교병의 절기로 이스라엘이 하나님의 도우심(생명의 은혜)으로 체험한 출애굽이라는 기적 같은 해방 사건을 기념(기억)하는 축제입니다(출애굽기 12-13장). 이 축제는 **니산 월 만월 때 시작됩니다(3-4월).** 유월절 식사는 가족축제 혹은 가족예배가 되며, 식사 참여자는 각자 예배순서와 관련된 본문을 담은 이야기를 손에 듭니다(출애굽기 23:15/신명기 16:1-8).

> '여호와께서 자기 이름을 두시려고 택하신 곳에서 소와 양으로 네 하나님 여호와께 유월절 제사를 드리되 유교병을 그것과 함께 먹지 말고 이레 동안은 무교병 곧 고난의 떡을 그것과 함께 먹으라 이는 네가 애굽 땅에서 급히 나왔음이니 이같이 행하여 네 평생에 항상 네가 **애굽 땅에서 나온 날을 기억할 것**이니라'(신명기 16:2-3).

무교병

302) 가장 좋은 것을 드린다(아브라함 ⇨ 이삭, 사르박 여인 ⇨ 마지막 남은 것, 예수님 ⇨ 자신의 몸)
303) 이훈창, 설교노트, 2019, 7.7.

2. 칠칠절(맥추절)/오순절

두 번째 절기로 유월절 후 7주 혹은 50일 뒤에 열리는데, 하나님의 시내 산 계시를 기념(기억)하는 축제입니다(출애굽기 19-20장). 모세 오경을 읽으며, 이 축제는 기독교의 성령강림절(오순절)에 해당합니다. 곡물수확을 기뻐하며 감사드립니다. 맥추절이 시작되는 첫 절기로 무교절의 마지막 날인 초실절(첫 보리 수확의 한 단을 하나님께 바침)이 있습니다(출애굽기 23:16/신명기 16:9-12).[304)]

3. 초막절

세 번째 축제로 이 축제는 본래 추수감사절이었는데, 나중에 세 가지 순례절기에 속하게 되었습니다. 출애굽하여 40년 동안 광야생활에서 초막에 살았던 것과 하나님의 인도하신 것을 기념(기억)하여 초막을 치고 7일 동안 초막에 거하는 것이 초막절의 특징입니다. 태양력으로는 보통 9월이 됩니다

(신명기 16:13/레위기 23:42).

> '너의 가운데 모든 남자는 일 년에 세 번 곧 **무교절과 칠칠절과 초막절**에 네 하나님 여호와께서 택하신 곳에서 여호와를 뵈옵되 빈손으로 여호와를 뵈옵지 말고' (신명기 16:16).

4. 수전절

셀루시드 왕조 안티오커스 4세의 헬라화 정책에 의해 예루살렘 성전이 헬라 성전화 되고, 제단에 죽은 돼지를 바쳐 성전이 더럽혀졌습니다. 이에 하스모니안 가문의 마카비가 해방전쟁을 일으켜 성전을 재탈환하고 성전 예배를 회복하였는데, 이것을 기념하는 명절입니다. 성전을 수리한 명절이라 해서 수전절이라고도 하는데, 히브리말로는 '하누카(봉헌)'라고 부르며 태양력으로 하면 12월에 해당합니다. 수전절에는 8일 동안 매일 하나씩 초에 불을 밝히는데, 색깔이 다른 촛대는 점화용이며, 처음부터 불을 켜놓기 때문에 실제적으로는 9개의 촛불을 밝힙니다. 이런 이유로 수전절을 '빛의 명절'이라고 합니다.

하누카 '빛의 명절'의 9개 촛불

304) 초실절은 먼저 익은 보리의 첫 열매를 드리는 절기로, 하나님이 기쁘게 받으시고 나중 열매를 보장해 주시며 풍성한 수확을 얻게 하셨습니다. 나중에 보리와 밀의 전체 열매를 다 추수한 후에 맥추감사절기를 지킬 수 있게 하신 것입니다.

5. 부림절

바사(페르시아)에서 노예 생활 중 이스라엘 민족 말살의 계획에 대하여 왕후 에스더가 왕께 말하여 민족 구원의 날을 맞이하게 된 것을 기념하는 명절을 말합니다.[305]

'… 이 **부림일을 유다인 중에서 폐하지 않게 하고 그들의 후손들이 계속해서 기념하게 하였더라**'(에스더 9:28).

'**정한 기간에 이 부림을 지키게 하였으니** 이는 유다인 모르드개와 왕후 에스더가 명령한 바와 유다인이 금식하여 부르짖은 것으로 말미암아 자기와 자기 자손을 위하여 정한 바가 있음이더라'(에스더 9:31).

✾ 오늘날도 지켜야 하는가?[306]

오늘날 구약의 절기 중 맥추절의 경우 특히 도시 교회 성도들은 보리농사를 짓지 않는데 맥추절을 지켜야 하는가? 하는 의문을 하는 경우도 있습니다. 하지만 오늘날 구약의 절기를 지키는 것은 절기를 율법적으로 지키는 것이 아니라, 성경의 교훈과 정신을 목회적으로 적용하고, 맥추감사절 신앙을 계승하고 실천하는 것입니다. 오늘날 우리가 보리농사를 짓지 않지만 우리의 직장과 사업장을 통하여 반 년 동안 (한국의 맥추감사절은 6월에 지킨다) 하나님께서 베풀어 주신 은혜를 기억하며 감사하는 것입니다.

2) 회당이 신앙생활의 중요한 장소였다.

예루살렘은 물론 특히 예루살렘으로부터 멀리 떨어진 지역의 백성들에게 성전을 대신할 역할을 한 곳은 회당이었는데, 이 곳은 **교육과 기도의 중요한 장소**였습니다. 성경이 읽혀지고 이에 대한 해석이 덧붙여졌으며, 의식의 중간, 중간에 기도를 드렸습니다. [307]회당은 이스라엘 전 지역에 동네마다 있어 전체적인 숫자는 가장 많을 때에는 예루셀렘에만 480개 정도였다고 합니다.[308]

'또 내가 사랑하는 주의 계명들을 향하여 **내 손을 들고** 주의 율례들을 작은 소리로 읊조리리이다'(시편 119:48).

'**주를 향하여 손을 펴고** 내 영혼이 마른 땅같이 주를 사모하나이다'(시편 143: 6).

---

305) 에스더 9:1-32 내용입니다.
306) 소강석, 맥추감사절의 가치와 정신, 기독신문, 2018. 6. 26, 26면.
307) 유대인들은 **서서 손을 들고 기도(찬양)하는 관습**이 있었습니다.
시편 134:2, '성소를 향하여 너희 손을 들고 여호와를 송축하라'
308) 성서개론, E.T.T.A편, 박영호 역, 기독교문서선교회, 278쪽.

유대인 회당

3) 유대교

① 유대교는 근원적으로는 모세에게서부터 시작되었지만 직접적으로는 바벨론 포로 시절 이후 에스라에게서부터 시작되었습니다. 기원전 1세기경에 모세의 법은 유대인들에게 아주 중요한 것이 되었습니다. 그들은 열심히 율법을 연구하고 율법을 놓고 격렬한 논쟁을 벌였습니다. 그들은 그 법을 여러 가지 방법으로 이해하였으며, 많은 유대인들이 율법을 위해 죽을 각오까지 되어 있었습니다. 유대인 가운데에는 3개의 주요 종파가 있었고, 각 종파에는 서기관(법률가/학자)들이 있었습니다.

② 1세기 팔레스타인 지역의 인구는 대략 150만에서 200만 정도로 추정되며 순수 유대인이 약 1/3정도 되었다고 합니다.

③ 특히 신약성경에 등장하는 바리새파와 사두개파 그리고 서기관들과 열심당원에 대한 이해가 필요합니다.

✽ 서기관들은 어떤 사람들입니까?

1. 신약에서 자주 언급되는 사람들로 서기관이 등장합니다(마태 8:19). 그런데 그들은 어떤 사람들일까? 하는 의문이 있습니다. 서기관들은 어떤 목적을 위해 모인 당이 아니고 고등교육을 받은 사람들로서 **율법을 해석하고 가르치는 일**을 한 이스라엘인들의 한 계층을 말합니다. 대부분의 서기관들이 바리새파에 속하여 있었으므로 바리새파와 밀접한 관계가 있었습니다.

2. 서기관의 칭호로 많이 쓰인 것이 랍비입니다. 그들은 율법을 가르칠 뿐만 아니라 어기는 자들을 고소할 책임까지 지고 있었습니다. 유대인들의 삶에 있어 생각해 낼 수 있는 모든 불문법(구전 율법)을 만든 사람들이었다고 합니다.[309]

309) 폴 N 벤웨어, 앞의 책, 36쪽.

3. 구약에서 가장 유명한 최초의 서기관은 제사장 에스라입니다(느헤미야 8:9, 에스라 7:6,10).구약시대에는 서기관이란 구약을 해석하며 가르치는 전문적 사람을 뜻하였습니다. 그들의 직업적 업무는 첫째, 율법자체를 보다 더 이론적으로 발전시키는 것이며, 둘째, 그 율법을 그들의 제자들에게 가르치는 일이며, 셋째, 율법을 해석하여 생활과 관련지어 주었던 것입니다.

4. 하지만 예수님 당시의 서기관들은 허위의식이 가득한 외식주의자들이었으며, 백성들에게 율법의 무거운 짐을 지우는 사람들이었습니다. 그리하여 예수님께서도 그들의 이러한 모습을 책망하셨습니다.

'화 있을진저 외식하는 서기관들과 바리새인들이여 너희는 교인 한 사람을 얻기 위하여 바다와 육지를 두루 다니다가 생기면 너희보다 배나 더 지옥 자식이 되게 하는도다'(마태 23:15).

'화 있을진저 외식하는 서기관들과 바리새인들이여 너희가 박하와 회향과 근채의 십일조는 드리되 율법의 더 중한 바 정의와 긍휼과 믿음은 버렸도다…'(마태 23:23).

'화 있을진저 외식하는 서기관들과 바리새인들이여 잔과 대접의 겉은 깨끗이 하되 그 안에는 탐욕과 방탕으로 가득하게 하는도다'(마태 23:25).

'화 있을진저 외식하는 서기관들과 바리새인들이여 회칠한 무덤 같으니 겉으로는 아름답게 보이나 그 안에는 죽은 사람의 뼈와 모든 더러운 것이 가득하도다' (마태 23:27).

'화 있을진저 외식하는 서기관들과 바리새인들이여 너희는 선지자들의 무덤을 만들고 의인들의 비석을 꾸미며 이르되 만일 우리가 조상 때에 있었더라면 우리는 그들이 선지자의 피를 흘리는 데 참여하지 아니하였으리라 하니'(마태 23:29-30).

(1) 바리새파

① 첫째는 바리새파로서[310] 이들은 BC 125년경 핫시딤(경건한 자들)에서[311] 유래되었으며 예수님 당시에는 약 6000명 정도였다고 합니다. 그런데 바리새파에도 온건한 힐렐파와 엄격한 샴마이파가 있었습니다.

② 그들은 제사의 정결 문제나 음식법 및 안식일 계명 등에서 특별한 주의를 기울였습니다. 또한 토지소산의 1/10을 드리는 규정들을 지키는 데 엄격하였습니다. 바리새인들은 성경(모세의 5경)에 대한 굽히지 않는 충성심을 가지고 있었으며 율법에 따라 엄격하게 살

310) 바리새란 히브리어의 분리하다, 구별되다, 해석하다란 말에서 유래되었습니다. 즉 그들은 당시의 권력을 사로잡고 있었던 사두개파나 헬라주의자들과는 분리된 집단이란 뜻입니다.

311) 조병호, 성경과 5대제국, 269쪽. 셀루커스 왕조인 안티오쿠스 4세가 유대인들을 헬라 문화로 개종시키기 위해, 유대인들에게 율법을 금지하고, 율법을 지키는 자들을 극심하게 핍박하였을 때, 끝까지 정절을 지킨 사람들을 '하시딤'이라고 부릅니다. 바로 이 하시딤에서 바리새파가 나오게 되었습니다.

기를 원했습니다. 그리하여 그들은 일반 민중들의 인정과 지지를 받게 되었고, 일반 민중들에게 가장 영향력이 컸습니다. 바리새파 공동체에는 평신도들, 소공업자들, 상인들 즉 주로 중산층이 속해 있었습니다.

③ 이 사람들은 모세의 법을 일반 사람들에게 가르치거나 해석해 주려고 하였습니다. 바리새파 사람들은 입으로 전해지는 전통(구전율법)이라는 것이 있으며, 그것은 모세 때까지 거슬러 올라간다고 믿었습니다. 그들은 각 시대의 사람들은 자기네 세대의 요구에 맞게 법을 해석할 수 있다고 믿었습니다. 이 말은 모세의 법뿐만 아니라 예언자들과 거룩한 글들과 자신들의 전통까지도 권위 있는 말씀으로 받아들일 수 있다는 뜻이었습니다. 이 사람들은 모세의 법과 전통을 충실히 따르려고 열심히 노력하였습니다. 그래서 그들은 먹는 것과 몸에 닿는 모든 것에 관해서 굉장히 조심스러워하였습니다. 그들은 자주 손을 씻고 목욕을 하였습니다.

> 바리새인들과 모든 유대인들은 장로들의 전통을 지키어 **손을 잘 씻지 않고서는 음식을 먹지 아니하며 또 시장에서 돌아와서도 물을 뿌리지 않고서는 먹지 아니하며** 그 외에도 여러 가지를 지키어 오는 것이 있으니 잔과 주발과 놋그릇을 씻음이라 (마가 7:3-4).

> '예수께서 말씀하실 때에 한 바리새인이 자기와 함께 점심 잡수시기를 청하므로 들어가 앉으셨더니 **잡수시기 전에 손 씻지 아니하심을** 그 바리새인이 보고 이상히 여기는지라 주께서 이르시되 너희 바리새인은 지금 잔과 대접의 겉은 깨끗이 하나 너희 속에는 탐욕과 악독이 가득하도다'(누가 11:37-39/마가 7:2-5/마태 15:2).

④ 그들은 또한 사람이 죽었다가 다시 사는 것(부활)을 믿었습니다. 많은 예언자들이 그런 일이 일어날 것이라고 예언했다고 믿었기 때문입니다. 그리하여 죽은 사람들에 대한 부활의 기대를 확고하게 공식화된 교리로 발전시켜 이스라엘 사람들에게서 부활신앙을 통해 강한 메시야 소망을 불타게 한 중요한 요소가 되어 엄청난 힘을 행사하였습니다.

⑤ 그들은 율법을 매일의 삶 속에서 적용시키려는 욕구로 인해 법규와 전통에 체계를 개발시켜 613개의 율법조항을[312] 지키려고 하였으며, 이것은 예수님 당시의 사람들에게는 무거운 짐이 되었습니다.

⑥ 또한 자기들의 구별된 모습과 지식을 자랑하게 되었고, 자신들이 사회의 다른 사람들보다 더 우월하다고 여겼습니다. 그리하여 세리, 타락한 사람, 이방인들을 경멸했습니다.

312) 이 가운데 248개는 하여야 한다는 긍정적, 365개는 하지 말라는 부정적 내용입니다.

⑦ 그들의 교만과 자기 의, 그리고 율법 정신을 위반한 행위에 대하여 예수님이 회개할 것을 요구하게 된 것이 십자가의 죽음으로 몰아가게 된 계기가 되었습니다.[313)]

✾ 하스몬 왕조의 타락과 바리새파의 등장

하스몬 왕조는 독립투쟁을 통해서 새로운 왕조를 열었으나 그들은 신앙회복 정신을 유지하지 못하고 곧 헬라화 되어 버렸습니다. 그들은 예루살렘 성전 앞 뜰에다 원형 경기장을 만들었고, 당시 성전 제사장들은 서둘러 제사를 드리고 나와서 경기를 관람했다고 합니다. 지금도 그 곳에 가면 경기장 터가 남아 있습니다.[314)]

✾ 성경을 통하여 본 바리새파(인)에 대한 이해

1. 성경을 통하여 나타난 바리새인들의 모습은 부정적인 이미지라고 할 수 있을 것입니다. 특히 예수님께서는 바리새인들의 위선적인 행위와 율법의 형식주의를 신랄하게 꾸짖으신 것을 알 수 있습니다. 즉, 바리새인들의 문제는 말과 행위가 일치하지 않는 모습과 율법의 형식적인 면만 강조하고 율법의 핵심적인 정신을 놓친 것과 삶에서 적용의 지혜를 무시하고 지나치게 형식에 매여 율법주의에 빠진 것, 스스로의 노력에 의해 하나님 앞에서 의롭다 함을 얻을 수 있다고 믿는 자기 의를 강조한 점이었습니다.

2. 하지만 모든 바리새인들이 다 잘못된 사람들은 아니라는 것과 또한 바리새인들의 삶의 태도나 그 영향에서도 긍정적인 면이 있다고 할 것입니다.[315)]

특히 일반 민중들에게 메시야에 대한 소망을 심어줌으로써 신앙심을 드높였으며, 하나님의 말씀인 율법에 대한 존경과 율법을 지키려는 열심은 오늘날 그리스도인에게도 주요한 덕목이 아닐 수 없습니다.

유대 전쟁 이후 새로운 종교운동의 주체인 바리새파가 유대교를 통일하게 되었으며, 오늘날 정통 유대교라는 이름으로 이어지는 유대교의 핵심세력이 이들입니다.

313) 폰 N 벤웨이, 박철호 역, 앞의 책, 34쪽~35쪽.
314) 문봉주, 앞의 책, 393쪽.
315) 이용원, 인물로 배우는 성경, 31-33쪽.

(2) 사두개파

① 사두개파는 유대교 안에서 세력이 강했으면서도 몇몇 부유한 가문들, 특히 제사장 가문이나 귀족, 지주들의 후손이었습니다.[316] 그들은 현실에서의 권력을 지향하는 사람들이었습니다.

② 사두개인들은 바리새인들보다 숫자적으로는 적었습니다. 마카비 혁명을 전후로 제사장 제도가 재정비되고 재조직될 때 하나의 당파로 인정을 받게 된 것으로 추측됩니다.

③ 이 사람들은 종교적인 문제에 있어서 모세의 법(기록에 의해 전해진 모세의 다섯 책)만을 권위 있는 것으로 받아들였습니다. 모세의 법에는 제사장과 제사에 관한 많은 규정이 들어있을 뿐 사람이 죽은 뒤의 삶에 관해서는 아무런 언급이 없었습니다. 그래서 사두개파 사람들은 사람들이 죽었다가 다시 살아난다는 것(부활)을 믿지 않았으며(마가 12:18-27), 천사와 영의 존재를 부인(사도행전 23:8)하였습니다.

④ 로마 시대에 사두개인들은 상당한 정치적 권력을 소유하고 로마에 대해서는 바리새파보다도 훨씬 협조적이었습니다. 현실적으로 각 지역에서 권력을 휘두를 수 있는 것은 종교적 권한으로 생각하여 당시 현지 원로들 10여 명이 모여 의회 겸 자치정부의 기능을 수행하는 기관이자 종교 재판권을 가진 **산헤드린 공회를 차지**하고 있었습니다. 산헤드린 공회는 느헤미야가 성벽을 건축하고 페르시아로 돌아갈 때 유다백성들에게 자치권을 주기 위해 페르시아 왕이 허락했던 제도입니다.

⑤ 대제사장 그룹으로 예수님을 십자가에 못 박아 죽이는 일에 주역을 담당했습니다.

> '대제사장들과 아랫사람들이 **예수를 보고 소리 질러 이르되 십자가에 못 박으소서 십자가에 못 박으소서** 하는지라 …'(요한 19:6).

⑥ 그러나 그들은 AD 70년 예루살렘 성의 멸망과 함께 사라진 후 당파로서는 더 이상 존재하지 않았고 역사의 무대에서 사라졌습니다.

---

316) 사두개라는 이름은 다윗과 솔로몬 시대에 대제사장이었던 사독이라는 이름에서 비롯되었을 가능성이 많다고 봅니다. 사독의 아들들에게 사제의 직분이 위임되었습니다(에스겔 40:46; 43:19; 44:15).

[정리] 복음서에 나타난 바리새파와 사두개파

구분	나타난 사건	성경구절
사두개파	일곱 번 결혼한 여인이 부활 후에 누구 아내인가? 질문	마태 22:23-33 마가 12:18-27 누가 20:27-40
바리새파	예수님이 세리와 죄인들로 더불어 왜 식사하는가? 질문	마가 2:16
	금식하였다.	마가 2:18
	(제자들이 밀 이삭을 잘라먹는 것으로) 안식일을 범했다고 비난함	마가 2:24
	제자들이 음식 먹을 때 정결의식의 전통을 따르지 않는다고 비난함	마가 7:1-5
	예수님의 사역을 정당화할 수 있는 표적을 보여 달라고 함	마가 8:11
	예수님께 이혼문제에 대한 견해를 물어 보다.	마가 10:2
	예수님께 세금문제에 대한 견해를 물어 보다.	마가 12:17
	예수님은 제자들의 의가 바리새인보다 낫지 않으면 천국에 들어갈 수 없다고 하심	마태 5:20
	예수님이 귀신의 왕을 의지하여 귀신을 쫒아낸다고 함	마태 9:34 마태 12:24
	예수님이 비유하신 악한 농부들이 자기들임을 인정함	마태 21:45
	율법 중에 어느 계명이 크니이까? 하고 질문하다.	마태 22:34-36
	예수님이 십자가에 죽으신 후, 경비병을 세워 달라고 함	마태 27:64
	'죄 용서할 수 있다'는 예수님의 말씀에 신성 모독적 발언이라 함	마태 9:2
	그들을 향하신 하나님의 뜻을 저버렸다고 함	마태 7:30
	예수님이 죄인들과 함께 식사하시는 것을 보고 수군거림	마태 15:2
	예수님의 불의한 청지기 비유를 받아들이지 않았다.	누가 16:1-13 누가 16:14
	바리새인들의 기도에 대해 예수님은 '사람에게 보이려고 회당과 큰 거리 어귀에 서서 기도하기를 좋아하느니라'고 하셨으며, 또 '자기를 높이는 자는 낮아진다'고 하셨다.	마태 6:5 누가 18:14
	예수님을 잡으려고 아랫 사람들을 보냄	요한 7:32
	예수께서 그 자신을 위해 증언함은 참되지 않다고 함	요한 8:13

바리새파	예수님께서 맹인을 고치시자 고침 받은 사람에게서 부정적인 반응을 얻어내려고 하였으며, 이에 대해 예수님은 그들의 영적 무지를 폭로하셨다.	요한 9:1-34 요한 9:35-41
	예수님을 잡아 죽이려고 모의하였다.	요한 11:47-57
	예루살렘 민중이 예수님을 따르자 '온 세상이 그를 따르는도다'고 고백했다.	요한 12:12-19
	겟세마네 동산에 사람을 보내어 예수님을 체포하려 했다.	요한 18:3
사두개인과 바리새인	세례 요한이 세례를 베푸는 곳에 함께 옴	마태 3:7
	하늘로부터 오는 표적을 보여 달라고 함	마태 16:1
	제자들에게 그들의 누룩(교훈)을 조심하라고 하심	마태 16:5-12
	'화 있을진저 외식하는 서기관들과 바리새인들이여'	마태 23:1-33

[정리] 바리새인(파)을 긍정적으로 기록한 내용

사건 내용	성경구절
바리새인의 손님접대의 태도에 대하여 교훈하심	누가 7:36-50 누가 11:37-52 누가 14:1-24
헤롯이 예수님을 죽이려 한다고 그 곳을 떠나라고 함	누가 13:31
하나님의 나라가 어느 때에 임하나이까? 질문함	누가 17:20-21
니고데모(바리새인 지도자)는 예수님께 진리를 배우러 찾아 왔음	요한 3:1-4
니고데모는 예수님을 체포하려는 일에 실패했을 때 예수님 편을 들어주는 발언을 함	요한 7:50-51
니고데모는 아리마대 요셉이 예수님의 장례를 치를 때 도와 줌	요한 19:39
바리새인 지도자인 가말리엘은 사도들이 곤경에 빠져있을 때 도와 줌	사도행전 5:33-42
바리새인은 그리스도인이 되기도 하였으나 할례와 모세율법을 지켜야 한다고 주장함	사도행전 15:5

[정리] 바리새파와 사두개파[317)]

구분	바리새파(초자연주의자)	사두개파(자연주의자)
역사관	하나님의 예정과 또 이것이 인간의 의지와 일치됨을 주장	하나님의 예정을 부인하고 인간의 자유만을 강조
종말론	영혼의 불멸과 육체의 부활을 믿음	부활을 부인함
영적존재	천사와 악마의 존재를 믿음	천사와 악마의 존재를 부인함
종교의 권위	기록된 성경과 구전으로 전해 내려오는 미쉬나를 인정	기록된 성경인 구약, 특히 모세의 5경만을 인정하고 모든 전해 내려오는 구전을 부인함

(3) 에세네파[318)]

① 에세네파(에센파)는 **경건한 유대 공동체 중의 하나**로, 그들의 뿌리는 마카비 시절로 거슬러 올라갑니다.

② 그들은 약 4,000여 명으로 특별히 쿰란과 같은 사해 서쪽 지역에서 격리된 공동체를 이루고 살았습니다. 그들은 유대 사회 속에서 살기를 거부할 정도로 바리새인들보다 더 분리적이었습니다. 당시 예루살렘에 있는 많은 제사장들이 하나님께서 원하시는 대로 살지 않았고, 로마인들이 많은 사람을 높은 제사장으로 임명하였는데, 이들 가운데 어떤 사람들은 모세의 법에 비추어 자격이 없는 사람들이었습니다. 이 때문에 에세네파 사람들은 하나님께 드리는 예배와 제사가 예루살렘에서 제대로 이루어지지 않고 있다고 믿었습니다. 그래서 광야로 나가 살면서 자기들 나름의 공동체 사회를 형성하였습니다. 그 곳에는 에세네파에 속한 사람들만이 와서 살 수 있었습니다. 그들은 금식하고 기도하면서 하나님께서 메시야를 보내셔서 성전과 제사장직을 깨끗하게 할 때를 기다리고 있었습니다.

③ 그들은 쾌락을 악이라고 생각하여 피하였으며, 절제와 감정의 조절을 특별한 덕으로 생각하였습니다. 결혼과 부를 멸시하여 회원이 될 때 자신들의 모든 재산을 공동체에 속하게 했습니다. [319)]

④ 이들은 광야에서 은둔하는 수도사적 성격을 갖는 단체였습니다. 종교 공동체로서 극기하며 금욕적인 생활을 하였고 주로 동굴에 거주하였습니다. 특히 이들이 거주하였던 동

317) 사도행전 23:8 '이는 사두개인은 부활도 없고 천사도 없고 영도 없다 하고 바리새인은 다 있다 함이라'

318) **신약성경에는 그들에 관하여 언급되지 않고 있습니다.**

319) 신성종, 앞의 책, 55쪽.

굴 속에서 많은 문서들이 발견되었는데(쿰란문서), 이것이 1947년 한 베두인 소년에 의해 발견된 유명한 사해사본으로 구약성경의 정확성을 증명하는 중요한 자료들입니다.

⑤ 쿰란 공동체는 기원전 31년에 대지진으로 파괴되었고, 그후 서기 68년 로마군에 의해 완전히 파괴되고 말았습니다.

⑥ 세례 요한이 이 에센 공동체와 관계된 사람이라는 추측을 하기도 합니다.[320)]

✾ 열심당은 어떤 종파인가요?

열심당은 민족주의 집단으로 종교적인 분파가 아니라 일종의 정치적 집단이라고 할 것입니다. 성경에서 가나안인(마태 10:4, 마가 3:18), 또는 셀롯(누가 6:15)이라고 표현된 사람들입니다. '마카비' 운동에 그 기원이 있으며, 열렬한 반 로마주의자이면서 민족주의자들이었고, 바리새인의 일파라고 할 수 있습니다.[321)] 유대 종교지도자들이나 기득권 세력에 대해서도 적의를 품고 있었으나 모세율법(토라)에 대해서는 목숨을 걸고 헌신했던 사람들로 언제나 칼을 품고 다녔다고 합니다. 이들은 하나님의 뜻을 이루기 위해서는 폭력도 이용될 수 있다고 하는 생각으로 폭력을 정당화하여 무력을 통한 저항 운동도 벌였습니다. 로마와의 항전에서 최후의 요새였던 **마사다 결전**[322)]도 그들에 의한 것이었습니다. **예수님의 제자 시몬**이 한때 열심당원이었습니다.

2. 이스라엘 외부세계의 종교적 환경

1) 로마 세계의 종교와 철학(사상)

로마 제국이 확장되면서 그리스 문화 및 종교와의 접촉과 동화가 증가되었습니다. 로마의 많은 신들과 여신들은 곧 그리스의 그것들과 동일한 것으로 간주되었습니다. 로마의 종교는 다신교였습니다.

2) 황제숭배사상

로마의 황제들은 그들이 죽은 후에 로마 원로원에 의해 신격화되었습니다. 그러나 서기 1세기에 네로와 같이 죽기 전에 신의 지위를 주장하는 자들이 있었습니다. 여호와 하나님만을 유일신으로 섬기는 그리스도인들은 (죽은 자나 산 자를 가리지 않고) 황제를 숭배하지 않았고, 그러한 행위는 교회에 대한 핍박으로 나타났습니다. 로마인들에게는 이 문제는 단지 종교적인 것이 아니라 애국적인 문제로 그리스도인들의 로마에 대한 충성심의 결여

320) 이애실, 앞의 책, 201쪽.
321) 이용원, 인물로 배우는 성경, 19쪽.
322) AD 70년대 초에 일어난 유대인들과 로마군의 전쟁

는 로마의 진노를 불러일으키는 요인이 되었습니다.[323] **로마의 황제숭배사상은 지배지역에 대한 통치술의 하나로 정신적 통합을 위한 방법**이기도 하였습니다. 하지만 그리스도인들의 유일신 사상은 이와 충돌할 수밖에 없는 문제였던 것입니다.

3) 영지주의[324]

이 철학(사상)은 구원은 어떤 특별한 지식을 획득함으로 이루어진다고 생각합니다. 이 사상은 물질은 악하고 영은 선하다고 가르친 플라톤 사상에 근거를 두었습니다. 실제적인 면에서는 금욕주의로, 육체의 욕구와 갈망을 엄격하게 억누르는 것입니다. 또 다른 한편에서는 '악한' 육체는 구원의 대상이 아니라고 믿는 어떤 사람들은 육체의 욕구와 갈망을 충족시키는 삶(쾌락주의의 삶)을 살았습니다. 이 사상은 오랫 동안 기독교 신앙을 흔드는 역할을 하였던 것을 알 수 있습니다.

4) 다른 철학(사상)들

① 로마시대(신약시대)에는 많은 다른 철학들도 나타났는데, 그 대표적인 것으로 에피쿠르스 학파를 들 수 있습니다. 이들은 쾌락이 삶의 최선이라고 가르쳤습니다.

② 스토아 철학은 우주를 다스리며 모든 사람이 그것의 한 부분인 비인격적인 이성에 의해 정해진 운명을 받아들이라고 가르쳤습니다.

③ 견유학파는 대중들이 추구하는 안락과 풍요와 사회적 명성을 거부하고 단순하고 관습에 얽매이지 않는 삶을 최상의 선으로 여겼습니다.

④ 회의주의자들은 절대적인 것에 대한 믿음을 버렸고, 당시 지배적인 관습에 대한 순응과 의심에 빠져버린 상대주의자들이었습니다.

⑤ 일반 대중들의 삶에는 미신과 혼합주의가 자리 잡고 있었습니다.[325]

---

323) 폴 N 벤웨어, 앞의 책, 30쪽.
324) **영지주의**에 대한 **자세한 설명은 제2부에서** 하도록 합니다.
325) N 벤웨어, 앞의 책, 32쪽.

제11장 신약성경은 어떤 내용을 담고 있나요?

신약성경은 크게 예수님과 함께 사역했던 제자들이 기록한 문서인 마태복음과 요한복음 및 요한1,2,3서와 요한계시록, 그리고 야고보서와 베드로전후서가 있으며, 간접적인 증언에 의해 기록한 마가복음과 누가복음 및 사도행전 그리고 기록자 미상인 히브리서와 유다서를 제외하고는 대부분 사도 바울의 기록문서(편지)입니다. 실제는 **여러 사도들의 사역활동에 의해 기독교는 동서양세계에 알려지고 뿌리 내리게 되었으나** 베드로, 야고보, 요한, 마태, 바울 외의 사도들의 사역에 관하여는 안타깝게도 문서로 된 기록이 제대로 알려지지 않은 관계로 오늘날 우리가 정확히 알 수 없습니다. 다만 전승에[326] 의해 알려진 것입니다.

신약성경 특히 4대 복음서는[327] 그 초점이 무엇보다 **예수 그리스도의 생애**를 조명하는데 있으며, **예수 그리스도의 십자가 사랑과 부활의 능력에 의한 구원과 영생의 진리**를 전하는 데 있음을 통찰(전체를 내다보는 것)할 필요가 있습니다.

먼저 공관복음을 살펴보기로 합니다.

공관복음이 쓰여진 순서에 대해서는 마태와 누가가 마가에 의존하여 기록되었으며, 마태와 누가는 서로 상관없이 독자적으로 기록되었다고 하는 것이 가장 일반적인 주장입니다. 즉 마가복음이 처음으로 기록되었고, 마태와 누가가 모두 마가복음을 인용[328]하였다는 것입니다. 마가는 661개의 절로 이루어져 있고, 마태는 1,068개절로 이루어져 있으며, 누가는 1,149개의 절로 이루어져 있습니다. 이중 마가의 80%가 마태에 나오고, 누가에서는 65%가 나옵니다. 마태와 누가는 공통으로 갖고 있는데 마가에는 없는 약 220-235개의 절들이 있습니다.[329]

[정리] 신약성경이 쓰여진 시기

신약성경이 쓰여진 시기에 관해서는 정확하게 말하기 어렵습니다. 이유는 무엇보다 성경 안에 그러한 기록 시기를 말하지 않았기 때문입니다. 하지만 기록 시기에 관한 그동안의 많은 역사적 기록과 연구 노력으로 많은 사람들이 받아들이는 추정된 시기를 정리해 볼 수 있습니다.[330] 가장 정확한시기는 오직 하나님만이 아실 것입니다.

326) 전승(傳承)은 보고 들은 것을 다른 사람에게 전해 준다(준 것이라)는 의미입니다.
327) 4복음서는 AD150년 이후에 널리 인정받았습니다.
328) 인용(引用)은 남의 말이나 글 가운데서 필요한 부분을 끌어다 쓰는 것입니다.
329) 레이몬드 E. 브라운, 김근수 외 공역, 신약개론, CLC. 2017.191쪽.
330) 그럼에도 불구하고 연구자에 따라 기록시기가 다소간의 차이가 있을 수밖에 없습니다.

[정리] 신약 성경의 저자 및 기록 시기

신약성경 및 저자	기록 시기(A.D)	신약성경 및 저자	기록 시기(A.D)
갈라디아서 /바울	49년 1차전도 여행 직후	디모데전서 / 바울	62년
데살로니가전서 / 바울	50-51 2차전도 여행 중	디도서 / 바울	62년
데살로니가후서 / 바울		디모데후서 / 바울	62년
고린도전서 / 바울	54년 3차 전도 여행 중	베드로전서 / 베드로	63년
고린도후서 / 바울	55년 3차 전도 여행 중	베드로후서 / 베드로	63-64년
로마서 / 바울	55년 3차 전도 여행 중	마태복음 / 마태	60년대
야고보서 / 야고보	40년대-50년대	히브리서 / 미상	60년대
마가복음 / 마가	50년대-60년대 초	유다서 / 유다	60년대-70년대
에베소서 / 바울	60년	요한복음 / 요한	80년 후반-90년대초
골로새서 / 바울	60년	요한일서 / 요한	위와 같음
빌레몬서 / 바울	60년	요한이서 / 요한	위와 같음
누가복음 / 누가	60년	요한삼서 / 요한	위와 같음
사도행전 / 누가	61년	요한계시록 / 요한	위와 같음
빌립보서 / 바울	61년		

* 기록연대는 객관적 자료 및 고증 등에 의해서 다소간 차이가 있습니다.

* 위 도표는 H.웨인 하우스 원저, 김일우 편역, 챠트로 본 신약, 아가페문화사, 1996, 12쪽 인용.

제1절 마태복음은 어떤 이야기인가요?

제2절 마가복음은 어떤 이야기인가요?

제3절 누가복음은 어떤 이야기인가요?

제4절 요한복음은 어떤 이야기인가요?

제5절 사도행전은 어떤 이야기인가요?

제1절 마태복음은 어떤 이야기인가요?

이 복음서는 특별히 유대적인 배경을 가진 사람들을 위해 쓰여진 책입니다. 이 책은 구약성경의 예언들이 예수님의 생애에 어떻게 구체적으로 이루어지고 있는지를 쓰고 있으나 실제로는 예수님의 가르침에 중점을 두고 있습니다. 마태복음은 예수님의 생애와 인격을 중심으로 그분이 **하나님의 아들이시며 이스라엘의 왕으로, 또 제사장**으로 그리고 **인류 구원을 위해 오신 분(메시야)**이심을 나타내 주고 있습니다.

1. 구약과 신약을 연결시켜 주는 책입니다.

마태복음은 **구약과 신약의 다리** 역할을 하는 책으로 **"아브라함과 다윗의 자손 예수 그리스도의 계보라"**고 하면서 시작하고 있습니다(마태 1:1). 구약적 배경을[331] 가지고 예수님의 일생을 쓴 책으로 구약을 130번 이상 언급하고 있습니다.

'이 모든 일이 된 것은 주께서 **선지자로 하신 말씀을 이루려 하심이니**'(마태 1:22).

'이르되 유대 베들레헴이오니 이는 **선지자로 이렇게 기록된 바…**'(마태 2:5).

'이에 **선지자 예레미야를 통하여 말씀하신 바** 라마에서 슬퍼하며 크게 통곡하는 소리가 들리니 라헬이 그 자식을 위하여 애곡하는 것이라 그가 자식이 없으므로 위로 받기를 거절하였도다 함이 **이루어졌느니라**'(마태 2:17-18).

331) 구약적 배경이 되는 메시야, 이스라엘, 율법, 왕국, 예언 등이 등장하고 있습니다.

2. 유대인에게 예수 그리스도를 전하기 위한 책입니다.

① 마태복음은 예수님을 아브라함과 언약한 메시야이며, 하나님이 다윗에게 언약한 왕임을 증명하고, 예수님을 이스라엘의 왕으로 오신 분으로 소개하고 있습니다.

'**아브라함과 다윗의 자손** 예수 그리스도의 계보라'(마태 1:1).

② 그리하여 왕에게 중요한 족보 이야기를 시작하여[332] 예수님이 다윗의 자손으로 약속된 메시야임을 증명하였습니다.

'그런즉 모든 대 수가 **아브라함부터** 다윗까지 열네 대요 다윗부터 바벨론으로 사로잡혀 갈 때까지 열네 대요 바벨론으로 사로잡혀 간 후부터 **그리스도까지** 열네 대더라'(마태 1:17).

[정리] 복음서의 기록 대상의 중심

복음서	마태복음	마가복음	누가복음
기록 대상	유대인들	로마인들	헬라인들

③ **신약성경의 기록된 순서**는 크게 바울서신 - 마가복음 - 마태복음의 순서라고 봅니다.

3. 이미 예언된 내용이 예수 그리스도를 통하여 성취됨을 나타낸 책입니다.

구약에서 예언된 내용을 예수 그리스도를 통하여 하나님의 계획이 성취됨을 나타내 주고 있습니다. 구약은 그리스도를 가리키며 모든 율법과 예언들은 그 안에서 성취되었음을 이야기하고 있습니다.[333] **'선지자로 하신 말씀을 이루려 하심이니…'**라는 말이 9번 이상 언급되고 있습니다.

'저물매 사람들이 귀신 들린 자를 많이 데리고 예수께 오거늘 예수께서 말씀으로 귀신들을 쫓아내시고 병든 자들을 다 고치시니 이는 **선지자 이사야를 통하여 하신 말씀에 우리의 연약한 것을 친히 담당하시고 병을 짊어지셨도다 함을 이루려 하심이더라**'(마태 8:16-17).

332) 조선시대에도 이러한 왕의 정통성과 정당성을 확보하는 일이 중요하였음을 알 수 있습니다. 그리하여 왕의 조상들의 이야기(용비어천가)나 무덤 그리고 조상을 모신 사당(상징물)들이 강조되었습니다.

333) 아가페, 앞의 책, 마태복음 서론

＊ 마태와 마태복음서

1. 마태는 알패오의 아들이며, 헤롯 안디바 영토 내의 가버나움 부근의 세리로 있을 때 예수님의 부름을 받았습니다. 그는 유대인으로써 직업은 세무원이었습니다. 마태는 예수님을 가장 가까이서 따르던 12사도들 가운데 한 사람입니다.

2. 직업상 속기를 알고 있었으므로 예수님의 설교들을 기록할 수 있었습니다. 그가 숫자에 익숙했다는 사실은 돈에 대한 잦은 언급, 많은 양(마태 18:24; 25:15)과 통계에 대한 관심(마태 1:17) 등을 통하여 알 수 있습니다.

3. 마태복음이 제일 먼저 나오는 것은 기록의 순서가 아니라 구약과 신약을 연결시켜주는 다리의 역할을 하기 때문입니다.

영감을 받는 마태
(카라바조 作, 이탈리아 1571-1610)

4. 하나님의 아들, 이스라엘의 왕, 인류의 구원자이심을 보여주기 위한 책입니다.

마태복음은 예수님의 전 생애와 인격을 통하여 그분이 하나님의 아들이시며 이스라엘의 왕이시고, 메시야이며 그리고 인류 구원을 위해 오신 분이심을 나타냅니다. 즉,

> '아들을 낳으리니 이름을 예수라 하라 이는 **그가 자기 백성을 그들의 죄에서 구원할 자이심**이라 하니라'(마태 1:21).

첫째, 예수님이 이스라엘(사람들)이 기다리던 메시야(구원자)시며 구약의 조상들에게 약속하신 왕[334]이라는 사실을 증명하기 위한 책입니다.

> '여호와의 말씀이니라 보라 때가 이르리니 내가 **다윗에게 한 의로운 가지를 일으킬 것이라 그가 왕이 되어** 지혜롭게 다스리며 세상에서 정의와 공의를 행할 것이며 그의 날에 **유다는 구원을 받겠고** 이스라엘은 평안히 살 것이며 그의 이름은 여호와 우리의 공이라 일컬음을 받으리라'(예레미아 23:5-6).[335]

---

334) 왕에게는 족보가 중요합니다. 14대씩 묶은 것은 **다윗이라는 글자가 숫자로는 14**이기 때문이라고 봅니다. 일곱 혹은 안식일의 배수로 **거룩한 숫자**이기 때문이기도 합니다.
335) 마태복음에서 예수님을 '다윗의 자손'으로 부른 경우가 10회 정도 등장합니다(1:1,20/9:27/12:23/15:22/20:30, 31/21:9, 15/22:42).

[정리] 예수 그리스도가 유대인의 왕이시라는 것을 증명하기 위한 내용

장, 절	주요 내용	장 소	기 간
1:1~4:11	왕에 대한 소개(왕의 출현)	베들레헴과 나사렛	
4:12~7:29	왕의 요구(왕의 선포)	갈릴리	
8:1~11:1	왕의 행위(왕의 권능)	가버나움/가다라	
11:2~13:53	왕의 계획	하나님 나라를 이룸	
13:54~19:2	왕의 운명(배척당하는 왕)	나사렛	주전4~
19:3~26:2	왕의 문제(왕의 예언)	예루살렘	주후 33년
23:1-39	왕에 대한 거부	예루살렘	
24:1-25:46	왕의 예언들	감람산	
26:3~28:15	왕의 죽음과 부활(왕의 수난)	겟세마네동산/골고다	
	진정한 왕임을 입증		
28:1-20	왕 되심에 대한 증거 ⇨ 부활	골고다/요셉의 무덤	
28:16~20	왕에 의한 마지막 파송 ⇨ 제자	갈릴리	

둘째, 초대교회 성도들에게 예수님의 인격 및 사역과 교훈을 가르치기 위함입니다.[336)]

[정리] 세상 나라의 임금(왕)과 하나님 나라의 왕이신 예수 그리스도

구분	세상 나라 임금(왕)	하나님 나라 임금(왕)이신 예수 그리스도
주요 특징 및 지위	통치차	통치자
통치권(다스림)의 핵심	권력	긍휼과 사랑
다스림의 목적 왕의 역할	자기 이익 보호 및 향유	자기희생, 백성의 연약함 돌보시고 담당하시고 병을 짊어짐
백성과의 관계	분리 됨	분리 되지 않음
거하는 장소	궁궐에 있음	거리에 (백성과 함께) 있음
심판의 대상 및 결과	*자기 백성의 심판자 *처벌	*모든 민족의 심판자 *구원

마태복음에는 예수님은 스승(선생)으로서 여러 가지 가르침을 기록하고 있으며, 또한 제자도에 대해서도 다루고 있습니다.

'그 때에 **제자들이 예수께 나아와 이르되 천국에서는 누가 크니이까 예수께서… 이르시되 누구든지 이 어린 아이와 같이 자리를 낮추는 사람이 천국에서 큰 자니라**'

(마태 18:1-4).

336) 비젼성경, 신약전서 1쪽.

5. 마태복음의 장 제목

장	제 목	주요 내용
1	예수님의 족보	*예수님은 다윗 왕의 육신적 혈통임
2	예수님의 탄생과 동방박사 경배	*예수님의 탄생에 대한 예언과 증거
3	세례 받으심	*예수님의 사역의 객관성과 선포
4	시험을 받으심	*예수님과 사탄(악의 세력)대결에서 승리
5	산상설교(8복)	*하나님의 나라
6	산상설교(주기도문)	*기도의 모델 제공
7	산상설교(좁은 문)	*신앙적 삶의 진중성
8	백부장의 종을 고치심	*예수님의 치유사역과 믿음의 순수성
9	마태를 부르심	*제자의 선택
10	12제자를 택하심	*제자들의 선택
11	세례 요한의 질문	*메시야에 대한 답변
12	밀 이삭(안식일)	*안식일의 진실한 의미
13	여덟 가지의 비유	*천국의 비밀
14	5천 명을 먹이심(세례 요한 순교)	*기적과 이적
15	4천 명을 먹이심	*형식주의와 진실한 믿음
16	베드로의 신앙고백	*예수님은 누구신가?
17	산상변화	*예수님은 누구신가에 대한 응답
18	어린아이(범죄와 용서)	*천국에서 큰 사람, 형제에 대한 용서
19	젊은 부자(이혼과 영생)	*어떻게 하면 영생을 얻을 수 있을까?
20	포도원의 삯꾼	*삯꾼을 대하는 주인의 마음-배분적 정의
21	예루살렘 입성과 청결	*예루살렘 성전의 삶
22	혼인 잔치의 비유	*하나님 나라의 예비자
23	일곱 가지 화	*서기관들과 바리새인들이 당할 화
24	말세와 예수님의 예언	*말세의 징표
25	열 처녀의 비유	*말세를 맞이할 자세
26	최후의 만찬(겟세마네)	*예수님과 제자들의 최후의 만찬
27	십자가에 달리심	*십자가의 대속
28	예수님의 부활	*죽음을 이기심과 주관자

▶ 무리를 가르치심 ⇨ 12사람을 가르치심으로(변화되어 감)

▶ 고조되는 환영 열기 ⇨ 점증하는 반대 분위기로(변화되어 감)

6. 마태복음에서 나타난 주요 특징

1) 신약의 맨 처음에 위치함으로써 기독교 사상에 독특한 공헌을 하고 있습니다.

유대 그리스도인들에게 예수를 믿는 신앙은 구약성경을 부인하는 것이 아니라 바로 구약에 나타난 계시가 지향하는 목표라는 것을 권위 있게 설명하고 있습니다. 물론 이방인 개종자들[337]에게 있어서도 구약성경을 이해해 감에 따라 이러한 문제에 부딪히게 되므로 마태복음이 신약의 맨 처음에 놓여 구약의 마지막(말라기)과 신약을 연결시켜 주는 것은 매우 당연한 것입니다.

＊ 구약과 신약의 중간사의 이해

구약 말라기와 신약 마태복음(엄격히 말하면 예수님의 탄생, 성경으로 말하면 최초에 쓰여진 누가복음) 간의 약 400년 간을 구약과 신약의 중간사라고 합니다. 이 중간사는 그 동안 하나님이 침묵하신 기간으로 해석하여 왔습니다. 하지만 연구에 따르면 결코 **침묵의 기간으로만 해석될 수 없다**고 봅니다. 중간사 기간에는 중요한 발전들이 있었는데, 강대한 왕조들의 교체, 유럽의 판도가 두세 차례나 바뀌고, 유럽과 아시아 국가들 사이에 국경선이 크게 변화하였으며, 새로운 문화들이 출현하였습니다. 그러므로 신약성경이 기록된 분위기는 구약과 신약의 두 성경 사이의 중간사 시기에 표출된 것이 상당 부분을 차지하고 있으며, 구약성경에 대한 연구만으로는 신약기록의 상황을 설명할 수 없다고 할 수 있습니다.[338]

[정리] 예언이 없었던 400년의 침묵 기간

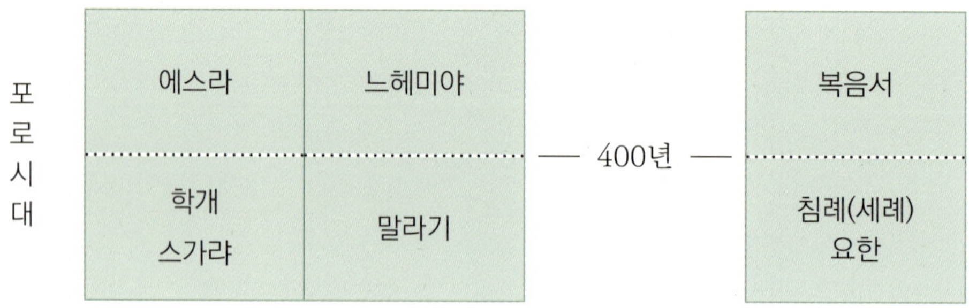

337) 마태복음 15:21-28.
338) 레이몬드 설버그 저, 김의원 역, 신구약 중간사, 기독교문서선교회, 2004, 9쪽.

2) 복음의 체계적인 구성과 신학적인 특성을 가지고 있습니다.

① 예수님은 다윗의 자손이며 히브리인에게 약속된 메시야로서 하나님의 나라가 이 땅에 임하게 하셨습니다.[339] 하지만 예수님은 자신의 백성들로부터 거절당했으며 '유대인의 왕'으로 십자가에서 돌아가셨습니다.

'그 머리 위에 이는 **유대인의 왕 예수**라 쓴 죄패를 붙였더라'(마태 27:37)

② 마태복음에서 구약은 그리스도를 가리키며 모든 율법과 예언들은 그 안에서 성취되었음을 이야기하고 있습니다.

'이 모든 일이 된 것은 주께서 **선지자로 하신 말씀을 이루려 하심**이니…'
(마태 1:22).

'그러나 이렇게 된 것은 다 선지자들의 글을 이루려 함이니라…'(마태 26:56).

③ 마지막으로 제자들에게 말씀하신 대위임 명령(大委任 命令)은 마태복음의 신학적인 프로그램(선교의 목적)을 담고 있는 중요한 본문으로 통합니다.[340]

' 그러므로 너희는 가서 모든 민족을 제자로 삼아 아버지와 아들과 성령의 이름으로 세례를 베풀고 내가 너희에게 분부한 모든 것을 가르쳐 지키게 하라..'(마태 28:19-20).

⇨ **제자를 삼으라, 세례를 베풀라, 가르치라**

3) 다섯 가지의 강화와 다섯 개의 사역을 서술하고 있습니다.

① 마태복음에서는 크게 예수님의 다섯 가지의 설교 말씀과 다섯 개의 주요 사역을 기록하고 있습니다.

339) 마태복음 28:19-20.
340) 김창선, 앞의 책, 360쪽. 선교의 최종목적은 모든 민족을 진정한 그리스도인의 수준으로 올려 놓는 것입니다. 그러므로 **가르쳐 지키게 하는 것(하나님 뜻에 순종하는 것)**이 중요합니다.

[정리] 마태복음에서 예수님의 설교

1강	제5장~7장	산상설교	제자 됨의 자세에 관한 말씀
2강	제10장	12제자 파송 장 : 전도설교	선교와 사도직에 관한 가르침
3강	제13장	천국에 대한 비유의 장 : 비유설교	천국(하나님의 나라)가 중심주제
4강	제18장	교회공동체를 향한 훈련의 장 : 교회설교	교회의 훈련과 교제에 관한 가르침
5강	제24~25장	재림과 종말론 : 종말론적 설교	세상의 종말에 관한 가르침

▶ 모세의 5경과 대비하여 이스라엘의 왕이신 예수님도 다섯 묶음의 설교를 하심을 강조함

[정리] 예수님의 주요 사역

1	천국 복음을 전파하심	*죄와 심판에 관하여 전함 *구원과 영생에 관하여 전함 *하나님 나라에 관하여 전함
2	진리를 가르치심	*예수 그리스도에 관하여 가르침 *믿는 자들의 삶에 관하여 가르침
3	병자를 치유하심	*온 유대와 이방지역에서까지 많은 병자들 치유
4	제자들을 세우고 양육훈련 시키심	*12제자들을 택하시고 몸소 실천하심으로 양육과 훈련함
5	장래 일을 예언하심	*십자가에 죽으실 것을 예언함 *구원과 부활과 영생에 관하여 예언함 *종말과 재림에 관하여 예언함

② 예수님의 사역을 지리적 관련성으로 설명할 수도 있습니다.

갈릴리 사역 이전의 준비(마태 1:1-4:11)와 갈릴리에서의 사역(마태복음 4:12-18:35), 유대 지역과 예루살렘에서의 사역, 갈릴리로 돌아오셔서의 사역(마태복음 19:1-28:20)으로 구분하기도 합니다.

✾ 예수님의 사역이 이스라엘 유대인만을 대상으로 한 것은 아니었다?

예수님의 사역은 주로 갈릴리 지역을 중심으로 펼쳐졌으나, 갈릴리는 반드시 유대인들만의 도시는 아니라고 할 것입니다. '이방인들의 갈릴리' 가 이미 형성되었고, 마태는 그의 독자가 많은 이방인들과 혼합되어 있음을 염두에 두고 강조하고 있습니다. 즉 예수님은 인류의 구원자이심을 바탕에 깔고 있다는 점입니다.

'예수께서 온 갈릴리에 두루 다니사 그들의 회당에서 가르치시며 천국 복음을 전파하시며 백성 중의 모든 병과 모든 약한 것을 고치시니 그의 소문이 **온 수리아에 퍼진지라… 갈릴리와 데가볼리와 예수살렘과 유대와 요단 강 건너편에서 수많은 무리가 따르니라**'(마태 4:23-25).

'… 옛적에는 여호와께서 스블론 땅과 납달리 땅이 멸시를 당하게 하셨더니 후에는 **해변 길과 요단 저쪽 이방의 갈릴리**를 영화롭게 하셨느니라'(이사야 9:1).

4) 하나님의 나라를 강조하고 있습니다.[341)]

① 하나님 나라는 이스라엘의 영적 회복에 초점을 두었습니다.

예수께서는 먼저 이스라엘의 영적 회복에 초점을 두시고 사역하셨습니다.

'나는 이스라엘 집의 잃어버린 양 외에는 다른 데로 보내심을 받지 아니하였노라' (마태 15:24).

또 제자들을 복음 전파로 보내실 때에도 같은 말씀을 하셨습니다.

'이방인의 길로도 가지 말고 사마리아인의 고을에도 들어가지 말고 오히려 이스라엘 집의 잃어버린 양에게로 가라 가면서 전파하여 말하되 천국이 가까이 왔다 하고' (마태 10:5-7).

② 예수님이 아브라함과 다윗 언약의 성취자로 오셨다는 것은 예수님의 사역을 통하여 **하나님의 나라가 확장되고 완성 될 것**을 의미합니다.[342)]

③ 하지만, 하나님의 나라를 이스라엘(당시의 세대)은 빼앗기고 그것이 다른 백성(이방인/교회)에게 주어질 것이라고 선포합니다.

'그러므로 내가(예수님이) 너희에게 이르노니 하나님의 나라를 너희는 빼앗기고 그 나라의 열매 맺는 백성이 받으리라'(마태 21:43).

---

341) 마태는 천국(하나님 나라)에 대해서 50회, 마가는 15회, 누가는 38회 정도 사용하였습니다.
342) 김태희, 하나님 나라 관점으로 성경일독하기, 물댄동산 성경훈련원, 2013, 240쪽.

'또 너희에게 이르노니 동 서로부터 많은 사람이 이르러 아브라함과 이삭과 야곱과 함께 천국에 앉으려니와 **그 나라와 본 자손들은 바깥 어두운 데 쫓겨나** 거기서 울며 이를 갈게 되리라'(마태 8:11-12).

④ 하나님 나라의 선포는 새로운 율법(복음)을 창조하신 것입니다.

예수님은 하나님 나라가 율법에서 벗어나게 하시는 것이 아니라 율법이 정확하게 무엇을 원하는 것인지를 알게 하십니다. 그 결과 **'하늘에 계신 너희 아버지의 온전하심과 같이 너희도 온전하라'**(마태 5:48)고 하시며, 또한 궁극적으로는 '**율법을 폐하는 것이 아니라 완전케 하시는 것'**(마태 5:17)임을 말씀하십니다.

하나님의 아들이자 왕으로서의 예수의 권위 아래서 율법은 새롭게 형성되고 새로운 관점으로 조명됩니다.[343)]

[정리] 예수님은 구약(모세) 율법을 신약(복음)으로 재창조하심

모세의 율법	예수님의 율법(복음)으로의 재창조
① 모세의 율법은 동해보복적인 결과 *살인한 자를 죽이고 상해한 자를 상해함 *간음한 자가 현장에서 잡히면 돌로 죽임	① 율법을 수정하거나 바로잡음 *형제에게 화내는 것도 살인(행위의 동기) *음욕을 품으면 간음(행위의 동기가 중요)
② 율법이 허락한 것 *이혼증서를 주고 이혼함 *하나님께 맹세한 것을 지키라	② 율법이 허락한 것을 금함 *이혼하지 말라/하나님이 짝지워 주신 것을 사람이 나누지 못한다. *맹세도 하지 말라/인간이 마음대로 할 수 있는 것이 무엇인가?
③ 경건한 행위를 포장한 위선 *구제한 행위를 자랑함 *기도를 남이 의식하도록 큰 소리로 함 *금식한 것을 드러내기 위해 표정을 지음	③ 새로운 형태의 경건 실천 *오른손이 하는 것을 왼손이 모르게 하라 *기도는 은밀한 중에 하나님과 하라 *금식은 드러나지 않게 하라
④ 사람들로부터 대접받기를 좋아함 *특히 지도자들은 사람들로부터 대접받기를 기대하고 즐김으로 사람들의 짐이 됨	④ 황금율을 선포하심 *무엇이든지 남에게 대접을 받고자 하는 대로 너희도 먼저 남을 대접하라

343) 존 스토트, 김동규 옮김, 신약의 메시지, 아바서원, 2017, 75쪽.

5) 구약의 인용을 통하여 구약의 성취를 강조하고 있습니다.

구약성서에 대한 53개의 직접적인 인용이 있습니다.[344] 예수님께서 구약의 예언을 이루셨다는 표현이 12번이나 기록되어 있습니다.[345]

> **'이 모든 일이 된 것은 주께서 선지자로 하신 말씀을 이루려 하심이니'**(마태 1:22).

> **'이사야의 예언이 그들에게 이루어졌으니 일렀으되 너희가 듣기는 들어도 깨닫지 못할 것이요 보기는 보아도 알지 못하리라 이 백성들의 마음이 완악하여져서 그 귀는 듣기에 둔하고 눈은 감았으니 이는 눈으로 보고 귀로 듣고 마음으로 깨달아 돌이켜 내게 고침을 받을까 두려워 함이라 하였느니라'**(마태 13:14-15).

> '이는 **선지자 이사야를 통하여 말씀하신 바** 보라 내가 택한 종 곧 내 마음에 기뻐하는 바 내가 사랑하는 자로다 내가 내 영을 그에게 줄 터이니 그가 심판을 이방에 알게 하리라 그는 다투지도 아니하며 들레지도 아니하리니 아무도 길에서 그 소리를 듣지 못하리라 상한 갈대를 꺾지 아니하며 꺼져가는 심지를 끄지 아니하기를 심판하여 이길 때까지 하리니 또한 이방들이 그의 이름을 바라리라함을 **이루려 하심이니라**'(마태 12:17-21/이사야 42:1-4).

[정리] 구약의 예언이 성취되었다(이루어지다, 이루려 함이라)는 표현

구약의 예언	예언의 성취 내용	성경
이사야 7장,8장	예수 그리스도의 나심	마태복음 1:22
출애굽기 4:22 호세아 11:1	아기 예수의 이집트 피난	마태복음 2:13-15
예레미야 31:15	베들레헴에서 아이들의 죽음	마태복음 2:16-18
이사야 11:1	예수님이 나사렛 동네에 살게 됨	마태복음 2:23
이사야 9:1-2	예수님이 가버나움으로 이사하게 됨	마태복음 4:13-14
이사야 40:8	율법이 다 이루어짐	마태복음 5:18
시편 53:4	예수님께서 많은 사람들을 고치심	마태복음 8:16
시편 53:4	우리의 연약함과 질병을 담당하심	마태복음 8:17
말라기 3:1	세례 요한을 통하여 길을 준비하심	마태복음 11:10
이사야 12:4	이방들이 그의(예수님의) 이름을 바라리라	마태복음 12:21

344) 로버트슨의 '복음서의 조화'에 따르면 마가 49번, 누가 80번, 요한 33번 구약을 인용하고 있다고 합니다.
345) 마태 2:5-6, 15, 17-18, 23; 3:3; 4:14; 8:17; 12:17; 21:4-5; 26:56; 27:9-10.

이사야 6:9-10	천국비밀(복음)을 말하여도 깨닫지 못함	마태복음 13:14-15
열왕기하 6:17 다니엘서 7:10 이사야 88:8	예수님이 유다의 배신으로 잡히시고 제자들이 다 예수를 버리고 도망하게 됨	마태복음 26:47-56

6) 교회(에클레시아)가 마태복음에서만 언급되고 있습니다.

공간복음서 중에서 유일하게 교회에 대하여 언급하고 있습니다.

> '내가 네게 이르노니 너는 베드로라 **내가 이 반석 위에 내 교회를 세우리니 음부의 권세가 이기지 못하리라**'(마태 16:18).

> **'만일 그들의 말도 듣지 않거든[346] 교회에 말하고 교회의 말도 듣지 않거든 이방과 세리와 같이 여기라'**(마태 18:17).

7) 기적에 대하여 강조하고 있습니다.

마태복음에서는 예수님이 행하신 기적들을 강조하고 있습니다. 나병환자, 백부장의 하인, 베드로의 장모, 귀신들린 자, 중풍병자, 맹인, 말 못하는 자, 그리고 수많은 사람들을 고치시는 기적을 행하셨습니다.

(1) 구약에서 약속한 메시야이심을 드러내는 의미를 가지고 있습니다.

예수님은 한 문둥병자를 고치셨을 때, 그 사람에게 율법에 기록된 대로 자기 몸을 제사장들에게 보이라고 하셨습니다(마태 8:2-4). 이것은 제사장들에게 메시야의 존재를 증거하는 것이었기 때문입니다.

> **'그때에 맹인의 눈이 밝을 것이며 못 듣는 사람의 귀가 열릴 것이며 그때에 저는 자는 사슴같이 뛸 것이며 말 못하는 자의 혀는 노래하리니** 이는 광야에서 사막에서 시내가 흐를 것임이라(이사야 35:5-6).

(2) 예수님의 기적은 하나님의 나라를 보여 주고 있습니다.

예수님이 기적을 행하는 곳마다 절망과 고통이 사라지고 기쁨이 샘솟고 평화가 회복되는 하나님의 나라의 모습을 나타내 주고 있습니다.

> **'그의 손을 만지시니 열병이 떠나가고 여인이 일어나서 예수께 수종들더라'**(마태 8:15).

> **'그들(맹인들)이 나가서 예수의 소문을 그 온 땅에 퍼뜨리니라'**(마태 9:31).

---

346) 형제가 죄를 범한 경우 먼저 권고하고, 그대로 듣지 않으면 두세 사람을 증인으로 세워 듣도록 하고, 그래도 듣지 않을 경우 교회에 말하라는 말씀입니다.

'말 못하는 사람이 말하고 장애인이 온전하게 되고 다리 저는 사람이 걸으며 맹인이 보는 것을 무리가 보고 놀랍게 여겨 이스라엘의 하나님께 영광을 돌리니라' (마태 15:31).

(3) 창조세계를 다스리는 권세(권위와 능력)가 있음을 증명하고 있습니다.

예수님이 일으키신 기적을 통하여 예수님이 창조세계를 주관하고 다스리는 권세가 있다는 것, 즉 **예수님은 하나님임**을 증명하고 있습니다. 예를 들면 예수님이 죽은 자를 살리신 사건, 바다를 잔잔케 하신 사건(마태 14:32), 물 위를 걸어가신 사건(마태 14:25) 등입니다.

[정리] 예수님이 죽은 자를 살리신 기적

죽은 자를 살리신 기적	마태복음	마가복음	누가복음	요한복음
회당장 야이로의 딸을 살리심(어린이)	9:18,25	5:22,35	8:40,49	
나인 성 과부의 아들을 살리심(청년)			7:11	
나사로를 살리심(장년)				11장 전체

회당장 야이로의 딸을 살리신 예수님
(일리야 예피모 비치 레핀 作, 러시아 1844-1930)

나인 성 과부의 아들을 살리신 예수님
(장 바티스티 비카르 作, 프랑스 1762-1834)

나사로를 살리신 예수님
(렘브란트 반 레인 作, 네덜란드, 1606-1669)

(4) 예수님은 기적을 통해서 죄 사함의 권세가 있음을 보여 줍니다.

예수님이 중풍병자를 고치신 사건 등을 통해 예수님이 죄 사함의 권세가 있음을 보여 줍니다(마태 9:1-8).

> **'침상에 누운 중풍병자를 사람들이 데리고 오거늘 예수께서 그들의 믿음을 보시고 중풍병자에게 이르시되 작은 자야 안심하라 네 죄 사함을 받았느니라…** 일어나 네 침상을 가지고 집으로 가라 하시니 그가 일어나 집으로 돌아가거늘'(마태 9:2,6-7).

[정리] 복음서의 이적들 가운데 마태복음에만 소개된 것

복음서에는 총 36가지의 이적이 기록되어 있습니다. 그중에서 마태복음에는 20개의 이적이 기술되어 있으며 그중에서도 마태복음에만 고유한 이적들은 4개입니다.
즉, ① 두 소경이 고침 받은 사건(마태 9:27-31), ② 귀신들려 벙어리된 자를 고친 사건(마태 9:32-33), ③ 귀신 들려 눈 멀고 벙어리 된 자를 고치신 사건(마태 12:22), ④ 한 세겔의 동전을 입에 문 고기(마태 17:24-27) 등입니다.

8) 종말과 재림에 대해 강조하고 있습니다.[347)]

① 마태복음(예수님의 감람산 설교)에서는 미래에 교회가 당면할 일 즉 종말에 일어날 일과 그와 함께 또한 예수님의 재림에 대하여 강조하고 있습니다. 그러므로 종말은 재림이란 교훈 속에서 해석되어야 합니다.

② 예수님은 종말에 있을 네 가지 징조에 대하여 말씀하셨습니다. 그리고 세상 끝에 대한 한 가지 조건으로 **'이 천국 복음이 모든 민족에게 증거되기 위하여 온 세상에 전파되리니 그제야 끝이 오리라'**(마태 24:14). 즉 택함 받은 백성의 구원이 있기까지 기다리신다는 것입니다.

[정리] 종말에 있을 네 가지 징조

1	거짓 메시야가 나타날 것임	'나는 그리스도라' 함	마태 24:5
2	전쟁과 전쟁의 소문이 많이 있을 것임	난리소문, 민족이 민족을 나라가 나라를 대적(전쟁)함	마태 24:7
3	처처에 기근과 지진이 있을 것임	기근으로, 지진으로 사망함	마태 24:7
4	불법이 성하여 사람들의 사랑이 식어짐	불법이 많아 사랑하지 않음	마태 24:12

347) **예수님의 재림과 종말**에 관하여 **제2부에서 자세히 이야기**합니다.

③ 그리고 예수님이 오실 때(재림)의 시기는 **'무화과 나무의 비유를 배우라 그 가지가 연하여지고 잎사귀를 내면 여름이 가까운 줄을 아나니'**(마태 24:32)라고 하시면서 판단의 지혜를 말씀하셨습니다. 그리고 이때를 위해 성도들에게 권면 하시기를 '깨어 있으라'고 하시면서 성도들이 준비하고 있을 것을 말씀하십니다.

'**깨어 있으라** 어느 날에 너희 주가 임할는지 너희가 알지 못함이니라'(마태 25:24).

9) 예수님을 소개(인정, 고백)하고 있습니다.[348)]

마태복음에서 중요한 주제의 하나는 **예수님이 하나님의 아들임을 드러내는 것**이라고 할 수 있습니다.

'이는 **내 사랑하는 아들**이요 **내 기뻐하는 자**라'(마태 3:17 ; 17:5).

(1) 하나님이 직접 소개하고 있습니다.

예수님에 대한 하나님의 소개	성경구절	뜻과 의미하는 것
이는 내 사랑하는 아들이요	시편 2편 7절	예수님이 왕이 됨
내 기뻐하는 자라	이사야 42장 1절	예수님이 종이 됨

(2) 세례 요한에 의하여 예수님이 소개 되고 있습니다.

① 세례 요한은 예수님에 대하여 **'자신이 세례를 받아야 할 사람'**이라고 하였습니다(마태 3:14).

② 예수께서 자기(요한)에게 나오심을 보고 (요한이) 이르되 '보라 **세상 죄를 지고 가는 하나님의 어린 양**이로다'라고 하였습니다(요한 1:29).

(3) 예수님 자신이 스스로에 대하여 소개하고 있습니다.

① **인자가 세상에서 죄를 사하는 권능이 있는 줄을** 너희로 알게 하려 하노라'(마태 9:6).

② '누구든지 사람 앞에서 나를 시인하면 나도 **하늘에 계신 내 아버지** 앞에서 그를 시인할 것이요'(마태 10:32).

③ '심판 때에 니느웨 사람들이 일어나 이 세대 사람을 정죄하리니 이는 그들이 요나의 전도를 듣고 회개하였음이거니와 **요나보다 더 큰 이가 여기 있으며,** 심판 때에 남방 여왕

348) 마태복음에서 14번이나 사용되었습니다.

이 일어나 이 세대 사람을 정죄하리니 이는 그가 솔로몬의 지혜로운 말을 들으려고 땅 끝에서 왔음이거니와 **솔로몬보다 더 큰 이가 여기 있느니라**'(마태 12:41,42).

(4) 예수님의 제자들의 고백으로 소개되고 있습니다.

① 물 위로 걸으시고 배에 오른 때에 배에 있는 제자들이 예수께 절하며 이르되 **'진실로 하나님의 아들이로소이다'**하더라(마태 14:33).

② 예수님께서 제자들에게 너희는 나를 누구라고 생각하느냐?고 물으실 때 베드로가 대답하기를 '**주는 그리스도시오 살아계신 하나님의 아들이시니이다**'라고 대답하였습니다(마태16:16).

(5) 귀신들도 예수님에 대해 인정하고 있습니다.

예수님께서 가다라 지방에[349] 가시매 귀신들린 자들이 무덤 사이에서 나와 예수님을 만나자 소리 지르면서 '**하나님의 아들이여** 우리가 당신과 무슨 상관이 있나이까 때가 이르기 전에 우리를 괴롭게 하려고 여기 오셨나이까' 하더라(마태 8:29).

(6) 예수님의 죽음을 집행하였던 백부장과 예수님을 지키던 자들이 인정하였습니다.

백부장과 및 함께 예수를 지키던 자들이 지진과 그 일어난 일들을 보고 심히 두려워하여 이르되 **'이는 진실로 하나님의 아들이었도다'** 하더라(마태 27:54).

10) 예수님의 수난사의 특징을 나타내 주고 있습니다.

① 예수님은 고향에서도 **배척을 받았으며,** 유대인들 특히 기존 유대 사회의 지도자들인 바리새파와 서기관들에게도 배척을 당하였으며, 그들의 **음모에 의해** 죄수가 되어 십자가에 달려죽으시기까지 하셨으며, 심지어 로마 병정들에게 **수모를 당하기**까지 하였습니다.

> '**예수를 배척한지라** 예수께서 그들에게 말씀하시되 선지자가 자기 고향과 자기 집 외에서는 존경을 받지 않음이 없느니라 하시고'(마태 13:57).

② 하지만 이 모든 것을 통하여 자신을 죽음에까지 내어 줌으로써 인간 사랑을 몸소 실

---

349) 조정구, 예수님의 삶의 흔적을 찾아, 97-98쪽. 거라사 지방으로도 불렀습니다(누가 8:26-38). 지금은 이 곳을 '나즈림'이라고 부릅니다. 갈릴리 호수 주변에 있는 도시로 경치가 아름다워 이스라엘 사람들의 휴양지입니다. 예수님 당시에는 유대나라에 속한 곳이 아닌 이방지역이었다고 합니다. 특히 돌들이 까만 것이 특징입니다.

천하시고 하나님과 인간 사이에 죄로 인하여 막힌 담(휘장)을 허시고(찢으시고) **십자가의 사랑을 통해 화해와 화목과 회복의 다리**를 놓으셨습니다. 예수님의 십자가상의 죽음과 더불어 **새 시대가 열렸습니다.**

> '예수께서 다시 크게 소리지르시고 영혼이 떠나시니라 이에 **성소 휘장이 위로부터 아래까지 찢어져 둘이 되고 땅이 진동하며 바위가 터지고 무덤들이 열리며 자던 성도들의 몸이 많이 일어나되** 예수의 부활 후에 그들이 무덤에서 나와서 거룩한 성에 들어가 많은 사람에게 보이니라'(마태 27:50-53).

> **'그러므로 무엇이든지 남에게 대접을 받고자 하는 대로 너희도 남을 대접하라 이것이 율법이요 선지자니라'(마태 7:12)**[350)]

11) 제자들에게 위임명령(선교명령)을 주셨습니다.

① 예수님은 사역기간 동안 제자들에게 직접 선교훈련을 시키셨습니다. 즉, 예수님은 열두 제자들을 부르시어 더러운 귀신을 쫓아내며 모든 병과 모든 약한 것을 고치는 권능을 주시고 내보내시며 명하여 **이방인의 길로도 가지 말고 사마리아 인의 고을에도 들어가지 말고 오히려 이스라엘 집의 잃어버린 양에게로 가라**(마태 10:5-6)고 하셨습니다.

② 하지만 이것은 우선순위를 말씀하신 것이며, 이방인들에게 선교를 포기하라는 말씀을 하신 것은 아닙니다. 예수님은 십자가에서 죽으시고 삼 일 만에 부활하신 후 제자들과 많은 사람들에게 나타나 보이시고 마지막으로 제자들에게 이땅에서의 사명(할 일)을 주시면서 부탁(위임)하십니다. 그 내용의 핵심은 **복음전파 즉 세계선교**에 관한 명령이라고 할 것입니다.

> '하늘과 땅의 모든 권세를 내게 주셨으니 **너희는 가서 모든 민족을 제자로 삼아 아버지와 아들과 성령의 이름으로 세례를 베풀고 내가 너희에게 분부한 모든 것을 가르쳐 지키게 하라** 볼지어다 세상 끝날까지 너희와 항상 함께 있으리라'(마태 28:19-20).

> '오직 성령이 너희에게 임하시면 너희가 권능을 받고 **예루살렘과 온 유대와 사마리아와 땅 끝까지** 이르러 내 증인이 되리라 하시니라'(사도행전 1:8).

---

350) 아이삭 와트는 이 말씀을 인간생활의 **황금률**이라고 하였습니다.

[정리] 문화명령과 위임명령

구분	명령권자	명령의 내용	명령을 받는 사람	성경구절
문화명령	성부 하나님	온 땅을 다스리라	인류의 조상 아담과 하와	창세기 1:28
위임명령	성자 하나님 (예수님)	모든 민족을 제자로 삼아 분부한 모든 것을 지키게 하라	예수님의 제자	마태 28:20

[정리] 마태복음에만 기록된 고유한 내용들

1. 예수님의 족보 이야기(1: 1-17)
2. 동방박사들에 관한 이야기(2:1-12)
3. 베들레헴 아이들의 학살에 관한 이야기(2:16-18)
4. 아기 예수를 이집트로 이사 가도록 한 이야기(2:12-23)
5. 베드로가 물 위로 걸어간 체험 이야기(14:28-33)
6. 베드로의 고백에 대한 그리스도의 대답에 관한 이야기(16:17-19)
7. 가룟 유다와 관련된 사건에 관한 이야기(26:14-16; 27:3-10)
8. 부활에 연관된 사건들에 관한 이야기(27:51-53)
9. 빈 무덤을 목격한 여인들에 관한 이야기(27:57-61)
10. 무덤을 지킨 군인들을 매수한 이야기(28:11-15)
11. 여인들에게 나타나신 그리스도 이야기(28:9-10)

[정리] 마태복음이 강조하고자 하는 점은 무엇인가요?

구약에 나타난 유대와 유대인	⇨	신약에 나타난 **예수 그리스도**(인)
유대인과 유대역사 등에 매몰됨 선민의식과 시온주의	⇨	**평등의식과 사해동포주의**
유대역사를 통하여 나타난 것(미완성)	⇨	**성취와 완성**
유대인의 메시야(구원자)	⇨	**온 인류의 메시야(구원자)**
유대인의 왕국(하나님 나라의 모형)	⇨	**하나님의 나라(원형)**
유대인의 행동기준은 율법--옛 언약 율법을 엄격히 준수함	⇨	**인간의 행동기준은 복음--새 언약 율법을 극복하고 완전케 함**
성전(건축물에 중점을 둔)사상	⇨	**새로운 교회 및 성전개념**
이스라엘의 역할	⇨	**하나님의 백성들의 사역(소명)**

[정리] 마태복음[351)]

저 자	마태					
기록시기	AD 50-70					
기 간	AD 4년-AD 33년					
가르침대상	무리를 가르침			12제자를 가르침		
구분	1:1-4:11	4:12-10:42	11:1-16:12	16:13-20:28	20:29-25:36	26:1-28:20
	왕의 탄생	왕에 대한 해석	왕에 대한 배척	왕의 제자훈련	왕의 등장과 배척	왕의 수난과 부활
기록장소	베들레헴 나사렛	갈릴리			유다	

제2절 마가복음은 어떤 이야기인가요?

마가[352)]에 의하여 기록된 마가복음은 인류의 죄를 위해 십자가에서 **고난당하시는 예수님의 종(從)된 메시야**의 모습을 증거하고, 예수님의 가르침과 사역을 증거하기 위해 기록하였습니다. 마가복음은 **세 복음서 중에서는 가장 먼저 기록된 복음서**로 보는 것이 일반적인 견해입니다.[353)] 이름으로 요한 마가는 신약에 3번(사도행전 12:12, 25; 15:37) 언급되고 있으며, 마가는 여러 번(사도행전 15:39, 골로새서 4:10, 디모데후서 4:11, 빌레몬서 1:24, 베드로전서 5:13) 언급되고 있습니다.

1. 여호와의 종으로서의 메시야 예수님에 관한 책입니다.

마가복음은 예수 그리스도를 여호와 **하나님의 종**으로서의 모습을 그리고 있습니다. 그래서 예수님의 족보도 없습니다.[354)] 그러므로 예수님이 하나님의 사역을 감당하기 위한 활동, 특히 구속적 활동을 강조하고 있습니다. 즉, 예수 그리스도를 여호와의 신실한 '종', 끊임없이 움직이시고, 바쁘게 다니신 '종', 사람들을 섬기고 고난 받으신 '종'으로써 소개하려고 할 때 그의 말씀보다는 그의 활동 행적과 사역의 사실을 소개하는 것이 더 강조되기 때문입니다.

---

351) 비젼성경, 신약 1쪽.
352) 마가는 사도행전(12:12)에 처음 언급되고 있습니다. 마가는 요한이라는 히브리 이름이 있었고, 마가는 그의 그리스 이름이었습니다.
353) 마태복음과 누가복음은 마가복음을 참조하였다고 봅니다.
354) 신성종, 앞의 책, 266쪽. 종에게는 족보가 중요하지 않습니다.

'너희 중에 누구든지 으뜸이 되고자 하는 자는 **모든 사람의 종**이 되어야 하리라'
(마가 10:44).

2. 고난 받는 예수님을 통한 고난 받는 사람들을 위한 복음서입니다.

마가가 이 책을 기록할 당시는 로마가 기독교인들을 박해하였고, 수많은 믿는 사람들이 순교를 당하고 엄청난 핍박을 받는 시기였습니다.[355] 이때 예수님의 고난과 핍박을 통하여 그리고 십자가의 고난과 죽으심으로 고난 뒤에 승리가 있음을 나타냄으로써 고난 받는 사람들이 **복음의 능력으로 이(고난과 핍박)를(을) 이기게** 하기 위하여 기록하였습니다.

> '누구든지 나를 따라오려거든 **자기를 부인하고 자기 십자가를 지고 나를 따를 것이니라** 누구든지 자기 목숨을 구원하고자 하면 잃을 것이요 누구든지 **나와 복음을 위하여 자기 목숨을 잃으면 구원하리라**'(마가 8:34-35).

3. 예수님의 십자가의 죽음과 부활을 강조한 책입니다.

① 마가가 가장 많이 기록하고 있는 부분은 예수 그리스도의 가장 중요한 사역인 십자가에서의 죽으심과 부활입니다. 마가복음 전체의 약 3/8은 고난주간에 일어난 사건을 서술하고 있습니다(마가 11:1-16:18). 신약성경 가운데 **십자가 신앙을 강조한(부각시킨) 것은 마가와 사도 바울**입니다.

> **'인자의 온 것은 섬김을 받으려 함이 아니라 도리어 섬기려 하고 자기 목숨을 많은 사람의 대속물로 주려 함이니라'**(마가 10:45).

> **'인자가 많은 고난을 받고 장로들과 대제사장들과 서기관들에게 버린 바 되어 죽임을 당하고 사흘 만에 살아나야 할 것**을 비로소 그들에게 가르치시되'(마가 8:31).

② 예수가 '그리스도, 하나님의 아들'(마가 1:1) 이라는 주장을 입증한 것은 무엇보다 그분의 죽음입니다.[356]

> **'이 사람은 진실로 하나님의 아들이 맞도다'**(마가 15:39).

---

355) 로마의 황제 네로에 의해 초기 기독교 지도자인 베드로와 바울이 로마에서 순교하게 되고, 많은 기독교인들이 십자가형, 화형, 로마의 원형극장에서 사자의 밥이 되어야 했습니다.
356) 존 스토트, 김동규 옮김, 신약의 메시지, 아바서원, 2017, 45쪽

4. 예수님의 인성을 솔직하게 묘사한 책입니다.

마가복음에는 예수님의 인간으로서의 모습을 솔직하게 드러낸 것을 볼 수 있습니다.

'**예수께서는** 고물에서 **(피곤하여)**베개를 베고 **주무시더니** 제자들이 깨우며' (마가 4:38).

'**예수께서 불쌍히 여기사** 손을 내밀어 그(나병환자)에게 대시며 이르시되 내가 원하노니 깨끗함을 받으라 하시니'(마가 1:41).

예수께서 그들(예수를 고발하려는 사람들)의 마음이 완악함을 **탄식하사 노하심으로** 그들을 둘러 보시고 그 사람(손 마른 사람)에게 이르시되 '네 손을 내밀라 하시니' 내밀매 그 손이 회복되었더라(마가 3:5).

예수께서 그(영생을 얻고자 질문한 사람)를 보시고 **사랑하사** 이르시되 '네게 아직도 한 가지 부족한 것이 있으니 가서 네게 있는 것을 다 팔아 가난한 자들에게 주라 그리하면 하늘에서 보화가 네게 있으리라 그리고 와서 나를 따르라 하시니' (마가 10:21).

예수께서 시장하신지라(마가 11:12).[357]

예수께서 성전에 들어가사 성전 안에서 매매하는 자들을 **(화가 나서)내쫓으시며** 돈 바꾸는 자들의 상과 비둘기 파는 자들의 의자를 **둘러 엎으시며**(마가 11:15).

(예수께서)말씀하시되 '**내 마음이 심히 고민하여** 죽게 되었으니 너희는 여기 머물러 깨어 있으라' 하시고(마가 14:34).

5. 예수님은 모든 것을 초월하시는 전지전능한 분이심을 보여준 책입니다.

① 마가복음에는 예수님이 행하신 많은 기적을 기록하고 있는데, 이는 예수님께서 모든 것을 초월하신 분으로써 **전지전능하신 존재**이심을 나타내 보이신 것입니다.

'중풍병자에게 말씀하시되 내가 네게 이르노니 일어나 네 상을 가지고 집으로 가라 하시니'(마가 2:10-11).

② 예수님은 모든 자연 만물에 대한 권세를 갖고 계시는 분으로 바람과 바다까지도 복종하는 보다 강한(힘의 소유) 자의 활동으로 나타나고 있습니다.

357) 그들(예수님과 제자들)이 베다니에서 나왔을 때였습니다.

'예수께서 깨어 바람을 꾸짖으시며 바다더러 이르시되 잠잠하라 고요하라 하시니 바람이 그치고 아주 잔잔하여지더라'(마가 4:39).

6. 마가복음의 장 제목과 주요 내용

장	제목	주요 내용
1	하나님의 아들 예수 그리스도와 그의 오심을 알린 세례 요한	*예수님의 오심을 알린 세례 요한 *예수님의 이 땅에서의 복음 사역 시작
2	마태를 부르심	*제자 선택의 시작
3	12제자 택하심	*하나님 나라를 위한 제자들의 선택
4	하나님의 나라 비유(풍랑)	*하나님 나라의 비밀
5	병 고침과 악귀 추방	*죽은 회당장의 딸을 살리심
6	5천 명을 먹이심	*세례 요한의 죽음
7	손 씻는 문제와 기적 수로보니게 여자의 믿음	*장로들의 전통(형식주의)의 잘못 지적
8	4천 명을 먹이심	*예수님의 고난과 죽음의 예언
9	산상변화	*예수님을 따르지 않는 자
10	젊은 부자의 고민	*이혼에 대하여
11	예루살렘 입성(호산나)	*성전청결 사건
12	악한 농부(큰 계명)	*부활논쟁
13	말세와 재림	*말세의 환난과 무화과나무의 비유
14	유월절(성만찬과 감람산, 잡히심)	*유다의 배반
15	십자가에 달리심(재판)	*빌라도의 심문과 십자가에 못 박히심
16	부활과 승천	*막달라 마리아와 두 제자에게 보이심

7. 마가복음에 나타난 주요 특징

1) 예수님은 하나님의 아들임을 선포하고 있습니다.

① 마가는 예수님은 누구신가? 에 대하여 '하나님의 아들'(인자)[358]이라고 선포하고 있습니다. 이는 예수님은 본질적으로 신적인 인간으로 종말론적으로는 구원 시대의 왕 되심을 마가는 복음서의 시작과 끝에 사용하고 있습니다. **예수님의 삶과 죽음과 부활을 '복음'이라고 부른 최초의 사람**이었습니다.

358) 마가복음에서 예수님을 인자라고 표현한 것은 모두 14번 나옵니다.
8:38; 9:9,12,31; 10:33,45; 13:26; 14:21,41,62 등

'**하나님의 아들** 예수 그리스도의 **복음**의 시작이라'(마가 1:1).

'예수를 향하여 섰던 백부장이 그렇게 숨지심을 보고 이르되 **이 사람은 진실로 하나님의 아들이었도다** 하더라'(마가 15:39).

'하늘로부터 소리가 나기를 **너는 내 사랑하는 아들이라** 내가 너를 기뻐하노라 하시니라'(마가 1:11).

'더러운 귀신들도 어느 때든지 예수를 보면 그 앞에 엎드려 부르짖어 이르되 **당신은 하나님의 아들이니이다** 하니'(마가 3:11).

'큰 소리로 부르짖어 이르되 지극히 높으신 **하나님의 아들 예수여** 나와 당신이 무슨 상관이 있나이까 원하건대 하나님 앞에 맹세하고 나를 괴롭히지 마옵소서 하니'(마가 5:7).

'마침 구름이 와서 그들을 덮으며 구름 속에서 소리가 나되 **이는 내 사랑하는 아들이니** 너희는 그의 말을 들어라 하는지라'(마가 9:7).

'**인자**가 땅에서 죄를 사하는 권세가 있는 줄을 너희로 알게 하려 하노라'(마가 2:10).

'**인자**는 안식일에도 주인이니라'(마가 2:28).

'**인자**가 많은 고난을 받고 장로들과 대제사장들과 서기관들에게 버린 바 되어 죽임을 당하고 사흘 만에 살아나야 할 것을 비로소 그들에게 가르치시되'(마가 8:31).

② 예수님은 누구신가? 에 대한 질문자들은 군중들(1:27), 서기관들(2:7) 그리고 제자들(4:41)이었습니다.

'(**사람들**이) 다 놀라 서로 물어 이르되 이는 **어쩜이냐** 권위 있는 새 교훈이로다 더러운 귀신들에게 명한즉 순종하는도다'(마가 1:27).

어떤 **서기관들**이 거기 앉아서 마음에 생각하기를
'**이 사람**(예수님)**이 어찌 이렇게 말하는가**"(마가 2:7).

'그들(**제자들**)이 심히 두려워하여 서로 말하되 **그가(예수님이) 누구이기에** 바람과 바다도 순종하는가'(마가 4: 40).

[정리] 예수님은 누구신가?

1:1 시작 선언	1부:1장-8장	전환점 (18:27-30)	2부:9장-16장	마지막 끝맺음
하나님의 아들 예수 그리스도	하나님의 아들의 능력	베드로의 고백	하나님의 아들의 고난	백부장의 고백
		주는 그리스도 하나님의 아들		하나님의 아들

2) 예수님은 유대인만을 위한 메시야가 아니라 전 세계(인류)의 구세주입니다.

마가는 예수님의 삶과 죽음과 부활을 모든 사람들의 **복음(기쁜 소식)이라고 부른 최초의 사람**입니다.[359] 마가가 사용한 단어나 표현방식이 라틴어에서 왔거나 라틴어를 암시하며, 아람어(유대인의 언어) 표현을 (이방인을 위해)번역한 것이라든지, (이방인이 이해할 수 있도록)유대인의 관습을 설명해 주는 장면[360] 등이 유대인만이 아닌 모든 독자들을 대상으로 한 것임을 알 수 있습니다.

> 그 아이의 손을 잡고 이르시되 **'달리다굼'** 하시니 번역하면 곧 '내가 네게 말하노니 소녀야 **일어나라**'하심이라(마가 5:41).

[정리] 예수님의 사역이 예루살렘 밖의 이방인에게까지 미침

예수님의 사역 지역 확대	세부 사항 및 사건	성경구절
수로보니게 지역	귀신들린 어린 딸을 고치심	누가 7:24-30
사마리아 지역	사마리아 여인에게 생수를 주심	요한 4:1-41
가나안 지역의 두로와 시돈	가나안 여인의 귀신 들린 딸을 고쳐 주심	마태 15:24

3) 제자(弟子)의 도(道)에 관하여 말씀하십니다.

마가복음에서는 제자의 특권, 장애물, 위험, 도전 그리고 그밖의 복잡한 사실들을 다루고 있습니다.[361]

> **'누구든지 나를 따라 오려거든 자기를 부인하고 자기 십자가를 지고 나를 따를 것** 이니라 누구든지 자기 목숨을 구원하고자 하면 잃을 것이요 누구든지 나와 복음을 위하여 자기 목숨을 잃으면 구원하리라'(마가 8:34-35).

359) 김창선, 앞의 책, 325쪽.
360) 마가복음 7장 2절-5절 (바리새인들과 모든 유대인들은 장로들의 **전통을 지키어 손을 잘 씻지 않고서는 음식을 먹지 아니하며**)(3절).
361) 존 스토트, 김동규 옮김, 신약의 메시지, 아바서원, 2017, 14쪽

① 제자란 자기 자신을 부정하고 고난의 길을 따르도록 부르심을 받은 사람을 말합니다.

'누구든지 으뜸이 되고자 하는 자는 모든 사람의 종이 되어야 하리라 인자가 온 것은 섬김을 받으려 함이 아니라 도리어 섬기려 하고 자기 목숨을 많은 사람의 대속물로 주려 함이니라'(마가 10:44-45).

② 그러므로 제자란 스승(예수님)의 삶을 본받아 살아가는 사람이며 스승이 했듯이 다른 사람에게 자기 삶을 가르쳐야 합니다.[362)]

'내가 그리스도를 본받는 자 된 것같이 너희도 나를 본받는 자 되라'(고린도전서 11:1).

③ 진정한 제자가 되는 길은 예수님처럼 **십자가의 길**을 가는 것을 의미합니다. 예수님의 길이 승리와 영광의 길이 아니라 십자가의 길이라는 사실을 강조합니다.

'보라 우리가 예루살렘에 올라가노니 **인자가 대제사장들과 서기관들에게 넘겨지매 그들이 죽이기로 결의하고 이방인들에게 넘겨주겠고 그들은 능욕하며 침 뱉으며 채찍질하고 죽일 것이나 그는 삼 일 만에 살아나리라** 하시니라'(마가 10:33-34).

④ 예수께서는 제자도(자기 부인)에 대한 보상을 약속하십니다.

'가서 **네게 있는 것을 다 팔아 가난한 자들에게 주라 그리하면 하늘에서 보화가 네게 있으리라** 그리고 와서 나를 따르라'(마가 10:21).

'나와 복음을 위하여 집이나 형제 자매나 어머니나 아버지나 자식이나 전토를 **버린 자는 현세에 있어 집과 형제와 자매와 어머니와 자식과 전토를 백 배나 받되 박해를 겸하여 받고 내세에 영생**을 받지 못할 자가 없느니라'(마가 10:29-30).

4) 믿는 자에게 일어나는 기적을[363)] 말해 주고 있습니다.

① 주님의 이름으로 귀신을 좇아냅니다(마가 16:17).
② 새 방언을 말합니다(마가 16:17).
③ 뱀을 맨손으로 잡습니다(마가 16:18).
④ 무슨 독을 마시든지 해를 받지 않습니다(마가 16:18).
⑤ 병든 사람에게 손을 얹으면 치유함을 받습니다(마가 16:18).

---

362) 후안 카를로스 오르티즈, 김성웅 옮김, 제자입니까, 두란노, 2006, 167쪽.
363) 예수님의 기적(이적)이 18개나 등장하고 있습니다. 이러한 기적은 예수님 당시나 초대교회에서만 일어나는 것이 아니라 **오늘 우리들에게도 일어나고 있음**을 알아야 합니다.
이러한 기적에 대하여 예수님은 **'믿음과 기도의 능력'**을 강조하셨습니다.

✻ 불치병이라고 선고받은 환자가 완치되는 기적

미국의 란스 암스트롱은 1993년도 경륜 세계 챔피언이며 1992년과 1996년 두 번이나 올림픽에 출전한 경륜계의 슈퍼스타입니다. 그런데 그는 1996년 10월, 고환에 암이 퍼져 있는 것이 발견되었는데, 암 말기로 고환뿐 아니라 폐와 뇌에도 암이 전이되어 있었습니다. 모두들 그가 곧 죽을 것이라고 생각했습니다. 그로부터 16개월에 걸쳐 그는 두 번의 수술과 항암제 치료를 받았습니다. 하지만 그는 절망의 늪에서 머물지 않고, 다시 경륜 훈련을 시작하였습니다. 훈련을 계속한 그는 멋있게 돌아왔고, 1998년에는 놀랍게도 그의 몸에서 모든 암이 사라진 것이 확인 되었습니다. 또한 2000년에도 미국을 대표하는 경륜선수가 되었습니다. 기적은 오늘날 우리의 일상생활에서도 어디에선가 누구에게선가 매일 일어나고 있습니다.

5) 예수님의 말씀을 아람어로 기록한 복음서입니다.

마가만 '달리다굼'[364], '에바다', '아바'(아빠) 등의 아람어 표현을 썼습니다.

> '그 아이의 손을 잡고 이르시되 **달리다굼** 하시니 번역하면 곧 내가 네게 말하노니 소녀야 일어나라 하심이라'(마가 5:41).
>
> '하늘을 우러러 탄식하시며 그에게 이르시되 **에바다** 하시니 이는 열리라는 뜻이라'(마가 7:34).
>
> '이르시되 **아바(아빠)** 아버지여 아버지께서 모든 것이 가능하오니 이 잔을 내게서 옮기시옵소서 그러나 나의 원대로 마옵시고 아버지의 원대로 하옵소서 하시고'(마가 14:36).

✻ 마가와 마가복음

1. 마가는 베드로의 친구이며 비서이자 통역자였다고 합니다(베드로전서 5:13). 그래서 베드로의 이야기를 바탕으로 복음서를 기술하였다고 봅니다.

2. 팔레스타인의 지리나 관습에 밝지 못하여 이방 그리스도인이라고 봅니다.[365] 히브리어나 아람어는 이방인을 위하여 번역을 달고 율법이라는 용어가 나타나지 않습니다.

3. 마가는 예루살렘에 살았고(사도행전 12:12), 그 곳 어느 과부의 아들이었습니다. 그의 어머니는 상당한 부자라고 추측하는데 그 이유는 그의 어머니의 규모 있는 집이 초대교회의 많은 교인들의 만남의 장소로 여겨졌기 때문입니다.

---

364) 달리다굼은 일어나다는 뜻이며, 에바다는 열린다는 뜻이고, 아바(아빠)는 하나님이라는 뜻입니다.
365) 김창선, 앞의 책, 320쪽.

4. 마가는 바울과 예루살렘의 사도들과 친밀한 교제를 했던 바나바의 사촌이었습니다(골로새서 4:10). 그는 예수님이 잡혀갈 때 로마 병정들이 잡으러 오자 벌거벗은 채로 도망친 사람이라고 봅니다.

5. 바울의 1차 선교여행에 동행하였으나 중도에 이탈하여 2차 전도여행에는 동행하지 못하였고, 이 문제로 바나바와 바울이 갈라서는 계기가 되었습니다. 물론 11년 후 마가는 다시 바울의 동역자가 되었습니다.

6. 바울이 로마 감옥에서 풀려난 후 로마를 떠났으나, 마가는 로마에 남아 있다가 베드로가 로마에 왔을 때 그와 함께 하였습니다(베드로전서 5:13).

7. 바울이 로마에 두 번째 수감되었을 때 그를 사역을 위해 유익한 사람이라고 언급하고 있습니다(디모데후서 4:11).

8. 마가는 제자로서 부르심을 받아 고향인 예루살렘과 가족이 주는 부요와 안정을 떠나(버리고) 먼저 바나바와 함께 구브로로 선교여행을 떠났고, 이후 소아시아에 들렀으며, 마지막으로 로마에서 베드로와 바울을 만났습니다.

성경을 쓰는 마가
(구이도 레니 作, 이탈리아
1575-1642)

네 명의 사도
왼쪽부터 사도 요한, 사도 베드로, 사도 마가, 사도 바울
(알브레히트 뒤러 作, 독일 1471-1528)

위로자 바나바, 마가의 외삼촌이다.
(작자 미상, 이탈리아 밀라노 화랑 소장)

[정리] 바울과 베드로의 동역자 마가

구 분	성경구절
안디옥 교회의 1차 선교여행에 바울과 바나바와 함께 동행하였으나 도중에 돌아감으로 바나나와 바울의 다툼의 원인이 됨	사도행전 12:25-13:5
바울의 2차 선교여행에서 바울과 바나나는 나누어져 바나바와 마가는 바울과 함께 하지 않았으나	사도행전 15:39-40
나(바울)의 위로가 된 사람으로 화해하고 함께 함	골로새서 4:10-11
나(바울)의 동역자	빌레몬서 1:24
나(바울)의 일에 유익한 사람으로 로마에 있을 때 마가를 찾음	디모데후서 4:11
내(베드로) 아들, 베드로의 수행원, 통역원(파피아스 전승)	베드로전서 5:13

[정리] 베드로의 설교와 마가복음의 비슷한 점[366)]

베드로의 설교(사도행전 10장)	마가복음
복음(10:36)	복음의 시작(1:1)
하나님이 나사렛 예수에게 성령과 능력을 기름 붓듯 하셨으매(10:38)	예수께 성령이 임하심(1:10)
갈릴리에서 시작하다(10:37).	갈릴리 사역(1:16-8:26)
그가 두루 다니시며 선한 일을 행하시고 마귀에게 눌린 모든 사람을 고치셨으니 이는 하나님이 함께 하셨음이라(10:38)	예수님의 사역은 병 고침과 축귀에 초점이 있음
우리는… 예루살렘에서 그가 행하신 모든 일에 증인이라(10:39)	예루살렘에서의 사역(11-14장)
그를 그들이 나무에 달아 죽였으나(10:39)	예수님의 죽으심에 집중(15장)
하나님이 사흘 만에 살리시니(10:40)	그가 살아나셨고 여기 계시지 아니하니라(16:6)

6) 간결하고 사실적으로 기록하였습니다.

마가복음은 내용과 문체가 매우 단순하고, 사실만을 객관적으로 기록하였습니다. 또한 예수님과 제자들과 유대민중들의 반응이나 감정을 지우거나 덧붙임 없이 사실 그대로 세밀하게 기록하고 있습니다.

366) Donald. A. Carson외, 안세광 옮김, 손에 잡히는 신약 개론, IVP, 2018, 46쪽.

7) 기억을 위한 반복과 독창적인 병렬구조를 보여 줍니다.

마가복음에서 반복된 이야기를 하는 것은 독자들의 기억을 되살리기 위한 것이며, 또 창조적인 병렬구조를 사용하고 있습니다.

① 되풀이되는 이야기

마가복음에서는 이야기를 되풀이하여 독자들의 기억을 되살리면서 내용의 중요성을 강조합니다.

구체적으로 사람들을 먹이고(마가 6:30-44, 마가 8:1-10), 맹인을 치유하고(마가 7:31-37, 마가 8:22-26, 마가 10:46-52), 폭풍을 잠재우고(마가 4:35-41, 마가 6:47-52), 귀신을 쫓아내는(마가 1:21-28, 마가 5:1-20, 마가 7:24-30, 마가 9:14-29) 등의 기적이 되풀이 됩니다.

또 예수님이 '하나님의 아들'임을 밝혀 주는 세 가지 경우를 볼 수 있습니다. 즉 ① 세례를 받으실 때(마가 1:10-11), ② 변화산 상에서(마가 9:7), 그리고 ③ 십자가에 죽임을 당하신 후 백부장의 고백에서(마가 15:39) 나타납니다.

② 창조적인 병렬구조 [367]

마가는 창조적인 병렬구조를 통하여 메시지를 전달하는 효과를 더하게 됩니다. 예를 들면 마가복음 9장의 귀신들린 아이와 10장의 예수님을 만난 부자 청년을 병렬적인 구조를 통하여 메시지를 전달하고 있습니다.

[정리] 귀신들린 아이와 부자 청년

구분	귀신들린 아이	부자 청년
어린 시절	귀신들림	계명을 충실히 지킴
붙잡힌 상황	귀신(악한 영)에 붙잡힘	자신이 가진 재물에 붙잡힘
구원의 결과	하나님의 권능으로 구원받음	구원받지 못함
구원의 차이	아이 아버지의 믿음과 기도 '내가 믿나이다 나의 믿음 없는 것을 도와주소서'(마가 9:24).	자신의 물질에 대한 욕심과 미련 '재물이 많은 고로 슬픈 기색을 띠고 근심하며 가니라'(마가 10:22).

367) 존 스토트, 김동규 옮김, 신약의 메시지 , 아바서원, 2017, 35쪽.

[정리] 마가복음에만 나오는 기적

1. 귀먹고 어눌한 자를 고치심(7:31-37).[368)]
2. 벳새다의 소경의 고침(8:22-26).

[정리] 마가복음에만 나오는 비유

1. 싹트는 씨(4:26-29).
2. 문지기의 비유들(13:34-37).

귀신들린 자를 고치시는 예수님
(귀스타브 도레 作, 프랑스, 1832-1883)

[정리] 마가복음

마가복음은 유대인을 넘어서 이방인을 대상으로 하는 하나님의 아들 예수님에 관한 복음을 전하는 것을 목적으로 기록된 책으로, 예수님은 하나님의 아들이시며, 그는 이 땅에 하나님 나라를 위하여 오셨으며, 이것을 입증하는 많은 기적을 베푸시고, 한편으로는 유대인에게 오해와 미움으로 인하여 여러 가지 고난을 받으셨으며, 자신을 대신할 제자들을 양육과 훈련을 시키시고 마지막에는 십자가에 죽으셨으나, 죽음을 이기시고 부활하시어 제자들에게 만민에게 복음전파의 사역을 부탁하시고 승천하신 내용입니다.

<table>
<tr><td>저자</td><td colspan="4">마 가</td></tr>
<tr><td>기록 시기</td><td colspan="4">AD 65-70년 경</td></tr>
<tr><td>기록 장소</td><td colspan="4">로마 혹은 시리아(안디옥)</td></tr>
<tr><td>중심 주제</td><td colspan="3">종의 말과 표적</td><td>종의 고난</td></tr>
<tr><td rowspan="2">구분</td><td>1:1-2:22</td><td>2:13-8:26</td><td>8:27-10:52</td><td>11:1-16:20</td></tr>
<tr><td>종의 출생</td><td>종에 대한 대적과 기적 행함</td><td>종의 가르침</td><td>종의 수난과 승리</td></tr>
<tr><td>장소</td><td colspan="3">갈릴리와 요단 강 건너편</td><td>유다와 예루살렘</td></tr>
<tr><td>활동 기간</td><td colspan="3">AD 29-33년경</td><td></td></tr>
</table>

제3절 누가복음은 어떤 이야기인가요?

누가복음은 예수 그리스도의 생애와 사역에 대해 **역사적**으로 정확하고, **연대기적**으로 확실한 설명을 해 주기 위해서 기록한 책입니다.

---

368) 에바다(열린다는 아람어) 치유사건이라고도 합니다.

1. 인자로서의 메시야 예수님에 관한 책입니다.

누가는 예수님은 사람(그 대상은 주로 헬라인들)을 사랑으로 대하는 완전한 사람으로 보았습니다.[369] **'인자'**라는 표현은 예수님의 인성과 메시야적 특성을 동시에 강조하는 말이라고 할 수 있습니다. 특히 헬라인(그리스인)들은 오랫 동안 '완전한 인간' 을 추구해 왔으므로 누가는 그러한 요구를 충족시키려는 의도가 깔려 있다고 할 것입니다.[370]

'이 말을 너희 귀에 담아 두라 **인자**가 장차 사람들의 손에 넘겨지리라 하시되'(누가 9:44).

'내 아버지께서 모든 것을 내게 주셨으니 아버지 외에는 아들이 누구인지 아는 자가 없고 아들과 또 아들의 소원대로 계시를 받는 자 외에는 아버지가 누구인지 아는 자가 없나이다 하시고'(누가 10:22).

'안식일에 예수께서 한 바리새인 지도자의 집에 떡 잡수시러 들어가시니 그들이 엿보고 있더라'(누가 14:1).

'백부장이 그 된 일을 보고 하나님께 영광을 돌려 가로되 이 사람은 정녕 **의인**이었도다'(누가 23:47).

[정리] 인자에 관한 누가복음의 기록

1. 인자의 준비	*누가복음 1장 5절-14절
2. 인자의 갈릴리 사역	*누가복음 4장 14절-9장 50절
3. 인자의 베레아 사역	*누가복음 9장 51절-18장 30절
4. 인자의 예루살렘 사역	*누가복음 18장 31절-21장 38절
5. 인자의 고난	*누가복음 22장 1절-23장 56절
6. 인자의 부활	*누가복음 24장 1절-52절

[정리] 예수님에 대한 누가복음과 요한복음의 관점

누가복음의 관점	요한복음의 관점
예수 그리스도의 인성 강조	예수 그리스도의 신성 강조
요셉의 아들-나단-다윗-아담-하나님	말씀=하나님-육신(예수 그리스도)이 되심
누가복음 3장 23절-38절	요한복음 1장 1절-13절

369) 신성종, 앞의 책, 269쪽. 인자라는 표현이 누가복음에 24번이나 사용되었습니다. 그리하여 누가복음을 **'인자복음'**이라고 부르기도 합니다.
370) 슐츠, 벤슨, 던네트, 박영호 역, 성서개론, 290쪽.

2. 버림받은 사람들을 위한 복음서입니다.

누가복음은 세상에서 **소외된 사람들에게 특별한 관심**을 드러내고 있습니다. 선한 사마리아인(10:33), 세리(18:13), 삭개오(19:2), 십자가상의 강도(23:42), 여인(1~2장), 나인성 과부, 창녀, 목자 등의 이야기를 다루고 있습니다.[371)]

선한 사마리아인
(빈센트 빌럼 반 고흐 作, 네덜란드, 1853-1890)

[정리] 선한 사마리아인 비유 : 누가복음 10:25-37

사건이 일어난 장소	예루살렘에서 여리고로 내려가는 길
일어난 사건	강도가 나타나 길을 가던 사람의 옷을 벗기고 때려 거의 죽게 만들고 (나그네의 가진 것을 빼앗고는) 버리고 달아남
등장 인물	강도 만난 사람 : 길가던 사람(나그네)
	지나간 사람 : 제사장, 레위인, 여행 중인 사마리아인
강도 만난 사람들의 행동	제사장 : 피하여 감 ⇨ 부정한 것이 옮을까 보아 두려운 때문
	레위인 : 피하여 감 ⇨ 부정한 것이 옮을까 보아 두려운 때문
	사마리아인 : 가까이 가서 상처에 기름과 포도주를 부어 싸매고 자기 짐승에 태워 주막으로 데려가 주고, 다음날 주막 주인에게 돈을 주며 더 돌보아 주고 비용은 돌아와서 갚겠다고 약속하고 감 ⇨ 형식적인 문제에 얽매이지 않고 사랑의 법을 실천함
누가 강도 만난 사람의 진정한 이웃인가요?	선한 사마리아인 ⇨ 유대인들은 같은 동족임에도 불구하고 사마리아인들을 (혼혈인으로) 부정한 사람으로 평가하고 멀리(피)하지만 진정하게 (영적으로) 깨끗한 사람은 오히려 이 사건에서는 사마리아인이라는 것을 교훈하여 줍니다.

371) 예수님 당시 이스라엘 사람들은 창녀, 세리, 목자들은 율법에 무지한 자들이나 안식일을 지키지 않는 사람들로서 다 죄인으로 취급하고 무시되는 사람들이었습니다.

3. 시와 찬미의 책입니다.

누가복음에는 다른 복음서와 다르게 시와 찬미가 기록되어 있습니다. 특별히 성모 마리아의 송가(1:46~55), 사가랴의 노래(1:68~79), 천사의 노래(2:8~14) 등이 있습니다.

[정리] 세례 요한과 예수님의 탄생 이야기[372]

탄생 자	세례 요한	예수님
탄생 예고	1:5-25	1:26-38
마리아와 엘리사벳의 만남	1:39-56 마리아의 찬가	
탄생	1:57-67	2:1-21
탄생 찬송	1:67-80 사가랴의 예언	2:22-40 시몬의 찬송

4. 예수님의 사역을 역사적 흐름으로 기록한 책입니다.

첫째, 고대 이스라엘에서 세례 요한까지,

둘째, 예수님의 지상사역,

셋째, 주님의 승천부터 종말(재림)까지로 나누어 기록하고 있습니다.

그러므로 누가복음 내용을 따라가면서 먼저 복음서를 이해하는 것도 신약을 공부하는 하나의 방법일 수 있습니다.

5. 누가복음은 탈유대적 범세계적인 책입니다.

누가복음은 데오빌로와 같이 지성적인 헬라인, 곧 이방인들에게 기독교를 소개하고 믿게 하려는 데 기록의 목적이 있습니다. 또한 예수님에 대하여는 민족과 계급을 초월한 넓은 마음의 소유자로, 예수님의 사명에 대하여는 세계적임을 소개하고 있습니다.[373] 즉, **예수 그리스도의 메시야임이 보편성을 지닌다**는 점을 강조하고 있습니다.

> '**이방을 비추는 빛이요** 주의 백성 이스라엘의 영광이니이다'(누가 2:32).

6. 누가복음은 사도행전과 연결되는 책입니다.

누가복음과 사도행전은 같은 사람인 **'누가'가 썼다**고 봅니다(누가 1:1-4, 사도행전

372) 김창선, 21세기 신약성경, 379쪽.
373) 김창선, 앞의 책, 76쪽.

1:1). 사도행전 곳곳에 '우리'라는 표현이 나오는데, 이는 골로새서와(골로새서 4:10-14), 디모데후서(디모데후서 4:11) 및 빌레몬서(빌레몬서 1:24)에 나오는 '누가'가 이 두 책의 저자임을 증명하고 있습니다. 누가복음은 **예수님의 지상사역**을, 사도행전은 **예수님의 천상사역**을 기록하고 있습니다.[374]

[정리] 누가복음과 사도행전의 비교

구분	누가복음	사도행전
저자	의사인 누가(바울의 동역자)	의사인 누가(바울의 동역자)
활동 시기	예수님의 탄생-예수님의 승천	예수님의 승천 이후 바울의 로마행
주요 내용	예수님이 이 땅에서 왕으로 다스리신 사실	예수님이 성령과 교회를 통해서 계속해서 왕으로 다스리신다
예수님의 사역	지상 사역	천상 사역
예루살렘 이동	예루살렘을 향한 이동	예루살렘으로부터 외부세계로 이동
문학적 양식	전기적 양식	역사적 양식
받는 사람	데오빌로 각하	데오빌로 각하

[정리] 누가복음 1장1절-4절 분석을 통해 본 책의 성격

"우리 중에 이루어진 사실에 대하여…그 모든 일을 근원부터 자세히 미루어 살핀 나도 데오빌로 각하에게 차례대로 써 보내는 것이 좋은 줄 알았노니 이는 각하로 그 배운 바의 확실함을 알게 하려함이로라"

① 이루어진 사실에 대한 기록이다(예언의 성취)

② 근원부터 살핀 책이다.

③ 차례대로 기록된 것이다(역사적 순서대로 기록).

④ 배운 것들의 확실함을 알게 하려고 기록한 것이다.

즉, 누가복음은 예수님의 생애를 역사적으로 자세히 밝히면서 데오빌로(이방인)에게 예수님이 인류의 참된 구원자이심을 소개하기 위해 쓰여졌습니다.

7. 누가복음의 책이름은 어떻게 지어진 것인가요?

그리스어 표제는 카타루칸(누가에 따르면)입니다. 개역성경은 그리스어 표제를 따라 본서의 저자인 누가의 이름을 반영하여 누가복음으로 정했습니다.

374) 신성종, 앞의 책, 268쪽.

8. 누가복음은 언제 어디서 기록되었나요?

누가복음은 사도행전보다 먼저 기록되었습니다. 사도행전의 기록시기를 예루살렘이 함락되기 전 그리고 바울이 순교하기 전인 AD 60-63년 사이로 볼 경우 누가복음의 기록 시기는 AD 62년경으로 봅니다.

9. 누가복음의 기록 배경은 무엇인가요?

① 직접적인 체험을 기록하였습니다.

② 예루살렘 지도자들(특히 베드로)로부터 예루살렘 교회에 관한 유용한 자료들을 모을 수 있었습니다.[375)]

③ 가이사랴에서의 빌립과의 접촉으로 빌립의 사마리아 선교사역에 대한 자료를 얻게 되었습니다.

✽ 누가는 누구인가요?

1. 누가는 바울의 친한 친구이자 동역자였으며, 그는 의사 출신이었습니다. 수리아(시리아)의 안디옥 출신이었으며, 예수님의 12사도에는 포함되지 않았으므로 **성경을 기록한 사람 중에 유일하게 이방인**으로 누가복음 뿐만 아니라 사도행전을 기록한 사람이기도 합니다.

2. 전해오는 이야기에 따르면, 그는 데오빌리오(데오빌로)의 노예였으나 총독이 살려줌으로써 노예에서 해방되어 자유인이 되었다고 합니다. 그후에 주님의 70인 제자 중의 한 사람으로 누가복음과 사도행전을 기록하였고, 데오빌로에게 2권을 헌정하였다고 합니다.

3. 누가는 의사로서 직업적 표현을 여러 곳에서 하였습니다. 잉태하다(누가 1:24), 아이가 복중에서 뛰놀다(누가 1:41), 온 몸에 나병 들린 사람(누가 5:12), 중풍병자(누가 5:18), 종이 이미 나아 있었더라(누가 7:10), 혈루증이 즉시 그쳤더라(누가 8:44), 상처에 붓고 싸매고(누가 10:34), 안수하시니 여자가 '곧 펴고'(누가 13:13) 등의 의학적 용어가 사용되고 있습니다.

4. 누가는 '이방인, 의사, 교육받은 사람, 역사가, 여행가, 바울의 친구로 누가에 대한 다양한 소개를 하고 있는 사람도 있습니다.[376)]

---

375) 안디옥 교회에서 예수님을 영접한 누가는 오랫동안 예루살렘 교회에 머무르면서 예수님에 관한 이야기를 자세히 들었다고 봅니다.

376) 존 스타트(John R.W. Stott)의 'Basic Introduce to the Nea Testament'에서 언급하였습니다. E.T.T.A 편, 박영호 역, 성서개론, 276쪽 참조.

10. 누가복음의 장 제목과 주요 내용

장	제목	주요 내용
1	세례 요한과 예수님의 탄생 예고	*마리아의 찬가, 사가랴의 예언
2	예수님의 탄생	*목자들, 아기 예수님의 정결의식
3	예수님의 족보	*세례 요한으로부터 예수님 세례 받음
4	시험을 이기심	*갈릴리에서 가르치심, 병자들 고치심
5	3제자 부르심과 기적(중풍병)	*베드로, 야고보, 요한을 제자로 부르심
6	12제자를 택하심	*안식일에 하신 일
7	백부장의 종을 고치심	*나인 성 과부의 아들을 살리심
8	거라사의 악귀(씨 뿌림의 비유)	*네 가지 땅에 떨어진 씨의 비유
9	5천 명 먹이심과 제자 파송	*고난과 죽음과 부활의 예고, 변형
10	70인의 파송	*마르다와 마리아
11	기도와 교훈	*바리새인과 율법교사
12	미련한 부자	*진실한 청지기
13	3가지 비유(회개의 경고)	*열매맺지 못하는 무화과나무 *겨자씨와 누룩, 좁은 문
14	안식일 문제(큰 잔치의 비유)	*제자가 되는 길
15	돌아온 탕자	*잃은 양과 목자
16	부자와 나사로	*불의한 청지기, 율법과 하나님 나라
17	열 문둥이	*하나님 나라, 용서, 믿음, 종이 할 일
18	불의한 재판관	*어린아이, 부자인 관리
19	삭개오와 회개	*은 열 므나, 예루살렘 행
20	악한 농부와 질문과 답	*납세의 의무, 부활논쟁
21	말세와 예수의 재림	*가난한 과부의 헌금, 환난의 징조
22	최후의 만찬과 잡히심	*유다의 배반, 베드로가 부인할 것 예언
23	십자가에 달리심	*빌라도와 헤롯의 심문
24	부활과 승천	*엠마오의 두 제자 앞에 나타나심 *열한 제자에게 나타나심

11. 누가복음의 특징

1) 예수님의 모습은 완전한 사람이십니다.

누가복음을 **인자복음**이라고도 하는데, 이는 예수님을 모든 사람에게 사랑을 가지신 완전한 사람으로 묘사하고, 당시 헬라 사람들의 목표가 완전한 사람의 추구에 있었기 때문에 이러한 요구에 응하는 것이기도 합니다.

'아기가 자라며 **강하여지고 지혜가 충만하며** 하나님의 은혜가 그의 위에 있더라' (누가 2:40).

'예수께서 함께 내려가사 나사렛에 이르러 **순종하여 받드시더라…**'(누가 2:51).

'예수는 **지혜와 키가 자라가며** 하나님과 사람에게 **더욱 사랑스러워** 가시더라' (누가 2:52).

2) 이방인(주로 헬라인)들에 대한 주님의 관심을 특별히 부각시키고 있습니다.

① 누가는 예수님이 이스라엘 유대인들뿐만 아니라 이방인에게도 복음을 전하고자 하셨으며, 누가복음을 이방인인 데오빌로에게 헌정하고 있습니다(누가 1:1). 또한 이방인인 백부장의 믿음을 칭찬하셨고, 모든 족속에게 복음이 전파된다는 사실을 강조하고 있습니다.

'내가 너희에게 이르노니 **이스라엘 중에서도 이만한 믿음은 만나보지 못하였노라**'(누가 7:9).

'또 그의 이름으로 죄 사함을 받게 하는 회개가 **예루살렘에서 시작하여 모든 족속에게 전파될 것**이 기록되었으니'(누가 24:47).

② 누가복음의 가장 중심적인 구절을 **'모든 육체가 하나님의 구원을 보리라'**(누가 3:6)로 **구원의 우주적 보편성**이라는 주장도 있습니다.[377]

✾ 구약에는 하나님의 은혜가 오직 유대인에게만이었는가요?

하나님은 근본적으로는 유대인과 이방인을 차별 없이 사랑하십니다. 그것은 구약이나 신약이나 마찬가지입니다.

1. 아브라함 집에 함께 한 이방인에게도 할례를 베풀도록 하시었습니다(창세기 17:12).
2. 하나님께서 택하신 사람을 이방에 정의를 베풀고 빛이 되게 하십니다(이사야 42:1-7; 49:1-7)
3. 하나님의 종 욥은 우스 땅(북 아라비아)의 온전하고 정직하여 하나님을 경외하며 악에서 떠난 자였습니다(욥기 1:1, 8).

377) 존 스타트(John Stott)의 주장을 재인용 함, 슐츠, 벤슨, 던네트 공저, 앞의 책, 291쪽.

4. 기생 라합은 출애굽한 이스라엘 정탐꾼을 숨겨준 결과 여리고 성을 공격할 때 라합의 온 집안은 구원을 받게 되었습니다(여호수아 2:15-20; 6:22-25).
5. 모압 여인 룻이 보아스와 결혼하여 아들을 낳으니 오벳이라 그는 다윗의 아버지인 이새의 아버지였습니다(룻기 4:17).
6. 엘리야를 이방 시돈 땅의 과부에게 보내어 먹을 것을 주셨습니다(열왕기상 17:16).
7. 수리아 사람 나아만의 나병을 고치시게 하셨습니다(열왕기하 5:11-14).
8. 요나를 이방나라(앗시리아)에 보내어 회개하도록 하셨습니다(요나 3:2).

3) 세상에서 소외된 사람들에 대한 특별한 관심을 보여 주고 있습니다.

누가복음에는 소외된 사람들에 대한 예수님의 특별한 관심이 나타나고 있습니다. 즉, 목자들, 가난한 자들, 선한 사마리아인(누가 10:33), 세리(누가 18:13), 탕자(누가 15:11-21), 삭개오(누가 19:2), 십자가상의 강도(누가 23:42), 여인(누가 1-2장), 나인 성의 과부(누가 7:14), 병자(누가 13:10-17; 14:1-4; 17:11-19; 22;50-51) 등의 이야기를 기록하고 있습니다.

[정리] 누가복음에 나타난 부자와 가난한 사람[378)]

누가복음에서 나타난 부자란?	누가복음에서 나타난 가난한 사람이란?
*자신들의 부와 힘으로 가난한 사람들을 억압하는 사람들을 말함	*돈이 없을 뿐만 아니라 자신들의 필요를 위해 하나님께 의지하는 사람들을 말함

돌아온 탕자
(렘브란트 반 레인 作, 네덜란드, 1606-1669)

378) D.A 카슨 외, 안세광 옮김, 손에 잡히는 신약 개론, IVP, 2018, 59쪽.

4) 여성들의 위치를 높여 주고 있습니다(여성복음).

① 누가복음에는 여성들의 위치를 높여 주고 있으며, 그들은 버림받은 예수님을 끝까지 따르는 여인들의 모습이 나타나고 있습니다(누가 7:36-50; 8:2-3; 10:38-42; 23:27-28).

② 누가복음은 예수께서 여성을 인정하고 환영하는 태도를 보인 것과, 자신의 사역에서 여성들의 입지를 허락하신 사실에 대하여 다른 어느 복음서보다 더욱 분명히 보여 주고 있습니다. [379]

[정리] 신약에서 언급된 여성들

예수님의 어머니 동정녀 마리아가 신약의 여성들 중에서 가장 명예로운 위치를 차지합니다(마태 1:16). 하지만 신약에는 많은 여성들이 등장하고 있으며, 당시 사회에서 약자였던 여성에 대한 관심과 남녀 평등정신이 녹아 있습니다.

여성 이름	언급된 내용	성경구절
엘리사벳	세례 요한의 어머니	누가 1:5
동정녀 마리아	예수님의 어머니, 믿음, 겸손, 예배의 영원한 본이다.	누가 1:26-56
안나	메시야를 오랫 동안 기다렸기 때문에 예수님을 알아 보았다.	누가 2:36-38
수산나	예수님의 물질적 필요를 채워준 여인	누가 8:3
요안나	예수님의 물질적 필요를 채워준 여인	누가 8:3
마르다와 마리아	나사로의 여동생들, 예수님의 친구들, 접대한 여인	누가 10:38-42
살로메	예수님의 제자인 야고보와 요한의 어머니 두 아들에 새로운 왕국에서 좋은 자리를 달라고 함	마태 20:20-24
막달라 마리아	예수님이 귀신을 쫓아내신 여인	마태 27:57-61 마가 16:9
삽비라	초대교회 공동체에서 밭을 판 재산을 감춘 여인	사도행전 5:1
도르가 (다비다)	베드로가 죽음에서 살린 욥바의 그리스도인	사도행전 9:36-41
루디아	바울이 빌립보에서 사역할 때 회심한 여인	사도행전 16:14

379) 존 스토트, 김동규 옮김, 신약의 메시지, 아바서원, 2017, 104쪽.

다마리	바울이 사역한 때 회심한 아덴의 여인	사도행전 17:34
브리스길라	아굴라의 아내, 고린도와 에베소에서 바울과 함께 일한 일꾼	사도행전 18:2,18,19
드루실라	유대 총독 벨릭스의 아내	사도행전 24:24
뵈뵈	겐그레아 교회의 집사	로마서 16:1,2
글로에	고린도 교회의 분열에 대해 알던 여인	고전 1:11
유니게	디모데의 어머니	디모데후서 1:5
로이스	디모데의 할머니	디모데후서 1:5
글라우디아	로마의 (여자) 그리스도인	디모데후서4:21

5) 많은 비유들을 기록하고 있습니다.

① **비유는 어떤 영적인 교훈을 변호하거나 설명하고자 하는 수단으로 이용된 것**으로 인간세계에 있는 어떤 상황이나 이야기입니다. 공관복음에는 약 30여 개의 독립된 비유가 등장합니다.

② 예수님이 비유를 사용하신 이유는 어떤 말씀을 이해하기 쉽도록 하기 위하거나, 때로는 비유를 통해 진리에 대한 해석을 하시기 위함이거나(마가 4:34), **하나님 나라의 비밀**을 외인(이방인)들이 듣고 깨닫지 못하여 죄 사함을 얻지 못하게 하기 위함이었습니다(마가 4:11). 또한 선지자의 말씀을 이루기 위한 목적도 있었습니다(마태 13:35).

예수께서 이 모든 것을 무리에게 비유로 말씀하시고 비유가 아니면 아무것도 말씀하지 아니하셨으니 이는 선지자를 통하여 말씀하신 바 **'내가 입을 열어 비유로 말하고 창세부터 감추인 것들을 드러내리라'**(시편 78:2)함을 이루려 하심이라고 하셨습니다.

***제자들에게 ⇨ 하나님 나라의 비밀을 알려 주도록 계시하여 풍성함과 복을 누리도록 함**
***반대자들에게 ⇨ 하나님 나라의 비밀을 깨닫지 못하도록 숨기고 심판받게 하는 수단임**
***믿는자들에게 ⇨ 하나님 나라에 대한 바로잡힌 이해와 깨우침으로 쉽게 알도록 함**
***불신자들에게 ⇨ 기존의 고정된 틀과 오해로 보려는 자에게는 하나님 나라가 가려짐**

[정리] 누가복음을 통하여 예수님이 사용하신 비유

비유	중심 주체	성경구절
선한 사마리아 사람의 비유	진정한 우리의 이웃	누가복음 10:30-37
밤에 찾아온 친구의 비유	간곡한 청(구함)을 들어주게 된다.	누가복음11:5-8
어리석은 부자의 비유	자기를 위하여 재물을 쌓지 말라, 자신의 목숨을 좌우할 수 없는 인생이지 아니한가?	누가복음 12:16:21
열매 없는 무화과나무 비유	열매 없는 무화과는 버려진다.	누가복음13:6-9
탕자의 비유	잃어버린 자를 찾으시는 예수님	누가복음 15:11-32
지혜 있는 청지기의 비유	미래(심판 날)를 준비하는 자세	누가복음16:1-9
부자와 거지 나사로의 비유	우리를 구원하시는 방법(말씀에 있음)	누가복음 16:19-31
무익한 종의 비유	종은 명령에 순종하는 것이 당연함.	누가복음 17:7-10
불의한 재판장의 비유	우리의 기도에 대한 하나님의 반응 (기도의 대상이신 하나님이 어떤 분이신지)	누가복음 18:1-8
므나의 비유	자기가 받은 달란트를 성실히 활용하여 주인의 뜻을 이루어야 한다.	누가복음 19:11-27

[정리] 4복음서에 나타난 예수님이 사용하신 비유

구분	내용 및 성경구절
공관복음 공통의 비유	등경 아래 등불(마태 5:14-15/마가 4:21-22/누가 8:16-11:33) 낡은 옷과 새 옷(마태 9:16/마가 2:21/누가 5:36) 낡은 가죽 부대에 새 포도주(마태 9:17/마가 2:22/누가 5:37-38) 씨 뿌리는 자(마태 13:3-8; 18-23/마가 4:3-8; 14-20/누가 8:5-8) 겨자씨(마태 13:31-32/마가 4:30-32/누가 13:18-19) 소작인들(마태 21:33-44/마가 12:1-11/누가 20:9-18) 무화과나무(마태 24:32-35/마가 13:28-29/누가 21:29-31)

마태복음과 누가복음의 공통의 비유	지혜로운 건축자와 어리석은 건축자(마태 7:24-27/누가 6:47-49) 누룩(마태 13:33/누가 13:20-21) 잃어버린 양(마태 18:12-14/누가 15:4-7) 신실하고 지혜로운 종(마태 24:45-51/누가 12:42-48) 므나/달란트(마태 25:14-30/누가 19:12-27)
마가복음과 누가복음의 공통의 비유	깨어 있는 종들(마가 13:35-37/누가 12:35-40)
누가복음에만 있는 비유	두 채무자(7:41-43), 선한 사마리아인(10:30-37), 심야에 떡을 구하러 온 친구(11:5-8), 어리석은 부자(12:16-21), 열매 없는 무화과나무(13:6-9), 잔치의 말석(14:7-14), 큰 잔치(14:16-24), 제자 됨의 대가(14:28-33), 잃어버린 동전(15:8-10), 잃어버린 아들(15:11-32), 지혜로운 청지기(16:1-8), 부자와 나사로(16:19-31), 무익한 종(17:7-10), 끈기 있는 과부(18:2-8), 바리새인과 세리(18:10-14).

6) 성령에 관하여 특별히 언급되고 있습니다.[380)]

① 누가복음에는 예수님과 함께 하는 성령의 활동을 강조합니다(누가 4:18).

예수님이 성령에 의해서 탄생하였으며(누가 1:34-35), 성령에 의해 사역하시었고(누가 4:1, 14), 마지막에도 '부활하신 예수님께서 성령을 보낸다'는 약속을 하십니다(누가 24:49). 예수님의 광야에서의 시험에 관하여, 세례받으실 때, 회당에서 가르치심에 대하여서도 성령이 언급되고 있습니다(누가 11:13).[381)]

> '볼지어다 **내가 내 아버지께서 약속하신 것을 너희에게 보내리니** 너희는 위로부터 능력이 입혀질 때까지 이 성에 머물라 하시니라'(누가 24:49).

② 특별히 예수님이 사역을 시작하시기 전에 성령에 의한 시험을 받으신 것을 기록하고 있습니다.

> **'예수께서 성령의 충만함을 입어** 요단 강에서 돌아오사 광야에서 사십 일 동안 **성령에게 이끌리시며** 마귀에게 시험을 받으시더라…'(누가 4:1-2).

③ 이와 같은 성령 사역은 이사야의 예언이 이루어진 것임을 강조하고 있습니다.[382)]

---

380) **성령의 역할에 대한 자세한 이야기는 제2부에서** 살펴봅니다.

381) 누가복음에는 성령을 반복하여 59회 언급하고 있으며, 특별히 사도행전에서는 성령에 대한 언급이 57회나 됩니다.

382) 이 부분은 예수님이 직접 안식일에 나사렛에서 회당에 들어가셔서 성경을 읽으려고 서게 될 때에 두루마리 책을 펴서 이사야 선지자의 글을 찾아 읽으신 것으로 기록하고 있습니다(누가 4:16-17).

이사야의 예언 :

'주 여호와의 영이 내게 내리셨으니 이는 여호와께서 내게 기름을 부으사 가난한 자에게 아름다운 소식을 전하게 하려 하심이라…'(이사야 61:1).

예수님의 성취 :

'주의 성령이 내게 임하셨으나 이는 가난한 자에게 복음을 전하게 하시려고 내게 기름을 부으시고 나를 보내사…'(누가 4:18).

[정리] 예수님의 광야 시험에 관하여

마태복음 : 제4장	마가복음 : 제1장	누가복음 : 제4장 1절
예수께서 **성령에 이끌리어** 마귀에게 시험을 받으러 광야로 가사	**성령이 곧 예수를 광야로 몰아내신지라**	성령의 충만함을 입어 요단 강에서 돌아오사 광야에서 사십 일 동안 **성령에게 이끌리시며**

[정리] 예수님의 시험의 의의

아담의 시험	(선악과를 먹지 말라는) 시험에 대해 실패함
이스라엘의 시험	(광야생활의) 시험에 대해 실패함
예수님의 시험	(물질, 명예, 유일하신 하나님 신앙에 대한) 시험에 승리하심

7) 기도를 강조하고 있습니다.

(1) 예수님은 기도중심의 사역을 하셨습니다.

새벽부터 기도하셨으며, 시간을 정하여 기도하셨으며, 한적한 곳에서 습관을 따라 기도하셨으며, 감사의 기도와 간절히 기도하셨습니다. 즉 기도 중심의 사역을 하시면서 모범을 보여 주셨습니다. 누가는 예수님의 사역 전체가 하나님과 깊은 내적교제(기도)를 통하여 형성되고, 인도되었음을 보여 주고 있습니다.[383]

예수님의 감람산 기도

383) 존 스토트, 김동규 옮김, 신약의 메시지, 아바서원, 2017, 118쪽.

'예수께서 베드로와 요한과 야고보를 데리고 **기도하시러 산에 올라 가사**'(누가 9:28).

'예수께서 물러 가사 **한적한 곳에서 기도하시니라**'(누가 5:16).

'예수께서 **한 곳에서 기도하시고** 마치시매'(누가 11:1).

'이에 잔을 받으사 **감사기도 하시고** 이르시되'(누가 22:18).

'또 떡을 가져 **감사기도 하시고** 떼어 그들에게 주시며 이르시되'(누가 22:19).

'예수께서 나가사 **습관을 따라** 감람산에 가시매 제자들도 따라갔더니 그 곳에 이르러 그들에게 이르시되 유혹에 빠지지 않게 기도하라 하시고 그들을 떠나 돌 던질 만큼 가서 **무릎을 꿇고 기도하여**'(누가 22:39-42).

'예수께서 **힘쓰고 애써 더욱 간절히 기도하시니** 땀이 땅에 떨어지는 핏방울 같이 되더라'(누가복음 22장 44절).

'**새벽 아직도 밝기 전에** 예수께서 일어나 나가 **한적한 곳**으로 가사 거기서 **기도하시더니**'(마가 1:35).

[정리] 예수님의 새벽기도와 새벽에 일어난 일과 새벽이 갖는 의미[384)]

새벽에 일어난 일들	새벽이 갖는 의미	성경구절
*예수님의 새벽기도	*하루의 첫 시간 첫 열매 *시간의 십일조 *어두움(고통, 사망, 아픔, 슬픔 등)을 물리치고 빛(소망, 복음)을 맞이함	마가복음 1:35
*예수님의 부활		마태복음 28:1
*여리고 성이 무너짐		여호수아 6:5
*홍해가 갈라짐		출애굽기 14:21
*다윗이 어려울 때 도망함		사무엘상 22:17

(2) 예수님은 기도의 능력에 관하여 말씀하셨습니다.

'구하라 그러면 너희에게 주실 것이요 찾으라 그러면 찾아낼 것이요 문을 두드리라 그러면 너희에게 열릴 것이니 구하는 이마다 받을 것이요 찾는 이가 찾아낼 것이요 두드리는 이에게는 열릴 것이니라'(누가 11:9-10).

'기도 외에는 이런 유가 나갈 수 없느니라'(마가 9:29).

'너희가 기도할 때에 무엇이든지 **믿고 구하는 것은 다 받으리라**'(마태 21:22).

'그러므로 내가 너희에게 말하노니 무엇이든지 **기도하고 구하는 것**은 받은 줄로 믿으라 그리하면 너희에게 **그대로 되리라**'(마가 11:24).

384) 이훈창, 설교노트 참조.

[정리] 예수님이 기도의 능력에 대하여 하신 말씀

마태복음 : 7장 11절	누가복음 : 11장 13절
기도하는 자에게 하나님이 **좋은 것을 주시지 않겠느냐**	기도하는 자에게 하나님이 **성령을 주시지 않겠느냐**

(3) 기도의 자세에 대하여 말씀하셨습니다.

예수님께서는 우리의 기도자세에 대하여 말씀하시기를 첫째로, 사람에게 보이려고 하지 말며, 둘째로, 공공연하게 하기보다는 은밀하게 아버지께 기도하고, 셋째, 기도할 때 중언부언하지 말라고 하셨습니다(마태 5:5-7/누가 11:2-4). 또한 시험에 들지 않게 기도하며, 항상 기도하라고 하셨습니다.

'시험에 들지 않게 깨어(일어나) 기도하라'(마태 26:41, 누가 22:46).

'너희는 장차 올 (종말에 일어날) 이 모든 일을 능히 피하고 인자 앞에 서도록 **항상 기도하며** 깨어 있으라'(누가 21:36).

(4) 대표적인 기도문을 가르쳐 주셨습니다.

'하늘에 계신 우리 아버지여 이름이 거룩히 여김을 받으시오며, 나라가 임하시오며 뜻이 하늘에서 이루어진 것같이 땅에서도 이루어지이다. 오늘 우리에게 일용할 양식을 주시옵고 우리가 우리에게 죄 지은 자를 사하여 준 것 같이 우리 죄를 사하여 주시옵고 우리를 시험에 들지 말게 하옵소서'(나라와 권세와 영광이 아버지께 영원히 있사옵나이다. 아멘)(마태 6:5-13/누가 11:2-4).

8) 예루살렘의 중요성을 강조하고 있습니다.

누가복음은 처음 장면과 마지막 장면은 **예루살렘 성전을 무대**로 합니다. 예루살렘은 구원사적 운명을 안고 있는 도시로, 예수께서 돌아가신 장소일 뿐만 아니라, 부활한 예수님이 나타나신 장소이며, 교회의 시작과도 관련되어 있습니다. 예루살렘은 예수님 사역의 최종 목표이고, 종말론적 성령체험의 장소이며, 최초 신앙공동체가 거하는 장소이며 또한 선교의 출발점이었습니다.[385)]

① 세례 요한의 아버지 사가랴는 성전에서의 제사장 직무를 수행하였습니다(누가 1:5-25).

② 아기 예수님은 성전에서 정결 예식을 행하였습니다(누가 2:22).

385) 김창선, 앞의 책, 375-376쪽.

③ 소년 시절 예수님께서는 유월절에 참여하기 위해 예루살렘 성전에 갔습니다(누가 2:41)

④ 그들(제자들)이 큰 기쁨으로 예루살렘으로 돌아가 늘 성전에서 하나님을 찬송하니라 (누가 24:52-53).

⑤ 이 세상 종말 시에 하늘로부터 거룩한 성 새 예루살렘이 내려옴을 보게 될 것입니다 (계시록 21:2).

'또 내가 보매 **거룩한 성 새 예루살렘이** 하나님께로부터 하늘에서 내려오니 그 준비한 것이 신부가 남편을 위하여 단장한 것 같더라'(계시록 21:2; 21:9; 3:12)

* 유대인에게서 예루살렘이 갖는 중요성

1. 예루살렘은 유대인들에게는 매우 중요한 지역임에 틀림없습니다.
예루살렘의 명칭은 고대에는 우루살리무 또는 우르살림으로, 성경의 기록에는 살렘(창세기 14:18/시편 76편 2절) 또는 다윗 점령 후에는 '다윗 성' 또는 '예루살렘'으로 표기되고 있습니다. 히브리어적인 뜻으로는 대체로 **'평화'**라는 의미로 해석합니다.

2. 위치로는 지중해에서 동쪽으로 33마일, 사해에서 서쪽으로 14마일, 다마스커스에서 남쪽으로 133마일, 베들레헴에서 북동쪽으로 5마일 지점에 있습니다.

3. 현재 예루살렘 성벽은 2.5마일의 성벽, 34개의 망대, 8개의 문이 있는데, 주로 16세기 이슬람의 술탄 술라이만 1세 때 세워진 것입니다. 최고의 성벽은 여부스족이 세운 것이고, 이를 다윗과 솔로몬이 증축하였습니다. 후대 왕들 특히 므낫세가 증축하였고(역대하 33:14), 바벨론에서 돌아온 후의 시대, 느헤미아 시대의 성벽 묘사가 성경에 가장 잘 기록되어 있습니다(느헤미아 2장). 헤롯 대왕 시절 세운 **'통곡의 벽'**이 오늘날 남아 있으며, 두 개의 탑이 있습니다.

4. 유대인의 역사 가운데 다윗 왕이야말로 '하나님의 마음에 합'한 순종의 사람으로 성령의 충만함을 받고 존귀와 사랑과 왕권을 부여받은 축복을 얻은 왕으로 여부스 족속에게서 예루살렘을 빼앗아 수도로 삼고, 하나님의 언약궤를 그 가운데 모시는 일을 하였으며 하나님으로부터 '다윗 언약'을 받게 되었습니다.

5. 그 내용은 하나님께서 영원한 왕권을 다윗의 후손에게 내려 주신다는 것과 그 **거룩하신 이름을 예루살렘에 영영히 두신다**는 두 가지 조항을 중심으로 하고 있습니다(사무엘하 1장-8장)[386].
그러므로 예루살렘은 유대인에게는 **약속의 장소 즉 성소(聖所)**인 것입니다.

386) 한상인, 역사와 지리, 129쪽. 187-192쪽.

9) 예수님의 탄생과 어린 시절에 대해서 자세히 기록한 복음서입니다.

복음서에는 예수님의 탄생과 어린 시절에 대해서 자세한 기록이 적은 편입니다. 즉 예수님의 탄생에 관해서는 마태복음과 누가복음에서, 그리고 예수님의 어린 시절에 관해서는 누가복음에만 기록되어 있습니다.

[정리] 누가복음에서 전개되는 예수님의 사역의 시간적(연대적) 흐름

장	1:1-2:52	3:1-9:50	9:51-19:27	19:28-24:52
시간적 흐름	나이 30년	전체 사역 3년	마지막 사역 3-4개월	십자가 죽음과 부활 8일

[정리] 누가복음에만 나오는 이적

1. 기적적인 물고기 포획(5:1-11)
2. 과부의 아들을 다시 살리심(7:11-17)
3. 귀신을 쫓아 내심(11:14)
4. 불구된 여인을 고치심(13:10-17)
5. 고창병자를 고치심(14:1-4)
6. 열 명의 문둥병자를 고치심(17:11-19)
7. 말고의 귀를 회복시키심(22:49-51)

[정리] 누가복음에만 나오는 내용

1. 엠마오로 가는 제자들과의 대화(24:13-35)
2. 어리석은 부자(12:13-21)
3. 불의한 청지기(16:1-13)
4. 부자와 나사로(16:19-31)
5. 제자도(14:33)
6. 선한 사마리아인 비유(10:25-37)
7. 잃어버린 동전 비유(15:8-11)
8. 잃어버린 아들 비유(15:11-24)
9. 용서받은 창녀이야기(7:36-50)
10. 십자가상에서 회개한 죄수(23:39-43)

엠마오의 저녁식사
(벨라스케스 作, 스페인, 1599-1660)

[정리] 누가복음[387)]

예수 그리스도의 태어나심에서 시작하여 십자가에 죽으심과 부활 그리고 하늘로 올라가심까지 일생을 기록한 책으로, 예수님은 누구이시며 예수님의 하나님의 나라 선포에 따른 사역활동과 구원사역을 중심으로 그 내용을 구성하고 있습니다.

초점	잃은 자를 찾으심			잃은 자를 구원하심
구분	1:1-4:13	4:14-9:50	9:51-19:27	19:28-24:53
	인자이신 예수님의 소개	인자이신 예수님의 사역	인자이신 예수님의 가르침	인자이신 예수님의 수난과 부활
주제	출현		설교	수난
	인자의 기적		인자의 비유와 가르침	
장소	나사렛과 갈릴리		예루살렘	
기간	AD 5년-AD 33년경			

387) 비전성경, 신약 86쪽.

[정리] 공관복음의 공통점

공통사항	마태복음	마가복음	누가복음
세례 요한에 의한 그리스도 예고	3장	1장	3장
그리스도의 세례 받으심	3장	1장	3장
그리스도의 시험 받으심	4장	1장	4장
그리스도의 가르침과 이적	각 복음서의 중요 부분		
그리스도의 변형되심	17장	9장	9장
그리스도의 시련과 죽음 장사되심	26장, 27장	14장, 15장	22장, 23장
그리스도의 부활	28장	16장	24장

[정리] 공관복음의 특징

특징	내용	성경구절
그리스도 탄생의 초자연성	* 성령으로 탄생하심 * 구약의 예언을 성취하심	마태 1,2장/누가 1,2장
그리스도의 비유	* 예수님은 많은 비유로 가르치심	마태 13장/누가 15장
하나님의 나라	* 영적인 실재이며, * 가시적인 실재이다(양면성).	마태 25:31,32, 마가 1:14,15
이적	* 그리스도의 메시야임을 확증함 * 영적인 요구를 충족시키기 위함	마태 11:27 누가 4:16-21 등

제4절 요한복음은 어떤 이야기인가요?

① 요한복음은 12사도 중 가장 오랫 동안 살았던 사도 요한에 의해 기록된 것으로 **예수님이 하나님의 아들이심을 믿게 하고 영생을 얻도록 하기 위한 이야기**입니다.

② 요한복음이 기록된 1세기 말(주후 90-95년)은 그리스도인에게는 엄청난 시련과 박해 그리고 고난의 시기였습니다. 수많은 그리스도인들이 로마 황제의 명령에 의해 처형되었으며, 이미 대부분의 사도들은 세상을 떠난 다음이었습니다.[388)]

388) 요한은 사도들 중에 가장 오랫 동안 생존한 사람으로 AD 98년 경(94세 정도)까지 산 것으로 알려져 있습니다.

③ 그 결과 많은 그리스도인들이 예수님을 믿는 신앙의 가치에 회의를 가지기 시작했습니다. 예수님이 정말 하나님의 아들이라면 어떻게 이런 일이 일어날 수 있는 것인지? 에 대해 의문이 일어나기 시작했습니다. 게다가 **영지주의를 비롯한 많은 이단적 가르침이 유행**하기 시작했습니다.

④ 요한은 초대교회 성도들이 예수님이 하나님의 아들이라는 사실을 바르게 믿을 수 있도록, 또한 비록 이 세상에서는 생명을 잃을지라도 예수님으로 인해 다음 세상에서는 영원한 생명을 누린다는 사실을 굳게 붙들 수 있도록 하기 위해 이 복음서를 기록하였던 것입니다.

> **'너희로 예수께서 하나님의 아들 그리스도이심을 믿게 하려 함이요 또 너희로 믿고 그 이름을 힘입어 생명을 얻게 하려 함이니라'**(요한 20:31).

1. 예수님이 누구신가에 대한 답변이 기록된 책입니다.

① **나는 생명의 떡이다**(요한 6:35).
② **나는 세상의 빛이다**(요한 8:12;9:5).
③ **나는 문이다**(요한 10:7,9).
④ **나는 선한 목자다**(요한 10:11).
⑤ **나는 부활이요 생명이다**(요한 11:25).
⑥ **나는 길이요 진리요 생명이다**(요한 14:6).
⑦ **나는 참 포도나무이다**(요한 15:1).

2. 예수님과 하나님의 관계에 관하여 이야기하고 있습니다.

예수님은 태초(이전)부터 하나님과 함께 계셨고, 하나님과 함께 세상을 지으신 말씀은 바로 예수님입니다. 요한복음은 예수님이 하나님이심 즉 **신성을 강조한 책**입니다. 즉, 예수님이 하나님의 아들이신 것을 증거하여, 사람들이 믿고 구원을 얻도록 하려고 기록하였습니다.

> **'태초에 말씀이 계시니라 이 말씀이 하나님과 함께 계셨으니 이 말씀은 곧 하나님이시니라 그가 태초에 하나님과 함께 계셨고 만물이 그로 말미암아 지은 바 되었으니 지은 것이 하나도 그가 없이는 된 것이 없느니라 그 안에 생명이 있었으니 이 생명은 사람들의 빛이라'**(요한 1:1-4).

> **'그가 세상에 계셨으며 세상은 그로 말미암아 지은 바 되었으되 세상이 그를 알지 못하였고 자기 땅에 오매 자기 백성이 영접하지 아니하였으나'**(요한 1:10-11).

> **'본래 하나님을 본 사람이 없으되 아버지 품속에 있는 독생하신 하나님이 나타내셨느니라'**(요한 1:18).

'너희로 예수께서 하나님의 아들 그리스도이심을 믿게 하려 함이요 또 너희로 믿고 그 이름을 힘입어 생명을 얻게 하려 함이니라'(요한 20:31).

'하나님이 이르시되 **빛이 있으라 하시니 빛이 있었고**'(창세기 1:3).

'하나님이 이르시되 **우리의** 형상을 따라 **우리의** 모양대로 **우리가** 사람을 만들고 그들로 바다의 물고기와 하늘의 새와 가축과 온 땅과 땅에 기는 모든 것을 다스리게[389] 하자 하시고'(창세기 1:26).

3. 예수님이 주시는 구원에는 영적인 도움의 필요함을 강조한 책입니다.

1) 인간이 구원을[390] 얻기 위해서는 거듭나야 합니다.

거듭나는 일은 물과 성령으로 태어남을 말합니다. 즉 하나님의 영을 통한 새 창조를 가리키는 것으로 이해할 수 있습니다.

✽ 니고데모와의 대화와 거듭남

바리새인 중에 유대인의 지도자인 디고데모라는 사람이 밤에 예수님께 와서 말하기를,

▶ '랍비여 우리가 당신은 하나님께로 오신 선생인 줄 아나이다 하나님이 함께 하시지 아니하시면 당신이 행하는 이 표적을 아무도 할 수 없나이다'라고 하자,

▶ 예수님께서 대답하시기를 '진실로 진실로 네게 이르노니 사람이 거듭나지 아니하면 하나님의 나라를 볼 수 없느니라'고 하자,

▶ 다시 니고데모가 묻기를 '사람이 늙으면 어떻게 날 수 있사옵나이까 두 번째 모태에 들어갔다가 날 수 있사옵나이까' 하자,

▶ 예수님께서 다시 대답하시기를 '진실로 진실로 네게 이르노니 **사람이 물과 성령으로 나지 아니하면 하나님의 나라에 들어갈 수 없느니라** 육으로 난 것은 육이요 영으로 난 것은 영이니 내가 네게 거듭나야겠다 하는 말을 놀랍게 여기지 말라'고 하셨습니다.

▶ 이에 니고데모가 또 묻기를 '어찌 그러한 일이 있을 수 있나이까' 하니,

▶ 예수님께서 그에게 대답하여 이르시되 '너는 이스라엘의 선생으로써 이러한 것들을 알지 못하느냐 진실로 진실로 네게 이르노니 우리는 아는 것을 말하고 본 것을 증언하노라 그러나 너희가 우리의 증언을 받지 아니하는도다 **내가 땅의 일을 말하여도 너희가 믿지 아니하거든 하물며 하늘의 일을 말하면 어떻게 믿겠느냐**'고 대답하셨습니다(요한 3:1-12).

---

389) 다스린다, 통치한다, 질서 있게 한다, 관리한다, 기른다, 돌본다는 의미를 갖습니다.
390) **구원(론)**에 대한 자세한 이야기는 **제2부에서** 진행됩니다.

✾ 니고데모가 밤에 찾아온 이유는 무엇인가요?

1. 니고데모는 바리새인으로 예수님 당시에 이스라엘 선생으로 인정된 사람인데 왜 밤중에 예수님을 찾아와서 대화를 하게 되었을까?이에 대한 해석으로 대개 다른 사람의 눈에 띄기 싫어서라든지 아니면, 예수님이 낮에 바빠서 한가한 시간에 찾아온 것이라고 해석하고 있으나,

2. 한밤중에 이루어진 이러한 은밀한 대화가 율법 학자들의 특징이라고 말하는 사람도 있습니다. 즉 대화 내용인 하나님의 나라와 중생, 그리고 구원이라는 주제들은 학자들끼리만 주고받는 비밀에 속하였으므로 이런 비밀스런 주제들을 가르칠 때는 자격을 갖추지 못한 일반인들에게 퍼지지 않도록 글이 아닌 말로만 전달했기 때문입니다.[391]

2) 구원은 하나님이 아무런 대가와 조건 없이 거저 주시는 선물입니다.

죄와 죽음의 인생에 있어서 영원한 생명과 구원은 오직 하나님의 은혜로 이루어진 아무런 대가와 어떤 조건도 없이 주어지는 선물인 것입니다.

'네가 만일 하나님의 선물과 또 네게 물 좀 달라 하는 이가 누구인 줄 알았더라면 네가 그에게 구하였을 것이요 그가 생수를 네게 주었으리라'(요한 4:10).

'이 물을 마시는 자마다 다시 목마르려니와 내가 주는 물을 마시는 자는 영원히 목마르지 아니하리니 내가 주는 물은 그 속에서 영생하도록 솟아나는 샘물이 되리라'(요한 4:13-14).

3) 구원은 예수 그리스도를 믿는[392] 사람은 누구나 얻을 수 있습니다.

우리가 구원을 얻기 위해서는 예수 그리스도를 믿는 믿음으로 누구든지 얻을 수 있는 것이며 구원을 얻기 위해서 우리의 노력이 요구되는 것이 아닙니다. 예수님의 십자가 사건으로 모든 인류의 죄의 대가를 지불하셨기 때문입니다.[393] 즉 믿음은 생명에 이르는 길입니다(요한 3:14-16, 36).

'하나님이 세상을 이처럼 사랑하사 독생자를 주셨으니 이는 그를 믿는 자마다 멸망하지 않고 영생을 얻게 하려 하심이라'(요한 3:16).

---

391) 유재덕, 성경시대 사람들은 어떻게 살았을까, 하늘기획, 2006, 210쪽.

392) 요한복음에는 '믿는다'는 말이 99회, 마태 14회, 마가 11회, 누가 9회 사용되고 있습니다. **믿음에 관한 자세한 이야기는 제2부에서** 합니다.

393) 흔히 기독교의 구원은 거저(공짜로, 쉽게) 얻어지는 값싼 것으로 오해하는 경우가 있습니다. 이 세상에 공짜는 없는 것입니다. 우리는 대가 없이 받은 선물이지만 **선물을 주시는 하나님은 유일한 아들인 예수 그리스도를 십자가에 죽게 한 대가를 대신 지불**하신 것입니다.

✽ 구원 받은 믿음이란 어떤 것인가요?

믿는다는 말은 신뢰를 갖는다는 뜻인데,[394] 이는 단지 막연한 신임이 아니라 그것에 자신을 의존하는 것(맡기는 것)을 말합니다. 즉 구원받은 믿음은 신뢰라는 개념이 따라옵니다. 이것은 전적으로 그리스도를 의지하며 구원받기 위해서는 오직 그분만을 의뢰해야 하는 태도를 말합니다. 구원 받는 믿음에는 3가지 요소가 있습니다.

첫째, 지적인 요소입니다. 즉 어떤 사실을 **알아야 하고 믿어야** 합니다(요한 20:31).

둘째, 의지적 요소입니다. 이성적인 **선택**은 그리스도를 구세주로 믿도록 만듭니다.

셋째, 감성적 요소입니다. 인간의 상실감으로 **구원자의 필요성을 느끼는 것**입니다.

[정리] 요한의 기록들에 나타난 구원의 모습

요한복음 ⇨	구원의 본질
요한 1서 ⇨	구원의 확신
요한계시록 ⇨	구원의 완성

4. 진정한 예배가 무엇인가에 대해 대답한 책입니다.

① 하나님의 영과 예수 그리스도를 통해 계시된 하나님의 진리 안에서 참된 예배가 가능하다는 사실입니다. 그것은 곧 예수 그리스도와 함께하는 시간을 뜻합니다.

② 사마리아 수가 성의 여인과 예수님의 대화 중 '우리 조상들은 이 산(그리심 산)에서 예배하였는데 당신들의 말은 예배할 곳이 예루살렘에 있다 하더이다'라고 말하자 예수님께서는 '여자여 내 말을 믿으라 이 산(그리심 산)에서도 말고 예루살렘에서도 말고 **너희가 아버지께 예배할 때가 이르리라 아버지께 참되게 예배하는 자들은 영과 진리로 예배할 때가 오나니 곧 이 때라 아버지께서는 자기에게 이렇게 예배하는 자들을 찾으시느니라 하나님은 영이시니 예배하는 자가 영과 진리로 예배할지니라**'(요한 4:20-24)고 하셨습니다.

394) 폴 N. 벤웨어, 앞의 책, 134-135쪽. **구원에 대한 자세한 설명은 제2부에서** 합니다.

❀ 예수님과 사마리아 여인과의 이야기(요한 4:3-42).

예수께서 유대에서 갈릴리로 가시는 길에 사마리아를 지나가게 되었습니다. 마침 사마리아의 수가라 하는 동네에 이르러 피곤하여 (야곱의) 우물 곁에 앉으시니 그때가 오후 여섯 시쯤 되었습니다. 이때 사마리아 여인 한 사람이 (사람들의 낯을 피하여) 물을 길러 왔기에 예수께서 **'물을 좀 달라'**고 하시니 사마리아 여인이 하는 말이 **'당신이 유대인으로서 어찌하여 사마리아 여자인 나에게 물을 달라 하나요'**하면서 거절하였습니다. 그 이유는 유대인은 오래 전부터 사마리아 사람들이 이방인과 혼혈한 사람들로서 서로 가까이하지 않았기 때문이었습니다.

그러자 예수께서 여인에게 대답하시기를 **'네가 만일 하나님의 선물과 또 네게 물 좀 달라고 하는 이가 누구인 줄 알았더라면 네가 그에게 구하였을 것이요 그가 생수를 네게 주었으리라'**고 하였습니다. 또 **'이 물을 마시는 자마다 다시 목마르려니와 내가 주는 물을 마시는 자는 영원히 목마르지 아니하리니 내가 주는 물은 그 속에서 영생하도록 솟아나는 샘물이 되리라'**고 하셨습니다. 이에 그 여인은 그러한 물을 자신에게 달라고 하였고, 주께서 남편을 데려오라고 하시자 남편이 없다고 하니 예수께서 남편 다섯이 있었고 지금 있는 자도 네 남편이 아니라고 하시니 그 여인은 깜짝 놀라면서 예수님을 선지자라고 하면서, 예배에 대해 (어디서 예배하여야 하는지?) 질문하였습니다. 예수께서 예배에 대하여(예배의 장소가 문제가 아니라) **'예배하는 자가 신령과 진정으로 예배하라'**고 대답하십니다. 그러자 여인은 우리가 기다리는 메시야가 오시면 모든 것을 우리에게 알려줄 것이라고 하자 예수께서 **'내가 바로 그 메시야다'** 라고 하십니다. 이 말을 들은 여인은 동네에 달려가 예수님이 메시야임을 증언하니 많은 사마리아 사람들이 예수를 믿고 또 그들과 함께 유하시기를 청하기도 하여 이틀을 더 그 마을에서 머물게 되었습니다. 그리고는 마을 사람들은 그 여인에게 **'이제는 우리가 당신의 말 때문에 예수님을 (메시야로) 믿는 것이 아니라 우리가 친히 듣고 그가 참으로 세상의 구주신 줄 알게 되었노'라** 고백하였습니다.

이와 같은 사건에서 우리가 얻게 되는 것은 무엇인가요?

1. 진정한 예배가 무엇인가? 에 대한 예수 그리스도의 대답입니다.
2. 구원과 영원한 생명은 예수 그리스도 안에서 (말미암아) 가능하다는 것입니다.
3. 사마리아 사람들이 드러내 놓고 메시야에 대한 믿음을 갖게 되었습니다.
4. 모든 사람이 예수님과 (사마리아 여인을 통하여서가 아닌) 개인적인 교제를 가져야 한다는 것을 이야기합니다. [395]

395) 레이몬드 E. 브라운, 김근수, 김경식, 이은순 공역, 신약개론, CLC, 2017. 495-496쪽.

그리스도와 사마리아 여인
예수님과 사마리아 여인이 이야기를 나누었던 우물가
(렘브란트 반 레인 作, 네덜란드, 1606-1669)

[정리] 유대인과 사마리아인 그리고 예수님의 성전 예배 비교

유대인(남유다)	사마리아인(북이스라엘)	예수님
예루살렘 성전만이 참된 성전이며 그 곳의 예배만이 참되다.	그리심 산 위의 성전만이 참된 성전이며 예배다.	성도가 있는 곳은 어디나 성전이므로 예배자이다. 예배는 장소의 문제가 아니라 신령과 진정으로 드려져야 예배이다.
요한복음 4장 20절	요한복음 4장 20절	요한복음 4장 24절

[정리] 성전개념의 시대별 변화

아브라함 시대	광야 시대	왕국 시대	예수님 시대	승천 이후 시대
제단	성막(광야교회)	산당/성전	예수님 자신	교회
창세기 12:7	출애굽기 26:1	열왕기상 3:2 열왕기상 6:14	요한 2:19	사도행전 8:1

[정리] 공관복음과 요한복음의 저작 목적 내지 중심 주제

복음서 이름	저작 목적	중심 주제
마태복음	유대인에게 복음을 전하기 위함	왕으로서의 메시야 예수
마가복음	예수님의 종 된 메시야 모습과 가르침과 사역을 증거하기 위함	여호와의 종으로서의 메시야 예수
누가복음	헬라인(그리스)인들을 대상으로 함	인자로서의 메시야 예수
요한복음	예수님이 하나님의 아들이심을 믿게 하고 영생을 얻게 하기 위함	하나님의 아들로서의 메시야 예수

* 사도 요한과 요한복음

1. 요한의 아버지는 세베대이며, 거주지는 벳새다나 부근으로 추정됩니다. 어머니는 살로메(예수님의 어머니 마리아의 자매) 그의 형은 야고보이며, 우뢰의 아들 요한은 예수님께서 십자가상에서 어머니 마리아를 돌보도록 위탁하였고 친밀한 관계였습니다. 초대교회 설립의 중심인물이며, 도미시안 황제 때 밧모 섬에 유배되어, 넬바 황제 때 돌아왔습니다.

2. 요한은 예수님의 제자들 중에 핵심 멤버였으며, 예수께서 사랑하는 제자였습니다(요한 21:20). 십자가 사건을 실제로 목격한 유일한 사도였습니다(요한 19:26). 예수님 사후에 베드로와 함께 동역자로 사역하였으며(사도행전 3:1-4:22; 8:14-17), 예루살렘 교회의 중요한 지도자가 되었습니다.

3. 요한복음이 쓰여진 장소로는 말년에 머물렀던 에베소라고 보는 견해가 전통적으로 유력합니다. 공관복음보다 늦게 기록되어졌으나, 공관복음서에서 발견되지 않는 내용이 92%입니다.

4. 루이스 마틴(J. Louis Martin)은 '유대인의 신앙과 삶에 대한 요한의 이야기들은 신약성경 전체를 통털어 유대 사상에 관해 가장 정확한 설명을 제공해 주고 있다'고 합니다.[396]

사도 요한의 무덤과 사도 요한 기념교회로 들어가는 입구의 박해의 문
사도 요한은 100년경 에베소에서 순교하지 않고 죽었으며, 그의 무덤은 아야슬룩 요새 앞에 있는 사도 요한 기념교회 유적지 내에 있다.(성지순례 가이드북, 하늘기획)

396) 존 스토트, 김동규 옮김, 신약의 메시지, 아바서원, 2017, 145쪽.

5. 요한복음의 장 제목

장	제목	주요 내용
1	말씀(독생자의 탄생)	*세례 요한의 증언, 빌립과 나다나엘을 부르심
2	포도주의 이적(가나)	*성전청결 사건
3	중생과 하나님의 사랑	*예수와 니고데모
4	예수님과 사마리아 여인(생수)	*영생과 메시야, 예배자의 자세
5	베데스다 연못의 기적	*아들의 권한
6	생명의 떡(5천 명)	*바다 위를 걸으심
7	장막절의 교훈(생명수)	*그리스도의 오심
8	빛과 자유(간음한 여인)	*예수 그는 누구인가?
9	실로암 못(소경)	*누가 실제 맹인인가?
10	선한 목자이신 예수	*하나님의 아들
11	나사로의 부활	*부활이요 생명
12	호산나(영광)	*예루살렘 행
13	만찬과 발 씻기심	*제자의 배반 예언, 새 계명
14	길과 진리와 생명, 보혜사 성령	*제자들을 위로하심
15	포도나무의 비유	*농부와 참 포도나무와 열매
16	보혜사 성령	*성령의 일, 세상을 이기심
17	최후의 기도	*아버지께서 내 안에 내가 아버지 안에 그리고 그들도 다 하나가 되어 우리 안에 있게 하심
18	잡히심과 심문당하심	*베드로의 부인, 빌라도의 심문
19	십자가에 달리심	*나사렛 예수 유대인의 왕
20	부활과 나타나심	*살아나 제자들에게 나타나심
21	예수님과 베드로의 문답	*내 양을 치라

6. 요한복음의 주요 특징

요한복음은 예수님의 사건에 관하여 단순하게 기록하면서도 심오한 진리를 품고 있습니다. **중생의 교리를 말하는 영적인 복음서로 하나님의 아들에 관하여 다양한 방법으로 증언**하고 있습니다.[397)]

1) 예수님은 영원한 아들, 곧 로고스(말씀), 메시야인 예수님을 전하려고 합니다.

> '태초에 말씀이 계시니라 이 **말씀이 하나님과 함께 계셨으니 이 말씀은 곧 하나님이시니라**'(요한 1:1).

> '그가 세상에 계셨으며 **세상은 그로 말미암아 지은 바 되었으되** 세상이 그를 알지 못하였고 자기 땅에 오매 **자기 백성이 영접하지 아니하였으나**'(요한 1:10-11).

[정리] 공관복음과 요한복음에 나타난 아들(예수님)

마태복음	마가복음	누가복음	요한복음
다윗의 아들	하나님의 아들	구세주	영원한 아들/로고스/말씀

2) 가장 단순하면서도 심오한 복음서입니다.

① 요한복음은 복음서 가운데 가장 단순하면서도 심오한 복음서입니다. 기록하는데 사용된 언어도 단순하고, 간결한 헬라어로 단어수가 적고, 문체가 간결하게 되어 있어 성경을 처음 대하는 사람들도 요한복음을 맨 먼저 공부하기도 합니다.

② 그럼에도 불구하고 요한복음은 사람으로 하여금 고요한 교회에 들어가 말씀이 육신이 되신 하나님의 영원한 아들의 심오한 것들에 대하여 깊은 명상을 하게 합니다.[398)]

③ 요한복음은 **'누구든지 예수 그리스도의 말씀 안에 거할 때 예수 그리스도의 참된 제자가 되고 진리(=예수 그리스도)를 알게 되며 진리가 우리를 자유케 한다'**(요한 3:31-32)는 말씀이 압축된 핵심적인 내용이라고 할 것입니다.

> **'그리스도께서 우리를 자유롭게 하려고 자유를 주셨으니 그러므로 굳건하게 서서 다시는 종의 멍에를 메지 말라'**(갈라디아서 5:1).

---

397) 비젼성경, 신약, 142쪽.
398) 아가페, 앞의 책, 요한복음서론 참조. 알렉산드리아의 클레멘트는 요한복음을 **'영적인 복음'**이라고 불렀습니다.

[정리] 예수님이 주신 자유[399]

예수님이 주신 자유	자유의 내용	성경구절
율법으로부터의 자유	율법을 완성하셨습니다. 새 율법을 주셨습니다. 잘못된 전통과 사람의 계명으로부터 벗어남.	로마서 10:4 마태 15:3; 6:9
죄로부터의 자유	죄의 삯은 사망인데 사망을 이기셨습니다. 또한 우리의 죄를 사하여 주셨습니다. 죄의 포로된 자를 자유하게 하십니다.	요한일서 3:8 요한 8:35-36 로마서 6:8
심판으로부터의 자유	죄에는 심판이 따라 오지만 십자가의 대속으로 심판을 자기 손에 두시게 되었습니다. 그러므로 누구든지 예수님을 믿으면 심판이 새로운 구원으로 옮겨집니다.	요한 12:47
사망으로부터의 자유	예수님은 부활을 통하여 죽음을 이기셨습니다.	고린도후서3:17 히브리서 2:15
질병으로부터의 자유	예수님은 우리의 질병을 십자가상에서 모두 자신이 담당하셨습니다.	마태 8:17 이사야 53:4
우상으로부터의 자유	안목의 정욕과 이생의 자랑(우상)으로부터 눈을 뜨게 하십니다.	요한일서 2:16
사탄으로부터의 자유	사탄의 권세를 깨뜨리셨습니다.	창세기 3:15 마태 4:11 누가 10:18 누가 13:16
가난으로부터의 자유	심령이 가난한 자는 천국이 저의 것입니다. 예수 그리스도는 우리를 부요하게 하십니다.	마태 5:3 고린도후서 8:9 갈라디아 3:13
타인으로부터의 자유	사람에게서 영광을 받으려고… 사람의 일을 생각하는도다… 먼저 가서 내 아버지를 장사하게… 랍비라 칭함을 받는 것을 좋아하느니라… 겉으로는 사람에게 옳게 보이되… 누구든지 크고자(으뜸이 되고자) 하는 자는… 제자 중에서 누가 크냐 하는 변론이… 회당의 높은 자리와 시장에서 문안 받는 것… 이 (다른) 사람은 어떻게 되겠사옵나이까?…	마태 6:2,5 마태 16:23 마태 8:21 마태 23:7 마태 23:8 마가 10:43-44 누가 9:46 누가 11:43 요한 21:21
비진리로부터의 자유	너희가 내 말에 거하면 내 제자가 되고 진리를 알지니 진리가 너희를 자유케 하리라	요한 8:31-32

399) 자유(인)와 대칭되는 것은 노예상태, 구속, 종, 매임 등이라고 할 것입니다.

✾ 사운드 오브 뮤직과 나의 '자유'

1. 견습 수녀로 수도원 생활을 하게 된 주인공 마리아. 그는 수도원 생활이 내가 아닌 타인으로 살아가게 하는 강요처럼 느껴져 힘든 생활을 하게 되었습니다. 어느 날 오스트리아의 해군대령 트랩의 집에 일곱 아이들을 돌보는 가정교사로 일하게 되면서 그녀는 아이들과 함께 노래하며 웃음과 생동감이 넘치고, 비로소 진정한 '나'로 살게 되는 자유를 누리고 행복하게 되었습니다. 하지만 트랩 대령과의 사랑이 싹트면서 수도원으로 다시 돌아와 '타인'으로 살아가면서 다시 힘든 생활이 되었습니다. 원장 수녀의 따뜻한 배려로 마리아에게 '너의 삶을 찾으라'고 하여 대령의 집으로 돌아와 대령과 결혼하게 되면서 '자유로운 나'를 되찾게 됩니다. 또한 오스트리아 사람들에게 독일인(타인)으로 살도록 강요하는 히틀러 정권의 압박으로 대령은 자신의 집이 독일군 사령부로 사용되고, 자신은 독일군 복무 명령을 받지만 '나'를 지키려고 트랩 대령의 가족은 알프스를 넘게 됩니다. 마지막 노래 [에델바이스]를 부르면서 높은 알프스 산을 넘어가는 아홉 식구는 그러나 자유롭고 행복한 '나'를 찾는 감동적인 이야기입니다.

2. 예수님은 우리들을 향하여 '**외식과 타인 의식으로 진정한 자신의 모습을 잃어버리는 것을 원치 아니하신다**'고 말씀하시면서 하나님의 창조목적에 따라 오직 진정한 '나'를 찾아가기를 원하신다고 하셨습니다.

3. 하나님은 결코 우리를 강제하시거나 억압하시는 분이 아니십니다. 근대 서양인들은 **인간의 자유는 태어나면서 하늘(하나님으)로부터 받아 가지고 태어난 자연권리**라고 하였습니다.[400)]

3) 예수님을 "나는…이다."라는 말씀이 반복되어 나옵니다.

예수님 자신이 바로 하나님이시요 또한 하나님의 말씀 자체임을 강조한 것입니다 (요한 1장; 3장; 8:28).

'**나는 세상의 빛**이니…'(요한 8:12).

4) 예수님이 행하신 놀라운 기적들을 표적으로 이해하고 있습니다.

① 요한이 표적이라고 언급한 예수님의 이적들은 단순히 사람들을 놀라게 하거나 병을 고치고 도와주는 위대한 행위가 아니라는 것을 의미합니다.[401)] 그것은 어떤 내용을 지시하는 뜻을 나타냅니다. 즉 독자들이 예수를 '그리스도'로 믿도록 하기 위한 것입니다.

400) 권영성, 헌법학원론, 법문사, 2003, 383쪽.
401) 아가페, 앞의 책, 요한복음서론

[정리] 요한복음에서만 나타난 표적의 의미

표적은 초월적인 예수님 = 하나님이심을 증거하고 있습니다.

나타난 표적	표적의 의미(표적이 가리키는 것)	성경구절
물을 포도주로 바꾸심	예수 그리스도가 생명의 근원이신 분 **물질을 초월**한 예수님의 능력	요한 2:1-12
왕의 신하의 아들을 고치심	예수 그리스도가 거리를 넘어서시는 분 **거리(공간)를 초월**한 예수님의 능력	요한 4:46-54
베데스다 연못에서 **38년** 된 병자를 고치심	예수 그리스도가 **시간도 넘어서시는** 분	요한 5:1-17
5000명을 먹이심	예수 그리스도가 **생명**의 떡이신 분 **육을 초월한** 예수님의 능력	요한 6:1-14
물 위를 걷고, 풍랑을 잠잠케 하심	예수 그리스도가 자연을 다스리시는 분 **자연법칙을 초월한** 예수님의 능력	요한 6:15-21
날 때부터 소경된 자 고치심	예수 그리스도가 세상의 **빛** 되시는 분 **불가능을 초월한** 예수님의 능력	요한 9:1-41
죽은 나사로를 살리심	예수 그리스도가 죽음을 다스리시는 분 **죽음을 초월한** 예수님의 능력	요한 11:17-45

② 오천 명을 먹이신 사건은 모든 복음서에 기록되어 있고, 물 위로 걸으신 이적은 마태복음과 마가복음에도 기록되어 있습니다.

[정리] 예수께서 가나에서 행하신 표적(기적)

첫 번째	혼인잔치에서 물이 포도주가 되게 하심	요한 2:11
두 번째	왕의 신하의 아들을 치료하심	요한 4:54

두 기적 기념교회가 보이는 갈릴리의 가나,
가나에는 가톨릭 프란시스코 교회와 희랍 정교회의
두 기념교회가 있다. (성서지도, 지계석)

5) 성령 혹은 보혜사에 대해 이야기하고 있습니다.

① 예수님께서 제자들을 홀로 두지 않을 것이며 '자신과 같은' 또 다른 보혜사를[402] 보내신다고 하셨습니다(요한 14:18). 그래서 **성령이 그들과 함께 하시며(요한 14:17), 그들을 가르치시며(요한 14:26), 그들이 증거할 수 있도록 권능(권세와 능력)을 베푸시며(요한 15:26,27), 그들을 모든 진리 가운데로 인도하실 것**이라고(요한 16:13) 하셨습니다.

② 보혜사라는 말은 요한복음에 4번(성령님을 일컫는 말), 요한일서에 1번(대언자: 예수님을 일컫는 말)나오는데, 이 용어는 희랍어라도 요한이 창안한 명칭이라고 볼 수 있으며, 곁에 있어 도와주고 변호하는 사람이라는 뜻이라고 할 수 있습니다.[403]

6) 공관복음에서 언급되지 않은 내용이 많이 있습니다.

요한복음에는 공관복음(마태, 마가, 누가 복음)에서 언급되지 않는 내용이 많이 있습니다. 즉, 공관복음에는 있으나 요한복음에는 빠져 있는 부분과 또 공관복음에는 없으나 요한복음에는 있는 부분이 많다는 것입니다.

[정리] 공관복음과 요한복음의 내용상의 비교

구분	공관복음	요한복음
유월절 언급 횟수	1번 언급 예수님의 사역기간 1년 정도	3번 언급 예수님의 사역기간 3년 정도
사역지역	북부갈릴리를 중심으로 기록	남부유대와 중부사마리아 지역으로 확대
예수님 말씀	하나님의 나라	영생을 중심 예수님 자신과 하나님의 관계
표현방법	이적 혹은 기적	표적 "나는 생명의 떡/세상의 빛/아브라함이 있기 전부터 있었던 자/선한 목자/부활이요 생명, 길이요 진리 생명/참 포도나무"
성전정화사건 (2번의 사건임)	예수님의 공생애 마지막에	예수님의 공생애 초기에

402) 영어로는 'comforter, counseler로 번역되는데 이는 성령의 사역적인 측면에서는 '위로자'와 '상담자'의 기능을 함을 알 수 있습니다. 존 스토트, 김동규 옮김, 신약의 메시지, 아바서원, 2017, 144쪽
메시야의 날에 포도주가 풍성할 것이라는 구약의 약속을 성취한 것입니다(창세기 49:10-11, 아모스 9:13-14).

403) 장은영, 강의안 참조.

목양의 명령	없다.	있다 : 요한 21:15-23 "내 양을 먹이라, 내 양을 치라"
예수님을 빌라도에게 데리고 간 이유	설명하고 있지 않다.	설명하고 있다 : 요한 18:29 대제사장들과 바리새인들이 빌라도에게 고발하였으므로
베드로가 대제사장 집 뜰에 들어갈 수 있었던 이유	설명하고 있지 않다.	설명하고 있다 : 요한 18:15-18 대제사장과 아는 다른 제자 한 사람이 베드로를 데리고 들어갈 수 있었기 때문

✽ 공관복음에는 기록이 있으나 요한복음에는 없는 것

예수님의 계보와 탄생기록, 요한에게 침례를 받은 일, 예수님의 40일 간의 금식과 사탄에게 시험받으신 일, 변화산에서의 사건, 제자 임명, 비유, 마지막 만찬에서 행해진 성찬식, 겟세마네 동산에서 기도, 귀신 축출 기사, 승천과 지상명령 등입니다.

공관복음은 예수님께서 하나님의 아들 되심을 강조하는데 기록 목적이 있기 때문입니다.

[정리] 요한복음에만 나타난 기록

기록 내용	구체적인 내용	성경구절
거듭남	사람이 물과 성령으로 나지 아니하면 하나님의 나라에 들어갈 수 없느니라	3:3-21
생명수	내가 주는 물은 그 속에서 영생하도록 솟아나는 샘물이 되리라	4:10-26
그리스도의 위격 과 사역	**내 아버지*께서 이제까지 일하시니 나도 일한다. *아버지께서 죽은 자들을 일으켜 살리심 같이 **아들도** 자기가 원하는 자들을 살리느니라 *아버지께서 아무도 심판하지 아니하시고 심판을 다 아들에게 맡기셨으니 *아버지께서 친히 나를 위하여 증언하셨느니라	5:17-47
생명의 떡	나는 생명의 떡이니 내게 오는 자는 결코 주리지 아니할 터이요	6:32-59
세상의 빛	나는 세상의 빛이니 나를 따르는 자는 어둠에 다니지 아니하고 생명의 빛을 얻으리라	8:12-20
참된 제자	너희가 내 말에 거하면 참으로 내 제자가 되고 진리를 알지니 진리가 너희를 자유케 하리라	8:32-58
선한 목자	나는 선한 목자라 선한 목자는 양들을 위하여 목숨을 버리거니와	10:1-18

예수님과 아버지와의 하나 됨	아버지께서 내 안에 계시고 내가 아버지 안에 있음을 깨달아 알리라	10:25-39
다락방 강론	1. 너희는 마음에 근심하지 말라 2. 내가 곧 길이요 진리요 생명이니 나로 말미암지 않고는 아버지께로 올 자가 없느니라 3. 내가 아버지 안에 거하고 아버지는 내 안에 계심을 믿으라 4. 내 이름으로 무엇이든지 내게 구하면 내가 행하리라 5. 너희가 나를 사랑하면 나의 계명을 지키라 6. 나의 평안을 너희에게 주노라 7. 나는 포도나무요 너희는 가지라 8. 보혜사 진리의 성령이 오실 때에 그가 나를 증언하실 것이요 9. 너희가 무엇이든지 아버지께 구하는 것을 내 이름으로 주시리라 10. 영생은 곧 유일하신 하나님과 그가 보내신 자 예수 그리스도를 아는 것	14:1-16:33

[정리] 요한복음

요한복음은 예수님은 누구신가? 에 대해 창조주이시며, 말씀이시며, **하나님의 아들이심과 세상의 빛(어둠의 세력과 대적되는)과 생명이심을** 다양한 방법으로 심오하게 증언하고 있습니다. 또한 하나님의 백성으로 영생(구원)을 얻도록 하기 위한 중생의 교리를 말하는 영적인 복음서입니다. 이를 위한 요한복음의 모든 이야기는 **예수 그리스도의 십자가와 부활**을 지향하고 있습니다. 그리고 예수님의 **새 언약의 특징으로 성령을 주심**을 분명히 나타내고 있으며, 마지막으로 믿음은 아들의 주권적 선택(요한 15:16)과 아버지가 아들에게 주신 선물의 일부가 되는 일(요한 6:37-44)에 달려있다는 진리를 줄기차게 말하고 있는 책입니다.[404)]

저자	사도 요한		
기록시기	AD 90-100년		
기록장소	이스라엘		
기록목적	예수님이 하나님의 아들이심을 믿게 하고, 영생을 얻도록 하기 위해 기록함.		
구분	1-12장	13-17장	18-21장
	하나님 아들의 성육신과 배척 받으심	하나님 아들 예수의 가르침	하나님 아들 예수의 수난과 부활
중심주제	증거	교훈	영광

404) D. A. 카슨 외, 손에 잡히는 신약 개론, 72쪽.

[정리] 4복음서에 나타난 예수님

예수님	마태복음	마가복음	누가복음	요한복음
하나님이시다.				1장 8절
창조주이시다.				1장 3절
하나님의 아들이시다.	3장 17절 14장 33절 16장 16절 17장 5절	1장 1절 1장 24, 34절	3장 22절 4장 41절	1장 29절 5장 17절
하나님의 나라 왕이시다.	12장 28절 25장 34절	4장 11-32절		
구원자(메시야) 이시다.	1장 21절 2장 4-5절	14장 62절	9장 20절	1장 41절 4장 42절
종이시다.		11장 1절- 16장 20		
안식일의 주인이다.	12장 8절	2장 28절		
생명의 떡이시다.	26장 26절			6장 35절, 48절
영생을 주신 이시다.	19장 29절			6장 51절
유대인들이 거부하였다.	26장 57-68절	15장 13절	23장 1-2절	19장 7절, 15절
제자 훈련시키셨다. 제자들에게 권능을 주셨다.	10장 10장 1절	6장 7절 3장 14-15절	10장 1-20절	6장 67-70절
십자가 사랑이시다.	27장 35절	15장 25절	23장 34절	19장 30절
부활하셨다.	28장 6절	16장 6절, 9절	24장 5-7절	20장 6-8절
성령을 주셨다.	28장 19절 10장 20절		24장 49절	20장 22절
전도와 선교사명을 주셨다.	28장 19-20절	16장15-18절	24장 47-48절	21장 15-17절

제5절 사도행전은 어떤 이야기인가요?

1. 사도행전은 어떤 이야기인가요?
2. 사도행전의 저자 및 기록 연대 및 장소는 어떻게 되나요?
3. 사도행전의 기록 목적은 무엇이었나요?
4. 사도행전은 어떤 성격을 가지고 있나요?
5. 사도행전의 구조(구성)은 어떻게 되어 있나요?
6. 사도행전의 주요 내용은 어떤 것인가요?
7. 사도행전에 나타난 주요 인물은 누구인가요?
8. 사도행전의 특징에 관한 이야기
9. 사도행전에 나타난 세계로 퍼져나간 복음 이야기

1. 사도행전은 어떤 이야기인가요?

① 사도행전은[405] 성령의 능력을 받은 **사도들의 복음 증거 행적을 기록해 놓은 책**입니다. 즉 예수 그리스도에 의해 시작된 복음 사역이 사도들을 통해 어떻게 확장되었는가를 기록한 역사책입니다. 또한 사도행전은 성령의 활동과 역사를 기록하고 있기 때문에 **'성령 행전'**이라고도 불리어집니다. 이 책은 예수 그리스도의 승천 때부터 바울이 로마 옥중에 2년 동안 갇혀 있을 때까지 약 33년간의 역사를 기록하고 있습니다.

② 이 책은 누가가 쓴 것으로 그의 첫 번째 책(누가복음)이 끝나는 부분에서 (사도행전은)시작하고 있습니다. 이 책은 예수님이 제자들에게 온 세상에 나가서 기쁜 소식, 곧 **모든 사람을 향한 하나님의 사랑에 관한 소식**을 전하라고 지시하는 것으로 시작하고 있습니다. 하나님께서는 이 세상 사람들이 저지른 잘못의 결과(죄)로부터 구(원)하는 임무를 예수님에게 맡기셨습니다. 바로 그 아드님이신 예수께서 이 기쁜 소식을 제자들에게 가르치셨고, 제자들이 이러한 사명을 이어받아 세상에 나가 그 소식을 널리 전하기를 바라셨습니다.

③ 누가는 **베드로와 바울이라는 두 중심인물의 행적에 중점을 두고 기록**하고 있습니다. [406]그(누가)는 예루살렘에서 시작한 기독교가 베드로와 바울을 통하여 주변 지역인 유대와 사마리아, 소아시아로 마침내 로마 제국에 얼마나 빨리 펴져 나갔는지를 보여 주고 있습니다.

---

405) **'행전'은 활동이라는 의미**입니다. 사도행전이라는 복음서 이름은 저자가 붙인 이름이 아니고 후대의 교부들이 붙인 이름입니다.

406) 사도는 하나님의 메시지와 함께 보낸 사람의 권위를 지니고 보내진 외교사절, 대리인 또는 대사입니다. 사도행전은 사도들의 행적을 기록한 책이라는 뜻인데, 베드로와 바울, 특히 바울에 관한 이야기가 주를 이룸으로써 대부분의 사도들에 관한 이야기는 다루지 않고 있는 아쉬움이 있는 책입니다.

한편 사도행전은 복음서와 이후의 서신들을 연결시켜 주는 **다리 역할**을 하고 있습니다.

2. 사도행전의 저자 및 기록 연대와 장소는 어떻게 되나요?

사도행전의 저자는 누가라고 봅니다. 누가복음과 사도행전은 누가가 쓴 글이라는 것에는 두 책 모두 데오빌로에게 바쳐진 것이며, 같은 문학적 양식으로 하나의 연속적인 책을 만들고 있다는 점입니다. 사도행전은 사도 바울이 로마에서 투옥되는 것으로 끝이 납니다. 바울은 서기 61년경에 로마에 왔으며, 로마에 2년 동안 머물렀습니다(사도행전 28:30). 그러므로 서기 63년에 끝이 나며 이 책이 쓰여진 연대라고 봅니다. 사도행전에는 서기 70년의 예루살렘 멸망이나, 60년대 후반기의 바울의 순교나, 서기 64년의 네로 황제 아래에서 발생되었던 그리스도인의 박해에 대해 언급이 없기 때문이기도 합니다. 누가가 로마에 바울과 함께 있었기 때문에 기록 장소가 로마라고 하는 것도 타당성이 있습니다.

3. 사도행전의 기록 목적은 무엇이었나요?

누가가 사도행전을 기록한 목적은

첫째로, 데오빌로에게 예수 그리스도의 말씀과 사역을 말하여 기독교 신앙에 대한 확신을 주고자 하였습니다. 또한 사도들을 통해 이루신 주님의 사역과 말씀에 대한 증거들을 기록하고 있습니다.[407)]

둘째로, 기독교 신앙을 문서화 (기록)된 변호를 통하여 그리스도인들이 로마에 불(不) 충성한다는 오해를 불식시키려고 하였습니다.[408)]

셋째로, 새 신자들의 믿음을 좀 더 굳건히 하려 하였습니다.

넷째로, 유대인들에 대해서 또 헬라의 신비적 다신교에 대하여 기독교를 변증하기 위한 목적으로 기록되었습니다.

4. 사도행전은 어떤 성격을 가지고 있나요?

사도행전은 여러 가지 성격을 담고 있는 책입니다. 교회의 시작과 교회의 초기 시대 역사를 기록한 유일한 책이며, **예수님의 생애와 바울의 선교 사이를 이어주는 다리 역할**을 합니다. 또한 누가복음과도 서로 연결되어[409)] 있기도 합니다.

---

407) 기독교 신앙 첫 30년은 그리스도의 복음이 예루살렘에서 로마까지 전파된 것을 기록한 누가에 의해 연대기화 되었습니다.

408) 비젼성경, 신약 186쪽.

409) 연속성과 역사상의 통일성을 말합니다.

[정리] 누가의 기록인 누가복음과 사도행전의 비교

항목	누가복음	사도행전
기록 대상	예수 그리스도(의 이야기)	교회(의 이야기)
예수님의 사역	예수님이 행하시며 가르치시기를 시작하심.	예수님이 택하신 사도들에 의한 그 사역의 연속
성령	'성령이 너희에게 (미래에) 임하시면 너희가 권능을 받을 것이다'라는 약속	오순절날 성령이(현재에) 임하여 예수님이 하신 약속의 성취
교회	세계 선교의 사명을 (교회에) 주심.	세계 선교를 감당하도록 다락방에 모인 120명의 성도들에게 내린 성령 강림 사건으로 교회 탄생
예수님의 선교	예수님의 지상 선교	예수님의 천상선교
예수님의 일	시작하신 일	계속하고 있는 일
예수님의 승천	승천에서 끝	승천에서 시작

5. 사도행전의 구조(구성)은 어떻게 되어 있나요?

1) 인물을 중심으로 볼 때

사도행전을 인물을 중심으로 볼 때 1~12장까지는 사도 베드로가 중심이고, 13장~28장까지는 사도 바울이 중심입니다. 즉, 사도행전의 내용은 크게 **베드로를 중심으로 한 예루살렘 교회가 형성되는 과정**과 **바울을 중심으로 하여 이방 교회가 세계로 확장되어 가는 선교의 과정** 두 부분으로 구성되어 있습니다.

2) 주제를 중심으로 볼 때

① 사도행전을 주제를 중심으로 볼 때 크게 네 부분으로 나눌 수 있는데, 1부는 1~2장까지로 '오직 성령이 너희에게 임하시면 너희가 권능을 받고, 2부는 3장~8장 3절까지로 예루살렘, 3부는 8장 4절~12장으로 온 유대와 사마리아, 4부는 13장~28장 땅 끝까지 이르러 내 증인이 되리라'로 되어 있습니다.

② 복음을 거절하는 유대인과 복음을 영접하는 이방인, 그리고 이 두 가지가 교회 확장에 대한 이야기에서 주제가 됩니다.[410]

410) 아가페 주제별 성경, 사도행전 서론

3) 핵심적인 용어를 중심으로 볼 때

베드로가 말한 내용의 핵심적인 용어는 **'회개하라'**이고, 바울이 말한 내용의 핵심적인 용어는 **'믿으라'**[411] 입니다. 결국 **회개하고 믿으라**는 것이 핵심적인 용어입니다.

> '**베드로가** 이르되 **너희가 회개하여** 각각 예수 그리스도의 이름으로 세례를 받고 죄 사함을 받으라 그리하면 성령의 선물을 받으리니'(사도행전 2:38).
>
> '**(바울이)**이르되 주 **예수를 믿으라** 그리하면 너와 네 집이 구원을 받으리라'(사도행전 16:31).

[정리] 사도행전의 베드로의 설교와 바울의 설교의 핵심

설교자	베드로	바울
설교의 핵심	'회개하라' ⇨ 죄사함을 받으라 ⇨ 성령을 받으리라	'믿으라' ⇨ 구원을 받으리라
성경구절	1장~12장	13장~28장

6. 사도행전의 주요 내용은 어떤 것인가요?

사도행전의 내용은 크게 셋으로 나누어 요약해 볼 수 있습니다.

1) 구약에서의 하나님의 약속이 신약에 와서 성취되었다는 것입니다.

사도행전은 구약에서 하나님이 이스라엘 민족을 향하여 하신 약속이 신약(예수 그리스도)에 와서 성취되었음을 나타내(기록하여) 주고 있습니다.

① 아브라함의 자손에게 가나안 땅을 주리라고 하셨습니다(사도행전 3:25).

② 다윗의 자손 중에서 왕의 위에 오르게 할 것이다(사무엘하 7:23/사도행전 2:30).

③ 메시야(= 그리스도)가 나타날 것이다(다니엘서 9:25/고린도전서 1:23/사도행전 7:52).

④ 성령을 부어 주실 것이다(요엘 2:28-29/사도행전 1:4-8).

2) 메시야가 나사렛 예수 안에서 오셨다는 것입니다.

① 예수님은 하나님의 권능으로 많은 선한 일을 하였습니다(사도행전 10:38).

---

411) 신성종, 앞의 책, 275쪽.

② 예수님은 하나님의 목적에 따라 십자가에 달려 죽으셨습니다(사도행전 2:23).

③ 예수님은 하나님의 권능으로 죽은 자 가운데서 다시 부활하셨습니다(사도행전 2:31-32).

④ 예수님은 승천하셔서 하나님의 권능으로 통치하십니다(사도행전 14:27).

⑤ 예수님은 다시 오셔서 심판하시고 하나님의 목적을 위하여 모든 것을 회복하십니다.

3) 듣는 모든 사람이 회개하고 세례를 받아야 한다는 것입니다.

오순절 성령강림 사건 이후 제자들 특히 베드로가 유대인들을 향하여 복음을 선포할 때, 많은 사람들이 경청하였습니다. 그들에게 베드로는 '너희가 십자가에 못 박은 이 예수를 하나님이 주와 그리스도가 되게 하셨느니라 하니, 그들이 이 말을 듣고 마음에 찔려 베드로와 다른 사도들에게 물어 이르되 형제들아 우리가 어찌할꼬' 하니 베드로가 대답하기를,

'너희가 회개하여 각각 예수 그리스도의 이름으로 세례를 받고 죄 사함을 받으라 그리하면 성령의 선물을 받으리라'고 하였습니다(사도행전 1:38).

[정리] 베드로가 강조한 세례

구 분	내 용
세례의 의미	* 예수 그리스도를 영접하여 자신의 구주(메시야) 되심을 믿는 징표
세례 전제	* 죄에 대한 회개
세례 방법	* 예수 그리스도의 이름으로 * 침수 세례(?)
세례 결과	* 죄 사함을 받음 * 성령을 선물로 받음

[정리] 사도행전의 내용 전개 과정

주요 내용	세부사항	성경구절
이스라엘과 전 인류를 위한 교회의 설립	예루살렘 교회가 성령 안에서 생명력 있는 놀라운 역사를 통하여 발전하는 한편, 이 일로 사도들에게 대하여 박해가 일어남	1-2장 3-7장
교회의 확장	유대와 사마리아와 이방 세계에 까지	8-12장

바울의 1차-3차 전도여행	바울의 세 차례 전도로 이방 세계에 복음이 전파되었다. 그는 매회 전도 여행을 마치고는 예루살렘에 돌아와 선교보고를 하였다.	13장 1-21:16
바울의 말년	예루살렘에서 하나님의 섭리에 의하여 로마 군대에 체포되어 유대인 대중에게 전도할 기회가 있었고, 로마에까지 호송되어 그 곳에서 복음의 대역사를 이루었다. 이는 실로 하나님께서 생명 있는 기독교 설립을 위한 성령의 역사가 사도들의 활동으로 성립됨을 분명히 말해 주고 있다.	21:17-28:31

[정리] 사도행전에 나타난 설교자와 그 내용

설교자	받는 사람	내 용	성경구절
베드로	오순절 날 무리들에게	오순절의 의미 설명	행 3:14-40
	성전에서 유대인들에게	메시야를 십자가에 못 박은 것에 대해 회개하여야 한다고 함.	행 3:12-26
	산헤드린을 향하여	병자가 예수님의 능력으로 치료를 받았다.	행 4:5-12
	이방인들에게	이방인도 유대인과 같은 방법으로 구원을 받을 수 있다.	행 10:28-47
	예루살렘 교회를 향하여	욥바에서 경험한 것을 증거하고 이방인 사역을 변론한다.	행 11:4-18
	예루살렘 의회를 향하여	유대인이나 이방인이나 모두 은혜로 구원을 받는다고 함.	행 15:7-11
스데반	산헤드린을 향하여	유대역사를 이야기하며, 유대인들이 메시야를 죽였다고 고소했다.	행 7장
야고보	예루살렘 의회를 향하여	이방인이 개종할 때 할례를 받지 않아도 된다고 함.	행 15:13-21
바울	안디옥 회당에서	예수님은 구약의 예언을 성취한 메시야이시라고 함.	행 13:16-41
	에베소 장로들에게	거짓 교사들이 핍박할 때에도 믿음 안에 거하라고 함.	행 20:17-35
	예루살렘 무리를 향하여	바울의 회심과 이방인을 향한 자신의 소명을 진술한다.	행 22:1-21

바울	산헤드린을 향하여	자신은 바리새인이며 로마의 시민이라고 변론한다.	행 23:1-6
	아그립바 왕에게	자신의 회심 경험과 복음을 향한 열정을 진술한다.	행 26장
	로마유대인지도자들에게	자신이 이스라엘 백성이나 유대 관습을 배척한 일이 없음을 변호한다.	행 28:17-20

[정리] 사도행전 내용 장, 절

장	제 목	내 용
1	예수님의 승천	예수님께서 승천하시기 전 성령세례를 받으라고 말씀하심. 이후 제자들 120명이 마가 다락방에 모여 기도함.
2	5순절 성령강림	성령강림과 베드로의 오순절 설교로 부흥이 일어남. 서로 모든 물건을 통용함.
3	미문 앞의 앉은뱅이	베드로와 요한이 앉은뱅이를 일으킴. 베드로가 솔로몬 행각에서 설교함.
4	베드로와 요한이 공회 앞에 섬	베드로와 요한을 공회에서 나가라고 함. 제자들이 한 마음으로 기도함.
5	아나니아와 삽비라 부부사건	아나니아와 삽비라 부부의 거짓말로 죽임을 당함. 사도들이 옥에 갇히었으나 천사가 옥문을 열어 줌.
6	일곱 집사를 세움	하나님의 말씀 전함과 구제사역을 나누어 담당하기 위해 일곱 집사를 세웠으나 그중 스데반집사가 자유민들에 의해 잡히다.
7	스데반의 설교와 순교	스데반이 공회 앞에서 설교하자 마음에 찔려 돌로 쳐 죽이다.
8	사마리아와 유대전도	사울이 교회를 박해하자 제자들이 각지로 흩여져 전도하다. 시몬이 성령을 돈으로 사려고 함, 빌립 집사가 에디오피아 내시에게 전도하고 세례를 줌.
9	사울의 회개	다메섹으로 가던 사울에게 부활하신예수님이 나타나 회개하고 변화되며 이후 다메섹에서 전도, 예루살렘에 감. 베드로가 중풍병자를 고치고, 도르가를 살리다.
10	고넬료에게 나타난 성령	가이사랴의 백부장 고넬료에게 성령님이 나타나 베드로를 청하여 그의 집안이 구원을 받게 됨.
11	복음이 이방인에게	베드로가 이방인 선교를 마치고 예루살렘 교회에 보고하다. 예루살렘 교회가 바나바를 안디옥 교회에 파송하고, 바나바는 사울을 안디옥 교회에 청빙하여 함께 사역함.

12	야고보의 순교와 베드로의 갇힘	헤롯 왕이 야고보를 죽이고 베드로를 옥에 가두었으나 천사가 와 옥문을 열어 줌.
13	바울의 1차 전도여행	바나바와 바울이 안디옥 교회의 파송으로 구브로, 비시디아 안디옥에 전도여행을 감.
14	쓰스와 허메	이고니온, 루스드라에서 전도함.
15	예루살렘의 공의회 (바울의 2차 전도여행)	이방인과 할례문제를 위해 예루살렘 공의회에 바나바와 바울이 파송됨. 예루살렘 교회가 이방인 신자들에게 편지를 보냄. 바나바와 바울이 선교문제로 갈라섬.
16	바울이 디모데를 만남	바울과 디모데의 선교여행, 바울이 환상을 보고 마게도니아로 감. 루디아에게 전도함. 바울과 실라가 옥에 갇힌 후 옥문이 열림.
17	베뢰아와 아덴에 전도	바울이 데살로니가에서 전도함. 베뢰아 사람들에게 복음을 전함. 바울이 아덴에서 전도하였으나 반응이 적음.
18	바울이 2차 전도에서 돌아옴	바울이 고린도에서 전도하고 안디옥으로 감. 아볼로가 에베소에서 담대하게 전도함.
19	바울이 에베소에서 기적 행함	바울이 에베소에서 기적을 행함, 두란노 서원에서 강론함. 이후 우상문제로 소동함.
20	바울의 3차 전도여행	바울이 마게도니아와 헬라를 다니며 전도하고 드로아에서 유두고를 살리다. 에베소 장로들에게 고별설교를 하다.
21	환난당하는 바울	바울이 예루살렘으로 가서 체포되다.
22	바울의 설교와 민중의 반박	바울이 유대인에게 설교하자 민중의 반박으로 체포되었으나 천부장의 도움으로 보호되다. 로마시민이므로 로마법정에 서기를 주장하여 로마로 호송되게 됨.
23	가이사랴로 호송된 바울	유대인들이 바울을 죽이려고 모의함. 천부장이 바울을 벨릭스 총독에게로 보냄.
24	베릭스 앞에 선 바울	바울이 벨릭스 앞에서 변명함.
25	베스도가 바울을 심문	바울이 가이사에게 상소하다.
26	아그립바 왕 앞의 바울	바울이 아그립바 왕에게 전도하다.
27	로마로 호송과 파선	바울을 호송하는 배가 난파되었으나 하나님의 보호하심으로 276명 모두 안전함. 피난한 멜리데 섬에서 바울이 기적을 행함.
28	로마에 도착한 바울	로마에 도착하여 전도하다.

[정리] 예수 그리스도께서 말씀하신 성취될 미래 사역

성취되어야 할 미래 사역	이에 대한 표현	성취된 결과
사람들 : 선교의 일꾼들	'내 증인이 되리라'	많은 일꾼들의 활동 : 베드로와 바울 같은 제자 외 많은 동역자들
지역들 : 선교의 지리적 면	'예루살렘과 유대와 사마리아와 땅 끝까지'	선교지역의 확장은 전 세계

[정리] 사도행전에서 소개된 선교의 일꾼들

스데반(6,7장), 전도자 빌립(8장), 바나바(4,9,11,13-15장), 요한 마가(12,13,15장), 실라(15,16,17장), 디모데(16,17장), 브리스길라와 아굴라(18장) 아볼로(18,19장) 등이 소개되고 있습니다.

7. 사도행전에 나타난 주요 인물은 누구인가요?

두 계열인데 그 하나는 예루살렘 모 교회 계열의 베드로이며, 다른 하나는 안디옥 이방 교회 계열의 바울입니다.[412] 신약은 크게 예루살렘 교회 계열의 베드로, 요한, 야고보, 유다 이 네 사람이 쓴 편지들을 공동서신이라고 부르며, 그리고 안디옥 계열의 바울의 편지입니다. 교회의 첫 100년 간의 역사에서 예루살렘 교회는 첫 40년 동안은 베드로에 의해 인도되었습니다.

[정리] 사도행전에 나타난 베드로와 바울의 사역

베드로의 사역	바울의 사역
날 때부터 앉은뱅이인 사람을 고치다(3:1-11).	날 때부터 앉은뱅이인 사람을 고치다(14:8-18).
그의 그림자에만 덮여도 사람들이 낫게 됨(5:15,16).	손수건이나 앞치마만 얹어도 사람들이 낫는다(19:11,12).
성공하자 유대인들이 질투한다(5:17).	성공하자 유대인들이 질투한다(13:45).
마법사 시몬과 대결한다(8:9-24).	마법사 바 예수와 대결한다(13:6-11).

412) 사도행전의 내용에는 모든 사도들의 활동을 기록한 것이 아니라, 베드로와 바울의 활동을 중심으로 기록되어진 책입니다.

투옥되었다가 기적적으로 풀려남(12:3-19).	투옥된 후 풀려난다(16:25-34).
다비다(도르바)를 살린다(5:16-41).	죽은 유두고를 살린다(20:9-12).
고넬료가 숭배하려는 것을 막았다(10:25).	루스드라인들이 숭배하려는 것을 막았다(14:11).
두 사람 다 성령충만하였다(4:8, 9:17, 13:9).	
두 사람 다 담대하게 하나님의 말씀을 전하였다(4:13, 31; 9:27).	
두 사람 다 예수님에 대해 증언하였다(2:22; 13:16).	
두 사람 다 유대인들에게뿐 아니라 이방인들에게도 말씀을 전파하였다(10:34; 13:46).	
두 사람 다 교회의 선교가 나아갈 방향을 지시한 환상을 받았다(10:9; 16:9).	

[정리] 사도행전에 나타난 구원 기적

구원받은 사람	구원의 기적	성경구절
사도들	천사가 감옥에서 풀어 주었다.	행 5:17-20
도르가	베드로가 죽음에서 건졌다.	행 9:36-41
베드로	천사가 감옥에서 구출하였다.	행 12:1-11
유두고	창문에서 떨어져 죽었으나 바울이 살렸다.	행 20:1-12
바울	배가 난파하였으나 다치지 않았고, 모두 살았다. 멜리데 섬에 구출되었다.	행 218:1

8. 사도행전의 특징에 관한 이야기

1) 사도행전은 성령행전입니다.[413)]

① 누가는 그리스도인들의 삶에 있어서 성령의 사역이 어떻게 경험되어지는지와 성령의 능력이 어떻게 초자연적인 증거에 의해 입증되어졌는지에 대해 기록함으로써 주요 강조점을 성령의 역사하심에 두었습니다.[414)](사도행전 5:3; 8:15-19; 10:44-47; 16:6-7; 19:2-6; 20:22, 28; 21:4,11)

413) 사도행전에서는 '성령'이라는 낱말이 60번 이상 언급되고 있습니다. 그래서 사도행전을 일명 '성령행전'이라고도 합니다.

414) 폴 N. 벤웨어, 앞의 책, 147쪽. **성령에 관한 자세한 설명은 제2부에서** 합니다.

'그들이 다 성령의 충만함을 받고 성령이 말하게 하심을 따라 다른 언어들로 말하기를 시작하니라'(사도행전 2:4).

'하나님이 오른손으로 예수를 높이시매 **그가 약속하신 성령을 아버지께 받아서 너희가 보고 듣는 이것을 부어 주셨느니라**'(사도행전 2:33).

'베드로가 이르되 너희가 회개하여 각각 예수 그리스도의 이름으로 세례를 받고 죄 사함을 받으라 그리하면 **성령의 선물을 받으리니**'(사도행전 2:36).

'빌기를 다 하매 모인 곳이 진동하더니 **무리가 다 성령이 충만하여 담대히 하나님의 말씀을 전하니라**'(사도행전 4:31).

[정리] 오순절 사역에 관한 신구약 사건 비교

구분	구약	신약
사역이 일어난 장소	애굽으로부터 나와 시내 산에서	갈릴리에서 제자들과 가족들이 예루살렘으로 옴
사역이 일어난 시간	유월절 기념 후 오순절	유월절 기념 후 오순절
하나님(성령)의 임재	천둥과 번개와 구름과 나팔소리 들리고 산에 연기 자욱하고 불 가운데 임하심	급하고 강한 바람과 같은 소리와 불의 혀 같은 것
사역의 결과	이스라엘이 하나님의 소유된 백성이 됨	이방인들도 하나님의 소유된 백성이 될 것임
사역의 도구	하나님의 말씀(십계명)	하나님의 말씀(방언)
성경구절	출애굽 12장, 19장	사도행전 2장, 28장 28절

② 강력한 **성령세례**에 의해 **방언을 말함**으로써 선교의 문이 이방인에게도 열리게 되는 역사가 일어나게 되었습니다. **바벨탑** 이후의 새로운 믿음과 구원의 세계가 열린 것입니다. [415)]

✿ 바벨탑 사건

바벨탑은 창세기 11장에 등장하는 건축물로 사람들이 의논하기를 "어서 도시를 세우고 그 가운데 꼭대기가 하늘에 닿게 탑을 쌓아 우리 이름을 날려 사방으로 흩어지지 않도록 하자."고 하였습니다. 이때 야훼께서 땅에 내려오시어 사람들이 이렇게 세운 도시와 탑을 보시고 그 오만함에 분노하시어 "사람들이

415) **방언**에 대한 자세한 이야기는 **제2부에서** 하게 됩니다.

한 종족이라 말이 같아서 안 되겠구나. 이것은 사람들이 하려는 일의 시작에 지나지 않겠지. 앞으로 하려고만 하면 못 할 일이 없겠구나. 당장 땅에 내려가서 사람들이 쓰는 말을 뒤섞어놓아 서로 알아듣지 못하게 해야겠다."고 하시면서 온 세상의 말을 뒤섞어놓아 사람들을 온 땅에 흩으셨다고 해서 그 도시의 이름을 바벨이라고 불렀습니다. 그리하여 사람들은 도시를 세우던 일을 그만두었습니다. 이로 인해 탑에는 '혼돈'을 뜻하는 '바벨'(Babel)이라는 이름이 붙었다고 하는데, 이것은 중의적인 의미로서 혼돈을 의미하기도 하나 바벨론 즉 바빌로니아를 의미하는 것이기도 합니다. 신학적으로는 신약성경 사도행전 제2장 1절~16절에 나오는 오순절 성령 강림 사건이 인간들의 오만으로 받은 바벨탑으로 인해 흩어진 인간들이(하나의 언어에서 여러 언어로 말이 나누임) 그리스도 안에서 성령으로 하나 되어 다시 한 가족으로 모이게 된 것(여러 언어를 쓰는 각기 다른 문화권에서 자란 이들이 하나의 언어를 다 같이 알아들음)이라고 교부들은 해석해왔습니다. 그리고 성경의 바벨탑 전설도 히브리인들이 바빌론에 와서 보게 된 거대한 신전의 탑인 지구라트인 에테멘앙키를 보면서, 자기들처럼 바빌론에 끌려온 수많은 다른 나라 사람들이 모여서 서로 다른 수많은 언어로 떠드는 걸 보고 착안해 만들어냈다고도 합니다.(나무위키 참조)

바벨탑
(피테르 브뢰헬 作, 네덜란드, 1528-1569)

[정리] 사도행전에 나타난 방언과 바울이 말하는 방언

사도행전에 나타난 방언	바울이 말하는 방언
다른 지역 사람과 소통하는 언어(외국어) 하나님과 대화(소통)하는 언어	하나님과 대화(소통)하는 언어
오순절 성령세례 표적으로 나타난 언어(능력)	하나님의 은혜로 주어지는 언어(능력)
선교언어	기도언어
누구나 받을 수 있는 것	개인적 은사로 받는 것
누가의 관점	바울의 관점
사도행전 2장 4절-11절	고린도전서 14장 2절

'그들이 다 **성령의 충만함을 받고 성령이 말하게 하심을 따라 다른 언어들로 말하기를** 시작하니라'(사도행전 2:4).

'우리가 우리 **각 사람이 난 곳 방언**으로 듣게 되는 것이 어찌 됨이냐'(사도행전 2:8).

'그레데인과 아라비아인들이라 **우리가 다 우리의 각 언어로** 하나님의 큰 일을 말함을 듣는도다'(사도행전 2:11).

'바울이 그들에게 안수하매 **성령이 그들에게 임하시므로 방언도 하고 예언도 하니**'(사도행전 19:6).

'방언을 말하는 자는 사람에게 하지 아니하고 하나님께 하나니 이는 알아 듣는 자가 없고 영으로 비밀을 말함이라'(고린도전서 4:2).

'그러므로 **방언은 믿는 자들을 위하지 아니하고 믿지 아니하는 자들을 위하는 표적**이나'(고린도전서 14:22).

2) 신약교회의 탄생과 모범적 모습이 나타났습니다.

① 오순절 성령 사건 이후 신약교회가 탄생하게 되었습니다.[416] 그리고 이러한 신약교회의 모범적 모습이 제시되고 있습니다.[417] 뿐만 아니라 초대교회는 날로 부흥되어 나갔음을 알 수 있습니다.[418]

'하나님을 찬미하며 또 온 백성에게 칭송을 받으니 주께서 구원 받는 사람을 날마다 더하게 하시니라'(사도행전 2:47).

'그 말을 받은 사람들은 세례를 받으매 **이 날에 신도 수가 삼천이나 더하더라'**(사도행전 2:41).

'말씀을 들은 사람 중에 믿는 자가 많으니 남자의 수가 약 5천이나 되었더라'(사도행전 4:4).

② 그리하여 오늘날도 많은 목회자들이 이 신약교회의 모습을 닮고자 또는 그리로 돌아

416) 유대법에 따르면 공회를 가진 공동체(교회)를 설립하기 위해서는 최소한 120명의 유대인 남자들이 있어야 하므로 120명이 언급되고 있다고 봅니다. 존 스토트, 정옥배 옮김, 사도행전, IVP, 2019, 70쪽

417) 성령에 의하여 만들어진 기독교 공동체를 말합니다.

418) 사도행전의 부흥을 연구한 것이 **'교회 성장학'**이론(신학)입니다. 사도행전 2장 42-47에서 교회 성장의 비결이 기록되어 있음을 알 수 있습니다.

가고자 하는 목회 이상을 꿈꾸고 있는 것입니다. 또한 초대교회는 성령 충만으로 인한 (죄) 회개의 역사와 가르침을 통한 제자훈련, 교제, 기도, 구제, 찬양 사역, 복음의 능력이 나타나고, 또한 이방(세계)선교와 같은 모범적 모습이 나타났습니다.

> '그들이 **사도의 가르침을 받아 서로 교제하고 떡을 떼며 오로지 기도하기를 힘쓰니라 사람마다 두려워하는데 사도들로 말미암아 기사와 표적이 많이 나타나니 믿는 사람이 다 함께 있어 모든 물건을 서로 통용하고 또 재산과 소유를 팔아 각 사람의 필요를 따라 나눠 주며 날마다 마음을 같이하여 성전에 모이기를 힘쓰고 집에서 떡을 떼며 기쁨과 순전한 마음으로 음식을 먹고 하나님을 찬미**하며…'(사도행전 2:42-47).

[정리] 초대교회의 부흥(성장) 비결과 열매

부흥(성장)의 비결	부흥(성장)의 내용 및 열매
말씀	* 말씀의 능력(기사와 표적과 마음의 변화)이 나타남. * 하나님의 말씀이 점점 왕성하여 제자의 수가 많아지고 제사장의 무리도 이 도(道)에 복종함.
성령	* 성령 충만함을 받고 성령이 말하게 하심을 따름.
교회구성	* 사도를 세우고 * 7명의 집사를 세워 봉사하게 함.
제자 훈련	* 사역의 동료와 동역자로 함께 동행하면서 훈련받음.
교우들 간의 교제	* 떡을 떼며, 기쁨과 순전한 마음으로 음식을 먹고
기도	* 더불어 마음을 같이하여 오로지 기도에 힘썼다.
하나님에 대한 경외심	* 하나님의 임재와 함께 하심을 두려운 마음으로 받음.
기사와 표적	* 은과 금은 내게 없거니와 내게 있는 이것을 네게 주노니 나사렛 예수 그리스도의 이름으로 일어나 걸으라 * 죽은 자 살림.
구제	* 예루살렘 교회를 도와 줌.
전도와 선교	* 흩어진 사람들이 두루 다니며 복음의 말씀을 전함. * 날마다 성전에 있든지 집에 있든지 예수는 그리스도라고 가 르치기와 전도하기를 그치지 아니 하니라
찬양사역	* 하나님을 찬미함.
가르침과 교육	* 하나님의 큰일을 말함.
이웃관계	* 이웃으로부터의 칭송을 받음.
물질관계	* 서로 통용하며 필요를 채움.

3) 앞에 있는 복음서와 뒤에 나오는 서신서들을 연결하는 다리입니다.

사도행전은 앞서 있는 복음서들과 뒤에 나오는 서신들과의 **다리 역할**을 함으로써 이들과 사도행전은 밀접한 관계를 맺고 있습니다.

첫째, 사도행전은 복음서에서 시작된 서술이 완성되면서도 한편으로는 계속되고, 그리스도의 지상 사역이 제자들과 사도들에 의해서 **계승**되고 있습니다.

둘째, 사도행전은 교회에 대한 주님의 **예언이 성취됨**을 보여 주고, 서신서 속에서 이 주제가 자세히 언급되는 터전을 마련해 주고 있습니다.

셋째, 사도행전의 일부는 바울 서신을 위한 배경이 되는데,[419] 결과적으로는 **교회의 설립**에 대한 세부적 사항들을 서신의 기록사실과 연계시켜 설명해 줍니다.

[정리] 바울 서신의 배경이 된 사도행전

바울 서신	배경이 된 사도행전 내용	성경구절
갈라디아서	안디옥, 이고니온, 루스드라, 더베	사도행전 13:14-14:28
빌립보서	빌립보	사도행전 16:11-40
데살로니가전후서	데살로니가	사도행전 17:1-9
고린도전후서	고린도	사도행전 18:1-16
에베소서/디모데전후서	에베소	사도행전 19:1-41/17, 35

넷째, 사도행전은 교회의 능동적 활동 가운데 서신들 속에서 선포된 많은 원리들을 설명해 주고 있습니다. 즉 교회의 구성, 교육, 증거, 복음전도, 가르침(교훈) 등과 같은 문제들과 특별히 성령의 사역 필요성이 강조된 점입니다.[420]

(1) 교회의 구성에 관하여

'오순절 날이 이미 이르매 그들이 **다 같이 한 곳에 모였더니**'(사도행전 2:1).

'날마다 마음을 같이 하여 **성전에 모이기를 힘쓰고…** (사도행전 2:46).

'그들이 사도의 가르침을 받아 서로 **교제**하고 떡을 떼며 오로지 **기도**에 힘쓰니라'(사도행전 2:42).

419) 개별 서신서들을 읽기 전에 사도행전을 먼저 읽으면 서신서에 나오는 도시들 그리고 그 주민들의 본성과 바울이 직면한 문제들에 대해 이해를 하는데 도움이 될 것입니다.
420) E.T.T.A, 박영호 역, 앞의 책, 318-319쪽.

'**하나님을 찬미**하며 또 온 백성에게 칭송을 받으니….(사도행전 2:47).

'모든 **물건을 서로 통용하고** 또 재산과 소유를 팔아 **각 사람의 필요를 따라 나눠**주며'(사도행전 2:44-45).

'형제들아 너희 가운데서 **성령과 지혜가 충만하여 칭찬 받은 사람 일곱을 택하라 우리가 이 일(구제하는)을 그들(일곱 집사)에게 맡기고 우리(사도)는 오로지 기도하는 일과 말씀 사역에 힘쓰리라** 하니'(사도행전 6:3-4).

(2) 교육에 관하여

'빌립이 입을 열어 이 글에서 시작하여 **예수를 가르쳐** 복음을 전하니'(사도행전 8:35).

'바울과 바나바는 안디옥에서 유하며 수다한 다른 사람들과 함께 **주의 말씀을 가르치며** 전파하니라'(사도행전 15:35).

'그들이 **날마다 성전에 있든지 집에 있든지 예수는 그리스도라고 가르치기와** 전도하기를 그치지 아니하니라'(사도행전 5:42).

(3) 증거에 관하여

'이 예수를 하나님이 살리신지라 **우리가 이 일에 증인**이로다'(사도행전 2:32).

'뜻을 풀어 **그리스도가 해를 받고 죽은 자 가운데서 다시 살아나야 할 것을 증언**하고 이르되 내가 너희에게 전하는 이 예수가 곧 그리스도라 하니'(사도행전 17:3).

(4) 복음전도에 관하여

'내가 달려갈 길과 주 예수께 받은 사명 곧 **하나님의 은혜의 복음을 증언하는 일**을 마치려 함에는 나의 **생명조차 조금도 귀한 것으로 여기지 아니하노라**'(사도행전 20:24).

'이에 금식하고 기도하고 두 사람에게 안수하여 **보내니라** 두 사람이 성령의 보내심을 받아 실루기아에 내려가 거기서 배 타고 구브로에 가서 살라미에 이르러 **하나님의 말씀을 유대인의 여러 회당에 전할새** 요한을 수행원으로 두었더라'(사도행전 13:3-4).

'그 흩어진 사람들이 두루 다니며 복음의 말씀을 전할새'(사도행전 8:4).

(5) 가르침(교훈)에 관하여

'그들이 **사도의 가르침을 받아 서로 교제하고 떡을 떼며 오로지 기도하기를 힘쓰니라**'(사도행전 2:42).

'하나님 앞에서 네 마음이 바르지 못하니… 이 악함을 회개하고 주께 기도하라 혹 마음에 품은 것을 사하여 주시리라'(사도행전 8:22).

'고넬료가 주목하여 보고 두려워 이르되 주여 무슨 일이니이까 천사가 이르되 **네 기도와 구제가 하나님 앞에 상달되어 기억하신 바가 되었으니**'(사도행전 10:4).

'수고하여 **약한 사람들을 돕고** 또 주 예수께서 친히 말씀하신 바 **주는 것이 받은 것보다 복이 있다** 하심을 기억하여야 할지니라'(사도행전 20:35).

(6) 성령사역의 중요성에 관하여

'베드로가 이르되 너희가 회개하여 각각 예수 그리스도의 이름으로 세례를 받고 죄 사함을 받으라 그리하면 **성령의 선물**을 받으리니'(사도행전 2:38).

'**성령이 충만하여** 담대히 하나님의 말씀을 전하니라'(사도행전 4:31).

'바울이 그들에게 안수하매 **성령이 그들에게 임하시므로 방언도 하고 예언도 하니**'(사도행전 19:6).

'**성령이 내(베드로)게 명하사** 아무 의심 말고 함께 가라 하시매 이 여섯 형제도 나와 함께 가서 그 사람의 집에 들어가니'(사도행전 11:12).

'성령이 (바울에게)아시아에서 말씀을 전하지 못하게 하시거늘…'(사도행전 16:6).

'그 제자들이 **성령의 감동으로** 바울더러 예루살렘에 들어가지 말라 하더라'
(사도행전 21:4).

[정리] 사도행전의 적용성

사도행전은 오늘날에도 적용할 수 있는 내용들을 품고 있음을 알 수 있습니다.
성령 세례와 성령의 은사들, 표적과 기사들, 예루살렘의 초대 기독교 공동체에서 물질을 공유한 것, 교회의 징계, 사역의 다양성, 기독교적 회심, 인종적 편견, 선교의 원리들, 그리스도인의 연합의 대가, 복음 전도의 동기와 방법, 그리스도를 위해 고난을 받으라는 부르심, 교회와 국가, 하나님의 섭리 등.

4) 사도들의 사역의 확장

처음 사도들은 예루살렘과 전통 유대인들을 중심으로 사역활동을 시작하였으나, 스데반의 순교이후 이방(특히 바울 일행을 통한 해외) 선교를 통한 사역활동이 확장되었습니다. [421)]

'그 날에 예루살렘에 있는 교회에 큰 박해가 있어 사도 외에는 다 **유대와 사마리아 모든 땅으로 흩어지니라**'(사도행전 8:1).

스데반의 순교
(안티발레 카라치, 이탈리아, 1560-1609)

[정리] 누가복음에서 예수 그리스도와 사도행전에서 스데반

구분	예수 그리스도	스데반
신분 및 지위	그리스도, 메시야	예수 그리스도의 제자 7곱 집사 중 한 사람 초기 기독교 공동체의 헬라파 지도자
반대자의 주장	신성모독	신성모독
죽음	십자가에서 죽음(순교) ⇨ 스데반에 영향을 줌	돌에 맞아 죽음. ⇨ 바울에 영향을 줌
인자	하나님의 아들	사람의 아들
기도	사형집행자 등에게 용서 영혼을 하나님께 맡김	사형집행자 등에게 용서 영혼을 하나님께 맡김

9. 사도행전에 나타난 세계로 퍼져나간 복음 이야기

① 초기 기독교의 복음 전도자(선교사)의 대표적인 사람은 스데반과 빌립 같은 전도자였습니다. 스데반은 예루살렘의 회당에서 사역했고, 빌립은 사마리아의 도시에서 사역했습니다.

421) 존 스토트, 정옥배 옮김, 사도행전, IVP, 2019, 12쪽. 스데반은 사도로 임명받지는 않은 사람이었습니다. 재정과 구제를 담당할 선택받은 7집사 중의 한사람이었습니다(사도행전 6:5).

✽ 빌립 집사의 선교

1. 7집사 중 한 사람이었던 빌립 집사는 예루살렘 교회의 박해가 있자 **사마리아**로 피신하여 그 곳에서 복음 전하는 활동을 하였는데, 그는 악령을 물리치고 병자를 치료하는 사역으로 빌립이라는 이름이 사마리아에 널리 알려졌습니다.

2. 사마리아에 복음이 전파되었을 때 하나님의 천사가 나타나 '예루살렘에서 남쪽으로 내려가 가사로 가라'고 하였습니다. 그가 가사로 향하여 갈 때 에디오피아 여왕 간다게의 재산 관리인이자 고관인 내시를 만났습니다. 그는 예루살렘에서 예배를 마치고 돌아오는 길이었는데, 마차에 앉아 구약성서의 이사야서를 읽고 있었습니다. 마차에 다가가자 이사야서를 읽고 있는 소리가 들렸습니다. 빌립이 '지금 읽고 있는 내용을 이해하십니까?' 하고 물어보자 그는'아무도 가르쳐 주는 사람이 없어 하나도 모르겠소' 라고 대답하였습니다. 그가 읽고 있는 부분은 장차 유대에 메시야가 올 것을 이사야가 예언하는 대목이었습니다. 빌립은 **예수야말로 이사야가 예언한 메시야임을 설명**하여 주었습니다. 그러자 그는 빌립의 말을 믿고 다시 길을 가다가 물이 있는 곳에 이르자 내시는 '저기를 보십시오 물이 있습니다. 제가 세례를 받은데 무슨 장애가 있습니까? 라며 세례를 받기를 청하여 빌립은 그 자리에서 세례를 주었습니다. 에디오피아 내시는 크게 기뻐하며 본국으로 귀국하여 예수의 복음을 처음으로 아프리카에 전한 사람이 되었습니다.

3. 한편 빌립은 가사에서 북쪽으로 30킬로 정도 올라간 **아스돗**을 방문한 후 **가이사랴**에 가정을 꾸리고 복음 전도를 계속 하였습니다.

4. 바울이 3차 선교여행 시에 가이사랴에 들렀을 때 함께 하였고 빌립은 바울의 예루살렘 방문을 그만두게 하기 위해 설득하기도 하였으며, 그리고 바울이 예루살렘에서 체포된 후 로마에서의 재판을 받기 위해 가이사랴 감옥으로 이송되어 2년 동안 갇혀 있을 때 빌립과 네 딸이 방문하여 그를 위로하고 먹을 것을 가져가기도 하였습니다.

[정리] 신약성경에 나타난 빌립 집사의 사역

구분	사역 과정 및 내용	성경구절
제자로 선택	오순절 이후 7집사의 선택	사도행전 6장 5절
사마리아 선교 사역	사마리아 선교 및 전도활동	사도행전 8장 4절-13절
에디오피아 내시에 전도	예루살렘에서 가사로 가는 길	사도행전 8장 26절-40절
가이사랴에서 바울과 만남	딸 넷과 함께 전도사역을 해냄.	사도행전 21장 8절-9절

빌립의 전도사역 / 사도행전 8장
(성서지도, 지계석)

② 이방인에 대한 복음 전도에 박차를 가하게 된 두 가지 중요한 사건

이방인을 위한 사도가 된 사울의 회심이며, 다른 하나는 고넬료에게 복음을 전한 베드로의 경험이었습니다.

[정리] 사도 바울의 세계 선교여행 (1차, 2차, 3차)

선교여행	선교 지역	성경구절
1차 선교여행	구브로와 소아시아의 밤비리아, 비시디아	사도행전 13:4-14:28 사도행전 15:1-21
2차 선교여행	소아시아 마케도니아, 헬라 등을 돌아 예루살렘으로 와서 선교 보고	사도행전 15:-18:22
3차 선교여행	소아시아 내륙지방, 갈라디아, 부르기아, 에베소, 마케도니아, 고린도, 헬라 등지에 선교한 후 예루살렘으로 돌아옴	사도행전18:22-21:16

③ 물론 이와 같은 사람만이 유일한 선교사는 아니었고 **수많은 다른 선교사들이 있었으나 그들의 이름이 역사에 기록되지[422] 못했을 뿐입니다.** 사도행전 2장에는 로마제국의 15개 지방으로부터 온 유대인들과 개종자들이 설교를 들었다고 기록되어 있습니다. 의심할 필요 없이 그들 중 많은 이들이 기독교로 개종하였고, 자기들의 고향으로 돌아가 회당에서 그리스도를 전하였으며 교회들도 설립하였습니다.

④ 기독교 교회 초기인 서기 1세기에 있어서 교회는 로마 정부에 있어서 결코 공적 박해의 대상이 아니었습니다. 즉 사도들과 로마의 관리들이 접촉할 때마다 그들은 수용하였거나 무시할 따름이었지 결코 박해하지는 않았습니다.

[정리] 초기 기독교회에 대한 로마 관리들의 태도

초기 기독교회의 사도들	로마 관리들의 태도	성경구절
구브로 총독 서기오 바울 앞에서 바울과 바나나	그(총독 서기오바울)는 믿었다.	사도행전 13장
빌립보에서 바울과 실라	로마 간수는 구원을 얻었다. 로마 관리들 부당대우를 사과함.	사도행전 16장
아가야 총독 갈리오 앞에서 바울	그(총독 갈리오)는 유대인의 율법에 관한 문제에 무관심하였다.	사도행전 18장
에베소 아가야의 관원들과 바울	그들은 바울의 친구들이었다. 질서를 회복시켰고, 선교사들을 폭력으로부터 구해냈다.	사도행전 31절
예루살렘의 안토니아 성의 로마 수비대장 글라우티오 루시아	바울을 보호하여 주었다.	사도행전 21장
가이사랴 벨릭스 앞에서 바울	종종 바울을 불러 복음을 들었다.	사도행전 24장
가이사랴 베스도 앞에서 바울	유대인들의 고소로부터 바울이 무죄하다고 생각했다.	사도행전 25장

⑤ 그리하여 동쪽으로는 다메섹과 에뎃사를 거쳐 메소포타미아로 전해졌고, 남쪽으로는 보스트라와 페트라를 통해 아라비아로, 서쪽으로는 알렉산드리아와 카르타고를 거쳐 북아

422) 기독교문서선교회, 1993. 17쪽. 기록은 오늘날도 그 중요성이 결코 적은 것이 아님을 유념할 필요가 있습니다. 사실에 근거한 정확한 기록이야말로 당시의 사정을 올바로 이해하는데 핵심적인 열쇠가 되기 때문입니다.

프리카로 그리고 북쪽으로는 안디옥을 거쳐 아르메니아, 본도, 비두니아로 전해진 것으로 보입니다.[423)]

[정리] 세계로 퍼져나간 복음

복음 전파 방향	복음 전파 지역	성경구절
동쪽	다메섹과 에뎃사를 거쳐 메소포타미아로	사도행전 9:1-19
서쪽	알렉산드리아와 카르타고를 거쳐 북아프리카로	사도행전 18:24~
남쪽	보스트라와 페트라를 통해 아라비아로	갈라디아서 1:17 사도행전 2:11
북쪽	안디옥을 거쳐 아르메니아, 본도, 비두니아로	사도행전 18:18~

이후 베드로와 요한에 관한 복음 전파의 이야기와 바울에 관한 이야기는 사도행전 이후의 신약성경 이야기로 이어집니다.

⑥ 신약성경에 나타난 사도들의 행전은 비록 바울의 로마 전도활동에 관한 이야기로 제28장 31절에서 마무리 되고 있지만, 그 이후 약 2천 년 동안 수많은 그리스도인들과 제자들에 의해 복음은 전 세계에 전파되었으며, 오늘날 아직도 여전히 복음을 알지 못하는 지구촌의 수많은 사람들에게 이 복음은 전파되어야 할 사역입니다. 그러므로 **아직도 여전히 복음전파의 소명을 감당하고 있는 그리스도의 진실한 제자들에 의해 사도행전은 기록되고 있는 중**이라는 것을 알 수 있습니다.[424)]

[정리] 사도행전[425)]

사도행전은 성령의 능력을 받은 사도들의 복음 증거 행적을 기록해 놓은 책입니다. **예수 그리스도에 의해 시작된 복음 사역이 사도들을 통해 어떻게 확장되었는가**를 기록한 역사책입니다. 본서는 성령의 활동과 역사를 기록하고 있기 때문에 **'성령행전'**이라고도 하며 기록한 목적은 데오빌로에게 기독교 신앙에 대한 확신을 주고, 그리스도인들이 로마에 불충성한다는 오해를 불식시키고 기독교를 변호하려는 데 있습니다.

423) J.허버트 케인, 신서균. 이영주 역, 세계 선교의 역사, 16-18쪽.
424) 사도행전 이후 **오늘날의 선교에 관한 것은 제2부에서 자세히** 이야기합니다.
425) 비젼성경, 신약편, 187쪽.

저자	누가 : 베드로의 제자			
기록시기	AD 63년경			
주제	베드로 : 유대인	빌립 : 사마리아인	바울 : 이방인	
구분	1-7장	8-12장	13:1-21:16	21:17-28:31
	교회의 설립	교회의 확장	흩어지는 교회	복음의 확산
장소	예루살렘	유다와 사마리아	로마제국	
기간	2년(AD33-35)	13년(AD35-48)	14년(AD48-62)	
핵심구절	사도행전 6장 7절			

제6절 바울서신은 어떤 이야기인가요?

1. 바울과 바울서신

① **바울의**[426] **개종**은 기독교 역사상 가장 중요한 사건의 하나라고 할 수 있습니다. 왜냐면 **바울은 기독교의 최초의 선교사**라고 할 정도로 중요한 위치를 가지고 있기 때문입니다.

② 그는 13권의 성경을 기록하였으며 예수님의 복음을 교리적으로 확립했고, 또 안디옥 교회에서의 청빙 이후 약 20년간 세 번의 선교를 통하여 세계 선교의 발판을 만들었습니다.[427] 그 결과 유대인의 종교였던 **기독교가 세계적인 종교로 발전**할 수 있었습니다.

③ 바울 서신의 구조적 특징으로는 **'무엇을 믿어야 할 것인가?'**에 대한 교리적 부분과 **'어떻게 살아야 할 것인가?'**에 대한 윤리적 부분으로 전개되고 있습니다.

[정리] 바울의 편지들 분류

구분(분류)	서신서	기록연대	특징
종말론적 서신들	데살로니가전후서	AD 50-51년경	그리스도의 재림 사건 그리스도인의 현실적 삶
구원론적 서신들	로마서, 고린도전후서 갈라디아서	AD 55-58년경	이신칭의, 교회생활, 그리스도인의 생활

426) 디아스포라 유대인들은 대개 두 가지의 이름을 가지고 있는데, 바울의 경우에도 '사울'이라는 히브리 식 이름과 '바울'이라는 헬라 식 이름입니다. 다만 그가 개종한 이후에는 사울 대신 바울로 불리워지고 사용하였던 것입니다.

427) 신성종, 평신도를 위한 성경이야기, 279쪽.

기독론적 서신들	골로새서, 빌레몬서 에베소서, 빌립보서	AD 60-62년경	옥중서신 그리스도의 인격과 사역
교회론적 서신들	디모데전후서, 디도서	AD 63-67년경	목회서신 교회지도자들의 책무, 교회활동과 장로, 집사들에 대한 세부적 교훈

구분(분류)	서신서	특징
일반서신	로마서, 고린도 전후서, 갈라디아서, 데살로니가 전후서	교회에 보냄
옥중서신	에베소서, 빌립보서, 골로새서, 빌레몬서	감옥에서 씀
목회서신	디모데 전후서, 디도서	목회자에게 보냄

[정리] 바울서신의 수신자

교회(믿는 이들) 에게 쓴 편지	로마서, 고린도전서, 고린도후서, 갈라디아서, 에베소서, 빌립보서 골로새서, 데살로니가전서, 데살로니가후서
개인에게 쓴 편지	디모데전서, 디모데후서, 디도서, 빌레몬서

사도들의 서신 수신지 (성서지도, 지계석)

④ 바울서신의 특징은 목회서신으로 목회자에게, 상황에 따라 맞게 여러 유형으로 기록되었으며, 기록의 기본구조는 첫머리 - 몸통 - 맺음말로 되어있습니다. 즉, 편지는 보내는 자, 받는 자, 인사와 감사로 시작하고, 하고자 하는 본론에서는 자세한 설명을 하고난 후, 간구를 담은 기도와 인사 그리고 축도로 끝을 맺습니다.[428)]

⑤ 바울서신에서 예수님의 죽음과 부활 외에 그분의 사역에서 일어난 사건이나 가르침을 직접 언급하거나 인용하지 않았지만, 그의 신학은 **예수님의 가르침과 일치**합니다.

⑥ 바울은 로마시민권을 가진 사람으로 이를 위기에서 잘 활용하였으며, 헬라세계와 헬라어에 능통하여 그의 서신과 선교에 많은 유익을 주었습니다. 그리고 바울서신을 통하여 그의 **유대교적인 배경과 교육(율법)으로 인한 사고로부터 기독교로의 새로운 사고(복음)로의 전환(변화)**을 이해하는 것이 중요한 의미를 갖습니다.

⑦ 바울서신은 초대 기독교에서 유래한 가장 이른 시기(= 기독교1세대)에 속한 유일한 문서이며, 초대교회를 이해하는데 결정적으로 중요한 역할을 합니다. 또 바울서신을 통하여 이방 그리스도인의 신앙 해석자였던 바울의 중요성을 이해하게 됩니다.

[정리] 바울의 생각이 변화

구분	변화 전 생각	변화된 생각
예수님에 대하여	반 유대적, 신성모독하는 인물	그는 메시야였다.
율법에 대하여	구약적 형식주의	복음으로 율법을 극복함.
구원에 대하여	율법에 순종함으로 인하여	(예수 그리스도=복음)을 믿음으로 말미암아
교회에 대하여	교회는 박해의 대상임.	그리스도의 몸으로 이해함.
이방인에 대하여	유대인은 하나님의 백성(선민) 이방인은 경멸의 대상임.	유대인과 차별이 없음.

2. 로마서

1) 저자와 저술 연대 및 장소는 어떻게 되나요?

이 편지는 바울이 로마에 있는 믿은 이들에게 쓴 것입니다. 그의 편지 가운데 가장 긴 내용으로 그가 이 편지를 썼을 때, 아직 그는 로마를 방문한 적이 없었으며 로마로 가기 전에 먼저 편지를 쓰게 된 것입니다. 그는 서기 57년 즈음에는 그리스에 있었습니다. 그는 제3

428) 브르스 W. 롱네커. 토드 D. 스틸, 박규태 옮김, 바울 -그의 생애. 서신. 신학, 성서유니온, 2019, 98-99쪽.

차 전도여행 중 **고린도**에서 머무는 동안 주후 56년 초 가이오(가이우스)의 집에서(로마서 16:23), 예루살렘에 갔다가 로마를 방문할 생각을 가지고 이 편지를 썼습니다. 이 서신을 전달할 사람으로는 겐그레아 교회의 여집사 뵈뵈를 추천하고 있습니다.[429]

✻ 로마 시와 로마 교회

1. 2000년 전 사도 바울이 가고자 했던 로마 시는 당시의 (서양) 세계에서는 가장 영향력 있는 도시였습니다. 로마 제국의 수도인 로마 시를 다스리는 사람은 네로 황제였으나 네로는 유능한 사람들을 세워 다스리게 했으므로 초기에는 평화와 번영과 질서의 시대였습니다.

2. 로마는 잘 조직된 사회였으며 로마 시의 인구는 400만 명 정도였던 것으로 추정하고 있습니다. 그럼에도 불구하고 사치와 불결함, 부와 결핍이 공존하고 있었고, 노예제도가 사회 전반에 악 영향을 끼치고 있었습니다. 제조업과 상업은 노예나 외국인이 하는 일로 간주되었고 단지 반이 조금 넘는 인구가 자유 시민이었습니다. 그들 중 아주 적은 수만이 부유했고 대다수의 사람들은 가난했으며 자선행위 혹은 구호금에 의존해 살았습니다.

3. 도시 안에는 거의 모든 국적과 인종의 요소가 뒤섞여 있었으며 더불어 악덕도 들어오게 되었습니다.

4. 교회가 세워진 초기에는 이러한 환경 속에 일정기간 계속 성장하였으나 클라우디우스 황제가 유대인 박해 칙령을 내린 주후 49년, 그리고 네로가 그리스도인에 대한 혹독한 핍박을 시작하면서 이런 시절은 끝났던 것입니다.[430]

5. 로마 교회의 설립은 유대인도 사도 바울도 아닌 이방인에 의해 세워졌다고 봅니다. 물론 교회의 구성원에는 유대인들도 상당수 있었으나 다수는 이방인들이었습니다.[431]

로마 교회의 출발은 사도행전의 오순절 성령사건으로까지 거슬러 올라간다고도 봅니다.

'로마로부터 온 나그네 곧 유대인과 유대교에 들어온 사람들과'(사도행전 2:10).

2) 기록 목적은 무엇인가요?

① 이 편지는 바울이 로마에 있는 믿는 사람들에게, 모든 민족에게 주시는 기쁜 소식을 그가 어떻게 이해하고 있는가를 설명하려고 쓴 것입니다. 예수 그리스도의 중심 사상과 교

---

429) 겐그레아 교회의 여집사 뵈뵈의 손에 의해 보내졌다고 봅니다(로마서 16:1-2). 당시 그리스-로마의 가부장적인 세계에서도 여성이 공공 자선 활동의 중심에서 시민 생활환경을 개선하고 재정후원자 역할을 한 사실을 엿볼 수 있습니다. 그녀는 고린도 동쪽 항구도시 겐그레아에 살고 있었습니다.

430) 폴 N, 벤웨어, 앞의 책, 226-227쪽. 고대 로마의 역사가 수에토니우스는 이 추방〈박해〉이 크레스토스라고 불리는 자의 선동으로, 유대인이 끊임없이 봉기한 것에 대응하여 취한 조치였다고 주장합니다(브루스W, 롱네카, 토드D, 스틸, 바울, 316쪽).

431) 로마서 1:5-6,13; 15:15-16; 2:17; 3:1; 4:1; 7:1,4; 15:7-12을 참조.

리를 가장 조직적으로 기록한 신학적 논문형식과 같으나, **로마 교회에 필요한 말씀**입니다.

> '내가 너희 보기를 간절히 원하는 것은 **어떤 신령한 은사를 너희에게 나누어 주어 너희를 견고하게 하려 함**이니'(로마서 1:11).

② 다른 한편 이 서신을 쓴 목적 가운데 하나는 그가(바울) 서바나(스페인)에서 복음을 전하려는 데 도움을 받기 위한 것입니다.[432] 즉 안디옥과 빌립보가 바울의 초창기 선교의 중요 기지가 되었던 것처럼 로마가 서방 선교의 기지가 될 것을 기대한 것으로 볼 수 있습니다.[433]

> '그러므로 또한 내가 너희에게 가려 하던 것이 여러 번 막혔더니 **이제는 이 지방에 일할 곳이 없고**[434] 또 여러 해 전부터 언제든지 **서바나로 갈 때에 너희에게 가기를 바라고 있었으니** 이는 지나가는 길에 너희를 보고 먼저 너희와 사귐으로 얼마간 기쁨을 가진 후에 **너희가 그리고 보내주기를**[내 여행을 도와주기를] 바람이라' (로마서 15:22-24).

3) 중심사상은 무엇인가요?

① 로마서에 나타난 바울의 중심사상은 **믿음으로 의롭다 하심(이를 이신칭의라 함)과 이는 하나님께서 값없이 주시는 하나님의 선물(은혜)**인 동시에 **그리스도를 믿는 것만이 유일한 구원의 길**임을 힘주어 이야기합니다,

② 이 복음만이 **은혜의 복음**인 동시에 만인과 로마인들에게 **참된 복음**이 될 것을 소원합니다. **모든 사람은 죄인이며 스스로는 구원 받을 수 없다**는 결론입니다. 그러므로 로마서를 **'복음서신'**이라고 부르기도 합니다.

> **'모든 사람이 죄를 범하였으매 하나님의 영광에 이르지 못하더니'**(로마서 3:23).

> **'하나님의 은혜로 값없이 의롭다 하심을 얻은 자 되었느니라'**(로마서 3:24)

> '내가 복음을 부끄러워 아니하노니 이 복음은 모든 믿는 자에게 구원을 주시는 하나님의 능력이 됨이라 **복음에는 하나님의 의가 나타나서 믿음으로 믿음에 이르게 하나니 기록된 바 오직 의인은 믿음으로 말미암아 살리라** 함과 같으니라'(로마서 1:16-17).

③ 하나님의 의(칭의)는 로마서의 기본주제로, 하나님이 모든 순간 안에 임재하심이요, 이 세상을 바로잡고 계시는 능력 있는 의를 통해 관계를 바로잡으심(구원활동)을 말합니다.[435]

---

432) 브루스 W. 롱네카. 토드 D. 스틸 지음, 박규태 옮김, 성서유니온, 2019, 309-310쪽.
433) 레이몬드 E, 브라운, 김근수·김경식·이은순 공역, 신약개론, CLC, 2017, 799쪽.
434) 바울은 지중해 유역 동부 지방에서 사역을 마쳤음을 말하고 있습니다.
435) 브루스 W. 롱네커. 토드 D. 스틸 지음, 박규태 옮김, 성서유니온, 2019. 323쪽.

[정리] 하나님의 '의'에 대한 로마서 기록

하나님의 '의'	구체적인 내용	성경구절
하나님의 의가 나타남	율법을 행하는 자가 의롭다. 하나님의 의는 차별이 없다. 하나님의 은혜로 값없이 의롭다 함 사람이 의롭다 하심을 얻는 것은 율법의 행위에 있지 않고, 믿음으로 죄로부터 해방되어 의에게 종이 됨 하나님께서 길이 참으시는 중에 전에 지은 죄를 간과하심으로 자기의 의로우심을 나타내려 하심 그리스도께서 우리 안에 계시면 영은 의로 말미암아 살아 있는 것임	1장 - 8장
하나님의 의가 입증됨	그리스도는 모든 믿는 자에게 의를 이루기 위해 율법의 마침이 되심 누구든지 마음으로 믿어 의에 이름 이방인들은 믿음으로 의를 얻음 하나님이 우리를 사랑하사 그 아들을 내어 주시고 우리를 의롭다 하심 우리가 죄인 되었을 때 그리스도께서 (십자가상에서)죽으심으로 하나님의 사랑을 확증함	9장-11장
하나님의 의를 따르는 삶	박해하는 자 축복, 함께 하라, 선을 행하라, 화목하라, 원수 갚지 말라, 서로 사랑하라, 정욕을 위하여 육신의 일을 도모하지 말라, 그리스도 예수를 본 받으라	12장-16장
하나님의 의가 필요함	죄로 말미암아 하나님의 심판 아래 있게 된다.	1장 18절-3장 20절
하나님의 의를 보여줌	자기 아들을 아끼지 아니하고 우리 모든 사람을 위하여 내 주심	7장 1절-11장 36절
하나님의 의를 드러내야 함	성령의 은사를 통한 하나님의 의를 드러냄 몸과 지체로 서로 돕는다. 믿음, 소망, 사랑 중에 사랑이 제일이다.	12장 1절-16장 27절

④ 예수 그리스도의 십자가에 죽으심은 우리가 범죄한 때문이며, 예수 그리스도의 부활은 우리를 의롭다 하시기 위함이었습니다(로마서 5장). 의롭게 됨이란 온 인류의 심판자 되시는 **하나님 앞에서 무혐의 또는 무죄로 풀려나는 것**을 말합니다.

'**예수는 우리가 범죄한 것 때문에 내줌이 되고 또한 우리를 의롭다** 하시기 위하여 살아나셨느니라'(로마서 4:25).

[정리] 이신칭의(以信稱義)에[436] 관한 구약과 신약의 기록

창세기 15장 6절	아브라함이 여호와를 믿으니 여호와께서 이를 그의 의로 여기시고
하박국 2장 4절	의인은 그의 믿음으로 말미암아 살리라
로마서 1장 17절	복음에는 하나님의 의가 나타나서 믿음으로 믿음에 이르게 하나니 기록된 바 오직 의인은 믿음으로 말미암아 살리라

⑤ 아브라함은 할례제도와 율법이 주어지기 전에 이미 의롭다고 여겨졌으니 그가 의롭다 여겨진 것은 오직 믿음으로 말미암은 것입니다(창세기 17:5, 로마서 4:10-13). 즉 유대인은 아브라함을 자기들의 조상으로 보았으나, 바울은 아브라함은 그의 믿음을 나누어 갖는 우리 모든 사람들의 조상입니다.[437]

[정리] 아브라함의 믿음과 의와 할례(징표)

아브라함의 의	할례 이전에 믿음으로 의롭다 여기심	할례 이후 이스라엘의 믿음의 조상
믿음의 조상	모든 민족의 조상(창세기 17:5)	이스라엘의 조상(창세기 17:20)

4) 특징[438]

① 죄, 구원, 은혜, 화목 등 기본적 기독교 교리와 중심적인 내용을 기록하고 있습니다.

로마서는 무엇을 믿을 것인가? 와 어떻게 행동할 것인가? 로 구성되어 있는데, 바울은 믿음의 내용은

첫째, 모든 인간은 죄인이다.

둘째, 예수 그리스도는 죄를 용서하기 위해 십자가를 지셨다.[439]

436) **칭의란** 하나님이 믿는 그리스도인에게 **의롭다고 선언하시는 행위**를 말합니다. 이것은 그리스도의 십자가에 죽으심에 기초를 두고 있으며, 그리스도의 죽음은 죄의 형벌을 제거하는 것과 그리스도의 의가 믿는 사람에게 전이(옮겨짐)되는 것을 포함합니다. 자세한 내용은 **제2부에서 이야기**합니다.

437) 레이몬드 E ·브라운, 김근수 외 공역, 신약개론, 804쪽

438) 성서원, 월드베스트 성경, 로마서 서론 참조.

439) 바울은 예수 그리스도의 십자가에서 죽음은 칭의, 구원, 화목을 이루게 한 것으로 그리고 그것(아들을 죽게 한 것)이 하나님의 사랑이라고 설명하고 있습니다.

셋째, 우리는 예수님을 믿을 때 하나님으로부터 의롭다고 여기신다.

넷째, 이때에 예수님(하나님)과 새로운 관계가 시작되고 새로운 삶이 열린다는 것입니다.

한편, 이러한 그리스도인들은 매일의 삶의 현장에서 선택하고 행동하여 믿음이 분명한 결과와 변화를 가져오도록 하여야 합니다.[440)]

② 서신서 중에서 가장 돋보이는 논리적 체계와 정교한 서술을 갖추었습니다.

③ 유대에 대한 민족애와 그들도 틀림없이 불순종을 회개하고 구원을 받을 것이라는 확신이 담긴 민족적인 서신입니다.

✻ 우리의 구원은 하나님의 은혜인가요, 우리의 믿음인가요?

1. 우리가 구원받는 것은 하나님의 은혜에 의한 것인가? 아니면 우리의 믿음에 의한 것인가? 특히 루터와 웨슬레는 믿음을 강조했고, 칼빈은 은혜를 강조하였습니다.

2. 에베소서는 이에 관하여 '너희가 그 은혜를 인하여 믿음으로 말미암아 구원을 얻었나니'(에베소서 2:8)라고 말씀하고 있습니다. 그러므로 **우리가 구원받는 것은 그 은혜를 인하여 믿음으로 말미암아 이루어진 것**이라고 할 것입니다. 즉 믿음이 구원의 조건이 되는 것입니다.

3. 구원은 근원적으로 말하면 하나님의 은혜로 받지만 그 은혜는 믿음이란 영적 손을 통해서 받는 것입니다. 그러므로 칼빈이 강조한 것은 구원의 근원이며, 루터나 웨슬레가 강조한 것은 은혜로 받은 우리의 믿음이란 수단입니다.[441)]

[정리] 로마서의 주요 내용

핵심 주체	내용	성경구절
죄와 구원	모든 사람(유대인,이방인)이 죄인이며, 스스로 구원할 수 없다.	로마서 1:18-20
칭의와 구속, 속죄	하나님이 믿는 자를 의롭다고 선언 예수님의 십자가로 죄로부터 해방 그리스도의 죽음은 하나님의 의를 이룸	로마서 3:21-26
칭의와 율법	율법은 칭의의 수단이 아니고 죄를 드러냄	로마서 3:27-31
칭의와 믿음	믿음으로만 의롭다고 할 수 있음	로마서 4:1-25

440) D.A. 카슨외, 손에 잡히는 신약 개론, 121쪽. **'우리의 생각하는 방식을 변화시키고(12:2), 궁극적으로 우리의 삶의 방식을 변화시킨다.'**

441) 신성종, 평신도 신학, 286-287쪽.

칭의의 확실성	칭의는 믿음 가운데 이미 이루어짐	로마서 5:1-11
그리스도와의 연합	성령세례로 그리스도와 함께 연합됨 옛사람은 죽고 새로운 사람으로 살아감	로마서 6:1-14
성령의 능력으로 삶	새로운 삶은 믿는 자 안에 내주하는 성령의 능력으로 살아가는 삶	로마서 8:1-7

④ 아담과 예수 그리스도를 죄와 의를 비교하여 설명하고 있습니다. 즉 로마서 5장 18절에서 19절까지의 내용에서 힘주어 말하고 있는 내용입니다.

'그런즉 (아담)한 범죄로 많은 사람이 정죄에 이른 것 같이 (예수 그리스도) 한 의로운 행위로 말미암아 많은 사람이 의롭다 하심을 받아 생명에 이르렀느니라 (아담)한 사람이 순종하지 아니함으로 많은 사람이 죄인 된 것 같이 (예수 그리스도) 한 사람이 순종하심으로 많은 사람이 의인이 되니라'

[정리] 아담과 예수 그리스도의 행위

아담	예수 그리스도
하나님께 범죄 ⇨ 많은 사람이 정죄에 이름	의로운 행위 ⇨ 많은 사람이 의롭게 되고 생명에 이름
하나님께 불순종 ⇨ 많은 사람이 죄인 됨	하나님께 순종 ⇨ 많은 사람이 의인이 됨

⑤ 그리스도인의 정체성 문제

사도 바울이 그의 서신 특히 로마서에서 강조하고자 한 것 중 하나는 그리스도인의 정체성 문제입니다. 즉 유대인 특히 유대계 그리스도인과 이방인 모두 순수 그리스도인의 정체성에 관한 관점을 강조하고 있습니다.

'율법의 교훈을 받아 하나님의 뜻을 알고 지극히 선한 것을 분간하며 맹인의 길을 인도하는 자요 어둠에 있는 자의 빛이요 율법에 있는 지식과 진리의 모본을 가진 자로서… (로마서 2:18-20).

'유대인의 나음이 무엇이며 할례의 유익이 무엇이냐 범사에 많으니 우선은 그들이 하나님의 말씀을 맡았음이니라'(로마서 3:1-2).

'**그들은 이스라엘 사람이라 그들에게는 양자됨과 영광과 언약들과 율법을 세우신 것과 예배와 약속들이 있고 조상들도 그들의 것이요** 육신으로 하면 그리스도가 그들에게서 나셨으니 그는 만물 위에 계셔서 세세에 찬양을 받으실 하나님이시니라 아멘'(로마서 9:4-5).

'네가 만일 네 입으로 예수를 주로 시인하며 또 하나님께서 그를 죽은 자 가운데서 살리신 것을 네 마음에 믿으면 구원을 받으리라'(로마서 10:9).

'오직 이면적 유대인이 유대인이며 할례는 마음에 할지니 영에 있고 율법 조문에 있지 아니한 것이라'(로마서 2:29).

'모든 사람이 죄를 범하였으매 하나님의 영광에 이르지 못하더니 그리스도 예수 안에 있는 속량으로 말미암아 **하나님의 은혜로 값 없이 의롭다 하심을 얻은 자** 되었느니라 그러므로 **사람이 의롭다 하심을 얻는 것은 율법의 행위에 있지 않고 믿음으로 되는 줄** 우리가 인정하노라'(로마서 3:23-28).

[정리] 유대인과 유대계 그리스도인 그리고 순수 그리스도인의 정체성

유대인의 정체성	유대계 그리스도인의 정체성	순수 그리스도인의 정체성
할례와 모세 율법(언약)	할례와 모세 율법(언약) 예수 그리스도의 복음(새 언약)	세례(침례)와 예수 그리스도의 복음(새 언약)

⑥ 의롭게 된 그리스도인의 변화된 생활(삶)[442]

바울은 로마 기독교인들에게 어떻게 하나님의 은혜(사랑)에 반응하면서 변화된 삶을 살아야 할 것인지에 관하여 말하고 있습니다.

[정리] 그리스도인의 변화된 생활

구분	변화된 생활에서 구체적인 행위
영적 예배를 드림	*몸을 하나님이 기뻐하시는 산 제물로 드리라
하나님의 뜻을 분별	*이 세대를 본받지 말고 하나님의 뜻을 분별하라
생각	*하나님께서 각 사람에게 나누어 주신 믿음의 분량대로 생각하라
몸과 지체	*그리스도 안에서 한 몸이 되어 서로 지체가 되라. 받은 은혜대로 섬기는 일로, 가르치는 일로, 위로하는 일로, 다스리는 자는 부지런함으로, 긍휼을 베푸는 자는 즐거움으로 할 것

442) 로마서 12장 1절-21절. 그리스도인의 윤리의 핵심은 하나님의(은혜에) 감사와 분별하는 삶을 말합니다.

생활	*악을 미워하고 선에 속하라 *형제를 사랑하여 서로 우애하고 존경하기를 서로 먼저하라 *부지런하여 게으르지 말고 열심을 품고 주를 섬기라 *소망 중에 즐거워하며 환난 중에 참으며 기도에 항상 힘쓰라 *성도들의 쓸 것을 공급하며 손대접하기를 힘쓰라 *박해하는 자를 축복하고 저주하지 말라 *즐거워하는 자들과 함께 즐거워하고 우는 자들과 함께 울라 *서로 마음을 같이하고 낮은 데 처하며 스스로 지혜 있는 체 말라 *악을 악으로 갚지 말고 모든 사람 앞에서 선한 일을 도모하라 *모든 사람과 더불어 화목하라 *친히 원수를 갚지 말고 하나님의 진노하심에 맡기라 *원수가 주리거든 먹이고 목마르거든 마시게 하라 *악에서 지지 말고 선으로 악을 이기라

[정리] 로마서의 장 제목과 주요 내용

장	장 제목	주요 내용
1	모든 사람이 죄를 지었다.	바울의 로마 방문계획 모든 경건하지 않음과 불의
2	하나님의 심판은 공정하시다.	하나님의 심판 유대인과 율법
2	모든 사람이 죄의 다스림 아래 있다.	다 죄 아래 있다. 하나님의 의
4	믿음을 통해서 받은 하나님의 약속	아브라함의 믿음과 언약
5	하나님과의 화해	의롭다고 칭한 사람의 삶 아담과 그리스도
6	죄에는 죽고, 그리스도 안에서 살고	그리스도와 함께 죽고 산다. 의의 종
7	결혼의 예	혼인으로 비유한 율법과 죄
8	성령 안에서의 삶	생명의 성령의 법 피조물의 구원의 고대 그리스도와 하나님의 사랑
9	하나님과 유대민족	약속의 자녀 약속의 말씀 하나님의 진노와 긍휼 믿음에서 난 의

10	유대민족에 대한 바울의 사랑	믿음과 들음과 말씀
11	하나님께서는 당신의 백성을 잊지 않으셨다.	이스라엘의 남은 자 이방인의 구원 이스라엘의 구원
12	삶을 하나님께 바쳐라	하나님의 뜻 분별한 변화된 생활 그리스도인의 생활
13	통치자들에게 복종하라	그리스도인과 세상권세 사랑은 율법의 완성 구원의 때가 가까움
14	다른 사람들을 비판하지 말고 죄짓게 하지 말라	형제를 비판하지 말라 형제로 거리끼게 하지 말라
15	바울이 자신의 계획과 일에 대한 이야기	선의 이루고 덕을 세우라 복음의 제사장 직분
16	바울의 마지막 부탁	문안과 찬양

[정리] 로마서[443)]

바울은 로마서를 통해 하나님의 은혜를 통한 구원, 이신칭의, 율법과 은혜 등에 대해 체계적으로 표현하고 있습니다. 또한 하나님께서 이스라엘을 어떻게 다루셨는가를 보여 주고 있으며, 그리스도인들의 의무와 윤리에 대해 실천적인 적용을 해 주고 있습니다. 본서는 로마와 서바나(스페인) 선교를 위해(로마서 15:28), 그리고 세계의 중심부의 로마 교회를 복음의 반석 위에 세우고 이단으로부터 보호하기 위해 기록되었습니다(로마서 16:17-19).

저자	사도 바울				
기록시기	AD 57년경				
기록장소	고린도				
주제	복음의 기초 : 교리적				복음의 실천 : 실천적
구분	1:1-3:20	3:21-5:21	6-8장	9-11장	12-16장
	구원의 필요성	칭의	성화	이스라엘의 과거,현재,미래	성도의 생활

443) 비전성경, 신약편, 239쪽.

3. 고린도전서 / 고린도후서는 어떤 이야기인가요?

1) 고린도 교회의 설립과 선교

(1) 고린도 교회의 설립

사도 바울은 **고린도 교회를 3번 방문**하였으며, 고린도에 있는 믿는 이들에게 몇 편의 편지를 쓴 것으로 추정되는데,[444] 그중에서 신약성경에는 이 두 편지만이 수록되어 있습니다. 바울은 제2차 선교여행기간 중(서기 50년)에 이 도시에 도착하여 그리스도의 복음을 전파한 최초의 사람이었습니다. **제3차 선교여행** 중에는 이 곳에 와서 18개월간 머물면서 성공적인 선교를 통하여 교회를 설립하였습니다(사도행전 18:1-11). 또한 아굴라와 브리스길라와 함께 일하는 동안에 그는 회당에서 사역을 하였습니다. 바울이 전도한 당시에는 로마의 지배아래 옛 영광은 떠나고 가난이 지배하는 **아가야 지방의 수도**로 여러 민족과 여러 종교가 섞여 있어 종교적 불안이 팽배한 도시였습니다. 특히 고린도전서는 도시라는 상황 속에서 예수 그리스도를 섬겼던 초기 기독교 공동체의 삶을 들여다 볼 수 있는 창문을 제공하고 있습니다.

✽ 고린도 시

1. 고린도는 동쪽으로는 에게 해와 서쪽으로는 아드리아 해의 만을 양쪽에 낀 북부 그리스와 남부 그리스를 연결하는 다리와 같은 땅으로 고대의 융성한 무역도시입니다. 그로인해 고린도 시에는 몇 개의 중요한 항만 시설이 있었으며 이것이 고린도를 중요한 상업과 무역의 요충지인 항구도시가 되게 했습니다.[445] 고린도는 그리스 반도 아래의 남부에 있는 도시로 아가야 지방의 수도로서 정치적으로도 중요했습니다. 당시의 세계적인 도시로 고대 그리스에서 아테네 다음으로 큰 도시였습니다. 아테네에서는 서쪽으로 약 80킬로미터쯤 떨어진 곳에 자리 잡고 있었던 도시입니다. 특히 사람들이 빈번히 왕래하는 교통망의 중심축에 있었습니다.

2. 여러 민족이 혼합하여 살고 있었으며 특히 유대인들도 많이 살고 있었습니다.[446] 항구 도시이므로 잡다한 것이 많이 수입되는 중 애굽 알렉산드리아 항구를 통하여 우상이 많이 수입되었습니다. 무역 항구도시로 부유층과 가난한 사람과 노예도 많았습니다. 특히 음란(동성애의 본산)과 사치가 성행하였습니다. 비너스 숭배의 본 고장으로 사치와 방종의 도시였습니다.

444) 고린도전서 5장 9절 **'내가 너희에게 (이미) 쓴 편지에 음행하는 자들을 사귀지 말라 하였거니와** (과거형)'라는 내용을 통해 추측할 수 있습니다.

445) 로마의 시인이자 정치가인 키게로는 이 항구도시를 '전 그리스의 빛'이라고 불렀습니다.

446) 그리스, 시리아, 유대인 그리고 애굽 출신의 자유를 얻은 종들과 함께 가난한 이주민들이 그곳에 거주하기 위하여 이태리로부터 고린도로 왔으며, 그들의(동과 토기제품들) 기술력은 제조와 상업의 중심지로 번영하게 만들었습니다. 레이몬드, E ·브라운, 김근수 외, CLC, 2017, 729쪽.

3. 고린도를 지배하였던 계층은 로마인들이었고 대부분은 군인이었습니다. 또한 많은 노예가 있었고 많은 여행자들과 상인들이 항상 있었습니다. 고린도는 번영했지만 타락한 도시로 알려졌습니다. **'고린도인들처럼 사는 것'이라는 말은 사치와 방종의 삶과 동의어**로 여겨졌습니다. 이러한 타락한 분위기에 한 몫을 한 것은 여신 아프로다이트(사랑의 여신)에 대한 숭배였습니다. 그 여신의 신전은 아크로고린도(고린도 시보다 약 550미터 이상 솟아 오른 평평한 암반 지역 위에 있던 고지대 고린도)의 꼭대기에 있었습니다. 이 신전에는 아프로다이트 여신의 숭배를 거들기 위해 그 곳에 거주했던 약 1000명 가량의 신전 창녀들이 있었습니다. 또한 많은 다른 신전들이 도시에 있었으며 도시의 도덕적 타락을 부추겼습니다.[447)]

4. 고린도는 B.C 146년 로마의 공격으로 완전히 부서졌습니다. 그후 BC 44년에 율리우스 카이사르(가이사)에 의해 재건되었습니다.

고린도의 아폴로 신전이 있던 산과 유적지

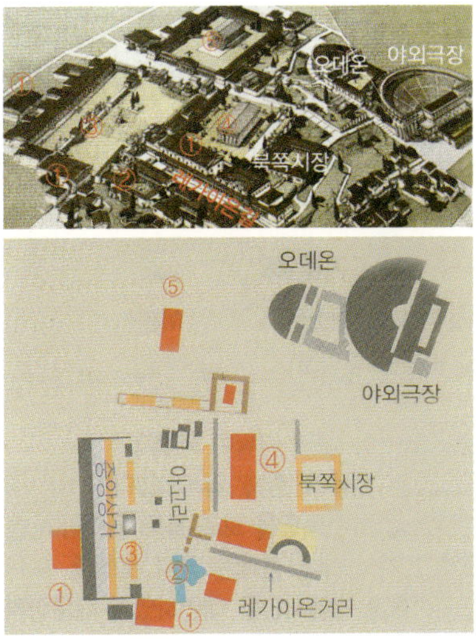

고대 고린도 복원 상세도
(성지순례 가이드북, 하늘기획)

(2) 고린도에서의 선교

① 제2차 선교여행 중에 바울은 아덴으로부터 고린도로 왔으며, 이 도시에서 자신의 선교전략에 따라 먼저 이방인으로써 '하나님을 경외하는 사람들'을 선교대상으로 삼았습니다. 그들 중에는 디도 유스도, 유대인 회당장 그리스보 등을 들 수 있으나 교인들은 주로 하층민에 속하는 사람들이었습니다. 하지만 사회경제적으로 상당히 부유한 지위에 있었던 그리스도인들(가이오와 스데바나, 뵈뵈 등)도[448)] 있었습니다.

---

447) 밴웨어, 앞의 책, 206-207쪽.

448) 가이오는 그의 집에서 고린도의 온 교회를 대접했다고 밝히고 있습니다(로마서 16:23). 또 스데바나는 고린도에서 집을 소유하고 그와 그 집안 가족들이 주의 백성들을 섬기는 일에 헌신하였습니다(고린도전서 16:15-16). 뵈뵈는 고린도에서 동남쪽 약 8킬로 쯤 떨어진 항구도시인 겐그레아에 살았는데 많은 사람에게 은혜를 베푸는 사람이었습니다(로마서 16:2).

② 당시의 여러 상황으로 볼 때 주로 가정집에서 모인 **가정교회** 형태로 대략 50-200명 정도의 교인들로 구성되어졌다고 봅니다.

③ 고린도에서 약 18개월 동안 머문 후 바울은 브리스길라와 아굴라 부부와 함께 배로 고린도에서 에베소로 내려갔다가, 이 부부는 에베소에 남고 바울은 안디옥으로 떠납니다.

2) 고린도전서

① 이 두 편지 가운데 첫 번째 편지(고린도전서)에서 바울은 그 곳에 있는 믿는 이들 가운데서 생겨난 몇 가지 문제를 다루고, 또 그들이 그에게 보낸 질문에 답하고 있습니다. 당시 고린도 교회는 성적 부도덕, 성도간의 송사, 예배 시의 무질서, 성만찬과 그리스도의 부활에 대한 오해 등의 문제가 있었습니다. 그러므로 그가 다룬 주제들 가운데는 믿는 이들의 하나 됨, 결혼, 성적인 죄, 이혼, 성령으로부터 받는 은사 등이 들어 있습니다. 그 가운데 특별한 관심을 끄는 곳은 13장으로써, 사랑에 관한 바울의 이 글은 아주 유명합니다. 바울은 그들이 가진 **모든 문제에 대한 해결책을 사랑**으로 보고 있었습니다.

② 고린도전서의 수신자는 고린도 교회(1:2)이며, 기록 연대는 주후 57년경이고, 기록 장소는 에베소(16:8)입니다. 그는 주후 53년경 고린도를 떠나 각처에 복음을 전하다 에베소에 가 있으면서 주후 54년 혹은 55년 봄 이 책을 기록하였습니다.

＊ 바울이 고린도 교회에 쓴 편지들

고린도 교회와 바울 간에 오고간 편지는 4번 정도로 추정되는데, 첫 번째 편지(고린도전서 5:9 '내가 너희에게 쓴 것에')는 남아있지 않으며, 두 번째 편지는 고린도 교회로부터 받은 편지(고린도전서 7:1)와 소식들을 통해 전해진 고린도 교회의 여러 가지 문제들에 대한 답장으로 쓴 **고린도전서**와 이 서신 이후 고린도 교회를 방문하였지만 공개적인 반대를 받고 철수한 뒤에 쓰게 된 세 번째 편지인 '눈물의 편지'(고린도후서 2:4)와 이 눈물의 편지로 고린도 교회의 상황이 호전 되어 기쁨으로 쓰게 된 **네 번째 편지인 고린도후서**가 있습니다.

③ 당시 고린도(교회)의 상황은 바울의 근심거리가 되었습니다(고린도전서 4:16-21).

바울의 전도 이후 성령의 특별하신 역사를 통하여 놀라운 부흥과 함께 많은 영적인 은사들을 가졌습니다. 하지만 바울이 떠난 후 거짓 순회전도자들의 영향과[449] 함께 주변의 헬라적인 사조(철학/문화/종교)의 영향을 지속적으로 받음으로써 주변문화로부터 물려받은

449) 당시 고린도 교회에는 예수 그리스도의 선교활동을 하던 사람들이 고린도를 방문하고 떠나가는 일이 종종 있었습니다. 바울도 아볼로, 베드로도 그런 사람 중에 하나였던 것입니다.

세계관을 변화시키지 못하고 오히려 **세속화의 길**을 걸어갔습니다. 그리하여 성적인 부패와 자만과 자찬과 자기 자랑에 빠지고, 교회는 분쟁과 파당을 일삼게 되었습니다. 즉 영적으로 미성숙된 것입니다.

④ 바울이 고린도 교회 사람들과 접촉한 과정은 다음과 같습니다.

㉠ 바울의 최초 접촉은 복음을 전파하기 위한 고린도 방문이었습니다.

㉡ 바울은 지금까지 전해지지 않고 있는 어떤 편지를 고린도 교회에 보냈습니다.

㉢ 신자들로부터 바울의 조언을 구하는 어려운 소식들이 전해졌고, 그래서 바울은 고린도전서를 썼습니다.

㉣ 문제들은 여전히 해결되지 않았으므로 바울은 서둘러 아픈 마음으로 교회를 방문하였습니다.

㉤ 고린도 교회를 방문하고 난 후 바울은 매우 진지한 세 번째 편지(눈물로 쓴 편지)를 썼습니다(고린도후서 2:4).

㉥ 바울은 너무나 근심하였기 때문에, 드로아에서 이 편지를 전달했을 디도를 기다리고 있을 수가 없어서 급히 마게도냐로 갔습니다. 거기서 디도를 만났고, 자신이 쓴 편지의 결과에 대해 들었는데, 고린도에서 모든 일이 잘 풀려나가고 있다는 것이었습니다.

㉦ 고린도후서를 쓰고 나서, 고린도 교회를 마지막으로 방문했습니다(사도행전 20:1-4절).

⑤ 고린도전서의 주제는 그리스도의 십자가(사랑)와[450] 성화에 관한 것이며 성화란 따로 구분되는 것을 말합니다. 성화를 통하여 죄로부터 점점 멀어지는 과정 중에 있는 것을 말합니다.

3) 고린도전서의 특징[451]

① 고린도전서는 교리 서신서로 분류되지만 주된 내용은 분파의식을 극복하며 도덕성 회복과 그리스도인의 자유 등을 다루는 **실생활에 관련된 생활 지침서**입니다.

② 여자가 수건을 쓰는 문제, 성찬식, 은사 등과 관계된 교회 내의 문제점을 없애기 위해 강력한 말로 쓰여졌습니다.

③ 간결하며 논리적이고 아름다운 문체로 쓰여져 이해하기가 쉽습니다.

450) 고린도전서 2장 1절-5절 … 내가 너희 중에서 **예수 그리스도와 그가 십자가에 못 박히신 것 외에는 아무것도 알지 아니하리로 작정하였음이라'** ⇨이것을 **'십자가의 도'(십자가에 관한 말씀)**라고 함.

451) 성서원, 월드베스트 성경, 고린도전. 후서 서론, 참조.

④ 바울은 때로는 공동체 전체가 나아갈 방향을 일러 주기도 하고, 때로는 개개인이 나아갈 방향을 일러 주기도 하였습니다. 때로는 그들에게 십자가의 길을, 때로는 부활의 길을, 때로는 전승(전통)으로 나아가는 길을 일러 주었습니다. 때로는 참신하고 낯선 새 길을 일러 주었고, 때로는 이미 오래 전부터 있어 온 길을 일러 주었습니다.[452]

⑤ 바울은 교회공동체의 삶과 개개인의 삶이 '모든 것 곧 하나님의 깊은 것까지도 통달하시는 성령을 통해 '주 예수 그리스도의 이름으로' 하나님을 만날 때마다 일어나는 변화에 달려 있다는 확신을 드러냅니다.[453]

4) 고린도전서의 중심주제

고린도전서의 중심주제는 **분파문제, 성(性), 우상제물, 공동체의 삶과 예배, 부활** 등입니다.

5) 고린도전서의 장 제목과 내용

장	장 제목	내용
1	고린도 교회의 분쟁	파벌(아볼로파, 바울파, 그리스도파 등)이 있음
2	십자가에 못 박히신 그리스도	예수님의 십자가는 구원의 능력이 되심
3	사람을 자랑하지 말라	우리 모두는 하나님의 동역자들에 불과함
4	그리스도의 일꾼	하나님의 비밀을 맡은 자들은 충성과 겸손함
5	음행한 자를 판단하라	교회 안에 음행한 자, 탐욕을 부리는 자, 우상숭배하는 자, 모욕하거나 술 취한 자, 속여 빼앗는 자들은 사귀지도 말고 함께 먹지도 말라
6	세상 법정에 송사하지 말라	교회형제들을 서로 세상 법정에 고발하지 말라
7	결혼에 대하여	남편은 아내에 대하여 아내는 남편에 대하여 서로 의무를 다하라
8	우상제물	우상제물을 먹는 일은 양심에 따라 하면 된다.
9	사도의 권리	복음 전하는 자들이 복음으로 말미암아 살리라
10	우상숭배를 피하라	우리가 주의 잔과 귀신의 잔을 겸하여 마시지 못함
11	남자와 여자 / 성만찬	남자나 여자나 모두 하나님에게서 났느니라 성만찬은 주님의 몸과 피를 기억하는 일이다.

452) 브루스 W. 롱네커. 토드 D. 스틸, 바울 -그의 생애. 서신. 신학, 250쪽.
453) 위의 책, 250쪽.

12	성령의 은사	각 사람에게 성령을 나타내심은 유익하게 하려 하심이다.
13	사랑이란?	사랑은 이타적인 행위이다.
14	방언과 예언	방언을 말하는 자는 자기의 덕을 세우고, 예언을 말하는 자는 교회에 덕을 세운다.
15	그리스도의 부활	그리스도께서 다시 살아나신 일이 없다면 우리의 믿음도 헛것이요 여전히 죄가운데 있을 것이다.
16	성도를 위한 연보(헌금)	연보는 매주 첫날에 너희 각 사람이 수입에 따라

[정리] 고린도전서[454)]

고린도전서는 고린도 교회의 교리적, 도덕적 문제를 해결하기 위하여 바울이 고린도 교회에 보낸 첫 번째 서신입니다. 본서의 기록 목적은 첫째, 여러 사람으로부터 듣게 된 교린도 교회의 문제들을 바로잡으려는 데 있었습니다(1:1-6:20), 둘째는 고린도 교회 성도들이 질문한 내용에 대해 편지로 답변하려는 데 있었습니다.

저자	사도 바울			
기록시기	AD 55년경			
기록장소	에베소			
주제	분쟁	논의	무질서	불신
구분	1-4장	5-6장	7:1-11:1	11:2-16:24
	단체	개인	공중	
	4가지 문제점 당파, 근친상간, 소송, 불륜		4가지 관점 결혼, 우상의 제물, 공 예배, 부활	

6) 고린도후서

① 고린도후서는 A. D 57년경에 마케도니아 지방(혹은 빌립보)에서 기록하였으며, 수신자는 고린도 교회(1:1-6:11)입니다. 사도 바울은 드로아에서 마케도니아로 갔고, 거기서 디도를 만나 고린도 교회가 바울의 편지를 받고 좋아졌다는 말을 들었으나 더 권면을 할 필요에 의해 쓴 기록입니다.

454) 비젼성경, 신약편, 263쪽.

② 이 편지는 디도가 가지고 고린도 교회로 가서 전하기로 자청하였으므로 바울은 빌립보에 남아 이 지방 일대를 선교하는 중심지로 삼았습니다. 이후 빌립보 지방 서쪽에 있는 산악지대로 깊숙이 들어가면서 그리스도의 복음이 아직 선포되지 않은 동리들과 도시를 찾아다니면서 복음을 전하였습니다.

③ 고린도후서에서 바울은 고린도에 있는 몇몇 사람의 비판에 대해 자신의 복음 사역을 변호하고, 순수한 그리스도의 종의 특성에 관한 의견을 말하고 있습니다.

주요 내용을 다음과 같이 정리할 수 있습니다.

㉠ 바울의 사도직을 표현하고, 화해의 임무가 바로 그것임을 설명하여 바울과 고린도 교회와의 관계가 회복 된 것을 기쁘게 여겼으며,

㉡ 바울의 전 편지에 대하여 저들이 많은 근심에 잠길까하는 염려도 있었고(2:5-11),

㉢ 고린도 교인들에게 예루살렘의 가난한 성도를 위해 약속한 헌금을 후한 마음으로 미리 준비하여 줄 것을 말씀하였으며(8-9장),

㉣ 잘못된 사람을 공격하고(10:1-13:10), 바울의 사도직을 옹호했으며(11:1-), 그의 고난 당한 일을 말씀했고(11:23-27), 대적들에게 회개할 것을 권면했으며, 곧 방문하겠다는 말씀과 축도(고전 10:-13:10)로 마감하였습니다.

7) 고린도후서의 특징[455)]

① 바울의 자서전적 고백과 개인의 풍부한 감정이 나타나고 있습니다.

'나는 유대인들에게 사십에서 하나 감한 매를 다섯 번 맞았으며 세 번 태장으로 맞고 한 번 돌로 맞고 세 번 파선하고 일주야를 깊은 바다에서 지냈으며 여러 번 여행하면서 강의 위험과 강도의 위험과 동족의 위험과 이방인의 위험과 시내의 위험과 광야의 위험과 바다의 위험과 거짓 형제 중의 위험을 당하고 또 수고하며 애쓰고 여러 번 자지 못하고 주리며 목마르고 여러 번 굶고 춥고 헐벗었노라'(고린도후서 11:24-27).

② 신학적이거나 조직적인 글이라기보다는 실제생활과 관련된 교훈적인 내용이 많습니다.

③ 바울의 사도직 권위를 내세운 더욱 강력한 권고의 내용을 담고 있습니다.

455) 성서원, 월드베스트 성경, 고린도전, 후서 서론 참조.

[정리] 고린도 교회의 문제[456)]

번호	문제들	성경구절
1	교회의 파벌 및 당파를 좋아하는 자들의 문제	고린도전서 1:12
2	계모와 같이 사는 부도덕한 문제	고린도전서 5:1
3	신자들끼리 관청에 소송하는 문제	고린도전서 6:6-7
4	결혼에 관한 문제	고린도전서 7:35-40
5	우상제물을 먹는 문제	고린도전서 8:1-11:1
6	성찬에 관한 문제	고린도전서 11:17-29
7	성령의 은사에 관한 문제	고린도전서 12:1-14:40
8	부활에 관한 문제	고린도전서 15장
9	성도들을 위한 헌금 문제	고린도전서 16:1-12

*모든 것은 사랑의 정신을 앞세우고 할 것, 신령한 은사의 문제도 사랑으로 해야 할 것, 죽은 자들의 부활 문제에 대답함.

[정리] 고린도 교회의 문제에 대한 바울의 답변

번호	문제들	답변	성경구절
1	교회의 파벌과 당파 문제	*오직 구원은 그리스도에게만 있다. 하나님의 지혜로 삶을 보라	*고린도전서 1:10-4:21
2	성적 부도덕 문제	*부도덕 교인은 쫓아 내라 *음란을 멀리하라(6:12-20)	*고린도전서 5:12-13
3	신자들끼리 관청에 소송 문제	*교회 내에서 해결하라	*고린도전서 6:1-11
4	결혼에 관한 문제	*결혼은 성스러운 것 *이혼은 안 된다. *독신생활은 유익하다	*고린도전서 7:1-15:58
5	우상제물을 먹는 문제	*지식, 성경, 사랑에 근거해 결정	*고린도전서 8:1-11:1

456) 이훈창, 설교노트 참조.

6	성찬에 관한 문제	*경외하는 태도로 받을 것	*고린도전서 11:23-26
7	성령의 은사에 관한 문제	*사랑 안에서 활용되어야 함 *적당하게, 질서대로	*고린도전서 14:40
8	부활에 관한 문제	*그리스도의 부활--믿음의 기초 *그리스도인의 부활--미래 소망	*고린도전서 15:1-58
9	성도들을 위한 헌금 문제	*정규적으로, 자발적으로, 적절하게 할 것	*고린도전서 6:1-2

[정리] 고린도 교회 내의 파벌과 사도 바울의 답변

교회 내 파벌(당파)	내 용	사도 바울의 답변
바울 파	믿음에 의한 칭의 교리와 그리스도인의 자유를 강조함	*나는 심었고 아볼로는 물을 주었으되 오직 자라게 하시는 이는 하나님 *우리는 하나님의 동역자 *우리는 예수 그리스도의(터)를 닦는 자 : 고린도전서 3장1-9절
아볼로 파	해박한 성경(특히 구약)지식에 사람들이 매료 됨	
게바(베드로) 파	그리스도의 사랑을 지닌 대표적 사도 주님의 율법원리에 대한 깊은 관심	
위선적인 경건 파	경건한 체 하면서 불일치를 비난함	

* 교회에서의 파벌이 발생한 최초의 모습이 고린도 교회에서 나타나고 있습니다.
파벌이 때로는 교파로 발전되는 경우도 있는데, 이러한 것이 긍정적인 효과도 있다는 주장이 있습니다. 한국의 경우에도 성경해석 방법의 차이로 여러 교파가 생겨나 교세가 확장되고 교회의 부패가 예방된 측면도 있다는 주장이 있습니다. 하지만, 이러한 측면을 아주 무시할 수는 없으나 그것을 성경적 관점에서 바람직하다고 할 수 없을 것입니다. 공동체를 분열시키는 **파벌**은 결코 예수 그리스도의 모습이나 **하나님 나라의 참된 모습이라고 할 수 없는 것**입니다(고린도전서 1:10).[457] 다만 시간이 지나 돌이켜 보면 그 모든 일 속에 하나님의 섭리가 있으셨다는 고백이 가능할 뿐입니다.

8) 고린도후서의 내용

장	제 목	내 용
1	고린도 교회의 방문 연기	고난과 환난을 통한 감사
2	그리스도의 향기	근심하게 한 사람을 용서하라

457) 사도 바울은 **'같은 말, 같은 마음, 같은 뜻으로 분쟁이 없이 온전히 합하라'**고 하였습니다.

3	새 언약의 일꾼들	하나님이 우리를 새 언약의 일꾼 삼으셨다.
4	질그릇에 담긴 보배	우리의 겉 사람은 낡아지나 속 사람은 새로워진다.
5	화목하게 하는 직분	우리는 몸으로 있든지 떠나 있든지 주를 기쁘시게 하는 자가 되기를 힘쓴다.
6	우리는 살아계신 하나님의 성전	하나님의 일꾼으로 행함
7	고린도 교회의 회개를 기뻐함	하나님의 뜻대로 하는 근심과 세상 근심
8	디도와 그의 동역자	가난이 부요하게 하여 풍성한 연보를 함
9	가난한 성도를 섬기는 연보	성도를 섬기는 일로 준비되고 즐겨 낸 연보
10	바울의 사도직 변호	주께서 칭찬하는 자가 옳다 인정함을 받음
11	거짓 사도들	거짓 사도들을 경계하여야 함
12	주께서 보여 주신 환상과 계시	셋째 하늘의 환상과 계시를 보게 되었으나 자만하지 않도록 육체의 가시를 주심
13	끝 인사	

[정리] 고린도후서 1장 – 9장과 10장 – 13장과의 관계

고린도후서 1장-9장	고린도후서 10장-13장
디도로부터 고린도 교회의 소식을 듣고 바울의 근심은 기쁨으로 변함(7:6-10)	고린도 교회의 상황이 다시 절망적일 만큼 위험해져 바울의 어조와 강조점이 다르게 나타남(13:2)
*10장-13장을 고린도에 보낸 다섯 번째 서신이라는 견해도 있고, 고린도 상황에 대한 추가적인 소식을 듣고 나중에 작성되어 하나의 편지로 완성되었다는 견해도 있습니다.[458]	

'내가 이미 말하였거니와 지금 떠나 있으나 두 번째 대면하였을 때와 같이 **전에 죄 지은 자들과 그 남은 모든 사람에게 미리 말하노니 내가 다시 가면 용서하지 아니하리라**'(고린도후서 13:2).

[정리] 고린도후서 요약[459]

고린도후서는 바울의 서신서 중 가장 열렬하고 진지한 편지로 일컬어져 왔습니다. 본서를 기록한 목적은 첫째, 고린도 교회와 우호적인 관계를 회복하게 된 것을 기뻐하며 죄를 저지른 자들에 대해 권

458) D.A. 카슨, 손에 잡히는 신약개론, 132-133쪽 참조.
459) 비젼성경, 신약편, 286쪽.

면하려는 것이고, 둘째, 바울이 고린도 방문 계획을 바꾼 이유를 설명하기 위함이며, 셋째, 예루살렘의 가난한 성도들을 위한 헌금 운동에 참여하도록 하기 위함이고, 넷째, 거짓 사도들로부터 바울의 사도직을 변호하기 위함입니다. 개인적인 성격이 강한 서신으로 그 내용은 위로와 변호로 되어 있습니다.[460)]

' 찬송하리로다 그는 우리 주 예수 그리스도이 하나님이시오… 모든 환난 중에 있는 자들을 능히 위로하게 하시는 이시로다'(고린도후서 1:3-4).

저자	사도 바울					
기록시기	AD 55 - 56년경					
기록장소	마게도냐					
주제	바울의 사역					
구분	1:1-11	1:12-2:13	2:14-6:10	6:11-7:16	8:1-9:15	10:1-13:13
	서론	고린도 방문 계획변경	바울의 사역정신	고린도 교회를 향한 권고	헌금 / 예루살렘 교회를 위한구제헌금 촉구	사도직변호 / 바울의 사도권에 대한 변호

4. 갈라디아서는 어떤 이야기인가요?

1) 저술 연대 및 수신자

갈라디아서는 주후 53-56년경 에베소에서 저술(갈라디아서 18:23; 19:1)하였으며, 수신자는 갈라디아 교회입니다(사도행전 16:6). 이 서신은 바울이 쓴 편지로 갈라디아 지방에 있는 믿는 이들 사이에 생겨난 다른 종류의 문제들에 대해 다루고 있습니다.

* 갈라디아 지역과 갈라디아인

동부 소아시아에 위치하였던 이 갈라디아 지역은 BC 3세기경에 유럽 켈트 족속인 골(=가울=Gaul) 사람들이 서쪽으로부터 소아시아 중앙부지역으로 건너와서 정착한 후 그 침략자의 이름을 따서 헬라어 '갈라타이'라고 표기하여 불리어졌습니다. BC 189년 만리우스 불소 휘하의 로마 군대에게 패하여 정복되었으나, 이후 이 지역은 확장되어 북부지역에서 남부지역까지 새로운 지역이 갈라디아라고 불리어

460) 신성종, 평신도를 위한 성경이야기, 298쪽. 1장 3절부터 7절까지 '위로'라는 말이 10번 나옵니다.

지게 되었습니다. 기원전 25년까지 로마와 우호적인 관계로 일종의 독립국 같은 관계를 유지하다가 기원전 25년에 다른 여러 지역이 병합되면서 갈라디아라는 이름으로 로마의 행정구역이 되었습니다. 갈라디아인은 본래 서 유럽에서 그 곳으로 이주한 갈리아인(로마인이 부르는 명칭 지금의 프랑스인)이었습니다. 바울이 말한 '갈라디아 교인'은 안디옥, 루스드라, 이고니온, 더베 같은 1차 선교여행의 모든 도시 사람을 포괄하는 용어라고 할 수 있습니다.[461)]

2) 갈라디아 교회에 생긴 문제

① 바울은 그 곳에 가서 그리스도의 말씀을 전하고 몇몇 교회를 세웠습니다.

② 그러나 뒤에 유대인 교사들이 그 곳에 가서 그리스도의 참 가르침과는 아주 다른 자신들의 생각을 몇 가지 가르쳤습니다. 이것은 **하나님이 무었을 근거로 하여 죄인 된 사람을 받아 주시느냐? 하는 구원에 관한 아주 심각한 문제**였던 것입니다. 그 당시 갈라디아까지 갈 형편이 못 되었던 바울은 이 편지에서 아주 강하게 이 문제를 정면으로 다루고 있습니다. 또한 이 편지에서 바울은 그가 후에 로마서에 다루게 된 기본적인 문제들을 많이 다루고 있습니다.

[정리] 갈라디아서와 로마서에서 다룬 문제들

갈라디아서	로마서
갈라디아 교회에 대한 문제를 다룸	전체 교회에 대한 문제를 다룸

3) 갈라디아 교인의 변질된 믿음의 회복(구원)을 위한 편지

① 갈라디아 교인들은 처음에는 바울에게 친절하였으나 바울이 떠난 후 다른 복음을 전하는 자들(유대인 거짓 교사들)이 들어와 저들을 미혹함으로 은혜의 복음은 변질되었습니다(갈라디아서 1:6; 3:1-3).

② 바울은 이러한 율법주의, 금욕주의, 조상의 유전으로 돌아가는 소식을 듣고 안타까운 생각에 저들이 미혹을 받지 않고 믿음으로만 구원 받는 이치를 분명하게 증거하였습니다. **구원은 은혜 곧 거저 주시는 것으로써 믿음으로 받아지는 것임**을 강조하였습니다.

거짓 교사들은,

바울의 사도적을 권위에 회의를 품게 만들었습니다.

은혜에 대한 바울의 가르침을 왜곡시키고 있었습니다.

461) D.A. 카슨 외, 손에 잡히는 신약 개론, 140쪽.

4) 바울의 사도직을 변호하고 있습니다.

이러한 증거를 위하여 바울의 사도직을 강조해야만 하였습니다. 바울의 사역에는 그의 사도직에 대한 지속적인 도전(사탄의 방해)이 있었습니다. 특히 바울은 다른 사도들처럼 공생에 기간 중 예수님에 의해서 선택되지 아니하였으며, 또한 예수님의 직접적인 제자도 아니었고, 사도직에 대한 공식적인 인증도 없었기 때문에 **사도직에 대한 정당성을 끊임없이 도전 받게 된 것**입니다. 이에 대하여 바울 자신이 변호하고 있는데, 바울의 사도직은,

(1) 다메섹에서 친히 부활하신 주님을 목격했고,

(2) 이방의 사도로 주께로부터 친히 택함을 받아 보내심을 받았고,

(3) 아라비아에서 3년을 친히 교육을 받은 사실로 입증되었습니다.

✾ 바울이 다메섹에서 회심 후 예루살렘에서 베드로와 사도 요한을 만난 의미

바울이 다메섹으로 가는 길에서 부활하신 예수님을 만나 회심한 삼 년 후 예루살렘에 올라가서 베드로와 요한과 야고보를 만나게 되었는데, 이것은 바울과 그리스도인들에게 중요한 의미를 주는 만남이었습니다,

첫째, 바울이 베드로나 다른 사도들과 동등한 위치를 가지는 사도로 인정되었습니다.

둘째, 바울의 메시지가 다른 이들이 전하는 것과 같다는 사실을 드러내 주는 것입니다.

셋째, 바울이 이방인에게 전도와 선교하는 일을 승인한 것입니다.

5) 갈라디아서의 주제

① 갈라디아서의 주제는 **그리스도인의 자유**입니다. 예수 그리스도를 자신의 구주로 영접한 사람들은 율법주의에서 해방되어 **믿음으로 살게 됨**으로써 참 자유, 즉 **영적 자유**를 누리게 된다는 것입니다. 또한 그리스도인이 자유하다는 말은, **그리스도인의 삶의 방식**이 그래야 한다는 뜻이기도 합니다(갈라디아서 5:1- 6:10).

② 그리스도 안에서 믿음으로 의롭게 된 사람도 **제도의 노예가 되어 속박(구속)**되기 쉽습니다.

> **'그리스도께서 우리를 자유롭게 하려고 자유를 주셨으니 그러므로 굳건하게 서서 다시는 종의 멍에를 메지 말라'**(갈라디아서 5:1).

6) 율법의 참 목적도 설명해 주었습니다.

① 율법은 죄를 진지하게 규정하기 위해 주어졌으며, 하나님의 의로운 요구를 드러내주고, 이스라엘을 보호하고 가르치면서 몽학선생(어린이를 가르치는 선생)의 역할을 하였습니다.

[정리] 율법과 예수 그리스도 = 복음

율법	예수 그리스도=복음
예수 그리스도가 오시기 전까지 한정 적용	예수 그리스도가 오심으로 무한 적용
유대인을 지도(관리)하기 위한 규정	전 인류를 인도(구원)하기 위한 소식
율법을 문자적 해석	율법을 목적적(율법 정신을) 해석
율법이 주는 것은 구속	복음이 주는 것은 자유

② 갈라디아서의 핵심적인 주제어는 **'칭의' '믿음' '자유'**입니다. 하지만 은혜의 복음을 강조함으로써 도덕 생활에서 무관심하게 될 것을 염려하여 **주께 받은 옳은 복음을 실제 생활에 옮겨 완전한 그리스도인의 생활에 이르게 하려는 것**이었습니다(갈라디아서 5:1-6,18). 바울은 이것을 **그리스도인의 참 자유**라고 설명하였습니다.

③ 율법은 하나님이 아브라함과 맺으신 약속의 언약보다 우선하지도 그 언약을 대체하지도 못합니다. 하나님의 방식은 언제나 **약속과 그 믿음**이었습니다.

④ 유대인도 율법의 행위(도덕적 체계)가 아니라 예수 그리스도의 사랑으로 십자가에서 죽으셨던 **그리스도를 믿음으로 구원받음**을 강조합니다(갈라디아서 2:11-16).

⑤ 나아가 바울이 원하는 것은 **그리스도의 십자가** 아래에서 유대인과 이방인 모두가 하나 된 교회를 세우는 것이었습니다.

7) 바울의 회심과 그의 선교여행 사이의 역사에 대한 정보와 이신칭의

갈라디아서는 바울의 회심과 그의 선교여행 사이의 역사에 대한 정보를 주고 있으며, 이신칭의의 교리를 선명하게 가르쳐 주고 있습니다.

8) 갈라디아서의 특징[462)]

① 거짓 교사들에 의해 전해진 잘못된 교리를 척결하기 위해 강경한 어조로 기록했습니다.

462) 성서원, 월드베스트 성경, 갈라디아서 서론 참조.

[정리] 거짓 교사들과 바울의 주장 차이점

거짓 교사들의 주장	바울의 주장
이방인도 유대인적 그리스도인이 되게 하려 함	모든 사람이 그리스도인이 되게 하려 함
유대인을 다른 민족과 구별함	유대인과 다른 민족을 하나되게 하려 함
율법(할례, 음식법, 안식일 등)의 모양을 강조	십자가를 강조

② 사도권을 변호하기 위해 자신의 과거와 초대교회 당시의 형편을 자세히 밝혔습니다.

③ 기독교의 핵심진리를 논리적으로 기록했습니다.

[정리] 갈라디아서에 나타난 바울

갈라디아서에 나타난 바울	성경구절
1. 그는 그리스도의 종이며 사도이다.	갈라디아서 1:1
2. 그는 많은 백성들에게 파송되었다.	갈라디아서 1:5
3. 그는 기도의 사람이었다.	갈라디아서 1:9,10
4. 그는 진지한 사역자였다.	갈라디아서 1:3-15
5. 그는 자신이 외치는 복음을 부끄러워 하지 않았다.	갈라디아서 1:16

9) 갈라디아서의 내용

장	제 목	내 용
1	바울이 사도가 된 내력	바울이 전한 복음은 예수 그리스도의 계시로 된 것이다.
2	믿음으로 의롭게 됨	의롭게 되는 것은 율법이 아닌 믿음으로 된다.
3	율법과 약속	믿음으로 말미암아 성령의 약속을 받게 된다.
4	갈라디아 교회에 대한 염려	율법의 자녀가 아니라 약속의 자녀다.
5	그리스도인의 자유와 사랑	예수 그리스도 안에서는 사랑으로써 역사하는 믿음만이 자유케 함
6	짐을 서로 지라	할례가 아닌 예수 그리스도의 십자가가 중요함

[정리] 갈라디아서

갈라디아 지방에 사는 그리스도인들에게 보낸 편지로 '짧은 로마서'라고 부를 정도로 로마서와 내용이 비슷합니다. 본서를 기록한 목적은 바울 자신의 사도 직분을 변호하고, 행위가 아니라 믿음으로 의롭게 된다는 교리를 주장함으로 갈라디아 교인들을 교훈하기 위한 것입니다.

저자	사도 바울		
기록시기	남갈라디아설 : AD 49년경　북갈라디아설 : AD 53-56년경		
기록장소	남갈라디아설 : 수리아 안디옥　북갈라디아설 : 에베소 혹은 마게도니아		
기록목적	바울 자신의 사도 직분을 변호하고, 행위가 아니라 믿음으로 의롭게 된다는 교리를 주장하기 위함		
주제	사도직과 권위	속박과 자유	성령의 열매
구분	1-2장	3-4장	5-6장
	이신칭의의 변호	이신칭의의 설명	이신칭의의 삶의 실천

❃ 루터와 갈라디아서

종교개혁을 일으켰던 루터는 갈라디아서를 '나의 서신'으로 부를 만큼 역사적으로 중요한 의미를 가진 서신입니다. 특히 이신칭의의 교리를 다루고 있는 갈라디아서는 루터의 종교개혁의 원동력이 되었기 때문에 일명 기독교 자유의 '마그나 카르타'라고도 불립니다.[463]

5. 에베소서는 어떤 이야기인가요?

1) 옥중 서신

이 편지는 바울이 감옥에 있을 때 쓴 것이지만, 그가 언제 어디에 갇혀 있었는지는 확실하지 않습니다. [464]

❃ 에베소와 에베소 교회

에베소는 당시 소아시아의 서쪽에 있는 중요한 대도시였으며, BC 133년 이후 아시아에서 로마의 통치 지역의 수도였으며, 당시 정치적으로 로마 제국이 소아시아를 지배할 때의 수도인 로마, 알렉산드리아,

463) 신성종, 성경이야기, 300쪽.
464) 대체로 로마 감옥에 1차 투옥되었을 때라고 봅니다.

안디옥과 더불어 로마 제국의 4대도시 중의 하나였습니다. 마술과 아데미(다이아나)신전과 우상숭배로 유명하였습니다. 에베소는 아시아의 첫 번째 도시 북쪽에 버가모의 고대 도시가 이 지역의 공식적인 수도였지만 에베소는 급속히 성장한 도시였습니다. 상업적 학문적 종교적으로 중요한 위치를 접하고 지금도 남아있는 아데미 신전은 세계 7대 불가사의 하나입니다. 2000년 전에 이미 수세식 화장실이 있었고, 수만 명이 모여 연극을 보고 들을 수 있는 시설이 있었습니다. 사도 바울은 1차 전도여행 시 이곳에 잠시 머무르면서 전도한 일이 있었습니다(사도행전 18:19-21). 그후 2차 전도여행 시는 3년 동안 머무르면서 전도하여 교회를 설립하고 성장시켰습니다(사도행전 20:31). 바울은 이 곳 두란노 서원에서 복음을 강론하였습니다.

고대 7대 불가사의 중의 하나인 아데미 신전 터

에베소 교회

2) 하나님의 계획

① 이 편지의 주제는 모든 사람을 그리스도의 통치 아래에 두시려는 하나님의 계획(비밀)입니다. 바울은 믿는 이들에게 서로 화목하게 살 것과, 하나님께서 그들 각자를 향해 갖고 계신 목적을 달성하기 위해 온전히 자신을 바칠 것을 권하고 있습니다.

② 구원의 결과 그리스도는 유대인과 이방인 사이에 평화와 일치를 가져옵니다. 이 **평화와 일치**가 바울이 말한 '그리스도의 비밀'인 새로운 하나 됨입니다.

> '**너희는 그때에 육체로는 이방인이요 손으로 육체에 행한 할례를 받은 무리라 칭하는 자들(유대인들)로부터 할례를 받지 않은 무리라 칭함을 받은 자들이라 그 때에 너희는 그리스도 밖에 있었고 이스라엘 나라 밖의 사람이라 약속의 언약들에 대하여는 외인이요** 세상에서 소망이 없고 하나님도 없는 자이더니'(에베소서 2:11-12).
>
> '**그는(예수 그리스도는) 우리의 화평이신지라 둘로 하나를 만드사 원수 된 것 곧 중간에 막힌 담을 자기 육체로 허시고 법조문으로 된 계명의 율법을 폐하셨으니 이는 이 둘로 자기 안에서 한 새 사람을 지어 화평하게 하시고 또 십자가로 이 둘을 한 몸으로 하나님과 화목하게 하려 하심이라**'(에베소서 2:14-16).
>
> '그러므로 **이제부터 너희는 외인도 아니요 나그네도 아니요 오직 성도들과 동일한 시민이요 하나님의 권속이라**'(에베소서 2:19).

3) 교회[465)]

① 에베소서는 **그리스도의 몸인 교회**가 주제입니다. 교회는 그리스도에 의해 피 값으로 산 바 된 **새로운 공동체**로서 현 세상에서 하나님의 목적들을 수행하고 있습니다. 거짓 교사들이 신자들을 괴롭히자 바울은 교회의 적절한 조직과 건전한 가르침에 대한 교훈을 보내고 있습니다.

② 그리스도의 몸 된 교회 신자들은 '합당하게 행하고 이방인과 같이 행하지 말며 사랑 가운데 행하며 **빛의 자녀처럼 지혜롭게 행하여야** 합니다. 또한 그리스도의 몸의 지체로서 자신의 할 일을 온전히 이루어나가야 한다'고 가르칩니다. 즉, **교회는 다양성(각 지체의 기능) 안의 일치(통일된, 하나 된 몸)를 특징**으로 합니다.

---

465) 여기서 교회는 개개의 지역 교회를 가리키지 않고 사도와 선지자의 터에 기초한 보편적인 교회를 나타냅니다. 그리고 유대인과 이방인으로 이루어진 교회의 통일성을 굳건히 하고자 하는 내용입니다. 김창선, 21세기 신약성서 해설, 시유시, 2005. 303쪽.

'우리가 다 하나님의 아들을 믿는 것과 아는 일에 하나가 되어 온전한 사람을 이루어 그리스도의 장성한 분량이 충만한 데까지 이르리니'(에베소서 4:13).

'그(그리스도)에게서 **온 몸이 각 마디를 통하여 도움을 받음으로 연결되고 결합되어 각 지체의 분량대로 역사하여 그 몸을 자라게 하며** 사랑 안에서 스스로 세우느니라'(에베소서 4:16).

③ 그리스도 안에서 통일된 하나 되라는 권면과 진리에 대한 교훈입니다. 즉, 그리스도의 몸인 교회 안에서는 유대인과 이방인 사이의 구별은 더 이상 없습니다(에베소서 2:19-22, 3:3-6).

'이방인들이 복음으로 말미암아 그리스도 예수 안에서 함께 상속자가 되고 함께 지체가 되고 함께 약속에 참여하는 자가 됨이라'(에베소서 3:6).

[정리] 에베소서에 나타난 교회의 모습[466)]

구분	내용	성경구절
교회의 머리	예수 그리스도	1장 22절
교회의 기초	예수 그리스도께서 십자가에 죽으신 사실 : 유대인과 이방인, 인간과 하나님과의 화목을 위하여	2장 14-18절
교회의 사명	*하늘에 있는 통치자들과 권세들에게 하나님의 지혜를 알게 하는 것 *하나님의 영광을 찬송하는 것	3장 10-11절 1장 5-6절
교회의 기원	하나님	4장 4-6절
교회를 향한 하나님의 배려	*영광스럽게 하시고 *지도자들을 위해 준비해 주심	5장 27절 4장 11-16절
교회와 예수님	*예수님은 교회를 세우시고 *사랑하시고 구원하시며, 성결케 하신다. *거룩하고 흠 없이 하시며 영화롭게 하실 것이다.	2장 20-22절 5장 25절 5장 27절
교회의 명칭	*그리스도의 몸, 한 몸, 몸, 온몸, 그의 몸 *하늘과 땅에 있는 각 족속(3장 14-15절) *하나님이 거하실 처소(2장 22절) *영광스러운 교회(5장 27절)	4장 11-12절 2장 16절 4장 16절 1장 22-23절

466) 비전성경, 신약편, 311쪽.

그리스도인은 죄악된 습관을 제거하며 경건한 삶을 살아 점진적 성화를 이루어 가기 위해서는 마음을 새롭게 하여야 합니다. 성령님은 이러한 의로운 삶을 살 수 있도록 우리에게 능력을 주십니다. [467]

'너희는 유혹의 욕심을 따라 **썩어져 가는 구습을 따르는 옛 사람을 벗어 버리고 오직 너희의 심령이 새롭게 되어 하나님을 따라 의와 진리의 거룩함으로 지으심을 받은 새 사람을 입으라**'(에베소서 4: 22-24).

4) 내용

에베소서의 내용은 천륜에 관한 사항인 교리적 부분과(1-3장), 인륜에 관한 사항인 성도의 생활 실천부분으로 나누어집니다(4-6장).

5) 중심사상

① 본서의 중심사상은 그리스도의 몸을 세우려는 것이요 영원한 성전을 보여 주려는 것으로 이를 위하여서는 그리스도의 신앙 안에서 강하여 지기를 원하는 것입니다. 또한 이러한 신앙은 옛 사람을 벗어버리고 **변화된 삶**으로 **새 사람의 옷을 입으라**고 권하였습니다(4:7). 어둠의 영적 세력인 마귀를 대적하기 위하여서는 **하나님의 전신갑주**[468]를 입을 것을 말하고 있습니다(6:10-24).

[정리] 벗음과 입음

벗으라	입으라
거짓	참된 것을 말함
분	화평/화해(해가 지도록 분을 품지 않음)
도둑질	정직하게 일함 결과 : 관대하게 나누어 줌/베품
더러운 말	덕을 세우는 말 (듣는 자들에게 은혜를 끼치는 말)
악독, 노함, 분냄, 떠드는 것, 비방, 악의	친절, 불쌍히 여김, 서로 용서함. 선한 뜻

467) 폴 N. 벤워어 , 곽철호 옮김, 모든 이를 위한 신약성경개론, 요단출판사, 1990. 247쪽.
468) 에베소서 6장 11절. 진리의 허리 띠, 의의 호심경, 평안의 복음의 신, 믿음의 방패, 구원의 투구, 성령의 검(하나님의 말씀)을 말합니다.

[정리] 옛 사람과 새 사람

옛 사람	새 사람
허망한 마음	심령이 새롭게 됨
총명이 어두워짐	하나님을 따라 의와 진리의 거룩함으로 지으심을 받음
하나님의 생명에서 떠나 있음	하나님의 생명 안에 있음
무지	총명함
완악한 마음, 굳은 마음	부드러운 마음
방탕	거룩함
더러운 욕심, 유혹의 욕심을 따라 부패함	선한 마음
거짓	참됨
더러운 말	선한 말, 덕을 세우는 말, 은혜로운 말
도적질	선한 일, 구제
악독, 노함, 분냄, 떠드는 것, 훼방	인자함, 불쌍히 여김, 용서함, 사랑함
성령을 근심하게 함	성령을 근심하게 하지 않음

[하나님의 전신 갑주]

13 그러므로 하나님의 전신 갑주를 취하라
이는 악한 날에 너희가 능히 대적하고
모든 일을 행한 후에 서기 위함이라
14 그런즉 서서 **진리로 너희 허리 띠**를 띠고
의의 호심경을 붙이고
15 **평안의 복음**이 준비한 것으로 **신**을 신고
16 모든 것 위에 **믿음의 방패**를 가지고 이로써
능히 악한 자의 모든 불화살을 소멸하고
17 **구원의 투구**와 **성령의 검** 곧 하나님의
말씀을 가지라
(에베소서 6장 13-17절)

② 에베소 교회가 하나 되는 것은 겸손 온유 인내 포용의 덕으로 할 것이며, 기독교교리 자체가 하나이기 때문에 모두 일치되어야 한다는 것입니다.

③ 기독교 윤리의 기본을 말하고 있는데, 그것은 부르심을 입은 부름에 합당하게 행하는 것이라고 하였습니다(4:1). 즉, ① '겸손과 온유와 오래 참는 것, ② 사랑 가운데 서로 용납하는 것, ③ 하나 되는 것이라'고 하였습니다(4:2).

6) 특징[469)]

① 그리스도의 몸으로써 유기적이며 생동적인 교회에 대한 비밀이 계시되고 있습니다.

② 구원의 계획, 실현, 미래의 완성까지 광범위한 내용을 간결하게 집약시키고 있습니다.

[정리] 에베소서와 골로새서

에베소서	골로새서
아내들 : 자기 남편에게 복종하라(5:22-24)	아내들 : 남편에게 복종하라(3:18)
남편들 : 아내를 사랑하라, 그리스도의 모범을 주지하라 (5:25-31)	남편들 : 아내를 사랑하며 괴롭게 하지 말라 (3:19)
자녀들 : 너희 부모를 순종하라, 이것은 하나님의 계명이다(6:1-3)	자녀들 : 부모에게 순종하라, 이것이 마땅히 해야 할 옳은 일이다(3:20)
아비들 : 너희 자녀들 노엽게 말고 그들을 양육하라 (6:4)	아비들 : 너희 자녀를 격노케 말라, 이는 낙심할까 하노라(6:4)
종들 : 상전에 순종하기를 그리스도께 하듯 하라 (6:5-8)	종들 : 육신의 상전에게 순종하되 성실한 마음으로 주께 하듯 하라(3:22-25)
상전들 : 주를 섬기라, 저희에게 공갈을 그치라, 너희의 상전이 하늘에 계신다(6:9)	상전들 : 의와 공평을 종들에게 베풀지니 너희에게도 하늘에 상전이 계신다(4:1)

469) 성서원, 월드베스트 성경, 에베소서 서론 참조.

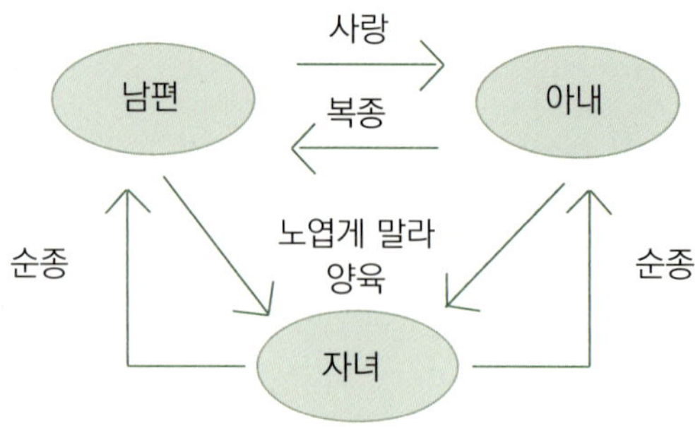

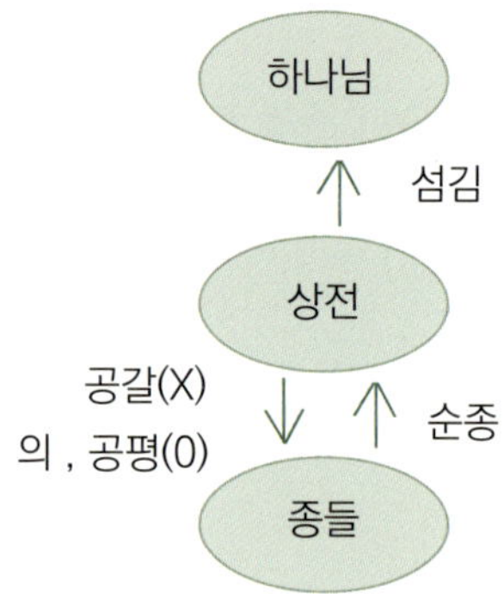

[정리] 에베소서 요약

에베소서는 바울이 에베소 교회에 보낸 편지로, 승리하여 존귀하게 된 교회 속에 그리스도의 화해의 역사가 뚜렷이 나타나는 사실에 조점을 맞추고 있습니다. 그러므로 이 책은 교회 공동체의 삶에 대한 연구에 있어서 중요한 위치를 차지하게 되었습니다. 본서를 기록한 목적은 교회를 세우신 하나님의 뜻을 설명하면서 에베소 교인들의 믿음을 굳게 세우기 위하여 기록하였습니다. **골로새서와 밀접한 관계**를 가지고 있습니다.

저자	사도 바울							
기록시기	AD 61-62년경							
기록장소	로마 옥중							
수신자	에베소 교회							
주제	교 리				권 면			
구분	1:1-14	1:15-23	2:1-3:13	3:14-3:21	4:1-16	4:17-5:21	5:22-6:9	6:10-24
	구원에 대한 찬양	바울의 기도	성도의 지위	교회를 위한 기도	성도의 교회 생활	성도의 새생활	가정 생활	성도의 영적 전투

6. 빌립보서

1) 기록 연대와 장소

이 편지는 바울이 주후 62-63년경 옥중에서 쓴 것으로 아마 로마에서 쓴 것으로 추정합니다.[470]

470) 빌립보서에는 비교적 단기간에 다양한 사람이 바울에게 최소한 일곱 번 왕래하였음을 암시하는 부분이 나오는데, 이는 로마와 빌립보 사이에 2천 킬로미터가 넘는 거리이므로 그 가능성이 적다는 주장이 있으며, 그리하여 이 편지는 빌립보에 가까운 지역에 투옥되었을 가능성이 높다는 주장이 있습니다. D.A. 카슨, 손에 잡히는 신약개론, 153쪽. **바울이 갇힌 감옥은 로마, 가이사랴, 에베소**입니다.

* 빌립보 교회와 빌립보서

1. 빌립보 교회는 바울의 제2차 전도여행에 유럽의 마게도니아 지방에서 처음 세운 교회입니다. 즉, 유럽에서 복음의 출발점이었습니다. 바울은 드로아에서 마케도니아 환상에 따라(사도행전 16:6-13) 서바나(스페인)로 가려던 여행의 방향을 마게도니아로 바꾸게 되었는데, 이때 복음을 가장 먼저 받아들인 도시가 빌립보로 하나님의 복음전파의 부르심을 인정한 것입니다. 이때 복음을 가장 먼저 받아들인 첫 회심자가 두아디라 시에 있는 자색 옷감 장사로서 하나님을 섬기는 루디아라는 여자였습니다.

2. 이 도시는 유명한 이그나티아 길로서 동 서양의 무역로였으며 로마의 식민지로 통합하였습니다. 즉 이 지역에서 바로 BC 42년경 부르투스와 카시우스를 대적하는 옥타비아누스와 안토니우스 사이에 전쟁이 있었던 곳입니다. 싸움 후 승리한 옥타비아누스는 안토니우스를 추종했던 군인들의 재산을 몰수하고 빌립보 시에 정착시켰습니다. 이들은 로마시민이었기 때문에 특별한 경우를 제외하고는 채찍질 당하거나 체포되지 않았고, 황제에게 호소할 수도 있었습니다. 또한 라틴어를 사용하였고, 로마식으로 옷을 입었습니다. 지방총독의 간섭을 받지 않고 시 행정을 스스로 운영하는 권리와 책임을 소유하는 등 정치적 특권도 누렸습니다. 그래서 빌립보 시민들은 로마에서 떨어진 곳에서 살고 있었음에도 불구하고 로마 시민권에 자부심을 가지고 있었습니다(사도행전 16:20,21).

3. 바울은 그 곳에서 옥고도 치르고 기적적으로 풀려 나오기도 하였습니다. 빌립보 성도들은 많은 사랑과 대접을 아끼지 않았습니다. 바울이 빌립보에서 쫓겨나 데살로니가에 갔을 때 많은 도움을 제공하였습니다. 또한 바울이 로마 옥중 생활을 할 때에도 에바브로 디도를 보내어 시중을 들게 하였습니다. 에바브로 디도는 중병에 걸려 거의 죽게 되었으나 은혜 중에 소생하여 빌립보로 다시 돌아가기 원하므로 이 기회를 이용하여 편지를 썼습니다.

1

2

3

1. 빌립보의 아고라 터
2. 빌립보 경내의 로마 시대 때의 에그나티아 가드(길) 표지
3. 빌립보의 감옥 터

(성지순례 가이드북, 하늘기획)

2) 기록 목적

① 로마 감옥에 있던 바울은 여러 가지 어려움에 처해 있었으나, 그는 하나님을 믿고 의지하였으며, 이 편지는 자신감과 기쁨으로 가득 차 있습니다. 바울은 빌립보에 있는 믿는 이들을 격려하고, 그들이 그에게 보내 준 재정적 도움에 대해 감사하려고 이 편지를 썼습니다. 바울이 항상 그 교회에 대하여 사랑의 심정을 보이며 그들이 도와준 일에 대해 감사함을 나타내고자 함이요, 현재 바울의 형편을 말하여 저들에게 격려를 보내고자 함입니다.

② 한편 **거짓 교사**들을 주의하여 유혹받지 말아야 될 것을 강조하였습니다.

'개들을 삼가고 행악하는 자들을 삼가고 몸을 상해하는 일을 삼가라'(빌립보서 3:2).

여기서 개는 무지한 자, 하나님을 믿지 않는 자를 말하며, 몸을 상해하는 일(= 잘리운 자)는 할례받은 자를 말합니다.

이와 대조적으로 진정한 그리스도인을 가리켜, '하나님의 성령으로 봉사하는 자, 그리스도 예수 안에서[471] 자랑하는 자, 육체를 신뢰하지 않는 자'라고 말합니다(빌립보서 3:3).

3) 교회설립과 전도

① 빌립보 교회는 **유럽 땅에 세워진 최초의 교회**로, 첫 회심자 루디아와 그후에 빌립보 감옥의 간수도 회심케 하여 빌립보 교회의 개척 멤버가 되었습니다(사도행전 16:14-34).

② 또한 바울이 옥에 갇혔다는 소식을 듣고 빌립보 교회는 에바브로 디도를 로마로 보내 헌금을 전하게 하였으며(빌립보서 4:18), 에바브로 디도는 로마 여행 도중 중병에 걸렸으나 고침을 받았고, 그후 다시 빌립보로 돌아가면서 바울의 편지를 가지고 간 것이 빌립보서입니다.

4) 그리스도 안에서의 성숙에 관한 말씀입니다.

겸손을 통한 연합을 강조합니다. 기뻐하라는 말이 18번이나 나옵니다.

'주 안에서 항상 기뻐하라 내가 다시 말하노니 기뻐하라'(빌립보서 4장 4절).

---

471) 빌립보서에서는 '그리스도(주) 안에서'라는 표현이 8번 사용되었으며, 그와 비슷한 표현도 여러 번 나옵니다. 주 안에서 같은 마음을 품으라' 주 안에서 항상 기뻐하라' '내게 능력 주시는 자 안에서' 등

5) 빌립보 교회의 양면성

빌립보 교회는 핍박을 견디며 복음을 실천하고, 가난하지만 바울을 도왔습니다. 하지만 한편으로는 외부의 핍박을 두려워하고, 바울의 수감에 낙심하며, 율법주의자들의 유혹으로 교회가 분열될 위험에 처해 있었습니다. 이처럼 상반된 두 가지 상황이 바울이 옥중에서 고난 중에서도 빌립보서를 쓰게 된 것입니다.

6) 특징[472)]

① 사도 바울의 개인적 신앙고백이 주를 이루고 있습니다.

② 그리스도, 바울, 빌립보 교인 간에 교차된 희생적 사랑과 협동사역이 두드러집니다.

③ 고난을 신앙으로 극복할 때 얻게 되는 기쁨이 강조되고 믿음을 칭찬하게 됩니다.

> '만일 너희 믿음의 제물과 섬김 위에 내가 나를 전제로 드릴지라도 **나는 기뻐하고 너희 무리와 함께 기뻐하리니**'(빌립보서 2:17).

그리스도인의 고난은 복음의 진보를 위한 하나님의 선물인 것입니다.

④ 그리스도인의 실존 이해를 나타내 주고 있습니다.

즉, 그리스도인은 더 이상 옛 사람이 아니라 새로워진 사람이고, 그러면서도 아직 완성된 사람은 아니며, 구원의 완성은 아직 도래하지 않은 것입니다.[473)]

> **'내가 이미 얻었다 함도 아니요 온전히 이루었다 함도 아니라 오직 내가 그리스도 예수께 잡힌 바 된 그것을 잡으려고 달려가노라 형제들아 나는 아직 내가 잡을 줄로 여기지 아니하고 오직 한 일 즉 뒤에 있는 것은 잊어버리고 앞에 있는 것을 잡으려고 푯대를 향하여 그리스도 예수 안에서 하나님이 위에서 부르신 부르심의 상을 위하여 달려가노라'**(빌립보서 3:12-14).

[정리] 빌립보서 요약

빌립보서는 바울의 고난에 대한 그의 태도와 빌립보 교인들에 대한 권고 때문에 **기쁨의 서신**이라고도 합니다. 본서의 기록목적은 첫째 빌립보 교인들이 로마에 투옥된 바울에게 선물을 보낸 것에 대해 감사하기 위함이요, 둘째 이 기회를 통해 자신의 형편을 알리고 박해를 당할 때 신앙을 굳게 지키고 항상 기뻐하도록 격려하며 겸손할 것과 연합할 것을 권고하기 위함이다. 셋째 빌립보 교회에 디모데와 에바브로 디도를 천거하고 유대주의자와 도덕 폐기론자를 경계하기 위함입니다.

---

472) 성서원, 월드베스트 성경, 빌립보서 서론 참조.
473) 김창선, 위의 책, 277쪽.

저자	사도 바울			
기록연대	AD 61-63년경			
기록장소	로마			
기록목적	빌립보 교인에게 선물에 감사, 박해당할 때 신앙을 굳게 지키고 항상 기뻐하도록 격려 겸손 연합을 권고, 에바브로 디도를 추천하고 유대주의자와 도덕폐기론자를 경계하기 위함			
주제	상황과 고난	복종과 자세	보호와 구원	성화와 나눔
구분	1장	2장	3장	4장
	인사와 바울의 개인적 상황	성도의 자세	예수 그리스도를 아는 지식	바울의 권면

[정리] 옥중 서신

에베소서	교리적 내용	교회론
골로새서	교리적 내용	기독론
빌립보서	개인적 서신	사랑과 기쁨

7. 골로새서

1) 저자 및 저술 목적

바울이 로마의 옥중에서 주후 61- 63년경 골로새 교회 성도들을 수신자로 쓴 편지입니다. 바울의 제자는 에바브로 디도이며(1:7) 골로새는 에바브로 디도의 고향입니다. 이 편지는 바울이 옥중에서 에바브로 디도로부터 골로새에 있는 교회의 소식을 듣게 되었는데, 교회에서 문제를 일으키고 있는 몇 가지 거짓 가르침에 대해 정면으로 반박하려고 썼습니다.

* 골로새와 골로새 교회와 골로새 서신

골로새는 소아시아(지금의 터키)에 있는 도시입니다. 골로새는 내륙 도시로 동서의 중요한 상업적 통로에 위치해 있습니다. 골로새는 에베소 동방 약 100마일 지점 리쿠스 계곡에 위치했으며 처음에는 대도시였으나 점차 쇠퇴되어 사도시대에는 인접한 라오디게아나 히에리폴리에 비하여 보잘 것 없는 도시였습니다(4:13).

골로새 교회는 바울이 세우지 아니한 교회입니다. 그가 에베소에 장기간 체류하는 동안에 그의 동역자가 골로새에 그리스도의 복음을 전해 주었습니다. 바울의 복음을 들은 자나 제자인 에바브로 디도가 골로새 교회 설립자로 유력합니다. 바울은 전도 여행 중에 그 도시를 통과하였을 것으로 보나 교회의 설립에 대한 문제는 취급하지 않고 있습니다.

2) 쌍둥이 서신

이 편지의 몇몇 부분은 에베소의 믿는 이들에게 보낸 편지의 내용과 비슷합니다. 에베소서의 반 정도가 골로새서와 같아서 이 둘을 **쌍둥이 서신**이라고 부르기도 합니다.

[정리] 에베소서와 골로새서의 내용

구분	에베소서	골로새서
예수 그리스도와 교회	교회는 예수님의 몸 : 에베소서 1장 22-23절	예수님은 교회의 머리 : 골로새서 1장 18절
중점	교회의 본질	예수 그리스도의 승계 된 지위
내용	옛 사람과 새 사람의 증거 : 에베소서 4장 22-24절	옛 사람과 새 사람의 증거 : 골로새서 3장 9절-10절
명령	여러 지체들에게 각자의 임무에 충실하라 : 에베소서 5장22절-6장9절	여러 지체들에게 각자의 임무에 충실하라 : 골로새서 3장16절-4장1절

언덕 형태로 남아 있는 골로새 지역
(성지순례 가이드북, 하늘기획)

3) 골로새서에 등장하는 인물

① 디모데는 바울의 동역자였습니다(골로새서 1:1).

② 두기고와 오네시모는 바울의 소식을 골로새 교회(인)에 전해 준 사람입니다(골로새서 4:7).

③ 아리스다고와 바나바의 생질 마가와 유스도가 골로새 교회(인)에 안부를 전하였습니다(골로새서 4:10-11).

④ 에바브라가 골로새 교회(인)에 안부를 전하였습니다(골로새서 4:12-13).

⑤ 의사 누가와 데마가 골로새 교회(인)에 안부를 전하였습니다(골로새서 4:14).

⑥ 라오디게아가 이 편지를 골로새 교회(인)에게 안부를 전하고, 이 편지(골로새서)를 읽은 후 라오디게아인의 교회에서도 읽게 하고, 또 라오디게아로 오는 편지도 받아 라오디게아인의 교회가 읽게 하였습니다(골로새서 4:15-16).

⑦ 아킵보는 주 안에서 받은 직분을 이루도록 하였습니다(골로새서 4:17).

4) 골로새 교회의 문제

그 내용은 은혜의 복음증거에 대한 도전과 이단 사설의 침투였습니다.[474] 이것은 유대주의와 영지주의 사상의 혼합체로 그리스도의 복음을 위협하였습니다. 거짓 교사들의 선전내용은 사람의 유전과 초등학문(2:8) 천사숭배(2:10-15, 18) 금욕적 계율과 형식주의(2:16, 21)와 같은 내용입니다. 거짓 교훈의 특성은 합리주의적, 이성주의적 철학으로 계시를 부정하는 것입니다(2:8).

5) 바울의 가르침

① 바울은 그리스도를 믿는 이들이 어떻게 살아야 하는가?(삶의 방식)에 관한 실질적인 가르침을 쓰고 있습니다. 그리스도는 속죄하는 구주시요 창조의 근본이시며 교회 머리가 되심을 증거하였고, 친히 몸으로 화목제물이 되심으로 저들을 거룩하고 흠이 없게 하셨으니 그 복음 신앙에 굳게 서서 흔들리지 말아야 됨을 역설하였습니다.

✾ 초대교회 시대에 교우들이 가장 받아들이기 어려운 문제 중 하나

초대교회 구성원들이 가장 받아들이기 어려웠던 진리 가운데 하나는 완전한 신이시며 인간이신 예수 그리스도에 대한 이해였습니다. 즉 아직 삼위일체 교리가 체계화 되기 이전이었고, 또한 이에 대한 여러 이단들의 주장이 있어 혼란스러웠던 것입니다.

---

474) 이 도시에서 일어난 거짓 교훈을 **골로새 이단**이라고 합니다.

② 예수 그리스도와는 4가지 중요한 관계에 있습니다. 즉 하나님과 관계(골로새서 1:15), 그리고 피조물과 관계(골로새서 1:16-17), 또한 교회와의 관계(골로새서 1:18), 그리고 구속사역과 관계(골로새서 1:19-23)입니다.

③ 그리스도와 함께 다시 살리심을 받았으면 새 사람을 입고 위에 것을 생각하고 땅에 것을 생각하지 말아야 합니다.

[정리] 옛 사람과 새 사람

옛 사람	새 사람
죽이라/벗어버리라	입으라
땅에 있는 지체	위의 것
그리스도와 함께 죽음	그리스도와 함께 살아남
음란, 부정, 사욕, 악한 정욕, 탐심(3:5)	긍휼, 자비, 겸손, 온유, 오래 참음, 용서(3:12-13)
분함, 노여움, 악의, 비방, 부끄러운 말(3:8)	사랑(3:14)
거짓말(3:9)	그리스도의 평강(3:15)
	그리스도의 말씀이 우리 속에 거하여 우리가 모든 지혜로 피차 가르치며 권면함(3:16)
	하나님께 감사함으로 시와 찬송과 신령한 노래를 부름(3:16)
	모든 일을 예수님의 이름으로 하고 하나님 아버지께 감사(3:17)

6) 특징

① 그리스도를 강조하며, 또한 이단과의 투쟁을 위해 강렬한 내용을 담고 있습니다.

② 그리스도의 우월성과 충족성 그리스도는 **구원에 이르는 유일한 통로**임을 강조합니다. 그러므로 이단사상과는 달리 오직 하나님이시며 교회의 머리되신 주 예수 그리스도에 대한 믿음에 거하고 믿음 위에 굳게 서서 하나님의 뜻에 합당하게 행하는 것만이 요구됨을 강조합니다.

③ 중심 주제는 그리스도의 신성과 충족하심(모든 것 되심)으로 사람들은 그리스도 안

에서 완전케 된다는 것입니다. 우리는 예수 그리스도 안에서 생명과 용서와 구속과 승리를 다 받았으므로 율법주의와 의식주의에 빠질 필요가 없다는 것입니다. [475]

✻ 골로새 교회를 위협한 이단 사상들은 어떤 것이었나요?[476]

바울이 선교하던 당시 골로새에는 잡다한 신을 숭배하는 브루기아인들과 오래전 이 곳에 이주해 온 유대인들이 살고 있었습니다(사도행전 2:10). 이러한 이교와 유대교적인 환경 때문에 골로새 교회 안에는 이단 사상이 들어오게 되었습니다(골로새서 2:4).

골로새 교회를 위협하고 교인들을 혼미하게 하였던 이단 사상은 아래와 같습니다.

첫째는, 거짓된 철학이었습니다(골로새서 2:8).

이들은 물질 자체는 악한 것이라고 주장하며 예수님의 성육신을 부인하였습니다. 또한 어떤 특별한 지식이 있어야 구원을 받을 수 있다고 주장하며 예수님의 구속으로 인한 구원을 부인하였습니다. 이에 대하여 바울은 예수님은 육체로 오신 분인 것(골로새서 2:9-10)과 예수 그리스도의 십자가로 죄 사함을 받는다는 것을 강조하였습니다(골로새서 2:11-15).

둘째는, 유대교적인 율법주의였습니다(골로새서 2:16).

유대주의자들은 육체의 할례, 음식의 규례, 특별한 절기의 준수가 구원과 관계 있다고 주장하였습니다. 그러나 바울은 예수 그리스도가 오셔서 이런 모든 율법을 완성하셨고, 율법적인 행위로는 구원을 받을 수 없음을 말하였습니다(골로새서 2:17).

셋째는, 천사 숭배의 신비주의였습니다(골로새서 2:18).

사람이 직접 하나님께 경배드리는 것은 교만한 태도이며, 그 가운데 중보자인 천사를 숭배하는 것이 겸손한 것이라고 주장하였습니다. 그러나 바울은 오직 예수 그리스도만이 교회의 머리되심을 말하였습니다.

넷째는, 금욕주의였습니다(골로새서 2:23).

바울은 골로새 교인들을 괴롭히는 **금욕주의의 무익성**을 말하며 예수 그리스도를 믿음으로 생명 얻음을 강조하였습니다(골로새서 3:3).

475) 폴 N 벤웨어, 곽철호 옮김, 모든이를 위한 신약성경개론, 요단출판사, 1990. 250-253쪽.
476) 비젼성경, 신약편, 골로새서 326쪽

[정리] 골로새서 요약

골로새서는 바울이 골로새 지역의 교회에 보낸 편지입니다. 골로새 지역은 소아시아의 도시로, 에베소에서 1,600킬로미터 떨어진 골짜기에 위치한 곳입니다. 이 지역은 바울이 에베소에서 3년간 전도하는 동안 에바브라가 회심하여 복음을 전한 곳입니다(사도행전 19:10). 바울은 골로새 교회 내에 널리 확산되어 있는 잘못된 철학, 유대적 의식주의, 천사 숭배의 신비주의, 금욕주의 등을 불식시키기 위해서 본 서신을 썼습니다.

<table>
<tr><td>저자</td><td colspan="6">사도 바울</td></tr>
<tr><td>기록시기</td><td colspan="6">AD 61-63년경</td></tr>
<tr><td>기록장소</td><td colspan="6">로마</td></tr>
<tr><td>주제</td><td colspan="3">그리스도의 성품</td><td colspan="3">그리스도 안에서의 행위</td></tr>
<tr><td rowspan="2">구분</td><td>1:1-14</td><td>1:15-2:3</td><td>2:4-28</td><td>3:1-17</td><td>3:18-4:6</td><td>4:7-18</td></tr>
<tr><td>인사와 기도</td><td>그리스도의 탁월성</td><td>그리스도 안의 자유</td><td>성도의 새 생활</td><td>성도의 가정, 사회, 기도생활</td><td>교제와 인사</td></tr>
</table>

8. 데살로니가전서 / 데살로니가후서

1) 데살로니가전서

(1) 데살로니가 전후서를 쓰게 된 배경

이 두 편지는 바울의 편지 가운데 **가장 일찍 쓰인 편지**인 것으로 봅니다. 바울이 주후 52년에 쓴 곳은 고린도 교회(사도행전 17:18 / 데살로니가전서 3:1-6)입니다. 바울은 마케도니아(그리스 북부지방)에 처음 찾아갔을 때, 데살로니가에 사는 사람들에게 그리스도의 복음을 전하였습니다. 많은 사람이 그의 말을 듣고 믿었으나, 그는 얼마 후에 그 곳을 떠나야 했습니다. 바울은 2차 전도여행을 유럽 지방으로 떠났는데 실라와 디모데를 동반하고 데살로니가에 이르렀습니다(사도행전 17:16:3 / 빌립보서 1:22). 빌립보에서 반대자들에 의해 쫓겨나 **데살로니가로 가서 회당을 빌려 약 4주 동안 복음을 전파**하였습니다. 유대인들은 이를 시기하여 폭동을 일으켜 바울은 또 다시 베뢰아로 피신하여 전도하는 중 유대인의 폭도들이 그 곳까지 좇아와 박해함으로 쫓겨나, 아덴을 거쳐 고린도에서 1년 반 동안 머물러 전도하였습니다(사도행전 8:1-11). 실라와 디모데는 마케도니아에 남아 있다가 디모데는 데살로니가로부터 고린도로와서 바울을 만나게 됩니다.

데살로니가의 상징인 화이트 타워

해안가의 알렌산더 대왕 동상

에게 해가 보이는 데살로니가 성벽
(성지순례 가이드북, 하늘기획)

(2) 데살로니가 전후서의 중심 주제

주제는 **종말론과 예수 그리스도의 재림**입니다. 바울은 그 곳의 믿는 이들에게 그들이 새로이 가지게 된 믿음을 굳게 지킬 것을 권하려고 이 편지를 썼습니다. 그는 또한 그들이 이해하지 못하고 있는 몇 가지 일들에 관해 설명하고 있는데, 특히 그들이 기다리고 있는 **그리스도의 다시 오심에 관하여** 자세히 설명하고 있습니다.

(3) 데살로니가 전후서를 쓴 목적

바울은 그 곳에서 다시 한 번 데살로니가에 가기를 원했으나 이루지 못했습니다(2:18). 그래서 바울은 디모데를 그 곳에 보내어(3:2) 교회의 상황을 알아보니 비교적 기쁜 소식이 들려왔습니다(3:6). 주님의 재림문제를 잘 가르쳐 주고 싶어 다시 가기를 원했으나 사정상 못 가고 편지를 쓰게 되었습니다. 그러나 염려되는 점도 있었습니다. 그래서 바울은 저들을 칭찬하는 동시에 연약한 신자들에게는 좀 더 분명하게 **교리적 부분을 설명**하여 확고히 세우려는 목적에서 이 편지를 쓰게 되었습니다.

* 데살로니가

데살로니가(오늘날, 살로니키)는 마케도니아의 행정중심의 주요 도시로 다양한 종교와 문화가 뒤섞인 곳이었습니다. 빌립보 시 서쪽으로 160킬로 가량 떨어진 곳에 위치하고 있습니다. 이 항구도시는 원래 여러 마을이 모여 있던 해안 고을이었으나, BC 35년경 마게도니아 왕 카산드로스가 주위 26개 촌읍 주민을 모아 새로운 도시를 창설하고, 알렉산더의 이복 누이이자 자신의 아내인 테살로니카의 이름을 따 '데살로니가'로 이름 붙였습니다. 개발된 도시였으며 상업 중심지로서 기원전 42년에 로마가 통치하는 자유도시로[477] 선포되었습니다. 신약시대의 이 도시 인구는 약 20만 명으로 추정됩니다. 거대한 규모와 전략적인 위치로 인해 이 도시는 바울의 교회 개척 사역의 주된 목표가 되었습니다. 그리스인들이 주된 거주민이었으나 유대인들도 상당수가 살고 있었습니다. 가까운 곳에 올림프스 산이 있었고, 황제 숭배와 많은 우상이 있었던 도시였습니다.

(4) 데살로니가전서의 특징

① 이방인 출신 교인들이 임박한 종말의 영광에 관한 바울의 선포를 들었으나, 종말의 영광을 체험하기도 전에, 즉 주의 재림이 도래하기 전에 교인들이 죽게 되자 동요하게 되었고 죽은 사람들도 영생을 얻을 수 있는가에 대하여 의문을 제기하였습니다. 이에 바울은,

② 재림에 대한 초대 교인들의 의문을 풀어주기 위해 종말론적 교훈과 묵시문학적 표현이 많이 등장합니다. 특히 죽었다고 하여 주님의 영광스런 권세로부터 떨어져 나가는 것이 아니라는 것을 강조합니다(4:15).

③ 재림을 소망하는 사람은 하나님의 뜻대로 깨어 근신함으로 거룩함을 유지할 것을 강조합니다.

(5) 데살로니가전서의 내용

① 바울은 데살로니가 교인들에게 **하나님을 기쁘시게 하는 세 가지 방법**으로 음란을 피하고, 서로 사랑하며, 자기 손으로 힘써 일해야 함을 말해 주고 있습니다(데살로니가전서 4:1-12).

② 이미 죽은 자들의 부활에 관하여 이야기하고, 살아 있는 자들은 주님이 다시오실 날을 소망하며 모범적인 생활을 하라고 권면합니다(데살로니가전서 5:1-11).

③ 새로운 회심자들의 믿음을 강화시키는 내용이 중심입니다.

---

477) 자유도시란 도시 자체가 도시민이 선출한 지방 관리에 의해 통치되는 도시를 의미합니다. 뿐만아니라 자신이 쓸 화폐를 직접 찍어내며, 도성 안에 로마 수비대가 주둔하지 않는 등의 특혜를 누리는 시를 말합니다.

[정리] 데살로니가전서의 내용

장	장 제목	내용
1	데살로니가 교인들의 믿음의 본	데살로니가 교인들의 삶 속에서 사역
2	데살로니가에서 벌인 바울의 사역	바울의 사역에 대한 변호
3	데살로니가 교인들에대한 현재의 사역	주 안에서 굳게 섬, 모든 사람에 대한 사랑이 넘치게 하라
4	하나님을 기쁘시게 하는 생활	성도들의 신앙생활에 대한 교훈
5	데살로니가 교인들에 의한 미래 사역	그리스도인의 생활 안에서의 의무

2) 데살로니가후서

(1) 배경

① 데살로니가후서는 사도 바울의 편지로 데살로니가 교회가 수신자(1:1)이며, 주후 52년 겨울 제2차 전도여행 시 데살로니가전서를 쓴 후 2-3개월 후에 썼다고 합니다. 쓴 곳은 고린도입니다. **주님의 재림에 대해** 더 설명의 필요성이 있어 쓰게 되었습니다(데살로니가후서 2:). 당시에는 교회에 핍박이 계속되었으며(1:4-6), 교회의 내부에서는 재림에 대한 과열 상태인데 바울의 교훈을 잘못 이해하여 재림은 이미 실현되었다고 하며, 바울에게 다른 편지를 받았다고 하여 혼란을 일으켰습니다(2:1-12).

② 그런 신자들은 일을 해서 무엇 하느냐? 하면서 아무 일도 하지 않았습니다. 그러므로 저들은 세상 사람들에게 폐를 끼치게 되었고, 비난의 대상이 되었습니다. 이런 소식을 전해들은 바울은 저들의 잘못을 시정하려고 하였습니다.

③ 그 내용은 재림의 교리를 해명하는 것입니다. 즉 세상의 종말이 오기 전에 먼저 어떤 징조들이 나타난다는 것이니 배신하는 무리들이 생기고 무법한 자들이 나타난다는 것입니다(2:1-4). 일하지 않고 허망한 꿈속을 사는 저들에게 부지런히 일하여 먹고 살라고 권면했습니다(3:6-9).

(2) 서신을 보낸 이유

① 교회 안에 음행하는 사람들이 있었다.

② 주님이 곧 재림할 것이라 생각으로 직업에 성실치 않았다.

③ 재림의 때와 방법으로 오해하는 사람들이 많았다.

(3) 특징

① 잘못된 신앙을 가진 사람들을 꾸짖는 엄격함이 있습니다.

② 구약의 율법을 배경으로 하여 재림의 뜨거운 마음을 순화시킵니다.

종말과 재림에 대해서는[478] **'이미와 아직'**이라는 것으로 이해하여야 합니다. 즉 그날은 현존함과 동시에 미래에 도래할 것이라는 뜻입니다. 즉 하나님의 나라가 이미 시작되었지만 아직 완성되지 않았다는 것입니다. 그리고 미래에 도래할 종말에 대해서는 먼저 도둑이 침입하는 것처럼 누구도 알 수 없고 갑자기 나타난다는 것이며, 또 한편 그날이 있기 전에 미리 그 징조가 있게 된다는 것입니다. 그러므로 믿는 자들은 현재에 게으르지 않고 성실한 생활과 그날을 소망하면서 깨어 기도하는 긴장감이 필요한 것입니다.

✽ 데살로니가 교회

바울은 데살로니가 유대인 회당에서 복음을 전하였는데, 교회의 창립멤버들은 유대인들이었으며(사도행전 17:4), 유대교에 입교는 하지 않았지만 회당에 나오던 이방인들과 많은 귀부인들이 회심하였습니다. 유대인들은 복음에 대해 즉각적으로 거부하였으며 유대인 회심자들은 사실상 유대교로부터 출교를 당하였습니다. 그 교회의 다수는 구원받은 이방인들이라는 사실은 명백합니다(데살로니가전서 1:9). 도시의 규모와 전략적인 위치로 인해 이 도시는 바울의 교회 개척 사역의 주된 목표가 되었습니다.[479]

(4) 내용

① 임박한 종말론과 그릇된 종말에 일어날 사건들에 대해 올바른 가르침을 주고 있습니다.

② 환난과 시험을 견디고 순종하지 않는 자들을 엄하게 대처하라고 합니다.

③ 밤낮으로 열심히 일하고 섬기는 사도 바울을 본받아 윤리적 삶의 중요성을 강조합니다.

[정리] 데살로니가 후서의 내용

장	장 제목	내용
1	하나님의 공의로운 심판의 표	현재의 핍박에 관한 설명 주의 날에 대한 예기
2	멸망하는 자들	주의 날에 대한 기술 가르침을 받는 전통을 지키기
3	현재의 책임들에 관한 가르침	주의 날에 임하는 바른 행동과 기도에 대한 권면

478) **종말과 재림**에 대한 자세한 이야기는 **제2부에서** 전개 됩니다.
479) 폴 N. 벤웨어, 신약성경개론' 198쪽.

[정리] 데살로니가 선교 과정

① 바울과 동역자 실라 / 실루아노(디모데도 포함되었을 수 있다)는 빌립보에서 '난폭한 대우'를 받은 뒤에 데살로니가로 왔습니다.

② 바울과 그의 동료들은 데살로니가에서도 강한 반대에 부딪쳤습니다.

③ 그럼에도 불구하고 사도들은 복음을 용감하게 전하였으며, 많은 데살로니가 사람들이 이 복음을 기꺼이 받아들였습니다.

④ 데살로니가에서 복음을 선포하던 사도 일행이 반대에 부딪쳤듯이, 이 메시지(복음)을 받은 이들(데살로니가 교인들)도 반대에 부딪쳤습니다.

⑤ 데살로니가에서 복음 전하는 것을 시기하여 유대인들이 폭동을 일으켜 바울은 또 다시 베뢰아로 피신하여 전도하였습니다.

⑥ 바울이 베뢰아에서 선교활동 중 데살로니가 유대인의 폭도들이 그 곳까지 좇아와 박해함으로 쫓겨나 아덴을 거쳐 고린도에서 1년 반 동안 머물러 전도하였습니다(사도행전 8:1-11).

⑦ 실라와 디모데는 마케도니아에 남아 있다가 디모데는 데살로니가로부터 고린도로와서 바울을 만나게 됩니다.

9. 디모데전서 / 디모데후서 / 디도서

1) 디모데전서

① 디모데전서는 디모데가 수신자이여 마케도니아에서 저술하였으며, 디모데후서는 주후 64-66년 디모데가 수신자로 **로마 옥중**에서 주후 67년경 저술하였다고 봅니다.

이 편지들은 바울이 자신의 생애가 끝나갈 무렵에 자기에게 가장 가까웠던 두 사람의 동역자에게 쓴 것입니다. 수신자가 디모데와 디도 개인이며 목회자를 위한 **목회서신**이라고도 부릅니다.

② 바울은 디모데를 에베소에, 디도를 크레타에 남겨 두었습니다. 그것은 그들이 그 곳에 남아서 교회를 조직하고 운영하는 데에 따르는 몇 가지 문제들을 해결하는데 도움을 주게 하려는 것이었습니다. 디모데와 디도는 이 곳에 있는 교회들이 독립적으로 지도자를 세우고, 운영하도록 준비하는 일을 도와주려고 남아 있었던 것이 분명합니다.

③ 디모데에게 쓴 첫 번째 편지와 디도에게 쓴 편지에서 바울은 여러 가지 문제와 상황에 대처하는 방법에 관한 지시뿐만 아니라 지도자를 뽑는 데에 관한 지침도 제시하고 있습니다. 디모데에게 쓴 두 번째 편지는 바울이 감옥에서 보낸 것으로 그때 그는 자신의 마지막이 가까웠다고 믿고 있었습니다. 그래서인지 이것은 아주 사사로운 편지 형식입니다. 이 편지에서 바울은 여러 가지 충고를 하고, 디모데에게 자신이 보여 준 믿음과 용기와 인내의 모범을 따를 것을 권하고 있습니다.

④ 이 편지는 교회를 **목양하는 데 관한 것**을 다루었습니다. 목사들의 공적 기능 및 개인적 책무들에 중점을 두어 기록했습니다. 디모데는 에베소 담당 보좌관으로 아시아 지방을 두루 책임지며 일했고, 디도는 그레데 섬의 조직 책임자로 일했고, 바울도 이 곳에서 얼마 동안 동역했습니다.

✻ 디모데는 어떤 사람인가요?

디모데의 출생지는 루스드라(행 16:1; 20:4)로 그의 부친은 헬라인이며 모친은 유대인으로 혼혈자(사도행전 16:1)입니다. 어머니는 유니게, 외조모는 로이스(디모데후서1:5)로 그는 어머니 계통의 경건한 신앙교육을 받으며 성장했습니다. 바울의 총애와 신임을 얻었습니다(디모데후서 1:5; 3:15). 부친에 대한 언급이 없음을 보아 일찍 별세한 듯합니다.

디모데의 이름은 헬라명으로 '하나님의 영예'라는 뜻입니다. 그는 바울의 1차 선교여행 중 갈라디아에서 바울의 가르침으로 회심했습니다. 처음 성경에 나타나는 것은 사도행전 16장 1절입니다. 유대교 신앙에서 바울에 의하여 기독교 신앙으로 개종하였습니다(디모데전서 1:12, 사도행전 14:6-23). 수년 후 2차 전도여행 때 루스드라에서 그를 보좌관으로 부르기 위해 할례를 주었습니다(사도행전 16:3). 그후 임직의 안수를 받고(디모데후서 1:6; 3:14) 루스드라를 떠나 바울과 동행했습니다.

바울의 3차 전도여행 시 에베소에 찾아와 재회했고, 에라스도와 함께 마게도냐로 파송 받았습니다(사도행전 19:22). 또한 고린도 교회의 수습을 위해 파송되었습니다(고린도전서 16:10-11/고린도후서 8:16,17). 드로아에도 바울과 동행하였습니다(사도행전 20:4). 바울서신의 송신자로 기록되었습니다(데살로니가 전, 후서/고린도후서, 빌립보서, 골로새서, 빌레몬서).

디모데의 특성으로는 진실과 경건하여 바울의 총애를 받았으며, 심신이 유약하였습니다. 바울을 위해 충성을 다하였고, 바울의 후계자(디모데후서 1:2/데살로니가전서 3:2, 빌립보서 1:1/디모데전서 6:11)가 되었습니다. 바울은 디모데에 대하여 믿음 안에서 나의 참 아들이라고 하였고(디모데전서 1:2), 나의 사랑하는 아들 (디모데후서 1:2)이라고 불렀습니다.

디모데는 유대인인 어머니로부터 어린 적부터 구약성경을 알았으며(디모데후서 3:14,15), 루스드라와 이고니온에 있는 형제들에게 칭찬받는 자가 되었습니다(사도행전 16:2). 디모데후서는 바울이 그의 생애에 마지막으로 쓴 편지입니다.

(1) 배경

디모데가 사역하였던 에베소 교회는 당시 유대주의와 영지주의가 혼합된 잘못된 사상이 범람하고 있었습니다. 또한 디모데는 여신도들과 장로 문제로 고심하고 있었습니다. 그러므로 디모데를 신앙의 동역자로 생각한 바울은 그의 실망을 사전에 방지하기 위하여 신앙의 선배로서 조언을 하게 된 것입니다.

(2) 특징[480]

① 목회 현장에서 부딪히는 문제들에 대한 실질적 지침서입니다.

② 신학적 문제는 간략하고 암시적으로 다루고, 생활과 관련된 윤리적인 문제는 심층적으로 다루었습니다.

(3) 내용

① 디모데전서는 디모데후서와 디도서와 함께 **목회서신**을 불리어집니다. 그 이유는 목회자들이 교회와 하나님의 양 떼를 어떻게 관리하며 인도할 것인지를 다루며,[481] 목회자가 갖추어야 할 인격과 지침을 말하고 있습니다.

② 본서를 기록한 목적은 거짓된 가르침을 경계하여 올바른 진리를 가르치고, 그리스도인의 삶의 윤리적 자세, 교회 행정의 지침이 될 장로와 집사의 자격 요건을 상세하게 교훈하는 데 있습니다.

[정리] 디모데전서 요약

장과 절	제목	주요 내용
1장 1-11절	거짓 가르침에 대한 경고	디모데의 목회에 주는 권면
12-20절	하나님의 자비에 대한 감사	주의 은혜와 구원
2장	남자와 여자가 지켜야 할 규칙들	기도에 대한 가르침
3장	교회의 장로와 집사의 자격	장로는 선한 일을 사모하며, 집사는 믿음의 비밀을 가짐
4장	그리스도 예수의 선한 종이 되라	거짓말 하는 자들
5장	다른 사람들과 더불어 사는 삶에 관한 규칙	성도를 대하는 태도
6장	거짓 가르침과 참된 부자	말씀과 경건에 관한 교훈 믿음의 선한 싸움

집사(執事)란?

집사(헬라어 디아코노스)란 말은 원래 '종'이라는 뜻을 지닌 말로써 식사 때 시중드는 사람을 일컫던 말이었습니다. 이 말이 초대교회에서는 감독을 도와 교회를 섬기며 봉사하는 직책을 말했습니다. 예

480) 성서원, 월드베스트 성경, 디모데전, 후서 서론 참조.
481) 지역 교회의 올바른 사역과 운영입니다.

루살렘 교회에서 구제의 일을 담당했던 일곱 사람을 집사라고 부르지는 않았지만, 이 사람들은 사도의 일을 도와 구제의 일을 한 사람들로(사도행전 6:1-6), 집사직의 시초가 된다고 할 수 있습니다. 바울은 집사의 자질에 대하여 몇 가지로 제안을 하였습니다(디모데전서 3:8-12). 집사의 직분을 잘 감당한 사람은 교회 안에서 높은 평가를 받을 것이고 신앙의 진보와 축복을 받게 될 것이라고 하였습니다(디모데전서 3:13). 집사는 청지기(누가복음 12:42; 16:1/디도서 1:7/베드로전서 4:10), 하인(요한복음 2:5,9), 섬기는 자(고린도전서 16:15),일꾼(로마서 16:1/ 에베소서 3:7) 등으로 번역되고 있습니다.[482]

[정리] 장로와 집사의 자격

구분	자격 요건	성경구절
장로 감독	* 책망할 것이 없으며, 한 아내의 남편이며, 절제, 신중, 단정, 나그네 대접, 가르치기 잘하며, 술을 즐기지 않으며, 구타하지 않으며, 관용하며, 다투지 아니하며, 돈을 사랑하지 아니하며, 자기 집을 잘 다스려 자녀들로 모든 공손함으로 복종하게 하는 사람 * 새로 입교한 자는 부적합하고, 외인도 부적합함	디모데전서 3장 1-4절, 3장 6-7절
집사	* 정중하고, 일구이언하지 아니하고, 술에 인박히지 아니하고, 더러운 이를 탐하지 아니하고, 깨끗한 양심에 믿음의 비밀을 가지고, 한 아내의 남편이 되며, 자녀들과 자기 집을 잘 다스리는 사람	디모데전서 3장 8-12절

<table>
<tr><td>저자</td><td colspan="5">사도 바울</td></tr>
<tr><td>기록 시기</td><td colspan="5">AD 63-65년경</td></tr>
<tr><td>기록 장소</td><td colspan="5">마게도니아</td></tr>
<tr><td>주 제</td><td>교리</td><td>지도</td><td>방어</td><td colspan="2">의무</td></tr>
<tr><td rowspan="2">구분</td><td>1장</td><td>2-3장</td><td>4장</td><td>5장</td><td>6장</td></tr>
<tr><td>바울의 권면</td><td>기도와
교회직분자의 기준</td><td>거짓 교사에
대한 교훈</td><td>교회 질서에
대한 교훈</td><td>성도의 삶에
대한 교훈</td></tr>
</table>

2) 디모데후서

당시 바울은 순교 직전으로 2차로 로마의 옥중에 수감된 상태였으며, 1차 수감 때와는 달리 일반 죄인과 같이 감금되어 자유가 없었습니다(2:9). 바울 서신 중 **가장 최후에 기록**

482) 비전성경, 두란노, 2007, 신약편, 342쪽.

된 것으로 봅니다. 그러므로 믿음의 담대함을 가지고 시련을 극복하며 의의 면류관을 얻기까지 **선한 싸움을 싸워야 한다**는 점을 강조하고 있습니다.[483]

① 바울 자신의 회고담으로 디모데 개인에 대한 권면과 친분이 있는 사람에 대한 언급 등 개인적 서신의 특징이 나타나고 있습니다.

② 교리나 구체적 생활 지침보다는 복음 전파자의 마음 자세 즉 그리스도의 군사로서 지녀야 할 인내를 강조하고 있습니다.

③ **기독교 신앙의 본질은 협상의 대상이 아님**을 말하고 있습니다.

④ **하나님을 섬기려면 언제나 대가를 치러야 함**을 알게 됩니다.

[정리] 신자들을 묘사한 7가지 은유

구분	신자들	성경구절
아들로서	그는 강하고 능동적이어야 한다.	디모데후서 2장 1-2절
군사로서	그는 고난을 받으며 모집한 자를 기쁘게 해야 한다.	디모데후서 2장 3-4절
경기하는 자로서	그는 법대로 경기해야 한다.	디모데후서 2장 5절
농부로서	그는 수고하여 마땅히 자기 몫의 곡식을 차지해야 한다.	디모데후서 2장 6절
일꾼으로서	그는 근면하며 하나님의 말씀을 옳게 분별해야 한다.	디모데후서 2장 15절
그릇으로서	그는 주인의 쓰심에 합당하도록 준비하여 귀히 쓰는 그릇이어야 한다.	디모데후서 2장 21절
종으로서	그는 온유하며 유익한 자가 되어야 한다.	디모데후서 2장 24-25절

[정리] 디모데후서의 내용

성경구절	주요 내용	비고
1장 1, 2절	문안인사	감사와 격려
1장 3-18절	디모데에 대한 감사	인정받는 일꾼
2장 1-26절	디모데에 대한 권고	그리스도의 충성스런 군인
3장 1-17절	디모데에게 주는 경계	마지막 날
4장 1-8절	디모데 대한 마지막 책무	하나님의 말씀 전파

483) 투쟁은 고난을 초래하고, 고난은 구원으로 통한다는 점이 강조됩니다.

4장 9-21절	디모데에게 주는 개인적 교훈	사람은 나를 버려도 그리스도께서 내 곁에 계시고 힘을 주신다.
4장 22절	결론	주께서 함께 하시며 하나님의 은혜가 함께 하기를 빈다.

✾ 디모데와 디모데전후서[484)]

바울은 디모데를 감독이라 부르지 않고 **일꾼**으로 부르고 있습니다. 하지만 그가 목회의 중요한 위치에 있었던 것을 알 수 있습니다. 디모데는 루스드라 출신으로 아버지는 헬라인이고, 어머지 유니게는 경건한 유대인이었습니다. 디모데는 바울의 1차 선교여행 중 갈라디아에서 회개하였고, 2차 선교여행에 동행하였습니다. 그후에 그는 에베소 교회에서 목회를 하였습니다. 독일의 경건주의자인 토마스 안톤이 디모데전후서와 디도를 목회서신이라고 불렀습니다(1726년). 디모데전서는 바른믿음과 교회지도자들에 대한 교훈으로 되어 있습니다. 바울은 디모데를 **자신의 사역을 대신할 후임자**로 생각하였습니다.

[정리] 디모데후서

디모데후서는 디모데에게 보낸 바울의 마지막 서신으로 디모데전서, 디도서와 함께 목회 서신으로 불리어집니다. 특히 본서는 디모데전서와는 달리 저자의 개인적인 간증으로 일관하고 있는데, 이는 목회자의 영원한 지침서로서 본서를 기록한 목적은 에베소에서 목회하는 디모데를 격려하기 위함입니다.

<table>
<tr><td>저자</td><td colspan="4">사도 바울</td></tr>
<tr><td>기록시기</td><td colspan="4">AD 66-67년경</td></tr>
<tr><td>기록장소</td><td colspan="4">로마의 감옥</td></tr>
<tr><td rowspan="3">주제</td><td>복음을 굳게 잡으라</td><td>복음을 부탁하라</td><td>복음을 지키라</td><td>복음을 전파하라</td></tr>
<tr><td>1장</td><td>2장</td><td>3장</td><td>4장</td></tr>
<tr><td>디모데 칭찬과 권면</td><td>충성스런
사역과 권면</td><td>말세의 징조</td><td>전도 권면과
개인적 부탁</td></tr>
</table>

3) 디도서

(1) 디도서의 저자와 기록연대 및 기록장소

디도서 수신자는 디도이며 주후 66-67년 경 에베소에서 저술하였습니다. 디도는 디모데처럼 광범한 활동이 없는 것 같으나 성격과 수완이 원숙하여 그의 이름이 나타난 서신은 고린도전후서, 갈라디아서, 디모데후서, 디도서 등 뿐이고, 사도행전에서는 별로 보이지 않습니다. 그는 헬라인이었으며(갈라디아서 2:3) 바울에게서 감화를 받은 것으로 보이나 분명한 기록은 없습니다.

484) 신성종, 성경이야기, 314쪽 이하 참조.

(2) 디도의 활동 및 역할

바울의 1차 전도여행 말기에 안디옥에 있었고 그 교회 대표로 바울과 바나바를 따라 예루살렘 총회에 참석했습니다(사도행전 15:2, 갈라디아서 2:1). 그후 바울의 3차 전도여행에 동행하여 고린도 교회를 위해 노력한 결과 큰 성공을 함으로 능숙했던 면도 발견되었습니다. 그러므로 바울이 고린도후서를 기록함에 도움을 주었고, 그 서신을 가지고 고린도에 다시 간 듯합니다(고린도후서 7:6-7). 또 예루살렘 교회를 위하여 헌금을 모금했습니다(고린도후서 8:6, 16-23). 또한 디도는 그레데에 남아 감독직을 맡아 장로를 세우고 교회를 조직하였습니다. 그리고 로마에서 달마디아(오늘의 유고슬라비아)로 파송 받은 일도 있습니다(디모데후서 4:10).

✻ 크레타 문명과 디도의 (그레데 섬) 사역 이야기

지중해 섬의 하나로 소아시아계의 민족이 낳은 문명으로 그들은 BC3000년경 이집트 문명의 영향을 받아 청동기 문명을 일으키고, BC 2000년경에는 지중해 해상에 활동하여 멀리 유럽과 북해에까지 무역을 하고, 이집트와도 교역하여 에게 문명의 황금시대를 맞이하였습니다. 그레타 왕국의 힘에 대하여는 크놋소스에서 발견된 궁전의 유적에 의해 알 수 있습니다(조좌호, 세계문화사 65쪽).

그리스 반도 남동쪽 약 100여㎞ 지점에 위치하는 지중해 상의 큰 섬으로 동서 길이가 260여㎞, 남북 길이가 60여㎞이며 유럽과 소아시아를 잇는 무역, 교통, 군사 요충지로서 '크레타 문명'의 발상지이기도 합니다. 구약에서는 '갑돌'(신 2:23)로 불렸으며 블레셋 일파의 원 거주지입니다(렘 47:4). 원주민은 '그렛 사람 '으로 불렸습니다(삼상 30:14; 겔 25:16). 오순절 성령강림 역사를 통해 예루살렘을 순례한 그레데 출신 디아스포라 유대인들에 의해 일찍부터 복음이 전파되었으며(사도행전 2:11), 로마 감옥에서 1차로 석방된 바울은 디도와 함께 이곳 그레데에서 복음 사역을 한 것으로 보입니다. 그 뒤 디도는 이곳 그레데에 남아 계속 교회를 다스리고 목회하였습니다(디도서 1:5-14).

[네이버 지식백과] 그레데 [Crete] (라이프성경사전, 2006. 8. 15. 가스펠서브)

(3) 디도의 말년

그의 말년은 유세비우스의 말에 의하면 그레데 교회를 감독하고 있었습니다. 94세의 고령으로 세상을 떠났다고 합니다.

(4) 디도서의 주요 내용

① 주님의 선한 종의 갈 길과 할 일은 하나님의 말씀을 깊이 연구하고 전파하는 일뿐임을 강조하였습니다.

② 장로를 세우는 일, 거짓 교사를 막는 일, 교회 안에 각 층 즉 노인에 대하여, 젊은 여자에 대하여, 젊은 남자에 대하여, 노예에 대하여 어떻게 행할 것인지 그 기준을 제시하고

있으며, 성도의 사회생활에 대한 교훈으로 세속세계에 대한 성도의 태도와 이단자들에 대한 성도의 태도를 말씀하고 있습니다.

③ 기독교의 도는 사람들에게 자신을 의지하지 말고, 어떻게 살지 가르쳐 주시는 하나님의 은혜를 의지하라고 촉구합니다. [485)]

(5) 그레데 교회

오순절 성령강림의 체험으로 설립된 것으로 추측되는 그레데 교회는 거짓 교사들의 잘못된 가르침으로 선한 행위의 결실을 맺지 못하는 혼란 가운데 있었습니다. 또한 구원의 필수 조건으로 할례를 주장하는 유대주의가 만연했습니다.

❃ 디도는 어떤 사람이었나요?

디도는 수리아 안디옥 출신의 헬라인이었습니다. 디도의 이름은 사도행전에 나타나지 않고 고린도후서에 나타나고 있습니다. 바울은 디도에 대하여 '나의 동무요, 너희를 위한 나의 동역자요, 우리 형제들로 말하면 여러 교회의 사자들이요, 그리스도의 영광이라'(고린도후서 8:23)'이라고 칭송하였습니다. 또 '같은 믿음을 따라 된 나의 참아들'(디도서 1:4)이라고 하였습니다.

분쟁조정자 바울은 고린도 교회의 분쟁 상황에서 그를 보냈습니다. 그 곳 상황을 파악한 뒤에 마케도니아에 있는 바울에게 모든 것이 만족스럽게 해결되었다고 보고하였습니다(고린도후서 7:8, 13-16). 그리고 고린도 교회에 다시 보내서 그 교회가 예루살렘 교회를 위해 연보를 하도록 권하기도 했습니다(고린도후서 8:6). 이후 로마를 떠나 갈라디아로 갔는데 바울을 대신하여 나갔던 것입니다. 디도는 **하나님의 성품**에 대해서 4가지 즉, **자비, 사랑, 긍휼, 은혜**를 강조하고 있습니다.

바울이 로마 감옥에서 일차 석방되었을 때 함께 크레타 섬을 방문했습니다. 크레타 섬은 작은 섬이지만 유대인들이 많이 살고 있었습니다. 이 곳에 오순절 때 성령을 받은 유대인들이 성령 충만함을 받고 돌아와 교회를 세웠습니다. 그러나 지도자들이 없었기 때문에 교회에 어려움이 많았습니다. 그래서 바울은 디도에게 그들의 장로들을 세우라고 명령했습니다.

(6) 디도서의 특징

① 기독교의 핵심 교리인 선택(1:1)과 영생(1:2; 3:7), 그리스도의 신성(2:13) 그리고 보편적 구원(2:11), 재림(2:13), 속죄(2:14), 중생(3:5), 칭의(3:7) 등의 교리가 다른 목회 서신보다 강조되어 나타나고 있습니다.

② 하나님의 은혜에서 비롯된 선행과 같은 **실천적 신앙이 강조**되었습니다(3:1-11).

③ 이방인 저술가의 글이 인용되고 있습니다(1:12).

485) D.A. 카슨. 더글라스 무, 안세광 옮김, 손에 잡히는 신약개론, IVP, 2015, 181쪽.

[정리] 디도서

디도서는 바울이 디도에게 보낸 서신입니다. 디도는 이방인으로서 바울의 동역자였으며, 고린도 교회의 신실한 일꾼이었습니다. 바울의 권유로 그레데 교회를 지도하게 되었는데 이때 보낸 서신이 디도서입니다. 본서에는 장로의 자격과 교회의 여러 그룹이 취해야 할 태도를 말하고 있습니다. 그리고 **선행을 신앙 다음으로 중히 여기면서 참된 구원을 보이는 표적**으로 말하고 있습니다. 본서를 기록한 목적은 그레데 교회에 있는 디도가 무엇을 하며 무엇을 가르쳐야 하는가를 알려주는 데 있습니다.

저자	사도 바울			
기록연대	AD 63-65년경			
기록장소	마게도니아로 추측함			
주제	조직과 방해꾼		가르침	순종
구분	1:1-9	1:10-16	2장	3장
	장로의 자격	거짓 교사에 대한 경고	바른 교훈을 가르치도록 권면	선한 일에 대한 권면과 문안

10. 빌레몬서

1) 저자와 주요 내용

① 저자는 바울로 보고 있으며, 기록연대는 AD 62년경으로 다른 옥중 서신과 마찬가지로 제1차 로마 투옥 중에 기록하였습니다. 이 편지는 바울이 골로새에 있는 믿는 이들에게 편지를 쓸 때 같이 쓴 아주 짧은 편지입니다. 즉 빌레몬서와 골로새서는 함께 쓰여진 것으로 봅니다.[486)]

[정리] 골로새서와 빌레몬서의 공통점

구분	골로새서	빌레몬서
저자	사도 바울	사도 바울
저작 연대	AD 62년 경 로마 투옥 중	AD 62년 경 로마 투옥 중
수신자	골로새에 있는 믿는 자(성도)	골로새에 있는 교회(성도), 빌레몬
발신자	사도 바울과 디모데	사도 바울과 디모데
동역자로 소개된 사람	마가, 아리스다고,데마, 누가	마가, 아리스다고, 데마, 누가
언급 된 사람	에바브라/아킵바	에바브라/아킵바

486) 브루스 W 외, 박규태 옮김, 바울 - 그의 생애. 서신. 신학, 391쪽.

② 골로새에 있는 믿는 사람일뿐만 아니라 바울의 동역자인 빌레몬은 오네시모라는 노예의 주인이었습니다. 오네시모는 아마도 주인에게서 도망쳤던 것 같습니다. 그러나 그는 바울을 통해 그리스도를 믿는 사람이 되었습니다.

> '우리의 **사랑받는 자요 동역자인 빌레몬**과'(빌레몬서 1:1).

③ 이 편지에서 바울은 빌레몬에게 오네시모가 잘못한 일이 있으면 용서해 주고 그를 반갑게 맞아 줄 것을 호소하고 있습니다. **용서와 용납의 원리**를 설명한 귀한 책입니다.

> '이 후로는 **종과 같이 대하지 아니하고 종 이상으로 곧 사랑 받는 형제로 둘 자라**'(빌레몬서 1:16).

④ 또한 사회생활 관계에서 다른 사람과의 관계에 대하여 설명하고 있습니다. 어떠한 빚이라도 자기 스스로 감당하겠다고 합니다. 한 사람의 공로가 다른 사람의 것으로 간주되어지는 **전가의 교리**를 설명해 주고 있습니다.

> '그(오네시모)가 만일 **네게 불의를 하였거나 네게 빚진 것이 있으면 그것을 내 앞으로 계산하라 내가 갚으려니와** 네가 이 외에 네 자신이 내게 빚진 것은 내가 말하지 아니하노라'(빌레몬서 1:19).

⑤ 로마법에 따르면 도망친 노예는 사형에 처해졌으며 방조자도 심한 벌을 받았습니다. 따라서 바울은 당시 법률과 기독교 사랑을 조화시키기 위해 오네시모를 두기고와 함께 빌레몬에게 보냈습니다(골로새서 4:7-9).

⑥ 성도의 용서와 사랑, 원래 죄인이었으나 그리스도의 은혜로 하나님의 자녀가 된 성도는 그리스도께서 자신에게 보여준 용서와 사랑을 실천하여야 합니다. 이러한 사랑은 신분과 혈연을 넘어선 믿음 안에서 형제 된 자들과 나누는 숭고한 형제애입니다.

그리스도 안에서 사랑의 정신의 표현으로 볼 수 있습니다.

> **'너희는 유대인이나 헬라인이나 종이나 자유인이나 남자나 여자나 다 그리스도 예수 안에서 하나**이니라'(갈라디아서 3:26).

2) 특징[487]

① 주제가 개인과 관련되었을 뿐 아니라 바울의 부탁 속에는 개인의 인격, 성품 등이 잘 드러나고 있습니다.

487) 성서원, 월드베스트 성경, 빌레몬서 서론 참조.

② 기독교 기본 진리인 사랑을 강조하며, 바울은 사랑의 실천을 위해 자신의 사도적 권위조차 주장하지 않는 겸손함을 보여 주고 있습니다.

③ 노예제도를 기독교적으로 이해하도록 합니다. 즉 오네시모가 회심함에 따라 자신의 주인과 완전히 새로운 관계로 빌레몬과 오네시모는 이제 주인과 종의 관계가 아닌 주님 안에서 둘은 형제가 되었으므로 형제로 대하여야 한다는 것입니다.

노역에 시달리는 노예
이라크 니느웨(모슬) 성문 위의 부조
(포토 성경사전, 하늘기획)

[정리] 빌레몬서에 나타난 교훈

	빌레몬서	예수 그리스도
관계	빌레몬(주인)과 오네시모(종)	하나님(주인)과 인간(피조물)
신분	오네시모 : 노예로 도망침(범죄인)	모든 인간(하나님께 범죄함)
행위의 결과	심판과 사형(죽음)/손해의 배상	심판과 사형(죽음)
전가(돌려짐)	오네시모의 잘못을 사도 바울에게 전가 (배상) 시키도록 함	우리의 죄가 예수 그리스도에게 전가 됨
전가의 근거	빌레몬의 용서와 사랑의 성품	예수 그리드도의 용서와 사랑의 성품
전가의 결과	빌레몬(주인)과 오네시모(종)은 주님 안에서 형제가 됨	하나님(주인)과 인간(피조물/죄인)은 화해와 회복되어 그리스도 안에서 하나가 됨

11. 히브리서

1) 이 책을 쓴 사람은 누구인가요?

이 편지를 쓴 사람은 정확하게 알려져 있지 않습니다. **저자에 관한 여러 견해**가 있는데, 그중에서 사도 바울이라는 견해와 알렉산드리아 전승설이 유력하게 주장되고 있습니다.

많은 성경학자들은 이 편지가 그리스도를 믿는 유대인들에게 쓰인 것이라고 생각합니다. 수신자는 흩어져 사는 유대 그리스도인입니다.[488]

2) 이 책을 쓴 동기는 무엇이었나요?

유대 그리스도인들은 예수 그리스도를 믿는 그들의 신앙을 잃게 될 위험에 처해 있었습니다. 이것은 당면한 위험으로(히브리서 2:1), 성경을 경시함(2:1)과 불신앙(3:12), 공중 예배를 무시함(10:25), 연약한 기도(12:12), 교리에 굳건히 서지 못함(13:9), 가르치기를 거부함(5:12)에 그 원인이 있었습니다. 이 편지는 이러한 처지에 있는 믿는 이들을 격려하고 그들의 신앙을 든든히 세워 주려고 쓰였습니다.

3) 이 책을 쓰는 방법은 어떤 것인가요?

이 편지의 저자는 예수 그리스도의 영원한 제사장직과 보다 나은 새 계약이, 구약 시대의 제사장직과 첫 번째 계약보다 더 훌륭하다고 가르치고 있습니다. 즉, **기독교가 유대교보다 더 뛰어남을 강조**하고 있습니다. 그러므로 저자는 믿는 이들에게 하나님을 믿고 의지할 것과 그분을 위해서 살라는 권고를 하고 있습니다.

4) 이 책은 언제 기록되었나요?

① 이 책은 주후 70년 이전에 저술된 것으로 기록연대는 AD 60년대 후반으로 추정합니다. 성도의 박해가 언급된 것으로 보아 네로 박해(AD 65년) 이후, 성전 파괴(AD 70년)가 언급되지 않은 것으로 보아 그 이전으로 추정합니다.[489]

② 로마 황제는 기독교를 편협한 종교로 보고 조직적으로 박해를 가했고, 더구나 유대교로부터의 질시도 있었으므로 기독교는 큰 고난을 당하였습니다. 디모데나(히브리서 13:23), 이달리야에서 온 자들(13:24)에 대한 언급과 또한 로마의 클레멘트가 고린도인들에게 보내는 편지(A.D. 95)에 기록된 히브리서에 대한 이야기는 히브리서의 기록연대와 목적을 아는 데 도움을 주고 있습니다.

---

488) 구약 인용 중에 히브리어 구약을 전혀 사용하지 않은 것을 볼 때 저자가 헬라어 구약성경에 정통했음을 알 수 있습니다. 그리하여 잘 교육받은 헬라 유대인으로 그리스도인이 된 사람으로 추측합니다.

489) 서기 70년 로마가 성전을 파괴한 후 예루살렘에서 제사가 중지되었으므로 히브리서는 제사가 시행되고 있음을 말하고 있으므로 70년 이전이 기록 연대로 볼 수 있습니다.

5) 이 책의 기록 목적은 무엇입니까?

① 초대교회 때에는 기독교의 진리를 깨달은 후에 다시 이방인들이 우상으로 돌아가거나 유대교로 돌아가는 사람들이 적지 않았습니다. 그리스도의 희생과 제사장적 사역을 상대화하고 사실상 그것들을 부인하는 이들에게 주는 경고입니다.

② 이 서신의 전체적인 목적은 낙심하고 있는 그리스도인에게 지식을 전해 주고, 용기를 북돋아 주며, 신앙으로 성공적인 삶을 산 사람들과 그리스도에 대한 수 많은 예를 들어 격려하고자 함이었습니다.

6) 이 책의 주제와 성격은 어떤 것입니까?

히브리서를 **제5복음서**라고 부릅니다. 이것은 그리스도의 지상사역이 아니라 **천상사역**에 중점을 두고 있기 때문입니다. 주제는 **그리스도의 우월성과 믿음의 위대함을 선포**하는 것입니다. 특히 이를 위해 그리스도를 구약의 멜기세덱에 비교하고 있습니다[490]. 그는 조상도 후손도 없습니다. 멜기세덱은 하나님의 아들처럼 **영원한 제사장**인 것입니다.[491]

[정리] 히브리서의 장 제목과 내용

장	제 목	내 용
1	하나님이 아들을 통한 말씀	아들을 만유의 상속자로 세우시고 만물을 창조하심
2	하나님의 구원	예수 그리스도는 구원의 창시자이다.
3	하나님이 주신 안식	예수 그리스도를 믿음으로 안식에 들어가다.
4	큰 대제사장이신 예수님	우리의 대제사장이신 예수 그리스도를 믿는 믿음으로 굳게 잡고 은혜의 보좌 앞에 담대히 나아가다.
5	그리스도의 도의 초보자	멜기세덱에 대한 가르침에 대해 초보자들의 처지
6	하나님의 약속을 받는 자	하나님의 축복의 약속을 믿고 오래 참음으로 받자
7	제사장 멜기세덱에 관하여	멜기세덱은 대제사장이었으나, 그 보다 큰 제사장이신 예수 그리스도이시다.
8	새 언약의 대제사장	하늘에서 지극히 크신 이의 보좌 우편에 앉으셨다.
9	그리스도의 희생의 속죄	예수님의 피는 영원한 속죄를 이루신 언약의 피

490) 멜기세덱은 구약에서 2번만 언급됨. 창세기 14:18-20, 시편 110:4
491) 신성종, 평신도를 위한 성경이야기, 322 - 323쪽.

10	새로운 살 길	예수 그리스도께서 몸을 단번에 드림으로 새로운 살 길을 얻게 되었음을 참 마음으로 온전히 믿어야 함
11	믿음에 관하여	믿음은 바라는 것들의 실상이요 보이지 않는 것들의 증거다.
12	주께서 주시는 징계	하나님은 우리의 유익을 위하여 그의 거룩하심에 참여하게 하신다. 거역하는 자들에 대해 경고하신다.
13	하나님이 기뻐하시는 제사	예수님으로 말미암아 항상 찬송의 제사를 하나님께 드리자. 선을 행하고 서로 나누어 주고, 인도자에게 순복하자

7) 히브리서의 특징은 어떤 것입니까?

① 구약의 직접적 인용이 29회 이상, 간접적 인용이 53회 이상 발견되고 있습니다.

② 구약 사건과 그리스도를 관련시킴으로써 그리스도께서 **원천적인 믿음의 대상**임을 밝혀 주고 있습니다.

③ 신앙의 영웅들을 (히브리서 5장 8-10, 6장 4-6, 10장 26절에서) 소개하고 있습니다.

④ 하나님의 백성이 어떻게 이스라엘에서 교회로 이동했는지를 이해할 수 있는 실마리를 던져 줍니다.

⑤ 믿음에 대해 말하고 있습니다.

[정리] 믿음에 관하여(히브리서 내용)[492)]

1. 믿음은	믿음은 바라는 것들의 실상이요 보이지 않는 것들의 증거다.	11:1
2. 믿음으로	모든 세계가 하나님의 말씀으로 지어진 줄을 우리가 안다.	11:3
3. 믿음으로	아벨을 가인보다 더 나은 제사를 드림으로 의로운 자의 증거	11:4
4. 믿음으로	에녹은 죽음을 보지 않고 옮겨졌고, 하나님을 기쁘시게 하는 자라는 증거를 받았다.	11:5
5. 믿음이 없이	하나님을 기쁘시게 하지 못한다. 그러므로 하나님께 나아가는 자는 반드시 그가 계신 것과 그가 자기를 찾는 자들에게 상 주시는 이심을 믿어야 한다.	11:6
6. 믿음으로	노아는 보이지 않는 일에 경고를 받아 방주를 준비하여 그 집을 구원하였고, 믿음을 따르는 의의 상속자가 되었다.	11:7

492) 히브리서 제11장을 **'믿음 장'**이라고도 부릅니다.

7. 믿음으로	아브라함은 순종하여 장래의 유업으로 받을 땅에 나아갔다. 사라 자신도 나이가 많았으나 잉태할 수 있는 힘을 얻었다. 아브라함은 외아들 이삭을 드렸으며 하나님이 능히 살리실 줄을 생각하였다.	11:8 11:11 11:17-19
8. 믿음으로	이삭은 장차 있을 일에 대하여 야곱과 에서에게 축복하였다.	11:20
9. 믿음으로	야곱은 죽을 때에 요셉의 각 아들에게 축복하였다.	11:21
10. 믿음으로	요셉은 임종 시에 이스라엘 자손들이 떠날 것을 말하였다.	11:22
11. 믿음으로	모세가 났을 때 그 부모가 아이를 석 달 동안 숨겼다.	11:23
12. 믿음으로	모세는 바로의 공주의 아들이라 칭함을 거절하였다.	11:24
13. 믿음으로	모세는 애굽을 떠나 보이지 아니하는 자를 보는 것같이 하여 참았다.	11:27
14. 믿음으로	유월절과 피 뿌리는 예식을 정하였다.	11:28
15. 믿음으로	이스라엘은 홍해를 육지같이 건넜다.	11:29
16. 믿음으로	칠 일 동안 여리고를 도니 성이 무너졌다.	11:30
17. 믿음으로	기생 라합은 이스라엘 정탐꾼을 평안히 영접하여 멸망하지 않았다.	11:31
18. 믿음으로	기드온, 바락, 삼손, 입다, 다윗 및 사무엘과 선지자들은 나라들을 이기기도 하며, 의를 행하기도 하며, 약속을 받기도 하며, 사자들의 입을 막기도 하며, 불의 세력을 멸하기도 하며, 칼날을 피하기도 하며, 연약한 가운데서 강하게 되기도 하며, 전쟁에 용감하게 되어 이방 사람들의 진을 물리치기도 하였다.	11:32-34
19. 믿음으로	여자들은 죽은 자들의 부활을 받아들이기도 하며, 더 좋은 부활을 얻고자 심한 고문을 받되 풀려나기를 원하지 않았다.	11:35
	조롱과 채찍뿐만 아니라 결박과 옥에 갇히는 시련도 받았다.	11:36
	돌로 치는 것과 톱으로 켜는 것과 시험과 칼로 죽임을 당하고 양과 염소의 가죽을 입고 유리하며 궁핍과 환난과 학대를 받았다. 광야와 산과 동굴과 토굴에 유리하였다.	11:37-38
	위 사람들은 증거를 받았으나 약속된 것을 받지 못하였는데 하나님이 더 좋은 것을 예비하셨기 때문이다.	11:39-40

* 믿음은 무엇인가요?[493]

1. 주님을 꼭 붙잡는 것이다.
2. 액면 그대로 받아들이는 것이다.
3. 믿음에는 반드시 순종과 헌신이 따른다.
4. 믿음은 의심하지 않는 것이다.
5. 믿음은 맡기는 것이다.

* 믿음은 어떤 사실(예수님의 창 자국, 못 자국)을 확인(눈으로 보고, 만져보고)하고, 확신하는 것을 말한다 (사도 도마가 한 행위).

⑥ 예수 그리스도의 우월성을 멜기세덱과 비교하면서 기록하고 있습니다.

[정리] 예수 그리스도의 우월성

우월성	성경구절
1. 선지자들보다 우월함	히브리서 1:1-3
2. 천사들보다 우월함	히브리서 1:4-14; 2:5-8
3. 모세보다 우월함	히브리서 3:1-6
4. 여호수아보다 우월함	히브리서 4:2-10
5. 아론보다 우월함	히브리서 4:14-5:10
6. 레위 제사장직보다 우월함	히브리서 7;1-28
7. 옛 언약보다 우월함	히브리서 8:1-13
8. 제사의식과 희생제사보다 우월함	히브리서 9:1-10:18

[정리] 구약(출애굽기 및 레위기)과 신약(히브리서)에 나타난 제사장 및 제사제도

출애굽기 및 레위기	히브리서
출애굽기 27장 21절-30장33절, 레위기 21장 6-7절	히브리서 4장 14절-10장 18절
세습적(레위 지파)임 : 출애굽기 27장 21절, 레위기 8-10장	계승자 없는 대제사장 : 히브리서 7장

493) 이훈창, 설교노트 참조. **믿음에 관한 자세한 이야기는 제2부에서** 하게 됩니다.

중보자로 제사를 드리고, 예배를 준비하고, 율법을 가르쳤으며, 재판장이 되기도 함 레위기 1장1절-17절, 레위기 10장 11절, 역대하 19장 8절	끝이 없는 새 언약의 중보자 : 히브리서 8장
성결되고 거룩한 구별된 지도자로 백성들을 대리하여 지성소에 들어가 하나님께 제사를 드리며, 죄를 씻어 내며 그 죄들은 광야로 내 쫓기는 염소에게 전이된다(레위기 16:10).	단번에 드리심으로 죄를 완전하게 최종적으로 짊어지신 흠이 없는 희생제물 : 히브리서 9장, 10장

[정리] 히브리서

히브리서는 로마에 있는 히브리 신자들에게 보낸 서신으로, 신약성경의 보물 창고와 같습니다. 본서는 예수님의 성육신, 죽으심, 제사장직을 독특한 관점에서 증언하고 있으며, 새 약속과 옛 약속과의 관계, 구약의 해석 및 신앙생활에 교훈을 주는 무수한 진리를 증언하고 있습니다. 본서를 기록한 목적은 유대 기독교인들에게 유대주의로 돌아가는 것을 경고하기 위함이고, 둘째, 영지주의와 골로새 이단들과 대항하기 위함이며, 셋째, 믿음으로 사는 삶의 중요성을 증명하고, 그리스도인의 특권과 의무를 이행하도록 권면하기 위함입니다.[494] 주제는 온전함(7:11,19,28), 안식일과 안식(4:1-11), 믿음(11장), 새 언약(8:6-13)입니다.

<table>
<tr><td>저자</td><td colspan="5">알려지지 않음</td><td colspan="4">기록시기 AD 64-68년경</td></tr>
<tr><td>기록
장소</td><td colspan="9">알 수 없음</td></tr>
<tr><td>주제</td><td colspan="3">그리스도의 위엄</td><td colspan="3">그리스도의 사역</td><td colspan="3">그리스도를 위한 사역자</td></tr>
<tr><td>구분</td><td>1:1-3</td><td>1:4-2:18</td><td>3:1-4:13</td><td>4:14-7:28</td><td>8:1-13</td><td>9:1-10:18</td><td>10:19-11:40</td><td>12:1-29</td><td>13:1-25</td></tr>
<tr><td>내용</td><td>선지자 보다 탁월</td><td>천사 보다 탁월</td><td>모세 보다 탁월</td><td>그리스도의 제사장</td><td>새 언약 중보자</td><td>그리스도의 희생제사</td><td>믿음의 능력</td><td>소망의 능력</td><td>사랑의 능력과 축복</td></tr>
</table>

494) 비젼성경, 신약편, 두란노, 2007, 352쪽.

제7절 야고보서는 어떤 이야기인가요?

1) 야고보서의 개요

① 이 편지는 예수님의 육신의 형제인 야고보가 쓴 것으로 봅니다. 수신자는 흩어져 있는 유대인 12지파(1:1)입니다.[495] 야고보는 믿음과 일에 관해서 뿐만 아니라, 공정성, 정의, 가난한 이들을 돕는 일, 세상 사람들과 사이좋게 사는 것, 지혜, 자신을 다스리는 것, 시련과 유혹, 듣기와 실천에 대해 가르치는 점으로 보아서 그는 유대적인 배경을 가지고 있음이 분명합니다. 그는 또한 믿는 이들에게 **기도할 것**과 **인내심을 가질 것**을 권하고 있습니다.

② 저작연대는 AD 51-61년경으로 추정합니다. 만일 야고보서가 AD 45년경 저술된 것이라면 신약성경 중 가장 먼저 기술된 책이 됩니다. 기록장소는 예루살렘으로 보고 있습니다.

③ 이 편지의 중요한 내용으로는 교리(신앙)은 참된 행위가 따르는 것으로 해석하고 있는 것입니다. 환난에 대하여, 시험에 대하여, 하나님말씀에 대하여 실천 도덕을 강조하고 있습니다. 또한 교만, 시기, 분쟁을 경계하고 인내와 기도의 중요성을 강조하고 있습니다. **진정한 믿음은 변화된 삶에서 나타나는 것**입니다.

④ 예수님은 친동생 요셉, 시몬, 유다 등의 형이 있었습니다. 야고보는 예수님의 처음 전도 시 믿지 않았으나(요한복음 7:5), 예수님이 부활하신 후에 믿어(고린도전서 15:7) 형님을 주님이라고 믿었습니다. 오순절 때는 제자들과 합심하여 일함으로 **예루살렘 교회의 기둥 역할**을 하게 되었습니다(사도행전 1:14/고린도전서 9:5/갈라디아서 2:9) 그는 믿기 전부터 엄격한 율법의 준수자였습니다. 그는 바울이 예루살렘을 방문했을 때 교회의 지도자로 있었고(갈라디아서 1:19), 재차 방문했을 때(11년 후)도 교회의 지도자로 있었습니다(갈라디아서 2:9). 바울이 마지막 여행에서 돌아왔을 때 그 지위를 그대로 유지하고 있었습니다(사도행전 21:18), 돌에 맞아 순교하면서 예수를 증언했다고 합니다.

495) 통상 야고보서, 베드로전후서, 유다서, 요한 1, 2, 3서 등 일곱 문서를 가리켜 공동서신 또는 일반서신이라고 부르는데, 이것은 특정한 수신인에게 보내진 편지가 아니라 전체(=공동) 교회 또는 교회 일반을 향한 것이라고 생각한데서 붙여진 명칭입니다.

[정리] 신약성경에 언급되고 있는 5 사람의 야고보

1. 세베대의 아들 야고보	예수님의 원 제자로 헤롯 아그립바에 의해 AD 44년 이전에 살해되었습니다.	마태복음 4:20 사도행전12:1-2
2. 알패오의 아들 야고보	예수님의 원 제자	마태 10:2-4 마가 3:18
3. 유다의 부친인 야고보	예수님의 원 제자인 유다의 아버지	누가 6;16
4. 주의 형제 야고보	예수 그리스도의 네 형제 중 한 사람	갈라디아 1:19
5. 예수님 동생 야고보	예수 그리스도의 첫째 동생	마태 13;55 사도행전12:17

2) 특징

① 윤리관, 예증 등에서 유대적인 표현이 많이 나타나고 있습니다.

② 지혜서, 집회서 등 외경과의 맥락을 같이 하는 내용이 발견되고 있습니다.

③ 명령형, 대화체 형식이 두드러지고 있습니다.

④ 실생활에서의 교훈적인 내용이 많습니다.

⑤ 믿는 자의 장애물들과 시련들, 참된 모습을[496] 이야기하고 있습니다.

[정리] 하나님의 지혜와 인간의 지혜 : 야고보서 4:13-18

하나님의 지혜 ⇨ 위로부터 난 지혜	인간의 지혜 ⇨ 땅 위의 것, 정욕의 것, 귀신의 것
성결하고	더러움, 불결함
화평하고	**다툼**
관용하고	보복
양순(온유)하며	거침
긍휼과	무자비
선한 열매가 가득하고	**악한 일, 악한 행위, 악의 열매**
편견과 거짓이 없다.	**편견과 거짓말**

496) 우리는 하나님의 기준에 따라 살 때 가장 큰 행복과 자유를 누릴 수 있습니다. 의로운 삶에는 세상으로부터의 분리, 우리를 지배하던 죄로부터의 자유, 그리고 긍휼의 행동 등이 따릅니다. 폴 N·벤웨어, 곽철호 옮김, 모든 이를 위한 신약성경개론, 요단출판사, 1990, 291쪽.

3) 내용

장	제목	주요내용
1	시험을 견딤	믿음의 시련이 인내를 만들어 낸다.
2	행함이 없는 믿음	행함이 없는 믿음은 그 자체가 죽은 것
3	말에 실수가 없도록 하라	한 입에서 찬송과 저주가 나온다.
4	세상과 벗하지 말라	하나님께 복종하고 마귀를 대적하라
5	인내와 기도	길이 참고 마음을 굳세게 하는 자는 복되다.

[정리] 바울의 이신득의(以神得義)와 야고보의 이행득의(以行得義)

1. 바울의 이신득의(以神得義)

그리스도교에서 예수 그리스도를 믿는 믿음을 통해 의인의 신분을 얻는 것을 말합니다.
그리스도교에서 믿음을 통해 의인의 신분을 얻음으로써 하느님의 정죄와 심판을 벗어나게 되었다는 뜻으로, 죄인의 입장에서 사용된 용어입니다. 이에 대하여 이신신의는 인간을 심판하는 하느님이 성도의 믿음만을 보고 그를 법적으로 의롭다고 선언했다는 뜻으로, 하느님의 입장에서 사용된 용어입니다. 이신득의 원리는 전적으로 타락한 인간을 예수 그리스도로 말미암아 하느님이 택한 자의 죗값을 대신 치러줌으로써 이루어지는 구속사역을 말합니다. 즉 구속의 공로가 의인의 지위를 획득하여 결과적으로 구원을 얻을 수 있게 한 하느님의 구원섭리라 할 수 있습니다. 형식상의 조건인 믿음도 성령의 은혜로 주어지는 것인데, 궁극적으로 이신득의의 원리를 세운 것도 또한 모두 다 하느님의 무조건적 은혜입니다.
예수 그리스도를 믿음으로써 죄인에게 당연히 부과되는 율법의 형벌을 대신 치른 예수 그리스도의 구속의 공로가 적용되어 법적으로 **의인이 됨으로써 성도가 얻는 결과**가 있습니다. 이것은 크게 **사죄의 획득**과 **영생을 얻는 것**과 **천국 상급을 획득하는 것**입니다. 그러나 천국에서의 상급은 성도 각자의 공적과 업적에 따라 상대적 차이가 있습니다(고린도전서 3:10~15).
[네이버 지식백과] 이신득의[Justification by faith, 以信得義] (두산백과)

2. 야고보의 이행득의(以行得義)

야고보 사도는 행함이 없고 지식을 중시하는 유대인 신자들을 위하여 이행득의를 말함으로써 변질되고 오용되는 진리를 바로잡을 것을 말하고 있습니다. 이는 예수님께서도 동일한 말씀을 하신 것을 알 수 있습니다. 다만 믿음과 행위는 마치 동전의 앞면과 뒷면처럼 결코 무관한 것이 아니라는 것을 이해하여야 합니다. 행함 없는 믿음은 허공을 치는 것이요, 믿음만 있고 행함이 없는 것은 모래 위의 집과 같을 것입니다.

'누구든지 나의 이 말을 듣고 행하는 자는 그 집을 반석 위에 지은 지혜로운 사람 같으리니 비가 내리고 창수가 나고 바람이 불어 그 집에 부딪히되 무너지지 아니하나니'(마태 7:24).

'내 형제들아 만일 **사람이 믿음이 있노라 하고 행함이 없으면 무슨 유익이 있으리요 그 믿음이 능히 자기를 구원하겠느냐** 만일 형제나 자매가 헐벗고 일용할 양식이 없는데 너희 중에 누구든지 그에게 이르되 평안히 가라, 덥게 하라, 배부르게 하라 하며 그 몸에 쓸 것을 주지 아니하면 무슨 유익이 있으리요 이와 같이 **행함이 없는 믿음은 그 자체가 죽은 것이라** 어떤 사람은 말하기를 너는 믿음이 있고 행함이 없으니 행함이 없는 네 믿음을 내게 보이라 나는 행함으로 내 믿음을 네게 보이리라 하리라 네가 하나님은 한 분이신 줄을 믿느냐 잘하는도다 귀신들도 믿고 떠느니라 아아 허탄한 사람아 **행함이 없는 믿음이 헛것**인 줄 알고자 하느냐 우리 조상 아브라함이 그 아들 이삭을 제단에 바칠 때에 행함으로 의롭다 하심을 받은 것이 아니냐 네가 보거니와 **믿음이 그의 행함과 함께 일하고 행함으로 믿음이 온전하게 되었느니라** 이에 성경에 이른 바 아브라함이 하나님을 믿으니 이것을 의로 여기셨다는 말씀이 이루어졌고 그는 하나님의 벗이라 칭함을 받았나니 이로 보건대 사람이 행함으로 의롭다 하심을 받고 믿음으로만은 아니니라 또 이와 같이 기생 라합이 사자들을 접대하여 다른 길로 나가게 할 때에 행함으로 의롭다 하심을 받은 것이 아니냐 **영혼 없는 몸이 죽은 것같이 행함이 없는 믿음은 죽은 것이니라**'(야고보서 2:14-26).

'예수께서 대답하시되 내가 너희에게 말하였으되 믿지 아니하는도다 내가 내 아버지의 이름으로 행하는 일들이 나를 증거하는 것이거늘'(요한 10:25).

[정리] 바울의 이신득의와 야고보의 이행득의

바울의 이신득의	야고보의 이행득의
하나님 앞에서 의롭다고 법적으로 선언한다는 의미에 초점을 둠	사람 앞에서 의롭다고 증명한다는 의미에 초점을 둠
진리 그 자체를 설명함	오용된 진리에 대한 시정을 말함
죄인이 의롭게 된 신분을 처음으로 얻게 되는 단계에 초점을 둠	심판 때에 하나님 앞에서 죄인이 의롭게 된 신분이 정당성을 입증받는 방식을 강조함
의로움의 선언을 말함	의로움의 증명을 말함
행위에 구원의 근거를 두려는 시도와 싸움	행위를 그리스도인에게서 불필요한 것으로 여기며 버리려는 태도와 싸움
하나님 앞에서 내보일 만한 법적인 의로움이 없는 이방인을 위한 서신	행함이 결여된 지식을 중시하는 유대인 신자들을 위한 서신

✾ 믿음과 행위와 구원의 문제

구원은 믿음으로 얻게 되는가? 아니면 선한 행위로 얻어지는가? 하는 물음은 기독교 역사에서 오랫 동안 질문되어온 것입니다. 하지만 믿음과 행위는 손의 앞면과 뒷면의 관계처럼 떨어질 수 없는 것입니다. 그런데 이 둘의 관계를 오해하는 많은 경우가 있는 것입니다.

비유로 말하자면 어떤 아들이 방탕하여 부모로부터 멀리 갔다 부모님의 사랑을 깊이 깨닫고(회개와 믿음으로) 다시 돌아온 경우 아들이 아니라고 할 수 없듯이 한 번 아들은 영원한 아들인 것입니다. 그러나 우리는 아들노릇(행위)을 통하여 얼마나 칭찬을 받느냐가 평가될 수 있습니다. 그러므로 **아들(믿음과 구원)의 존재론적 의미와 평가와 공로(행위)의 문제를 혼동함**으로써 오해를 하고 있는 것입니다.

[정리] 야고보서[497)]

야고보서는 그리스도인이 어떻게 살아야 하는 지에 대하여 실질적인 교훈을 담고 있습니다. 생활 가운데 실천해야 하는 **그리스도인의 실천적 행위의 기준**에 대하여 말하고 있습니다. 즉, 시험을 참는 법, 말씀을 듣는 태도, 정욕을 억제하는 법, 혀에 재갈을 물리는 법, 하나님의 법을 바르게 인식해야 할 필요성, 선함, 온유함, 화평, 성결로서 믿음을 지켜야 할 필요성 등에 대하여 권면하고 있습니다. 이러한 내용은 당시 어려운 시험을 당하고 있는 성도들을 위로하며, 여러 가지 악행을 경계하고, 실천적 행동이 따르지 않는 신앙은 거짓임을 선포하며, 공동체의 질서와 윤리를 제시하여 주기 위함입니다.

<table>
<tr><td>저자</td><td colspan="10">야고보 : 예수님의 동생</td></tr>
<tr><td>기록 시기</td><td colspan="5">AD 62년경</td><td>기록 장소</td><td colspan="4">예루살렘으로 추정함</td></tr>
<tr><td>주제</td><td colspan="4">시 험</td><td colspan="2">혀</td><td colspan="2">긴 장</td><td colspan="2">승 리</td></tr>
<tr><td>구분</td><td>1:1-18</td><td>1:19-27</td><td>2:1-13</td><td>2:14-26</td><td>3:1-12</td><td>3:13-18</td><td>4:1-12</td><td>4:13-5:6</td><td>5:7-12</td><td>5:13-20</td></tr>
<tr><td></td><td>시험 목적과 근원</td><td>말씀 실천</td><td>차별 금지</td><td>행함과 믿음</td><td>언어 생활</td><td>참 지혜</td><td>참 겸손</td><td>신앙 실천</td><td>인내</td><td>기도 권면</td></tr>
</table>

497) 비전성경, 두란노, 신약성경편, 371쪽.

제8절 베드로 전, 후서는 어떤 이야기인가요?

1) 베드로전서와 베드로후서 전반

① 이 두 편지는 사도 베드로가 여러 곳에 흩어져 살고 있는 그리스도를 믿는 이들에게 쓴 것입니다. 베드로는 그들에게 그들이 가진 희망에 관해서, 그리고 그들을 적대시하는 사회에서 **하나님의 백성으로서 어떻게 살아야 할 것인지**에 관해서 가르치고 있습니다. 그들이 지금 큰 어려움을 겪고 있지만, 그것은 하나님께서 그들을 버리셨기 때문이 아니라, 오히려 그 어려움 때문에 그들은 더 큰 복을 받을 것이라고 말하고 있습니다. 그는 하나님께서 예수 그리스도를 통하여 복을 내려 주시고 죄를 용서해 주셨다는 점을 일깨우고 있습니다. 그러므로 그들은 **바른 삶으로 그 은혜에 보답해야** 하는 것입니다.

베드로전서는 낙담한 성도에게 용기를 주기 위하여, 베드로후서는 거짓 교사들에 대한 경고로 고난에 대해서 17회나 사용하고 있습니다. 교회가 외적 박해에 직면하여 위축되어 있을 때 베드로는 **재림의 소망**으로 이들에게 힘을 주고자 하였습니다.

② 베드로후서에서 사도 베드로는 거짓 선생들을 꾸짖고 있습니다. 또 참 진리와 그리스도께서 두 번째 오실 것에 대해 가르치고 있습니다.

③ 수신자는 본토 갈라디아, 갑바도기아, 아시아와 비두니아에[498] 흩어진 나그네(1:1-2; 2:10)와 각처에 흩어진 그리스도인입니다. 기록된 연대는 주후 63-68년경으로 봅니다. 기록 장소는 바벨론으로(5:13) 로마의 상징적 이름이라고 합니다.

베드로 서신서의 수신지, 갑바도기아 지역의 우치사르 마을(포토 성경사전, 하늘기획)

④ 예루살렘이 멸망하기 전 네로 황제가 기독교를 박해할 때 핍박과 환난[499]에 시달리는 그리스도인들에게 소망과 위로를 주기 위하여 기록하였습니다. 저자는 이러한 핍박과 환

498) 오늘날의 터키가 있는 지역입니다.
499) 로마는 그리스도인들이 성찬을 위해 자주 모였기 때문에 의심과 적대적 감정으로 대하였습니다.

난에서 승리할 수 있는 길은 성도들을 위로하고 구원하시는 하나님의 사랑임을 확신하며 **신자의 목표와 이상은 예수 그리스도**라는 점을 말하고 있습니다.

⑤ 사도 베드로는 오순절 교회를 창립하고 지도하였으며(행 2:14-41), 사마리아 지방을 순행하여 욥바, 가이사랴, 안디옥에서 사역하였습니다(행 9:32). 네로 황제 때 순교하였습니다.

2) 특징

① 성도를 위로하며 박해를 극복하고 난 이후의 미래를 제시함으로써 소망을 갖게 하는 **소망의 서신**입니다.[500)]

② 바울서신과 야고보서 등 많은 신약의 다른 책들과 내용이 비슷합니다.

③ 창조, 기독론, 속죄론, 삼위일체. 종말론 등 많은 교리를 기록하고 있습니다.

④ 구약을 많이 인용하고 구약의 개념과 단어들에 의존하고 있습니다.

[정리] 그리스도인에 대한 명칭

명칭	성경구절
제자	마가복음 8:34
하나님의 백성	요한복음 / 베드로전서 2:10
그리스도인	사도행전 11:26
택하심을 받은 자 / 흩어진 나그네 / 거류민	베드로전서 2:11
택하신 족속, 왕 같은 제사장, 거룩한 나라	베드로전서 2:9

[정리] 베드로전서의 내용

장 절	제목	중심내용
1장	우리가 산 소망이 있게 됨	믿음의 결국은 곧 영혼의 구원, 모든 행실에 거룩한 자가 되라, 그리스도의 피로 대속함
2장	산 돌과 하나님의 백성	고난 받으신 그리스도, 하나님의 백성은 거류민과 나그네
3장	선을 위한 고난	세상 제도에 순종하라
4장	하나님의 은혜를 맡은 선한 청지기	그리스도인이 받을 고난
5장	하나님의 양 무리를 치라	겸손하게 고난 가운데 맡은 목양을 하라

500) 소망의 근거는 예수 그리스도가 죽으시고, 부활하시고, 승천하시고, 다시 오실 것이라는 믿음에 있습니다(베드로전서 1:3; 3:18-22; 5:41), (베드로후서 2:10).

3) 베드로후서

① 수신자는 보배로운 믿음을 우리와 함께 받은 자들(1장 1절)입니다.

② 베드로 후서는 내부적 위기를 경계한 전서를 기록한 1,2년 후 순교가 임박하여 기록하였습니다. 또한 이단 사설을 막기 위하여 기록하였습니다. 말세에는 적그리스도가 많이 나타날 것이니 각별한 대책이 필요하다는 주장입니다. 당시 교회에는 영지주의 등 이단들의 활동이 활발하였고 그들은 기독교적 윤리를 폐기하고(2:10), 재림을 부인하는(3:4) 등 교회를 크게 어지럽히는 상황이었습니다. 우리가 직면한 고난이 그리스도를 증거할 기회가 되는 것입니다.

③ 핵심 주제는 지식으로 12여 회 언급, **진리에의 지식**이 핵심 관념입니다.

[정리] 진리의 지식

지식과 신자들의 삶	1:3-11
지식과 하나님의 말씀	1:12-21
지식과 거짓 교훈	2:1-22
지식과 체험	3:1-13

④ 베드로후서에서 그는 예수 그리스도의 종과 사도인 시몬 베드로(1:1)라고 자신을 소개하고 있습니다. 베드로는 예루살렘 교회의 지도자였으며, 벳세다 출신의 어부로 안드레의 형이었고, 그의 형제에 의해서 예수님께로 인도 되어 그 옛날이 불안정한 시몬이 어느 날 새로운 반석 같은 베드로가 될 것을 예언하셨습니다. 사람을 낚는 어부가 될 것이라고 하셨습니다. 그후 그는 회당장 야이로의 딸을 살리실 때와 변화산상, 겟세마네 동산의 십자가에 달리실 전날 밤 등 늘 주님과 함께 동행하였습니다. 충성에 자만해져 주님을 부인하기도 하였으나 부활 후에 주님과의 교제가 회복되었고, 주님사역에 헌신하라는 명령을 받았습니다. 그후 예루살렘 교회의 지도자로서 두려움을 모르는 설교가요, 변증가요, 관리자로 등장하였습니다.

4) 특징

① 교회의 내적 핍박자인 거짓 교사들을 경계하였습니다.

② 가장 영향력 있는 이단이었던 영지주의를 반박하여 올바른 영적 지식을 갖출 것을 권고하고 있습니다.

③ 거짓 선지자(교사)에 대한 경계가 유다서와 비슷합니다.

[정리] 거짓 교사들에 대하여

주요 사항	거짓 교사들
어떤 사람들	*영지주의자들, 희랍철학에 물든 자들, 유대 율법주의자들 *미혹하는 자, 거짓말하는 자, 적그리스도, 이단 교사들(요한일서 2:18-26)
언제 나타나나	*구약시대 거짓 선지자, 신약시대의 거짓 교사, 미래의 이단자들
문제 된 행위	*그리스도 교회에 침투하여 거짓을 가르침
거짓 교사들의 특징	*자만심, 부도덕성, 육욕, 속임수 등
거짓 교사들의 말과 삶	*말로는 그리스도인들을 속일 수 있으나 그들의 삶으로는 속일 수 없음
거짓 교사들에 대한 심판	*하나님의 심판을 받게 된다. *타락한 천사들, 노아 시대의 세상, 소돔과 고모라처럼 *다만 심판과 재림의 지연은 회개의 기회를 주기 위해(3:9), 그러나 아무도 모르게 올 것인데(3:10), 하나님의 시간 계산은 인간의 것과 다르다(3:8)는 것을 유념하여야 한다.
그리스도인에 경고	*그들(거짓교사들)을 멀리하고, 거룩하고 경건한 삶을 살아야 하며, 예수 그리스도(=복음)에 대한 참된 지식과 진리를 알아야 그들을 이길 수 있다.

④ 주님의 재림과 심판 날에 대하여 분명히 예언한 예언자들과 주님의 가르침을 기억하라고 권면합니다.

5) 내용

[정리] 베드로후서의 내용

장 절	제목	주요 내용
1장	부르심과 택하심	예수 그리스도의 능력과 재림을 생각나게 하려 함
2장	거짓 선지자 / 거짓 선생들	탐욕에 연단된 마음을 가진 자들, 저주의 자식 음심이 가득한 눈을 가진 자, 이성 없는 짐승 같은 자
3장	하나님의 날	새 하늘과 새 땅을 바라봄, 주님의 재림의 약속 주님의 시간 계산법

제9절 요한1서, 2서, 3서는 어떤 이야기인가요?

1) 요한1서

① 이 세 편지는 아마 사도 요한이 기록하였을 것으로 추측합니다. 사랑으로 가득 찬 요한의 편지들은 **믿는 이들에게 하나님의 의와 사랑 안에서 살아갈 것**을 강조합니다.

② 몇 가지 잘못된 것들이 신자들 사이에 관용되고 있는 것에 대해 신자와 하나님과의 교제를 강조함으로써 이러한 잘못된 것들을 바로잡으려 하였습니다. 주제는 **하나님과의 교제**입니다.

사도 요한의 무덤 위에 세워진 사도 요한 기념교회
아야술룩 요새가 보이는 이곳에서 요한 1, 2, 3서를 기록했다고 전해진다.
(성지순례 가이드북, 하늘기획)

③ 당시 소아시아는 영지주의[501)]란 이단 사설이 혼란을 일으키고 있었습니다. 그래서 이 혼란을 막고 바른 그리스도의 진리를 수호하는 데 목적이 있습니다. 거짓 가르침의 위험성에 대해 경고하고 있습니다. **이단자들을 배격하고 진리를 수호하기 위해** 그리스도인들에게 그들의 신앙을 확신시키고 거짓 교사들의 가르침을 멀리하려는 데 있습니다.

[정리] 요한이 본 적대자들

명칭	성경구절
거짓 선지자	요한일서 4장 1절
미혹하는 자	요한이서 7절
적 그리스도	요한일서 2장 18절/4장 3절, 요한이서 7절

501) **영지주의에 대하여 2부에서** 자세히 이야기합니다.

❃ 이단 교사들의 거짓 가르침[502)]

이단 교사들(거짓 교사들, 영지주의자들)의 거짓 가르침 내용은 첫째, 예수께서 그리스도임을 부인하는 것이며, 둘째, 물질이 본질적으로 악하다고 하면서 의로운 행함이 없이도 의로울 수 있고, 의로운 삶이 없이도 하나님과 올바른 관계를 맺을 수 있다는 주장이며, 셋째, 자신들에게만 주어진 특별한 계시가 있다고 주장하며 다른 이들에 대한 종교적(영적)우월의식입니다.

④ 내용

장 절	제 목	주요 내용
1장	하나님의 빛이시다.	빛이신 하나님의 아들의 피로 죄 사함 받은 것을 고백하여야 함
2장	사랑의 새 계명	하나님의 약속은 영생 아버지와 아들을 부인하는 자는 적그리스도
3장	형제 사랑	행함과 진실함으로 사랑하자
4장	적그리스도의 영	진리의 영으로 미혹의 영을 이김
5장	세상을 이기는 믿음	예수께서 하나님의 아들이심을 믿는 자가 세상을 이김

[정리] 요한1서 요약

<table>
<tr><td>저자</td><td colspan="4">사도 요한</td></tr>
<tr><td>수신자</td><td colspan="4">소아시아 일대에 흩어진 교인들</td></tr>
<tr><td>기록시기</td><td colspan="4">AD 95년경</td></tr>
<tr><td>기록장소</td><td colspan="4">에베소</td></tr>
<tr><td>기록목적</td><td colspan="4">이단자들을 배격하고, 그리스도의 진리를 수호하려는 목적</td></tr>
<tr><td>주제</td><td colspan="2">하나님의 빛에 거함</td><td>하나님의 사랑에 거함</td><td>하나님의 생명에 거함</td></tr>
<tr><td>성경구절</td><td>1:1-14</td><td>1:15-27</td><td>2:28-4:21</td><td>5장</td></tr>
<tr><td>핵심내용</td><td>교제의 기초</td><td>성도간 교제 시
주의점</td><td>교제의 특성들</td><td>교제의 결과</td></tr>
</table>

502) 존 스토트, 김동규 옮김, 신약의 메시지, 아바서원, 2017. 171-175쪽.

2) 요한2서

① 요한2서 저자는 사도 요한이며 수신자는 택하심을 입은 부녀와 그의 자녀(소아시아의 교회)를 말합니다. 기록된 시기는 주후 90년경으로 추정합니다.

② 요한은 본서에서 자신이 목격한 진리와 사랑에 대하여 말하고 있으며, 진리를 따르고 하나님께 순종할 것을 권하며, **거짓 교사들을 경계**하면서 하나님을 사랑하고 서로 사랑하라고 권면하고 있습니다.

③ 본서의 기록 목적은 진리와 사랑 가운데 거하게 하고 거짓 교사들을 경계하기 위함입니다.

[정리] 순회 교사 (전도자)

거짓 교사	복음 전도자
• 거짓 선지자 · 미혹하는 자 · 적그리스도 • 영지주의자 • 거짓 가르침 · 이단	• 참된 가르침 • 사도 · 장로 • 그리스도의 복음

④ 주제는 진리 안에 거하는 것은 하나님과 그 아들 예수 그리스도를 모시는 것입니다(요한2서 1:9).

⑤ 요한은 그리스도의 성육신과 구속을 주장하고 있습니다.

[정리] 요한2서 요약

<table>
<tr><td>저자</td><td colspan="4">사도 요한</td></tr>
<tr><td>수신자</td><td colspan="4">택하심을 입은 부녀와 그의 자녀(소아시아 교회)</td></tr>
<tr><td>기록시기</td><td colspan="4">AD 90년경</td></tr>
<tr><td>기록장소</td><td colspan="4">에베소</td></tr>
<tr><td>기록목적</td><td colspan="4">진리와 사랑 가운데 거하게 하고, 거짓 교사들을 경계하기 위함</td></tr>
<tr><td>주제</td><td colspan="2">진리를 실천함</td><td colspan="2">진리를 수호함</td></tr>
<tr><td>성경구절</td><td>1:1-3</td><td>1:4-6</td><td>1:7-11</td><td>1:12-13</td></tr>
<tr><td>핵심내용</td><td>인사</td><td>진리와 사랑 안에서 행함</td><td>거짓 교사들에 대한 경고</td><td>축복</td></tr>
</table>

3) 요한3서

① 요한3서의 기록자는 사도 요한이며, 수신자는 사랑하는 가이오(요한의 전도를 받고 개종한 자)요, 기록연대는 주후 90년경으로 추정합니다.

② 참된 신앙인들과 그리스도를 증거하는 하나님의 종들을 거절하는 당시 교회 지도자인 **디오드레베에 대한 경고**와 가이오의 도움을 구하기 위하여 기록하였습니다.

③ 기록 배경은 디오드레베는 으뜸 되기를 좋아하고 저자가 보낸 전도자들을 영접하지 않았습니다. 그러나 가이오가 그들을 영접함으로써 저자가 방문하여 그들의 문제를 취급하기까지 전도자를 잘 도와주어야 할 것이라고 합니다.

④ 디오드레베는 전도자들을 염려하여 보낸 편지를 무시해 버렸으므로 가이오에게 편지를 보내게 된 것입니다.

[정리] 교인의 유형

디오드레베	데메드리오
• 으뜸되기를 좋아함 • 요한이 보낸 사람을 거절함 • 온전한 사람들을 교회에서 내쫓음 • 악한 말로 비방함	• 온전함 • 한결 같은 선한 행실. 전도자들 영접함

⑤ 가이오란 특정 인물에 보내졌던 개인적인 서신에 속합니다. 가이오에게 순회전도자들을 잘 대접하도록 부탁하고 그에게 그리스도인의 삶을 살도록 격려하기 위한 내용입니다.

[정리] 요한3서의 요약

저자	사도 요한					
수신자	사랑하는 가이오(요한의 전도를 받고 개종한 자)					
기록시기	AD 90년경					
기록장소	에베소					
기록목적	가이오에게 그의 환대를 데메드리오에게도 베풀기를 부탁하기 위함 가이오를 칭찬하고, 격려하고, 교훈하기 위함					
주제	대접을 칭찬함			교만의 위험		
성경구절	1:1	1:2-4	1:5-8	1:9-11	1:12	1:13-15
핵심내용	인사	가이오의 경건함	가이오의 관대함	디오드레베의 거만	데메드리오를 칭찬함	축도

[정리] 신약에 나타난 네 사람의 가이오

고린도에서 가이오	바울과 교회를 돌보아 줌	로마서 16장 23절
마케도니아의 가이오	바울과 같이 다닌 사람	사도행전 19장 29절
더베의 가이오	바울과 아시아에 함께 간 사람으로 드로아에 먼저 가 있었음	사도행전 20장 4절
아시아 교회에 알려진 가이오	사도 요한에게 환대한 일꾼	요한 3서 1장 1절

✻ 적그리스도에 대하여[503)]

적그리스도란 사도 요한이 사용한 용어로 그리스도의 적, 원수를 말합니다. 요한이 묘사한 적그리스도는 예수님이 그리스도인 것을 부인하고 아버지와 아들을 부인하는 사람(요한일서 2:18,22),예수 그리스도께서 육체로 오심을 부인하는 자(요한이서 1:7)입니다. 요한은 예수님을 시인하지 않는 영은 곧 적그리스도의 영이라고 말했습니다(요한일서 4:3). 그 사상은 구약에서도 다니엘의 열 뿔 달린 짐승(다니엘 7:23-28), 역사 속의 안티오크수 4세(다니엘 11:36), 벨이알(고린도후서 6:15-16), 용, 짐승(계시록 13:11), 옛 뱀, 마귀, 사탄(계시록 20:2) 등입니다. 이런 적그리스도가 누구인지 정확하게 규정할 수 는 없으나 창조부터 예수님의 재림 때까지 **하나님의 반대편에서 일하는 사람이나 세력**을 가리키는 말입니다.

제10절 유다서는 어떤 이야기인가요?

① 이 편지의 저자는 유다로 야고보의 형제이고, 더불어 예수의 형제일 가능성이 높은 것으로 추측되고 있습니다. 유다는 예수님의 부활 전까지는 믿지 않았습니다. 수신자는 부르심을 입은 자(흩어져 있는 12지파)이며, 기록연대는 주후 75년경이고, 쓴 곳은 예루살렘으로 추정합니다.

② 1부는 **영지주의에 대한 경고,** 2부는 **하나님의 진리를 위하여 싸워야 할 의무**에 대하여 기록하고 있습니다. 가만히 들어온 거짓 교사들로 인한 위기가 왔기 때문에 저들의 위험을 경고하기 위하여 이 책을 기록하였습니다. 당시 이단은 그로소시스주의(영지주의)였습니다.

특히 그리스도께서 재림하시기 전에 온 교회에 닥쳐올 대규모의 배도에 관해서 다루고 있습니다. 교회에 들어온 이단과 거짓된 교훈을 경계하며 신자들이 동요됨 없이 신앙을 굳게 지킬 것을 권면하기 위하여 썼습니다.[504)] 또 이단에 빠진 자들을 불에서 끌어내어 구원하라고 합니다(유다서 1:23).

503) 비젼성경, 393쪽.

504) 비젼성경, 397쪽. 오늘날 교회는 포스트모더니즘의 환경에서, **관용이라는 이름으로 이단을 수용하려는 유혹**을 받게 되는데 이에 대해 단호하고도 끊임없이 경계해야 할 것입니다.

[정리] 이단과 거짓 교사들의 행위 특징

이들은 하나님의 은혜를 방탕한 것으로 바꾸고, 예수 그리스도를 부인하며, 육체를 더럽히고, 권위를 업신여기고, 영광과 알지 못하는 것을 비방합니다. 또 원망하고 불만을 토로하고 정욕대로 행하며, 자랑하고, 이익을 위하여 아첨하며, 분열을 일으키고 성령이 없는 자들로 교회에 심각한 영적 해약을 가져오기도 하였습니다(유다서 1:4-19).

③ 문제를 일으키는 사람들과 거짓 선생들을 강하게 꾸짖고 있습니다. 또 불순종과 불신앙에 대한 하나님의 벌을 전해오는 이야기를 통하여 듣고 있습니다.[505)]

④ 유형 교회의 역사가 끝날 때 지상에 있게 될 악인들의 활동과 가르침을 기술하고 있습니다.

[정리] 유다서의 요약

저자	야고보의 동생 유다			
수신자	부르심을 입은 자, 흩어져 있는 12지파, 거짓된 가르침으로 위기에 처한 교회			
기록시기	AD 75년경			
기록목적	교회에 닥칠 배도와 교회에 들어온 이단과 거짓된 교훈을 경계하기 위함			
기록장소	예루살렘			
주제	배교의 공포	배교의 해부	배교의 해독제	
	1:1-4	1:5-16	1:7-23	1:24-25
	기록목적	거짓 교사에 대한 경고 : 믿음으로부터 이탈	성도들을 위한 권면 : 믿음으로부터 전진	송영

[정리] 신약 성경에 나오는 세 사람의 유다

가룟 유다	예수님의 12제자 중 한 사람으로 예수님을 판 사람	
야고보의 아들 유다	예수님의 12제자 중 한 사람으로 다대오(마태 10:3)	누가 6:16
예수님의 형제 유다	예수님의 형제로 유다서를 저술함	마가 6:3 유다서 1:1

505) 믿지 않는 이스라엘을 광야에서 벌을 주셨고, 반란을 일으킨 천사들을 심판했으며, 음란한 소돔과 고모라를 불로 벌 주셨습니다(유다서 1:5).

[정리] 불신앙의 심각한 결과를 알려 주는 방법

대 상	불신앙의 모양	불신앙의 결과	성경구절
타락한 천사	불순종	영원한 결박과 흑암에 가둠	유다서 1장 7절
소돔과 고모라	도덕적 타락	영원한 불의 형벌	유다서 1장 7절

[정리] 구약에 나오는 세 명의 배교자

배교자	내용	성경구절
가인	믿음 없는 제사를 드리고 형제를 죽인 자 : 방종	창세기 4장 1절-5절
발람	탐심과 우상숭배의 대표격	민수기 22장 22절-24절
고라	하나님께서 세우신 지도자 모세에게 반역한 자	민수기 16장 25절-35절

[정리] 유다서와 베드로후서 2장의 비교

유다서	베드로후서 2장
타락한 천사(1장 6절)	타락한 천사(2장 4절)
소돔과 고모라(1장 7절)	소돔과 고모라(2장 6절)
발람의 실수(1장 11절)	발람의 길(2장 15절)

[정리] 일반서신의 기록연대와 장소

일반서신	기록연대(AD)	기록장소
야고보서	45년	예루살렘
히브리서	65년	(미상)
베드로전서	66년	로마
베드로후서	67년	로마
유다서	70년	(미상)
요한일서	85년	에베소
요한이서	90년	에베소
요한삼서	90년	에베소

제11절 요한계시록은[506] 어떤 이야기인가요?

이 책은 아주 비유적인 언어를 사용하고 있으며, 사도 요한이 본 환상에 관해서 이야기하고 있습니다. 사도 요한이 본 계시와 환상을 기록한 책으로 신약성경의 다른 모든 책들과는 다릅니다. 이 책에 나오는 많은 인물과 형상들은 구약성경에서 나온 것들로 구약성경에 수록된 글들과 비교해야 잘 이해할 수 있습니다. 이 신약성경의 마지막 책은 믿는 이들이 하나님과 그들의 지도자이며 인도자이신 예수 그리스도의 능력을 통하여 악의 세력을 누르고 궁극적인 승리를 거둘 것을 확신시켜 주고 있습니다.

❃ 요한계시록과 이단사상

요한계시록은 그 묵시적(계시적, 예언적) 성격 때문에 그 해석의 어려움이 있으며, 그때문에 많은 이단들이 이를 자기에게 유리하고 편리하게 해석하여 성도들을 미혹하는 일이 벌어지고 있는 것이 현실입니다. 또한 정통 교회에서는 이러한 오용 때문에 요한계시록의 바른 해석이나 접근을 오히려 꺼려하여 일반 성도들은 이에 대한 무지에 쌓여있게 함으로써 이단들의 주장에 제대로 대응(판단)하지 못하는 문제도 함께 지니고 있습니다.

1. 요한계시록은 왜 문제인가요?

요한계시록의 해석의 어려움과 오용의 문제 때문에 정통 교회에서는 계시록의 **해석과 접근을 꺼리고** 있으며, 이러한 모습은 그리스도교인 개개인에게도 비슷한 현상으로 **무관심과 무시의 대상**이 되었습니다. 종교개혁자 존 칼빈은 계시록이 어렵고 난해한 책이라는 이유로 주석을 쓰지 않았습니다. 이러한 영향이 오랜 동안 계속되다가 1980년대에 와서 미국 플러신학대학원의 조지 래드 교수가 초대 교부들 중 대다수가 지지한 바 있는 역사적 전천년주의 종말론을 회복하면서 미국 복음주의권의 대표적인 학자들 중 대다수가 지지하는 관점으로 자리잡게 되었습니다. [507]

2. 요한계시록은 어렵고 무섭고 두려운 책인가요?

1) 요한계시록에 대하여 많은 성도들과 목회자들이 이해하기가 어렵다는 선입견을 가지

506) 요한계시록의 저자는 사도 요한이며, 저작 시기는 기원 후 90년대로 추정하며, 저술 장소는 사도 요한의 유배지였던 밧모 섬이라고 봅니다. 또 편지를 받은 상대방은 아시아의 로마속주에 있는 일곱 교회입니다.

507) 정성욱, 밝고 행복한 종말론, 큐리오스, 2016, 140쪽.

고 있습니다. 이것은 요한계시록이 많은 상징을 사용하고 또 미래에 일어날 일에 대한 예언을 말하고 있다는 점에서 더욱 그러한 생각을 갖게 합니다. 하지만, 요한계시록에 나오는 여러 가지 상징들을 성경적인 원리에 따라 해석한다면 누구든지 해석하고 이해할 수 있는 내용인 것입니다. 또한 주님께서도 읽고, 듣고, 지켜 복을 누리라고 하셨습니다.

> '**이 예언의 말씀을 읽는 자와 듣는 자와 그 가운데에 기록한 것을 지키는 자는 복이 있나니** 때가 가까움이라'(계시록 1:3).

② 요한계시록은 무섭고 두려운 책이라는 편견이 또한 널리 퍼져 있습니다. 특히 계시록 6장에서 18장까지 나오는 대환난에 대한 내용이 두렵고 가공할 만한 하나님의 심판을 증거하는 너무나 무서운 내용이라는 점이 강조됩니다. 이러한 내용은 성도들의 삶에 영적인 용기와 위로보다는 영적 침체와 절망을 경험하고 막연한 두려움과 공포를 가지게 된다고 생각하여 가까이 하기보다는 회피하게 만듭니다. **하나님을 배반한 죄인들과 세상에 대한 하나님의 두려운 심판을 묘사**하고 있으므로 이러한 두려움과 공포의 감정을 불러일으키게 하는 측면이 있는 것이 사실입니다. 하지만 이는 잘못 이해된 것이며, 그 심판은 교회가 아닌 하나님을 대적하고 예수 그리스도의 복음진리를 거부하는 세상과 배도한 교회를 대상으로 한 것입니다.

3. 요한계시록을 바르게 이해하기

주님께서 모든 성도들을 향하여 주신 귀한 말씀인 요한계시록을 바르게 읽고 해석하여 생활에 적용하고 실천함으로써 신령한 복을 받아 축복된 삶을 누리는 것이 주님이 주신 뜻입니다. **교회와 성도들이 핍박과 환난에 대하여 하나님의 신실한 보호하심과 자상한 배려를 통하여 기쁨과 소망과 위로와 확신을 얻게 됨**으로써 교회를 향한 하나님과 예수 그리스도의 뜨거운 사랑을 느낄 수 있습니다. 그러므로 우리가 계시록의 목적과 성격과 내용을 바르게 이해하고 해석하는 것이 필요한 때입니다.

> '이 두루마리의 **예언의 말씀을 인봉하지 말라 때가 가까우니라**'(계시록 22:10).

[정리] 요한계시록의 해석 관점

해석 관점	단점
1. 현재 일어난 일에 대한 예언(과거적 해석)	일어날 (미래적)일에 대한 예언도 있다.
2. 미리 기록된 세계 역사 예언(역사적 해석) 관념적 접근법으로 보기도 함	'짐승'을 중세 교황으로 해석하나 다른 해석도 있다.
3. 하나님의 성품이나 세상과 함께 하는 상징적 방식으로 이해(초시간적-상징적 해석)	'어린 양' '천국의 예루살렘' 등이 영원한 진리다.
4. 일어날 일에 대한 예언(미래적 해석)	종말론적 예언만 기록한 것은 아니다.

※요한계시록의 예언(계시) 내용 위의 네 가지 해석을 다 품고 해석되어야 잘 이해될 수 있는 기록이라는 것을 알 수 있으며, 다만 '미래에 일어날 일"이라는 미래적 해석이 대부분이라고 봅니다. [508)]

4. 요한계시록의 기록 목적

계시록은 하나님께서 아들 예수 그리스도에게 반드시 속히 일어날 일들에 대하여 모든 그리스도인들에게 보여 알게 하시려고 천사를 요한에게 보낸 것이라고 할 것입니다.

'오직 이것을 기록함은 너희로 예수께서 하나님의 아들 그리스도이심을 믿게 하려 함이요 또 너희로 믿고 그 이름을 힘입어 생명을 얻게 하려 함이니라'(요한 20:31).

'예수 그리스도의 계시라 이는 하나님이 그에게 주사 반드시 속히 일어날 일들을 그 종들에게 보이시려고 그의 천사를 그 종 요한에게 보내어 알게 하신 것이라'(계시록 1장 1절).

5. 요한계시록의 성격

1) 요한계시록은 현재 계시입니다.

요한계시록에서 말하고 있는 일곱 교회는 사도 요한 당시 실제로 로마의 지배 아래 아시아에 있는 교회에 보낸 편지입니다. 하지만, 일곱 교회는 어느 시대에나 있게 될 대표적인 일곱 가지 유형의 교회(보편 교회)를 의미합니다. [509)]

508) 존 스토트, 신약의 메시지, 아바서원, 2021, 321쪽.
509) 신성종, 평신도를 위한 성경 이야기, 국민일보, 2004.343쪽. 또 이것은 세대주의에서 말하는 시대적 구분과는 다른 해석입니다. 7은 완전함과 완벽함을 의미합니다(7일간의 창조역사).

[정리] 아시아의 일곱 교회

교회 이름	칭찬	권유와 책망	비고
서머나 교회	핍박과 빈곤 가운데 인내	두려워하지 말고 충성된 자가 되라	칭찬, 권유
빌라델비아 교회	충성, 믿음	가진 것을 굳게 잡으라	칭찬, 권유
에베소 교회	진리를 굳게 붙들고 타협하지 않음	처음 사랑을 버렸다. 영혼이 죽어 있는 상태를 회개하라	칭찬, 권유와 책망
버가모 교회	충성과 믿음	도덕적 타협을 회개하라	칭찬, 권유와 책망
두아디라 교회	사랑, 믿음, 고된 수고	거짓된 교리, 부도덕한 일을 부추긴 이세벨을 용납한 일 책망	칭찬, 권유와 책망
사데 교회		영적으로 죽은 교회, 하나님의 진리를 기억하라	권유와 책망
라오디게아 교회		무관심, 냉담, 자기 중심적, 물질적 부요에 미혹됨	권유와 책망

소아시아의 일곱 교회
(성서지도, 지계석)

라오디게아 교회 터

2) 요한계시록은 예언서입니다.

① 요한계시록은 미래에 대한 예언서의 성격을 가집니다. '반드시 속히 일어날 일' 즉 미래에 일어날 일에 대한 것으로 이것은 **예수 그리스도의 재림**을 말합니다.

> **'보라 내가 속히 오리니 내가 줄 상이 내게 있어 각 사람에게 그가 행한 대로 갚아 주리라'**(계시록 22장 12절)

> '이것들을 증언하신 이가 이르시되 **내가 진실로 속히 오리라** 하시거늘 아멘 주 예수여 오시옵소서'(계시록 22장 20절).

여기서 우리가 유의하여야 할 것은 계시록이 미래에 관한 예언이므로 오늘 현재 우리들의 삶과는 무관한 것으로 오해하여서는 안 됩니다. 미래에 대한 하나님의 예언과 약속이 성취될 것이므로 우리들은 확신을 가지고 **오늘을 어떻게 살 것인지를 결단**하여야 하기 때문입니다.

3) 요한계시록은 상징적 내용입니다.

요한계시록은 미래에 반드시 속히 일어날 사건에 대한 예언적 기록으로써 다양한 상징을 사용하고 있습니다. 그런데 이러한 상징들은 이미 구약성경에서 사용된 적이 있는 상징들을 많은 부분 재사용하고 있는 것을 발견할 수 있습니다. 그러므로 요한계시록의 상징을 바르게 해석하기 위해서는 **성경 전체에 대한 바른 이해가 필요**합니다.[510]

4) 요한계시록은 실제적으로 미래에 일어날 사건에 대한 기록입니다.

요한계시록은 미래에 일어날 사건에 대하여 기록한 책입니다. 즉 삶의 지혜를 위한 교훈(잠언)도 아니고, 기독교의 근본 교리와 윤리를 다룬 책(서신서)도 아니며, 과거에 일어난 일을 보고하는 책(사도행전)이 아니라 미래에 속히 일어날 사건에 대한 기록임을 분명히 말하고 있습니다. 그러므로 단순히 개인 신앙적 의미에 초점을 맞추는 것은 올바른 해석이 되기 어렵습니다.

510) 예를 들면 계시록 1장 4절이 말하는 '일곱 영'에서 일곱은 단순 숫자를 말하는 것이 아니라 **일곱=하나님의 신성과 완전성을 상징**하므로 결국 일곱 영=성령을 말하는 것으로 해석됩니다.

[정리] 장차 일어날 심판

구분	연결되는 심판들		
일곱 인 6:1-8:6	1. 적그리스도 2. 전쟁 3. 기근 4. 죽음 5. 순교자의 기도 6. 대지진	7. 나팔 재앙의 시작	
일곱 나팔 8:7-9:21		1. 수목의 1/3이 불에 탐 2. 바다의 1/3이 심판받음 3. 물의 1/3이 심판받음 4. 천체의 1/3이 어두워짐 5. 마귀의 활동이 증가함 6. 동방 군대의 침략	7. 대접 재앙의 시작
일곱 대접 15:1-16:21			1.악하고 독한 종기 2. 바다가 피로 변함 3. 물이 피로 변함 4. 사람들이 불에 탐 5. 짐승의 보좌를 심판 6. 동방으로부터 침략 7. 대지진

* 일곱 교회와 일곱인, 일곱 나팔, 일곱 대접 이외에도 일곱 가지 하늘의 이적 (계시록 12:1-15:8)이 하나로 연결되어 있으나, 일곱 가지 마지막 환상(계시록 17:1-22:21)은 다르게 해석하고 있습니다.

5) 요한계시록의 내용은 이미 구약시대에 나타나고 있습니다.

① 구약시대에 이미 하나님께서는 예언서 혹은 선지서(예언자, 선지자)를 통하여 메시야가 올 것을 상세하게 예언하고 있습니다.[511] 그런데 이러한 예언은 예수 그리스도께서 이 땅에 오심으로 성취되었습니다.

511) 요한계시록에는 구약성경으로부터 직접적인 인용이나 분명한 암시가 35번 이상 나타나고 있습니다. 폴 N. 벤웨어. 곽철호 옮김, 모든 이를 위한 신약성경개론, 요단출판사, 1990. 332쪽.

② 예수님 부활 승천 이후의 **재림에 대한 예언이 바로 요한계시록의 내용**인 것입니다. 하지만 구약에서도 이미 예수 그리스도의 재림에 대한 예언이 있습니다.

> **'그때에 네 민족을 호위하는 큰 군주 미가엘이 일어날 것이요 또 환난이 있으리니 이는 개국 이래로 그때까지 없던 환난일 것이며 그때에 네 백성 중 책에 기록된 모든 자가 구원을 받을 것이라 땅의 티끌 가운데에서 자는 자 중에서 많은 사람이 깨어나 영생을 받는 자도 있겠고 수치를 당하여서 영원히 부끄러움을 당할 자도 있을 것이며'**(다니엘 12:1-2).
>
> **'여호와께서 아시는 한 날이 있으리니 낮도 아니요 밤도 아니라 어두워 갈 때에 빛이 있으리로다'**(스가랴서 14:7).

하나님은 신실하시고 전능하신 분으로 예언을 미리 해 주시고 그 예언을 성취하시는 분이십니다.

❀ 구원받을 14만 4천 명[512)]

1. 사도 요한은 미래의 환난기간 동안 구원을 받을 이스라엘의 지파 중에서 하나님이 인치신 14만 4천 명이 있다는 계시를 받습니다. 이들은 환난 기간 중에 복음의 증거자들이 됩니다. 여기서 14만 4천 명이라는 수는 12X12,000과 같습니다. 이 수는 이스라엘의 12지파를 염두에 둔 상징수로, 각 지파마다 일만 이천 명씩 12지파라는 완전수로 하나님 백성을 상징합니다. 구약성경에서 야곱의 장자인 르우벤이 제일 먼저 언급되는 것과 달리, 여기서는 유다가 먼저 언급되는데 이는 다윗을 낳은 지파이며 동시에 예수님이 유래한 지파이기 때문입니다. 또 단 지파가 빠지고 그 대신 므낫세가 언급되는데 이는 단은 이방신에게 빠졌던 지파라는 사실(사사기 17-18장), 적그리스도가 단 지파에서 나올 것이라는 고대교회의 전승을 고려할 때, 단 지파는 더 이상 하나님 백성에 속하지 못하게 되었음을 알 수 있습니다. 여기서 말하는 12지파는 유대 백성의 미래에 대한 대망을 나타내지 않고, 유대인과 이방인으로 구성된, 종말의 하나님 백성(하나님의 모든 구원받은 백성)인 예수 그리스도 교회(그리스도인)를 가리킵니다.[513)]

2. 그런데 이러한 일반적인 성경해석과는 달리 신천지는 14만 4천 명을 신천지 교인으로 국한하여 말하면서 미혹하는 교리를 주장하고 있기에 이단성을 갖는 것으로 볼 수 있는 것입니다.

---

512) 김창선, 한국교회를 위한 21세기 신약성서 해설, 시유시, 2005, 539쪽. 요한계시록 7장 4절-8절.

513) 야고보서 1장 1절 '하나님과 주 예수 그리스도의 종 야고보는 **흩어져 있는 열두 지파에게** 문안하노라'마태복음 19:28, 누가복음 22:30, 베드로전서 2:9 등에서 교회는 이스라엘 12지파, 하나님의 백성인 이스라엘로 표현되기도 합니다.

❀ 아마겟돈 전쟁

1. 요한계시록 16장의 아마겟돈에 대한 정통교회의 올바른 해석은 "세 영이 히브리어로 아마겟돈이라 하는 곳으로 왕들을 모으더라"(계시록 16:16). 요한계시록의 아마겟돈은 땅의 이름, 즉 지명으로 아마겟돈은 히브리어로 므깃도의 산을 뜻합니다. 므깃도는 전략적 요충지로 고대에 중요한 전투가 벌어진 곳이므로 이스라엘 사람들에겐 므깃도가 치열한 전쟁의 대명사로 인식되었습니다. 하나님은 천사를 통해 요한에게 므깃도 산, 즉 아마겟돈 전쟁의 환상을 보여 주셨는데, 이 **므깃도는 악의 세력이 결집하여 전투를 벌이는 장소 즉 최후의 (영적) 전쟁이 일어나는 장소**로 예언하였습니다. 그러므로 이를 제3차 세계대전과 핵전쟁과 같은 실제 전쟁으로 이해하는 것은 바람직하지 않습니다. 에스겔 선지자도 종말에 곡과 마곡이 하나님의 백성과 싸울 곳이 바로 므깃도라고 했습니다(에스겔 39:1-6).

2. 요한계시록 16장에는 용, 짐승, 거짓 선지자가 등장하는데, 이들의 목적은 하나님의 백성들을 미혹하고 핍박해 예수 그리스도를 믿는 신앙을 포기하게 만드는 것입니다. 특히 사도 요한과 함께 신앙생활을 했던 소아시아 일곱 교회 성도들은 로마제국으로부터 핍박을 당했으므로 믿음을 지킨다는 것이 어떤 의미인지 그리스도인들은 잘 알고 있었으나 이 믿음의 선한 싸움이 언제 끝날지 모르고, 예수님의 재림에 대한 소망도 점점 희미해져 가고 있었습니다. 그때 하나님은 요한에게 환상을 통해 믿음의 선한 싸움, 영적 전쟁의 끝이 반드시 있다고 말씀하셨습니다.

3. 요한계시록의 아마겟돈 전쟁은 믿음을 지키기 위해 치열하게 믿음의 선한 싸움에 나선 성도들과 신앙을 무너뜨리려는 **악의 세력과 영적 전쟁**을 의미하므로 아마겟돈 전쟁은 믿음에 관한 말씀이지 세계대전과 핵전쟁에 관한 말씀이 아닙니다. 아마겟돈과 같은 이 치열한 영적 전쟁도 예수님께서 다시 오시는 그날 신앙을 포기하지 않고 믿음의 선한 싸움을 끝까지 싸운 모든 그리스도인의 승리로 끝날 것입니다.

4. 여호와의증인은 1975년 10월 초에 아마겟돈 전쟁이 일어나서 지구가 멸망할 것이라고 했지만, 그런 일은 일어나지 않았습니다. 안식교와 여호와의증인은 요한계시록의 아마겟돈 전쟁을 문자 그대로 믿습니다. 아마겟돈을 비유로 해석하는 이단도 있습니다. 정명석의 기독교복음선교회(JMS)는 요한계시록의 아마겟돈 전쟁을 문자적으로 풀어서는 해답을 얻지 못한다고 주장하며 "오늘날 아마겟돈 전쟁을 중동전 혹은 3차 세계대전으로 풀기도 하는데, 이 문제 역시 성경을 문자 그대로 풀어서 생긴 잘못입니다. 아마겟돈 전쟁은 영적인 전쟁으로 종교적인 전쟁, 진리의 전쟁, 사상의 전쟁을 말한다."고 합니다. **신천지**예수교증거장막성전 역시 아마겟돈을 비유로 풉니다. "본문은 개구리 같은 더러운 귀신의 영이 용과 짐승과 거짓 선지자의 입에서 나와 하나님과 전쟁을 하기 위해 아마겟돈이라 하는 곳으로 천하 임금들을 모은다고 합니다. 이것은 용과 짐승과 거짓 선지자의 마음이 귀신의 집이기 때문에 귀신의 영이 비진리를 통해 그들의 입에서 나온다는 말씀이요, 육적 이스라엘 나라의 전쟁터를 빙자한 아마겟돈이라는 곳에 하나님의 사자들과 싸우기 위해 왕들 곧 목자들을 모은다는 말씀이다."고 하면서 정통교회를 바벨론 교회라 부릅니다. 아마겟돈 전쟁은 **자신들과 바벨론 교회인 정통교회 사이에 벌어지는 교리 다툼을 의미한다고 주장**합니다. (김주원 목사:국민일보)

6. 요한계시록의 구조(틀)

1) 요한계시록은 일정한 구조로 기록되어 있습니다. 그러므로 이러한 구조를 잘 파악하는 것이 바른 이해를 돕게 됩니다.

첫 번째 부분은 계시록 1장으로써 사도 요한이 본 것 즉 과거의 사건을 다루고 있습니다. 두 번째 부분은 계시록 2장부터 5장까지로 지금 있는 것 즉 현재 소아사아 7교회의 상태와 천상의 현재 모습을 증거합니다. 그리고 세 번째 부분은 6장부터 22장까지로 미래 장차 될 일을 증거합니다. 그리고 세 번째 부분은 다시 두 단락으로 세분됩니다. 6장에서 18장까지는 재림 직전의 대환난의 모습을, 19장-22장까지는 예수님의 재림과 재림 이후의 천년왕국과 **새 하늘과 새 땅**을 다루고 있습니다.

> ' **또 내가 새 하늘과 새 땅을 보니** 처음 하늘과 처음 땅이 없어졌고 바다도 다시 있지 않더라'(계시록 21:1).

[정리] 요한계시록의 구조(틀)

부분	내용	비고
첫째 부분 1장	사도 요한의 본 것 / 과거 사건	
둘째 부분 2장-5장	소아시아 7교회 천상의 현재 모습	
셋째 부분 6장-22장	미래 장차 될 일	
① 6장-18장	재림 직전의 대환난 모습	*전천년주의
② 19장-22장	재림 이후 천년왕국과 새 하늘과 새 땅	*역사적전천년주의

2) 요한계시록은 **약속과** '이것들을 증언하신 이가 이르시되 내가 진실로 속히 오리라' 이에 화답하는 기도 '아멘 주 예수여 어서 오시옵소서'(계시록 22:20)로 **끝을 맺고 있습니다.**

[정리] 요한계시록의 장별 주제를 시간적으로 구성[514)]

<table>
<tr><th>사건들</th><th>교회시대</th><th>환난기</th><th>천년왕국</th><th>심판 · 백보좌</th><th>영원한 상태</th></tr>
<tr><td>하늘에서</td><td>1</td><td>4-5</td><td>19-20</td><td>20</td><td rowspan="2">21-22</td></tr>
<tr><td>땅에서</td><td>2-3</td><td>6-19</td><td>20</td><td></td></tr>
</table>

514) 폴 N. 벤웨어. 곽철호 옮김, 모든 이를 위한 신약성경개론, 요단출판사, 1990. 332쪽.

[정리] 사도 요한의 저작물과 구원

요한복음	구원의 본질
요한 1,2,3서	구원의 확신
요한계시록	구원의 완성

[정리] 사도 요한의 저작의 특징

사도 요한은 요한복음과 요한 1, 2, 3서와 요한계시록의 저자입니다. 특히 그는 예수님의 제자 중에서 가장 오랫 동안 생존하였으며, 또한 자연사 한 사람이라고 보고 있습니다. 그런데 그의 저술의 특징은 요한복음에서는 예수 그리스도의 하나님 되심과 창조주 되심 그리고 대속과 구원의 진리에 관하여 담백하게 기술하고 있습니다. 그리고 요한계시록은 하나님으로부터 받은 계시의 말씀인데, 다만 그 해석의 문제로 그 동안 많은 이단들의 악용의 도구가 된 측면이 있어 안타까운 일입니다. 하지만 이것은 정통 기독교계의 올바른 해석의 부재가 낳은 하나의 부정적 측면이라고도 할 수 있으므로 오히려 성령의 감동과 감화로 올바른 해석이 더욱 필요한 것임을 반증하는 것이라고 할 수 있을 것입니다.

[정리] 신약성경 과연 **누가 저자인가?**

신약성경의 저자에 대해서는 여러 가지 의문이 있는 경우가 많습니다. 많은 연구자들에 의해 저자가 누구인가에 대하여 밝혀 주고 있지만 여전히 확실한 확증을 하지 못할 때도 있습니다. 하지만 저작성이 불확실함에도 불구하고 이 서신들의 위대성이 결코 손상되지 않는 것은 그 저술 내용의 진실성과 가치입니다. 3세기 경 알렉산드리아의 오리겐이 말한 바와 같이 **'그 서신을 누가 썼는지의 여부는 오직 하나님만이 확실하게 아신다'**고 할 것입니다. 결국 이모든 저작물과 저작자의 **최종적인 저자는 바로 우리 주 성삼위 하나님**이라는 것에는 변함이 없을 것입니다.

[정리] 기독교 역사가 전개된 모습과 하나님의 섭리

✻ 기독교(그리스도교)의 성립

1. 그리스도인 공동체는 처음에는 유대인 거주 지역에서 시작됐습니다. 유대교의 입장에서 그리스도교는 새로운 분파로 이해되었고, 그리스도교는 예수의 죽음에 대한 책임 문제로 유대교와 늘 갈등과 마찰을 일으키고 있었습니다. 예수님의 부활사건 이후 제자들은 여러 지방으로 흩어져 복음을 전파하기 시작하였습니다.

2. 로마 제국이 예루살렘 성전을 파괴한 다음에는 예루살렘은 더 이상 기독교의 중심지 역할을 할 수 없게 되자 그리스도인들이 제국의 수도인 로마로 자연스럽게 집중되게 되었는데, 비록 예루살렘이 그

리스도교의 발상지이지만 오히려 로마가 중심이 되었다는 사실은 당시 서양의 중심은 로마였고 그 외도 정치 상황 등 복합적인 이유 때문입니다. 이미 사도들 특히 사도 바울의 선교에 의해 예루살렘 이외의 지중해와 아시아 지역 등에 교회가 개척되고 성립되었지만, 하나의 교회 시스템(제도)으로 성립된 것은 로마 교회라고 할 수 있습니다.

3. 초기 로마 교회가 언제 생겼는지, 즉 로마에 첫 그리스도인이 언제 정착했고 어떻게 그리스도인 공동체가 형성됐는지는 정확히 알 수는 없습니다. 바울의 로마 편지를 근거로 적어도 그 집필 연대인 58년 이전에 이미 그리스도인 공동체가 로마에 존재했었다는 것은 분명합니다. 바울은 59년에서 61년 사이에 로마에 도착한 것으로 추정됩니다.

4. 베드로의 경우에는 로마 도착 사실이 명확하게 나타나 있지 않습니다. 다만 여러 기록들이 베드로의 로마 체류 사실과 함께 그의 순교 사실을 전해 주고 있습니다. 64년 7월 19일 네로 황제가 로마에 불을 지르자 여론이 좋지 않아 그리스도인들을 방화범으로 몰아 4년 동안 박해했는데 이 박해 때 베드로와 바울이 순교했을 것으로 추정됩니다.

5. 로마는 그리스도교 공동체의 주역이었던 베드로와 바울의 두 사도의 순교지라는 특수한 의미와 배경으로 인해 지역 교회를 넘어선 새롭고 확고한 위치가 되어 로마 교회는 초기 교회의 다양한 문화적 배경 속에서 기독교 일치의 기준과 정점이었습니다.

이후 로마 주교는 스승처럼 다른 지역교회와 공동체의 문제에 가르침을 내리게 되었습니다.

❃ 예루살렘 성벽이 무너짐

주후(AD) 70년 8월 어느 날 디도는 그의 아버지 베스파시안 황제의 명에 따라 8만 명의 병사를 거느리고 예루살렘을 포위하였고, 유대인들의 항쟁이 계속되자 예루살렘 온 도시와 성전을 파괴하도록 명령을 내렸으며 예루살렘 성벽은 무너지고 말았습니다. 이때 9만 8명의 포로가 로마로 끌려가고, 11만 5천 8백 명이 죽었으며, 예루살렘의 당시 전체 주민은 60만 명이었습니다.[515]

❃ 이스라엘 최후 마사다 항전[516]

1. 오늘날 이스라엘 사람들의 성지로 되어 있는 마사다는 사해 근처의 모래사막에 돌출한 바위산으로 둘레가 1.5킬로미터, 높이가 450미터나 되는 천연의 바위로 된 요새입니다.

2. 마사다가 요새화가 된 것은 BC 160년경 마카비 형제들에 의해서라고 하지만 완벽한 요새로 된 것은 헤롯 왕 때라고 봅니다. 헤롯 왕은 BC 30년경 천연적인 지형을 이용하여 유사시에 사용할 수 있는

515) 신성종, 신약역사, 34-35쪽. 참조
516) 신성종, 신약역사, 34-35쪽. 참조

요새 왕궁을 이 곳에 건설하였습니다. 그는 큰 저수장, 왕궁, 목욕실, 곡식 저장소, 군영, 파수대 등을 만들었습니다.

3. 서기 66년, 로마 제국에 항거하는 제1차 유대인 반란이 일어났습니다. 이것이 빌미가 되어 로마의 대 군단이 유대인의 반란을 진압하기 위하여 유대나라에 진입하게 되었고, 서기 70년 8월에 로마의 디도(티투스) 장군은 예루살렘을 함락시켰고 완전히 파괴되고 말았습니다.

4. 이때 유대인 열성 당원 약 960명이 에리아잘 벤야이르를 지도자로 하여 마사다 요새로 피신하였습니다. 이들은 마사다 요새를 근거로 하여 로마에 대한 저항을 3여 년 간 계속하였습니다.

5. 로마는 플라비우스 실바(Flavius Sillva) 장군이 이끄는 정예 제10군단을 진군시켰지만 천연의 험한 지형 때문에 쉽게 함락되지 않았습니다. 로마군은 마사다 뒤편에 흙으로 토담을 쌓아 요새에 접근하려고 하였으며, 공사는 안식일을 이용하여 19개월 만에 다 쌓아지고, 수비문이 불에 타게 되자 남아 있던 유대인들은 최후에는 전 소유물을 한 곳에 모아 놓고 불살라 버리고, '우리는 로마인의 노예가 되는 부끄러운 항복을 하지 말고 자유인으로 죽음을 택합시다.'고 하면서 모두 죽음으로 마감하였던 곳입니다.

6. 960명 중 노인 한 사람과 아이 네 명이 숨어 있다가 죽음을 면하고 마사다의 최후를 증언함으로써 알려지게 되었습니다. 이 요새는 물이 한 방울도 나오지 않는 지역인데도 물탱크를 만들어 식수로 사용하고, 요새의 공터에 곡식을 심어 양식을 삼기도 하였으며, 꽃도 피우게 하였습니다.

난공불락의 요새 마사다

기독교의 박해와 시련

기독교의 첫 세대-사도행전에 나오는 시기-중에는 핍박은 로마가 아닌 유대인으로부터 왔습니다. 로마정부는 기독교 초기에는 관대하게 대우했을 뿐만 아니라 실제로 그 핍박자들로부터 보호해 주기까지 하였습니다. 하지만 **황제숭배를 거부한 기독교**에 대해서 언젠가부터 로마는 기독교를 핍박하기 시작하였고, 특히 로마의 화재로 인한 민중의 불안 심리를 다른 곳으로 돌리기 위한 방법으로 네로 황제 이후 10여 차례 이상 대 박해의 시대를 맞이하였습니다. 때로는 천재지변을 기독교에 뒤집어씌우기도 하였고, 여러 정치적 음모가 기독교에 대하여 핍박의 빌미로 제공되었습니다.

이때 많은 순교자들과 희생자들 뿐만아니라 심지어 변절자들도 생겼습니다. 그럼에도 불구하고, 박해는 기독교를 멸망시킨 것이 아니라 오히려 더 강화시킨 결과를 낳았습니다. 순교자들의 피는 교회의 씨앗이 되었고, 한 사람이 순교하면 그때마다 수많은 사람들이 이방신을 버리고 기독교로 돌아왔습니다. 또한 많은 미혹의 세력(이단)과의 영적 싸움도 지속되었으나, 이단세력에 대하여 사도들과 평신도들은 신실한 믿음의 신앙으로 **기독교 전통을 세우고 지켜내었습니다.** 참으로 놀라운 **하나님의 섭리**입니다.

✽기독교의 승인

로마 정부 아래 수많은 핍박과 고난 속에서 바로 그 로마제국의 황제 콘스탄티누스에 의해 주후 313년에 밀라노 칙령을 통해서 승인되어 기독교에 대한 핍박이 멈추어지고 평화가 찾아왔고 신앙의 자유를 얻게 되었습니다. 그후 드디어 **기독교는 로마의 국교로 인정**되게 되어 로마제국과 함께 중세 1,000년 동안을 서양의 역사 속에서 **생활과 삶의 기준**이 되었습니다.

✽기독교의 확장과 변질

기독교인들은 그 생활의 모범으로 인하여 칭찬받게 되었고, 평화롭고 모범된 삶을 살았습니다. 그러나 한편으로는 시간이 지나면서 주후 260-300년경의 평화와 번영은 기독교회를 부패하게 만들었습니다. 평화는 번영을 가져왔는데 이 번영은 핍박보다 더 해로웠습니다. 사람들이 부유해지면서 재산이 늘게 되고 국가적 건물들을 짓기 시작하였습니다. 교회에는 많은 개심자들이 떼를 지어 몰려들자 교회의 부와 세력은 정치적 위협이 되기도 하였습니다. 교인들은 재물에 몰입하게 되었고, 사치와 기독교 공직자들의 뇌물, 그리고 고리 대금업, 경제적 이해에 따라 배교행위, 성직자들의 성직임명에 피를 흘리고 권력투쟁까지 일삼게 되었습니다. **기독교가 세상을 변화시키고 있는 동안에 세상이 기독교를 변질시키고 있었던 것입니다.**[517)]

517) J.허버트 케인, 신서균. 이영주 역, 앞의 책, 44-49쪽. 참조

[정리] 신약성경에 나타난 예수님에 관한 이해[518)]

신약성경	예수님에 대한 이해	신약성경	예수님에 대한 이해
마태복음	이스라엘(유대인)의 왕	마가복음	하나님의 아들/인자/주 고난 받는 종
누가복음	만인의 친구	요한복음	하나님 / 말씀(로고스)
사도행전	구원자	로마서	하나님의 아들 우리의 의로움 예수님
고린도전후서	하나님의 지혜(전서) 화해자 그리스도(후서)	갈라디아서	언약의 창시자
에베소서	하나님의 신비 예수님	빌립보서	겸손한 종 그리스도
골로새서	충만의 구현 예수님	데살로니가전후서	종말론적인 그리스도
디모데전후서	일꾼을 세우시는 자	디도서	구원을 주시는 그리스도
빌레몬서	용서하시는 예수님	히브리서	새 언약의 대제사장
야고보서	예수 그리스도의 인격	베드로전후서	영혼을 구원하신 분(전서) 재림하실 주님(후서)
요한일이삼서	대언자(일서) 진리와 사랑(이서) 선한 자(삼서)	유다서	보호자, 영광 앞에 흠 없이 기쁨으로 서게 하실 자
요한계시록	종말(심판)과 재림의 주		

사복음서의 저자들
(페테르 파울 루벤스 作, 독일, 1577-1640)

518) 벨리-마틴 카르카넨, 정남수 옮김, 예수 그리스도 이해, 쿰란출판사, 2018, 31-71쪽 참조.

제12장 신약성경을 어떻게 읽고 이해하여야 하나요?

신약성경을 읽고 이해하는 방법에 대해서는 여러 가지가 있을 수 있습니다. 무엇보다 먼저 예수 그리스도의 생애를 중심으로 시간과 공간적으로 살펴볼 수 있으며, 그리고 다른 한편 사도들의 복음 전파를 중심으로 살펴보는 것입니다.

제1절 예수님의 생애를 시간 순으로 이해하기

신약성경은 구약성경과는 달리 **예수님의 생애와 사도들의 사역에 관한 이야기**이며 그 전체적인 **활동 시간은 약 100년 정도**의 기간에 불과합니다. 또한 신약성경은 마태, 마가, 누가복음(공관복음)과 요한복음 그리고 사도행전 이하가 시간의 순서에 의해서 기록되어진 것도 아닙니다. 그러므로 신약성경 전체를 시간의 순서로 이해하는 것은 크게 효과적이지 못합니다. 오히려 신약성경을 그 내용에 따라 예수님의 생애, 사도들의 활동, 사도 바울의 활동(서신)으로 나누어 볼 수 있습니다. 그중 시간 순으로 이해하려면 예수님의 생애와 사도 바울의 선교여행으로 크게 나누어 볼 수 있습니다.

제2절 예수님의 생애를 공간적으로 이해하기

예수님의 생애에 대하여는 다시 공간적(활동 지역적)으로 북쪽 갈릴리 지역과 중간 지역인 사마리아 지역, 그리고 남쪽의 유다 예루살렘 지역을 중심으로 살펴볼 수 있을 것입니다. 그런데 **예수님의 공생애 사역의 대부분은 북쪽의 갈릴리 지역을 중심으로** 이루어졌습니다. 하지만 예수님의 눈은 늘 예루살렘으로 향하고 있었습니다.

✾ 왜 예수님의 사역은 북쪽 갈릴리 지역을 중심으로 이루어졌나요?

① 갈릴리는 팔레스틴의 가장 북쪽에 있는 지방으로, 길이는 60마일, 너비가 30마일 정도입니다. 대부분이 고원으로 되어 있으며, 그 표면은 불규칙적인 산들로 깔려 있습니다. 동쪽 경계선 가까이에는 갑자기 낮아지면서 그 사이를 요단강이 흘러내리고 있으며, 그 한가운데는 지중해 바다보다 200미터나 낮은 하프형의 아름다운 갈릴리 호수가[519] 있습니다.

② 갈릴리 호수는 총 면적이 165평방미터에 둘레는 100킬로미터, 수심은 50미터쯤 된다고 합니다. 갈릴리 호수는 동북쪽에 헬몬 산을 이고 있고, 왼쪽으로는 다볼 산이 있어 가끔 급격한 바람을 받아 거센 풍랑이 일어나기도 합니다. 갈릴리 호수에는 고기가 많아 수천의 어부들이 생계를 이어가고 있었습니다. 갈릴리 호수의 물은 전 이스라엘 땅의 음용수는 물론 농업용수와 공업용수까지 대부분 충당하는 생명수의 역할을 하고 있습니다. 심지어 남쪽으로 360킬로미터나 떨어진 네게브 사막의 쎄테보케까지 물을 공급해 준다고 합니다.

③ 이 지방은 전체적으로 매우 비옥하고 큰 마을과 거리들이 총총히 박혀 있습니다. 산마루 해안에는 감람나무와 오렌지 나무, 무화과나무 등 각종 아열대 지방의 과실나무로 울창한 산림을 이루고 있습니다. 그 외에도 애굽으로부터 다메섹, 그리고 베니게로부터 유프라스로 가는 도로가 여기를 통과하기 때문에 교통의 중심지이기도 합니다. 이 곳 사람들은 대체로 편견과 교만이 없이 순수한 마음의 소유자인 것을 볼 수 있습니다.

④ 이 곳에서 예수님이 10가지 이상의 많은 기적을 행하셨고 그들은 예수님을 환영하였습니다.[520] 오병이어의 기적을 행한 들판도 갈릴리 호수 북쪽 연안이었으며 산상수훈 말씀도 이 곳 언덕 위에서 행하셨습니다. 갈릴리인들은 독특한 방언으로 예루살렘 사람들과는 구별되었습니다.

[정리] 갈릴리의 이름

갈릴리 바다(호수)	이 지방 이름을 따서 지음	마태 15:29
게네사렛 바다	긴네렛(하프 악기이름에서 따서 지음)	마태 14:34, 누가 5:1, 민수기 34:11, 여호수아 13:27
디베랴 바다	이 지역의 수도[521] 이름을 따서 지음	요한 6:1, 23; 21:1

519) 갈릴리는 사실상 호수이지만 바다처럼 보이므로 바다라고도 부릅니다.

520) 갈릴리 호수의 폭풍을 잠잠케 하셨고, 바다 위로 걸어가셨으며, 베드로가 풍랑에 빠지기도 하였습니다.

521) 서기 20년경 헤롯 대왕의 아들 헤롯 안티파스가 그리스의 폴리스 형식으로 도시를 건설하여 그후 줄곧 갈릴리 호수 주변의 가장 번화한 도시(티베리아)로 남아 왔다고 합니다.
조정구, 예수님의 삶의 흔적을 찾아서, 105-106쪽.

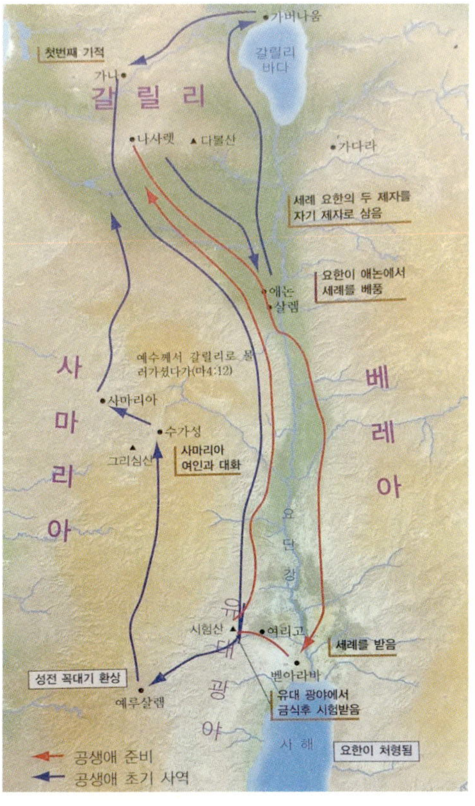

예수님의 공생애 초기 사역
(성서지도, 지계석)

갈릴리 호수

제3절 사도들의 복음 전파를 이해하기

1. 사도들의 두 가닥 흐름 이야기

사도행전(사역)은 크게 두 주인공을 중심으로 이해하는 것이 효과적입니다. 즉 예루살렘 모교회 중심의 **베드로**와 다른 하나는 안디옥의 이방교회 중심의 **바울**입니다. 편지들도 예루살렘 중심의 베드로, 요한, 야고보, 유다서의 **공동서신**과 안디옥 계열의 **바울 서신**으로 나누어 볼 수 있습니다. 아쉽게도 예수님의 12사도(가룟 유다를 제외하면 11사도) 중 나머지 사도들의 사역활동에 대하여는 자세한 활동기록이 제대로 없어 살펴볼 수 없고 다만 전해오는 이야기나 단편적인 기록들에 의해 알 수 있는 정도입니다.

[정리] 베드로와 바울의 사역 비교 : 사도행전을 중심으로

저자(기록)	누가			
중심인물	베드로	빌립	바울	
전도(선교)대상	유대인	사마리아인	이방인	
성경 기록	1-7장	8-12장	13장:1-21장16절	21장:17절-28장 31절
핵심사역	교회의 설립	교회의 확장	흩어지는 교회	복음의 확산
전도(선교)지역	예루살렘	유다와 사마리아	로마제국	
활동기간	2년(AD33-35)	13년(AD35-48)	14년(AD48-62)	
핵심 구절	사도행전 6장 7절			

2. 사도행전의 연결점

사도행전은 누가가 기록한 사도들의 복음 사역에 관한 기록입니다. 그러므로 누가의 같은 저술인 누가복음(예수님의 사역)과 사도행전(사도들의 사역)을 연결시켜 이해하는 것이 효과적입니다.[522)]

[정리] 다리역할 및 연결점

마태복음	사도행전
구약 — 신약	복음서 — 서신서(들) 누가복음(예수님의 사역) — 사도행전(사도들의 사역)

522) 누가복음과 사도행전은 원래는 한 권의 책인데 편의상 두 권의 책으로 나누었다고 보는 견해도 있습니다.

제2편 예수 그리스도의 일생에 관한 이야기

[골고다에 핀 나팔꽃]

니산 월(月) 14일 보름달이 뜰 무렵은, 양고기와 함께 무교병과 쓴 나물을 먹는 유월절(逾月節·Pascha)이다. 예수께서 양고기 없는 식탁에서 무교병을 찢어 제자들에게 나누어 주셨다. 그 밤이 지나고 한낮 '제6시'(정오), 하늘이 어두워지고 세 시간이 흐른 후 골고다 언덕에서는 예수께서 "엘리, 엘리 라마 사박다니" 외치고 숨을 거두셨다. 만찬 때처럼 칠흑 같은 어둠이 깔린 가운데 십자가에 매달리심으로써 예수께서 그들에게 나누어 먹이셨던 무교병의 실제가 희생양이었음이 천하에 밝혀졌다.

'제9시'(오후 3시)가 되자 어둠이 걷히고 새날 아침이 밝았다. 오후 그 시간은 분명 그리스도와 함께 못 박힌 성도들의 새아침인 것이다. 그때 핀 나팔꽃은 구속의 은총과 그 영광을 노래하는 나팔수로서 비유된 그리스도인이다.

먹구름에 휩싸였던 '시내 산'에 요란한 나팔소리, 여리고 성을 일곱 번이나 돌고 불어댄 요란하게 나팔소리, 속죄일과 수장절을 예고하는 티쉬리 월(月) '나팔절' 월삭(月朔)시점에 요란하게 울릴 나팔소리, 그 모든 것은 주께서 재림하실 때 천지가 뒤흔들릴 천사들의 나팔소리다.

골고다에 핀 나팔꽃 82X42cm 2006년 황 학 만 作

제2편 예수 그리스도의 일생에 관한 이야기

성경, 특히 신약성경, 그중에 마태, 마가, 누가, 요한 복음에서 예수님은 인간의 몸을 입고 이 땅에 태어나, 공적 활동은 불과 3여 년 정도 사역하시다가 하늘나라로 가신 분으로 그의 일생은 시간적으로는 매우 짧은 삶이었습니다.

또한 공간적으로도 유대 땅을 중심으로 남쪽 유대와 북쪽 갈릴리 그리고 중간 지대인 사마리아 지역을 중심으로 사역하셨으며, 대부분의 활동은 갈릴리를 중심으로 이루어졌습니다. 그러므로 시간과 공간을 중심으로 예수님의 일생을 살펴본다면 매우 짧고 좁은 범위가 될 것입니다.

하지만 중요한 것은 **예수님의 활동과 사역 내용**에 있는 것입니다. 즉 예수님의 일생을 말하게 될 때 그분은 3위 중 한 분 하나님이시며, 창조주시며, 유대와 이스라엘 왕이시며, 메시야이셨습니다. 뿐만 아니라 그분은 모든 사람들의 생명(의 떡, 물), 세상의 빛, 선한 목자, 부활이시며, 길과 진리이시고, 참 포도나무였습니다. 그러므로 그분의 활동사역의 실제적인 면에서 살펴보면 **천국 복음 전파자(전도자), 영혼육의 치유자,** 그리고 **진리를 가르치신 참 스승(교사)**이었습니다.

그러므로 누구든지 예수 그리스도의 일생을 주의 깊게 살펴보는 일은 예수 그리스도를 이해하고 만나는 전환점이 될 것입니다. 자 이제 이야기를 시작하도록 합니다.

제1장 예수 그리스도의 일생 전체를 요약하여 살펴보기

제1절 예수님의 일생에 관한 이야기

제2절 예수님의 사역에 관한 이야기

제3절 예수님의 고난과 죽음에 관한 이야기

제4절 예수님의 부활과 승천 그리고 재림에 관한 이야기

제1절 예수님의 일생에 관한 이야기

성경은 예수 그리스도의 일생에 관하여 다음과 같이 이야기하고 있습니다.

탄생에 대한 예언(구약) ⇨ 탄생 ⇨ 성장 ⇨ 준비 ⇨ 시험받으심 ⇨ 공생애 시작 ⇨ 사역 활동 ⇨ 잡히심⇨수난과 십자가 죽으심 ⇨ 부활 ⇨ 부활 후 나타나심 ⇨ 제자들의 파송 및 전도명령 ⇨ 승천 ⇨ 재림(신약)의 순서로 살펴볼 수 있습니다.

다만 재림은 예수님의 승천 이후 새로운 예수님의 등장으로 보아 예수님의 일생과[523] 따로 생각해 볼 수도 있으나, 예수님의 일생 전체는 재림까지 연결되어 사명(사역)이 완수(성취)된다고 볼 때 재림까지 살펴보는 것이 유익할 것입니다.

[정리] 예수님의 일생

구분	탄생과 유년기	사역 준비기	사역 활동기			마지막	부활 승천
장소	베들레헴 이집트 나사렛	나사렛 예루살렘	갈릴리	유대	사마리아 뵈레아	예루살렘	예루살렘 감람산
기간	30년		3년				

523) 인간의 일생은 자연사인 경우에는 누구나 탄생과 어린 시절-청년시절-결혼과 사회생활 및 사회활동-노년시절-사망으로 한 인간의 생을 마감하여 끝을 맺습니다. 물론 사고에 의한 갑작스러운 사망이나 질병 등으로 사망하는 경우에는 이러한 과정의 중간에 생을 마감하게 됩니다.

제2절 예수님의 사역에 관한 이야기

예수님의 이 땅에서의 사역을 다음과 같이 크게 나누어 볼 수 있습니다. 물론 예수님의 사역을 압축하여 가르치심과 복음전파와 병 고침으로 나눌 수도 있을 것입니다.

'예수께서 온 갈릴리에 두루 다니시며 그들의 회당에서 가르치시며 천국 복음을 전파하시며 백성 중의 모든 병과 모든 약한 것을 고치시니'(마태 4:23).

1. 죄를 깨닫게 하셨습니다.

사람들이 죄를 깨닫게 하시고, 회개의 결단으로 죄 사함의 은혜를 하나님으로부터 입으며, 이러한 것을 믿음으로 (천국)소망을 갖게 하셨습니다.

'회개하라 천국이 가까이 왔느니라'(마태 4:17).

2. 가르치셨습니다.

백성들에게 하나님 나라와 진리와 구원에 대하여 가르치셨습니다.

'예수께서 무리를 보시고 산에 올라가 앉으시니 제자들이 나아온지라 입을 열어 **가르쳐 이르시되 심령이 가난한 자는 복이 있나니 천국이 그들의 것임이요**'(마태 5:1-3).

예수께서 이 말씀을 마치시매 무리들이 **그의 가르치심에** 놀랐습니다(마태 7:28).

'모든 촌에 두루 다니시며 가르치시더라'(마가 6:6).

3. 고치(치유하)셨습니다.

예수님은 수많은 (육체적, 정신적, 영적으로)아픈 사람들을 고치셨습니다. 최초의 치유 대상자는 베드로의 장모였습니다.

'예수께서 각종 병이 든 많은 사람을 고치시며 많은 귀신을 내쫓으시되…'
(마가 1:34).

4. 예언하셨습니다.

① 예수님은 (세상과 육신의)죽음, (사망을 이기시고)부활하심과, 성령강림과 세계선교, 세상의 심판과 (다시 오심의) 재림, 하나님나라 완성 등에 관하여 미리 알려 주셨습니다.

'내가 진실로 진실로 너희에게 이르노니 **한 알의 밀이 땅에 떨어져 죽지 아니하면 한 알 그대로 있고 죽으면 많은 열매를 맺느니라**'(요한 12:24).

(세상과 육신의) 죽음에 관한 예언

예수께서 이르시되 **'네가 이 큰 건물(성전)들을 보느냐 돌 하나도 돌 위에 남지 않고 다 무너뜨려지리라'**(마가 13:2).

② 개인적인 일에 대해서도 예언(미리 알려줌)을 하셨습니다.

그들이 먹을 때에 이르시되 '내가 진실로 너희에게 이르노니 **너희 중의 한 사람이 나를 팔리라'(마태 26:21). 대답하여 이르시되 '나와 함께 그릇에 손을 넣는 그가 나를 팔리라'**(마태 26:23). 예수를 파는 **유다가** 대답하여 이르되 랍비여 나는 아니지요 대답하시되 **'네가 말하였도다'**하시니라(마태 26:25).

5. 제자들을 훈련하여 세상으로 보내셨습니다.

① 예수님은 12명의 제자를 택하여 3년간에 걸쳐 양육하고 훈련하여 세상으로 보내심으로, 예수님의 부활 승천 후 제자들에 의해 복음이 전 세계로 퍼져 나가게 되었습니다.

'너희는 온 천하에 다니며 만민에게 복음을 전파하라'(마가 16:15).

② 예수님은 12제자 외에도 많은 제자를 양육하고 훈련하여 세상으로 보내셨습니다.

'주께서 따로 칠십 인을 세우사 친히 가시려는 각 동네와 각 지역으로 둘씩 앞서 보내시며…'(누가 10:1).

✻ 예수님의 사역을 정리해 보기

누가 : 예수님이,

무엇을 : 하나님 나라에 관하여, 하나님과 자신, 진리(빛, 생명)에 관하여,

어떻게 : 실천과 비유로,

언제 : 언제나,

어디서 : 어디서나,

왜 : 자기 백성을 죄(죽음)로부터 구원(영생을 얻게)하기 위하여

제3절 예수님의 고난과 죽음에 관한 이야기

예수님은 이 땅에 오셔서 많은 고난(고통과 모욕)을 받으시고 죄가 없으심에도 불구하고 십자가상에서 죽음을 맞이하게 되셨습니다.

'그의 옷을 벗기고 홍포를 입히며 가시관을 엮어 그 머리에 씌우고 갈대를 그 오른 손에 들리고 그 앞에서 무릎을 꿇고 희롱하여 이르되 유대인의 왕이여 평안할 지어다 하며 그에게 침 뱉고 갈대를 빼앗아 그의 머리를 치더라 희롱을 다한 후 홍포를 벗기고 도로 그의 옷을 입혀 십자가에 못 박으려고 끌고 나가니라' (마태 27:28-31).

'그들이 예수를 십자가에 못 박은 후에 그 옷을 제비 뽑아 나누고'(마태 27:36).

'제구시쯤에 예수께서 크게 소리를 질러 이르시되 엘리 엘리 라마 사박다니 하시니 이는 곧 나의 하나님 나의 하나님 어찌하여 나를 버리셨나이까 하는 뜻이라/예수께서 다시 크게 소리 지르시고 영혼이 떠나시니라'(마태 27:46/50).

제4절 예수님의 부활과 승천 그리고 재림에 관한 이야기

1. 예수님의 부활 이야기

예수님은 골고다 언덕에서 십자가에 달려 죽으신 후 요셉의 빈 무덤에 장사되었으나 (사탄의 권세인)죽음을 이기시고 3일 만에 부활하시었습니다.

'청년이 이르되 놀라지 말라 너희가 십자가에 못 박히신 나사렛 예수를 찾는구나 **그가 살아나셨고** 여기 계시지 아니하니라 보라 그를 두었던 곳이니라'
(마가 16:6 / 마태 28:6).

2. 예수님의 승천 이야기

① 예수께서는 하늘로 들려 올라가시기 전 제자들에게 **'성령께서 너희에게 오시면, 너희는 능력을 받고 예루살렘과 온 유대와 사마리아와 이 세상 끝까지 가서 나에 관한 이야기를 전할 것이다'(사도행전 1:8)**라고 말씀하시었습니다.

② 그후 예수님은 사도들이 바라보는 가운데 하늘로 들려 올라가셨습니다. 제자들이 그러한 모습을 보고 있는데, 천사들이 나타나서는 **'너희를 떠나 하늘로 들려 올라가신 예수께서는 너희가 본 그대로 다시 오실 것이다'(사도행전 1:9-11)**라고 말하였습니다.

③ 예수님은 감람산에서 승천하시었습니다. 그런데 베다니에서 승천하신 것도 같은 이야기입니다. 왜냐하면 베다니는 감람산 옆에 위치하고 있기 때문입니다.

> **'제자들이 감람원이라 하는 산으로부터 예루살렘에 돌아오니** 이 산은 예루살렘에서 가까워 안식일에 가기 알맞은 길이라'(사도행전 1:12).

> **'예수께서 그들을 데리고 베다니 앞까지 나가사 손을 들어 그들에게 축복하시더니 축복하실 때에 그들을 떠나 [하늘로 올려지시니]** 그들이 [그에게 경배하고] 큰 기쁨으로 예루살렘에 돌아가'(누가 24:50-52).

3. 예수님의 재림 이야기

예수 그리스도께서는 직접 하늘로 올라가신 대로 다시 이 땅에 오셔서 하나님의 나라를 완성하시게 될 것임을 예언(말씀)하시었습니다. **기독교(인)의 신앙은 죄와 죽음의 심판에서 예수 그리스도의 십자가의 대속적인 죽음으로 인한 구원과 영생 그리고 부활의 능력으로 사탄의 권세는 깨트려졌으며, 그리스도의 다시 오심으로 온전한 새로운 하나님의 나라가 도래할 것으로 믿고 오늘의 어려움을 인내하면서 말씀에 따라 성령의 인도함으로 세상과는 구별된 삶을 살아가는 것입니다. 그러므로 예수님의 재림과 하나님의 나라 도래는 오늘의 그리스도인이 바라보는 미래적인 소망과 믿음**을 말하는 것입니다.

> **'그때에 인자가 구름을 타고 큰 권능과 영광으로 오는 것을 사람들이 보리라'** (마가 13:26).

제2장 예수 그리스도의 탄생의 예언에 관한 이야기

갈릴리 나사렛이라는 동네에 살고 있던 마리아와 요셉은 그 곳으로부터 120킬로 남쪽에 있는 유대 땅 베들레헴이라는 작은 마을에서 아기 예수를 낳게 됩니다. 왜 그렇게 먼 곳까지 가서 아기를 낳아야 했을까요? 그 이유는 세례 요한이 태어난 지 반 년 정도 지났을 때, 로마 제국의 첫 황제 아우구스투스는 국력을 확인하는 방법으로 제국의 영토 내 인구를 정확하게 파악하기 위해서 모든 유대인에게 호적등록을 하도록 칙령을 내렸습니다.

그런데 호적등록은 자신의 혈통적 본거지에서 하도록 되어 있으므로 요셉은 자신의 선조(즉 다윗 왕)가 태어난 마을인 유대 베들레헴까지 가게 된 것입니다. 베들레헴은 요셉과 마리아가 살던 갈릴리의 나사렛에서 약 3일 이상 걸리는 거리였습니다. 당시 한꺼번에 많은 사람들이 고향을 찾아 호적을 하러 왔기 때문에 마리아와 요셉은 제대로 묵을 수 있는 여관을 찾지 못하였던 것입니다.

제1절 예수 그리스도의 탄생은 미리 예언된 사건이었나요?

예수 그리스도의 탄생은 갑작스러운 사건이 아니라 오래 전부터 예언되어져 왔습니다.

예언 : '한 아기가 우리에게 났고 한 아들을 우리에게 주신 바 되었는데 그의 어깨에는 정사를 메었고 그의 이름은 기묘자라, 모사라, 전능하신 하나님이라, 영존하시는 아버지라, 평강의 왕이라 할 것임이라 그 정사와 평강의 더함이 무궁하며 또 다윗의 왕좌와 그의 나라에 군림하여 그 나라를 굳게 세우고 지금 이후로 영원히 정의와 공의로 그것을 보존하실 것이라 만군의 여호와의 열심이 이를 이루시리라'(이사야 9:6-7).

성취: '오늘 다윗 동네에 너희를 위하여 구주가 나셨으니 곧 그리스도 주시니라'(누가 2:11).

제2절 예수 그리스도 생애에 대해 어떤 예언이 있었나요?

1. 예수 그리스도의 육신적(혈통적) 뿌리에 관한 예언

성경은 예수 그리스도의 육신적(혈통적) 뿌리에 대해 강조하고 있습니다.

예언 : '이새의 줄기에서 한 싹이 나며 그 뿌리에서 한 가지가 나서 결실할 것이다'(이사야 11:1).

성취: '다윗의 자손 요셉이라 하는 사람과 약혼한 처녀에게 이르니 그 처녀의 이름은 마리아라 보라 네가 잉태하여 아들을 낳으리니 그 이름을 예수라 하라 그가 큰 자가 되고 지극히 높으신 이의 아들이라 일컬어질 것이요 주 하나님께서 그 조상 다윗의 왕위를 그에게 주시리니'(누가 1:27-32).

✻ 족보 이야기

유대인들에게도 족보가 있었으며, 가죽 두루마리로 만든 족보를 탄생의 책이라고 부르면서 무척 중시하였습니다(창세기 5:1). 족보는 혈통의 보존과 자신의 조상이 누구인지 확인해 주는 역할을 하기도 하였습니다. 유대인에게서는 특별히 제사장들과 레위인이 중심이 된 사제 가문으로 제사장이 되기 위해서는 제사장이나 레위인 가문 출신이라는 것이 입증되어야만 하였습니다.
제사장들의 족보는 예루살렘 성전에 따로 마련된 문서 보관실에 보관되었으며, 일반인들 역시 나름의 족보를 보관했습니다(역대상 9:1이하/ 마태 1:1-17/누가 3:23-38). 하지만 이러한 족보 보관에도 많은 전쟁 과정에서 화재 등으로 없어지거나 훼손되는 문제가 발생하기도 하였으며, 헤롯 왕과 같은 인물에 의해 의도적으로 불타거나 훼손되기도 하였습니다.[524)]

2. 예수 그리스도가 이 땅에 오신 본질적 목적에 관한 예언

① 예수 그리스도가 오심은 죄와 허물로 인하여 하나님과 단절되고 영원히 죽을 수밖에 없는 우리를 **구원**하시기 위함이었습니다.

예언 : '그는 실로 우리의 질고를 지고 우리의 슬픔을 당하였거늘 우리는 생각하기를 그는 징벌을 받아 하나님께 맞으며 고난을 당한다 하였노라 그가 찔림은 우리의 허물 때문이요 그가 상함은 우리의 죄악 때문이라 그가 징계를 받음으로 우리는 평화를 누리고 그가 채찍에 맞으므로 우리는 나음을 받았도다 우리는 다 양 같아서 그릇 행하여 각기 제 길로 갔거늘 여호와께서는 우리 모두의 죄악을 그에게 담당시키셨도다'(이사야 53:4-6).

524) 유재덕, 앞의 책, 177쪽~182쪽.

성취 : '친히 나무에 달려 그 몸으로 우리 죄를 담당하셨으니 이는 우리로 죄에 대하여 죽고 의에 대하여 살게 하려 하심이라 그가 채찍에 맞으므로 너희는 나음을 얻었나니' (베드로전서 2:24).

② 또한 성령님이 임하셔서 가난한 자에게 아름다운 소식(복음)을 전하려 하심입니다. 즉, 우리에게 치유와 자유와 놓임과 위로와 기쁨과 찬송을 주기 위해서입니다.

예언 : ' 주 여호와의 영이 내게 내리셨으니 이는 여호와께서 내게 기름을 부으사 **가난한 자에게 아름다운 소식을 전하게 하려 하심이라 나를 보내사 마음이 상한 자를 고치며 포로 된 자에게 자유를, 갇힌 자에게 놓임을 전파하며 여호와의 은혜의 해[525]와 우리 하나님의 보복의 날을 선포하여 모든 슬픈 자를 위로하되 무릇 시온에서 슬퍼하는 자에게 화관을 주어 그 재를 대신하며 기쁨의 기름으로 그 슬픔을 대신하며 찬송의 옷으로 그 근심을 대신하시고 그들이 의의 나무 곧 여호와께서 심으신 그 영광을 나타낼 자라 일컬음을 받게 하려 하심이라**'(이사야 61:1-3).

성취 : **'예수께서 그들에게 말씀하시되 이 글이 오늘 너희 귀에 응하였느니라'** (누가 4:21).

제3절 예수 그리스도의 태어난 장소에 대한 예언은 어떤 것이었나요?

예언 : '유대 땅 베들레헴아 너는 유대 고을 중에 가장 작지 아니 하도다 네게서 한 다스리는 자가 나와서 내 백성 이스라엘의 목자가 되리라'(미가 5:2, 사무엘하 7:12 이하).

성취 : '성경에 이르기를 **그리스도는 다윗의 씨로 또 다윗이 살던 마을 베들레헴에서 나오리**라 하지 아니하였느냐 하며'(요한 7:42).

'**베들레헴이라 하는 다윗의 동네**로, 호적하러 올라가니 마리아가 이미 잉태하였더라, 거기 있을 그때에 해산할 날이 차서 첫 아들을 낳아 강보로 싸서 구유에 뉘었으니, 오늘 다윗의 동네에 너희를 위하여 구주가 나셨으니 곧 그리스도 주시니라'(누가 2:4-11, 마태 1:21).

525) 이는 '희년'을 말합니다. 희년이란 타인의 죄 값으로 받은 토지를 49년째 되는 해에 그 원래의 주인에게 돌려주는 해를 말합니다(레위기 25장 10절-11절).

제4절 예수 그리스도의 탄생 당시의 특별한 사건에 대한 예언이 있었나요?

헤롯이[526] 동방박사들에게 속은 줄을 알고서는 노하여 신하에게 명령하여 박사들에게 자세히 알아본 때를 기준으로 베들레헴과 그 주변 지역에서 태어난 사내아이를 두 살 아래는 다 죽였습니다(마태 2:16).

예언 : '라마에서 슬퍼하며 크게 통곡하는 소리가 들리니 라헬이 그 자식을 위하여 애곡하는 것이라 그가 자식이 없으므로 위로받기를 거절하였도다'(예레미야 31:15).

성취 : '헤롯이 사람을 보내어 **베들레헴과 그 모든 지경 안에 있는 사내아이를 두 살부터 그 아래로 다 죽이니**'(마태 2:16).

제5절 예수 그리스도가 누구로부터 태어날 것인지에 대한 예언이 있었나요?

예언 : '그러므로 주께서 친히 징조를 너희에게 주실 것이라 **보라 처녀가 잉태하여** 아들을 낳을 것이요 그의 이름을 임마누엘이라 하리라'(이사야 7:14).

성취 : '보라 **처녀가 잉태**하여 아들을 낳을 것이요…'(마태 1:23).

제6절 예수 그리스도의 이름에 대한 예언도 있었나요?

이름은 옛날이나 지금이나 사람들이 중요하게 생각하는 삶의 하나의 요소입니다. 특히 갓난 아이가 태어났을 때 누구든지 깊은 생각을 하여 이름을 짓게 됩니다. 왜냐면 이름은 그 사람의 일생을 함께 하게 되며, 이름을 통해 그 존재의 속성을 감지(感知)하게 되고, 자기에게 걸맞는 속성을 지닌 존재라고 인정하므로 정체성을 나타내 주는 것이기 때문입니다. 특히 그리스도인들에게는 하나님이 주시는 이름, 즉 바른 정체성을 심어줌으로써 그들이 하나님의 창조목적대로 살아가도록 돕는 사역이 될 것입니다.[527]

526) 헤롯은 의심이 많은 사람으로 자신의 지위가 위협받을까 두려워하였습니다. 동방박사들로부터 유대인의 왕이 태어났다는 이야기를 들은 후 자신의 왕권에 대한 위협을 두려워하여 예수님 탄생 당시쯤에 태어난 어린 아이들을 모두 죽이게 하였던 것입니다.

527) 벤 R. 피터스, 박미가 옮김, 부활, 순전한 나드, 2009, 61-62쪽.
하나님이 아브람에게 아브라함(**여러 민족의 아버지**라는 뜻)으로 이름을 바꾸도록(새 이름으로) 하셨습니다(창세기 17:5). 또 야곱을 이스라엘(**하나님과 및 사람들과 겨루어 이겼다**는 뜻)으로 바꾸도록(새 이름으로) 하셨습니다(창세기 32:28).

예언 : '그러므로 주께서 친히 징조를 너희에게 주실 것이라 보라 처녀가 잉태하여 아들을 낳을 것이요 **그의 이름을 임마누엘**[528]이라 하리라'(이사야 7:14).

성취 : '처녀가 잉태하여 아들을 낳을 것이요 **그 이름을 임마누엘**이라 하리라' (마태 1:23).

[정리] 예수 그리스도의 이름(칭호)[529]

이름 혹은 칭호	의미	성경구절
임마누엘	하나님이 우리와 함께 하심	마태 1:23
인자	우리의 인간성 안에서 우리와 동일하게 되심	마태 18:11
하나님의 거룩한 자	그의 본성에는 죄가 없음	마가 1:24
구원자	죄와 사망에서 구원하는 분	누가 1:47
말씀	창조 시에 하나님과 함께 하심	요한 1:1
독생자	하나님의 유일한 하나뿐인 아들	요한 1:14
하나님의 어린 양	우리를 구원하시기 위해 생명을 주심	요한 1:29
생명의 떡	하나뿐인 반드시 필요한 음식	요한 6:35
세상의 빛	어둠의 한 가운데서 소망을 주심	요한 9:5
선한 목자	공급자 또는 돌보는 자	요한 10:11
선지자	하나님의 진리를 신실하게 선포하는 자	사도행전 3:22
영광의 주	살아계신 하나님의 권능과 임재	고린도전서 2:8
마지막 아담	구속(구원)받은 새로운 인류의 첫째	고린도전서 15:45
아브라함의 씨	하나님의 언약의 중개자	갈라디아서 3:6
모퉁이돌	생명을 위한 확실한 기초	에베소서 2:20
죽은 자 가운데 맨 먼저 살아나신 분	우리를 부활과 영생으로 인도하는 분	골로새서 1;18
하나님과 인간 사이의 중재자	구속하고 용서하는 하나님의 임재 가운데로 우리를 이끄심	디모데전서 2:5

528) 임마누엘의 뜻은 '하나님이 우리와 함께 계시다'(마태복음 1장23절)입니다.
529) **각 이름은 예수님에 대한 고유한 진리를 내포**하며, **성도와 그의 관계를 포함**합니다.
벨리-마틴 카르카넨, 정남수 옮김, 예수 그리스도의 이해, 쿰란출판사, 2016, 32쪽.
한 사람에게 주어진 그 이름은 아주 독특한 개성이거나 그 사람과 관련된 중요한 사건을 반영합니다.

대제사장	우리의 죄를 위한 완전한 희생 제물	히브리서 3:1
양들의 큰 목자	믿을 수 있는 안내자, 보호자	히브리서 13:20
목자장	보호자, 보살피는 자, 인도자	베드로전서 5:4
만왕의 왕, 만주의 주	그 앞에 모두 무릎 꿇고 절함, 권능의 주	계시록 19:16
알파와 오메가	모든 것의 시작과 끝	계시록 21:6

❀ 율법의 완성자

예수님은 율법이나 선지자를 폐하러 오신 것이 아니라, 완성하러 오신 것입니다.

'내가 율법이나 선지자를 폐하러 온 줄로 생각하지 말라. 폐하러 온 것이 아니요, 완전하게 하려 함이라. 진실로 너희에게 이르노니 천지가 없어지기 전에는 율법의 일점 일획이라도 결코 없어지지 아니하고 다 이루리라'(마태 5:17-18)고 말씀하셨습니다. 히브리 원어를 충실하게 번역하자면, 그 뜻은 율법을 잘못 해석해서 율법의 정신을 훼손(파괴)하는 것이 아니라, 율법을 잘 해석하여 율법 본래의 뜻과 취지를 보존하고 지지하고 잘 드러내기 위함이라는 뜻입니다.[530] 또한 '천지가 없어지기 전에는'이라는 표현은 확고부동한 의사를 나타내는 과장법으로 우리말의 '하늘이 두 쪽 나도 결코 나는 절대 그 여자를 며느리로 받아들일 수 없다' '내 눈에 흙이 들어가기 전에는 절대 그 여자를 며느리로 받아들일 수 없다' '나는 절대 그 여자를 받아들일 수 없다, 해가 서쪽에서 뜬다면 모를까' 등으로 비유할 수 있으며, '일점일획'이라도는 마치 한자에서 작은 점과 획이 중요한 것처럼 율법이 털끝만큼도 없어질 수 없다는 뜻입니다.[531]

530) 류모세, 앞의 책, 127쪽. 이러한 해석은 히브리어의 관용구를 이해할 수 있어야 합니다.
531) 류모세, 앞의 책, 131쪽. 이러한 예로 한자의 대(大)와 견(犬)과 태(太)를 보면 알 수 있습니다.

[정리] 예수 그리스도에 대한 이사야의 예언과 성취

메시야에 대한 이사야의 예언	예수 그리스도에 있어서 성취
처녀에게서 태어날 것이다(7:14).	동정녀 마리아에게서 나셨다(누가 1:26-31).
다윗의 보좌를 계승할 것이다(9:7).	그의 조상 다윗의 왕위를 받았다(누가 1:32-33).
그의 길이 예비될 것이다(40:3-5).	세례 요한에 의해 선포되셨다(요한 1:19-28).
갈릴리에서 사역할 것이다(9:1-2).	이방인의 땅 갈릴리에서 사역하셨다 (마태4:13-16).
마음이 상한 자를 고칠 것이다(61:1-2).	마음이 상한 자를 고치셨다(누가 4:18-19).
그를 믿는 자는 구원을 받을 것이다 (53:10-11).	그를 믿는 모든 자는 구원을 받았다 (요한 3:16/사도행전 16:31).
높임을 받을 것이다(52:13).	하나님과 백성들에 의해 높임을 받으셨다 (빌립보서 2:9-10).
모든 사람들에게 거절을 당할 것이다 (사 53:5).	많은 사람들에게 배척을 당하셨다(요한 12:37-38).
뺨 맞고 구타를 당할 것이다(50:6).	손바닥으로 맞고 구타당하셨다(마태 26:67).
고난으로 외모가 상할 것이다(52:14).	그에게 가시 면류관을 씌운 군인들에게 매질을 당하셨다(마가 15:15-19).
우리의 죄와 슬픔을 질 것이다(53:4-5).	우리의 죄를 위해 죽으셨다 (로마서 4:25/베드로전서 2:24-26).
우리의 죄와 형벌을 기꺼이 담당하실 것이다(53:7-8).	우리의 죄에 침묵하셨다 (마가 15:4-5/요한 10:11,19:30).
우리의 대속물이 될 것이다(53:6,8).	우리를 대신하여 죽으셨다 (로마서 5:6,8/고린도후서 5:21).
피로 속죄할 것이다(53:5).	우리 죄를 속하기 위해 피를 흘리셨다 (베드로전서 1:2).
범죄자와 함께 죽을 것이다(53:12).	범죄자로 취급 받으셨다 (마가 15:27-28/누가 22:37).
부자의 무덤에 장사될 것이다(53:9).	아리마대 출신 부자 요셉의 무덤에 장사되셨다 (마태 27:57-60/요한 19:38-42).

제3장 예수 그리스도의 탄생에 관한 이야기

예수 그리스도의 탄생에 관한 성경 기록을 살펴보면, 하나님의 인간 사랑과 구원의 계획(섭리)에 의하여 이루어진 일이며, 미리 예언된 일이었고, 탄생 과정은 성령에 의해 이루어진 초자연적인 일이라는 것을 알 수 있습니다.

제1절 예수 그리스도 탄생 시의 역사적 상황은 어떠했나요?

1. 하스몬 왕조의 멸망과 침묵의 400년 기간이었습니다.

① 세계의 지배자로 북이스라엘을 정복하였던 앗수르(앗시리아)제국을 이어 바벨론(바빌로니아) 제국이 멸망하고, 그후 B.C 539~332년까지 약 200년 동안 바사(페르시아)제국이 유대나라를 지배하였습니다.

② 구약성서의 정경이 완성된 때부터 약 100년 동안 유대나라는 바사(페르시아)제국 령의 일부로 남아 있었으나, 수리아(시리아)총독 밑에서 대제사장이 정치를 담당했기 때문에 유대나라는 바사(페르시아)정부로부터 간섭받지 않고 하나님에게 예배할 수 있었습니다.

③ B.C 334~331년 헬라(그리스)의 알렉산더 대왕이 바사(페르시아)의 다리오 3세를 무찌르고 대 제국을 세웠습니다. 그리하여 유대나라는 B.C 332년 다시 헬라(그리스)의 지배 아래에 놓이게 되었습니다.

④ 그러나 알렉산더 대왕이 일찍 죽은 후 제국은 3분되어 그 하나인 프톨레마이오 왕조가 유대나라를 B.C 301년부터 지배합니다. 하지만 B.C 198년 수리아(시리아)의 안티오쿠스 3세가 프톨레마이오 왕조를 물리치고 팔레스티나 전 지역을 지배하게 되어 유대 땅은 수리아(시리아)의 셀레우쿠스의 지배하에 들어갑니다.

⑤ B.C 166~142년간 유대 땅 제사장 마타티아스의 아들 5명은 안티오쿠스의 유대에 대한 핍박에 대항하여 반란을 일으켰는데 이를 **마카비 혁명**이라고 합니다.[532)]

⑥ B.C 142년 유대인은 수리아(시리아)로부터 독립하여 마타티아스의 자손이 하스몬 왕조를 세웠습니다. **이스라엘의 마지막 왕조인 하스몬 왕조**는 로마의 폼페이우스 장군이 예루살렘에 진군하여 패배한 **A.D 64년 이후에는 로마가 이스라엘을 식민지**로 삼아 지배자가 되었습니다.

2. 로마에 의해 이스라엘에 대한 식민통치가 행해졌다.

① 로마의 세계지배는 현지화 방식이었습니다. 즉 현지문화와 종교를 인정하고 재산을 착취하지 않고 지배받는 나라가 스스로 다스리도록 하는 방식으로 통치하였습니다.

② 유대 나라에 대한 통치는 가이사랴[533)] 항구를 개발하고 이 곳을 로마 총독 본부로 삼고, 본부에는 천부장(천 명의 군대장군)을 각 지역에는 백부장(백 명의 군대장군)을 두어 다스렸습니다.

③ 그리고 각 주요 지방에는 분봉 왕(자치 정부) 제도를 두어서 현지인 스스로 다스리도록 하였는데, 대개 분봉 왕은 친 로마적인 인물이 선정되어졌습니다.

3. 이스라엘 분봉 왕 헤롯의 통치기간이었다.

헤롯은 에돔 인으로 유대인의 내란을 진압한 공로를 인정받아 유대 왕의 지위에 오릅니다. 그는 팔레스티나(가나안)를 기원 전 37년부터 기원 전 4년까지 통치하였습니다.

* 에돔 인 헤롯

에돔은 히브리말이며 그리스어로는 이두메, 이드마야인으로도 불립니다. 에돔 족속은 에서의 후예로 사해 밑에 자리 잡고 살았는데, 북이스라엘이 망하고 또 남유다가 망해서 바빌론 포로로 끌려간 후 이 땅이 비어 있을 때 유다 남부 지방을 장악하고 살았습니다.

헤롯은 유대인의 정통성을 확보하기 위해 하스몬 왕조의 공주와 결혼하였고, 성전을 건설하였습니다. 하지만 여전히 왕권 유지에 불안을 느껴 아들과 부인, 심지어 어머니까지 살해한 일종의 정신분열증환자였다고 합니다.

532) 제1편 제10장 제1절 참조 신약성경의 정치적 환경은 어떠했나요?
533) 로마 황제의 호칭인 가이사(케사르)를 따른 명칭입니다.

제2절 예수 그리스도는 어느 집안에서 태어났는가요?

1. 예수 그리스도의 족보에 관해서 기록된 것은 마태복음과 누가복음입니다.

① 마태복음에서는 아브라함에서부터 아래로 내려가면서 언급하였고, 누가복음은 예수 그리스도로부터 위로 거슬러 올라가면서 언급하고 있습니다. 즉, 마태복음은 아브라함 - 이삭 - 야곱 - 유다 - 다윗 - 요셉 - 예수 그리스도의 순으로 14대씩 언급하고 있습니다(마태 1:1-17).

② 하지만 누가복음은 예수 그리스도 - 요셉 - 헬리 - 다윗 - 유다 - 야곱 - 이삭 - 아브라함 - 아담 - 하나님으로 올라가면서 언급하고 있습니다(누가 3:23-38).

[정리] 구약의 요셉과 신약의 법적 아버지 요셉

구약의 족장 요셉	신약의 법적 아버지 요셉
이스라엘의 구원자	가족의 구원자
애굽으로 내려감	애굽으로 피신함
꿈을 해석함	꿈을 따라감
하나님의 뜻을 따르는 의로운 사람	하나님의 뜻을 따르는 의로운 사람

2. 예수 그리스도의 족보에 관한 기록의 관점

마태복음은 예수 그리스도를 이스라엘의 왕으로 오셨다는 관점에서 기록한 것으로 볼 수 있고,[534] 누가복음은 예수 그리스도를 모든 인류의 구원자와 대속자라는 관점에서, 그리고 예수 그리스도를 아담의 후손이라는 관점에서 성령으로 잉태한 것에 초점을 맞추어 마리아의 계보를 따라간 것으로 해석할 수 있습니다. 즉, 마태는 법적인 아버지인 요셉을 따랐으나, 누가는 성령으로 잉태한 예수님의 실제 혈통인 마리아의 계보를 따른 것입니다.[535]

534) 신성종, 평신도를 위한 성경이야기, 253쪽.

535) 문봉주, 앞의 책, 409쪽. 누가는 안디옥 교회에서 예수님을 영접하였으며, 오랫 동안 예루살렘 교회에 머무르면서 예수님의 모친인 마리아에게서 주님의 탄생 배경에 대해 자세히 들은 것으로 알려져 있습니다.

3. 예수님의 족보가 강조된 이유

① 아브라함에게 언약(창세기 12장, 15장)한 그 메시야이며 다윗에게 언약한 그리고 (언약을 성취한)바로 그 왕이 예수님이란 것을 증명하려고 하였습니다.

예언: '내가 네 몸에서 날 네 씨를 네 뒤에 세워 그의 나라를 견고하게 하리라 그는 내 이름을 위하여 집을 건축할 것이요 나는 그의 나라 왕위를 영원히 견고하게 하리라'(사무엘하 7:12-13).

성취: '아브라함과 다윗의 자손 예수 그리스도의 계보라'(마태 1:1).

② 왕에게는 그 정통성과 정당성을 드러내 주는 족보가 중요합니다.[536]

③ 예수님은 하나님의 아들이면서 동시에 사람임을 보여 주기 위해서입니다.

④ 14대씩 묶은 것은 히브리어의 다윗이란 글자가 숫자로는 14이기 때문입니다.[537]

4. 예수님의 족보상에 나타나는 네 사람의 여인들

예수님의 족보에는 순결하지 못한 네 사람의 여인들의 이름이 등장합니다.

'유다는 다말에게서 **베레스**와 **세라**를 낳고'[538]

'살몬은 라합에게서 보아스를 낳고, 보아스는 **룻**에게서 오벳을 낳고'[539]

'다윗은 우리야의 아내(**밧세바**)에게서 솔로몬을 낳고'[540]

이 네 사람은 모두 창녀, 과부, 남의 아내 등 순결한 여인이 아니며 다른 사람들로부터 손가락질을 받는 죄인들이었습니다. ① 이들의 이름을 예수님의 조상 족보에 기록함으로써 예수님은 고귀한 집안의 태생이 아니며, ② 하나님은 낮고 천한 죄인들을 택하셔서 그들을 귀한 목적으로 사용하심을 보여주신 것입니다. ③ 또한 이들 중에는 반드시 순수 유대인만이 있는 것이 아니라 이방인 출신도 있으므로[541] 복음이 이방인에게도 미친다는 것을 증거하고 있습니다. 무엇보다 만일 **기독교가 예수 그리스도를 일부러 신격화한 종교라면 이러한 숨기고 싶은 내용을 기록한다는 것은 앞뒤가 맞지 않는 것**이라고 할 것입니다.

---

536) 조선왕조를 연 태조 이성계도 자신의 족보를 통해 정통성과 정당성을 강조하기 위해 조상들의 근거지인 전주를 성역화 하였고, 또 세종대왕은 용비어천가를 지어 이를 노래하였던 것입니다.

537) 신성종, 앞의 책, 253쪽

538) 창세기 38:11-30.

539) 룻기 4:17.

540) 사무엘하 12:24.

541) 룻은 이방 땅인 모압의 여인이었습니다(룻기 1:4).

제3절 예수 그리스도의 생애의 시기는 언제인가요?[542)]

1. 예수 그리스도의 탄생 연도

예수 그리스도는 역사적 사실로서 이 땅에 언제 태어난 것인가?에 관하여 복음서에 의하면,[543)] 헤롯 대왕은 예수 그리스도가 태어났을 때에 이미 생존하고 있었습니다. 역사적 증거에 의하면 **헤롯은 기원전 4년 4월에 사망했습니다. 이것은 예수 그리스도가 기원전 4년 이전에 태어났음을 의미**합니다. 헤롯이 동방박사들로부터 유대인 왕의 탄생 소식을 듣고 2세 이하의 모든 사내아이들을 죽이라고 조서를 내린 사실로 미루어 볼 때, 그리스도의 출생 연도를 기원 전 4년 내지 5년으로 보는 것이 타당하다고 할 것입니다.

❀ BC(기원 전)와 AD(기원 후)의 구분

오늘날 우리들이 사용하는 달력은 예수 그리스도가 탄생한 날을 기준으로 하여 그 이전을 B.C(Before Christ)라고 하고, 탄생 이후를 A.D(프랑스어 Anno Domini)로 표시하는데, 실제는 예수 그리스도의 탄생 시기는 약 4~5년의 오차가 있는 것으로 볼 수 있습니다.

❀ 21C의 시작은 2001년 1월 1일

오늘 우리들이 살고 있는 시대를 21C(세기)라고 부릅니다. 그런데 시간이라는 개념은 천체의 운동에서 형성되었기 때문에 시간에 관한 계산은 천문학자들이 담당하게 되는데, 시간의 기준점을 잡고 있는 영국의 그리니치 천문대에서 공식적으로 인정하는 21세기의 시작은 2001년 1월 1일인 것입니다.

서기의 시작은 서기 0년이 아니고 서기 1년부터이며, 한 세기는 서기 1년부터 서기 100년까지인 것입니다. 따라서 그리니치 시간으로 2000년 12월 31일까지가 20세기이며, 새천년도 시작은 2001년인 것입니다. 그러나 일반인들에게는 이 같은 내용들이 정확히 알려져 있지 않은 것 같습니다(박헌영/천문학박사).

2. 예수 그리스도께서 사역을 시작한 연도는 언제인가요?

4복음서의 본문에 의하면 세례 요한은 그리스도보다 먼저 자신의 공생애를 시작했는데, 세례 요한은 로마 황제 티베리우스 치세 15년째 되던 해에 그의 사역을 시작하였습니다

542) 폴 N. 벤휘어 지음, 곽철호 옮김, 모든 이를 위한 신약성경개론, 요단출판사, 2008,58쪽.
543) 마태복음 2장1절, 누가복음 1장 5절.

(누가 3:1). 이를 근거로 세례 요한의 사역 출발연도를 서기 28년에서 29년으로 볼 수 있는데, 그렇다면 세례 요한보다 몇 개월 후에 예수님이 공생애를 시작한 것으로 볼 때, 예수님이 사역을 시작한 나이는 약 32세 또는 33세 정도였을 것으로 추측이 됩니다.[544] 누가복음[545]에는 예수님이 사역을 시작한 시기는 대략 30세쯤이라고 기록하고 있습니다.

✾ 예수님이 30세쯤에 사역을 시작한 이유는 무엇일까요?

예수님은 인류의 대제사장이신데, 구약에서 하나님께서 모세와 아론에게 제사장이 될 사람들을 레위 자손 중에서 뽑을 때 30세 이상으로 하라고 말씀하시었습니다(민수기4:3). 특히 요셉이 애굽 총리가 된 것도 30세였고, 다윗이 유다를 통치하기 시작한 것도 30세였습니다.[546] 이스라엘 문화에서 30세는 대단히 중요한 의미를 갖는 나이인 것을 알 수 있습니다. 미슈나에 따르면 '유대인들은 다섯 살에는 성경을 배우고, 열 살에는 미슈나를 배우고, 열세 살에는 계명을 지키고, 열다섯 살에는 탈무드를 배우고, 열여덟 살에는 혼인을 하고, 스무 살에는 직업을 갖고, 서른 살에는 권위를 갖는다'고 합니다.[547]

3. 예수 그리스도의 사역 기간

예수님의 사역기간은 서기 29년의 어떤 시점으로부터 서기 33년의 유월절 때까지 3년보다 약간 넘게 지속되었고 봅니다. 요한복음은 사역기간 중에 일어났던 세 번의 유월절 축제를 언급하고 있습니다. 그리고 요한복음과[548] 공관복음서들을 근거로 요한복음 2장13절과 6장4절 사이에 또 하나의 유월절이 있었음을 추정할 수 있습니다. 기록된 네 차례의 유월절들을 고려할 때 그리스도의 사역 기간은 최소한 3년 이상이었다는 것을 알 수 있습니다.[549]

① '**유대인의 유월절**이 가까운지라 예수께서 예루살렘으로 올라가셨더니'(요한 2:13).

② '마침 **유대인의 명절인 유월절**이 가까운지라'(요한 6:4).

③ "**유대인의 유월절이 가까우매** 많은 사람이 자기를 성결하게 하기 위하여 유월절 전에 시골에서 예루살렘으로 올라갔더니 그들이 예수를 찾으며 성전에 서서 서로 말하되 너희 생각에는 어떠하냐 그가 명절에 오지 아니하겠느냐 하니'(요한 11:55-56).

---

544) 폴 N. 벤휘어 지음, 곽철호 옮김, 앞의 책, 쪽. AD 28년+BC 4-5년=32세-33세로 추정함
545) '예수께서 가르치심을 시작하실 때에 삼십 세쯤 되시니라...'(누가복음 3:23).
546) 신성종, 앞의 책, 270쪽.
547) 폴 라이트, 이용중 옮김, 손에잡히는 성경 지도, 349쪽.
548) '그후에 유대인의 명절이 되어 예수께서 예루살렘에 올라가시니라'(요한 5장1절).
549) 폴 N, 벤웨어 지음, 곽철호 옮김, 앞의 책, 59쪽.

[정리] 예수 그리스도의 사역 기간

성경구절	절기 및 중요 증거	십자가 전의 시간
요한 2:13	유월절	3년 전
요한 5:1	유월절 또는 장막절	2년 또는 1년 반 전
요한 6:4	유월절	1년 전
요한 7:2	장막절	6개월 전
요한 10:22	수전절	3개월 전
요한 12:1·	유월절	같은 날

4. 예수 그리스도가 십자가에 달리신 연도

예수님은 유대인의 명절인 유월절에 죽임을 당하셨습니다(요한 12:1; 13:1; 18:28). 유월절의 날짜는 니산월의[550] 14일째 되는 날입니다. 니산월 14일은 예수님이 십자가에 달리신 해의 금요일에 해당합니다. 당시가 본디오 빌라도 총독의 치세 기간이었기 때문에(요한 19:15~16), 서기 26년에서 36년 사이에 일어났다고 볼 수 있습니다. 이 기간 동안에 니산월 14일이 금요일에 해당하는 연도는 서기 30년과 33년입니다. 이 두 가지 가능성 가운데 그리스도의 3년에 걸친 사역을 뒷받침하고 있는 서기 33년이 가장 타당성이 있다고 봅니다.

5. 예수 그리스도의 부활과 승천의 시기

1) 예수 그리스도의 부활

① 부활이란 죽은 자가 다시 살아나는 것을 말하며, 예수님은 십자가에서 죽으신 후 3일 만에 다시 살아나셨습니다. 즉 부활하셨습니다. 서기 33년의 유월절 금요일 저녁에 십자가에 달리셨으므로 **부활은 3일 후인 일요일 새벽**이 됩니다.

② 예수 그리스도의 부활에 관하여 이를 부인하는 여러 견해들도 있으나 사도 바울의 말처럼 만일 기독교에서 부활이 없다면 우리는 헛것을 믿는 것이며 세상에서 가장 불쌍한 사람들이 될 것입니다. **기독교에서 부활이 없다면 그야말로 신앙적으로는 무익한 종교**가 될 것입니다.

550) 유대인의 달력의 이름은 1월 세바트, 2월 아달, 3월 니산, 4월 이얄, 5월 시완, 6월 탐무즈, 7월 압, 8월 엘룰, 9월 티쉬리, 10월 마스헤스완 11월 키슬루, 12월 테베트입니다.

③ 하지만 예수님 자신이 부활하실 것을 예언하셨으며,[551] 예수님의 무덤은 비어 있으며, 예수님의 부활을 목격한 사람들 500명 이상이 증언자이며, 예수님이 부활을 확인한 후 베드로를 비롯한 제자들이 절망에서부터 새로운 용기와 소망을 갖게 되었다는 사실과 예수께서 부활 후 40일 동안에 이 땅에 계시면서 많은 사람들을 만나셨다는 점이 이를 증거하는데 충분합니다.

'인자가 사람들의 손에 넘겨져 죽임을 당하고 죽은 지 삼 일 만에 살아나리라'(마가 9:30).

'여호와께서 이틀 후에 우리를 살리시며 셋째 날에 우리를 일으키시리니 우리가 그의 앞에서 살리라'(호세아 6:1-2).

✽ 죽은 사람이 어떻게 부활(다시 살아남)이 가능한가요?

과학적, 생물학적 사고에 따르면 이러한 일은 현실세계에서 일어날 수 없는 불가능한 일이라고 할 것입니다. 그리고 그러한 사실이 있었다는 점을 믿지 않을 것입니다. 하지만, 성경은 이러한 사건을 미리 예견하고 있습니다. 즉, 구약성경에도 죽은 자가 살아난 사건이 있었으며, 신약성경에도 죽은 자가 살아난 사건을 3번 이상 기록하고 있습니다. 또한 예수님이 십자가에 달리신 후 죽음의 순간에 많은 성도들이 죽음에서 살아났다고 기록하고 있습니다(마태 27:52-53). 예수 그리스도의 부활은 인류역사와 그리스도인에게는 보다 특별한 의미를 갖는 것으로, 그리스도인이 되는데 있어서는 예수 그리스도의 동정녀 탄생과 부활에 대한 믿음이 없이는 참된 신앙인이 될 수 없습니다.

'예수께서 다시 크게 소리 지르시고 영혼이 떠나시니라 이에 성소의 휘장이 위로부터 아래까지 찢어져 둘이 되고 땅이 진동하며 바위가 터지고 **무덤들이 열리며 자던 성도의 몸이 많이 일어나되 예수의 부활 후에 그들이 무덤에서 나와서 거룩한 성에 들어가 많은 사람에게 보이니라**'(마태 27:50-53).

[정리] 성경에 나타난 죽은 사람의 부활 사건

죽은 사람이 살아난 사건	누가 죽은 자를 살렸나요?	성경구절
죽은 나사로가 살아남	예수 그리스도	요한복음 11:1-44
나인 성 과부의 아들이 살아남	예수 그리스도	누가복음 7:11-15

551) 마태복음 17:22-23, 누가 9:43-45 등에 말씀이 기록되어 있습니다.

회당장 야이로의 딸이 살아남	예수 그리스도	마태복음 9:25 마가복음 5:22-43 누가복음 8:41-55
욥바의 도르가(다비다)를 살리심	사도 베드로	사도행전 9:36-41
드로아에서 청년 유두고를 살리다.	사도 바울	사도행전 20:7-12
사르밧 과부의 아들을 살리심	엘리야(구약 성경)	열왕기상 17:17-22
수넴 여인의 아들을 살리심	엘리사(구약 성경)	열왕기하 4:32-35

2) 예수 그리스도의 부활 후 나타나심

예수님은 십자가상에서 죽으신 후 3일 만에 부활하시었을 뿐만 아니라 다시 나타나시어 40일 동안 제자들과 많은 사람들을 만났으며[552] 그리고 사울을 만나 그를 회심시키고 마지막으로 제자들에게 온 세계를 향하여 복음을 전하도록 하는 명령을 하시고 승천하시었습니다.

[정리] 예수 그리스도의 부활 후 나타나시고 만난 사람들

부활 후 만난 사람들	장소 및 하신 말씀	성경구절
여인들 : 막달라 마리아/ 야고보의 어머니 마리아/살로메	***겟세마네 동산 무덤 있는 곳** '무서워 하지 말라 가서 내 형제들에게 갈릴리로 가라 하라 거기서 나를 보리라' '나를 붙들지 말라 내가 아직 아버지께로 올라가지 아니하였노라 너는 내 형제들에게 가서 이르되 내가 내 아버지 곧 너희 아버지, 내 하나님 곧 너희 하나님께로 올라간다 하라'	마태복음 28:1-10 요한복음 20:11-18
베드로와 제자들	***10제자들이 집 안에 있을 때** '너희에게 평강이 있을지어다' '내 손과 발을 보고 나인 줄 알라 또 나를 만져보라 영은 살과 뼈가 없으되 너희 보는 바와 같이 나는 있느니라'	누가복음 24:36-49 마태복음 28:16-20 마가복음 16:14-18 요한복음 20:19-23 사도행전 1:6-8
도마	***여드레 지나 제자들과 함께 집에 있을 때,** '네 손가락을 이리 내밀어 내 손을 보고 네 손을 내밀어 내 옆구리에 넣어 보라 그리하여 믿음 없는 자가 되지 말고 믿는 자가 되라'	요한복음 20:24-29

552) 예수님께서 부활 후 만난 사람들은 대략 수백 명 이상 된다고 할 수 있습니다.

500명의 사람들	***그후에 오백여 형제에게 일시에 보이셨나니** 그 중에 지금까지 대다수는 살아 있고 어떤 사람은 잠들었으며	고린도전서 15:6
엠마오로 가는 제자 :글로바 외 1명	***엠마오로 가는 길과 머문 마을** '미련하고 선지자들이 말한 모든 것을 마음에 더디 믿는 자들이여 그리스도가 이런 고난을 받고 자기 영광에 들어가야 할 것이 아니냐'	누가복음 24:13-35 마가복음 16:12
7명의 제자들 :베드로, 도마, 나다나엘, 세베대의 아들들, 그 외 2명	***디베랴 호수** '애들아 너희에게 고기가 있느냐' '그물을 배 오른편에 던지라 그리하면 잡으리라' '지금 잡은 생선을 좀 가져오라' '와서 조반을 먹으라'	요한복음 21:1-14
사울⇨사도 바울	***다마스커스로 가는 도중** '사울아 사울아 네가 어찌하여 나를 박해하느냐'	사도행전 9:3-12 고린도전서 15:8

3) 예수 그리스도의 승천

예수 그리스도의 승천에 대한 기록은 복음서 외에는 자세한 기록이 없습니다. 승천 당시의 상황에 관한 기록을 보면, 부활 후

> **'주 예수께서 말씀을 마치신 후에 하늘로 올려지사 하나님 우편에 앉으시니라'**
> (마가 16: 19).

> '예수께서 그들을 데리고 베다니 앞까지 나가사 손을 들어 그들에게 축복하시더니 **축복하실 때에 그들을 떠나 [하늘로 올려지시니]** 그들이 [그에게 경배하고] 큰 기쁨으로 예루살렘에 돌아가'(누가 24:50-52).

> '이 말씀을 마치시고 **그들이 보는데 올려져 가시니** 구름이 그를 가리어 보이지 않게 하더라 올라가실 때에 제자들이 자세히 하늘을 쳐다보고 있는데 흰 옷 입은 두 사람이 그들 곁에 서서 이르되 갈릴리 사람들아 어찌하여 서서 하늘을 쳐다보느냐 너희 가운데서 하늘로 올려지신 이 예수는 하늘로 가심을 본 그대로 오시리라 하였느니라'(사도행전 1:9-11).

그러므로 이러한 성경 기록을 토대로 하여 승천하신 시기는 부활 후 40일째이며, 승천하신 장소는 감람원이라고 추측할 수 있을 것입니다.[553)]

553) 이애실, 앞의 책, 257쪽.

제4절 예수 그리스도의 탄생 과정은 어떠했나요?

1. 마리아와 요셉의 결혼 이야기

지금으로부터 2000여 년 전에 팔레스티나의 유대 지방의 어느 마을에[554] 마리아라는 처녀와 요셉이라는 청년이 살고 있었는데, 이들은 장래 서로 부부가 되기로 하고 결혼을 약속하는 약혼을 하였습니다(마태 1:18). 그런데 이스라엘의 혼인 풍습은 법적으로는 부부이지만 혼인 약속 후 1년간은 혼인을 준비하는 기간으로 서로 동침하지 않기로 되어 있습니다.[555]

2. 예수님의 잉태된 이야기

1) 마리아가 성령으로 아기를 가지게 되었습니다.

어느 날 천사가 마리아에게 나타나 **'너는 성령으로 아이를 잉태하리라'**고 말하자 마리아는 약혼한 몸으로 매우 난감한 일이 아닐 수 없었습니다. 그런데 그녀는 하나님의 사자로부터 듣게 된 하나님의 계획에 순종하기로 하였고, 이 일을 약혼자인 요셉에게 알리게 되었습니다(마태 1:18).

동정녀 마리아에게
수태고지 하는 가브리엘 천사
(프라 안젤리코 作, 이탈리아, 1387-1455)

554) 마리아와 요셉의 고향인 나사렛으로 추측합니다. 이집트 피난에서 돌아온 요셉 일가는 그들의 고향인 나사렛에 정착하게 됩니다.

555) 이러한 결혼 풍습은 조선시대에도 소위 양반집 가문에서는 행하여졌습니다. 즉 약혼 기간 1년은 서로의 집안과 상대방 (특히)여자 쪽에 대해 탐문하고 검증하며, 결혼준비를 하는 기간이라고 할 수 있을 것입니다.

✾ 동정녀에 의한 예수 그리스도의 탄생에 관한 비평

기독교 신앙에 가장 첫 관문이 바로 이 동정녀에 의한 예수 그리스도의 탄생에 관한 사건입니다. 많은 사람들이 이 부분에서 의심을 갖게 되고 신앙으로부터 돌아서는 계기가 되기도 합니다. 특히 청소년 시절 진화론이나 생물학적 지식을 알게 된 경우 이러한 지식과 정면으로 어긋나는 이와 같은 사건을 어떻게 받아들일 것인가? 이 시기의 청소년들에게는 커다란 혼란이 아닐 수 없을 것입니다. 이에 대하여는 두 가지 관점이 있을 수 있습니다.

첫째는, 동정녀에 의한 그리스도의 탄생을 그리스도를 신격화하기 위한 신화화 작업으로 보는 견해이며 사실이 아니라고 생각하는 것입니다. 이러한 견해가 소위 자유주의 신학 내지 합리론입니다.

둘째는, 동정녀에 의한 그리스도의 탄생을 과학적(생물학적) 지식과는 어긋나는 사건으로 정면 부인하는 것입니다.

하지만, 이 두 가지 다 옳지 않습니다. 먼저, 동정녀에 의한 그리스도의 탄생은 죄 없는 하나님이 우리에게 다가오는 하나의 방법으로 그리스도가 죄(인)의 몸으로 탄생한다면 어떻게 죄인이 죄인을 위해서 또 죄인을 완전히 용서하는 일이 가능하겠습니까?

다음으로, 성경의 수많은 기적과 이적을 받아들일 수 없다는 얘기와 동일합니다. 즉 하나님의 신적 능력을 부인하는 것으로 기독교의 본질과 어긋나는 불신앙이 될 수밖에 없습니다. 끝으로, 구약에 이와 같은 일이 있을 것을 예언하셨기에 그 예언을 성취하는 일이기도 하기 때문입니다.[556] 그러므로 동정녀를 통한 예수 그리스도의 오심을 믿는 일이야말로 기독교인이 되는 첫걸음이 될 것입니다. 기독교 신앙에는 초 과학적, 초 자연적인, 초 인간적인 부문을 인정하는 것이 믿음과 신앙의 영적인 눈인 것입니다.

2) 요셉은 하나님의 뜻에 순종하였습니다.

① 요셉은 착하고 신중한 그리고 의로운 사람이라 마리아가 부끄러운 꼴을 당하지 않게 하려고 다른 사람들이 모르게 조용히 마리아와 약혼한 것을 없었던 일로 하기로 마음먹었습니다(마태 1:19).

② 요셉이 이런 생각을 하고 있던 어느 날 꿈에 주님의 천사가 나타나서 말하기를 **'다윗의 자손인 요셉이여, 마리아가 임신한 아기는 여호와께서 성령으로 잉태하도록 하신 아기이니 걱정하지 말고 마리아를 아내로 맞이하도록 하시오, 마리아는 아들을 낳을 것인데 아이 이름은 예수라고 지으시오, 그 아기는 자기 백성을 죄에서 구원하여 줄 것이오'**라고 말하였습니다(마태 1:20-21).[557]

556) 이사야 7:14, 8:8,10.
557) 당시 이스라엘 사람들은 자기들을 고통(죄)로부터 구원하여 줄 구원자(메시야)를 오랜 동안 기다려오고 있었습니다.

③ 요셉은 꿈에서 깨어난 뒤에 주님의 천사가 시킨 대로 마리아를 아내로 맞아 들였습니다. 그러나 요셉은 마리아가 아들을 낳을 때까지는 마리아와 잠자리를 같이 하지 않았고, 마리아가 아들을 낳자 그(요셉)는 아들의 이름을 예수라고 지어 불렀습니다(마태 1:20-24).

✽ 누가 이름을 짓는가?[558)]

1. 요셉은 아기 이름을 예수라고 지었다고 기록하고 있습니다. 그런데 성경에서 흘러져 내려오는 맥락에 의해 이스라엘 백성들은 통상 아버지가 이름을 지었다고 봅니다. 하나님께서 태초에 이름을 짓는 권위를 아담에게 주셨고(창세기 2:19), 모세오경을 비롯한 구약성경에 전반적인 내용을 살펴볼 때 어머니가 이름을 짓는 경우는 예외적인 사항이기 때문에, 이스라엘은 아버지가 이름을 짓는다는 결론을 도출하게 됩니다.

2. 구약에서 야베스는 형제보다 존귀한 자라고 소개하고 그의 이름을 어머니가 지어 주었습니다. 고통이란 말은 히브리어로 야찹입니다. 야베스라고 이름을 지은 이유는 그 어머니가 수고하면서 아이를 낳았기 때문입니다. 수고라는 단어는 고통이란 단어로 고통스럽게 낳은 아들이기에 야베스라고 했습니다.

성경에서 자녀의 이름을 어머니가 지어 주는 경우는 흔하지는 않지만 종종 있습니다. 야곱의 열두 아들의 경우 그들의 이름을 모두 레아와 라헬이 지었습니다. 이 경우를 제외하고는 대부분 특수한 경우입니다. 엘리 제사장의 아들이 전쟁터에서 죽었다는 소식을 듣고 그 아내가 아이를 낳고, 그때 그 아들의 이름을 이가봇이라고 지었습니다. 또 한나가 아이를 낳고 이름을 사무엘이라고 지었는데, 이는 서원의 적용과 관련됩니다. 모세라는 이름은 애굽의 공주가 지어 주었습니다. 이렇듯 어머니가 이름을 지어 주는 경우가 없지는 않지만 아주 보편적인 현상은 아닙니다. 그런데 야베스의 이름을 짓는 경우가 아주 특별한 경우가 되는 것은 이름을 짓는 어머니가 누구인지 알 수 없다는 사실입니다. 다른 성경의 경우를 살펴보면 자녀의 이름을 짓는 어머니의 이름이나 신분이 분명히 제시되고, 남편이 누구인지 정확히 알 수 있습니다. 그러나 야베스의 경우는 어머니의 이름도 모르고, 그의 남편 즉 야베스의 아버지가 누구인지도 알 수 없습니다. 또한 야베스가 형제들보다 존귀한 자라고 소개하는데, 형제들의 이름도 언급되지 않는데 이런 의미에서 아주 독특한 이름짓기라고 할 수 있습니다.

3. 신약에서 예수의 경우에는 형식상으로는 법적 아버지인 요셉이 지었다고 되어 있으나, 실제는 예수 그리스도의 근본 아버지인 하나님이 예수가 태어나기 전에 지어 주셨습니다.

---

558) 김범우, 야베스의 기도, 설교노트

❃ 요셉은 어떤 사람이었나요?

성경은 **'요셉은 의로운 사람'**이라고 말합니다(마태1:19). 그 당시 유대의 법은 약혼 중인 여자가 약혼자 이외의 사람과 서로 동의하여 잠자리를 같이 하였다면 두 사람은 모두 돌로 쳐서 사형에 처하도록 되어 있었습니다(신명기 22:23-24). 마리아의 임신은 이와 같은 법에 따르면 불륜이며 약혼(결혼) 약속에 위반된 행위이므로 요셉은 두 사람의 증인을 세워 약혼을 없었던 일로 할 수도 있었습니다. 만일 이렇게 된다면 마리아는 매우 어려움에 처하게 될 수 있으며, 심지어 생명의 위험도 있을 수 있게 됩니다. 그러나 요셉은 이러한 마리아의 입장을 헤아리고서는 마리아와의 관계를 조용히 끊고자 하였습니다. 그런데 어느 날 주의 사자(使者)가 나타나 마리아의 잉태에 관한 하나님의 계획을 전하여 주었으며 그리고는 마리아를 데려오라는 명령에 순종하였던 사람이었습니다.

[정리] 의로운 사람 요셉

예수님의 육신적 아버지 요셉	아리마대 사람 요셉
*그의 남편 요셉은 의로운 사람이라 *요셉이 잠에서 깨어 일어나 주의 사자의 분부대로 행하여 그의 아내를 데려옴 *주의 사자가 요셉에게 현몽하여 이르되 헤롯이 아기를 찾아 죽이려 하니 일어나 아기와 그의 어머니를 데리고 애굽으로 피하여 내가 네게 이르기까지 거기 있으라	*공회에서 예수님의 사형에 찬성하지 않았음 *예수님의 시신을 찾아와서 자신의 무덤에 장사 지냄
마태 1:19, 24-25; 2:13	누가 23:50-53 마태 27:57-60/마가 15:43 요한 19:38-39

[정리] 구약적 배경의 확장인 요셉

구약의 족장 요셉	신약의 예수님의 법적 아버지인 요셉
꿈을 해석하고 애굽으로 감	꿈에 나타나 애굽으로 감

3. 동정녀 마리아의 임신사실에 대한 확증을 하게 되기까지

① 엘리사벳을 통한 마리아의 확증

천사가 마리아에게 그의 친척으로 아이를 낳지 못하여 고민하던 엘리사벳이 하나님의 은혜로 사내아이를 임신한 것을 알려 주었습니다. 그리하여 임신한 마리아가 엘리사벳을 방문하여 보니 과연 천사의 말대로 엘리사벳이 임신하여 배가 불러 있었습니다. 이때 아이가 엘리사벳의 태내에서 춤추었고 엘리사벳은 성령으로 충만하여 말하기를 **'그대는 여자들 가운데서 복을 받았고, 그대의 태 속에 있는 열매도 복을 받았습니다'**라고 말하면서 기뻐하였습니다(누가 1:39-45). 이 **아이의 이름을 요한**이라 부르라고 하였습니다.[559)]

② 마리아는 이 날 이후 사가랴의 집에서 약 3개월쯤 머물다가 자기 집으로 돌아갔습니다(누가: 1:56).

③ 그러던 어느 날 주의 사자(가브리엘)가 요셉의 꿈에 나타나서 말하였습니다.

> **'다윗의 자손 요셉 씨 당신의 아내 마리아를 데려 오는 것을 두려워하지 마시오. 그녀가 임신한 것은 성령에 의해서 된 것입니다. 아들을 낳을 것인데 그 이름을 예수라고 하셔요. 이 사람은 자기 백성을 저들의 죄에서 구원할 사람입니다'**라고 하였습니다(마태 1:19-21).

④ 사실 이러한 일은 어느 날 갑자기 일어난 일이라기보다는 이미 예언자를 통하여 예언된 내용이 이루어진 것이었습니다.[560)]

4. 베들레헴 마굿간에서 이루어진 그리스도의 탄생 이야기

요셉은 정혼한 마리아와 함께 이스라엘 갈릴리 나사렛 동네에서 **유대 베들레헴**을 향하여 호적하기 위하여 가는 길이었습니다. 그런데 베들레헴에 도착하였을 때에는 호적하러 온 사람들이 너무 많아 여관을 잡지 못하자 여관 마굿간(동굴)에서 아이를 낳게 되었습니다(누가 2:1-7).

＊ 예수님은 동굴에서 탄생하였습니다.

전통적으로 예수님의 탄생 장소를 베들레헴의 어떤 동굴로 정하고 있습니다. 이 마을의 주민들 대부분은 동굴생활을 하고 있었고 가축과 더불어 낭떨어지의 움푹 파여진 곳에서 살고 있었습니다. 현재 이곳에는 4세기 콘스탄틴 황제에 의해서 세워진 예배당이 있습니다. 다섯 개의 회당을 가진 그 내부는 1,600년이 지난 오늘날에도 완전히 남아 있습니다.[561)]

559) 요한의 아버지 사가랴라는 제사장이며, 어머니 엘리사벳은 대제사장 아론의 손녀였습니다.
560) 이사야 7: 14' 처녀가 임신하여 아들을 낳을 것이니, 그 아기의 이름을 임마누엘이라고 할 것이다'
여기서 임마누엘은 하나님이 우리와 함께 하신다는 뜻입니다.
561) 신성종, 신약역사, 98쪽.

예수 탄생 / 경배하는 목자들
(바르톨로메 에스테반 무리요 作, 스페인, 1617-1682)

＊ 성탄절은 12월 25일인가요?

크리스마스(Christmas)는 성탄절의 영어 표현입니다. 이것은 '그리스도께 드리는 미사'라는 단어의 줄임말로 세상의 구원자로 오신 아기 예수님의 탄생을 축하하는 예배의식을 드리는 날이라는 뜻에서 유래한 것입니다. 오늘날 전 세계가 함께 축제로 보내는 날이 되었습니다. 아기 예수님이 탄생한 날을 12월 25일로 한 것은 AD 385년 로마 교황 줄리어스가 선포한 것에 따른 것(공식적으로 교회절기로 교회력에 제정된 시점을 AD 354년 교황 리베리우스에 의해 제정한 것으로 보기도 합니다)이며, 이날은 로마인이 태양신을 기리는 축제일(동지 후에 태양이 힘을 얻어 낮이 길어짐을 기리는 것)이었을 뿐 실제는 봄이었을 것으로 추측합니다. 하지만 그것은 크게 중요한 것이 아니며, 우리를 위해 오신 주님을 기억하고 기뻐하며 감사하는 일이 성탄절의 진정한 의미인 것입니다. 우리나라는 선교사들이 들어온 1885년부터 성탄절을 지키게 되었습니다.

제5절 예수 그리스도의 탄생 당시에 일어난 특별한 사건이 있었나요?

1. 로마제국이 **인구조사**를 시행하게 되었다.

① 로마는 시저의 양아들 아우구스투스 황제 때에 이르러 대로마 제국에 속한 모든 영토에서 세금을 얼마나 거둘 수 있는지, 군인으로 몇 명이나 동원할 수 있는지를 알아보기 위해 인구조사를 하였습니다(누가 2:1).

② 이러한 인구조사를 위해 이스라엘 사람들도 각기 자기 고향으로가 신고를 하게 되었는데, 마침 법적 부부가 된 요셉과 마리아는 나사렛에서 베들레헴을 향하여 가게 되었습니다.

베들레헴의 예수 탄생 교회와 예수 탄생 자리 (성서지도, 지계석)

＊ 북 나사렛과 남 베들레헴

요셉과 마리아의 고향인 북 나사렛에서 남 베들레헴까지는 약 120킬로미터로 걸어서 가면 약 3일에서 7일 정도의 거리가 됩니다. 요셉은 나사렛에 사는 가난한 목수에 지나지 않았으나 그는 이스라엘의 위대한 왕인 다윗왕의 자손으로 훌륭한 혈통을 지니고 있었습니다. 이 때문에 그는 다윗이 태어나고 자신의 조상이 살던 마을인 유다 베들레헴에 호적등록을 위해 가야만 했습니다.

2. 목자(목동)들이 아기 예수를 경배하였다.

① 예수님이 탄생하는 밤에 목자들이 들에서 밤을 새워가면서 자기 양 떼를 지키는데 갑자기 주의 천사가 옆에 서고 눈부신 빛이 저희들을 비추자 목동들이 크게 무서워하였습니다.

② 가브리엘 천사가 **'무서워 마셔요, 보셔요 내가 온 백성에게 미칠 큰 기쁜 소식을 전달합니다. 오늘날 다윗 동네에 유다를 구원하실 구주가 나셨는데, 그분은 그리스도 예수입니다. 여러분이 기서 강보에 싸여 구유에 누이신 아기를 보실 것인데, 이것이 표적입니다'**라고 하였습니다.

＊ 목자(목동)들에 관한 이야기[562)]

우리는 이 목자들이 레갑 자손이었다는 주장을 경청할 수 있습니다.
예루살렘과 베들레헴 사이에는 **라못라헬**이 있습니다.
옛날에는 **벧학게렘**이라고 불렀습니다. 이곳에서는 **레갑 자손**들이 살고 있었습니다.

> **"분문은 벧학게렘 지방을 다스리는 레갑의 아들 말기야가 중수하여 문을 세우며 문짝을 달고 자물쇠와 빗장을 갖추었고"**(느헤미야 3;14).

562) 김범우, 레갑 자손의 축복, 설교노트.

벧학게렘은 베들레헴의 옛 이름입니다. 이들은 분문을 관리하였습니다. 분문(糞門)은 '똥문'이라는 말입니다. 예루살렘 성을 쌓고 베들레헴 쪽으로 문을 냈습니다. 이 문이 dung gate 즉 똥문입니다. 예루살렘 성의 모든 더러운 것들은 이 문으로 나와 게헨나에 버려졌습니다. 힌놈의 골짜기입니다. 그런데 이 문을 레갑의 아들 말기야가 만들었습니다. 레갑은 베들레헴을 다스리는 사람이었습니다. 레갑 인은 겐족속입니다.

"야베스에 살던 서기관 종족 곧 디랏 종족과 시므앗 종족과 수갓 종족이니 이는 다 레갑 가문의 조상 함맛에게서 나온 겐 종족이더라"(역대상 2:55)

레갑이 어떤 사람인지 예레미야 35장이 말해 주고 있습니다.
유다 왕 여호야김 왕 시절이었습니다. 요시야 왕은 종교 개혁을 단행한 왕입니다. 그 아들이 여호야김입니다. 하나님께서 예레미야에게 말씀하셨습니다.

"레갑 자손들을 성전으로 불러 포도주를 마시게 하라"(예레미야 35:2).

성전에 고관들이 모이는 특실이 있었습니다. 그 방 옆에 문지기들이 거하는 방이 있었습니다. 그 방에 레갑 자손들을 모았습니다. 예레미야가 포도주잔에 포도주를 가득 채운 후에 말했습니다.

"마시라."

레갑 자손들이 말했습니다. **"우리는 포도주를 마시지 아니 하겠노라. 레갑의 아들 우리 선조 요나답이 우리에게 명령하여 이르기를 너희와 너희 자손은 영원히 포도주를 마시지 말며 너희가 집도 짓지 말며, 파종도 하지 말며, 포도원을 소유하지도 말고, 너희는 평생동안 장막에서 살아라. 그리하면 너희가 머물러 사는 땅에서 너희 생명이 길리라"**

하였으므로 우리가 레겝의 아들 우리 선조 요나답이 우리에게 명령한 모든 말을 순종하여 우리와 우리 아내와 자녀가 평생동안 포도주를 마시지 아니하며 살 집도 짓지 아니하며 포도원이나 밭이나 종자도 가지지 아니하고 장막에 살면서 우리 선조 요나답이 우리에게 명령한 대로 다 지켜 행하였노라(예레미야 35:6-10).

여호야김 왕이 레갑 자손을 성전으로 부른 이유가 이것이었습니다. 레갑의 조상 요나답이 300년 전에 자손들에게 명하였습니다. 레갑 자손들은 이 명령을 지켰습니다. 300년 동안 철저히 지켰습니다.

레갑 자손을 베들레헴으로부터 예루살렘 성전으로 부른 이유는 이스라엘 백성들에게 레갑 자손의 믿음의 행위를 보여 주려고 부른 것입니다. 한번 결단한 것은 그대로 믿고 지키는 이들이 레갑 자손들이었습니다. 예레미야의 유도 심문에 넘어가지 않았습니다. 유혹을 받지 아니하였습니다.

조상이 명한 것을 그대로 지키는 이들이었습니다. 300년 동안 포도주를 마시지 않았습니다. 집도 짓지 않았고, 파종도 하지 않고, 포도원도 소유하지 않았습니다. 이들이 한 것은 오직 들에서 목축이었습니다. 레갑 자손들이 포도주를 마시지 않았을 때 예레미야는 이스라엘 백성들을 향하여 소리질렀을 것입니다.

"레갑 자손을 보라. 말씀을 한번 붙잡으면 300년을 지키는 모습을 보라. 이렇게 하나님의 말씀을 지켜야 한다."

이스라엘 백성들은 놀랐을 것입니다. 본을 보았을 것입니다. 그런데 하나님께서는 예수님이 베들레헴에 오신다고 예언하여 주셨습니다. 미가 선지자가 장소를 예언한 선지자입니다.

"베들레헴 에브라다야 너는 유다 족속 중에 작을지라도 이스라엘을 다스릴 자가 네게서 내게로 나올 것이라"(미 5:2).

레갑 자손들의 믿음의 자세를 보아 그들은 300년 이전의 약속의 말씀도 그대로 믿을 사람들입니다. 베들레헴에 살고 있는 레갑 자손들은 자기들이 사는 땅에 예수님이 오실 것을 믿었습니다. 목자들이 레갑 자손입니다. 예수님이 태어났다고 할 때 자기 땅에 태어난 것을 알고 그대로 믿은 사람들이 이 목자들이었습니다. 그래서 예수님 탄생 소식은 레갑 자손 목자들에게 제일 먼저 알려진 것입니다.

레갑인들은 이스라엘 백성들이 아닙니다.
혈통적으로 겐 족속입니다(대상 2;25). 그런데 겐 족속은 미디안 족속입니다(민 10;29). 미디안부터 이스라엘 백성들을 따라 왔던 잡족들이었습니다(왕하 10;15). 이들은 미디안 광야에서 목축하던 이들이었습니다. 이들이 이스라엘 백성을 따라와서 하나님을 잘 섬겼습니다. 세 가지 전통을 잘 지켰습니다.

1. 술을 마시지 말라.
2. 집을 짓고 정착 생활을 하지 말고 양을 치면서 유목생활을 하라.
3. 농경생활을 하지 말고 목축하라.

이 세 가지 조상이 준 법칙을 철저히 지켜 온 이들입니다. 한번 말씀을 넣어 주면 그대로 지키는 이들이었습니다. 결국 이들은 포로가 되지 않는 축복을 받았고, 아기 예수를 모시는 축복을 받았습니다.

③ 뿐만 아니라 천군, 천사들은 **"지극히 높은 곳에서는 하나님께 영광이고 땅에서는 기뻐하심을 입은 사람들 중에 평화로다"** 하고 찬송하였습니다.

④ 목동들이 흥분하여 **"이제 베들레헴까지 가서 주께서 우리에게 알려주신 일이 이루어진 것을 보자"** 하고 달려가서 마리아와 요셉과 구유에 누이신 아기를 보고서는 다른 사람들에게도 천사가 자기들에게 말한 아기에 관한 일을 말하자 듣는 사람들은 모두 다 이상하게 여겼습니다.

⑤ 목자들은 자기들이 듣고 본 모든 것으로 하나님께 영광을 돌리고 돌아갔습니다.
마리아도 이 모든 말을 마음에 지키어 생각하였습니다(누가 2: 1-20).

3. 아기 예수님을 만난 두 사람

1) 경건한 노인 시므온

① 생후 8일이 지나자 모세율법에 따라 아이는 할례를 받고 또 예수라는 이름을 받았습니다. 하지만 이 이름은 아이가 태어나기 전부터 이미 결정되어 있었습니다.

② 생후 40일이 지나 요셉 가족은 참배하기 위해 베들레헴에서 성전을 향해 떠났습니다. 모세 율법에는 장남이 태어났을 때에는 하나님에게 제물을 바치는 것이 규칙이 되어 있었기 때문입니다. 제물은 산비둘기 한 쌍 또는 집비둘기의 새끼 두 마리를 바치면 되었습니다.

③ 예루살렘에는 하나님이 보낸 메시야를 볼 때까지는 절대 죽지 않겠다고 말하는 시므온이라는 경건한 노인이 살고 있었는데, 요셉 가족이 성전으로 들어갔을 때, **시므온은 자신이 기다리던 분이 바로 이 아이**라는 것을 알고 요셉과 마리아를 축복하였습니다(누가 2:25-35).

④ 그는 예수님께서 이스라엘만이 아니라 이방인들에게도 복이 될 것을 예언했고, 또한 마리아에게 예수님이 겪으실 고난을 보고 가슴 아파하리라고 하였으며, 예수님의 고난을 직접 내다보고 예언한 첫 인물이었습니다.

'**내 눈이 주의 구원을 보았사오니 이는 만민 앞에 예비하신 것이요 이방을 비추는 빛이요 주의 백성 이스라엘의 영광이니이다** 하니 그(예수님)의 부모가 그에 대한 말들을 놀랍게 여기더라'(누가 2:30-34).

> '시므온이 그들에게 축복하고 **그의 어머니 마리아에게 말하여 이르되 보라 이는 이스라엘 중 많은 사람을 패하거나 흥하게 하며 비방을 받는 표적이 되기 위하여 세움을 받았고 또 칼이 네 마음을 찌르듯 하리니 이는 여러 사람의 마음의 생각을 드러내려 함이니라** 하더라'(누가 2:34-35).

2) 여자 예언자 안나

① '안나' 라고 하는 84세의 여자 예언자는 결혼한 지 7년 만에 과부가 된 사람으로 성전에서 오랫 동안 단식과 기도를 드린 자로서 아기 예수를 보고 **이 아이가 예루살렘의 백성을 구해 줄 것**이라고 말했습니다(누가 2:36-38).

② 하나님께서는 그분의 약속을 믿고 기다리는 경건한 사람들에게 하나님의 뜻을 먼저 분명히 알려 주시며, 또한 그들을 써 주신다는 것을 알 수 있습니다.[563)]

4. 동방박사들의 아기 예수 방문

1) 동방박사들이 어떻게 아기 예수를 방문하여 경배하게 되었나요?

예수님이 2살쯤 되는 때에 동방(바빌로니아, 지금의 이란)으로부터 박사들이 예루살렘에 찾아 와서는 **'유대인의 왕으로 나신 이가 어디에 계십니까? 우리가 그의 별을 보고 찾아 왔습니다'**하고 문의하니 헤롯 왕과 예루살렘 사람들이 듣고 소동이 났습니다. 헤롯 왕이 대제사장과 서기관들을 모아 **'그리스도가 어디서 나겠습니까?'**하고 물으니 **'유대 베들레헴 입니다'**하고 선지자의 예언을 근거로 대답하였습니다. 헤롯 왕이 박사들을 은밀히 불러 별이 나타난 때를 자세히 묻고는 베들레헴으로 보내며 말하기를 **'가서 아기에 대하여 자세히 알아보고 찾거든 나에게도 알려 나도 가서 그에게 경배할 수 있도록 해 주셔요.'**라고 말하였습니다(마태 2:1-8).

＊ 동방박사 이야기

성경에 나타난 동방박사들은 지금의 이란에서 종교적 계급을 구성하고 있으며 메데의 여섯 족속 가운데 하나를 구성할 만큼 중요한 존재였다고 합니다. 이들은 천체 관측자였으며, 꿈이나 점의 판단자 및 예언자로서 이란에서는 두려움과 존경의 대상이었다고 합니다. 그런데 아기 예수님을 경배하러온 동방박사들은 3명이 아니며 몇 사람인지 모릅니다. 아마 황금과 유황과 몰약을 드렸다고 하는데서 추측하였던 것으로 보입니다.

2) 그리스도의 탄생에 관한 선지자들의 예언

'유대 땅 베들레헴아 너는 유대 고을 중에 가장 작지 아니 하도다 내게서 한 다스리는 자가 나와서 내 백성 이스라엘의 목자가 되리라'(마태 2:6)[564)]

563) 이용원, 앞의 책, 69쪽.
564) 미가서 5:2. 요한 7:42.

❀ 예수 탄생 교회 이야기

서기 135년 로마 황제 하드리아누스는 제2차 유대인 반란을 진압한 후 기독교 말살 정책의 하나로 예수님의 탄생 동굴 위에다 아도니스 신전을 세웠습니다. 이후 기독교를 공인한 콘스탄티누스 대제의 모친이 성지순례를 와서 본 후 이를 철거하고 서기 325년에 예수 탄생교회를 세웠습니다. 그런데 서기 529년 비잔틴 제국의 침략으로 크게 손상을 입었으나 침략자들이 교회 안에 있는 동방박사의 별을 보고 완전파괴는 하지 않았다고 합니다. 서기 565년에 유스티니아누스 황제에 의하여 복원된 후 교회가 손상을 입지 않고 1400년간 보존되어 왔습니다. 그후 보수 공사를 하면서 교회 입구를 높이 1.2미터 정도로 낮추고 폭도 좁게 하였는데 이 때문에 교회 안으로 들어가려면 허리를 굽혀야 되었습니다. 즉 예수님을 대하는 겸손한 자세를 교훈하기 위한 것이라는 견해가 있습니다. 한편 그 때문에 이 교회를 침략하는 병사들이 말을 타고 교회 안에까지 들어올 수 없도록 하기 위한 것이라고도 합니다. 서기 1100년 성탄절에는 볼드윈 1세가 십자군 시대의 예루살렘 왕으로 즉위식을 이 곳에서 가졌다고 합니다. 또한 서기 386년에는 고대 로마 교부 제롬이 탄생 동굴 바로 옆 동굴에서 성경을 라틴어로 번역한 것이 벌게이트 성경으로 가톨릭에서 공식적으로 사용하는 성경입니다.[565)]

3) 아기 예수님에게 경배하고 예물을 드리다.

박사들은 왕의 말을 듣고 베들레헴을 향하여 떠났습니다. 그때 마침 자신들을 지금까지 안내해 주었던 동쪽에서 보았던 바로 그 별이 다시 나타나서는 그들을 앞서 여러 날 동안 그들이 가는 길을 인도하여 가다가 아기가 있는 베들레헴 위에 멈추어 섰습니다. 박사들은 별이 멈추어 선 것을 보고는 매우 기뻐하여 어찌할 바를 모를 지경이었습니다. 박사들은 집으로 들어가, 아기가 어머니 마리아와 같이 있는 것을 보았고, 아기에게 엎드려 절하였습니다. 그리고 나서는 아기에게 드리려고 가지고 온 선물을 풀어 황금과 유황과 몰약을 드렸습니다(마태 2:9-11).

동방박사들의 경배
(페테르 파울 루벤스 作, 독일, 1577-1640)

565) 조정구, 예수님 삶의 흔적을 찾아, 294-297쪽

✻ 황금과 유향과 몰약은 어떤 의미인가요?

아기 예수님께 드려진 선물인 황금과 유향과 몰약은 상징적인 뜻을 담고 있는 물건이라고 할 것인데, 황금은 왕을, 유향은 제사장을, 몰약은 죽음을 상징합니다. 이러한 값비싼 선물은 요셉과 마리아가 이집트로 피난 가서 생활하는데 큰 경제적 도움이 되었을 것으로 추측하기도 합니다.[566] 황금은 값비싼 물건으로 왕에게 선물하는 것으로 사용되어 왕으로 경배한다는 뜻이고, 공의(公義) 실현이라는 열매 맺을 것을 의미하며, 유향은 나무의 꺾어진 자리에서 나무를 치료하기 위해 흐르는 진액으로 유대민족이 제사할 때 쓰는 향으로, 제사장으로 경배한다는 뜻이며, 몰약은 방부제로서 죽은 자의 시체에 바르므로 죽음을 준비하는 뜻입니다.

또 한편 황금은 예수님께서 사라진 구원의 길을 다시 여실 것이라는 것을 의미하며, 몰약은 아라비아와 아프리카에 분포되어 있는 관목의 어린 싹에서 얻어지는 송진의 일종으로 쓴맛을 지니고 있으며, 그 향기는 대단히 썩혀서 쓰는 가장 귀한 향품(향료)으로 예수님이 자기를 부인하고 하나님의 원을 따라 자기 십자가를 지고 공의를 실현하고, 하나님이 세상을 향한 사랑의 향기를 낼 것임을 의미합니다. 사랑의 실천인 황금과 기도로써의 향기로운 유향과 고통의 수난을 참아 이길 수 있는 참회의 몰약을 의미하는 것으로도 해석할 수 있습니다.

4) 동방박사들은 다른 길로 돌아갑니다.

이러한 헤롯의 계획을 아신 하나님은 아기 예수를 경배한 동방박사들에게 꿈에 **'헤롯에게로 돌아가지 말라'**는 지시를 받고는 다른 길을 통하여 자기네 나라로 돌아갔습니다(마태 2:1-12).

5. 헤롯 왕의 살인명령

동방박사들이 나타나지 않자 헤롯 왕은 박사들에게 속은 줄을 알고서 심히 노하였고, 그는 장차 임금이 될 아기를 찾아 죽이려고 하는 계획을 실행하여 군사들을 보내어 아기 예수가 태어난 베들레헴과 그 주변지역 안에 있는 두 살 아래의 사내아이들 모두 죽이라고 명령하여 다 죽였습니다. 이것은 이미 선지자 예레미야에 의해 예언된 것이었습니다.[567]

566) 이쿠다 사토시, 앞의 책, 219쪽.
567) 예레미야 31:15 '**라마에서 슬퍼하며 크게 통곡하는 소리가 들리니** 라헬이 그 자식을 위하여 애곡하는 것이라 그가 자식이 없으므로 위로받기를 거절하였도다'

[정리] 세례 요한과 예수 그리스도의 탄생 비교: 누가복음

탄생에 관한 사항	세례 요한	예수 그리스도
탄생 예고	1:5-25	1:26-38
마리아와 엘리사벳의 만남	1:39-56	
탄생	1:57-67	2:1-21
탄생 찬송	1:67-80 사가랴의 예언	2:22-40 시몬의 찬송
성전 안의 예수		2:41-52

예수 그리스도의 탄생과 성장 (성서지도, 지계석)

제4장 예수 그리스도의 어린 시절에 관한 이야기

예수 그리스도의 어린 시절에 관하여는 신약성경에는 자세히 기록되어 있지 않고 압축되어 기술되고 있습니다.[568)]

제1절 할례와 봉헌식을 치르다.
제2절 이집트로 피신하게 된 과정은 어떻게 되나요?
제3절 이집트로부터 나사렛으로 귀향하게 된 것은 언제인가요?
제4절 사역의 준비 및 유월절 사건에 대한 이야기는 어떤 내용인가요?

제1절 할례와 봉헌식을 치르다.

예수님은 유대인의 율법에 따라 8일 만에 할례를 받았고, 베들레헴에서 9킬로미터 떨어진 예루살렘 성전에 가서 봉헌식을 치루었습니다(누가 2:21,23).

✽ 할례와 봉헌식은 어떤 의식이며 의미인가요?

1. 할례는 무엇인가요?

할례는 남성 성기의 포피 끝부분을 잘라버리는 것을 말하는 것입니다.

> '너희는 포피를 베어라 이것이 **나와 너희 사이의 언약의 표징이니라**'
> (창세기 17:11).

2. 할례는 어떤 의미인가요?

할례는 하나님께 선택되어 언약을 맺은 백성으로써 하나님께 순종하고 헌신하겠다는 약속의 상징입니다. 할례는 유대인들에게 공동체의 일원이 되었음을 의미했으며, 하나님 백성의 흔적을 몸에 지니게 된다는 점에서 매우 자랑스럽게 여겨졌습니다.

> '너희 중 남자는 다 할례를 받으라 이것이 **나와 너희와 너희 후손 사이에 지킬 내 언약**이니라'(창세기 17:10).

568) 그 이유에 대해 복음서의 저자들이 그 부분에 대한 필요성을 인식하지 못하였기 때문에 자세히 기술하지 않았다고 해석합니다(신성종, 신약역사, 95쪽).

3. 할례를 처음 받은 사람은 누구인가요?

믿음의 조상인 아브라함입니다. 아브라함은 99세 때 할례를 받았습니다.[569] 아브라함 이후에는 하나님의 명령대로 아기가 태어난 지 8일째 되는 날에 할례를 시행하였습니다(창세기 17:12), 대부분 오전에 시행하며 할례일이 다른 절기와 겹치는 경우가 있어도 일정을 바꾸지 않습니다.

4. 누가 아기에게 할례를 행하나요?

원래는 아버지가 아기의 할례를 시행했습니다. 그러나 최근에는 의학적으로 훈련을 받은 모헬이 합니다. 모헬은 외과훈련을 받았을 뿐만 아니라 사회적으로 존경을 받는 사람이어야 합니다. 할례 식에는 10여 명 정도의 유대인 성인들이 참석하는데 보통 어머니는 참석하지 않습니다.

5. 할례는 언제나 유대인에게만 행하여졌나요?

유대인에게 행하는 것이 원칙이나 하나님은 아브라함의 집에 있는 모든 사람(즉 하인이나 외국인 포함)에게 할례를 하라고 말씀하셨습니다.

> '너희 대대로 **모든 남자는 집에서 난 자나 또는 너희 자손이 아니라 이방 사람에게서 돈으로 산 자를 막론하고** 난 지 팔 일 만에 할례를 받을 것이라'(창세기 17:12).

6. 봉헌식이란 무엇인가요?

정결예식으로 맏아들을 하나님께 바치는 예식을 말합니다(레위기 12:1-8 / 누가 2:23-24).

✽ 신약시대의 할례(사도 바울이 말한 할례)는 어떻게 이해하였나요?

바울은 할례 그 자체가 문제가 아니라 우리가 **변화를 받아 새 사람이 되느냐가 중요**하다고 강조하였습니다. 즉 외적인 구분(흔적)보다 하나님의 계명을 지키는 것이 더 중요하다는 것이었습니다(고린도전서 7:18-19). 바울은 하나님을 미워하는 사람들에게서 맞아서 생긴 온 몸의 상처, 즉 예수 그리스도를 위한 고난의 흔적을 가장 자랑스럽게 생각했습니다(갈라디아서 6:13-18).569) 즉 **마음의 할례를 강조**하였습니다.

> '오직 **이면적 유대인이 유대인이며 할례는 마음에 할지니** 영에 있고 율법 조문에 있지 아니한 것이라'(로마서 2:29).

> '유다인과 예루살렘 거민들아 **너희는 스스로 할례를 행하여 너희 마음 가죽을 베고** 나 여호와께 속하라'(예레미야 4:4).

569) 비전성경, 20쪽.

제2절 이집트로 피신하게 된 과정은 어떻게 되나요?

예수님(유다 땅의 새로운 왕)의 탄생 후에 헤롯은 (자신의 지위에 불안을 느껴) 베들레헴 전역에 2살 아래의 남자 아이들을 전부 살해하도록 명령하였습니다. 동방박사들이 떠난 후 주의 사자가 요셉에게 나타나서 이르기를 **'헤롯이 아기를 찾아 죽이려 하니 일어나 아기와 아기의 어머니를 데리고 이집트로 피하여 있다가 내가 네게 이르기까지는 거기 있으라'**고 하시니 요셉이 일어나 밤에 아기와 그의 모친을 데리고 이집트로 피난하여 헤롯이 죽을 때까지 그 곳에서 살았습니다(마태복음 2:13~14).[570]

✽ 어린이 살해사건 (마태 2:16)

예수님의 탄생 후에 헤롯 왕에 의해 일어난 어린이 살해사건은 베들레헴에 사는 2살 이하의 모든 사내아이들을 죽이라고 조서를 내린 사실에 근거합니다. 당시 베들레헴과 그 주변지역에서 이루어진 일로 미루어 주변지역 인구가 약 1000명인 것으로 추산되는 한적한 마을이었으므로 대략 희생된 아이는 10명 정도로 15-20명을 넘지 않았을 것이라고 봅니다.[571]

제3절 이집트로부터 나사렛으로 귀향하게 된 것은 언제인가요?

헤롯이 죽은 후에 주의 사자가 요셉에 나타나 아기와 모친을 데리고 이스라엘 땅으로 돌아가라고 하자, 요셉은 헤롯의 아들 아킬라오가 왕이 된 것을 두려워하니 천사가 말하기를 갈릴리 지방에서 떠나 나사렛에 거주하라고 하시니 그 곳에 머물게 되었습니다(마태2:19-23).[572] 그래서 예수님이 거주하였던 지방의 이름을 따서 **나사렛 예수**라고 부르는 경우도 있습니다.[573]

나사렛의 전경
(포토 성경사전, 하늘기획)

570) 아기 예수님이 애굽에 머물렀던 기간은 그리 오래지 않았을 것으로 봅니다. 왜냐하면 아기 예수님을 죽이려고 하였던 헤롯은 바로 그 해(BC 4년)에 죽었기 때문입니다.

571) 아쿠다 사코시, 앞의 책, 219쪽. 이용원, 앞의 책, 72쪽.

572) 당시 나사렛은 헤롯 안티파스가 다스렸는데, 그는 헤롯의 아들 아킬라오 왕보다는 덜 폭정을 행하였기 때문입니다.

573) 마태 2:23, 나사렛 사람이란 나실인을 부르는 말이었습니다.

제4절 사역의 준비 및 유월절 사건에 대한 이야기는 어떤 내용인가요?

1. 예수님의 어린 시절의 유월절 사건

예수님의 어린 시절에 관해서는 자세한 기록이 복음서에는 없고, 단지 예수님이 12살 때 예루살렘 성전을 방문한 사건만 유일하게 기록되어 있습니다(누가 2:41-52). 나사렛에 사는 요셉 부부는 예수님이 12살 때 예수님을 데리고 유월절 명절에 예루살렘에 올라갔는데 아이를 잃어버렸습니다. 아이를 찾으려고 사흘 길을 헤매다가 다시 성전으로 돌아가 보았을 때, 거기서 예수님이 이스라엘 서기관들(율법교사들)과 토론하고 있는 장면을 보고는 마리아는 예수에게 말하기를 **'네 아버지와 내가 근심하여 너를 찾았었다'**고 말하자 어린 예수는 대답하기를 **'내가 내 아버지 집에 있어야 할 줄을 알지 못하셨나이까'**하고 대답하였습니다(누가 2:48~49).[574] 즉, 성년이 되기 직전에 육신의 부모들에게 하나님 아버지가 자신의 아버지 됨을 밝히시고, 자신의 사명(사역)이 하나님 아버지의 일을 하는 것임을 선포하신 것입니다.

✻ 예수님의 (육신적) 가족에 관하여

예수님의 가족관계는 자세히 기록되어 있지 않고 있습니다. 형제는 야고보, 요셉, 유다, 시몬 이렇게 네 명이며 누이들의 존재도 언급되어 있으나 자세한 사항은 기록이 없습니다. 예수님의 가족은 처음에는 예수님의 사역을 잘 이해하지 못했습니다(누가 3:21). 예수님의 형제들조차 예수님을 믿지 아니하였습니다(요한 7:5). 또한 유대인들을 피해 갈릴리에서 하나님의 일을 하며 기다리던 예수님에게 '유대로 가서 자신을 세상에 나타내라'고 빈정거리기까지 하였고(요한 7:3-4), 예수님이 귀신을 쫓아내실 때도 예수님이 귀신들린 줄 알고 그를 잡으려 하기도 하였습니다(마가 3:30-31/누가 8:19-20). 하지만 예수님 사후에 형제 야고보는 초대교회(예루살렘 교회)에서 중요한 역할(지도자 역할)을 감당하기도 합니다(사도행전 15:13; 21:18). 유다는 유다서를 쓰기도 하였습니다. 어머니 마리아는 예수님이 십자가에 달려 돌아가실 때 그 곁을 지켰습니다.

✻ 유월절 풍습

유대 풍습에 따르면 남자 아이는 가정에서 12세 때까지 율법교육을 받고, 13세가 되면 성년으로서 회당에서 신앙생활을 시작할 수 있었습니다. 유대인의 율법에 따르면 유대인 남자는 매년 3번씩 예루살렘 성전에 올라가서 하나님을 예배하여야 했습니다(출애굽기 14-17, 신명기 16:16). 가장 큰 축제일은 봄에 있는 유월절이었습니다.

---

574) 예수님의 어린 시절에 대한 기록은 누가(복음)만이 유일한 기록입니다. 예수님의 탄생부터 공생애 시작 전까지의 기간에 관한 정보를 제공한 사람은 아마도 이 시기 삶의 열쇠를 쥐고 있는 예수님의 육신의 어머니 마리아에게서부터 나왔을 것으로 봅니다.

2. 성전에서 예수를 잃은 사연

예수님 당시 성전은 이방인이 들어가는 뜰, 남자만 들어가는 뜰, 여자만 들어가는 뜰이 따로따로 있었습니다. 그런데 아이는 아직 성년이 되지 않아 여기저기 드나들 수 있었고, 아버지와 어머니 사이를 오가며 유월절을 지키기 위해 전국에서 모여든 많은 사람들 틈에 요셉과 마리아는 서로 저쪽에 예수와 같이 있겠지 하다가 잃어버린 것으로 짐작하고 있습니다.[575] 또한 축제기간 1주일이 끝나고 각기 고향으로 돌아갈 때에는 강도의 위험으로부터 보호를 받기 위하여 보통 두 그룹으로 나누어 갔다고 합니다. 즉, 여인들과 아이들이 한 무리를 이루고 앞서 가고 남자들이 뒤의 무리를 이루면서 가는 것이었습니다. 예수님은 12살 성인의 나이였으므로 어느 그룹이나 들어갈 수 있었기에 그 부모는 서로 다른 무리와 함께 오리라고 생각하고 하룻길을 간 후에야 아이가 없음을 알게 되었고, 그들이 오던 길을 되짚어 찾으면서 예루살렘으로 가서 3일 만에 성전에서 율법을 두고 문답식 공부를 하고 있는 것을 발견하였던 것입니다(누가 2:48~49).[576]

[정리] 이스라엘 성전 건축의 역사

유대인의 바빌론 포로시대에 스룹바벨 성전을 재건했었는데 예수님이 30세 때 성전을 짓기 시작한 지(예수님 당시에 아직도 짓고 있었다) 46년 동안 쌓았다고 하는 사실을 보면(요한 2:18) 그 스룹바벨 성전은 400년 기간 중에 전쟁으로 무너져버렸음을 추측할 수 있습니다. 신약성경(요한복음 2장)에서 말하는 성전은 대 헤롯이 짓기 시작했던 성전입니다. 그는 유대인의 환심을 사기 위해서 무너진 스룹바벨 성전 터에다 또 다시 성전을 짓기 시작했던 것입니다. 소년 예수님이 이 예루살렘에 올라간 때가 12살 때이므로 성전 공사가 시작된 지 약 28년 쯤 되었을 때입니다.

성전 이름	건축자 및 건축 연도	파괴자 및 파괴된 연도
1. 솔로몬의 성전 건축	솔로몬, BC 959에 세움 (열왕기상 6:1-38)	BC 587년 바벨론의 느부갓네살 왕에 의해 무너졌다 (열왕기하 25:9).
2. 스룹바벨의 성전 건축	스룹바벨, 이스라엘 백성들 (스가랴1:3; 44:28; 6:15-18 이사야44:28). BC 516년	BC 167년 중간사 시대에 헬라인들에게 모독을 당함
3. 헤롯의 성전 건축	헤롯 대왕, BC 20년-AD63	AD 70년 로마에 의해 파괴됨

575) 문봉주, 앞의 책, 410쪽.
576) 이용원, 앞의 책, 76쪽.

3. 공생애 시작 전 일상생활

예수님이 30세 이후의 공생애를 시작하기 전의 일상생활에 대해서는 자세한 기록이 성경에는 나타나 있지 않습니다. 그러므로 이에 대해서는 여러 가지 추측이 있는데, 유월절 전 성전에서의 사건 이전의 일상적인 생활과 다름이 없었을 것이라고 봅니다.

율법의 요구처럼 부모를 공경하며, 순종하고 섬기며 형제들과 화목하게 지내면서 육신의 아버지인 요셉의 목수 일을 도왔을 것이라고 봅니다. 즉 자신이 하나님의 아들로 세상에 오셨다는 것을 깨달은 뒤에도 그 부모를 소홀히 대하지 않으셨다는 말입니다.

> '이는 **그 목수의 아들**이 아니냐 그 어머니는 마리아, 그 형제들은 야고보, 요셉, 시몬, 유다라 하지 않느냐 그 누이들은 다 **우리와 함께 있지 않느냐**'(마태 13:55-56).

요셉과 어린 예수
(조르주 드 라 투르 作, 프랑스, 1593-1652)

제5장 예수 그리스도의 공생애 시작에 관한 이야기

제1절 예수 그리스도의 공생애를 위한 준비자 세례 요한에 관한 이야기

예수 그리스도가 탄생하기 직전 한 아이가 하나님의 특별한 은총과 축복 가운데 태어나는데 이 아이가 세례 요한이었습니다.[577] 그는 예수님의 길을 미리 알려주는 안내자의 역할을 감당한 사람이었습니다. 예수님은 요한에 대하여 다음과 같이 말씀하셨습니다.

> '기록된 바[578] 보라 **내가 내 사자를 네 앞에 보내노니 그가 네 길을 네 앞에 준비하리라 하신 것이 이 사람**에 대한 말씀이니라'(마태 11:10).
>
> '내가 진실로 너희에게 말하노니 **여자가 낳은 자 중에 세례 요한보다 큰 이가 일어남이 없도다** 그러나 천국에서는 극히 작은 자라도 그보다 크니라'(마태 11:11).
>
> '만일 너희가 즐겨 받을진대 **오리라 한 엘리야가 곧 이 사람이니라**'(마태 11:14).

제2절 예수님의 사역이 시작되기 전에 사탄에게 시험을 받으신 이야기

예수 그리스도는 공생애를 시작하면서 성령의 인도아래 40일간 금식하셨는데, 이때 사탄이 세 가지 시험을 하였습니다.

---

577) **세례 요한에 관한 자세한 이야기는 제2부에서** 진행하게 됩니다.
578) 말라기 3:1. '만군의 여호와가 이르노라 보라 내가 내 사자를 보내리니 그가 내 앞에서 길을 준비할 것이요…'

✾ 40일 금식은 어떤 의미인가요? 왜 금식을 하셔야 하였나요?[579)]

1. 예수님은 금식에 관하여 말씀하시면서 '혼인 집 손님들이 신랑과 함께 있을 동안에는 금식할 수 없으나 신랑을 빼앗길 날이 이르면 그 날에는 금식할 것이니라'고 하셨습니다(마태 9:15/마가 2:19-20).

2. 또 금식하는 모습에 대하여 말씀하시기를 '금식할 때 너희는 외식하는 자들과 같이 슬픈 기색을 보이지 말라 그들은 금식하는 것을 사람에게 보이려고 얼굴을 흉하게 하느니라....너는 금식할 때에 머리에 기름을 바르고 얼굴을 씻으라'(마태 6:16-17)고 말씀하셨습니다.

3. 금식은 일정기간 먹지 않고 생활하는 것을 말하는데, 금식은 음식이나 다른 개인적인 필요에 관심을 두기보다 하나님께 마음을 두고, 영적인 부분에 관심을 집중시키기 위해 행하여졌습니다.

4. 특히 유대인들이 금식을 하게 되는 경우란 국가적 위기나 개인적 회개를 위한 날에 하는 것이었습니다. 즉,

- ▶ 하나님의 구원의 때를 기념하기 위해서 금식(스가랴 8:19).
- ▶ 죄와 불순종에 대한 회개와 슬픔의 표시로 금식(사사기 20:26/사무엘상 7:6).
- ▶ 하나님 앞에서 겸손을 표현하는 의미로 금식(시편 69:10).
- ▶ 마음을 비우고 하나님께만 초점을 맞추어 하나님의 인도를 구하기 위해 금식 (출애굽기 34:28 / 열왕기하 20:3-4).
- ▶ 국가적 위기를 당하여 하는 금식(페르시아 포로시대 유대인을 죽음에서 구하기 위해 행한 에스더와 유대인의 금식)(에스더 3:1; 4:17).

1. 물질에 대한 시험

첫 번째 시험은 물질에 대한 시험으로 **"당신이 하나님의 아들이라면 이 돌을 떡덩이가 되게 해보시오"**라고 하였습니다. 40일간 금식한 후에 배고픈 상태의 예수님에게는 엄청난 유혹이 아닐 수 없었습니다. 돌이 떡(빵)이 되게 하면 예수님은 배고픔을 해결하게 되고 또한 배고픈 백성을 구할 수 있으면 백성들도 따르게 되지 않겠는가? 하는 유혹입니다. 이같이 악한 세력은 인간의 약점을 교묘히 이용하려 합니다. 그러나 예수님은 "사람은 **빵으로만** 살 것이 아니고 **하나님의 말씀**으로 **살아야 한다.**"라고 대답하시고 시험을 물리치셨습니다(마태 4: 3-4/신명기 8:3).

579) 금식에 대한 **자세한 이야기는 제2부에서** 살펴보게 됩니다.

2. 명예와 권세에 대한 시험

두 번째 시험은 명예와 권세에 대한 시험으로 **"당신이 하나님의 아들이라면 이 성전꼭대기에서 뛰어 내려 보시오"**라고 하였습니다. 인간은 누구나 자신이 가진 힘(명예나 권력, 지식, 능력 등)을 보여 주고 싶어 합니다. 그리고 그러한 힘을 보여줌으로써 많은 사람들로부터 믿음과 존경과 복종을 이끌어 내고 싶어 합니다. 그러나 예수님은 " 주 너의 **하나님을 시험하지 말라**'라고 대답하시고 시험을 물리치셨습니다(마태 4:7).

3. 섬김(신앙)에 대한 시험

악한 세력은 마지막으로 **"내게 엎드려 경배하면 천하만국과 그 영광을 주겠어"**라고 하였습니다. 인간은 그 내면 깊은 곳으로부터 신앙심과 종교심을 가지고 있습니다. 악한 세력은 이러한 점을 이용하여 유혹하고 있는 것입니다. 그러나 예수님은 '주 너의 **하나님께 경배하고 다만 그를 섬기라**'고 대답하여 그 시험을 물리치셨습니다(마태 4:1-10, 마가 1:12/누가 4:1-12).

✾ 예수님이 사탄에 시험을 받으신 것의 의미

예수님이 사탄에 시험을 받으신 것은 그가 참 왕이심을 증명해 주고 시험에 실패한 우리의 조상인 아담과는 달리 제2의 아담인 예수님은 승리하셨다는 것을 보여 주기 위한 것입니다.[580]

[정리] 구약시대 아담의 시험과 신약시대 예수님의 시험

구분	구약시대 아담의 시험	신약시대 예수님의 시험
시험자	*사탄, 악의 세력, 마귀	*사탄, 악의 세력, 마귀
시험의 내용	*한계(경계)에 대한 시험	*빵과 권위와 경배대상
	*하나님의 권위에 불순종	*하나님의 권위에 순종
시험에 대응	*시험에 넘어감	*시험을 이기심
시험의 결과	*인류의 원죄가 시작됨	*사탄을 이기시어 죄인을 구하심
시험 승리(실패)의 수단	*사탄의 말에 유혹됨(실패)	*하나님의 말씀으로 승리하심
시험의 감당	*사탄의 악한 영을 감당치 못함	*성령님 안에서 능히 감당하심

580) 신성종, 신약역사, 255쪽.

[정리] 예수님의 시험의 의의

아담의 시험	(선악과를 먹지 말라는)시험에 대해 실패함
이스라엘의 시험	(광야생활의)시험에 대해 실패함
예수님의 시험	(물질, 명예, 유일하신 하나님 신앙에 대한)시험에 승리하심

[정리] 예수님의 시험에 대한 관점(순서)

마태복음에 있어서 예수님의 시험	누가복음에 있어서 예수님의 시험
심리적 관점(순서)에 따라 기록함	시간적 관점(순서)에 따라 기록함
마태복음 4:3~10절	누가복음 4:2~12절

✻ 예수님이 금식하시고 시험받으신 광야는 어떤 곳인가요?

유다의 구릉지대와 요르단 지구대 사이에 끼여 있는 곳으로 북쪽으로는 벧엘 동편에서 요단강 하류와 사해까지 이르며, 남쪽으로는 네겝 지역의 경계선까지 이릅니다. 동서 너비가 가장 넓은 곳은 29킬로미터, 남쪽에서는 16-20킬로미터 이며 남북 길이는 80-96킬로미터가 되는 넓은 광야입니다. 특히 900미터의 높은 고원지대가 많고 절벽들이 많으며 협곡이 나타납니다.[581] 때로는 여리고 서쪽이나 동남쪽의 인적 끊긴 땅이라고도 봅니다.[582] 유대 광야는 일부 지역은 샘이 있는 곳이 있으나 대부분 어디를 가든지 한 그루의 나무도 없고 풀 한 포기도 없는 돌짝밭인 곳입니다. 이 곳에서 세례 요한은 회개를 외쳤으며, 예수님은 공생애를 시작하기 전에 마귀에게 시험을 받았습니다.

예수께서 시험받은 시험산

예수께서 시험받은 유대 광야

시험산은 예수께서 40일 금식 후 마귀에게 시험을 받은 산으로 일컬어진다. 유대 광야가 시작되는 여리고 앞에 있으며, 현재 산 정상 부분에는 시험산 수도원이 세워져 있다.

581) 이원희, 성지순례가이드북, 36쪽.
582) 신성종, 신약역사, 103쪽.

제3절 예수님이 세례(침례)를 받으신 이야기

1. 예수님은 누구로부터 세례(침례)를 받으셨나요?[583)]

예수님은 공생애를 시작하면서 먼저 광야로 나가 세례 요한으로부터 세례를 받으셨습니다(마태 3:13:16/마가 1:9-11/누가 3:21-22). 세례 요한은 예수님이 메시야임을 알아보고 처음에는 자기가 오히려 예수님으로부터 세례를 받아야 할 입장이라고 겸손하게 말하면서 세례주기를 꺼려하였습니다. 그러자 예수님은 모든 의를 이루는 것임을[584)] 강조하시면서 세례 요한으로부터 겸손히 세례를 받으셨습니다(마태 3:13-15).

> '이 때에 예수께서 갈릴리로부터 요단 강에 이르러 요한에게 침례를 받으려 하시니 요한이 말려 이르되 내가 **당신에게서 세례를 받아야 할 터인데 당신이 내게로 오시나이까**'(마태 3:13-14).

✻ 세례(침례) 요한은 왜 예수님께 세례(침례) 주기를 꺼려하였나요?

세례 요한은 예수님이 메시야였고, 예수님은 회개할 아무것도 없으신 분이시기 때문에 세례를 받으실 필요가 없다고 생각하였기 때문이었습니다.

갈릴리 호수 남쪽에 있는 요단 강

583) 예수님 당시에는 침례(즉 물 속에 잠겼다가 나오는 것)였으나, 이후 약식 형태의 세례로 변화(변질)되었습니다. **침례**에 대하여 자**세한 이야기는 제2부에서** 하게 됩니다.

584) 신성종, 신약역사, 100쪽. 여기서 말하는 **'하나님의 모든 의'**란 **'하나님의 모든 요구**를 말한다'고 해석합니다.

2. 예수님이 세례(침례)를 받으실 때에 어떤 사건이 일어났나요?

① 예수님이 세례(침례)를 받으실 때 하늘 문이 열리고, 성령이 비둘기같이 임하시면서, 하늘로부터 하나님의 음성이 들려왔는데, **'이는 내 사랑하는 아들이요 내 기뻐하는 자'**라고 하였습니다(마태 3:16/마가 1:10-12/누가 3:21-22). 이것은 예수님이 어떤 분인가 어떤 위치에 있는가를 나타내 주는 말씀입니다.

[정리] 하늘 문이 열리는 경우[585)]

하늘 문이 열리는 경우	하늘 문이 열린 결과	성경구절
예수님이 침례를 받을 때	성령이 비둘기같이 임하심	마태 3:16, 마가 1:10, 누가 3:21
하나님이 계시하실 때	장차 있을 일을 미리 알려 주심	요한계시록 4:1
모세와 제사장들이 말할 때	여호와께서 이스라엘을 축복하심 : 땅에 때를 따라 비를 주심 : 손으로 하는 일에 복 주심	신명기 28:12
하나님이 위의 궁창에 명령하시어 광야 길 이스라엘에	만나를 비같이 내려 먹이심 하늘 양식을 백성에게 주심	시편 78:23-24
십일조를 드릴 때	복을 쌓을 곳이 없도록 주심	말라기 3:10

② 베드로가 나중에 변화 산에서 같은 내용의 음성을 듣게 됩니다
(마태 17:5 / 베드로후서1:17-18).

> '베드로가 말할 때에 홀연히 빛난 구름이 그들을 덮으며 구름 속에서 소리가 나서 이르시되 이는 **내 사랑하는 아들이요 내 기뻐하는 자니 너희는 그의 말을 들으라** 하시는지라'(마태 17:5).

3. 예수님이 받으신 세례(침례)는 어떤 의미가 있나요?

예수님은 율법의 모든 요구사항들을 성취하시기 위해서 세례(침례)[586)]를 받으실 필요가 있으셨습니다. 또한 세례(침례)는 왕의 직책을 위한 일종의 그의 취임식이었습니다(누가 4:18, 이사야 61:1). 즉 공생애를 알리는 새로운 출발이었으며, 감추어졌던 생활에서 **메시**

585) 이훈창, 설교노트 참조.

586) 이 책에서는 앞으로 기독교 전통에 따라 세례로 씁니다. 오늘날 세례의 방법으로는 머리에 물을 뿌리는 형식을 취하는 것이 일반적입니다.

야로서의 공적인 생애로 전환하는 계기가 되었습니다. 앞으로 십자가 위에서 인간의 죄를 홀로 져야 할 예수님이 공적 생애의 시작에서 세례(침례)를 받음으로써 **스스로 죄인의 입장이 되었다**는 것입니다.[587)]

✽ 침례인가 세례인가?

1. 예수님 당시에는 침례였으나 그후 세례로 바뀌었습니다. 즉 예수님이 말씀하시고 요한에게 받으신 것은 침례(물 속에 잠기었다 나오는) 형식이었으나, A. D 120-160년경 '디다케'(열두 사도의 가르침)이라는 문서에 따라 예수님의 명하신 침수침례를 그대로 행할 필요가 없다고 가르치게 되었습니다.[588)]

2. 그후 1200년 동안 침례와 세례가 마찰을 빚어오다가 1311년 라벤나 회의에서 로마 가톨릭 교회가 약식 세례를 공식적으로 채택하게 되고 성경에 기록된 침수침례는 배제하게 되었습니다. 한편 그리스 정교회에서는 성서적인 침수침례를 계속해 왔으나,

3. 종교개혁자들은 로마 가톨릭교가 사용하던 약식 세례를 그대로 이어받아 후대에 영향을 주었고 심지어 침례를 베푸는 교회들을 이단으로 몰았던 기독교 역사도 있었습니다.[589)]

4. 오늘날 기독교에서는 이러한 침수침례와 세례는 사실상 혼합되어 이루어지고 있으며,[590)] 각 교회와 목회자들의 의지에 따라 행하여지는 실정이지만, 대부분은 약식 세례(머리 위에 물을 뿌리는 행위)가 주로 행해지고 있다고 할 것입니다.[591)]

5. 다만 성경적 세례에는 물 침례 외에도 성령세례도 있으므로 새로운 해석으로 세례에는 물세례와 성령세례를 모두 포함하는 것으로 그리고 물세례는 전통적 방식인 침수침례와 약식세례로 이해함이 타당할 것 같습니다.

---

587) 이쿠다 사토시, 앞의 책, 224쪽.

588) 디다케는 1873년에 발견된 문서로 '열두 사도의 가르침' 또는 이방인을 위한 열두 사도를 통한 주님의 가르침'이라 불리기도 합니다. 유대교와 기독교의 분리가 완결된 2세기 초에 형성된 것으로 봅니다. 이것은 신앙공동체 연맹을 위한 다양한 교회지침을 모은 것으로 그 내용에는 세례, 금식, 기도, 성만찬, 기름부음과 관련된 것이기는 하지만 열두 사도가 직접 가르친 내용은 아닌 것입니다.
김창선, 21세기 신약성경, 347쪽 각주.

589) 조효훈, 한국교회진단서, 일상과호월, 2014, 13-14쪽.

590) 오늘날 기독교에서도 침수침례를 강조하는 침례교회 외에도 목회자에 따라서는 침례를 시행하는 교회도 있습니다. 특히 이단으로 인정되는 몰몬교회나 서울성락교회에서는 침례를 강조하기도 합니다.

591) 조용기, 오중복음과 삼중축복, 서울말씀사, 2015, 164쪽. 현대교회가 **하나님의 말씀으로부터 멀리 떨어져 있는 증거의 하나**로 보고 있습니다.

[정리] 세례에 관한 구분

구분		내용	성경구절
세례	물 세례 : 전통적 침수세례	*물에 잠기었다 나옴	*마태복음 3:13-17
	: 약식 세례	*침수 외의 약식 방법	*성경에는 구절이 없음
	성령 세례	*성령에 의한 세례 성령의 능력을 받음 은사와 달란트를 받음	*사도행전 2:1-4
			*치유능력
			*가르치는(교육) 능력
			*방언(외국어, 개인방언) 능력
			*예언의 능력

[정리] 예수님이 받은 세례에 대한 복음서 비교

마태복음	의를 완성하는 세례	요한은 예수님이 자기에게 세례 받는 것을 만류하였다.
마가복음	귀신과의 싸움을 준비하는 세례	요한이 세례를 주었다는 단순한 사실만을 기록하였다.
누가복음	세례와 기도를 통해 성령을 받았다. 강조점은 세례에 있지 않고 기도와 성령에 있다.	세례 받은 사실만을 기록하고 요한이 주었다는 기록은 없다.
요한복음	예수는 세례를 받으시는 분이 아니라 성령으로 세례를 주시는 분이다.	세례 받으신 사실을 기록하지 않고 있다.

[정리] 세례 요한이 준 침례와 예수님이 주신 세례의 비교

	요한	예수님
세례	물	물과 성령과 불
능력	적다	많다

제4절 예수님의 공생애 시작에서 성전청결(정화) 사건 이야기

1. 언제 일어났습니까?

성전청결(정화) 사건은 두 번 있었습니다. 첫 번째는 사역을 시작하시면서, 두 번째는 이 땅에서 사역을 마무리하시기 위해 십자가에 달리시기 전에 성전을 먼저 청결하게 하셨습니다.[592)]

> '예수께서 성전에 들어가사 **성전 안에서 매매하는 모든 사람들을 내어 쫓으시며** 돈 바꾸는 사람들의 상과 비둘기 파는 사람들의 의자를 둘러 엎으시고'(마태 21:12).
>
> '**성전 안에서** 소와 양과 비둘기 파는 사람들과 돈 바꾸는 사람들이 앉아 있는 것을 보시고 **노끈으로 채찍을 만드사 양이나 소를 다 성전에서 내쫓으시고 돈 바꾸는 사람들의 돈을 쏟으시며 상을 엎으시고 비둘기 파는 사람들에게 이르시되 이것을 여기서 가져가라 내 아버지지의 집으로 장사하는 집을 만들지 말라** 하시니'(요한 2:14-16).
>
> '그들이 예루살렘에 들어가니라 예수께서 성전에 들어가사 성**전 안에서 매매하는 자들을 내쫓으시며 돈 바꾸는 자들의 상과 비둘기 파는 자들의 의자를 둘러 엎으시며 아무나 물건을 가지고 성전 안으로 지나다님을 허락하지 아니하시고...**'(마가 11:15-16).

[정리] 성전청결 사건

첫 번째 성전청결 사건	공생애 시작하시면서	마태 21:12 / 요한 2:13-16
두 번째 성전청결 사건	공생애 마무리하시기 전에	마가 11:15-16

2. 성전을 정화하는 사긴에는 어떤 배경이 있나요?

당시 유대인의 절기(명절)가 되면 전 세계에 흩어져 살던 이스라엘 백성들이 예루살렘 성전으로 올라왔습니다. 그리고 예배(속죄)를 위하여 성전에 들어가기 위해서는 성전세를 내어야 했습니다. 당시 성전에는 성전세를 내도록 각 지역의 돈을 이스라엘 화폐로 바꾸어 주는 환전 상인이 있었으며, 제물인 비둘기 파는 사람도 있었습니다. 그런데, 대제사장 안나스가 로마로부터 제사장 권한을 돈을 주고 샀기 때문에 투자한 만큼 뽑기 위하여 제사용품 전매청을 만들어 장사를 하고 있었던 것인데, 그들은 공인된 예물을 바가지 씌우고 성전을 제사용물 매매 장터로 바꾸고, 강매하는 일까지 있었던 것입니다.

592) 청결(淸潔)이나 정화(淨化)는 모두 더러운 것을 깨끗하게 청소하는 것을 말합니다.

3. 성전은 기도하는 집입니다.

예수님은 이들을 내어쫓으시며 '내 집은 기도하는 집'이라고 말씀하셨습니다(마태 21:13, 누가 19:46).

> '내가 곧 그들을 나의 성산으로 인도하여 **기도하는 내 집에서** 그들을 기쁘게 할 것이며 그들의 번제와 희생을 나의 제단에서 기꺼이 받게 되리니 이는 **내 집은 만민이 기도하는 집이라 일컬음이 될 것임이라**'(이사야 56:7).

① 성전기도는 우리가 주님께 사랑을 고백하고, 주님의 사랑을 받는 통로이며, 또한 죄를 회개하고 잘못을 고백할 때 **주님의 임재를 경험하는 곳**이기도 합니다. 즉 **보이지 않는 주님과 교제하는 곳**이 성전인 것입니다.

② 성전은 솔로몬이 성전을 완성한 뒤 헌당 기도를 드린 때부터[593] 기도하는 집이었습니다. 이 곳에서 번제와 희생을 드리는 것[594]은 곧 기도하는 것과 일맥상통하는 것이었습니다.

③ 성전에서 '이방인의 뜰' 이상 안으로 들어갈 수 없었던 이방인들도 이제 유대인들과 마찬가지로 기도할 수 있게 되었습니다.

4. 성전청결 사건의 의미는 무엇인가요?

성전청결 사건으로 인하여 예루살렘에 온 많은 사람들이 이 사건을 직접 보기도 하고 듣기도 하였으므로 예수님은 전국적으로 알려진 기회가 되었습니다. 즉 일반 백성들이 예수님을 주목해 보는 기회가 되었으며, 한편으로는 예루살렘 지도자들은 예수님의 이런 행동을 분하게 생각하면서 **'예수, 그는 누구인가?** 라는 의문을 갖게 되었고 요주의 인물로 떠오르게 되었습니다. 이 사건이 있은 후에 예수님은 **예루살렘에 약 8개월 동안 머무르시며** 많은 이적을 행하시고 말씀을 가르치셨습니다.

환전상을 내쫓는 예수 그리스도
(조토 디 본도네 作, 이탈리아, 1267-1337)

593) 역대하 6:12-42.
594) 이사야 56:7.

제6장 예수 그리스도의 사역에 관한 이야기

신약성경 특히 마태, 마가, 누가, 요한 복음은 바로 **예수 그리스도는 누구신가?** 와 그리고 **예수님의 이 땅에서의 사역에 초점**을 두고 쓰여졌음을 알 수 있습니다. 즉 예수 그리스도께서는 이 땅에 맹목적으로 오신 것이 아니라 특별한 목적(사역)의 사명을 가지고 오셨기 때문입니다. 그러므로 예수 그리스도의 사역을 살펴보고 이해함으로써 예수 그리스도는 누구신가? 라는 물음에 대답할 수 있게 될 것입니다.

제1절 예수 그리스도의 주요 사역은 무엇이었나요?

예수님의 중요한 사역활동은 크게 세 가지로 요약할 수 있는데 복음사역(전도 및 선교), 교육, 병 고침(치유)입니다. 예수님은 이 땅에 오셔서 공생애의 대부분을 천국복음전파(복음사역)와 진리를 가르치시고(교육사역), 죽은 자를 살리시고 아픈 사람들을 고치시는 일(치유사역)을 하셨습니다(마태 4:23). 또한 사역을 수행하는 가운데 때로는 기적과 이적을 행하시기도 하셨습니다. 그리고 이러한 일을 맡기시기 위해서 제자들을 부르시고 3년간에 걸쳐 훈련을 시키셨습니다. 물론 앞으로 다가올 일에 대한 여러 가지 예언도 하시었습니다.

> ' 예수께서 온 갈릴리에 두루 다니사 그들의 회당에서 **가르치시며 천국 복음을 전파하시며 백성 중의 모든 병과 모든 약한 것을 고치시니** 그의 소문이 온 수리아에 퍼진지라 사람들이 모든 앓는 자 곧 각종 병에 걸려서 고통 당하는 자, 귀신 들린 자, 간질하는 자, 중풍병자들을 데려오니 그들을 고치시더라'(마태 4:23-24).

[정리] 복음 사역의 시작에 관한 복음서의 관점[595)]

복음서	복음 사역의 시작	성경구절
마태복음	예수님이 세례를 받으시므로 복음 사역을 시작	마태 3:13
마가복음	예수님의 공생애의 시작이 복음 사역의 시작	마가 1:1
누가복음	예수님의 잉태에서 복음 사역의 시작	누가 1:35
요한복음	하나님의 영원함 가운데 있는 태초에 복음 사역의 시작	요한 1:1

제2절 예수 그리스도의 복음 사역은 어떤 것이었나요?

1. 예수 그리스도 자신에 관한 증언입니다.

1) 하나님과 예수 그리스도와의 관계

하나님과 예수 그리스도와는 깊은 관계에 있다는 것을 성경을 통하여 알 수 있습니다.
첫 번째는 예수 그리스도는 하나님과 함께 창조주(삼위일체 하나님)이셨다는 것입니다.
두 번째는 예수 그리스도는 하나님의 아들이시라는 것입니다.
세 번째는 예수 그리스도는 하나님의 뜻을 이루시기 위해 오셨다는 것입니다.

✾ 신약성경에 나타난 예수님은 하나님이신 근거

1. 예수님은 동정녀 마리아에게서 탄생하시었습니다.

예수님은 일체의 남녀관계가 없이 동정녀에게 탄생하셨습니다. 이는 생명의 근원이신 하나님이므로 가능한 일이었습니다.

2. 예수님은 육체를 이기셨습니다.

인간은 흙으로 지음 받아 원죄로 인하여 흙으로(육체로) 돌아가도록 되었습니다. 그러므로 누구도 육체의 한계를 이길 수 없습니다. 즉, 물질과 육체적 욕망과 세상의 욕구들로부터 자유로울 수 없는 존재입니다. 그러나 예수님은 40일간의 금식 후 이를 모두 이기시었습니다. 이는 육체적 존재를 초월하시는 하나님이시기에 가능하였습니다.

3. 예수님은 죽은 자를 살리셨습니다.

예수님은 죽은 지 삼 일 된 나사로를 살리시었고, 또 죽은 지 **여러 날 된 청년을 살리셨습니다.**
이는 삶과 죽음을 관장하시고 생명의 주인 되시는 하나님만이 할 수 있는 일입니다.

---

595) 김창성, 앞의 책, 344쪽 참조.

4. 예수님은 아픈 사람을 고치셨습니다.

예수님은 공생애 기간 동안 셀 수 없이 많은 아픈 사람을 고치셨습니다. 이로써 예수님은 질병도 다스리실 수 있음을 보여 주셨던 것입니다.

5. 예수님은 부활하시었습니다.

예수님은 십자가에 달리셔서 죽은 후 예언하신 대로 3일 만에 부활하시었습니다. 모든 죽은 사람은 스스로 영원히 다시 살 수 없습니다. 그런데 예수님은 생명의 주인이시기에 죽음도 이기시고 죽음으로부터 살아나신 것입니다. 이는 생과 사를 초월하신 하나님만이 할 수 있는 일입니다.

6. 예수님은 기적을 행하시었습니다.

물 위를 걸으시고, 바다를 잠잠케 하시고, 무화과나무를 마르게 하시고, 오천 명을 보리떡 다섯 개 와 물고기 두 마리로 먹이시었습니다. 이는 자연을 창조하시고 자연을 지배하시는 하나님이 시기에 가능한 일입니다.

2) 예수 그리스도와 인간과의 관계

예수 그리스도와 인간과의 관계는 먼저 예수님은 우리의 구원자이시며(마태 1:21/요한 4:25-26,42), 사람들의 죄를 대신 지신 대속물이시며(마태 20:28), 세상(사람들)의 빛이시고(요한 8:12), 포도나무(예수님)와 가지(인간)의 관계(요한 15:1)이시고, 또한 우리는 예수님의 친구(요한 15:14-15)입니다.

'아들을 낳으리니 이름을 **예수라 하라 이는 그가 자기 백성을 그들의 죄에서 구원할 자**이심이라 하니라'(마태 1:21).

'여자가 이르되 **메시야 곧 그리스도라** 하는 이가 오실 줄을 내가 아노니 그가 오시면 모든 것을 우리에게 알려 주시리이다'(예수께서 이르시되 **네게 말하는 내가 그라** 하시니라)(요한 4:25-26).

'그 여자에게 말하되 이제 우리가 믿는 것은 네 말로 인함이 아니니 이는 우리가 친히 듣고 **그가 참으로 세상의 구주신 줄 앎이라** 하였더라'(요한 4:42).

'인자가 온 것은 섬김을 받으려 함이 아니라 도리어 섬기려 하고 **자기 목숨을 많은 사람의 대속물**로 주려 함이니라'(마태 20:28).

'예수께서 또 말씀하여 이르시되 **나는 세상의 빛이니** 나를 따르는 자는 어둠에 다니지 아니하고 생명의 빛을 얻으리라'(요한 8:12).

'**나는 포도나무요 너희는 가지라** 그가 내 안에 내가 그 안에 거하면 사람이 열매를 많이 맺나니 나를 떠나서는 너희가 아무것도 할 수 없음이라'(요한 15:5).

'너희는 내가 명한 대로 행하면 곧 **나의 친구라**(요한 15:14), 이제부터는 너희를 종이라 하지 아니하리니 종은 주인이 하는 것을 알지 못함이니 **너희를 친구라** 하였노나 내가 내 아버지께 들은 것을 다 너희에게 알게 하였음이라'(요한 15:15).

2. 하나님의 나라(= 천국)에 관하여 말씀하심입니다.[596)]

예수님께서는 공생애를 시작하시면서 이 땅에 하나님의 나라가 임하였다고 말씀하셨습니다. (마태 4:17;12:28) 또한 (현재적으로) 하나님의 나라를 가르치시었고(마태 5장), 또한 (미래에) 하나님의 나라가 완전히 성취되리라'(마태 24:14)고 말씀하셨습니다.

1) 하나님의 나라(= 천국)에 관한 비유들

비유	본문	교훈
씨뿌리는 자	마태복음 13:1-8	사람들은 하나님 나라의 소식에 다양한 반응을 보인다. 하나님 나라가 열매를 맺는 것은 각 사람이 어떻게 반응하느냐에 좌우된다.
가라지	13:24-30	하나님의 나라는 기다리고 인내하는 것이다. 하나님 나라가 완전히 도래하기 전까지는 이 세상에 사탄의 나라가 공존한다.
겨자씨	13:31-32	하나님 나라는 눈에 띄지 않는 시작에서 거대한 결과로 나아간다. 그 시작은 비록 미약해 보이지만 나중에는 창대하게 된다.
누룩	13:33	하나님 나라는 조용히, 은밀하게 시작된다. 그러나 하나님 나라는 작게 시작하였을지라도 언젠가는 세상 전체를 지배할 것이다.
감추인 보화	13:34	하나님 나라는 밭에 숨겨져 있다가 발견된 보화와 같다. 누구든지 그 무한한 가치를 발견하게 되면, 전폭적인 헌신을 하게 된다.
극히 값진 진주	13:45-46	하나님 나라의 가치는 상상 이상으로 크다. 하나님 나라의 가치는 무한하기 때문에 그 나라에 대한 전폭적인 헌신이 요청된다.
그물	13:47-50	하나님 나라가 도래하기 전까지는 이 땅에 사탄의 나라가 공존하게 되어 있다. 역사의 마지막 순간까지 거룩한 구분이 있을 것이다.

596) **하나님 나라에 대한** 자세한 이야기는 **제2부에서** 하게 됩니다.

2) 하나님의 나라(=천국)에 관한 비유의 해석: 천국은 좋은 씨를 제 밭에 뿌린 사람과 같다.

길가에 뿌려진 씨	복음의 말씀이 전해졌는데 무슨 말인지 알려고 하지 않는 사람	새(사탄)이 와서 집어먹음
돌밭에 뿌려진 씨	말씀을 들을 때 은혜로 받아 들인다. 하지만 뿌리가 깊지 않는 사람	쉽게 말라 버린다.
가시떨기에 뿌려진 씨	말씀을 들으나 세상의 염려와 재물의 유혹에 말씀이 막힌 사람	결실하지 못한다.
좋은 땅에 뿌려진 씨	말씀을 듣고 깨닫는 사람	(100배, 60배, 30배의) 결실을 하게 된다.

[정리] 하나님의 나라와 세상 나라

구분	하나님의 나라	세상 나라
통치 형태	*하나님의 통치 *신정정치	*왕이나 최고지도자, 독재자 *왕정정치/민주정치/독재정치
구성원	*하나님의 백성(신민)	*국민
영토	*하늘과 땅/온 우주	*일정한 지역
통치권의 기준(근거)	*진리의 말씀	*왕의 명령, 의회제정 법규
통치권의 행사	*평화적 방법으로 통치 *말씀의 능력으로 통치 *자발적인 헌신과 봉사와 헌금	*강제력에 의한 통치 *강제 노역과 강제 징수
통치권의 정당성	*스스로 존재 *창조주로서의 권위	*권력투쟁과 승계 *국민의 위임(선거)
구성원과 관계	*순복과 순종의 관계	*지배와 복종의 관계

3. 인간역사의 근본적인 문제들(죄와 사망과 구원)에 관한 말씀입니다.

1) 인간의 죄를 깨닫게 하시고 죄를 회개하도록 하심

예수님께서는 죄인을 부르러 오셨으며, 사람들이 **죄를 깨닫게 하시고** 사역을 시작하시면서 제일 먼저 인간의 **죄를 회개하라고 외치셨습니다**(마태 4:17).[597]

597) 하나님 나라의 통치(하나님의 의의 통치)는 회개의 촉구와 마음과 행동의 변화가 포함됩니다.

'나는 의인을 부르러 온 것이 아니요 죄인을 부르러 왔노라'(마태 9:13).

'내가 의인을 부르러 온 것이 아니요 죄인을 불러 회개시키러 왔노라'(누가 5:32).

'예수께서 이르시되 내가 너희에게 말하기를 너희가 너희 죄 가운데 죽으리라 하였노라 너희가 만일 내가 그인 줄 믿지 아니하면 너희 죄 가운데 죽으리라' (요한 8:24). ⇨ 죄를 깨닫게 하심

'이 때부터 예수께서 비로소 전파하여 이르시되 **회개하라** 천국이 가까이 왔느리라 하시더라'(마태 4:17).

'내가 너희에게 이르노니 이와 같이 **죄인 한 사람이 회개하면 하나님의 사자들 앞에 기쁨이 되느니라**'(누가 15:10).

2) 인간의 죄를 사하심으로 죄로부터 자유롭게 하심

예수님은 하나님이시므로 인간의 죄를 사하실 수 있으시며, 또한 이 땅에 오셔서 죄인인 사람들을 실제 직접 사하여 주시면서 죄로부터 자유를 주셨습니다.

'예수께서 그들의 믿음을 보시고 이르시되 이 **사람아 네 죄 사함을 받았느니라** 하시니'(누가5:20).

'그러므로 **아들이 너희를 자유롭게 하면 너희가 참으로 자유로우리라**'(요한 8:36).

'그러므로 예수께서 자기를 믿은 유대인들에게 이르시되 **너희가 내 말에 거하면 참으로 내 제자가 되고 진리를 알지니 진리가 너희를 자유롭게 하리라**'(요한 8:31-32).

3) 죄의 결과인 심판과 죽음(사망)으로부터 구원과 영생을 주심

① 예수님께서 이 땅에 오신 것은 세상을 심판하려는 것이 아니요 인간의 죄의 결과 심판과 죽음으로부터 구원하여 영생을 얻게 하시려는 것입니다.

'내가 온 것은 세상을 심판하려 함이 아니요 세상을 구원하려 함이로다' (요한 12:47).

'진실로 진실로 너희에게 이르노니 **사람이 내 말을 지키면 영원히 죽음을 보지 아니하리라**'(요한 8:51).

'내가 온 것은 양으로 생명을 얻게 하고 더 풍성히 얻게 하려는 것이라' (요한 10:10).

② 예수님을 믿고 구원 받는다는 것은 단지 죽은 후에 천국에 가는 것만을 의미하지 않습니다. 현세적인 생활에서 건강한 삶을 사는 것과 의미 있고 가치 있는 삶을 사는 것도 구원의 내용에 포함됩니다. 특히 치료의 개념도 포함되어 있습니다.[598]

[정리] 예수 그리스도의 사역

자기 자신에 대하여	*자신과 하나님과 관계 : 하나님의 아들, 하나님과 하나 *자신을 메시야라고 함
하나님 나라에 대하여	*하나님이 다스리시는 나라 *미래적인 나라 *현재적인 나라 *재림 시에 완성될 나라
수행해야 할 사명에 대하여	* 고난을 받아야 함 * 십자가에 달리셔야 함 * 죽은 후에 부활하실 것임 * 다시 재림하실 것임
성령에 대하여	*성령으로 잉태되심 *세례 받을 때 성령이 임하심 *성령에 이끌리어 시험받으심 *성력의 능력을 힘입어 복음을 전하시고 귀신을 쫒으시고, 이적을 행하심

✽ 예수님의 구원 사역을 잘 말해 주고 있는 예화

1. 길을 잃어버린 양 한 마리 이야기

100마리의 양을 기르는 목자가 어느 날 양들에게 풀을 먹이기 위해 평소와 같이 넓은 초원으로 데리고 나갔습니다. 그런데 저녁 때가 되어 양을 우리에로 인도하기 위해 양을 세어보니 99마리밖에 없었습니다. 1마리가 길을 잃어버린 것입니다. 목자는 자신의 잃어버린 한 마리의 양을 찾기 위하여 우선 99마리의 양을 안전한 우리 안으로 인도하여 옮겨 울타리 안에 넣은 후, 길을 잃은 1마리의 양을 온 힘을 다하여 찾아 나섰습니다. 많은 시간이 걸려 한 쪽에서 길을 잃고 두려움과 겁에 질려 있는 양을 발견하자 사랑하는 양을 끌어안고 크게 기뻐하였으며, 양도 목자의 품에 안겨 안심하면서 평안한 상태가 되었습니다(누가 15:1-10).

* 한 사람이 하나님에게서 멀어졌을 때 얼마나 안타까워하시는지를 나타내 주고 있습니다.

598) 조용기, 오중복음과 삼중축복, 24쪽.

＊ 목자입니까 삯꾼입니까?

길 잃은 양의 이야기에서 예수님이 말씀하시는 교훈은 2가지입니다.
첫째는, 우리 모두는 길 잃은 양 같은 존재일 수 있다는 것입니다.
둘째는, 예수님은 선한 목자이시라는 것입니다. 선한 목자는 삯꾼과는 달리 자기 양을 사랑하기에 자기 목숨을 다해 돌본다는 것입니다(요한 10:11). 그 사랑은 한 마리 한 마리에 대한 사랑입니다. 삯꾼은 이와는 달리 자신의 양이 아니므로 길 잃은 1마리 정도의 양에 대해서는 무관심하고 자신의 작업시간을 다하면 그만입니다.[599)]

2. 잃어버린 동전 이야기

어느 가난한 여인이 열심히 절약하여 은화 10개를 모았습니다. 이것은 그녀에게 무척 소중한 돈이었습니다. 어쩌면 그녀의 전 재산이었을 수도 있습니다. 그런데 어느 날 그 소중한 은화 하나를 방 안에서 그만 잃어버리고 말았습니다. 그녀는 마음을 둘 수 없어 방 안을 이리저리 찾아보았지만 쉽게 찾을 수가 없었습니다. 드디어 불을 밝히고 의자, 책상, 침대, 화장대, 옷장 등을 움직여가며 온 집안을 샅샅이 뒤져서 은화를 찾으려 하였습니다. 한참 후에 드디어 잃어버렸던 은화 1개를 찾았을 때 그녀는 너무너무 기뻤습니다.

＊ 하나님이 얼마나 열심히 믿지 아니하는 사람들을 찾아다니시는지를 보여 줍니다.
＊ 예수님은 한 사람이 회개하고 돌아올 때, 즉 죽었던(잃어버렸던) 영혼을 찾게 되었을 때 천국의 분위기는 잔칫집과 같다고 하였습니다.

'하늘에서는 회개할 필요가 없는 99명의 올바른 사람보다, 회개하는 죄인 한 사람을 두고 기뻐할 것이다'(누가 15:1-10).

3. 돌아온 아들 이야기

⇨ 아버지에게 불순종하고 떠난 아들

어떤 부자에게 아들이 둘 있었습니다. 장남은 성실하여 아버지의 말을 따라 집안일을 돌보는 사람이었습니다. 그러나 차남은 세상 물정 모르는 천방지축이었습니다. 형은 이러한 동생이 언제나 못마땅하였습니다. 동생은 어느 날 외국에 나가고 싶다고 아버지에게 자신이 상속받을 재산을 미리 달라고 졸랐습니다. 아버지는 처음에는 만류하였습니다. 왜냐하면 아버지가 판단할 때에 아들에게 돈을 준다면 가진 돈 전부를 낭비하여 없앨 것이 분명하였기 때문입니다. 하지만 아버지는 안 된다고 하지 아니하고 지혜롭게도 이 기회에 재산을 두 아들에게 나누어 주었습니다. 물론 형은 여전히 아버지와 함께 일하는 쪽을 택하였습니다.

＊ 아버지는 아들의 자유의지를 존중하고, 아들이 앞으로 맛보게 될 아픈 경험에서 무엇인가 배우리라 기대하면서 재산을 나누어 주었습니다.

599) 이훈창, 설교노트 참조.

⇨ 아버지를 떠난 아들의 방탕한 생활과 그로 인한 고통

많은 돈을 손에 쥔 동생은 짐을 꾸려 외국으로 의기양양하게 여행을 떠났습니다. 그는 매일 이국의 번화가에서 많은 친구들과 연회를 열며 환락의 시간을 보냈습니다. 돈을 물 쓰듯 하는 그에게는 항상 주변에 많은 친구들이 모여들어 먹고 마시는데 함께 하여 주었습니다. 그러나 아무리 많은 돈이라도 결국은 바닥이 나게 마련입니다. 가져간 돈이 떨어지자 친구들은 하나둘씩 그의 곁을 떠나갔습니다. 그는 이제 돈을 벌어야 한다는 현실에 직면하여 애써 보았지만 그동안 열심히 일하면서 돈을 벌지 않았던 그에게는 돈을 벌기란 결코 쉽지 않았습니다. 그동안 자신과 함께 지내던 친구들도 그의 처지를 보면서 한결같이 외면하였습니다. 더구나 그 나라에 예측할 수 없는 기근이 닥친 것입니다. 먹을 것조차 구할 수 없게 되자 그는 어떤 사람의 집에 머무르면서 돼지를 돌보는 일을 했습니다. 돼지는 유대인이 가장 싫어하는 불결한 동물로 어엿한 집안의 자식이 할 일은 아니었지만 가진 돈이 한 푼도 없는 그로서는 어쩔 수 없는 노릇이었습니다. 더욱 비참한 것은 그가 먹는 음식보다 돼지 먹이가 더 먹을 만했다는 것입니다. 그는 돼지 먹이를 먹으려고까지 생각하였습니다.

⇨ 회개하고 아버지에게로 돌아올 것을 결심한 아들

그의 인생은 추락할 때까지 추락했으며 절망의 늪에 빠진 그는 그제야 제 정신이 돌아왔습니다. 그는 마음속으로 '아버지 집에서는 배불리 먹는 하인도 많은데 어째서 나는 이렇게 되어 외국에서 굶어 죽게 되었나' 곰곰 생각하고 후회를 거듭하면서 그동안의 행복하였던 아버지 집에서의 기억을 되살려 보기도 하였습니다. 드디어 그는 모든 자존심을 버리고 아버지의 집으로 돌아갈 결심을 하게 되었습니다. 그런데 막상 돌아가려고 하니 아버지에게 무슨 말을 어떻게 해야 할지 난감하였습니다. 그리고 아버지의 뜻을 어기고 많은 재산을 탕진한 자신을 아버지가 받아 주실지도 모른다고 생각했습니다. 아버지에게 뭐라고 사죄를 해야 좋을까? 생각에 생각을 거듭하였습니다. 그리고는 어느 날 그래 이렇게 말하자 '아버지, 저는 하늘에 죄를 지었으며 또한 아버님께도 불순종의 죄를 지었습니다. 이제 저는 더 이상 아들이라고 불릴 자격도 없습니다. 그러니 저를 하인으로 써 주시기를 간절히 말씀드립니다' 이렇게 몇 번이고 몇 번이고 되뇌이면서 짐을 챙겨 아버지 집으로 돌아가기로 하였습니다. '그래 죽어도 아버지 집에 돌아가 형과 아버지를 만나보고 죽자 , 그리고 나를 사랑하였던 가족에게 용서를 구하자'하고 발걸음을 옮겨 아버지가 계신 고향집으로 향하였습니다.

⇨ 돌아와 아버지께 용서를 구하는 아들과 그를 기다린 아버지

그런데 매일같이 동구 밖에서 아들을 기다리던 아버지는 저 멀리서 오는 사람이 자신을 떠나갔던 아들임을 알아보고 한 걸음에 달려가서 아들을 감싸 안고 입 맞추며 "아들아 참으로 오랜 만이구나 너를 밤낮 얼마나 기다렸는지 모른다. 너는 반드시 집으로 올 것이라고 믿고 하루도 거르지 않고 여기 나와서 너를 기다렸단다." 아들은 아버지께 사죄의 고백을 하는 말을 하면서 울기 시작하였습니다. "아버지에게 지은 죄를 용서하여 주셔요, 그리고 저를 하인으로 써 주셔요…" 미처 아들의 애기가 끝나기도 전에

(이미 아들을 용서한)아버지는 하인을 시켜 가장 좋은 옷을 입히고 반지까지 끼워 주면서 좋은 신발도 주었습니다. 그리고는 살찐 송아지를 잡아 음식을 마련하고 이웃들과 함께 축하했습니다. 아버지는 말씀하시기를 "죽었던 자식이 다시 살아 왔으며, 잃었던 것을 다시 찾은 것이나 다름없습니다. 정말로 오늘은 내 생애 가장 기쁜 날의 하루입니다."

4) 부활하심으로 영원한 생명에 대한 믿음과 소망을 갖게 하심

예수 그리스도께서는 스스로 십자가에 달리시고, 3일 만에 부활하심으로 사망과 사탄의 권세를 이기시고 승리하심으로 우리에게 영원한 생명에 대한 믿음과 소망을 갖게 하시었습니다.

'믿고 세례를 받는 사람은 구원을 얻을 것이요 믿지 않는 사람은 정죄를 받으리라'(마가 16:16).

'너희에게 평강이 있을지어다'(누가 24:36).

'자기의 생명을 사랑하는 자는 잃어버릴 것이요 이 세상에서 자기의 생명을 미워하는 자는 영생하도록 보전하리라'(요한 12:25).

제3절 예수 그리스도의 교육 사역은 어떤 것이었나요?[600)]

예수님은 이 땅에 오셔서 가르치신 사역 즉 교육사역을 해내셨습니다.

'예수께서 온 갈릴리에 두루 다니사 저희 회당에서 가르치시며'(마태 4:23).

1. 가르침의 이유와 목적은 무엇이었나요?

1) 자기 백성을 죄(죽음)에서 구원(생명주심)하시기 위함

'내가 온 것은 양들로 생명을 얻게 하고 더 풍성히 얻게 하려는 것이니라'(요한 10:10), **'너희는 가서 모든 족속으로 제자를 삼아 아버지와 아들과 성령의 이름으로 세례를 주고 내가 너희에게 분부한 모든 것을 가르쳐 지키게 하라'**(마태 28:19-20)는 말씀의 가르침은 인간의 구원에 관한 것입니다.

600) 마가는 '전파하다'와 '가르치다'를 동의어로 사용하고 있으나, 마태는 구분합니다. 즉'전파하다'는 외부인에게 전달하는 메시지와 관련된 것으로 종종 '천국복음을 전파하다'라는 표현으로 사용합니다.

2) 자기 백성을 사랑으로 하나님 나라에서 살게 하시기 위함

(1) 하나님 나라에 살게 하기 위하여

예수님께서는 니고데모의 질문에 대답하시면서, 하나님의 백성으로 거듭나서 하나님 나라에서 살기 위하여는 물과 성령으로 거듭나야 함을 선포하시었습니다, 즉, 예수님의 가르치심의 핵심은 **우리 모두가 하나님의 백성으로 하나님의 나라에서 거룩하게 살아가도록 하기 위함**이었습니다(요한 3:1-5).

(2) 사랑으로 살게 하기 위하여

예수님께서는 자기 백성들이 이 땅에서의 행복한 삶 즉 하나님 나라 백성의 삶(의 원리)은 사랑으로 살아가는 것임을 말씀하시었습니다.

'예수께서 대답하시되 **첫째는 네 마음을 다하고 목숨을 다하고 뜻을 다하고 힘을 다하여 주 너의 하나님을 사랑하라 하신 것이요, 둘째는 이것이니 네 이웃을 네 자신과 같이 사랑하라 하신 것이다 이보다 더 큰 계명이 없느니라**'(마가 12:29-31/마태 22:34-40/누가 10:25-28).

(3) 인격성장을 위하여

예수님은 따르는 사람들이 약함과 악습을 극복하고 강하고 완전한 그리스도인으로 성장케 하는 인격성장 즉, 전인교육을 하시었습니다.

'무릇 자기를 높이는 자는 낮아지고 자기를 낮추는 자는 높아지리라'(누가 14:11).

⇨ **겸손의 덕**

'지극히 작은 것에 충성하는 자는 큰 것에도 충성되고 지극히 작은 것에 불의한 자는 큰 것에도 불의하니라'(누가 16:13). ⇨ **성실**

'입으로 들어가는 것이 사람을 더럽게 하는 것이 아니라 입에서 나오는 그것이 사람을 더럽게 하는 것이라 입에서 나오는 것은 마음에서 나오나니 이것이야말로 사람을 더럽게 하느니라 마음에서 나오는 것은 악한 생각과 살인과 간음과 음란과 도둑질과 거짓 증언과 비방이니 이런 것들이 사람을 더럽게 하는 것이요 씻지 않은 손으로 먹는 것은 사람을 더럽게 하지 못하느니라'(마태 15:11,18-20).

⇨ **말**은 자신의 인격을 드러내는 것이다. 또 말의 뿌리가 되는 **마음의 생각**을 바르게 하라는 말씀

(4) 제자로서 축복되고 행복한 생활을 위하여

성도들의 내적 문제들을 해결하고 통일되고 행복한 제자를 양육하고자 하였습니다. 그리하여 예수님의 가르침은 **일상 생활중심의 강조**가 많았으며, 제자들이 어려운 문제와 상

태에 봉착했을 때 해결키 위한 방안을 가르쳐 주셨습니다. 특별히 산상보훈은 크리스천(제자)의 전체생활에 관한 말씀이라고도 할 수 있습니다. 또한 심령의 구원을 통하여 육체적인 축복을 가져오도록 하였습니다. 크리스천의 생활 가르침의 많은 내용은 사실상 구약에 이미 제시된 것이기도 하기 때문에 구약 39권 중 20권을 인용하셨습니다.

'내가 너희를 보냄이 양을 이리 가운데 보냄과 같도다 **그러므로 너희는 뱀같이 지혜롭고 비둘기같이 순결하라**'(마태 10:16).

'너희가 무엇을 듣는가 스스로 삼가라 너희의 헤아리는 그 헤아림으로 너희가 헤아림을 받을 것이며 더 받으리니'(마가 4:24).

'너희는 원수를 사랑하고 선대하며 아무것도 바라지 말고 꾸어 주라 그리하면 너희 상이 클 것이요 또 지극히 높으신 이의 아들이 되리니 그는 은혜를 모르는 자와 악한 자에게도 인자하시니라'(누가 6:35).

'내가 주는 물을 마시는 자는 영원히 목마르지 아니하리니 그 물은 그 속에서 영생하도록 솟아나는 샘물이 되리라'(요한 4:14).

'너희가 **성경(구약)에서 영생을 얻는 줄 생각하고 성경을 연구하거니와 이 성경이 곧 내게 대하여 증언하는 것이니라**'(요한 5:39).

(5) 다른 사람에게 복음을 전하기 위하여

복음을 세상에 널리 전하기 위하여 **천국복음, 하나님의 나라**에 대하여 가르치셨습니다.

'천국은 좋은 씨를 제 밭에 뿌린 사람과 같으니'(마태 13:24).

'천국은 마치 사람이 자기 밭에 갖다 심은 겨자씨 한 알 같으니'(마태 13:31).

'천국은 마치 여자가 가루 서 말 속에 갖다 넣어 전부 부풀게 한 누룩과 같으니'(마태 13:33).

'천국은 마치 밭에 감추인 보화와 같으니…'(마태 13:44).

'천국은 마치 좋은 진주를 구하는 장사와 같으니..'(마태 13:45)

'천국은 마치 바다에 치고 각종 물고기를 모는 그물과 같으니'(마태 13:47).

'예수께서 대답하시되 진실로 진실로 네게 이르노니 **사람이 물과 성령으로 나지 아니하면 하나님의 나라(천국)에 들어갈 수 없느니라**'(요한 3:5).

'예수께서 이르시되 내가 **다른 동네들에서도 하나님의 나라 복음을 전하여야 하리니** 나는 이 일을 위해 보내심을 받았노라 하시고'(누가 4:43).

2. 가르침의 대상(주제)은 무엇이었나요?

1) 하나님의 나라(=천국)에 대하여 가르치심[601]

예수님은 지속적으로 하나님 나라에 대하여 말씀하셨습니다. 하나님 나라가 어떤 곳이며, 어디에 있으며, 언제 임하게 되는가?

'너희 **가난한 자는 복이 있나니 하나님의 나라가 너희 것**임이요'(누가 6:20).

'어린아이들이 내게 오는 것을 용납하고 금하지 말라 하나님의 나라가 이런 자의 것이니라'(마가 10:14).

'하나님의 나라는 너희 안에 있느니라' (누가 17:21).

'너희가 이런 일이 일어나는 것을 보거든 **하나님의 나라가 가까이 온 줄을 알라'**(누가 21:31).

어린이를 사랑하시는 예수님
(에밀 놀데 作, 독일, 1910)

2) 하나님과 자신에 대하여 가르치심

예수님은 자신은 누구이며, 하나님과는 어떤 관계인지에 대하여 꾸준히 말씀하시었습니다. 즉 예수님과 하나님은 아버지와 아들의 관계임을 예수님께서 직접 말씀하십니다.

'누구든지 사람 앞에서 나를 시인하면 나도 하늘에 계신 내 아버지 앞에서 그를 시인할 것이요 누구든지 사람 앞에서 나를 부인하면 나도 하늘에 계신 내 아버지 앞에서 그를 부인하리라'(마태 10:32-33).

'아버지여, **아버지께서 내 안에, 내가 아버지 안에 있는 것같이** 그들도 다 하나가 되어 우리 안에 있게 하사 세상으로 아버지께서 나를 보내신 것을 믿게 하옵소서' (요한 17:21).

601) **하나님 나라**에 대해서는 **2부에서 자세히 이야기**합니다.

3) 진리(죄와 죽음 그리고 빛과 생명)에 대하여 가르치심

예수님은 죄와 죽음 그리고 빛과 생명(영생)과 구원에 대하여 강조하여 말씀하셨습니다.

4) 하나님 나라의 삶인 그리스도인(제자)의 생활(빛과 소금의 생활, 행복한 생활)

하나님 나라의 백성(자녀)인 그리스도인은 세상의 어두움을 비추는 빛이며 부패한 세상을 막는 소금입니다.[602] 예수님은 우리들을 향하여 말씀하시기를

> **'빛을 사람 앞에 비취게 하여 사람들이 우리들의 행실을 보고 하늘에 계신 하나님 아버지께 영광을 돌리게 하라'**(마태 5장:13-16).

고 하십니다. 이 빛과 소금된 삶이란 바로 세상과 구별된 삶을 말하는 것이기도 합니다.[603]

> **'너희는 세상의 빛이라 산 위에 있는 동네가 숨겨지지 못할 것이요'**(마태 5:14).

❀빛을 비추는 삶이란?

빛을 비추는 삶이란 빛이신 예수 그리스도께서 우리 안에 임재하시는 것을 말합니다. 그러므로 우리 가운데 임재하고 계시는 예수님의 인격이 세상의 삶 가운데 드러나는 것이 바로 빛을 비추는 삶이 됩니다. 즉 나의 육체(자아)가 복음의 능력(십자가)에 의해 깨어질 때 우리 안에 있던 빛이 세상(이웃)을 향하여 비추어지게(선을 행하게) 될 것입니다. 마치 기드온과 300명의 용사가 암몬 족속을 물리치기 위해 질그릇 항아리에 횃불을 집어넣고 있다가 일제히 함성과 함께 질그릇을 깨 버렸을 때, 그 속에 있던 빛이 어두움을 헤치고 수십만의 적을 포위해서 승리한 것(사사기 7:16-25절)같이 우리가 매일 이 질그릇(자아)을 깨는 삶을 사는 것이 빛을 비추는 삶이 될 것입니다.

(1) 팔복

예수 그리스도는 우리가 이 땅에서 살아 갈 때에 깨닫고 실천해야할 진리 중 축복받는 일들을 말씀하시었는데, 그 압축된 가르치심이 팔복입니다(마태 5:2-10).[604]

---

602) 소금은 부패를 방지하는 것으로 인간의 삶에서 없어서는 안 될 필수적인 품목인(가치 있는) 것이었습니다. 그러므로 고대국가에서는 소금이 화폐(가치표시)로 사용되기도 하였습니다.

603) 문봉주, 앞의 책, 430쪽.

604) 팔복은 예수님의 창작물이 아니라 구약성서와 유대교의 전통에 근거한 것입니다. 이사야 61:1-3,7, 시편 1:1; 32:1-2; 41:2; 112:1, 119 이하, 잠언 3:13; 8:32 등이 근거가 됩니다.

[정리] 팔복에 관한 사항

복 있는 자	어떤 사람인가?	팔복 내용
심령이 가난한 자	마음이 영적으로 가난함을 실감하는 사람, 겸손한 마음을 가진 사람	천국이 저희의 것(소유)이다.
애통하는 자	손실, 실패, 사별, 타락, 도덕적으로 그릇 행한 일을 슬퍼하는 사람	위로를 받을 것이다.
온유한 자	양보하고 저항하지 않고, 상대를 해치지 않는 사람	땅을 기업으로 받을 것이다.
의에 주리고 목마른 자	하나님의 마음에 어긋나지 않는 일을 하는 사람	배부를 것이다.
긍휼히 여기는 자	동정심을 보이는 사람	긍휼히 여김을 받을 것이다.
마음이 청결한 자	더럽혀진 마음이 하나님을 믿어 변화된 사람	하나님을 볼 것이다.
화평케 하는 자	평화를 가져오는 사람	하나님의 아들이라 일컬음을 받을 것이다.
의를 위해 핍박받는 자	하나님을 따르거나 그리스도에게 복종함으로써 타인으로부터 박해를 받은 사람	천국이 저희의 것(소유)이다.

* 이 팔복은 예수님의 제자가 되는 비결을 말씀한 것으로도 이해할 수 있습니다.[605)]

[정리] 팔복에 관한 마태복음과 누가복음의 비교

팔복	마태복음(산상수훈)	누가복음(평지말씀)
심령의 가난	5:3-12	6:20-23
애통함	5:38-42	6:29,30
온유함	5:43-48	6:27-28, 32-36
의로움	7:1-5	6:37-38,41-42
긍휼함	7:12	6:31
마음의 청결함	7:15-20	6:43-46
화평하게 함	7:24-27	6:47-49

* 황금률만 제외하고는 마태와 누가는 동일한 자료를 같은 순서로 기록하고 있습니다.

605) 신성종, 앞의 책, 256쪽. **율법과 복음의 관계**에 대해서는 **제2부에서** 자세히 이야기합니다.

5) 율법(구법)을 뛰어넘는 복음의 법(신법 = 새로운 계명 / 법)을 주심

(1) 살인하지 말라 - 형제를 무시하면 살인과 같다.

율법(구법)은 살인하지 말라고 하나 예수님은 형제에게 노하는 자는 심판을 받게 되고, 형제에 대하여 무시하는 말을 하면 공회에 잡히게 되고, 미련한 놈이라고 하면 지옥 불에 들어가게 된다고 말씀(신법)하시었습니다(마태 5:21:-26).

(2) 간음하지 말라

율법은 간음하지 말라고 하나 예수님은 여자를 보고 음욕을 품으면 이미 간음한 것이라고 하셨습니다(마태 5:27:-30). 또 율법은 이혼을 하려면 이혼 증서를 주어야 한다고 하였으나, 예수님은 음행한 연고 없이 아내를 버리는 것도 자신은 간음하는 것이 아니나 아내를 간음하게 만드는 것이며, 또 버린 여자에게 장가를 드는 것도 간음하는 것이나 마찬가지라고 하셨습니다(마태 5:31-32).

(3) 맹세하기보다는 옳고 그른 것만 말하라

율법(구법)은 헛 맹세를 하지 말고 네 맹세한 것을 주께 지키라고 하였으나, 예수님은 맹세는 하늘로도 땅을 두고도 그리고 예루살렘으로도, 또한 자신의 머리로도 아예 하지 말라 오로지 옳다, 아니다 라고 말하는 것(신법)이 지혜롭다고 하셨습니다(마태 5:33-37).

(4) 악한 자를 대적하지 말라

율법(구법)은 눈에는 눈으로 이에는 이로 갚으라는 동해보복(同害報復)을 말하고, 이웃을 사랑하고 원수를 미워하라고 하나, 예수님은 (복음의 신법으로)악한 자를 대적하지 말고 오히려 원수를 사랑하라고 하셨습니다(마태 5:38:-42).

(5) 구제하는 생활은 은밀하게 하라

구제할 때에는 오른손이 하는 것을 왼손이 모르게 하여 구제하는 것을 은밀하게 하여야 합니다. 은밀한 중에 보시는 하나님이 갚아 주십니다(마태 6:2-4).

✽ 외식하는 자들의 구제 자세

외식하는 자들은 구제할 때에 사람에게 영광을 얻으려고 많은 사람들이 보는 앞에서 자기의 구제에 대해 나팔을 불면서 하는데, 이러한 사람은 이미 자기 상을 받은 것입니다(마태 6:2).

(6) 기도와 금식은 조용히 그리고 진실한 마음으로 하라

① 조용한 장소에서 하나님과 대화하라고 하십니다.

예수님은 우리가 기도할 때에는 골방에 들어가 문을 닫고 은밀한 중에 보시는 하나님 아버지께 기도하라고 하셨습니다(마태 6:6).

② 중언부언하지 말라

기도할 때에는 중언부언하여 말하지 말라고 하십니다. 우리가 말을 많이 하여야만 하나님께서 들으신다고 오해하여서는 안 됩니다(마태 6:7). 하나님께서는 우리가 구하기 전에 우리에게 있어야 할 것을 이미 알고 계십니다(마태 6:8).

③ 금식할 때는 형식적으로 하지 말라고 하십니다.

금식할 때에는 형식적으로 하는 사람들 같이 슬픈 기색을 하고 얼굴을 흉하게 하여서는 안 되고 오히려 머리에 기름을 바르고 얼굴을 깨끗이 씻고 하는 것이 좋습니다. 금식하는 것을 다른 사람이 알아달라는 것처럼 금식하여서는 안됩니다. 왜냐하면 금식은 다른 사람에게 보이기 위한 것이 아니기 때문입니다(마태 6:16 -18).

(7) 이웃을 용서하라

① 하나님의 사람은 다른 사람이 나에게 저지른 잘못(과실)을 용서하여야 합니다.

② 왜 우리는 용서를 하여야 하나요?

우리가 다른 사람의 과실을 용서하지 않는다면 하나님께서 우리의 잘못(과실)도 용서하지 아니하실 것입니다(마태 6:14-15).

③ 몇 번을 용서하여야 하나요?

다른 사람의 죄에 대한 용서에 대하여 몇 번이나 용서하여 주어야 하는가요? 일곱 번까지인가요?하고 예수님께 질문하자 예수님은 답변하시기를,

'네게 이르노니 **일곱 번 뿐만 아니라 일곱 번을 일흔 번까지라도 할지니라**'(마태 18:21-22).

즉, 예수님께서 하신 말씀의 진정한 뜻은 **용서에 횟수가 없다**는 말씀이십니다. 우리가 할 수 있는 대로 용서해 주어야 한다는 뜻입니다.

(8) 올바른 물질생활을 하라

① 하나님과 재물을 동시에 섬길 수는 없습니다.

한 사람이 두 주인을 섬길 수 없는 것처럼 하나님과 재물을 겸하여 섬길 수 없는 것입니다 (마태 6:24).

② 보물을 땅에 쌓아두지 말고 하늘에 쌓아두라

자신을 위하여 보물을 하늘에 쌓지 않고 땅에 쌓아두려고 하면 그 곳에는 좀과 동록이 해치고 도둑이 구멍을 뚫고 들어와 가져갑니다. 그러므로 이러한 염려가 없는 하늘에 보물을 쌓아두십시오 왜냐하면 보물이 있는 곳에 우리의 마음이 있기 때문입니다(마태 6:19-21).

'예수께서 둘러 보시고 제자들에게 이르시되 **재물이 있는 자는 하나님의 나라에 들어가기가 심히 어렵도다** 하시니'(마가 10:23).

③ 목숨을 위하여 무엇을 먹을까? 염려하지 말라

목숨을 위하여 무엇을 먹을까? 무엇을 마실까? 몸을 위하여 무엇을 입을까? 염려하지 마십시오. 목숨이 음식보다 중요하며 몸이 의복보다 중요합니다. **하나님은 우리의 목숨을 귀하게 여기시므로 우리가 먹을 것과 입을 것을 다 아시고 이를 공급하여 주십니다.** 그러므로 무엇을 먹을까 무엇을 마실까 염려하지 마십시오(마태 6:25-32).

(9) 삶의 우선순위를 알고서 행하라 : 먼저 하나님의 나라와 의를 구하라

하나님께서는 우리에게 무엇이 있어야 하는지를 알고 계시고 우리의 필요를 채우시므로 무엇보다 우리가 먼저 구해야 할 것은 하나님의 나라와 그의 의가 됩니다(마태 6:33).

(10) 남을 비판하기에 앞서 자기 자신을 돌아보라

비판을 받지 않으려거든 남을 함부로 비판하지 마십시요. 비판하는 그것으로 인하여 도리어 자신이 비판을 받게 될 것입니다. 우리는 종종 남의 눈 속에 있는 티는 보면서 자신의 눈 속에 있는 들보(대들보/서까래 : 큰 나무)를 보지 못하는 어리석음을 저지르곤 합니다. 먼저 자신의 잘못부터 고친 다음에 남의 잘못도 고쳐주어야 할 것입니다(마태 7:1-5).

(11) 구하라, 찾으라, 문을 두드리라(NO TRY, NO GAIN)

구하라 그리하면 주실 것이요, 찾으라 그리하면 찾을 것이요, 문을 두드리라 그리하면 열릴 것입니다. 우리 가운데 악한 사람이라도 자기 자녀에게 좋은 것을 주려고 하거든 하물며 하늘에 계신 하나님께서 구하는 이에게 좋은 것으로 주시지 않겠습니까?(마태 7:7-16).

(12) 거짓 예언자들을 조심하라

① 거짓 예언자들은 어떤 모습인가요?

거짓 예언자들은 양의 옷을 입고 속에는 노략질하는 이리와 같습니다.

② 거짓 예언자들을 어떻게 알 수 있나요?

그의 열매(행위의 결과)로 그들을 알 수 있습니다. 즉 좋은 나무가 아름다운 열매를 맺고 못된 나무는 나쁜 열매를 맺습니다. 즉 좋은 나무가 나쁜 열매를 맺을 수 없는 것처럼 나쁜 나무(가시나무, 엉겅퀴)가 좋은 열매(포도, 무화과)를 맺을 수도 없습니다.

③ 거짓 예언자들은 그들의 행위에 대해 어떻게 말하나요?

그들은 주여 주여 하고 다니며, 또 주의 이름으로 예언자 노릇을 하고, 주의 이름으로 귀신을 좇아내며, 주의 이름으로 많은 권능을 행하였으니 천국에 들어갈 것이라고 합니다.

④ 거짓 예언자들의 결과는 무었인가요?

찍혀서 불에 던져집니다.

그들은 아름다운 열매를 맺지 않은 나무처럼 찍혀서 불에 던져지게 될 것입니다(마태 7:19).

천국에 들어가지 못합니다.

마지막 날에 주께서는 '불법을 행하는 자들아 나는 너희들을 전혀 알지 못한다. 그러니 내게서 떠나가라'고 하실 것입니다. 이러한 자들은 천국에 들어가지 못하며, 오로지 하늘에 계신 하나님의 뜻대로 행하는 자라야 천국에 들어가게 됩니다(마태 7:21-23).

(13) 생명의 문(좁은 문)으로 들어가라 : **좁은 문**에 대하여는 **제2부에서 자세히** 이야기합니다.

멸망으로 인도하는 문은 크고 그 길이 넓어 그리고 들어가는 사람이 많으나, 생명으로 인도하는 문은 좁고 길이 협착하여 찾는 사람이 적습니다(마태 7:13-14).

(14) 하나님의 말씀을 듣고 행하는 자가 되라

누구든지 **말씀을 듣고 행하는 자는 그 집을 반석 위에 지은 지혜로운 사람** 같아 비가 내리고 홍수가 나고 바람이 불어 그 집에 부딛쳐도 무너지지 않는 사람이며,

누구든지 **말씀을 듣고 행하지 않는 자는 그 집을 모래 위에 지은 어리석은 사람**으로 비가 내리고 홍수가 나고 바람이 불어 그 집에 부딛히면 무너지게 됩니다(마태 7:24-27).

(15) 남을 먼저 대접하라

남에게 대접을 받고자 하는 사람은 남을 먼저 대접하십시오(마태:12).

[정리] 구법(율법)과 신법(복음)

모세율법(구법)과 전통 및 관행	복음(신법) / 예수님
살인하지 말라 : 살인은 육체를 죽이는 행위다.	형제에게 노하는 자 심판을 받게 됨 무시하는 말하면 공회에 잡히게 됨 미련한 놈이라 말하면 지옥 불에 가게 됨 : 영을 죽이는 행위도 살인이다.
간음하지 말라 **이혼 증서**를 주고 이혼하라 : 간음은 행위결과에 초점 있다.	여자를 보고 음욕을 품으면 간음한 것이다. 음행한 연고 없이 아내를 버리면 간음하게 하는 것이다. 버린 여자에게 장가가면 간음이다. **: 간음은 그 행위의 동기에서 이미 성립된다.** **: 소극적으로 해야 할 행위(돌봄)를 하지 않은 것도 죄다.**
헛 맹세를 하지 말고 네 맹세한 것을 지키라	맹세하지 말고 '옳다, 아니다' 라고 말하라
눈에는 눈 이에는 이(동해보복) 이웃을 사랑하고 원수를 미워하라	악한 자를 대적하지 말고 원수를 사랑하라 **:진정한 승리는 보복이 아니라 용서와 사랑이다.**
구제할 때 사람들에게 보이려고 회당과 거리에서 드러나게 함	구제는 오른손이 하는 일을 왼손이 모르게 은밀하게 하라 **: 은밀한 중에 보시는 하나님이 갚아 주신다.**
기도와 금식을 사람들에게 보이려고 함 기도할 때 공공장소에서 큰소리로 하며, 금식할 때 슬픈 기색으로 얼굴을 흉하게 함	기도는 은밀하게 하라 금식은 머리에 기름을 바르고 얼굴을 씻고 하라 **: 은밀한 중에 보시는 아버지께서 갚아 주신다.**
타인의 잘못에 대해서는 **일곱 번까지는 용서하라**	이웃을 용서하라 일곱 번을 일흔 번까지라도 하라 **: 우리가 다른 사람의 잘못을 용서하지 않으면 하나님께서 우리의 잘못도 용서하지 아니하실 것이다.**
땅에 쌓아 두는 보물	**올바른 물질생활을 하라** : 하나님과 재물을 동시에 섬길 수 없다. : 보물을 땅에 쌓아두지 말고 하늘에 쌓아 두라 : 목숨을 위하여 무엇을 먹을까 염려하지 말라
먼저 **자기의 이익**을 구함	먼저 하나님의 나라와 의를 구하라 : **삶의 우선순위**를 알고서 행하라
타인의 잘 못은 **비판**하여야 한다.	남을 비판하지 말라 : 남을 비판하는 것 때문에 도리어 **자신이 비판을 받는다.**

	구하라, 찾으라, 두드리라 : 찾을 것이요 열릴 것이다 : 하늘에 계신 하나님께서 구하는 이에게 좋은 것 주시고자 하신다.
자신을 **예언자**라고 하면서 민중을 하나님 나라에 들어가지 못하게 함	거짓 예언자들을 조심하라 : 양의 옷을 입은 이리다. : 그들은 천국에 들어가지 못하고 불에 던져진다.
많은 사람들이 멸망으로 인도하는 **넓은 문**을 찾고 있다.	**생명의 문**으로 들어가라 : 멸망으로 인도하는 문을 크고 넓고 많은 사람이 들어가지만 생명으로 인도하는 문은 찾는 사람이 적다.
율법과 하나님의 말씀을 지키고 **행하지** 않는다.	하나님의 말씀을 듣고 **행하는 자가 되라** : 말씀을 행하는 자는 반석 위에 지은 집과 같다. : 열매로 나무를 알 수 있다.
대접하기보다 **대접을 받기**를 좋아 한다.	**남을 먼저 대접하라** : 대접받고자 하면 남을 먼저 대접하여야 한다.
자기 스스로를 높임	스스로 높이는 자는 낮아지고 **낮추는 자는 높아진다.**
작은 일을 무시함	**작은 일에 충성**하는 자에게 큰 일도 맡기신다.
음식의 불결성을 가린다.	입으로 들어가는 것이 사람을 더럽게 하는 것이 아니라 **입에서 나오는 것(말)이 사람을 더럽게 한다.**
세상은 **지혜도 순결**도 없다.	(제자들을 세상으로 보내시면서) **뱀같이 지혜롭고 비둘기같이 순결하라**
하나님의 것과 가이사의 것을 구별하지 않는다.	가이사의 것은 가이사에게 **하나님의 것은 하나님께로 돌리라**
이혼사유가 있으면 **이혼증서**를 줌	**하나님이 짝지어 주는 것을 사람이 나눌 수 없다.** 두 사림은 한 몸이다.
거룩한 것을 개에게 주고 **진주**를 돼지 앞에 던진다.	거룩한 것을 개에게 주지 말고 진주를 돼지 앞에 던지지 말라⇨ **거룩한 것과 진주를 분별하라**

*예수님은 하나님을 사랑하는 것과 같이 이웃을 내 몸과 같이 사랑하는 것이 새로운 율법(신법)임을 선포하시었습니다.

***율법(구법)과 복음(신법)의 관하여는 제2부에서** 자세히 이야기합니다.

✽ 율법(구법)과 복음(신법/사랑의 법)은 어떤 차이가 있나요?

1. 여기서 율법(구법)은 모세의 율법(5경)을 말합니다. 물론 모세의 5경도 결국 하나님이 이스라엘 백성, 더 나아가 인류에게 주신 하나님의 말씀이었습니다.

2. 그러나 이스라엘 백성들은 율법의 진정한 뜻과 내용을 이해하는 데 2% 부족했습니다. 즉 세월이 흘러가면서 율법을 지나치게 형식화 시켜버렸습니다. 그래서 하나님이 이스라엘을 통하여 인류가 살아가는 데 필요한 행위규범을 선포하셨는데, 이러한 행위규범은 그 자체를 위한 것이 아니라 인간이 평화와 질서 속에서 어울려 단체(공동체)생활을 영광스럽게 하게 하기 위한 것이었는데도 불구하고, 율법 그 자체가 수단이 아닌 목적으로 변질되어버렸습니다. 그리하여 결국에 가서는 인간이 그 **율법의 노예**가 되어버렸고, 율법은 또 다른 우상이 되어버렸던 것입니다.

3. 예수님께서는 이와 같은 문제를 제대로 이해하도록 새롭게 해석하여 이러한 율법의 진정한 의미와 뜻을 깨닫게 하여 주신 것입니다. 오직 율법의 해석이 엄격하게 인간행위의 형식과 결과에만 초점을 맞추었다면, 예수님께서는 복음을 통하여 인간행위의 동기(의지)와 진실성에 그 초점을 맞추었던 것입니다. 그러므로 인간 행위를 평가(설명)할 때 **율법과 복음은 내용과 형식, 동기와 결과처럼 결코 분리되는 것이 아닌 통합된 하나**인 것입니다. 그러므로 예수님은 율법을 폐하시는 것이 아닌 완전하게 하신 것입니다.

> **'내가 율법이나 선지자를 폐하러 온 줄로 생각하지 말라 폐하러 온 것이 아니요 완전하게 하려 함이라'**(마태 5:17).

4. 예수님은 죄의 범위를 나타난 행동(결과)에서만 보지 않고 행동의 이전에 출발점이 되는 마음속의 계획까지 넓게 적용시켰습니다. 마음속에서 죄를 생각하고 계획하는 것으로 이미 죄는 성립하는 것입니다. 예수님은 모든 죄는 사람의 의지에 의한 것이라고 정의한 것입니다.[606] 예를 들면, 아름다운 여성을 보면서 아름다움에 감동하는 자연스러운 감정이면 죄가 되지 않으나, 그 여성과 육체적 관계를 생각한다거나 그러한 행동을 실행하는 것은 죄가 됩니다.

[정리] 모세의 율법과 예수님의 복음(사랑의 법)의 관계

모세의 율법	예수님의 복음(사랑의 법)
(죄를 범한)행위의 결과를 강조	(죄를 범한)행위의 결과+(죄를 범한)행위의 동기와 계획(의지)을 강조하여 율법을 완성

606) 이쿠다사토시, 앞의 책, 258쪽/ 이러한 경우를 범죄에 적용시켜 본다면 기수범이나 미수범. 본죄나 예비음모죄, 주범이나 종범(교사범 방조범 등)은 모두 실제상의 행위를 평가할 때 차이가 없을 것입니다.

율법은 그때나 지금이나 어떻게 살아야 하며 하나님과의 관계를 어떻게 유지해야 하는지에 대한 하나님의 뜻을 표현합니다. 예수님은 율법을 주시는 신적 존재이시고, 율법을 지키시는 분이시며 율법의 형벌을 받은 분이십니다.[607]

3. 예수 그리스도가 교사이었나요?

예수님의 이 땅에서 중요한 사역 중 하나는 가르치는 일이었습니다. 그러므로 예수님은 가르치는 사람 즉 교사(랍비)라고 할 수 있습니다.

1) 예수님이 교사라는 많은 증거들이 있습니다.

① 예수님은 스스로가 자신을 선생이라고 말씀하셨습니다(요한 13:13-24). 또한 제자들이 예수님을 선생이라고 불렀습니다(마가 4:38; 13;1/누가 5:5; 7:40; 21;7/요한 1:38). 그리고 많은 사람들이 예수님을 선생이라고 불렀습니다(마태 8:19; 9:1; 12:38; 17:24; 19:16/마가5:35; 9:17; 10:17; 12;32/누가 3:12; 9:38; 10:25; 11:45; 12:13; 19:39; 20:21/요한 3:10; 8:4; 11:28). [608]

② 예수님의 가르치는 활동 속에서 위대한 교사이심을 찾아볼 수 있습니다.

예수님은 하나님 나라와 진리(죄와 심판과 죽음과 부활 그리고 구원과 영생 등)에 관하여 듣는 사람들을 이해시키시기 위하여 **상황에 맞는 다양한 교수법을 사용**하시면서 가르치셨습니다. 특히 산상수훈, 하나님 나라의 비유와 율법을 극복하는 새로운 복음의 세계를 말씀하시었으며, 순간적인 질문에 대하여서도 탁월한 답변을 내 놓으셨으며, 추상적일 수 있는 종말과 재림에 대해서까지도 쉽게 설명하여 주셨습니다. 그리고 가르침과 실제 생활의 적용이 분리되지 않도록 제자들에게는 **실제 생활 속에서 교육과 훈련하는 임상적 교육**도 수행하셨습니다.

③ 예수님은 기독교 교육에서 중심인물이십니다.

신약성경에는 예수님께서 어떤 공식적인 교육을 받은 것에 대해 언급하고 있지 않지만, 예수님이 많은 사람들을 가르치셨음을 기록하고 있습니다(마가 4:1-2). 4복음서에 예수님에 대해 호칭으로 가장 흔히 사용한 말이 '교사(선생, 랍비)'로 숙련된 교사였습니다. 성경에 대한 그의 지식으로 **성경을 깊이 있고 의미 있게 가르치는 능력**이 뛰어났고, 각 사람의 눈높이에서 그들의 수준과 그들의 필요를 알고 다양한 교수법으로 가르치셨습니다. 상황에 따라 짧은 격언을 활용하거나 예화나 비유를 적절히 사용하신 뛰어난 의사소통가였습니다.

---

607) 트램퍼 롱맨 3세, 김동혁 옮김, IVP, 2015, 35쪽.
608) 4복음서에는 예수님을 '교사(선생, 랍비)'라고 언급하고 있는 것이 약 60회나 됩니다.

④ 예수님이 가르치신 영적 도덕적 가르침들은 가르침으로 끝나는 것이 아니라 예수님 자신의 **삶을 통해 실천**으로 행해졌습니다. 그래서 우리는 그를 위대한 교사라고 부릅니다.[609]

4. 가르치신 방법은 어떠했나요?

1) 몸소 실천을 통하여

예수님의 가르침은 영적, 도덕적 가르침에 끝나는 것이 아니라 예수님 자신의 삶을 통하여 실천으로 행해졌습니다. 예를 들면 예수님은 겸손히 섬기는 것을 실천하신 일로 제자들의 발을 씻기신 사건을 들 수 있습니다.

> **'대야에 물을 떠서 제자들의 발을 씻으시고 그 두르신 수건으로 닦기를 시작하여'**(요한 13:5).

2) 비유를 통하여

① 비유란 헬라어로 '옆에 놓는다(파라볼레)'는 뜻으로 **어떤 것을 이해하기 위해 다른 것을 옆에 놓고 비교하여 이해하도록 도와주는 방법**을 말합니다. 특별히 예수님은 하나님 나라의 복음을 말씀하시면서 비유를 많이 사용하셨습니다. 그래서 비유를 하늘의 진리를 세상의 이야기로 표현하는 것이라고 말하기도 합니다.[610]

② 예수님은 사람들에게 친숙한 자연, 일반상황, 평범하게 일어날 수 있는 일 등을 통하여 진리를 밝히셨습니다. 예수님께서 비유를 사용하셨던 당시의 풍습과 관습, 문화적 배경 등을 안다면 비유를 더 잘 이해할 수 있을 것입니다.

> **'백합화를 생각하여 보라 실도 만들지 않고 짜지도 아니하느니라 그러나 내가 너희에게 말하노니 솔로몬의 모든 영광으로도 입은 것이 이 꽃 하나만큼 훌륭하지 못하였느니라 오늘 있다가 내일 아궁이에 던져지는 들풀도 하나님이 이렇게 입히시거든 하물며 너희일까보냐 믿음이 작은 자들아 너희는 무엇을 먹을까 무엇을 마실까 하여 구하지 말며 근심하지도 말라 이 모든 것은 세상 백성들이 구하는 것이라 너희 아버지께서 이런 것이 너희에게 있어야 할 것을 아시느니라 다만 너희는 그의 나라를 구하라 그리하면 이런 것들을 너희에게 더하시리라'**
> (누가 12:27-31). ⇨ 친숙한 자연을 통한 진리를 밝힘

---

609) 유명복, 교회 교육, 백석신학대학원, 2012, 12-13쪽.

610) 예수님의 비유에는 이야기 외에도 잠언, 은유, 예화, 알레고리(우의)도 있습니다. 비유에 대해 학문적으로 연구한 것은 1888년 독일의 율리커의 '예수의 비유연구'에서 **비유에서는 한 가지 핵심을 찾아야 한다**는 원리를 발견했으며, 1936년 다드의 '천국의 비유들'에서 **비유는 당시의 삶의 자리에서 해석해야 한다**는 원리도 찾았습니다. 신성종, 평신도를 위한 성경이야기, 260-261쪽.

'누구든지 등불을 켜서 그릇으로 덮거나 평상 아래에 두지 아니하고 등경 위에 두나니 이는 들어가는 자들로 그 빛을 보게 하려 함이라 숨은 것이 장차 드러나지 아니할 것이 없고 감추인 것이 장차 알려지고 나타나지 않을 것이 없느니라'
(누가 8:16-17) ⇨ 일반 상황을 통한 진리를 밝힘

'나는 참포나무요 내 아버지는 농부라 무릇 내게 붙어 있어 열매를 맺지 아니하는 가지는 아버지께서 그것을 제거해 버리시고 무릇 열매를 맺는 가지는 더 열매를 맺게 하려 하여 그것을 깨끗하게 하시느니라'
(요한 15:1-2). ⇨ 평범하게 일어날 수 있는 일을 통한 진리를 밝힘

③ 예수님은 하나님의 나라(천국)을 잘 인식하고 이해하도록 비유를 사용하셨습니다.

✾ 비유에 관하여

1. 뜻

하늘나라의 진리를 잠언, 은유, 예화, 알레고리 등 포함하여 세상의 이야기로 표현하는 것을 말합니다. 일종의 **상징적 어법**에 해당한다고 할 것입니다.

2. 비유를 한 이유

① 하늘의 진리를 쉽게 풀어주기 위함

② 자신의 사역을 변호하기 위함

③ 천국의 비밀을 숨기기 위한 수단(마태 13:11/마가 4:12).

'하나님의 나라는 사람이 씨를 땅에 뿌림과 같으니'(마가 4:26).

'천국(하나님의 나라)은 마치 품꾼을 얻어 포도원에 들여보내려고 이른 아침에 나간 집 주인과 같으니'(마태 20:1).

'천국(하나님의 나라)은 마치 자기 아들을 위하여 혼인 잔치를 베푼 어떤 임금과 같으니'(마태 22:2).

✽ 상징을 통한 가르치심[611)]

1. 상징이란

말로는 설명하기 힘든 추상적인 사물, 개념 등을 구체적인 사물로 나타내는 것을 말하거나 그 대상물, 표상, 심벌을 말합니다.

상징	의미
AΩ	처음과 나중
	구원, 고난
	예수 그리스도 그리스도인의 정체성
	그리스도의 살과 피

2. 상징의 기능 : 초월성과 내재성이 결합되는 기능을 합니다.

3. 상징의 조건 : 거룩성, 궁극적 지시와 자기부인이 있어야 합니다.

3) 상황과 경험한 전 이해를 활용하여(현장성과 경험성)

예수님은 상황에 따라 짧은 격언을 활용하거나 예화나 비유를 적절히 사용하신, 뛰어난 의사소통가였습니다. 또한 율법 내용을 가르치실 때에는 때로는 보수적인 관점에서 때로는 진보적인 관점에서 때로는 제3의 관점에서 해석하고 가르치셨습니다.

> '**눈은 눈으로, 이는 이로 갚으라** 하였다는 것을 너희가 들었으나 나는 너희에게 이르노니 악한 자를 대적하지 말라 누구든지 오른쪽 뺨을 치거든 왼쪽편도 돌려대며'
> (마태 5:38-39). ⇨ 짧은 격언 사용

> '금식할 때에 너희는 **외식하는 자들과 같이 슬픈 기색을 보이지 말라 그들은 금식하는 것을 사람에게 보이려고 얼굴을 흉하게 하느니라** 내가 진실로 너희에게 이르노니 그들은 자기 상을 이미 받았느니라'
> (마태 6:16) ⇨ 예화 사용

> **'하나님의 나라는 겨자씨 한 알과 같으니 땅에 심길 때에는 땅 위의 모든 씨보다 작은 것이로되 심긴 후에는 자라서 모든 풀보다 커지며 큰 가지를 내나니 공중의 새들이 그 그늘에 깃들일 만큼 되느니라'**
> (마가 4:30-32) ⇨ 하나님 나라를 겨자씨를 뿌리는 것에 비유함

611) 배현성, 강의노트 참조.

[정리] 겨자씨 비유

구분	마태 13:31/마가 4:30/누가13:19	마태 17:20/누가 17:6
비유	천국, 하나님의 나라	믿음
성격	작은 것	작은 것
사용 및 활용	한 알을 자기 밭에 갖다 심음	이 산이 여기서 저기로 옮겨지라고 명령함(마태 17:20) 이 뽕나무가 뿌리가 뽑혀 바다에 심기어라 함(누가 17:6)
결과	나무로 자라 궁중의 새들이 깃듦	이 산이 여기서 저기로 옮겨짐

'하나님이 이르셨으되 네 부모를 공경하라 하시고 또 아버지나 어머니를 비방하는 자는 반드시 죽임을 당하리라 하셨거늘 너희는 이르되 누구든지 아버지에게나 어머니에게 말하기를 내가 드려 유익하게 할 것이 하나님께 드림이 되었다고 하기만 하면 그 부모를 공경할 것이 없다 하여 너희의 전통으로 하나님의 말씀을 폐하는도다'(마태 15:4-6) ⇨ 율법내용(부모님을 공경하라)에 대한 보수적인 관점

'너희 중에 어떤 사람이 양 한 마리가 있어 안식일에 구덩이에 빠졌으면 끌어내지 않겠느냐 사람이 양보다 얼마나 귀하냐 그러므로 안식일에 선을 행하는 것이 옳으니라'(마태 12:11-12). ⇨ 율법내용(안식일)에 대한 진보적인 관점

4) 성령의 능력을 힘입어 능력 있고 권세 있게 교육

성경에 대한 지식, 성경을 깊이 있고 의미 있게 가르치는 능력이 뛰어 났습니다.

'예수께서 이 말씀을 마치시매 무리들이 그 가르치심에 놀라니 이는 그 **가르치는 것이 권세 있는 자와 같고** 저희 서기관들과 같지 아니함 일러라'(마태 7:28-29).

[정리] 예수님의 가르침과 서기관들의 가르침

선지자들의 가르침	서기관들의 가르침	예수님의 가르침
여호와의 권위를 빌려 말함	권위를 내세우지 않고 가르침	자신의 권위로 가르침

5) 눈높이에 맞춘 교육

예수님은 각 사람의 눈높이에서 그들의 수준과 그들의 필요성을 알고 다양한 교수법으로 가르치셨습니다.

'이 동네에서 너희를 박해하거든 저 동네로 피하라'(마태 10:23).

'누구든지 나를 따라오려거든 자기를 부인하고 자기 십자가를 지고 나를 따를 것이니라 누구든지 제 목숨을 구원하고자 하면 잃을 것이요 나를 위해 제 목숨을 잃으면 찾으리라'(마태 16:24-25).

어린 아이 하나를 데려다가 그들 가운데 세우시고 안으시며 제자들에게 이르시되 **'누구든지 내 이름으로 이런 어린 아이 하나를 영접하면 곧 나를 영접함이요 누구든지 나를 영접하면 나를 영접함이 아니요 나를 보내신 이를 영접함이니라'**(마가 9:36).

6) 강화(Discouse)를 통한 교육

강화란 **강의하듯이 쉽게 풀어서 이야기하는 방식** 또는 그런 이야기를 말하는데, 예수님은 어떤 내용을 가르치실 때 쉬운 이야기를 듣는 것처럼 느껴지도록 하는 방법으로 가르치셨습니다. 그러므로 많은 사람들이 **말씀의 내용을 쉽게 이해**할 수 있었던 것입니다.

'그들의 열매로 그들을 알지니 가시나무에서 포도를 또는 엉겅퀴에서 무화과를 따겠느냐 이와 같이 좋은 나무마다 아름다운 열매를 맺고 못된 나무가 나쁜 열매를 맺나니 좋은 나무가 나쁜 열매를 맺을 수 없고 못된 나무가 아름다운 열매를 맺을 수 없느니라 아름다운 열매를 맺지 아니하는 나무마다 찍혀 불에 던져지느라 이러므로 그들의 열매로 그들을 알리라'(마태 7:16-20).

7) 질의 응답(토론)방식을 통한 교육

예수님께서는 천국 복음을 전파하시면서 그리고 생활의 교훈과 많은 질문을 받으면서 질의 응답하는 방식으로 가르치셨습니다.

*하브루타 – 짝을 이뤄 서로 질문을 주고받으면서 공부한 것에 대해 논쟁하는 유대인의 전통적인 토론 교육 방법을 하브루타라고 함.

질문자와 질문	답변	성경
바리새인의 서기관들 : 어찌하여 **세리와 죄인들과 함께 먹는가?**	건강한 자에게는 의원이 쓸데없고 병든 자에게라야 쓸데 있다. **내가 의인을 부르러 온 것이 아니요 죄인을 부르러 온 것**이다.	마태 9:11 마가 2:16
어떤 사람들 / 세례 요한의 제자들 : 어찌하여 당신의 제자들은 **금식하지 아니 하니이까?**	혼인집 손님들이 신랑과 함께 있을 때에는 금식할 수 없으나 **신랑을 빼앗길 날에는 금식할 것이라**	마태 9:14 마가 2:18

바리새인들 : 어찌하여 **안식일에 하지 못할 일**(이삭을 자르는 일)**하니이까?**	**안식일은 사람을 위하여 있는 것이요 사람이 안식일을 위하여 있는 것이 아니니** 이러므로 인자는 안식일에도 주인이니라	마가 2:24
세례 요한 : 내가 당신에게 세례를 받아야 할 텐데 어떻게 **주께서 내게 세례**를 **받으려 하십니까?**	이와 같이 하여 **모든 의를 이루도록 하는 것이 합당**하다.	마태 3:14
어떤 서기관 : 선생님 (어디로 가십니까?) 어디로 가시든지 저는 좇겠습니다.	여우도 굴이 있고 공중의 새도 거처가 있으되 오직 **인자는 머리 둘 곳이 없다.**	마태 8:19
제자 중 한 사람 : 주님 저는 먼저 가서 저의 부친을 장사한 후에 와서 주님을 따르면 안 되겠습니까? 부친을 장사하게 허락하여 주시옵소서	**죽은 자들로 저희 죽은 자를 장사하게 하고 너는 나를 좇으라** ⇨ (살아 있으나 영적으로) 죽은 자들 ⇨ (육체 · 영 모두) 죽은 자	마태 8:21
세례 요한 : 오실 그 이(메시야)가 당신입니까, 아니면 우리가 다른 이를 기다려야 합니까?	**너희가 가서 듣고 본 것** 즉, 소경이 보게 되고, 앉은뱅이가 걷고, 문둥이가 깨끗함을 받고, 귀머거리가 들으며, 죽은 자가 살아나고, 가난한 자에게 복음이 전파됨을 **요한에게 알려 주어라** 누구든지 나 때문에(내가 누구인지 궁금하여) 넘어지지 않는다면 복 있는 사람이다.	마태 11:3
바리새인들 : 당신의 제자들은 어째서 안식일에 해서는 안 되는 일(밀밭 이삭을 잘라먹음)을 합니까?	**인자는 안식일의 주인이다.** (1) 다윗이 함께한 자들과 시장할 때 하나님의 전에 들어가서 제사장 외에는 먹지 못하는 진설병을 먹었다. (2) 제사장들이 성전 안에서 안식일을 범하여도 죄가 없음을 모르느냐? (3) 나(하나님은)는 (진정한)자비를 원하고 (형식적인)제사를 원치 아니한다. (4) 안식일은 사람을 위하여 있는 것이요 사람이 안식일을 위하여 있는 것이 아니니 이러므로 인자는 안식일에도 주인이니라	마태 12:2 마가 2:24

사람들 : **안식일에 병 고치는 것이 옳은 일인가요?**	너희 중에 어떤 사람이 양 한 마리가 있는데 안식일에 구덩이에 빠졌으면 붙잡아 내지 않겠느냐? 사람이 양보다 얼마나 귀하냐? 그렇다면 **안식일에 선을 행하는 것(양을 구하는 일, 즉 병을 고치는 일)은 옳은 일이다.**	마태 12:10
서기관과 바리새인 중 몇 사람 : 우리에게 **(심판 날에 대한)표적(징표)을 보여 주시면 어떻겠습니까?**	악하고 음란한 세대가 표적을 구하는데, 선지자 **요나의 표적 밖에는 보여줄 표적이 없다.** 요나가 밤낮 사흘 동안 물고기 배 속에서 있은 것 같이 **인자도 밤낮 사흘을 땅 속에 있을 것**이다.	마태 12:38
무리 중 한 사람 : 당신의 모친과 동생들이 당신께 말하려고 밖에서 서 있지 않습니까?	**하늘에 계신 내 아버지의 뜻대로 하는 자가 내 형제요 자매요 모친이다.**	마태 12:47
제자들 : 밭의 가라지의 비유를 설명하여 주시면 안 되겠습니까?	**좋은 씨를 뿌리는 이는 인자며, 밭은 세상이고, 좋은 씨는 천국의 아들들, 가라지는 악한 자의 아들들, 가라지를 심은 원수는 마귀, 추수 때는 세상 끝, 추수꾼은 천사**들이다. 가라지를 거두어 불에 사르는 것 같이 **세상의 끝**도 그러할 것이다.	마태 13:36
고향 사람들 : 이 사람의 **이 지혜와 이런 능력이 어디서 나왔느냐?** 이 사람은 목수의 아들이고 모친은 마리아, 형제들은 야고보, 요셉, 시몬, 유다가 아니야 우리와 함께한 누이들도 있지 않느냐?	**선지자가 자기 고향과 자기 집 외에서는 존경받지 않음이 없었다.** 즉 선지자는 고향과 자기 집에서는 알아 주지도 않고 존경받지 못하였고, 그들은 그의 능력을 믿지 못하였다.	마태 13:54
바리새인과 서기관들 : 당신의 제자들이 어째서 **장로들의 유전(전통 : 음식 먹을 때 손을 씻는 것)을 깨트리는 것(음식 먹을 때 손을 씻지 않음)입니까?**	1) 너희는 어째서 하나님의 유전(전통:십계명)을 깨트리는 것인가? **너희들의 전통(교훈)으로 하나님의 전통(계명)을 깨트리고 있는 것** 아니냐? 십계명 : 네 부모를 공경하라 또 아비에게나 어미를 훼방하는 자는 반드시 죽으리라 너희교훈:'누구든지 아비에게나 어미에게 말하기를 내가 (부모님께)드릴려고 한 것은 하나님께 드려서 부모님께는 드릴 게 없다고 하면 부모님에게는 공양하지 않아도 된다.'	마태 15:2

	외식하는 자들아 이사야 선지자가 이미 너희들의 행위를 예언하였다. **이 백성이 입술로는 나를 존경하되 마음은 내게서 멀도다.** 사람의 계명으로 교훈을 삼아 가르치니 나를 헛되이 경배하는도다. (2) **입으로 들어가는 것이 사람을 더럽게 하는 것이 아니라 입에서 나오는 것이 사람을 더럽게 한다.** 손을 씻지 않는 것보다 더러운 마음을 씻지 않은 것이 더 문제가 된다.	마태 15:2
제자들 : 바리새인들이 이 말씀을 듣고 화나게 된 것(기분을 상하게 된 것)을 모르십니까?	그냥 두라, 심은 것마다 내 천부께서 심으시지 않은 것은 뽑힐 것이다. 저희들은 마치 **소경이 소경을 인도하는 자들**인데, 소경이 소경을 인도하면 둘이 다 구덩이에 빠지게 된다.	마태 15:12
베드로 : 이 **비유의 의미가 무엇입니까?** 설명하여 주시면 안 되겠습니까?	(1) 입으로 들어가는 모든 것은 배로 들어가서 뒤로 나오지 않느냐? (2) **입에서 나오는 것들은 마음에서 나오는 것으로 이것이야말로 사람을 더럽게 한다.** 즉 마음에서 나오는 것은 악한 생각과 살인과 간음과 음란과 도적질과 거짓증거와 훼방인데 이런 것들이 사람을 더럽게 하는 것이다. 씻지 않은 손으로 먹는 것은 사람을 더럽게 하지 못한다.	마태 15:15
제자들 : 여자가 우리 뒤에서 (귀신들린 딸을 고쳐달라고)소리를 치는데 **왜 고쳐서 보내지 않으십니까?**	(1) **나는 이스라엘의 집의 잃어버린 양 외에는 다른 데로 보내심을 받지 아니하였다.** (2) 자녀의 떡을 취하여 개들에게 던짐이 마땅치 아니하다.	마태 15:23
바리새인과 사두개인들 : **하늘로써 오는 표적은 무엇인가요?**	(1) 저녁하늘이 붉으면 날이 좋겠다하고, 아침에 하늘이 붉고 흐리면 오늘 날이 궂겠다. 하면서 천기는 분별할 줄 알면서 시대의 표적은 분별할 수 없느냐? **(2) 요나의 표적 밖에는 보여 줄 표적이 없다.**	마태 16:1

제자들 : 우리는 어찌하여 (귀신을 좇아내어) 간질병 **환자를 고치지 못하였습니까?**	너희 **믿음이 적은 까닭**이다. 너희가 만일 믿음이 한 겨자씨 만큼만 있으면 이 산을 명하여 바다에 여기서 저기로 옮기라 하여도 옮길 것이요 못할 것이 없을 것이다.	마태 17:19
제자들 : **천국에서 누가 큽니까?**	누구든지 **어린아이와 같이 자기를 낮추는 자가 천국에서 큰 자**이다.	마태 18:1
베드로 : 형제가 내게 **죄를 범하면 몇 번이나 용서하여 주어야 합니까?** 일곱 번 하면 되나요?	**일곱 번 뿐만 아니라 일흔 번씩 일곱 번이라도 용서하라** ⇒ 즉 용서에는 한계가 없다는 말씀	마태 18:21
바리새인들 : 사람이 아무 **이유(원인)없이 아내를 버리는 것이 옳은 일입니까?**	사람을 지으신 이가 본래 저희를 남자와 여자로 만드시고 사람이 부모를 떠나 아내에게 합하여 그 둘이 한 몸이 될 것이라고 하였으니 이제 둘이 아니요 한 몸이니 그러므로 **하나님이 짝지어 주신 것을 사람이 나누지 못할 것이다.**	마태 19:5-6 창세기 2:24
바리새인들 : 그러면 모세는 **어째서 이혼증서를 주어서 내어버리라고 하였습니까?**	(1) 모세가 **너희 마음의 완악함을 인하여 아내 내어버림을 허락하였으나 본래는 그런 것이 아니다.** (2) 누구든지 음행한 연고 없이 아내를 내어 버리고 다른 데 장가 드는 자는 간음함이다.	마태 19:7
제자들 : 만일 아내를 버리고는 **장가들지 않는 것이 좋겠습니까?**	**사람마다 이 말을 받지 못하고, 오직 타고난 자라야 할 것이다** 어미의 태로 난 고자도 있고, 사람이 만든 고자도 있고, 천국을 위하여 스스로 된 고자도 있다.	마태 19:10
어떤 사람 : 내가 **무슨 선한 일을 하여야 영생을 얻겠습니까?** 어떤 사람 : 어느 계명입니까? 어떤 사람 : 이 모든 것을 내가 지켰습니다. 무엇이 또 부족합니까?	(1) 네가 생명에 들어가려면 **계명들을 지키라** (2) 살인하지 말라, 간음하지 말라, 도적질하지 말라, 거짓증거하지 말라, 네 부모를 공경하라, **네 이웃을 네 몸과 같이 사랑하라** 하신 것이다. (3) 네가 온전하고자 한다면 가서 **네 소유를 팔아 가난한 자들에 주라** 그리하면 하늘에서 보화가 네게 있을 것이다. 그리고 와서 나를 좇으라	마태 19:16

베드로 : 우리가 **모든 것을 버리고 주를 좇았습니다. 우리가 무엇을 얻겠습니까?**	(1) **세상이 새롭게 되어 인자가 자기 영광의 보좌에 앉을 때 너희도 열두 보좌에 앉아 이 스라엘 열두 지파를 심판하리라** (2) 내 이름을 위하여 집이나 형제나 자매나 부모나 자식이나 전토를 버린 자마다 여러 배를 받고 또 **영생을 상속**하리라 (3) 먼저 된 자로서 나중 되고 나중 된 자로서 먼저 될 자가 많으니라	마태 19:27
세베대의 아들의 어머니 : 나의 두 아들을 주의 나라에서 하나는 주의 우편에, 하나는 좌편에 앉게 명하시면 어떠하십니까? 세베대의 두 아들 (1)의 대답 : 할 수 있습니다.	(1) 너희 구하는 것을 알지 못하는구나, **나의 마시려는 잔을 너희가 마실 수 있겠느냐?** (2) 너희가 내 잔을 마신다면 내 좌우편에 앉는 것은 내가 줄 것이 아니라 **내 아버지께서 누구를 위하여 예비하셨든지 그들이 얻을 것이다.**	마태 20:20
제자들 : 무화과나무가 어째서 곧 말랐습니까?	만일 너희가 믿음이 있고 의심치 아니하면 이 무화과나무에게 된 이런 일만 할 뿐만 아니라 이 산더러 들려 바다에 던지우라 하여도 될 것이다. 너희가 **기도할 때 무엇이든지 믿고 구하는 것은 다 받을 것이다.**	마태 21:20
대제사장들과 백성들의 장로들 : 당신이 무슨 권세로 이런 일을 합니까? 또 **누가 이런 권세를 주었소?** 대제사장들과 장로들의 답변 : 만일 하늘에게서라 하면 왜 저를 믿지 않았는가? 하고 할 것이고, 사람에게서라 하면 모든 사람들이 요한을 선지자로 여기니 백성이 무섭다고 생각하고는 우리가 알지 못한다고 대답하였다. 대제사장들과 장로들의 답변 : 둘째 아들입니다.	(1) 내가 한 가지 묻겠소 대답을 한다면 나도 대답하리라 (2) 요한의 세례가 어디서 왔습니까? 하늘에서 왔나요, 사람에게서 나왔나요? (3) 나도 무슨 권세로 이런 일을 하는지 너희에게 말하지 않겠다. (4) 그렇지만 이런 경우 너희의 생각은 어떠한가? 한 사람이 두 아들이 있는데, 맏아들에게 이르기를, 얘 오늘 포도원에 가서 일하라 하니 예, 가겠습니다 하고 대답하고 가지 않았다. 그런데 둘째 아들에게, 얘 오늘 포도원에 가서 일하라 하니 싫습니다. 하고 대답하였으나 나중에 뉘우치고 갔다. 그렇다면 둘 중에 누가 아버지의 뜻대로 한 것이냐? **세리와 창기들이 너희보다 먼저 하나님의 나라에 들어갈 것이다.**	마태 21:23

바리새인들의 제자들과 헤롯당원 : **가이사에게 세를 바치는 것이 옳은가 아닌가?**	외식하는 자들아 어째서 나를 시험하느냐? 돈의 형상과 글이 누구 것이냐? 답변 : 가이사의 것입니다. **가이사의 것은 가이사에게, 하나님의 것은 하나님에게 바치라**	마태 22:17
사두개인들 : 모세가 말하기를 사람이 만일 자식이 없이 죽으면 그 동생이 그 아내에게 장가들어 형 을 위하여 후사를 세우라고 하였습니다. 그런데 어떤 7형제가 있었는데, 형들이 자식 없이 차례로 죽고 그 동생들이 형수와 결혼하였습니다. 그리고 마지막으로 그 형수도 죽었는데, 그렇다면 **부활 후에 그 형수는 누구의 아내가 됩니까?**	부활 때에는 장가도 아니가고 시집도 아니가고 하늘에 있는 천사들과 같다. 죽은 자의 부활에 대하여 말하자면, 하나님께서 나는 아브라함의 하나님이요, 이삭의 하나님이요, 야곱의 하나님이라고 하신 말씀을 읽어보지 않았느냐? **하나님은 죽은 자의 하나님이 아니요 산 자의 하나님이다.**	마태 22:23 신명기 6:5
바리새인들 중 한 사람 : **율법 중에 어느 계명이 큽니까?**	**네 마음을 다하고 목숨을 다하고 뜻을 다하여 주 너의 하나님을 사랑하라** 하셨는데, 이 것이 첫째 계명이고, 둘째는 그와 같이 **네 이웃을 네 몸과 같이 사랑하라** 하셨으니 이 두 계명이 온 율법과 선지자의 강령이다.	마태 22:36 신명기 6:5
제자들 : 어느 때에 이런 일이 있겠사오며 또 주의 일하심과 **세상 끝에는 무슨 징조가 있사오리까?**	(1) 많은 사람이 와서 **그리스도라고 미혹하며, 난리와 난리 소문이 퍼지고, 나라가 나라를 대적하며, 기근과 지진이 있을 때 재난의 시작이다.** (2) **천국복음이 모든 민족에게 증거되기 위하여 온 세상에 전파되리니 그제야 끝이 오리라** (3) 그 날에는 아이 밴 자들과 젖먹이는 자들에게 화가 있을 것이다. (4) 택하신 자들을 위하여 그 날을 감하신다. (5) **환난 후 즉시 해가 어두워지며 달이 빛을 내지 아니하고 별들이 하늘에서 떨어지며 하늘의 권능들이 흔들릴 것이다.**	마태 24:3

	(6) 천사들을 보내어 택하신 백성들을 모으리라 (7) **그날과 그때는 아무도 모르고 아버지만 아신다.** (8) **인자가 생각지도 않은 때에 올 것**이다. (9) 예비하고 있으라	마태 24:3
대제사장들 : 이 사람들이 저를 치는 증거가 어떻느냐? 네가 하나님의 아들인지 말하라	네가 말하였다. 내가 너희에게 이르노니 이후에 **인자가 권능의 우편에 앉은 것과 하늘 구름을 타고 오는 것을 너희가 보리라**	마태 26:62
빌라도 총독 : 네가 **유대인의 왕이냐?**	**네 말이 옳도다.**	마태 27:11

8) 대조적 대귀법을 통한 가르침

예수님은 제자들을 가르치실 때 대조적 대귀법의 시적 리듬을 사용하여 암기가 잘 되도록 하였습니다(마태 6:19-21; 23:16-22, 마가 2:21-22; 9:43-48, 누가 11:31-32).

'너희 원수를 사랑하며, 너희를 미워하는 자를 선대하며, 너희를 저주하는 자를 위하여 축복하며, 너희를 모욕하는 자를 위하여 기도하라'(누가 6:27).

⇨ 원수와 사랑, 미움과 선대, 저주와 축복, 모욕과 기도

' 누구든지 **제 목숨을 구원코자 하면 잃을 것이요, 누구든지 나와 복음을 위하여 제 목숨을 잃으면 구원하리라'**(마가 8:35).

'누구든지 내 이름으로 이 어린아이를 영접하면 곧 나를 영접함이요, 또 누구든지 나를 영접하면 나 보내신 이를 영접함이라'(누가 9:48).

⇨내 이름으로 어린아이 영접 ⇨나를 영접 ⇨내 보내신 이를 영접하는 것임

5. 가르치신 시기와 장소는 언제, 어디였나요?

예수님은 실내의 경우에는 회당에서 그리고 실외는 주로 언덕 같은 데서 가르치셨습니다. 회당에서는 두루마리를 펴서 관례에 따라 히브리어로 읽었으며, 이어서 그들의 모국어인 아람어로 내용을 풀어 설명을 하였습니다. 즉, 예수님은 유대인의 풍습과 습관대로 회당에서 성경을 가르치셨습니다(마태 4:23). 예수님은 또한 **장소를 따지지** 않고 산에서도

가르치셨고(마가 5:1-8:1), 바닷가에서도 가르치셨습니다. 또한 **시간의 제약을 받지 않으시고** 언제든지 가르치셨습니다. 그러므로 걸어가면서도 가르치셨습니다(마 5:1-8:1) 예수님은 제자들을 직접 가르치고 훈련시키셨습니다.

✽ 회당에 관하여[612)]

회당은 처음에는 건물보다는 유대인의 공동체라는 의미였으나[613)] 점차 유대인들이 모이던 장소로 이곳에서 예배, 재판, 율법교육 등이 이루어졌습니다. 포로생활로 인해 예루살렘 성전에서 예배드릴 수 없게 되면서부터 그 중요성이 더 커졌고, 신약시대에는 유대인이 사는 곳이라면 어디에나 회당이 세워졌습니다(행 13:5). 유대인들은 안식일 외에도 회당에 자주 모였는데, 남녀가 따로 떨어져 앉았습니다. 회당 안에는 의자와 책상, 율법을 넣어두는 궤 등이 있었습니다. 회당을 관리하는 회당장(막5:22)은 예배를 주관하였고, 율법에 어긋나게 행동하는 사람이 있을 때에는 질책을 하기도 하였습니다. 예배는 남자 10명이 모여야 이루어졌으며, 쉐마를 읽고(신 6:4-9) 기도문을 암송하며[614)] 성경을 낭독. 해석하고 축도하는 식으로 진행되었습니다. 예수님께서도 여러 회당에서 말씀을 전하셨는데, 특히 나사렛 회당에서 이사야의 글을 통해 복음을 전하셨습니다(누4:16-30).

[정리] 예수님이 회당에서 가르치실 때

마태복음 : 제9장 35절	마가복음 : 제1장 21절-22절	누가복음 : 제4장 15절
예수께서 모든 도시와 마을에 두루 다니사 그들의 회당에서 가르치시며 천국 복음을 전파하시며 모든 병과 약한 것을 고치시니라	곧 안식일에 회당에 들어가 가르치시매 뭇 사람이 그의 교훈에 놀라니 그가 가르치는 것이 권위 있는 자와 같고	친히 그 여러 회당에서 가르치시매 뭇 사람들에게 칭송을 받으시더라

[정리] 성막, 성전, 회당, 교회

성막	성전	회당	교회
광야 시대	솔로몬 시대 이후	바벨론 포로시대	오순절 성령강림 후
출애굽기	왕정 지배	바벨론 포로시절	사도행전

612) **회당**에 관한 자세한 이야기는 **제2부에서** 하게 됩니다.
613) 레이몬드 E. 브라운, 신약개론, 144쪽 각주.
614) 존 폴락, 윤종석 옮김, 하룻밤에 읽는 예수의 생애, 좋은씨앗, 2006, 30쪽. 기도문을 읽는 동안에는 앉았다가, 유일하신 하나님에 대한 고래(古來)의 신앙고백을 외울 때는 자리에서 일어섰습니다.

광야 이동 시	예루살렘	예루살렘 유대 각 마을	예루살렘 이방 지역
하나님께 제사 하나님과 만남/구원	속죄 하나님의 임재	말씀 연구 예배 장소	예배 장소 말씀 선포, 기도, 찬양
유형	유형	유형	무형--기독교인 모임 유형--건물

가버나움 회당 터

제4절 예수 그리스도의 주요 사역인 치유 사역은 어떤 것이었나요?

예수님은 백성 중에 모든 병과 모든 약한 것을 고치셨는데, 그 소문이 온 수리아에 퍼졌고 사람들이 모든 병자들(각색 병에 걸린 자, 귀신들린 자, 간질 하는 자, 중풍병자)을 데려오니 거절하지 않으시고 다 고쳐 주셨습니다(마태 4:24).

> '이는 선지자 이사야로 하신 말씀에 **우리 연약한 것을 친히 담당하시고 병을 짊어지셨도다** 함을 이루려 하심이더라'(마태 8:17).
>
> **'나는 너희를 치료하는 야웨'**(출애굽 15:26).

1. 치유란 무엇을 말하나요?

1) 치유의 뜻

① 성경이 말하는 치유란[615] 히브리어로 마르페(Marpe) 또는 아루카(Arukha)라고 하는데 이는 치료하다, 고치다, 재앙에서 구원받다, 회복하다 등의 의미로 사용됩니다. 오늘날 많이 사용되는 용어는 라파(Rapha)로 **상처를 치료하다, 마음을 고치다**의 뜻을 갖습니다.

615) 조용기, 오중복음과 삼중축복, 128쪽. **신유(神癒, Healing/신적치유, 영적치유)**라고도 부릅니다.

② 오늘날 교회와 교인들이 치유에 대하여 잘못된 견해를 가지고 있는 경우를 볼 수 있습니다.

첫째, 치유는 의약적 치료가 아니고, 순수한 전능하신 하나님의 도움에 의해 직접적인 능력(치료)입니다. 물론 자연 치료나 의약적 치료를 무시하거나 부정하지는 않습니다.

둘째, 치유는 정신 요법(자기 암시나 최면술 등)이나 형이상학적 생명 과학이 아닙니다.

셋째, 치유는 무당의 신통술이나 강신술이 아닙니다. 귀신이나 사탄의 능력이나 속임수에 의해 이루어지는 것과는 다릅니다.

넷째, 치유를 받았다고 하여 육체적으로 죽지 않는 것이 아닙니다. 즉 절대건강이나 완전건강을 위한 것이 아니라, 이 세상에 살 동안 하나님의 뜻을 이루면서 살기 위하여 생명과 활기가 충만한 건강을 회복하는 것을 말합니다.

③ 치유는 하나님의 말씀인 성경에 기초한 것으로 초자연적이고 신적인 능력입니다. 그러므로 하나님의 뜻이며, 또한 예수님의 구속 사역의 한 부분이고, 오늘날도 보혜사 성령님의 일이며, 하나님의 은총으로 믿음으로 받을 수 있다는 것이 교회의 역사 속에서 증명된 것입니다.[616)]

2) 총체적 치유

① 예수님은 총체적(또는 전인적) 치유사역을 행하셨습니다. 즉, 육신의 병을 고치시고, 마음(정신)의 병과 영적 병을 고치셨으며 나아가 사람들이 사는 사회의 병을 치유하셨습니다.

❀ 총체적 치유 사역이란?

총체적 치유란 먼저 외적 치유로써의 육체적 질병 치유가 있는데, 예수님은 공생애 동안 많은 육체적 질병 있는 사람들을 치유(사역)하여 주셨습니다. 그리하여 이러한 소문은 온 사마리아 지역을 넘어 수리아 지역까지 퍼졌습니다. 하지만 예수님의 치유사역은 내적 치유 즉 마음과 정신 그리고 영적 치유에 더 초점이 있음을 알 수 있습니다. 그런데 이 내적인 상처와 쓴 뿌리는 잘 드러나지 않고 또 사람들은 그것을 가리려고 합니다. 그러므로 이러한 내적 치유는 쉽지 않은 영역입니다. 하지만 질병을 치유하고 진정한 건강성이 회복되기 위해서는 내적 치유는 반드시 이루어져야 합니다. 특히 오늘날 많은 사람들이 이러한 내적 질병을 안고 살아가고 있음이 드러나고 있습니다.[617)] 사회적 치유는 우리 사회(사람들의 관계)가 건강성을 잃고 병적인 관계라는 것입니다. 그러므로 총체적 치유란 한 사람의 영혼육의 치유와 그리고 사회적 상처 모두가 치유되는 것을 말합니다.

---

616) 조용기, 오중복음과 삼중축복, 135-136쪽 참조.

617) 우리나라의 자살률은 세계적인 수준이며, 정신질환자 수 또한 해마다 증가하고 있으며, 고독사도 늘어나고, 가정이 해체되어 (이혼 등)고통 중에 있는 가정도 급격하게 늘어나고 있는 것이 나타난 현상입니다. 즉 마음과 정신과 영적인 질병이 널리 퍼져 있다는 증거입니다. 내적 치유의 필요가 강하게 요청되는 상황이라고 할 것입니다.

② 하나님은 우리의 영, 혼, 육이 모두 건강하기를 원하시며 또 중요시 하고 계십니다.

'평강의 하나님이 친히 너희로 온전히 거룩하게 하시고 또 **너희 온 영과 혼과 몸이 우리 주 예수 그리스도 강림하실 때에 흠 없게 보전되기를 원하노라**'(데살로니가 전서 5:23).

'내가 원하노니 깨끗함을 받으라'(누가 5:13).

2. 예수님은 치유자로서 예언되어 있었나요?

그날에 귀머거리가 책의 말을 들을 것이며 어둡고 캄캄한데서 소경의 눈이 볼 것이며(이사야 29:18)라고 예언되어 있었습니다. 그때 소경의 눈이 밝을 것이며 귀머거리의 귀가 열릴 것이며 그때는 저는 자는 사슴같이 뛸 것이며 벙어리의 혀는 노래하리니'(이사야 35:5-6), 그는 실로 질고를 지고(이사야 53:4)라고 예언되었습니다.

3. 예수님께서 자신이 치유자임을 소개하고 있나요?

예수님은 감옥에 갇힌 세례 요한이 보낸 그의 제자들이 오실 이가 당신이니오니까 우리가 다른 이를 기다리오니까? 라는 질문에 '너희는 가서 듣고 보는 것을 요한에게 고하되 **소경이 보며 앉은뱅이가 걸으며 문둥이가 깨끗함을 받으며 귀머거리가 들으며 죽은 자가 살아나며** 가난한 자에게 복음이 전파된다 하라(마태 11:2-5)'고 자신이 이사야 선지자가 예언한(치유) 예언 성취의 주인공임을 말씀하셨습니다.

모형(구약) : '마라에 이르렀더니 그 곳 물이 써서 마시지 못하겠으므로 그 이름을 마라라 하였더라'(출애굽기 15:23). / 나는 너희를 치료하는 여호와임이라(15:26).

'모세가 놋뱀을 만들어 장대 위에 다니 뱀에게 물린 자가 놋뱀을 쳐다본즉 모두 살더라'(민수기 4:9).

원형(신약/예수 그리스도) : '모세가 광야에서 뱀을 든 것 같이 인자도 들려야 하리니' (요한 3:14).

4. 예수 그리스도의 치유사역의 목적은 무엇이었나요?

예수 그리스도의 치유사역의 목적은 **육체적, 정신적, 영적으로 병든 인간의 (건강성)의 회복과 질병으로부터의 자유를 주시기 위함**이셨습니다. 또한 때로는 **질병의 원인이 되는 죄를 깨닫고 다시는 죄를 짓지 않도록 교훈(권고)하시는 것**이었습니다.

‘친히 나무에 달려 그 몸으로 우리 죄를 담당하셨으니 이는 우리로 죄에 대하여 죽고 의에 대하여 살게 하려 하심이라 **그가 채찍에 맞음으로 너희는 나음을 얻었나니**’(베드로전서 2:24).

‘건강한 자에게는 의사가 쓸데없고 병든 자에게라야 쓸 데 있느니라’(마가 2:17).

5. 예수 그리스도의 치유사역의 대상은 무엇이었나요?

1) 육체적 질병의 치유사역

(1) 문둥병자를 고치심

① 한 문둥병자가 예수님께 나아와 **‘주님께서 저를 깨끗하게 하시길 원하시면 저는 깨끗이 나을 수 있습니다’** 하고 말하자, 예수님은 **나는 너가 깨끗하게 되기를 원한다** 하시면서 손을 내밀자 즉시 문둥병이 나았습니다(마태 8:2-3).[618)]

❀ 문둥병(한센병) 이야기

성경에는 문둥병(노르웨이 한센이 발견하여 한센병이라고 부름) 사건이 여러 번에 걸쳐 나타나고 있습니다. 문둥병은 하늘이 내린 병(天刑)이라고 불렸는데, 이 병은 온 몸의 피부에 번지는 불치의 병이며 얼굴과 뼈마디가 내려앉는 병으로 무서운 고통을 동반하게 되고 과거에는 유전적인 병으로 보았으나, 사실은 전염병에 해당합니다. 하지만 특별히 환자의 피부와 접촉하지 않으면 병균은 공기 중에 바로 죽기 때문에 전염가능성이 매우 희박합니다. 어디에서 기원되었는지는 알려져 있지 않고, 주로 청년기에 발병되는 것으로 보는 이유는 병균의 잠복기(2-10년)가 길기 때문이기도 합니다. 오늘날 전 세계적으로도 환자가 500만 명 정도라고 추산되고 있으며 현대의학으로도 완치 방법은 발견되지 않고 있습니다. 그런데 의학이 발달하지 않았던 예수님 당시의 병명이 오늘날과 똑같을 수 는 없으므로 그 당시 피부병인 문둥병이 오늘날과 같은지는 정확히 알 수 없습니다. 오늘날에도 문둥병으로 오해하였으나 다른 피부병으로 밝혀져 완치되어 정상적으로 생활하는 사람조차 있기 때문입니다. 잘 알려진 영화 ‘벤허’에서 어머니와 여동생이 문둥병 환자로 나오는 장면이 있습니다.

❀ 문둥병이 나은 후 왜 제사장에게 가서 보이라고 하셨나요?

예수님은 문둥병자를 고치신 후 제사장에게 가서 보이라고 하셨습니다. 왜냐하면 제사장에게 가서 문둥병이 나았음을 보이고 의식상 환자의 신분을 벗도록 한 것입니다. 환자는 예물을 드리고 자기 몸을

618) 문둥병은 전염병으로 오늘날에는 한센병이라고도 하는데, 옛날에는 이 병은 살이 썩어지고 뼈가 녹아내리는 치료약이 없는 무서운 질병으로 하늘이 준 병(天刑)이라고도 하였습니다. 또한 부정한 사람이라고 하여 아무도 그를 상대해 주지 않는 버림받은 자였습니다.

보여 깨끗하다는 선고를 받아야 했기 때문입니다.
그런데 예수님은 치유 후에 '소문을 내지 말라'고 하였는데, 이 환자는 이 말씀을 따르지 않고 예수님이 자기를 고쳤다는 소문을 온 사방에 퍼뜨렸습니다. 그 파장은 어마어마하여 예수님이 가는 곳마다 아픈 사람들이 엄청나게 몰려 왔습니다.

✽ 이 사건이 오늘 우리에게 주는 교훈

오늘날 많은 사람들이 영혼의 문둥병에 걸려서, 죄로 자기 몸이 썩어져 가는 데도 아픈 줄 모르고 살아가고 있는 모습입니다.[619]

✽ 문둥병자의 고통을 노래 : 한하운 시인의 '보리피리'

보리피리 불며
봄 언덕
고향 그리워
피-ㄹ 닐니리.

보리피리 불며
꽃 청산
어린 때 그리워
피-ㄹ 닐니리.

보리피리 불며
인환人還의 거리
인간사 그리워
피-ㄹ 닐니리.

보리피리 불며
방랑의 기산하幾山河
눈물의 언덕을
피-ㄹ 닐니리.

이 시는 한하운을 '보리피리의 시인'이라고 불리게 할 만큼 많이 알려진 시입니다. 병과 고독과 절망 속에서 유랑 생활을 하면서 옛 시절과 고향을 그리워하는 내용으로 낭만적 감상이 아닌 인간적 고독과 고통을 민요풍의 정감 어린 어조로 형상화시켰습니다.

---

619) 문봉주, 앞의 책, 440쪽.

천형(天刑)의 나환자로 유랑하면서, 인간적 고독과 향수, 그리움, 고통 등을 노래하고 있습니다. 고향이 그립고, 병이 나기 전 어린 시절이 그립고, 사람 사이에서 같이 사는 것을 그리워하면서 얼마나 많은 산하(山河)를 방랑해야 하는지를 이 시는 노래하고 있는 것입니다. 이 시의 1연은 고향에 대한 그리움, 2연은 병이 없던 어린 시절에 대한 그리움(싱싱하고 건강했던 시절이었기 때문에 '꽃 靑山)'이라고 표현함, 3연은 인간 세상에 대한 그리움, 4연은 방랑의 서러움으로 간결하게 표현되어 있으면서도 보리피리 소리 '피-ㄹ 닐니리'를 반복해서 사용함으로써 애수에 찬 서정의 세계를 그려내고 있습니다. 보리피리 소리에 섞여 문둥이 한하운의 절망적 고통과 한 맺힌 울음소리가 들려오는 듯합니다. 시인 한하운은 천형(天刑)의 고통을 이렇게 시로써 극복하면서 절제된 목소리로 단아한 서정의 세계를 이룩하였습니다. [네이버 지식백과] 한하운의 보리피리 이야기 (문화콘텐츠닷컴 (문화원형백과 산조), 2002.,한국콘텐츠진흥원)

(2) 중풍병자를 고치심

① 백부장의 하인 이야기

예수님이 가버나움에 들어가실 때 한 백부장이 나아와 간절히 구하기를 '주님 저의 하인이 중풍 병으로 집에 누워 몹시 괴로워합니다. 예수께서 가서 고쳐 주시겠다고 하시자 말씀만 하시면 된다'고 하자 예수님은 **'네 믿음대로 되라'**고 하시면서 고치시었습니다(마태 8:5-13).

✻ 백부장 사건의 의미

예수님은 백부장의 **절대적인 믿음**을 칭찬하시었습니다.[620] 또한 **구원은 이방인에게도 있다**는 것을 나타낸 중요한 사건이라고도 할 수 있습니다.

② 친구들이 데려온 사람 이야기

예수님께서 본 동네에 돌아온 후 침상에 누운 중풍병자를 친구들이 데려 왔는데 사람들이 너무 많아 집 안으로 들어오지 못하자, 친구들이 꾀를 내어 지붕으로 올라가서 기와를 벗기고 병자를 침상 채 아래로 달아 내렸습니다. 그리고 설교를 하고 있던 예수님 앞에 중풍환자가 갑자기 나타나자 설교는 중단되고 그들의 믿음을 본 예수님은 **"네 죄가 용서함을 받았다"**하시고 **'침상을 들고 집으로 가라'** 하시니 일어나 집으로 돌아가게 되었습니다(누가 5: 17-25).

---

620) **'내가 진실로 너희에게 이르노니 이스라엘 중에서 아무에게서도 이만한 믿음을 만나보지 못하였노라'** (마태 8:10).

✾ 도고기도(중보기도)와 치유

다른 사람의 병을 위해 하는 행위(예를 들면 도고기도)는 구원(치유)의 결과로 나타나게 될 수도 있습니다.

✾ 병 고침의 기적이 일어나게 되는 과정에서 중요한 강조점

성경은 위 중풍병자의 병 고침의 기적이 일어나는 과정에서 강조하고 있는 점은 **하나님의 은혜와 능력을 믿는 믿음**이라는 점입니다. 즉, **예수님께서 고쳐 주실 수 있다는 믿음**과 지붕을 뚫고 병자를 들어 내린 용기 있는 **행함과 사랑이 있는 믿음,** 예수님께서 즉시 일어나 네 상을 가지고 집으로 가라고 했을 때 곧(즉시) 순종하는 믿음과[621] 또 병 고침의 기적은 **죄의 용서와 사함이라는 큰 기적을 증명하기 위해 보여 준 것임**을 생각해야 합니다.[622]

[정리] 친구들이 데려온 중풍병자 치유 사건

마태복음 9:1-3	마가복음 2:5	누가복음 5:20
본 동네	가버나움	갈릴리의 마을
침상에 누운 중풍병자와 사람들이 데리고 옴	한 병자와 네 사람의 친구	한 중풍병자와 사람들
그들의 믿음을 보시고	그들의 믿음을 보시고	그들의 믿음을 보시고
작은 자야, 안심하라 네 죄 사함을 받았느니라	작은 자야, 네 죄 사함을 받았느니라	이 사람아(원문은 친구여) 네 죄 사함을 받았느니라

(3). 열병을 고치심

베드로의 집에 들어가시니 베드로의 장모가 열병으로 앓아누운 것을 보시고 그의 손을 만지니 열병이 떠나가고 나음을 얻어 일어나 봉사를 하였습니다(마태 8:14-15).

[정리] 베드로의 장모를 고치심

마태복음 8장 15절	예수께서 그녀의 손을 만지심	일어나서 예수께 수종들었다.
마가복음 1장 31절	그녀의 손을 잡아 일으키심	사람들에게 수종드니라
누가복음 4장 39절	열병을 꾸짖어 떠나게 하심	예수님의 능력과 권위를 강조

621) 신성종, 중풍병자를 고치심 ③, 국민일보, 예수님의 비유와 이적(78).
622) 이쿠다 사코시, 앞의 책, 242~243쪽.

공관복음을 정리하여보면 예수께서 그녀(베드로의 장모)의 손을 잡고 일으키시며 그 열병을 꾸짖어 물러가게 한 것입니다. 복음서의 기록으로는 예수님께서 **최초로 치유사역**을 하신 사건이었음을 알 수 있습니다.

(4) 혈루증 환자를 고치심

12년간 혈루증[623]을 앓고 있었던 여자가 예수님 뒤로 와서 그 겉옷 가를 만졌는데, 이 사람은 예수님의 옷 가를 만져도 병이 나을 것이란 믿음을 가졌던 것입니다. 예수님은 자신의 옷 가를 만지심을 아시고 돌아보고는 딸아 **네 믿음이 너를 구원하였다** 하시니 그 즉시 나음을 얻었습니다(마태 9:20-22).

(5) 소경의 눈을 고치심

① 예수께서 가실 때 두 소경이 따라오며 소리 지르면서 '다윗의 자손이시여 우리를 불쌍히 여겨 주십시오' 하니 예수님께서 '내가 보게 할 수 있다고 믿느냐'하고 물으시니 '주님 그렇습니다'하고 대답하니 예수님이 저희 눈을 만지시며 **'너희 믿음대로 되라'**고 하시니 눈들이 밝아졌습니다(마태 9:26-30).

② 소경 바디매오 사건

예수님이 여리고에서 계실 때[624] 일어난 사건으로 디매오의 아들(바디매오)이 예수님을 만나 눈을 뜨게 된 사건입니다. 마태복음과 마가복음 그리고 누가복음 모두에 기록되어 있습니다.

치유의 역사는 여리고 가까운 곳에서 일어났습니다. 여리고는 구 여리고와 신 여리고가 있는데, 예수님 당시에는 구 여리고는 황폐해가는 도시였고, 신 여리고는 남쪽으로 뻗쳐 있는 도시였습니다. 이 사건은 신, 구 여리고 경계에서 일어난 것입니다.

[정리] 바디매오의 사건의 비교

구분	마태복음 20:29-34	마가복음10:46-52	누가복음18:35-43
일어난 장소	여리고를 떠나갈 때	여리고에서 나가실 때	여리고에 가까이 가셨을 때
기록 중심	숫자를 중심 맹인 두 사람	바디매오	한 맹인

623) 혈루증이란 여자의 아랫도리(음부)에서 때때로 피가 흘러 나오는 병을 말합니다.
624) (예수님이) 예루살렘으로 가기 전 약 30킬로미터 지점에 위치한 도시입니다.

기록자의 정보	단순히 맹인	치유받은 사람 이름	단순히 맹인
환자의 상황	길가에 앉아 있었다.	맹인 거지 바디매오	거지
환자의 태도와 반응	소리지름 다윗의 자손 예수여, 우리를 불쌍히 여기소서	소리지름 다윗의 자손 예수여, 나를 불쌍히 여기소서	소리지름 다윗의 자손 예수여, 나를 불쌍히 여기소서
무리들의 반응	꾸짖어 잠잠하라	꾸짖어 잠잠하라	꾸짖어 잠잠하라
예수님의 치유사역	불쌍히 여기시고 눈을 만지심	가라 네 믿음이 너를 구원하였느니라	보라, 네 믿음이 너를 구원하였느니라
치유결과	예수님을 따르게 됨	예수님을 길에서 따르게 됨	예수님을 따르게 됨

두 소경을 고치시는 예수 그리스도
(니콜라스 푸생 作, 1650, 프랑스 출생
이태리에서 활동 1594-1665)

(6) 벙어리 된 자를 고치심

귀신들려 벙어리 된 자를 예수님에게 데려오니 귀신이 쫓겨나고 벙어리가 말하게 되었습니다(마태 9:32-33).

(7) 다리 저는 자와 불구자와 소경과 벙어리 등을 고치심

예수님이 갈릴리 호숫가에 이르러 산에 올라가 앉으시니 많은 사람들이 다리 저는 자와 불구자와 소경과 벙어리와 기타 병든 자들을 여럿 데려와서는 예수님의 발 아래 두자 예수님께서 고쳐 주시니 벙어리가 말하고, 불구자가 건전하고, 다리 저는 자가 걸으며, 소경이 보게 되었습니다(마태 15:29-31).

2) 마음과 정신 그리고 영의 병을 치유하심

(1) 우물가의 여인의 병을 고치심

예수님께서는 사마리아 우물가에서 만난 사마리아 여인에게 마음과 정신 그리고 영적인 병에 걸린 것을 보시고 그 여인의 병을 치유하여 주시었습니다(요한 4:1-39).

✻ 사마리아 여인의 병 고침

예수님께서는 유대를 떠나 갈릴리로 가시기 위해 사마리아를 통과하시려고 사마리아의 수가라는 동네를 지나가게 되면서 그 곳의 우물가에서 사마리아 여인 한 사람이 물을 길으러 왔는데, 예수님께서 '물을 좀 달라'고 하시자 그 여인은 유대인은 혼혈인인 사마리아 사람과는 상종하지 아니하기 때문에 의아하여 예수님께 질문하시기를 '당신은 유대인으로써 어찌하여 사마리아 여자에게 물을 달라고 하느냐?'고 묻게 되자 예수님께서는 '네가 만일 하나님의 선물과 또 네게 물 좀 달라고 하는 이가 누구인 줄 알았더라면 네가 그에게 구하였을 것이요 그가 생수를 네게 주었으리라'고 대답하시자, 그 여인은 '그 생수를 주어서 우물에 물을 길으러 오지 않았으면 한다'고 (육체적 관점에서)대답하였습니다. 하지만 예수님께서는 **'이 우물을 마시는 자는 다시 목마르려니와 내가 주는 물을 마시는 자는 영원히 목마르지 아니하리니 내가 주는 물은 그 속에서 영생하도록 솟아나는 샘물이 되리라'**고 (영혼의 갈증을)해결하심을 말씀하십니다. 하지만 그 여인은 여전히 이를 이해하지 못하고 '그러한 물을 달라'고 하자 예수님은 그 여인에게 '가서 네 남편을 불러오라'고 하십니다. 여인이 '남편이 없다'고 대답하자, 예수님께서는 '네가 남편이 없다는 말이 옳도다 너에게 남편 다섯이 있었고 지금 있는 자도 네 남편이 아니니 네 말이 참 되도다'라고 대답하시자 그제야 이 여인은 비로소 자신의 마음과 정신과 영적인 갈증(질병)을 궤뚫고 계시는 예수님에 대하여 진정한 예배할 곳을 찾는다는 고백을 하게 됩니다. 이에 대하여 예수님께서는 **'아버지께 참되게 예배하는 자들은 영과 진리로 예배할 때가 오나니 곧 이때라 아버지께서는 자기에게 이렇게 예배하는 자들을 찾으신다'**고 대답하였습니다. 비로소 여인은 '메시야 곧 그리스도라 하는 이가 오실 줄을 내가 아노니 그가 오시면 모든 것을 우리에게 알려 주시리이다(영적 갈증과 질병이 해결될 것이다)'고 대답(고백)하자, 예수님께서는 **'바로 네가 말하는 내가 그 이다'**라고 대답하셨습니다. 그러자 여인은 동네 사람들에게 달려가 '내가 행한 모든 것을 그가 내게 말하였다'고 증언하였습니다. 이 여인과의 대화내용은 그 여인의 마음과 정신과 영적 병든 상태를 진단하시고, 그 해결과 **치유를 위한 근본적 처방(회개와 신령과 진정한 예배)을 내려 주신 사건임**을 알 수 있습니다.

(2) 영적인 질병인 죄의 문제를 해결(치유)하여 주심

① 정신적이고 영적인 질병 치유에 관한 이야기

'내가 의인을 부르러 온 것이 아니요 죄인(병든 자)을 불러 회개(치유)시키려 왔노라'(누가 5:32)고 하시면서 영적인 질병인 죄의 문제를 해결하시려고 오셨고, 또 회개하는 사람에 대하여는 죄를 사하여(치유하여) 주시었습니다. 예수님은 당장 눈앞의 육체적 질병의 치유도 환자 본인에게는 갈급한 문제이지만, 그보다도 영적 질병의 근원적 치유에 초점을 맞추고 계신다는 것은 성경(기록)을 통하여 알 수 있습니다.

✾ 향유를 부은 여인의 죄(질병)를 사하여(치유)하여 주심

어느 바리새인이 예수님을 식사에 초대하여 그 집에 들어가 앉으시니, 그 동네에 죄 지은 한 여인이 알고 향유 담은 옥합을 가지고 와서 예수님의 발 곁에 서서 울며 눈물로 그 발을 적시고(회개하여), 자기 머리털로 닦고 그 발에 입을 맞추고 향유를 부으니 예수님은 그 여인의 믿음을 보시고 **'네 죄(영적 질병) 사함(치유함)을 받았느니라, 네 믿음이 너를 구원(치유)하였으니 평안히 가라'**고 하셨습니다(누가 7:36-50).

바리새인 시몬의 집잔치
예수님의 발에 입 맞추고 향유를 붓는
막달라 마리아의 믿음
(페테르 파울 루벤스 作, 독일, 1577-1640)

'사람의 심령은 그 병을 능히 이기려니와 **심령이 상하면 그것을 누가 일으키겠느냐'**(잠언 18:14).

'마음의 즐거움은 양약이라고 **심령의 근심은 뼈로 마르게 하느니라'**(잠언 17:22).

② 열 명의 나병환자 이야기

예수님이 예루살렘으로 올라가실 때에 사마리아와 갈릴리 사이로 지나가시다가 한 마을에 들어가시니 나병환자 열 명이 예수님을 만나게 되었습니다. 그런데 그들이 멀리 서서 소리를 질러 말하기를 **'예수 선생님이여 우리를 불쌍히 여겨 주셔요'**하였습니다. 이 소리를 들으신 예수님이 말씀하시기를 **'가서 제사장들에게 너희 몸을 보이라'**고 하시자 그 말을 듣고 그들이 가는데 **몸이 깨끗하게 나았습니다.**

그런데 그중의 한 사람이 자기가 나은 것을 보고 **큰 소리로 하나님께 영광을 돌리며 돌아와 예수의 발아래 엎드리어 감사하니** 그는 사마리아 사람이었습니다.

예수님이 대답하시기를 '열 사람이 다 깨끗함을 받지 아니하였느냐 아홉 사람은 어디 있느냐 이 이방인(사마리아 사람) 외에는 하나님께 영광을 돌리려 돌아온 자가 없느냐' 하시고 그에게 이르시되 **'일어나 가라 네 믿음이 너를 구원하였느니라'**하시더라(누가 17:11-19).

❀우리에게 주는 교훈

이 사건이 우리에게 주는 교훈은 소위 천형에 해당하는 육체의 문둥병을 나은 열 사람 중 아홉 사람은 **육체의 질병의 치유에 만족**하였고, 그중 오직 한 사람만이 **영혼의 질병에 대한 구원(치유)까지 받게 되었다**는 것입니다. 또한 **하나님의 사랑은 이방인(위의 사례에서는 사마리아 사람)에게까지도 주어진다**는 것을 보여 주고 있습니다.

③ 귀신들린 자들과 간질하는 자를 고치심

귀신들린 것과 간질하는 것은 일종의 영적 및 정신적 질병으로 예수님은 여러 차례 귀신들린 자들과 간질하는 자를 고쳐 주셨습니다.

> '저물매 사람들이 **귀신들린 자를 많이 데리고 예수께 오거늘 예수께서 말씀으로 귀신들을 좇아 내시고** 병든 자들을 다 고치시니'(마태 8:16/누가 4:40-41).
>
> **'그들에게 가라 하시니 귀신들이 나와서 돼지에게로 들어가는지라…'**
> **(마태 8:32/누가 8:26-33).**
>
> **'그때에 귀신 들려 눈 멀고 말 못하는 사람을 데리고 왔거늘 예수께서 고쳐 주시매 그 말 못하는 사람이 말하며 보게 된지라'(마태 12:22).**
>
> '예수께서 거기서 나가사 두로와 시돈 지방으로 들어가시니 가나안 여자 하나가 그 지경에서 나와서 소리 질러 이르되 주 다윗의 자손이여 나를 불쌍히 여기소서 **내 딸이 흉악하게 귀신 들렸나이다. 하되… 예수께서 대답하여 이르시되 여자여 네 믿음이 크도다 네 소원대로 되리라 하시니 그때로부터 그의 딸이 나으니라'**
> (마태 15:21-28).
>
> '(가버나움에서)마침 그들의 **회당에 더러운 귀신 들린 사람이 있어 소리 질러 이르되 나사렛 예수여 우리가 당신과 무슨 상관이 있나이까 우리를 멸하러 왔나이까 나는 당신이 누구인 줄 아노니 하나님의 거룩한 자니이다. 예수께서 꾸짖어 이르시되 잠잠하고 그 사람에게서 나오라 하시니 더러운 귀신이 그 사람에게 경련을 일으키고 큰 소리를 지르며 나오는지라'**(마가 1:29-26/누가 4:31-35).

'예수께서 안식일에 한 회당에서 가르치실 때에 **열여덟 해 동안이나 귀신 들려 앓으며 꼬부라져 조금도 펴지 못하는 한 여자가 있더라 예수께서 보시고 불러 이르시되 여자여 네가 네 병에서 놓였다 하시고 안수하시니 여자가 곧 펴고 하나님께 영광을 돌리는지라**'(누가 13:10-13).

'주여 내 아들을 불쌍히 여기소서 **그가 간질로 심히 고생하여 자주 불에도 넘어지며 물에도 넘어지는지라 내가 주의 제자들에게 데리고 왔으나 능히 고치지 못하더이다. 이에 예수께서 꾸짖으시니 귀신이 나가고 아이가 그때부터 나으니라**'
(마태 17:15-18/마가 9:14-27/누가 9:37-42).

[정리] 질병과 귀신들림과 예수님의 치유로부터 얻는 교훈

1. 모든 질병이 귀신들에 의해 일어나는 것은 아니다. 질병과 사탄의 관계도 마찬가지다.
2. 귀신에 의해 정신적 질병이 생길 수 있다.[625]
3. 예수님은 기도나 믿음이 전혀 없었던 귀신들린 자를 고쳐 주신 경우도 있다.
4. 귀신도 예수님을 알아보았고, 그의 권능을 인정하였다.
5. 귀신들린 자들을 고치신 것은 예수님의 말씀의 능력으로 이루어졌다.

3) 사회의 병을 치유하심

① 예수 그리스도께서는 당시 사회에 널리 퍼져 있는 병을 치유하시고자 하셨습니다. **사회의 질병이란 건강하지 못한 다른 사람들과의 관계**를 말한다고 할 것입니다. 즉 미움과 시기, 다툼과 음모, 거짓말, 음란과 도둑질과 살인, 질투와 비방과 교만과 우매함과 같은 **악한 생각에서 나온 것**을 말합니다(마가 7:21-23).

② 하지만, 모든 질병의 출발점은 한 사람 한 사람의 개인 개인이므로 예수님께서는 대부분의 치유사역을 개인으로써의 한 사람, 한 사람에게 초점을 맞추셨습니다.

'너희는 예루살렘 거리로 빨리 다니며 그 넓은 거리에서 찾아보고 알라 너희가 만일 정의를 행하며 진리를 구하는 자를 한 사람이라도 찾으면 내가 이 성읍을 용서하리라'(예레미야 5:1).

'진실로 너희에게 이르노니 **너희 중의 두 사람(사회, 모임, 단체)이 땅에서 합심하여 무엇이든지 구하면 하늘에 계신 내 아버지께서 그들을 위하여 이루게 하시리라 두세 사람이 내 이름으로 모인 곳(사회공동체)에는 나도 그들 중에 있느니라**'
(마태 18:19-20).[626]

625) 정통 개신교나 천주교 모두 이 점을 인정하고 있습니다.
626) 사회란 두 사람 이상이 모인 단체를 말합니다. 그러므로 예수님께서는 사회의 변화(개혁과 치유와 구원)를 말씀하지 않고 무관심하였다는 주장은 잘못된 것입니다.

❀ 나비 효과와 사례

나비효과(butterfly effect)'란 나비의 날갯짓처럼 작은 변화가 폭풍우와 같은 커다란 변화를 유발시킬 수 있다는 것입니다. 성경 욥기 8장 7절에 나오는 **'시작은 미약하였으나 끝은 창대하리라'**라는 구절은, 맥락이 다소 다르기는 하지만 미미한 출발이 종국적으로는 거대해진다는 의미에서 나비효과와 상통한다고 볼 수 있습니다. 18세기 영국은 정치 경제 도덕이 땅에 떨어지고 피폐하여 위기 가운데 있을 때 존 웨슬리 라는 한 사람이 하나님의 은혜를 받고 생명 걸고 복음을 증거하니 영국이 변화되고 신사의 나라가 되었습니다.[627] '제가 사는 아파트 사람들은 서로 인사를 잘 합니다. 엘리베이터 안의 분위기가 좋아졌습니다. 제가 7년 정도 살면서 먼저 인사한 결과라고 자부합니다. 나 한 사람이 달라지면 가정이 변하고 , 아파트가 변하고 동네가 변하는 것을 체험했습니다. 서울이 변하고 한국이 변하고 세계가 변할 수도 있습니다'[628].

6. 예수 그리스도는 질병을 어떻게 이해하셨나요?

1) 질병의 의미

구약시대에는 질병을 여러 가지 의미로 사용되었으나 대개 육체의 병과 마음의 병을 일컬었습니다. 신약시대는 질병의 개념은 병이 들어 힘이 없는 상태로 질병에 걸리는 것 정신적인 질병, 나쁜 병이나 악령을 가지고 있는 상태 등을 나타내고 있습니다. 즉,

① 신체적으로 저항력과 파괴력의 균형이 깨진 상태로써,

② **정신적으로는** 평온이 깨진 상태로 불만 공포초조 시기심 질투 보복심 이기심 억압감 등에 휘말리어 적절한 감정을 초월하거나 표현하지 못하여 **우월감이나 열등감에 사로잡히는 상태**이며,

627) 나비의 날갯짓이 연쇄적으로 큰 파장을 일으키면서 결국 큰 변화를 가져오는 과정을 예시하면 다음과 같다. 나비 한 마리의 날갯짓은 바로 옆에 있는 작은 벌레를 나뭇잎에서 떨어뜨려 그 아래에서 놀고 있는 원숭이 털 속에 떨어지게 한다. 원숭이는 그 벌레로 인해 가려워 긁다가 옆의 열매를 떨어뜨리고, 열매는 돌에 부딪쳐 돌을 구르게 한다. 돌은 큰 바위를 지탱한 작은 돌을 쳐서 밀어내면서 작은 산사태를 일으킨다. 이런 변화는 물의 흐름을 바꾸어 화산의 구멍을 막고 약한 지반을 꺼지게 하면서 화산 폭발을 일으킨다.
화산재는 부분적으로 대기의 기류를 바꾸어 큰 대기압 차이를 일으키고, 급기야 대류 변화를 일으켜서 지구 반대편에 커다란 폭풍을 일으킨다. 인터넷으로 연결되어 있는 지구촌 한구석의 미세한 변화가 순식간에 확산되기 때문이다. 나비 효과라는 용어는 1952년 미스터리 작가인 브래드버리(Ray D. Bradbury)가 시간여행에 관한 단편소설 《천둥소리(A Sound of Thunder)》에서 처음 사용하였는데, 이후 기상학 등 과학이론에 적용하고 경제 및 사회현상에도 적용하였다.
출처:상식으로 보는 세상의 법칙(경제편).
[네이버 지식백과] 나비효과 (박경미의 수학콘서트 플러스, 2013. 12. 12. 박경미)

628) 이병욱, 삶이 전도한다. 아르카, 2018,168-169쪽.

③ 사회적으로는 대인 관계에 있어서 또는 자연환경과도 조화를 이루지 못하고 주종 관계 속에서 무질서와 불의, 불신이 싹트는 상태를 말하며,

④ 영적으로는 성령의 지배를 받지 못하고 인간의 정욕과 이생의 자랑을 위한 목표를 세우거나 악령의 지배를 받은 삶을 말합니다.

결론적으로 질병이란 자신과 이웃, 자연 그리고 창조주 하나님으로부터 분리되어 조화를 이루지 못하고 무질서와 불균형의 상태에 있는 것을 말합니다.[629]

2) 질병의 원인

질병의 원인은 여러 가지입니다. 죄의 결과로 인한 경우도 있습니다.[630] 또한 하나님의 섭리로 오기도 하며,[631] 사탄에 의해서 생기기도 합니다.[632] 한편 스트레스로 인한 경우도 있습니다. 뿐만 아니라 때로는 우리의 부주의에서 나타나기도 합니다. 환경으로부터 오기도 하고, 감염된 경우도 있으며, 유전적인 요인이 있는 경우도 있습니다. 또한 생태적으로 노년이 되어 오기도 합니다.[633] 그러므로 주의할 것은 **질병이 모두 죄의 결과로 온다고 오해를 하면 안 된다**는 것을 성경을 통하여 알 수 있습니다.

7. 예수 그리스도의 치유의 방법은 어떤 것이었나요?

예수님의 치유방법을 자세히 살펴보면 다양하게 나타나고 있습니다.

(1) 죄를 용서하여 주심으로(누가 5:20)

(2) 사탄(귀신)을 꾸짖으심으로(마태 17:18/마가 1:25-26/마가 5:8-15/마가 9:25)

(3) 침을 사용하심으로(마가 7:32-35)

(4) 만지심, 손을 얹으심으로(마태 9:29/마태 20:34/마가 1:31/마가 1:41-42/누가4:40)

(5) 명령하심으로(마태 8:32/누가 4:36)

(6) 말씀만을 하심으로(마태 8:8, 16; 9:6/요한 4:50-51; 5:8-9)

(7) 믿음을 보시고(마태 8:13/마태 15:28/마가 2:5-12; 7:29; 10:52/누가 8:44)

---

629) 박행렬 전인치유사역 서울 나임 1994. 53-54쪽. 이훈구, 성경적 치유사역, Lily, 2003,154쪽.
630) 요한복음 5장 14절.
631) 요한복음 9장 3절. 고린도후서 12장 9절.
632) 누가복음 13장 16절.
633) 시편 107:20 '그가 그의 **말씀을 보내어 그들을 고치시고** 위험한 지경에서 건지시는도다'

[정리] 예수님의 치유에서 나타난 동기

치유 받은 사람	치유의 동기	성경구절
베드로의 장모	사람들이 도움을 요청함	누가 4:38-39
귀신들린 사람	귀신을 통한 영적 문제 증언	누가 4:31-37
12년 동안 혈루증 앓은 여인	그녀의 믿음	마태 5:25-34
죽은 야이로의 딸	그녀의 아버지(회당장)의 믿음	마가 5:22-23, 35-43
죽은 나인 성 과부의 아들	아들의 어머니를 불쌍히 여기심	누가 7:11-17
죽은 나사로	예수님의 부활과 생명임을 믿게 하기 위함, 하나님께 영광을 돌리기 위함	요한 11:1-44
맹인 거지 바디매오	메시야에 대한 믿음	
베데스다 연못가에 있었던 지체 장애인	고침을 받으리라는 믿음	요한 5:1-9
수로보니게 족속 여인의 귀신들린 딸	예수님께서 치유하실 수 있다는 믿음	마가 7:24-30

✻ 예수님의 치유사역의 특징

예수님은 병자에게 무엇보다 나을 만한 믿음이 있는가를 보고 고치셨습니다. 즉 **주님이 병을 고쳐 주실 것이라는 믿음을 고백하는 사람들은 모두 병 고침을 받았습니다**(마태 9:22,27,30).

8. 예수 그리스도의 치유능력의 행사는 오직 자신에게서 그쳤나요?

1) 12명의 제자들에게도 치유능력을 주셨습니다.

예수께서 12제자를 불러 모으사 모든 귀신을 제어하며 병을 고치는 능력자의 권세를 주시고 앓는 자를 고치게 하려고 내어 보내셨습니다(누가 9:1-2). 즉 제자들에게도 병을 치유하는 능력을 주셨습니다.

> 예수께서 12제자를 부르사 **더러운 귀신을 쫓아내며 병자의 모든 악한 것을 고치는 권능을 주시니라**(마태 10:1).

2) 70명의 제자들에게도 치유능력을 주셨습니다.

① 이후에 주께서 달리 70인을 세우시고 친히 가시려는 각동 각처로 둘씩 앞서 보내시매 '거기 있는 **병자들을 고치고** 또 말하기를 하나님의 나라가 너희에게 가까이 왔다 하라'(누가 10:1-9)고 하시면서 치유하는 능력을 주셨습니다.

② 또한 치유능력을 행사하기 위해 기도를 강조하셨습니다.

'기도 외에 다른 것으로는 이런 종류가 나갈 수 없느니라'(마가 9:29).

3) 믿는 자들에게도 치유능력을 주셨습니다.

'믿는 자들에게는 이런 표적이 따르리니 병든 사람에게 손을 얹은즉 나으리라' 하시더라(마가 16:17-18)고 하시면서 치유하는 능력을 주셨습니다.

✽ 한국 기독교 역사에서의 치유사역

한국의 기독교 역사에서도 여러 치유능력자가 나타나 치유사역을 수행한 생생한 기록이 있습니다. 특히 이러한 치유능력자에는 목회자뿐만 아니라 일반 평신도에게도 있었다는 점은 하나님이 특별히 치유능력을 부어주신 사람이 이러한 사역을 감당하게 된다는 것을 알 수 있습니다.[634)]

✽ 오늘날도 이러한 치유의 능력과 현상이 나타나나요?

오늘날과 같은 과학이 발달된 사회에서는 우리의 질병을 치유하는 방법은 의료시스템을 통하여 하도록 구축되었으므로 이러한 치유 능력자를 통한 치유는 일어나지 않거나 필요하지 않다고 보는 입장이 있습니다. 한편 오늘날도 현실적으로 이러한 치유의 능력이 일어나는 경우가 나타나고 있다는 입장도 있습니다.

어느 견해가 옳은 것일까요?

우리는 이러한 견해를 대할 때 너무도 이원론적으로 판단하게 되는 한계가 있습니다. 물론 오늘날 잘 갖추어진 의료시스템은 질병의 원인을 진단하고 그에 따른 처방을 내려 치료의 과정을 거쳐 가야 할 것입니다. 그러므로 오늘날 치료(치유)는 전문적인 교육과 훈련을 받고 끊임없이 질병을 연구하는 전문가인 의사선생님을 믿고 따라야 합니다. 하지만, 현대 의학이 모든 질병의 모든 원인을 밝혀 주는 것은 아니며 또 어떤 질병에도 그 치료약이 준비되어 있는 것도 아닙니다. 또한 인류에게는 끊임없이 새로운 질병도 나타나고 있습니다. 그렇다고 언제나 특별한 치유능력이 있는 사람이 모든 질병을 치유하는 것도 아닌 것입니다. 그러므로 우리는 어느 것도 무시하여서는 아니 된다고 할 것입니다. 먼저는 현대 의학적 방법을 따르되 또한 하나님으로부터 치유능력을 받은 사람이 있다는 점도 역시 무시하지 않아야 할 것입니다. 분만 아니라 의학적 방법으로 치료 받는 경우에도 하나님의 치유의 은혜를 간구하여야 함은 질병의 치유는 단지 물리적, 화학적 요법에 의해서만 이루어지는 것이 아니라 정신적, 영적 능력도

634) 김익두 목사. 조용기 목사, 현신애 권사, 이옥희, 변계단 권사 등을 들 수 있습니다(이훈구, 성경적 치유사역, 104~124쪽 참조).

함께 하는 총체적 치유이기 때문입니다.[635] 특히 개인적 치유의 은혜와 기적을 경험한 수많은 간증들이 있다는 점을 깊이 새겨야 하여야 할 것입니다.

❀ 치유능력에 관하여 오늘날 우리들에게 주는 교훈

하나님으로부터 받은 치유능력을 하나님의 뜻에 따라 사용하여 하나님께 영광을 돌리지 않고 자신의 이익이나 욕심을 채우는 목적으로 살던 사람들의 경우에는 그 결과가 결코 좋지 않게 끝나는 경우를 볼 수 있습니다.[636] 특히 치유를 빙자한 이단 집단이나, 오늘날 많은 '치유은사집회'의 이름으로 행하여지는 치유집회는 도리어 신앙의 본질에서 먼 상태에서 마치 주술적인 것이 되기도 한다는 것입니다. 하나님의 뜻에서 벗어난 치유능력 행사와 치유은사집회 그리고 치유를 빙자한 이단 행위는 사회적 비난의 대상이 될 뿐만 아니라 교회에 대해서도 부정적 이미지를 주는 행위임을 잊지 말아야 할 것입니다. 그렇다고 무조건 이러한 치유능력과 은사에 의한 행위를 무시하고 외면하는 것 또한 바람직하지 못하므로 치유은사와 치유능력 행사에 올바른 이해와 판단과 교육이 필요할 것입니다.

제5절 예수 그리스도께서 부르신 12제자(사도) 이야기

1. 사람들

예수님을 따르면서 주변에 모여든 사람들은 수백 명, 그리고 때로는 수천 명, 수만 명이었습니다.[637] 그중에 어떤 사람들은 호기심에서, 어떤 사람들은 병을 고치려고, 어떤 사람들은 먹을 것을 해결하기 위하여, 또 어떤 사람들은 훌륭한 가르침을 베푼다는 소문을 듣고 무엇인가 배우고 싶어서, 그리고 어떤 사람들은 진정한 진리와 구원에 목말라서 등 여러 가지 이유와 목적으로 여러 사람들이 모여들었습니다. 심지어 그를 비판하고 약점을 찾으려는 사람들조차 그 주변을 맴돌았습니다.

2. 부르심

① 하지만, 적은 무리들만 헌신적이었고, 예수님은 그중에서 열두 사람을 친히 택하여 부르시고, 제자로 삼으셨으며, 그들을 훈련시키셨습니다. 그들은 지극히 평범한 사람들이었습니다. 그러나 그들을 택하여 부르신 목적과 계획이 있으셨습니다.

---

635) 치유선교론, 이명수, 박행렬 옮김, 나.임, 1993. 53쪽.

636) 그 대표적인 사례로 박태선교(전도관)을 들 수 있습니다. 그는 장로로 치유은사를 받아 많은 사람들의 병을 고치자 그를 따르던 무리들을 이끌고 신앙촌을 만들어 자신의 개인적 이익과 욕심을 채우는데 이용하였고, 자신을 우상화 함으로써 불행하게 되었습니다.

637) 그 동안에 **무리 수만 명이 모여** 서로 밟힐 만큼 되었더니…(누가 12:1).

'또 산에 오르사 **자기가 원하는 자들을 부르시니 나아온지라 이에 열둘을 세우셨으니 이는 자기와 함께 있게 하시고 또 보내사 전도도 하며 귀신을 내 쫓는 권능도 가지게 하려 하심이러라**'(마가 3:13-15).

② 우리들 각자의 삶 자체가 하나님의 창조 목적이 있으시지만[638] 특별히 하나님께서 우리를 불러서 쓰실 때에는 부르신 목적이 각 사람에게 있으시며, 그 목적은 우리가 주님을 주와 구주로 영접하게 하여 구원해 주시고 또 필요한 일(사역)까지 맡기시려는 것입니다. 또한 불러서 쓰실 때에는 주어진 일을 감당할 수 있는 은사와 능력도 주셔서 맡기십니다.

3. 제자와 제자도

1) 제자란 어떤 뜻인가요?

제자(마테테스)란 어원상 '어느 한 곳에 자신의 마음을 쏟는 자'를 말합니다. 신약성경에는 이 단어는 250여 회 언급되었는데 주로 4복음서와 사도행전에서 사용되었습니다.

2) 제자와 일반 신자와는 어떻게 다른가요?

제자란 넓게는 일반 성도(사도행전 6:1-2)를 가리키며, 좁은 뜻으로는 예수님이 직접 선택한 12명의 제자(마태 10:1)를 가리킵니다. 성경에서 제자라고 불렸던 사람으로는 예수님이 직접 선택하신 12명(마가 6:12) 외에도 아리마대 요셉(마태 27:57), 고침 받은 소경(요한 9:26-28), 칠십 명의 전도자(누가 10:1), 예수님을 따랐던 사람들(마태 8:21), 그리스도인이라고 일컬음을 받은 자(사도행전 11:26), 세례를 받은 자(사도행전 2:41) 등이 있습니다. 그러므로 **특별히 12사도들만을 제자라는 개념으로 좁혀 이해하는 것은 옳지 않다**고 할 것입니다. 예수님은 선택하신 제자들에게 몇 가지 임무를 맡기셨으며 여러 가지 권능을 주셨습니다(마가 3:13-15).

3) 오늘날도 제자가 있나요?

① 오늘날도 주일날 교회에 와서 예배만을 드리고 가는 사람을 교인이라고 하며, 그리스도를 주로 시인하고 자신의 삶을 말씀에 의지하여 살려고 하는 사람을 신자, 예수 그리스도를 위해 목숨까지도 내어 놓는 믿음으로 예수 그리스도의 참된 전사를 제자라고 구분하여 말하는 사람도 있습니다. 하지만 이러한 구분은 매우 편의적인 것으로 자칫 우리들의 믿음과 신앙을 왜곡할 가능성이 있습니다.

---

638) Rick Warren, The Purpose Driven Life, CIP, 2002, 20-21, 31-34p.

② 제자는 하나님 나라에 들어가기 위해서 세상 가치로부터 구분되어 돌아선 사람들이며, 자신이 받은 은혜를 기억하고, 하나님의 잃어버린 사람들의 구원(영혼구원)을 위해 애씁니다. 그리고 성실한 청지기의 삶을 살아가면서 주님이 오심을 기다립니다. 그러므로 **모든 그리스도인들**은 그리스도의 참된 제자가 되기 위한 길에 들어서서 하나님이 부르시는 날까지 자기 십자가를 지고 그 길을 묵묵히 걸어가고 있는 **순례자이며 구도자 즉 제자**라고 할 것입니다.[639)]

✽ 제자와 사도는 다른 것인가요?

1. 제자는 예수 그리스도를 자신의 삶의 주인으로 영접한 모든 사람을 말합니다. 하지만, 사도는 **'보내심을 받은 자'**라는 뜻으로 예수님이 특별히 자신의 죽음 후에 행하여야 할 소명과 사역을 맡길 12사람을 선택하여 3년간 교육과 훈련을 통하여 **특별한 사역을 맡기신 사람들**을 말합니다.

2. 즉 사도가 되는데 특별한 자격으로는 예수님에 의해 개인적으로 사도로 임명받는 것, 역사적 예수를 목격한 경험(특히 부활의 증인), 예수님으로부터 그분의 이름으로 말하도록 권위를 부여받고 명령받는 것, 그들의 가르침에 영감을 불어넣기 위해 예수님의 영에게서 능력(성령)을 받는 것 등입니다.[640)] 그러므로 사도는 12사도[641)] 외에는 없다는 것이 일반적인 견해입니다. 즉 사도는 특별한 명칭의 전통이 되었습니다.

4) 당신은 제자입니까? 제자도에 관하여

① 예수 그리스도의 제자들은 그 나라(하나님의 나라)의 부르심을 받은 백성으로써 새로운 존재가 되었으며 그 존재에 걸맞은 새로운 삶을 살아가는 사람입니다. 이것은 거듭난 내면으로부터 자연스럽게 나오는 삶이지만 제자들이 결단하고 노력하여야 할 부분이기도 합니다. 그렇게 할 때 거룩한 삶의 열매를 드러내게 됩니다.[642)] 즉, 예수 그리스도와 한 몸을 이루는 지체로서 성숙한 모습으로 서로 돕고, 사랑하고, 나누고, 돌보는 사람들로 세상 각 처로 퍼져 나가 **세상의 소금과 빛이 되는 사람**을 말합니다.[643)]

② 그렇다면 제자란 어떤 특징을 지닌 사람인가요?[644)]

639) 다만, 단순히 구도자라고 하면 마치 자기중심적인 삶을 사는 사람으로 오해할 수 있으나, 참된 구도자란 더 나아가 타인 중심적인 제자도의 삶을 살아가는 사람이라고 할 것입니다.

640) 존 스토트, 정옥배 옮김, 사도행전, IVP, 2019, 46쪽.

641) 신성종, 앞의 책, 106쪽에서 왜 12사도인가?에 관하여 이스라엘 12지파와 대조를 이루며, 삼위일체를 뜻하는 3과 땅을 뜻하는 4를 곱한 것으로 유대인에게는 선택을 의미한다고 해석합니다.

642) 생명의 삶+PLUS:누가복음 , 두란노, 2012. 8, 6-10쪽.

643) 후안 카를로스 오르티즈, 김성웅 옮김, '제자입니까, 두란노, 2006, 183-186쪽.

644) 생명의 삶+PLUS:누가복음 , 두란노, 위의 책, 6-10쪽 참조.

첫째, 제자는 은혜의 부르심을 입은 사람들입니다.
제자는 하나님 나라의 왕이신 예수님이 부르신 백성으로써 그분의 주권적인 은혜로 부르심을 받은 사람들입니다(누가 6:12-16).

둘째, 제자는 예수님을 믿고 따르는 대가를 지불해야만 합니다.
제자는 예수님을 그리스도로 믿을 뿐 아니라 진리의 복음을 선포하여 거짓을 드러냄으로써 십자가의 길을 따라갈 때, 복음을 거부하는 세상으로부터 치루어야 할 희생과 고난까지도 받아들이기로 결단한 사람들입니다(누가 9:20-26).

'누구든지 자기 십자가를 지고 나를 따르지 않는 자도 능히 내 제자가 되지 못하리라 (누가 14:27).

'이와 같이 너희 중의 누구든지 자기의 모든 소유를 버리지 아니하면 능히 내 제자가 되지 못하리라'(누가 14:33).

셋째, 제자는 하나님 나라의 전파자입니다.
제자는 하나님 나라의 도래를 선포하고 복음의 능력을 드러내는 사람들입니다. 나아가 예수 그리스도의 성품인 공의와 사랑을 온전히 행하고 서로 용서할 뿐만 아니라 원수마저 사랑하는 초월적인 모습을 지니게 됩니다(누가 6:20-49). 특히 공동체 안에서 인간관계에서 겸손과 다른 사람에 대한 배려와 용서의 덕을 예수님의 뒤를 따르는 제자들이 취해야 할 생활 태도라고 말하고 있습니다(마태 18장).

'또 이르시되 너희는 온 천하에 다니며 만민에게 복음을 전파하라'(마가 16:15).

넷째, 제자는 청지기의 삶을 살아가는 사람들입니다.
제자는 하나님이 주신 재물로 구제할 뿐만 아니라, 보상을 바라지 않고 남을 섬기기 위해 사용함으로써 보물을 하늘에 쌓는 삶을 살아갑니다(누가 12:33-34, 42-44; 14:12-14). 또한 미래의 영생을 준비하는 지혜를 가지고 재물을 충성스럽게 사용하는 사람들입니다.

다섯째, 제자는 종말적인 삶을 살아가는 사람들입니다.
제자는 주님이 오심을 준비하고, 주어진 책임에 대해 긴장하고, 하나님이 맡겨주신 자들과 사역에 충성을 다하는 사람들입니다(누가 12:35-48, 54-59; 17:22-37).

4. 예수 그리스도가 부르신 12제자들

1) 12제자들은 다양한 배경과 직업 그리고 각자의 품성에 특성이 있었습니다.

제자들의 면면을 살펴볼 때 성격과 직업이 서로 달라서 인간적으로는 조화될 수 없는 것처럼 보였지만, 예수 그리스도 앞에서는 무릎을 꿇고 조화를 이룬 것은 오늘날 주님의 몸 되신 교회의 성격을 말해 줍니다.[645]

예언 : **'이리와 어린 양이 함께 거하며 표범이 어린 염소와 함께 눕는다'**(이사야 11:6).

성취 : '이때에 예수께서 기도하시러 산으로 가사 밤이 새도록 하나님께 기도하시고 밝으매 **그 제자들을 부르사 그 중에서 열둘을 택하여 사도라 칭하셨으니'** (누가 6:12-13).

'말씀하시되 나를 따라 오라 내가 너희를 사람을 낚는 어부가 되게 하리라 하시니' (마태 4:18).

2) 예수님이 12제자들을 부르신 시간, 순서가 다릅니다.

① 예수님께서 어느 날 12사람을 무작위적으로 한꺼번에 제자로 부르신 것이 아니라, 일정한 시간적 간격을 두고 부르신 것입니다. 즉, 처음에 부른 사람은 갈릴리에서 유대지역으로 이동 중 만난 다섯 사람 안드레, 베드로, 요한, 빌립, 나다나엘(바돌로매)입니다. 모두 갈릴리 사람인데 세례 요한의 집회장소인 유다 지역 요단 강 하류 베뢰아 지역에서 만났습니다. 이들은 3-4일 길 이후 갈릴리 집으로 가는 길에 동행하게 됩니다. 목적지는 가나 혼인잔치 집입니다. 어머니 마리아와 만나기로 약속한 것으로 추측됩니다. 이때는 12제자가 아니라 5사람입니다. [646]

② 이후 마태는 가버나움에서(마태 9:9), 요한의 형 야고보는 갈릴리 바닷가에서(마가 1:19),도마도 어부 출신으로 갈릴리 바다로 추측(요한 21:2)됩니다. 그러나 알패오의 아들 야고보, 열심당원이었던 시몬, 그리고 예수님을 판 가룟 유다에 대해서는 그 선택의 시기와 장소가 정확하게 기록되어 있지 않습니다.

③ 그런데 이러한 부르심에 대한 기록이 공관복음과 요한복음에서는 다르게 기록되어 있어 혼란스러울 수 있습니다.[647] 하지만 공관복음에서의 부르심은 **제자로서의 부르심**이라면, 요한복음에서의 부르심은 **구원으로 인도하는 부르심**으로 부르심의 단계가 다르다고 이해할 수 있습니다. 첫 번째의 부르심이 자기 생업에 종사하면서 주님을 마음 속으로 영

645) 신성종, 신약역사, 106쪽.
646) 이애실, 앞의 책,
647) 마태복음 16:17, 요한복음 1:42; 21:15의 기록상 차이입니다.

접하는 단계였다면, 두 번째의 부르심은 모든 것을 버리고 완전히 예수님을 따라 전 생애를 바치고 헌신하는 사도(전임 사역자)로 부르심이라는 것을 알 수 있습니다.[648]

3) 예수님의 12제자들의 출신지가 가룟 유다를 제외하고는 모두 갈릴리 출신이었습니다.

예수님이 부르신 갈릴리 출신 제자들 중에는 갈릴리의 지역적 특성상 어부가 가장 많으며, 세리 출신인 마태도 있었습니다.

4) 예수님의 제자들과 관계

(1) 소중하게 여기시고 친밀함을 가지셨습니다.

예수님과 12명의 제자들은 팀을 이루어 3년여 기간 동안 함께 하여 오면서 무엇보다 예수님께서 친히 말씀하신 새 계명 **'서로 사랑하라, 내가 너희를 사랑한 것 같이 너희도 서로 사랑하라 이로써 모든 사람들이 너희가 내 제자인 줄 알리라'**(요한 13:34-35)의 말씀처럼 몸소 제자들에게 사랑과 소중함의 모범을 보이시므로 친밀한 관계를 갖게 되었습니다.[649]

(2) 사역의 소명을 주셨습니다.

예수님이 어느 날 산에 오르시어 자기가 원하는 자들을 부르시니 나아온지라 이에 열둘을 세우셨으니 이는 자기와 함께 있게 하시기도 하시고, 또 각 지역으로 보내시어 전도도 하며 귀신을 내쫒는 권능도 가지게 하시려는 것이었습니다(마가 3:13-15). 또한 예수님께서는 부활 후에도 제자들에게 나타나 **땅 끝까지 복음을 전하는 사명**을 주십니다(마태 28:19-20, 사도행전 1:8).

> **'오직 성령이 임하시면 너희가 권능을 받고 예루살렘과 온 유대와 사마리아와 땅 끝까지 이르러 내 증인이 되리라'**(사도행전 1:8).

(3) 여러 가지 능력을 주셨습니다.

예수께서 열두 제자를 불러 모으사 모든 귀신을 제어하며 병을 고치는 능력과 권위를 주시고, 하나님의 나라를 전파하며 앓는 자를 고치게 하려고 내보내셨습니다(누가 9:1-2). 또한 부활 후에도 제자들에게 **사역을 감당할 수 있는 능력을 주십니다**(사도행전 1:5; 2:2-4).

---

648) 존 폴락, 윤종석 옮김, 하룻밤에 읽는 예수의 생애, 좋은씨앗, 2006, 25쪽 및 56쪽 참조.
649) 고든&게일 맥도날드, 윤종석 옮김, 마음과 마음이 이어질 때, 한국기독학생회출판부(IVP), 2003,32-33쪽. 참고. 예수님은 제자들의 발을 씻기시면서 몸소 섬기는 모범을 보여 주셨습니다(요한복음 13:1-11).

'예수께서 그의 열두 제자를 부르사 더러운 귀신을 쫓아내며 모든 병과 모든 약한 것을 고치는 권능을 주시니라'(마태 10:1).

'열두 제자를 부르사 둘씩 둘씩 보내시며 더러운 귀신을 제어하는 권능을 주시고'(마가 6:7).

'제자들이 나가서 회개하라 전파하고 많은 귀신을 쫓아내며 많은 병자에게 기름을 발라 고치더라'(마가 6:12-13).

'제자들이 나가 각 마을에 두루 다니며 곳곳에 복음을 전하며 병을 고치더라'(누가 9:6).

5) 사도들의 실제 모습과 변화

예수님을 따랐던 당시의 사도들의 실제 모습을 성경에서 자세히 살펴보면 한편으로는 영적 거인처럼 보이지만, 한편으로는 매우 나약한 모습을 드러내고 있음을 알 수 있습니다.

① 영적 거인의 모습

'제자들이 나가서 회개하라 전파하고 많은 귀신을 좇아내며 많은 병자에게 기름을 발라 고치더라'(마가 6:12-13).

② 나약한 인간의 모습

제자들은 그 마음이 둔하여졌고(마가 6:52), 깨달음도 없었으며(마가 7:18), 그들의 기억력도 짧았습니다(마가 8:2-5). 겟세마네 동산에서의 큰 위기를 앞두고는 기도에 전념하는 대신 육체의 피곤에 못이겨 잠들어 버리기도 하였습니다(마가 14:37-42).

'아직도 알지 못하며 깨닫지 못하느냐 너희 마음이 둔하냐 너희가 눈이 있어도 보지 못하며 귀가 있어도 듣지 못하느냐 또 기억하지 못하느냐'(마가 8:17-18).

그리고 기도에 대하여(마가 9:28-29; 11:21-25), 겸손에 대하여(마가 10:13-16), 자기희생에 대하여(마가 10:26-31), 그리고 지위에 대하여(마가 9:38-39; 10:35-45) 예수님의 충고와 가르침을 받기도 하였습니다.

또 자신의 생명 위험에는 배신까지도 하는 확신 없고, 용기 없는 사람이기도 하였습니다.

③ 예수님과의 관계에서의 이중적 모습

사도들은 예수님의 부르심에 생업을 버리고 따르는 용기를 보여 주었고(마가 10:28), 예수님의 기적에는 놀라움을 그칠 줄 몰랐으며, 그분을 그리스도로 인식하였으며(마가 8:29), 그분을 위해 목숨을 버릴 준비가 되어 있었습니다(마가 14:31). 하지만 종종 두려움에 떨었고(마가 10:32), 의심을 하였으며, 돈에 욕심을 내어 배신하였고, 십자가를 지시는 예수님을 보면서 이스라엘의 정치적 독립을 위한 메시야로서 희망이 사라지자 마침내 완전히 예수님을 버리고 도망가 버렸습니다.

④ **생명을 바쳐 복음 전도에 헌신한 순교자로 변화하였습니다.**

사도들은 예수 그리스도의 부활 후에 만남과 오순절 성령세례 이후 복음 전도에 생명을 바쳐 헌신하였고, 대부분 순교로써 생을 마감하는 삶으로 변화하였습니다.

5. 12제자들의 사역과 생애

1) 베드로에 관한 이야기

(1) 고기 잡는 어부였습니다.

베드로는[650] 갈릴리 바다에서 고기를 잡아 생활하는 어부였습니다. 그의 아버지는 요나(요한)이었고, 동생은 안드레였으며, 그를 전도한 사람은 형제인 안드레였습니다(요한 1:40-42).

✾ 베드로의 집과 가족관계

1. 고고학적 탐구에 의해서 베드로의 집이 갈릴리 가버나움에서 발견되었습니다. 그 집에서 예수님은 베드로(시몬)의 장모의 질병을 고치셨으며 그 집 문전에서 많은 병자들을 고치셨고(마가 1:33), 그 집에서 쉬시기도 하셨는데(마가 1:35), 그 다음날 사람들이 많이 나와 그 집 마당에는 설 자리가 없을 정도였습니다(마가 2:2). 예수님은 갈릴리 호수 주변에 여행을 한 후에도 그 집으로 돌아오셨고, 열두 제자를 택하신 후에도 베드로의 집으로 돌아오셨습니다(마가 3:19). 거기서 제자들을 조용히 가르치셨으며(마가 7:17), 어머니가 예수님의 동생들을 데리고 그 집으로 찾아오시기도 하였습니다(마가 3:31). 베드로의 집에서 어린아이들을 가운데 세우시고 제자들에게 겸손의 덕을 가르치셨습니다(마가 9:33-37). 또한 여기서 중풍병자를 고치시기도 하셨습니다(마가 2:1-12).

2. 베드로는 갈릴리 바다의 북쪽의 벳새다 마을 출신으로 예수님의 갈릴리 사역 시에는 가버나움으로 와서 살고 있었습니다(누가 4:31,38). 그의 아버지는 요나('바 요나 시몬아'라는 말은 요나의 아들이라는 뜻임)이었으며, 결혼하여 아내가 있었고, 나중에 그의 아내는 그의 사역의 동반자 역할을 하기도 하였습니다(고린도전서 9:5).

650) 베드로의 이름에 대해 성경에는 세 가지가 나옵니다. 하나는 태어날 때의 본명인 시몬이고, 다른 하나는 예수님이 주신 새 이름인 베드로이며, 그 외 아람어로 된 게바입니다.

(2) 예수님의 수제자였습니다.

① 베드로는 예수님에 의해 그의 제자로 부름을 받았으며(마태 44:18-20), 그의 이름은 열두 사도나 제자들을 언급할 때 가장 먼저 언급되었으며(마태 10:2, 마가 3:16, 누가 6:14). 예수님께서 제자들 중 몇 명만 계실 때에도 늘 선택되었습니다(마태 17:1, 누가 8:51).

'장차 반석'이라 하리라[651)]

② 예수님은 베드로가 **'주는 그리스도시요 살아계신 하나님의 아들이라'**고 한 신앙고백을 들으시고 그에게 천국열쇠를 주시면서(마태 16:9), 베드로를 통해 최초로 교회를 언급하셨습니다(마태 16:18).

✽ 베드로가 받은 천국의 열쇠

1. 예수님이 어느 날 제자들에게 자신을 누구라고 생각하는가?고 물었을 때, 베드로가 대답하기를 '주는 그리스도시요 하나님의 아들이니이다'라고 하자, 예수님께서는 베드로를 칭찬하시고 이를 알게 한 것은 하나님이시라고 하시면서 베드로를 복이 있다고 하셨습니다. 그리고 베드로의 반석 같은 믿음 위에 교회를 세우고 천국의 열쇠를 주시겠다고 하셨습니다.

2. 천주교에서는 베드로에게 주신 것이 교황의 계통으로 계승되는 것으로 이해합니다. 당시 왕궁에서는 왕의 가장 중책을 맡은 신하가 권위의 표시로 열쇠를 간수한다는 것을 비유로 말씀하시면서 베드로는 하나님의 지시를 받들어 복음을 선포할 것이고, 그러면 어떤 사람들의 죄는 풀리고 어떤 사람들은 그대로 묶여 있을 것이라는 뜻을 품고 있는 말씀이었습니다.[652)] 열쇠는 권위, 권능, 특혜 등을 뜻하는 말로 사용하고 있으며,

3. 개신교에서는 교회가 그러한 권위를 가지게 되며,[653)] 또한 성도들이 사람들에게 복음 전파를 통해서 회개하고 주님을 영접할 때 그들의 죄가 용서받은 것을 선포할 수 있게 하신 권위를 말합니다(누가복음 13:12). **'너희가 뉘 죄든지 사하면 사하여질 것이요 뉘 죄든지 그대로 두면 그대로 있으리라'**(요한 20:23), 그러므로 믿고 전도하는 모든 성도에게 주신 것입니다(사도행전 15:7).

4. 즉, 성도들에게 사탄의 사슬에 묶인 사람들을 풀어줄 수 있는 권위가 있고, 성도들은 죄의 사슬에서 묶여 있는 사람들을 말씀으로 풀어주는 권세를 부여받은 것입니다. **'여자여 네가 네 병에서 놓였다(풀렸다)'**(누가 13:27).[654)]

651) 반석(바위)은 아람어로 게바, 헬라어로는 베드로입니다.
652) 존 폭락, 앞의 책, 118쪽.
653) 교회가 가지고 있는 권위 즉 훈련 및 법 제도를 관리를 하는 권위를 말합니다.
654) 신성종 영적전쟁 117, 천국의 열쇠, 국민일보 연재 참조.

[정리] 멜기세덱과 예수 그리스도[655](히브리서)

멜기세덱	예수 그리스도
육신의 세계에서 항상 대제사장	영원한 대제사장
연약하여 죄를 짓는 사람 5:3; 7:27	인간과 같으나 죄가 없으신 분 4:15; 9:14
짐승의 (반복적인) 피로 속죄하게 됨 7:27 ; 9:14	예수 그리스도 자신을 드려 단번에 속죄하게 됨 7:27; 9:14
지상 성전에서 섬김 8:1; 9:24	그리스도는 천상의 지성소에서 섬김 8:1-2
옛 언약(=율법) 7:18	새 언약(=복음) 7:22

(3) 베드로는 약한 인간의 모습을 하고 있었습니다.

① **먼저 행동하고 나중에 생각하는 사람으로 평가 받습니다.**

베드로는 겸손하기보다는 자기주장이 강한 편이었고 충동적인 사람이었습니다. 그는 먼저 행동하고 나중에 생각하는 사람으로 평가 받습니다. 성격이 급하고 신중하게 생각하고 판단하는 능력이 부족했습니다. 하지만 제자들의 대변자로 언제나 앞에 나섰습니다. 먼저 행동하고 나중에 생각하는 사람이라고 느껴집니다. 예수께서 그를 부르시자 즉시 그물을 던지고 따랐습니다. 물 위로 걸어오시는 예수님을 보고 참지 못하고 배에서 내려 주님께 걸어갔습니다. 예수님이 부활하신 후에도 배가 언덕에 닿기를 기다리지 않고 먼저 뛰어내린 사람이었으며, 주님의 십자가가 다가오는 긴박한 순간에 예수님께서 기도해 달라는 부탁을 받고도 겟세마네 동산의 기도에 동참하지 않고 잠에 떨어졌던 나약한 육신의 사람이었습니다.

② **주님을 부인하고 버리고 달아났으나 회개하고 돌아섰습니다.**

주께서 잡히시기 전 날 어떤 일이 있어도 주님을 버리지 않겠다고 맹세했지만 주께서 잡히자 다른 제자들과 함께 도망했습니다. 예수님을 세 번이나 부인하기도 하였습니다. 하지만 또한 예수님의 얼굴을 보고 닭이 울자 문 밖으로 나가 가슴을 치며 통곡한 사람이기도 합니다(마태 26:69-75, 마가 14:66-72, 누가 22:56-62, 요한 18:15-18,25-27). 이처럼 베드로는 나약한 인간의 모습을 하고 있는 사람이었습니다.

③ **부활 후에도 옛 고향으로 돌아간 베드로였습니다.**

그는 부활 후 예수님을 만났으나, 옛날의 고향 고기잡이하던 생업으로 앞장서서 돌아

655) 예수 그리스도가 대제사장임을 강조하면서 구약의 멜기세덱의 반차(=계통)을 따른다고 합니다 (히브리서 5:10; 6:20 ; 7:1).

가기도 하였습니다. 그럼에도 불구하고 주님께서는 친히 그를 찾아오셔서 '나를 사랑하느냐?'라고 물으시고 그에게 해야 할 사명을 주시는 은혜를 베풀어 주셨습니다(요한 1:3, 15-19).

④ **오순절 이후에는 변화되어 예수 그리스도에 대한 충성의 화신이 되었습니다.**

(4) 예루살렘 교회의 기둥과 같은 사람이었습니다.

베드로는 약한 면이 있었지만 무엇보다 죄에 대해 민감하였고, 즉시 회개함으로 하나님께 용서를 구하였습니다. 그는 많은 과오를 범하였음에도 불구하고 언제나 용기와 고결함과 성실함을 잃지 않았으며, 예수님의 부활 승천 이후에 예루살렘 교회에 중요한 위치를 차지한 지도자였으며,[656] 초기 기독교회가 유대의 국경을 넘어 이방으로 복음을 전파하는데 앞장섰던 사람이었습니다.[657] 그는 예루살렘 공의회에서 이방인들도 기독교 운동에 포함시킬 것을 주장한 사람이었습니다. 초기 교회시절에 아나니아와 삽비라가 죄를 범했을 때 징계하였고, 성령의 은사를 돈으로 사려는 요술쟁이 시몬도 그가 꾸짖었습니다.

(5) 예수님의 이름으로 기적을 행하였습니다. 사람을 죽이기도 하였습니다.

① 베드로는 미문 앞에 있는 앉은뱅이를 예수의 이름으로 고쳤습니다(사도행전 3:1). 또한 욥바에서 죽은 다비다를 살리는 기적을 행하기도 하였습니다(사도행전 9:40).

② 성령을 속인 아나니아와 삽비라 부부를 죽이기까지도 하였습니다(사도행전 5:1-11).

(6) 열방으로 복음이 전파되는데 결정적인 역할을 하였습니다.

① 베드로는 오순절 성령체험 이후 열방을 향하여 복음이 전파되는데 결정적인 역할을 하였습니다. 그는 몸소 이스라엘(예루살렘) 외의 지역인 룻다와 사론과 욥바와 가이사랴에 선교활동을 앞장서서 수행하였습니다.

② 사도행전에서는 예루살렘에서 처음으로 교회의 총회가 열렸을 때 베드로가 나와서 결의의 방향을 제시한 것을 마지막으로 그와 관련된 이야기가 더 이상 없으나, 그후 안디옥을 방문하여 거기서 바울을 만났고(갈라디아서 2:11-12), 그의 아내와 함께 전도 여행을 한 것으로 기록되어 있습니다(고린도전서 9:5).

> '**욥바에 다비다라 하는 여제자가 있으니… 그때에 병들어 죽으니… 베드로가** 사람을 다 내보내고 무릎을 꿇고 기도하고 돌이켜 **시체를 향하여 이르되 다비다야 일어나라 하니 그가 눈을 떠** 베드로를 보고 일어나 앉는지라'(사도행전 9:36-40).

---

656) 베드로는 유다 대신 열두 번째 제자를 선택할 것을 제의하였고, 오순절에 모인 군중들에게 대표로서 설교를 하였습니다.

657) 베드로는 룻다, 욥바, 가이사랴에서 선교하였습니다. 이방인 고넬료에게 세례를 주었습니다.

(7) 두 권의 신약성경 말씀을 기록하였습니다.

① 베드로는 베드로전서와 베드로후서 두 권의 신약성경 말씀을 기록하였습니다. 그 서신들은 그가 소아시아 지방(지금의 터키 북부 지역)에 흩어져 있던 성도들에게 보낸 것으로, 그가 로마에 있을 때 써 보낸 것이라고 합니다. 그중 베드로전서는 그 곳 성도들이 그리스도를 위해 고난 받는 것을 생각하고 그들을 위로하고 격려하기 위한 내용의 서신이고, 베드로후서는 교회 내부로부터 오는 위험을 주의하라는 경고의 서신이었습니다.

② 특히 베드로의 동료이며 제자였던 마가가 기록한 마가복음은 베드로로부터 전해들은 내용을 정리한 것이라고 봅니다.

(8) 예수님을 진실로 사랑하는 사람으로 예수님을 위해 순교하였습니다.

베드로는 많은 복음 전파활동을 한 후에 체포되어 네로에게 십자가에 못 박혀 순교하였는데, 그는 예수님을 따르기가 부족하여 거꾸로 매달리기를 원하였다고 합니다. 예수님은 베드로의 순교를 미리 예언하시기도 하였습니다.

'젊어서는 네가 스스로 띠 띠고 원하는 곳으로 다녔거니와 늙어서는 네 팔을 벌리리니 남이 네게 띠 띠우고 원치 아니하는 곳으로 데려가리라'(요한복음 21:18).

✻ 주여 어디로 가시나이까?-쿠오바디스 도미네

베드로가 언제 로마로 갔는지에 대해서는 정확하게 알려지지 않았으나, 그의 마지막 사역지가 로마라는 것은 확실하다고 합니다. 로마에서의 그의 최후의 순교에 대해서도 정확한 기록은 없으나, 전해져오는 이야기로는 네로 황제의 박해를 피해 로마를 빠져 나오는 길에 로마로 들어가시는 주님을 만나게 됩니다. 그때 베드로가 주님께 '주여 어디로 가십니까?'라고 물으시자, 주님께서는 슬픈 표정을 지으시며 '네가 내 양을 버리고 떠나가니 나는 다시 한 번 십자가에 못 박히려고 로마로 들어 간다'는 말씀을 듣고 땅에 엎드리어 하염없이 눈물을 흘리다가 일어나서 다시 로마로 들어가 체포되어 지금의 성 베드로 광장에서 순교했다고 합니다. 그가 순교하기 전에 그가 보는 앞에서 그의 아내가 본보기로 먼저 십자가형에 처해졌는데, 그는 십자가에 달리는 아내를 보고 '주님을 기억하셔요'라고 격려의 말을 했다고 합니다. 자기 차례가 되자 집행관들에게 자신은 주님을 세 번이나 부인한 죄인이므로 주님과 같은 모양으로 죽을 자격이 없는 사람이라며 십자가에 거꾸로 매달리게 해 달라고 부탁하여 결국 거꾸로 십자가에 달려 순교했다고 합니다. [658]

658) 이용원, 앞의 책, 110-111쪽.

[정리] 베드로의 일생

연도 및 활동 시기	활동 내용	성경구절
제1기	*갈릴리 바다에서 고기를 잡는 어부 생활	마태복음 4장 18절
	*동생 안드레에 의해 예수님을 만남	요한복음 1장 42절
제2기	*예수님에 의해 제자로 택함을 받음	누가복음 6장 14절
	*3년간 예수님과 함께 하면서 훈련받음	누가복음 9장
	*예수님을 그리스도이며 하나님의 아들이라고 고백함	마태복음 16장 16절
	*예수님을 3번 부인함	마태복음 26장 75절
제3기	*예수님의 부활 이후 전도의 소명을 받음	요한복음 21장 17절
	*예루살렘 교회의 지도자로 활동함	사도행전 2장 14절~
	*예루살렘과 이방지역에 전도와 선교활동	사도행전 9장 36절~
	*로마에서 최후를 맞음	

2) 야고보에 관한 이야기

(1) 제자로서의 삶

야고보는 예수님의 제자 중 특별히 아끼는 제자의 한 사람이었습니다. 그는 열두 제자 중 가장 먼저 순교한 사람이었습니다. 주께서 야이로의 딸을 살리실 때, 변화산에 가셨을 때, 겟세마네 동산에서 주님이 기도하실 때 야고보는 함께 있었습니다. 이런 일로 미루어 볼 때 그는 상당한 지도력을 지녔던 것으로 추측할 수 있습니다.

(2) 삶의 배경

그는 요한의 형으로 그의 아버지 세베대 밑에서 안드레와 베드로와 함께 동업을 하고 있었습니다. 그들은 여러 척의 배를 소유하고 있었으며 일꾼들을 고용하고 있었던 여유 있는 어부들이었습니다(마가 1:20). 야고보는 예수 그리스도와 육신적으로는 사촌 간으로 어려서부터 서로 알고 있었던 것으로 보입니다.

(3) 부르심

갈릴리 바닷가에서 어느 날 해변으로 모여든 사람들을 가르치시려고 베드로의 배를 타시고 말씀을 전하신 후, 베드로에게 그물을 내려 아주 깊은 데로 가서 그물을 내리라고 하셨습니다. 그물을 건져 올린 베드로는 기적을 보고 감동하고 겸손히 죄인임을 고백하자, 예수님은 베드로와 안드레 형제를 정식으로 제자로 부르셨습니다. 이어 그 곁에서 그물을 깁고 있는 세베대와 그의 아들들을 보시고 곧 야고보와 요한을 부르셨습니다.

> '거기서 더 가시다가 다른 **두 형제 곧 세베대의 아들 야고보와 그 형제 요한**이 그 부친 세베대와 한가지로 배에서 그물 깁는 것을 보시고 **부르시니 저희가 곧 배와 부친을 버려두고 예수를 좇으니라**'(마태 4:21-23).

(4) 성격과 기질

야고보는 성격이 열정적이고 다혈질어서 얻은 별명인 '우레의 아들'(마가 3:17)이란 말에서 짐작할 수 있습니다. 한 가지 예를 들자면 예수님의 사역의 말씀에, 제자들과 함께 예루살렘으로 가는 길에 사마리아 사람들의 마을을 지나가게 되었습니다. 그러나 그 마을 사람들은 예수님 일행이 자기 마을에 머무는 것을 허용하지 아니하였습니다. 그런 사람들을 본 야고보와 요한 형제는 **'주여 우리가 불을 명하여 하늘로부터 내려 저들을 멸하라 하기를 원하시나이까?'**라고 했습니다(누가 9:54).

✾ 영광의 보좌에 앉으려는 야망 있는 사람?

야고보와 요한의 어머니가 예수님께 와서는 예수님이 영광으로 오실 때 자기의 두 아들을 하나는 우편에, 하나는 좌편에 앉혀 주시기를 요청함으로써 다른 제자들로 하여금 화를 내게 했습니다. 이것은 아마 예수님께서 예루살렘으로 올라가시던 길에 하신 말씀 중에 '내가 진실로 너희에게 이르노니 세상이 새롭게 되어 인자가 자기 영광의 보좌에 앉을 때에 나를 따르는 너희도 열두 보좌에 앉아 이스라엘 열두 지파를 심판하리라'(마태 19:28)는 말씀을 근거로 잘못 이해한 때문에 두 아들을 돕자고 청탁하였던 것입니다.

물론 어머니가 청탁은 하였지만 실상은 야고보와 요한의 뜻이기도 하였을 것입니다. 그래서 예수님께서는 두 형제에게 물으시기를 **'너희는 너희가 구하는 것을 알지 못하는도다. 내가 마시려는 잔을 너희가 마실 수 있느냐?'**(마태 20:22)고 물으시자 그들은 그렇게 할 수 있다고 자신 있게 대답하였습니다. 이때 예수님께서는 '그렇다면 **너희가 과연 내 잔을 마시려니와 내 좌우편에 앉는 것은 내가 주는 것이 아니라 내 아버지께서 누구를 위하여 예비하셨든지 그들이 받을 것이니라**'고 대답하셨습니다(마태 20:23). 그런 후에 제자들에게 섬김의 도를 말씀하셨습니다. **'너희 중에는 누구든지 크고자 하는 자는 너희를 섬기는 자가 되고 너희 중에 누구든지 으뜸이 되고자 하는 자는 너희의 종이 되어야 하리라 인자가 온 것은 섬김을 받으려 함이 아니라 도리어 섬기려 하고 자기 목숨을 많은 사람들의 대속물로 주려 함이니라'**(마태 20:26-28). 이들은 예수님이 십자가에 달리신 후에야 그 진정한 뜻을 깨닫게 되었던 것입니다. 하지만 그(야고보) 자신은 한 번도 자기가 첫째가 되겠다고 나선 적은 없었던 것 같습니다.

(5) 순교

야고보는 헤롯 아그립바 1세가 죽기 직전인 44년경에 그에게 참수되었습니다. 그의 죽음에 대해서 사도행전은 '그때 헤롯 왕이 손을 들어 교회 중 몇 사람을 해하려 하여 요한의 형제 야고보를 칼로 죽이니(12:1,2)'라고 제자들 가운데 유일하게 생의 마감을 성경에서 확인할 수 있습니다.

✽ 야고보의 스페인 전도에 관한 이야기

예수님의 제자 야고보가 스페인에 전도하러 갔으며 스페인에서 그의 무덤과 시체가 발견되었다는 여러 기록들이 전하여지게 되었는데, 이는 야고보의 순교가 일찍 일어났다는 점을 고려할 때에 그 근거가 빈약한 것입니다. 이러한 전설이 형성된 배경이 있을 것으로 추측될 뿐입니다. 즉, 9세기 초 스페인에서 무어족(이슬람세력)을 몰아내기 위한 노력에 동기부여를 한 일 중의 하나로 봅니다. 하지만 우리는 다른 전설(전승)도 귀담아 들어볼 필요가 있을 것입니다.

✽ 산티아고데콤포스델라 - 야고보 성인의 묘지[659)]

산티아고데콤포스델라는 최근 우리나라 사람들도 많이 찾는 성지입니다. 이 곳 성당에는 산티아고 성인의 묘소가 있는데 '산티아고'는 예수님의 12제자 중 한 사람인 성인 야고보(Saint James)를 가리킵니다. 12세기부터 알려진 전승에 의하면 야고보 성인은 갈리시아 지방에서 전도 활동을 한 후 성지로 되돌아 갔다가 참수당하며 순교했습니다. 제자들이 시신을 수습하여 야파(Jaffa)로 가서 그 곳에서 신비한 돌 선박을 타게 되었는데, 이 배는 곧 이들을 갈리시아 지방으로 데려갔고, 제자들은 이 곳의 이교도 여왕 로바(LOBA, '암늑대'란 뜻)에게 매장지를 달라고 부탁했으며, 로바는 용을 부려 이들을 죽이려 했지만 십자가를 보자 용이 터져서 죽었고, 결국 현재의 성당 자리에 야고보의 시신을 묻었는데, 오랫동안 숨겨져 있던 야고보 성지는 9세기 펠라기우스라는 은자에게 발견되었습니다. 이 성지를 되찾을 때 별빛이 인도하였다고 하여 콤포스텔라(Compostella, '별빛이 인도한 땅'이란 의미의 Campus Stellae 변형)라는 이름이 붙었는데, 기독교도들이 이슬람 세력과 전투를 할 때면 야고보 성인이 기사의 모습으로 현현하여 도움을 주었다고 합니다. 스페인과 포르투칼 군은 야보고를 수호성인으로 삼았고, 적을 향해 돌진할 때 외치는 전투구호도 '산티아고(Santiago)가 되었고, 중세에 산티아고데콤포스텔라는 유럽 전역에서 신자들이 찾아오는 중요한 순례지가 되었습니다. 20세기에 산티아고 순례가 다시 부흥한 데에는 스페인 가톨릭 역사를 자신의 프로파겐다(선전)에 이용하고자 하는 프랑코 독재정부의 의도가 작용한 것이 사실이지만 오늘날 순례길(camino)은 그런 부정한 의도를 초월하여 평화와 성찰의 길이 되었습니다.

---

659) 조선일보, 2020.1.22. 인용.

[정리] 신약에 등장하는 세 사람의 야고보

신약에 등장하는 야고보	구체적 역할	성경구절
*예수님의 12사도 중 한 사람	*최초의 순교자 *세베대의 아들	마가 1:20
*예수님의 동생 야고보	*예루살렘 교회 지도자	사도행전 15:13-21
*예수님의 12사도 중 한 사람	***알패오의 아들**	요한복음 6:15

✾ 예수님의 동생 야고보

그는 예수님을 평소에는 메시야로 믿지 않았습니다. 그런데 예수님의 십자가형을 당할 때 그 아래 있었을 것으로 추정하고 있습니다. 왜냐하면 그 아래 예수님의 어머님 마리아 즉 야고보의 어머니이기도 한 그 어머니를 따라 거기에 있었다고 봐야 할 것입니다. 그후 예수님이 죽으시고 장사한 무덤도 보았을 것입니다. 그런데 예수님이 부활하신 후 야고보에게 단독적으로 나타나시었습니다(고린도전서 15장). 이후 그는 예수님을 메시야로 믿었습니다. 그리고 그후 예루살렘 교회의 중심적 사역을 담당하는 사람이 되었습니다(사도행전 15:13-21). 이러한 야고보의 활동과 지도력은 아마 많은 다른 사람들에게도 유익한 영향을 끼쳤던 것으로 생각됩니다. 나중에 그는 순교한 것으로 알려져 있습니다.

3) 요한에 관한 이야기

(1) 예수님의 3대 제자 중 한 사람

예수님은 12제자 중 특별히 **베드로와 요한 그리고 야고보**를 더 가까이 하시었습니다. 그것은 뒤돌아보면 그들을 편애하기 위한 것이라기보다는 장차 더 **귀중한 임무가 부여**되었기에 그러한 것이라고 할 것입니다. 요한은 예수님의 제자들 중 야이로의 딸을 살리실 때, 베드로 및 야고보와 함께 거기 있었으며(마가 5:37), 변화산에도 동행하였습니다(17장).

(2) 삶의 배경

갈릴리 어부인 세베대의 아들로서 그의 어머니는 예수님의 어머니인 마리아의 동생 살로메였습니다. 그러니까 예수님과 요한은 이종사촌간인 셈입니다. 그는 갈릴리에서 자랐으며, 안드레와 베드로 및 그의 형제인 야고보와 동업을 했습니다. 요한은 예루살렘에 집을 가지고 있었다고 합니다. 요한은 어려서부터 예수님을 알았습니다. 하지만 예수님은 나사렛 언덕에서 자랐고 사촌들은 호숫가 가버나움에서 자랐으므로 소년들은 어려서는 거의 만나지 못했다고 봅니다.[660]

660) 존 폴락, 윤종석 옮김, 하룻밤에 읽는 예수의 생애, 좋은 씨앗, 2006, 19쪽.

(3) 부르심

요한은 예수님의 첫 번째 갈릴리 가나 혼인잔치 여행에 동행했고, 후에 갈릴리 바닷가에서 고기 잡을 때 예수님의 부르심을 따라 그의 형 야고보와 동료들과 함께 생업인 어업을 버리고 그리스도의 제자가 되었습니다.

(4) 성격과 기질

사마리아 동네의 푸대접에 격분해서 하늘에서 불을 내려 그들을 멸하자고 말할 정도로 그의 형제 야고보와 함께 우레의 아들이라는 별명을 얻었습니다(마가 3:17). 어떤 때는 자기 그룹에 속하지 않은 자가 주의 이름으로 귀신을 쫓아 낸다하여 금하기도 한(마가 9:38) 편협한 열성분자이기도 하였습니다. 그의 어머니가 야고보와 요한에게 하나님 나라의 요직을 요청함으로써 요한의 야심을 보여 주기도 합니다(마가 10:35).

(5) 예수님과 함께 한 시절

예수님의 첫 번째 갈릴리 여행에 동참하였고 갈릴리 가나 혼인잔치에도 함께 갔고(요한 2:1-11), 초기 유대 전도 길에도 예루살렘에 동행하기도 했습니다. 예수님의 십자가 앞에서서 마리아의 봉양을 부탁받았습니다(요한 19:26). 베드로와 함께 주님의 시체를 무덤에 갔다 놓을때 함께 있었으며, 베드로보다 먼저 무덤에 달려가 빈 무덤을 발견하여 수의만 있는 빈 무덤을 보고 예수님의 부활을 믿었습니다(요한 20:8).

(6) 사역활동과 고난

① 오순절 이후 베드로와 함께 성전에 기도하러 가다가 나면서부터 걷지 못하는 앉은뱅이를 고치는 자리에도 같이 있었으며, 공회 앞에 잡혀갈 때도 베드로와 함께 잡혀가서 담대하게 **'하나님 앞에서 너희의 말을 듣는 것이 하나님의 말씀을 듣는 것보다 옳은가 판단하라 우리는 보고 들은 것을 말하지 않을 수 없다'**(사도행전 4:19-20)고 증언하였습니다. 그 뒤에 빌립이 사마리아 전도한 것을 듣고 베드로와 함께 예루살렘 교회의 파송을 받고 사마리아로 가서 복음 사역을 하기도 하였습니다. 그는 예루살렘 멸망 직전 소아시아의 에베소로 이주하여 그 곳에서 목회한 것을 알 수 있습니다.

② 에베소에 사는 동안 로마제국의 도미티안 황제의 박해시기에 터키 바다 앞에 있는 죄인 수용소인 밧모 섬에 귀양 가서 동굴에서 살았다고 합니다. 그는 에베소에 머무는 동안 요한복음을 썼다고 전해지고 있습니다.

❀ 밧모 섬 이야기

밧모 섬은 사도 요한이 귀향을 가서 살았던 도시로 에게 해에 널려 있는 약 3000여 섬 가운데 하나입니다. 터키의 서해안 쿠사다시 항에서 동쪽으로 약 60Km 지점이고, 그리스의 아테네에서는 동쪽으로 약 250Km 떨어진 곳으로 위치로는 터키에 더 가까우나 에게 해의 다른 섬들과 마찬가지로 그리스 소속입니다. 섬의 크기는 남북이 약 16Km, 동서로는 약 10Km, 면적은 우리나라 영종도 크기만한 $34Km^2$입니다. 밧모 섬은 로마의 식민지가 된 후에는 정치와 종교의 중범자들의 유배처가 되었습니다. 88세인 사도 요한은 도미시안 황제 때 이 섬으로 유배를 와서(주후 95년경, 계시록 1:9), 18개월(3년 또는 15년)간 유배생활을 하다가 96년 에베소로 귀향하였다고 전하여집니다. 섬 중앙의 산 중턱에 사도 요한이 계시를 받았다는 계시 동굴이 있습니다.[661] 에베소에 있는 제자들은 예루살렘 교회의 7대 집사 중 한 사람인 브로고로를(사도행전 6:5) 밧모 섬에 보내어 사도 요한을 돕게 하였습니다.

밧모 섬의 동굴교회 / 계시동굴에서 보이는 밧모 섬의 스카라 항구 (성지순례 가이드북, 하늘기획)

(7) 성경기록과 사랑의 사도

① 사도 요한은 요한복음과 요한 1,2,3서와 요한계시록을 기록하였습니다. 요한복음은 예수 그리스도에 관한 복음의 본질과 깊이를 기록하고 있으며, 요한계시록은 특별한 계시의 책입니다. 즉 모든 성도들이 예수님의 재림과 관련해서 반드시 속히 일어날 미래의 일들을 알게 하기 위해서 기록된 것입니다.[662]

② 사도 요한은 사랑의 사도라고 불리어지기도 합니다. 그는 사랑을 누구보다도 강조하였습니다. 그는 **인간을 구원하시려고 독생자까지 보내시는 하나님의 사랑**과 **예수님의 인간 구원을 위한 희생적이고 대속적인 사랑을 강조**하였습니다. 그의 서신에서는 사람들이 서로 사랑하는 것이 얼마나 중요한지 분명하게 보여 줍니다. 또한 사랑과 더불어 **진리에 대한 확고한 열정**을 보여 주고 있으며 일생 동안 진리를 향한 열정을 잃지 않았습니다.[663]

661) 이원희, 성지순례 가이드 북, 126쪽.
662) 정성욱, 밝고 행복한 종말론, 큐리오스, 2016, 148쪽.
663) 이용원, 앞의 책, 126쪽.

(8) 죽음과 계승

① 그는 예수님의 제자들 중에 가장 어렸으며 또 사도들 가운데 **가장 오래 생존한 인물**로 봅니다. 거의 주후 100년까지 장수하다가 자연사한 유일한 제자라고 합니다. 그러므로 그의 지도력은 가장 오랫동안 초대교회의 확산과 안정을 위해 기여했다고 할 수 있습니다.

② 사도 요한은 그의 신앙과 역사를 그의 사랑하는 **수제자 폴리갑**에게 전해 주었습니다. 기독교회의 순교자 폴리갑은 주후 69년 서머나에서 출생하여 서머나 교회의 감독으로서 당시 기독교회의 중추적인 역할을 하였던 사람이었습니다. 폴리갑은 전통적인 기독교회의 신앙을 **그의 제자 이레니우스에게** 전해 주었고, 이레니우스는 고대 기독교의 종결점과 중세 기독교회의 관문에 있는 **성 어거스틴에게** 전해 주었습니다.[664]

4) 안드레에 관한 이야기

(1) 출신 배경

안드레는 벳세다에서 출생한 갈릴리인입니다. 나중에 그는 가버나움 바닷가에서 살았습니다. 그의 이름은 '남자답다'란 뜻으로 요안나란 어머니와 요한이란 이름을 가진 아버지(어부) 사이에 태어났습니다. 안드레가 태어난 벳세다는 나사렛에서 동쪽으로 약 40킬로 떨어져 있습니다.

(2) 부르심

안드레는 예수님이 택하신 **최초의 제자**입니다. 안드레는 예수님을 다른 사람에게 소개한 사람이었습니다. 그는 처음에는 세례 요한의 제자였는데, 자신의 직업인 어업을 버리고 세례 요한을 따르고 또 예수님의 제자가 된 것으로 보아 그는 영적인 일에 더 중요성을 둔 것으로 추정할 수 있습니다. 신약전체에서 그의 이름은 9번 밖에 나오지 않습니다.

(3) 선교와 전도의 아버지

안드레는 베드로의 형제로 스스로 예수를 믿고 따랐으며, 베드로에게 예수님을 메시야로 소개하였습니다. 개인적 일꾼이 되어 항상 여러 사람들을 예수께로 인도하는 일을 행하였는데, 먼저 그의 형 시몬 베드로와 빌립을 예수님에게 소개하였습니다. 처음에는 제자가 되지 않은 일종의 관망자였으나, 예수님께서 **'나를 따라오라, 내가 너희로 사람을 낚는 어부가 되게 하리라'**고 하시자 베드로와 함께 주님의 제자가 되었습니다. 안드레는 베드로

664) 대한예수교장로회총회, 교회사, 2016, 36쪽.

를 인도한 것 뿐만 아니라, 떡 다섯 덩이와 물고기 두 마리를 가진 **어린아이를 예수님께 인도**하였으며(요한복음 6:8,9), 또한 예루살렘에서 **헬라 방문자들을 주께로 인도**하였습니다(요한복음 12:20). 그는 예수님의 제자 중 **최초로 가족을 예수께 인도**한 사람이며, 최초의 어린이 전도자요, 최초의 이방인 전도자였던 것입니다. 그는 사도 바울의 말씀처럼 전하는 자로서 복된 발걸음을 가졌던 인물이었습니다.

(4) 겸손한 제자

안드레는 예수님의 최초의 제자이면서도 뒤로 물러서 있는 사람임을 알 수 있습니다. 그는 당시의 시대상황에서 소외된 어린아이나 이방인에게조차 그 영혼을 사랑하는 마음을 가지고 예수님께로 인도한 위대한 사도였다고 평가를 받고 있습니다.[665] 그는 언제나 주님을 먼저 생각하고, 그리고 형제들을 생각하고, 자신을 언제나 뒤에 둔 인물로 자기를 알고 자기의 위치에서 자기 몫의 일을 잘 감당하는 참으로 오늘날에도 우리 신앙인들의 거울이 되는 제자라고 할 것입니다.

(5) 순교

오순절 이후의 안드레의 행적에 대해서는 성경은 기록이 없습니다. 전해지는 이야기로는 이방인 선교에 관심을 가지고 힘썼으며, 병을 고치는 치유의 은사도 많이 활용하였다고 하고 흑해 연안 수구디아(남부 러시아)에서 돌에 맞고 십자가에 못 박혔다고 합니다.

5) 빌립에 관한 이야기

(1) 출신 배경

빌립이란 이름은 '말을 사랑하는 사람'이란 뜻입니다.[666] 사도 빌립의 생애와 활동에 있어서 헬라적인 영향은 대단히 중요합니다. 그는 스불론 족속에 속하였던 것으로 보입니다. 베드로와 같은 갈릴리 바닷가 벳세다 출신이었습니다.

[정리] 두 사람의 빌립

예수님의 12제자 중 한 사람	나다나엘에게 '와서 보라'고 하면서 전도한 제자	요한복음 1:43-46
초대교회 7집사 중 한 사람	초기 선교사역에 열심을 다한 제자	사도행전 6:5

665) 신성종, 신약역사, 114쪽.
666) 사도행전에 나오는 집사 빌립과는 이름은 같으나 다른 사람입니다(사도행전 5:6).

(2) 부르심

빌립은 예수님의 제자 중 두 번째 그룹에 속하는 사람입니다. 예수님이 빌립을 보시고 '나를 따르라'고 말씀하셨을 때(요한 1:43) 즉시 따랐습니다. 그는 예수님이 직접 찾아 부르신 사람이었습니다. 빌립은 부르심이 있을 때 즉각적으로 예수님을 영접하고 따랐던 것입니다.

'너희가 나를 택한 것이 아니요 내가 너희를 택하여 세웠다'(요한 15:16).

(3) 헬라인에게 전도 활동

빌립은 유대인에게 뿐만 아니라 헬라인에게도 전파하시기를 원하신 주님께 필요한 인물이었습니다. 빌립은 즉시 나가서 친구인 나다나엘을 보고 다음과 같이 말하였습니다, **'모세가 율법에 기록하였고 여러 선지자가 기록하신 이를 우리가 만났으니 요셉의 아들 나사렛 예수니라'**(요한복음 1:45). 얼마 후 몇몇의 헬라인들을 그리스도에게 소개한 사람도(요한 12:20-33) 빌립이었습니다.

✾ 복음은 이방인에게도 열려 있습니다.

예수님은 복음(구원)이 먼저 이스라엘 집(백성)을 위한 것이라고 하시면서도, 이방인에게는 닫혀 있는 것이 아니라 열려 있는 것이라고 말씀하시었습니다. 특히 이를 잘 설명해 주는 장면이 명절을 맞아 예루살렘에 온 신실한 헬라인들이 예수님을 만나고자 하여 빌립에게 요청을 하자 빌립은 고향 친구 안드레에게 알리고, 두 사람이 함께 예수님께 이 사실을 말씀 드렸던 것입니다. 이에 대하여 예수님께서는 비유로 말씀 하시기를 **'한 알의 밀알이 땅에 떨어져 죽지 아니하면 한 알 그대로 있고 죽으면 많은 열매를 맺느니라'**(요한 12:21-24)고 하시면서 그가 죽으셔야 한다는 것을 일깨워 주셨습니다.

(4) 오병이어의 기적과 성만찬

그의 이름은 오병이어의 기적과 성만찬 시에 기록되어 있습니다(요한 6:5-7). 빌립에 관한 모든 자세한 기록은 요한복음에만 있습니다. 그것은 아마 요한이 빌립과 같은 갈릴리의 동향인이고 서로 잘 아는 친구였기 때문인 것으로 보입니다.[667)]

---

667) 신성종, 앞의 책, 122쪽

✻ 오병이어의 기적과 빌립

예수님께 병 고침도 받고 가르침도 받기 위해 많은 사람들이 몰려들었습니다. 저녁 무렵이라 사람들이 배가 고파오기 시작하였고, 먹을 것을 구하기가 쉽기 않은 상황이었습니다. 예수님께서는 빌립에게 **'우리가 어디서 떡을 사서 이 사람들을 먹이겠느냐?'**하고 물으셨습니다. 이때 빌립은 그 많은 사람들(성인 남자만 오천 명 정도였고 여자와 아이들까지 합치면 1만 명 정도)에게 떡을 먹이려면 사와서 먹이는 수 밖에 없을 것이며 이를 위해서는 약 200백 데나리온(한 데나리온은 성인 남자 하루 품삯에 해당한다) 약 1천만 원이 필요한데, 돈도 없을 뿐만 아니라 그런 양의 떡도 구할 수 없다고 판단하여 불가능하다는 대답을 하였던 것입니다. 인간적인 계산에 능한 빌립에게는 주님은 기적을 베푸시어 해결하시므로 **'주님께서는 불가능은 없다'**는 것을 가르쳐 주셨습니다. 마침 안드레가 보고 하기를 한 아이가 보리떡 다섯 개와 물고기 두 마리를 가지고 있다고 하자 그것으로 축사하시고 나누어 주어 5천 명 이상을 먹이시고 남은 조각이 열두 바구니에 가득하였습니다(요한 6:1-13).

✻ 성만찬에서 예수님과 빌립의 대화

예수님과 제자들이 마지막 유월절 식사를 하는 자리에서 제자들을 향하여 '내가 너희를 위하여 거처를 예비하러 가노라'(요한 14:2)고 하시면서 '내가 어디로 가는지 그 길을 너희가 아느니라'(요한 14:4)고 하시자 빌립이 질문하기를 '주여 아버지를 우리에게 보여 주옵소서 그리하면 족하겠나이다'(요한 14:8)고 하자, 예수님께서는 **'빌립아 내가 이렇게 오래 너희와 함께 있으되 네가 나를 알지 못하느냐 나를 본 자는 아버지를 보았거늘 어찌하여 아버지를 보이라고 하느냐 내가 아버지 안에 거하고 아버지는 내 안에 계신 것을 네가 믿지 아니하느냐'**(요한 14:9-10)고 대답하셨던 것입니다. 이는 우리 모두가 하나님을 보기를 원하는데. 예수님의 삶과 그분의 사역을 통하여 역사하신 하나님을 보게 되는 것이며 예수님 자신이 하나님인 것을 깨달아야 할 것입니다.

(5) 순교

그는 라오디게아와 골로새에서 가까운 히에라폴리스(브루기아의 도시)에서 전도하다가 돌에 맞아 십자가에 달려 죽었다고 전해지고 있습니다.

6) 마태에 관한 이야기

(1) 세리

마태는 알패오의 아들로 예수님의 열두 제자 중의 한 사람으로써 부름을 받기까지는 팔레스타인에서 그의 직업은 로마 정부를 위해서 일하는 세금 수금원(세리)이었습니다. 세리들은 세금이 매겨지는 물건들에 부가가치(부가세)를 더함으로써 개개인이 내야 하는 세금의 부담을 증가시키고, 자신의 수익금을 챙겨 넣음으로써 부자가 되었습니다. 유대인들은 이런 이유로 세리들을 비도덕인 사람으로 또 이스라엘에 대한 반역자로 여기며 그들을 경멸하였습니다. 그럼에도 불구하고 마태는 예수님의 부름에 모든 것을 버리고[668] 예수님을 따랐습니다(누가 5:27-29).

✻ 어찌하여 너희 선생은 세리와 죄인들과 함께 먹고 마시느냐?

예수님 당시 바리새인과 서기관들은 예수님을 따르던 제자들에게 이와 같은 질문을 하였습니다. 이에 대한 예수님의 말씀은 **'건강한 자에게는 의원이 쓸데없고 병든 자에게라야 쓸데 있나니 내가 의인을 부르러 온 것이 아니요 죄인을 부르러 왔노라'**(마가 2:17)고 대답하셨습니다. 즉 세리와 죄인들은 영혼이 병든 자들이라는 것을 비유로 하신 말씀입니다. 하지만 바리새인과 서기관들은 (영혼이)병든 사람들이지만 그들은 예수님으로부터 치유 받는 것은 철저히 외면(거절)하였던 것입니다.

(2) 레위

아람어로 지은 이름인 마태의 유대식 이름은 레위였는데 마태란 이름은 '하나님의 은사'라는 뜻으로 예수님을 위해 자기 집에서 큰 잔치를 베푼 사람이었습니다. 이 잔치에는 예수님과 제자들 외에도 마태의 세관 동료들과 다른 지인들도 초대하였습니다(마가 2:13-17).

(3) 마태복음의 기록

마태복음을 보면 이방인들보다 유대인을 생각하며 기록했음을 알 수 있습니다. **구약의 예언과 그것이 예수 그리스도에게서 어떻게 성취되었는가를 언급한 것**을 많이 볼 수 있습니다. 마태는 유능한 제자요 열성 있는 제자였으며, 열두 제자 중 가장 많은 교육을 받은 사람일지도 모릅니다. 고위층의 사람들에게 그리스도를 증거할 수 있는 준비가 잘 되어 있었으며 복음서를 기록할 그릇으로 쓰임받기에 적임자였다고 보여집니다.

(4) 전도자, 순교자

다른 제자들과 마찬가지로 예루살렘을 중심으로 하여 여러 지역에 가서 복음을 전한 것으로 보며 마태복음은 시리아 지방에서 기록했다고 봅니다. 대부분의 연구자들은 마태가 순교하였다고 합니다.

---

668) 로마 정부가 한 번 세금 업무를 그만두고 떠난 사람을 다시 채용할 리가 없기 때문에 어부인 다른 제자들과 달리 마태가 예수님을 따르기로 한 것은 그의 마지막 최후의 결단이었습니다.

7) 도마 이야기

(1) 부르심

그는 어부출신이었으므로(요한 21:2) 갈릴리 바다 부근에서 부름을 받은 사람이라고 추측이 됩니다. 그는 디두모(쌍둥이라는 뜻)라 하는 도마라고 불렀으므로 그에게는 쌍둥이 형제나 자매가 있었을 것으로 봅니다.

(2) 앞장서는 도마

① 예수님께서 베다니로 가셔서 나사로를 살리시려할 때, 제자들은 유대인들을 두려워하여 예수님께 가시지 말라고 말렸습니다. 이때 도마는 '우리도 주와 함께 죽으러 가자'(요한 11:16)고 용감하게 말하였습니다.

✻ 죽은 나사로를 살리시기 전의 상황과 도마

예수님과 제자들은 예루살렘의 유대인들이 돌로 쳐 죽이려는 위기의 상황 속에서 벗어나 요단강 건너편으로 피하여 사역을 전개하고 있었던 때였습니다. 예수님은 예루살렘 외곽 마을인 베다니에 사는 나사로가 중한 병에 걸렸다는 소식을 그의 누이들인 마르다와 마리아로부터 듣게 되었습니다. 누이들은 예수님이 오시면 병을 고칠 수 있다고 믿고 있었습니다. 하지만 예수님은 그 곳에 이틀을 더 머무신 후 제자들에게 '유대로 다시 가자'라고 하셨습니다. 이때 제자들은 기꺼이 따라 나서지 못하고 망설였습니다. 왜냐하면 생명의 위험이 도사리고 있는 곳이었기 때문입니다. 하지만 도마가 나서며 **'우리도 주와 함께 죽으러 가자'**고 단호하게 말하자 다른 제자들도 더 이상 머뭇거리지 않고 함께 갈 수 있었던 것입니다. 도마의 용기를 잘 드러내는 사건이라고 할 것입니다.

② 예수님은 이미 죽은 나사로를 살리시는 기적을 베푸셨으며, 제자들은 이 기적을 목격한 증인들로서 확고한 믿음을 갖는 계기가 되었을 것입니다.

(3) 길을 묻는 도마

예수님께서 십자가에 달리시기 전 최후의 만찬에서 제자들에게 마지막 교훈을 주실 때였습니다. 예수님이 **'내가 너희를 위하여 거처를 예비하러 가노니, 가서 너희를 위하여 거처를 예비하면 내가 다시 와서 너희를 내게로 영접하여 나 있는 곳에 너희도 있게 하리라 내가 어디로 가는지 그 길을 너희가 아느니라'**(요한 14:2-4)고 하시자 도마는 **'주여 주께서 어디로 가시는지 우리가 알지 못하거늘 그 길을 어찌 알겠사옵나이까?'**(요한 14:5)라고 질문하였습니다. 이에 대하여 예수님께서는 **'내가 곧 길이요 진리요 생명이니 나로 말미암지 않고는 아버지께로 올 자가 없느니라'**(요한 14:6)라고 대답하셨습니다.

(4) 의심하는 도마

예수님께서 부활하신 날 밤 제자들에게 나타나셨을 때에 도마는 그 곳에 있지 않았으며, 다른 제자들이 부활하신 주님을 만나 뵈었다는 이야기를 듣고는 그는 '예수님 옆구리의 창자국을 만져 보지 않고는 부활을 믿지 못하겠다'고 말했습니다(요한 20:24-25).

(5) 신앙을 고백하는 도마

8일 후에 예수님께서 다시 나타나셨을 때 도마를 보시며 **'네 손가락을 이리 내밀어 내 손을 보고 네 손을 내밀어 내 옆구리에 넣어보아라 그리하여 믿음 없는 자가 되지 말고 믿는 자가 되라'**고 하시자 직접 확인한 도마는 **'나의 주님이시요 나의 하나님이시니이다'**(요한 20:28)라고 고백하였습니다. 그러자 주님께서는 **'너는 나를 본고로 믿느냐? 보지 못하고 믿은 자들은 복되도다'**고 하셨습니다(요한 20:19-29).

(6) 갈릴리에서 만난 도마

예수님께서 다시 갈릴리 바다에서 제자들에게 나타나셨을 때 그는 사도들과 함께 있었습니다(요한 21:1-14).

(7) 승천하시는 모습을 본 도마

예수님께서 승천하실 때에 예루살렘에서 사도들과 함께 있었습니다(사도행전 1:9-13).[669]

(8) 순교자인 도마

① 도마의 순교에 대하여 전해오는 이야기는 그는 멀리 인도에까지 가서 전도하다가[670] 창에 찔려 순교하였다고 합니다. 인도에는 그의 선교와 순교를 기념하는 교회가 있습니다.

② 도마의 동양 선교지를 인도에서 더 멀리(한반도 가야)까지 나아간 것으로 주장하는 견해도 있습니다. 이러한 주장은 상당한 근거와 자료 및 고대 증거들을 통하여 객관적으로 입증하는 과정을 거쳐야만 정식으로 인정될 수 있을 것입니다.[671]

8) 나다나엘 = 바 돌로매 이야기

(1) 이름과 출신 배경

① 나다나엘은 요한복음에만 나오는 이름입니다. 바 돌로매란[672] 이름은 문자적으로 돌

---

669) 비젼성경, 신약, 174쪽.
670) 인도에는 도마의 발자취라고 할 수 있는 고대 교회의 흔적들이 남아 있습니다.
671) 이성봉, 강의안 참조.
672) 이름 앞에 '바'를 붙이면 누구누구의 아들이라는 뜻입니다.

로매의 아들이라는 뜻입니다. 그의 이름은 열두 사도의 한 사람으로 언급되어 있으나(마태 10:3, 마가 3:18, 누가 6:14, 요한 1:13) 신약에서 그에 대한 다른 언급은 거의 찾아볼 수 없습니다. 그는 납달리 족속이었다고 합니다. 공관복음과 사도행전에 나오는 열두 제자의 명단 중에 빌립과 바돌로매는 이름이 항상 같이 나옵니다. 그런데 요한복음에 보면 나다나엘을 예수에게 인도한 사람이 빌립이라고 하였습니다(요한복음 1:45). 이러한 사실에 비추어 많은 사람들이 바돌로매와 나다나엘은 동일한 사람으로 믿고 있습니다.

② 그는 갈리리 가나 출신으로 고향 가나를 떠나 갈릴리 바닷가에 와서 어부로 삶을 살면서 친구인 빌립과 더불어 구약의 말씀을 깊이 연구하고 묵상한 사람인 것으로 봅니다.

(2) 메시야를 기다림

빌립과 나다나엘은 구약에서 약속하신 메시야를 믿고 기다리며 말씀을 사모한 사람이라고 생각됩니다. 그들은 이러한 배경아래 당시의 많은 사람들이 주목하였던 세례 요한을 찾아가 보았지만 요한 자신은 메시야가 아니라고 하였습니다.

(3) 빌립의 전도와 나다나엘의 반응

① 예수님의 부름을 받은 빌립은 그가 바로 자신들이 기다리던 메시야라고 믿게 되자 친구인 나다나엘에게 달려가서 예수님을 그에게 소개하였습니다. **'모세가 율법에 기록하였고 여러 선지자가 기록한 그이를 우리가 만났으니 요셉의 아들 나사렛 예수니라'**하였습니다.

② 하지만 나다나엘은 이 말을 듣자 **'나사렛에서 무슨 선한 것이 날 수 있느냐**?고 반문하였습니다. 사실 나사렛은 그의 고향 가나에서 멀지 않은 마을이었고 역시 갈릴리 지방에 속한 마을이었던 것입니다. 즉 나사렛이라는 동네가 메시야가 탄생될 만한 중요한 동네라고 생각하지 못했던 것입니다. 그리고 그가 읽은 구약에 따르면 메시야는 유대 베들레헴에서 나올 것이라고 믿었기 때문이기도 합니다.

③ 그런데 빌립은 이런 나다나엘의 반문에 대해 구차한 설명보다는 간단명료하게 대답하기를 '와서 보라'고 하였던 것입니다.

(4) 나다나엘과 예수님의 만남

① 나다나엘은 빌립의 인도로 예수님을 만나게 됩니다. 예수님께서 나다나엘을 보시고 **'이는 참 이스라엘 사람이라 그 속에는 간사한 것이 없도다'**(요한 1:47)라고 칭찬하셨습니다.

그는 마음이 순수하여 속임수를 쓰지 않고 거짓이 없으며, 위선적인 태도를 보이지 않고 하나님을 향한 사랑과 메시야를 보고자 하는 소망이 순수하다는 뜻이라고 할 수 있습니다.

하지만 나다나엘은 의아했습니다. 처음 보는 분인데 마치 이미 알고 있는 사람처럼 자신을 칭찬하시는 것입니다.

② 예수님은 이런 나다나엘의 마음을 알아보시고는 **'빌립이 너를 부르기 전에 네가 무화과나무 아래에 있을 때에 보았노라'**(요한 1:48)고 말씀 하시자, 나다나엘은 더 이상 자신의 마음을 감출 수 없어 **'랍비여 당신은 하나님의 아들이시오, 당신은 이스라엘의 임금이로소이다'**라고 고백하지 않을 수 없었습니다. 그는 예수님이야말로 그가 지금까지 기다려온 메시야라는 것을 바로 인정한 것입니다. 이로 미루어 그는 간사함이 없는 진실한 사람이며 , 기도의 사람이며, 예수님을 하나님의 아들 이스라엘의 왕(요한 1:4)으로 바로 발견한 사람임을 알 수 있습니다.

(5) 순교

오순절 기도회에 참여한 사람들의 명단에 오른 이후에는 더 이상 성경에는 등장하지 않습니다. 전하는 이야기로는 동방으로 가서 여러 나라에서 일생을 복음전도에 힘썼다고 합니다. 특히 인도에서 복음을 전하여 상당한 열매도 거두었다고 합니다. 그의 최후는 아르메니아에서[673] 복음을 전하다가 왕에게 미움을 사서 산 채로 껍질이 벗겨진 상태로 십자가에 달려 순교하였다고 합니다.[674]

9) 알패오의 아들 야고보 이야기

① 알패오의 아들 야고보는 흔히 '작은 야고보'라고 불리는데 그것은 그가 세베대의 아들 야고보보다 더 젊었기 때문입니다. 그는 '레위'라고 불린 마태의 형제였으며 마리아(알패오의 아내)의 아들이었습니다. 마태와 마찬가지로 갈릴리 바다 북편에 자리 잡고 있는 가버나움 태생의 사람이었습니다. 야고보와 마태가 형제이므로 그들은 예수님과는 이종사촌이기도 합니다.

② 전해진 이야기로는 작은 야고보는 사도 시대에 수리아의 기독교의 씨앗이 예루살렘에 뿌려졌는데 수리아 교회의 첫 감독은 열두 제자의 하나인 야고보였다고 합니다. 또한 야고보는 그리스도를 전파하였다는 이유로 유대인들에게 돌로 맞아 예루살렘의 성소에 묻혔다고 합니다.[675]

---

673) 아르메니아는 오늘날 주변 중동 여러 이슬람 국가와는 달리 인구의 90%이상이 기독교도인 국가로 그동안 많은 핍박에도 불구하고 신앙적 전통을 이어왔습니다. 그리스도교를 최초로(4세기 초) 국교로 받아들인 나라로서, 북쪽으로 조지아(그루지야), 동쪽으로 아제르바이잔, 서쪽으로 터키, 남쪽으로는 이란과 아제르바이잔의 나히체반자치공화국과 국경을 접하고 있습니다.

674) 이용원, 앞의 책, 136쪽.

675) 신성종, 신약역사, 132-133쪽 참조.

10) 가나안인 시몬 이야기

① 신약성경은 가나안인 시몬(마태 10:4, 마가 3:18) 혹은 셀롯인[676] 시몬이라고 언급하고 있습니다(누가 6:15, 사도행전 1:13). 연구에 의하면 가나안인 시몬이 사도로서 소명을 받은 것은 디베라 바다에서 안드레, 베드로, 세베대의 두 아들 및 다대오 등과 함께였다고 합니다(마태 4:18-22). 그는 한때 열심당원이었던 것으로 추측됩니다. 예수님을 따른 것도 아마 예수님이 메시야라면 로마제국을 몰아내고 새로운 유대나라를 건설하실 것으로 기대하였을 것으로 봅니다. 하지만 예수님과 생활하면서 그의 그러한 기대와 소망은 예수님이 가시는 길과는 다름을 깨닫게 되고 포기하였던 것입니다.

② 가나안인 시몬이 애굽에서 북아프리카를 통하여 마우리타니아까지 복음을 전파하고 심지어는 영국의 섬들에까지 전도 여행을 계속했다고 합니다. 전하여지는 이야기에 따르면 그는 영국에서 이교도들에 잡혀 허리가 톱으로 잘려 순교하였다고 전하고 있습니다. 영국의 루시어스 왕이 어떻게 기독교에 대한 것을 알았는지는 알 수 없으나 그의 회심 전에 영국의 여러 지역에 교회가 있었던 것만은 의심할 수 없습니다.

11) 유다 다대오

(1) 출신 배경

① 유다는 큰 야보고의 아들이요 세베대의 손자요 사도 요한의 조카였습니다.[677] 유다 지파에 속한 사람입니다. 그가 다대오란 별명을 가진 레비어스(마태 10:3)였으며, 마가복음에는 단순히 다대오(마가 3:18)라고 언급되어 있습니다. 다대오란 두다 혹은 데오도르란 이름의 축소형으로 '가슴 혹은 사랑하는 귀여운'의 뜻의 아람어 타드에서 유래한 것입니다. 레비어스는 가슴을 뜻하는 히브리어에서 유래된 것입니다.

② 신약에 유다라는 이름을 가진 사람은 많이 있습니다. 유대인들 가운데 가장 많은 이름이기도 합니다. 누가는 그를 야고보의 아들 유다(누가 6:16/사도행전 1:13)라고 기록하고 있습니다.

---

676) '셀롯인'이란 열심당원이라는 뜻입니다.

677) 마태와 마가는 다대오라는 이름으로 기록하였으나, 누가는 야고보의 아들 유대를 거명하는데 이는 원래 이름이 유대인데, 후에 가룟 유대와 혼동해서 오명이 붙을 것을 염려하여 다대오로 바꾼 것이라고 봅니다.

[정리] 신약성경에 나오는 세 사람의 유다

야보고의 아들 유다	야고보의 아들로 외국에 전도위해 예루살렘을 최초로 떠남	요한 14:22
예수님의 동생 유다	예수님의 동생으로 유다서의 저자	
배반자인 가룟 유다	예수님을 배반한 자	마태 26:14

(2) 부르심

그는 아버지와 함께 가버나움 가까운 곳에서 고기잡이를 하다가 예수의 제자가 되었을 것입니다. 그는 70인의 제자 중에 하나이기도 하였으나 12제자에 속합니다.

(3) 활동과 사역

그는 예수님께 한 번 질문한 것으로 기록되어 있으며, 오순절에도 참여했습니다. 가룟 아닌 유다가 가로되 **'주여 어찌하여 자기를 우리에게만 나타내시고 세상에게는 아니하려 하시나이까'**(요한 14:22)하고 질문하자 예수님께서는 이에 대하여,

'사람이 나를 사랑하면 내 말을 지키려니와 내 아버지께서 저를 사랑하실 것이요 우리가 저에게 와서 거처를 저와 함께 하리라 나를 사랑하지 아니하는 자는 내 말을 지키지 아니하나니 너희의 듣는 말은 내 말이 아니요 나를 보내신 아버지의 말씀이니라'(요한 14:24-25)고 대답하셨습니다.

(4) 순교

그는 외국에 전도하기 위해 예루살렘을 떠난 최초의 사도 중의 하나였을 것입니다. 유다가 바 돌로매와 함께 아르메니아에서 복음을 전했다는 것이 확실합니다. 수리아와 북부 페르시아에서 복음을 전했을 가능성이 많습니다. 그는 복음을 전하다가 순교한 것으로 전하여지고 있습니다.

12) 가룟 유다[678]이야기

(1) 이름과 출신 배경

가룟 유다라는 이름은 가룟(그리옷) 사람 유다라는 말로 그만이 유일하게 갈릴리 사람이 아니었습니다. 그는 남방 유다 지방 출신이었습니다. 그의 아버지의 이름은 시몬이었습니다(요한 13:2).

678) 가룟은 '그리옷 사람'이라는 뜻인데, 그리옷은 사해 동편의 고원에 있는 성읍이었습니다.

[정리] 예수님의 제자 유다

구분	중요 인적 사항	성경구절
가룟 유다	예수님을 판 제자로, 그는 나중에 자살하였다.	마태 26:47-49; 27:5 마가 14:43-45 누가 22:3-6; 22:47-48 요한 12:5-6 요한 18:2-3
다대오 유다	예수님의 12제자 중 한 사람	마태 10:3 마가 3:18

(2) 부르심과 성격

① 그는 열심당원으로 보이는데, 예수님을 만나자 유대 민족을 구원해 줄 정치적 지도자로 보았던 것입니다. 그가 예수님의 제자들과 함께 할 동안 다른 제자들은 그를 신뢰했기 때문에 그에게 회계를 맡겼던 것입니다. 그는 상당히 계산적인 인물임을 알 수 있습니다.

한번은 마리아가 값비싼 순 나드 향유 약 300그램을 예수님 발에 바르고 머리카락으로 닦아 주었을 때, 그는 **'향유를 300데나리온에 팔아 그 돈을 가난한 사람에게 나누어 주었어야 한다'**고 주장합니다(요한 12:5, 마가 14:5). 하지만 요한의 기록에 따르면 '이렇게 말함은 가난한 자들을 생각함이 아니요, **저는 도적이라 돈 궤를 맡고 거기 넣는 것을 훔쳐 감**이러라'(요한 12:6)고 하여 제자들도 나중에는 유다의 실체를 알게 되었던 것입니다.

예수님의 발을 향유로 닦는 마리아
(스데반 밀러, 성경 속의 인물과 지역)

② 유다의 소외 의식

유다는 다른 제자들과의 관계 속에서 다른 제자들은 형제간, 친구간, 동향 사람 등의 친밀감을 가질 수 있는 여건들이 주어져 있었지만, 그만 홀로 남쪽 유대지방 출신이라는 소외감이 자리 잡고 있어 그를 외롭게 느끼게 하였을 수 있습니다.

(3) 활동

그는 예수님의 공생애 3년 동안을 따라다니면서 예수님이 베푼 많은 이적을 직접 체험하였고, 그 자신도 귀신을 쫓아내고 병 고치는 능력을 행사하였습니다.

(4) 유다의 욕심과 배반행위

유다는 예수님이 가지신 능력을 믿었고 예수님이 이스라엘을 로마의 압제로부터 정치적으로 회복시킬 메시야라고 생각했으며 그때 그도 예수님의 제자로서 중요한 지위를 차지할 것이라는 **세속적인 욕망과 기대**를 하였으나, 예수님의 사역이 정점으로 가면서 점차 그러한 그의 꿈과 욕심이 무너지는 것을 눈치 채고 자신의 갈 길을 가고자 한 것입니다. 예수님은 이미 그의 배반행위를 아시고 제자들에게 예언을 하시었습니다.

> '내가 저희와 함께 있을 때에 내게 주신 아버지의 이름으로 저희를 보전하사 지키었나이다. 그 중에 하나도 멸망치 않고 오직 **멸망의 자식뿐이오니** 이는 성경을 응하게 함이니이다'(요한 17:12).

> '내가 너희 열둘을 택하지 아니하였느냐 그러나 **너희 중의 한 사람은 마귀니라**' (요한 6:70).

> **'너희 중에 하나가 나를 팔리라'**(마가 14:18-21).

(5) 자살로 생을 마감

그는 예수님을 은화 30에[679] 팔고 배반한 사람으로 나중에는 양심의 가책을 느끼고 후회하고 뉘우치면서 자살하였습니다. 베드로는 그가 몸이 곤두박질하여 배가 터져 죽었다고 증언하였습니다(마태 27:3-10, 사도행전 1:18). 예수님은 그에 대하여 **차라리 이 세상에 나지 않았으면 좋았을 사람**이라고 하셨습니다(마태 26:24). 성경도 그에 대하여 냉정하게 **그는 마귀(요한 6:70), 도적(요한 12:6), 멸망의 자식(요한 17:22)이라고 평가**하였습니다.

679) 은화 30개는 당시 노예 한 사람의 가격에 해당하는 돈이었습니다.

✻ 사탄의 도구로 이용된 가룟 유다

예수님께서는 가룟 유다가 배반하리라는 것을 미리 알고 계셨다고 설명하고 있습니다. 또한 최후의 만찬 자리에서 유다를 지목하시면서 그가 배신자라는 것을 분명히 하였으며, 유다를 향하여 **'네가 하는 일을 속히 하라'**(요한 13:27)고 하셨습니다. 그렇다면, 이것은 하나님의 섭리에 따라 이미 예언 된 것의 성취인가? 예수님은 처음부터 알고 계시면서 유다를 불러서 제자로 삼으신 것인가? 라는 의문이 듭니다. 하지만, 하나님의 아들이 인류의 대속물로 피를 흘리는 것이 하나님의 구원 계획이지만 그것은 유다의 배신을 통하여서만 이룰 수 있는 일은 아니라고 할 것입니다. 그러므로 유다는 하나님의 강제적인 계획에 순종한 것이라기보다는 스스로 자신의 욕심을 따라 그 길을 택했다고 보아야할 것입니다. 즉 사탄이 그를 이용하였다고 볼 것입니다. 여기서 **우리는 모두 하나님 앞에 서 있지만 동시에 사탄도 멀리서 우리를 넘어뜨리고 이용하려고 호시탐탐 노리고 있다**는 것을 잊어서는 안 될 것입니다.[680]

[정리] 12사도의 이름

마태복음 10:2~4	마가복음 3:16~19	누가복음 6:14~16	사도행전 1:3
시몬 베드로	시몬 베드로	시몬 베드로	시몬 베드로
안드레:베드로 동생	야고보	안드레	요한
야고보:세베대의 아들	요한	야고보	야고보
요한:세베대의 아들	안드레	요한	안드레
빌립:벳세다 출신	빌립	빌립	빌립
바돌로매:가나 출신	바돌로매	바롤로매	도마
도마	마태	마태	바돌로매
마태:세관원	도마	도마	마태
야고보(알패오 아들)	야고보(알패오 아들)	야고보(알패오 아들)	야고보(알패오 아들)
다대오	다대오	시몬(열심당)	시몬(열심당)
시몬(가나안 사람)	시몬(가나안 사람)	유대(야고보 아들)	시몬(열심당)
가룟 유다:배반자	가룟 유다	가룟 유다	가룟 유다
			맛디아:새 사도

*사도들의 이름은 세 묶음으로 기록하고 있습니다.

첫 번째 그룹에는 베드로, 안드레, 야고보, 요한, 두 번째 그룹에는 빌립, 바돌로매, 도마, 마태,

세 번째 그룹에는 알패오의 아들 야고보, 다대오, 시몬, 가룟 유다였습니다.

680) 이용원, 앞의 책, 148-150쪽.

[정리] 12사도들의 일생

구분	12사도들의 일생과 사역	성경구절
예수님을 만나기 전	*대부분 갈릴리 바닷가 어부들, 세리 등 평범한 사람들	마태 4:18; 9:9 마가 2:14 누가 5:28
세례 요한의 제자들	*세례 요한의 제자 중 예수님을 만난 후 예수님의 제자가 됨	요한 1:37
예수님을 만나 따르게 됨	*각자 예수님을 만나서 따르게 됨	마태 4:22 마가 1:17 누가 5:11
예수님으로부터 선택됨	*예수님이 12사도를 선택	누가 6:13
전도훈련을 위한 파송	*제자들을 2명씩 각 지역으로 파송	마태 10장 마가 6:7 누가 9:2;10:1~
예수님과 최후의 만찬	*예수님과 함께 최후의 성 만찬	마태 26:17~ 마가 14:22~ 누가 22:15
예수님이 잡히심	*가룟 유다의 배신에 의해 잡히심	마태 26:47~ 마가 14:46 누가 22:48 요한 18:5
예수님을 떠남	*예수님이 잡히자 모두 떠나감	마태 26:56 마가 14:50
예수님 부활 후 확인	*예수님의 3일 만의 부활을 확인하고자 함	누가 24:12
예수님 부활 후 만남	*예수님이 부활 후 제자들을 찾아오심	마태 28:16 마가 16:14 누가 24:36 요한 20:1-
사역소명을 받음	*예수님으로부터 전도와 선교의 소명을 받음	마태 28:19,20 마가 16:15 요한 21:15-18
승천을 목격함	*예수님이 부활 40일 후 승천하심을 목격	누가 24:51 사도행전 1:11

성령세례를 받음	*부활 후 제자들에 나타나 성령을 주심 *예수님 승천 후 예루살렘 마가 다락방에 모여 성령세례를 받음	요한 20:22 사도행전 2:1-4
전도와 선교	*성령세례 후 전도와 선교에 헌신	마가 16:20 사도행전 2:14- 요한 20:21
순교	*예수 그리스도(복음)을 전하다가 순교	*야고보 외에는 정확한 기록이 없음

제6절 예수 그리스도께서 주요 사역을 하신 지역은 어디었나요?

예수님의 주요 사역을 지역적으로 구분하자면 크게 세 지역으로 나눌 수 있습니다.

예루살렘을 중심으로 한 유대 지역과 고향 부근의 갈릴리 지역 그리고 이방인이 사는 사마리아 지역입니다.

1. 북쪽 갈릴리 지역

1) 예수님은 갈릴리에서 주로 사역하였기에 갈릴리 사람이었습니다.

예수님의 사역 중심지는 갈릴리로서 예수님은 갈릴리 사람이었습니다(마가 1:9,14; 6:6). 예수님이 사역을 시작하신 후 예수님에 관한 소문이 수리아(시리아)에까지 퍼졌습니다. 앗시리아에 망한 북이스라엘 10지파는 다 흩어졌고, 그 뒤에 앗시리아와 수리아(시리아) 사람들이 나사렛을 점령해 살았습니다. 예수님의 주된 사역지인 갈릴리 호수(바다) 북쪽은 수리아(시리아) 땅이었는데 이 수리아(시리아)를 아람이라고도 하며, 이 지역 사람들이 사용한 언어가 아람어입니다. 예수님은 히브리어와 아람어를 다 사용하신 것으로 볼 수 있습니다. 예수님은 갈릴리 지역의 고라신, 벳새다, 가버나움에서 집중적으로 사역을 하시면서 많은 이적을 행하셨습니다.

* 갈릴리는 호수인가요? 바다인가요?[681)]

1. 갈릴리는 정확하게 말하자면 호수입니다. 즉, 사면이 육지로 둘러싸이고 땅이 우묵하게 들어가 물이 고여 있는 곳을 호수라고 합니다. 이스라엘은 물이 소중한 나라로 물은 곧 삶을 의미하고 이 삶의 터전

681) 조정구, 예수님 삶의 흔적을 찾아, 163-164쪽.

갈릴리 호수 주변의 성경의 장소들
(포토 성경사전, 하늘기획)

인 물을 누가 차지하느냐에 따라 땅의 주인이 결정되는 것이 그들의 역사였습니다. 귀한 물에 대한 인식이 그들에게 우리나라 시내 정도면 강으로 표현되었고, 강이면 아예 바다라고 불렀던 것입니다.

2. 예루살렘으로 오르는 주변 산들이 오늘날에는 푸르게 잘 가꾸어져 있으나, 이스라엘 정부수립(1948년)이후 나무심기 녹화 사업은 민둥산 바위 틈에다 묘목을 심고, 10년간 물을 주어야 나무뿌리가 제대로 내리게 되므로 피와 땀으로 이룩된 것입니다. 이 곳 땅은 석회층이라 표면에는 물이 괴어 있지 않으나 1.2미터 아래로 내려가면 석회석이 마치 물탱크처럼 빗물을 모아 두고 있어서 여기까지 나무뿌리가 뻗을 수 있으면 그때부터 나무는 물을 주지 않아도 살 수 있기 때문입니다.

2) 갈릴리는 팔레스타인 땅의 중심부에 놓여 있었습니다.

갈릴리는 팔레스타인 땅의 중심부에 있는 땅으로, 사마리아와 북쪽 국경 지대에 있는 레바논의 산들 사이에 위치하고 있으며, 서쪽으로는 지중해, 동쪽으로는 요르단 사이에 놓여 있는 곳입니다. 북쪽은 레바논 산, 남쪽은 이스르엘 평야, 동쪽은 갈릴리 호수, 서쪽은 아코 평야와 접하며, 깊은 계곡을 끼고 상부 갈릴리와 하부 갈릴리로 나뉩니다. 전체적으로는 우기에 강우량이 많고, 갈릴리 호수와 함께 샘도 많습니다. 예수님과 그의 많은 제자들이 갈릴리 출신이었으며, AD 70년에 예루살렘이 함락된 뒤에 티베리우스는 유대교의 중심지가 되었고, 1955년 이스라엘의 행정구가 되었으며, 나사렛이 그 중심지입니다.

3) 갈릴리는 많은 지역사람들이 섞여 사는 도시였습니다.

갈릴리는 이방인들이 섞여 사는(마태 4:15/이사야 9:1), 인구가 많은 도시였습니다. 예수님 당시에는 비유대인들 특히 시리아 사람들과 페니키아 사람들과 아르메니아 사람들과 헬라 사람들과 로마인들이 살고 있었는데, 어떤 사람들은 바벨론 포로 때 팔레스타인 땅에 거주했던 사람들의 후손이기도 합니다. 많은 사람들은 마카비 전쟁 때에 이 지역으로 몰려들었을 것으로 추정합니다. 갈릴리는 농업 지대로서 이곳에는 여러 직업을 가진 사람들이 살고 있었고, 인구는 대략 예루살렘이 10만, 갈릴리의 인구는 40만, 흩어진 유대인의 수가 약 600만 명이었으며, 팔레스타인 땅 전체적으로 80만-100만 정도가 살고 있었다고 추측합니다.[682]

682) 신성종, 신약역사, 95쪽.

4) 무지와 영적 흑암의 고장

갈릴리는 정통 유대인들로부터는 괄시받던 시골 동네로 무지와 영적 흑암의 고장이었습니다. 마태는 이에 대하여 이사야의 말씀을 인용하고 있습니다. **'흑암에 앉은 백성이 큰 빛을 보았고 사망의 땅과 그늘에 앉은 자들에게 빛이 비취었도다'**(마태 4:16).

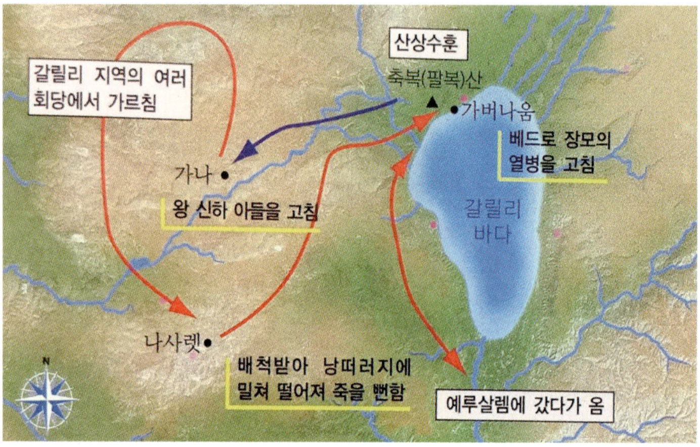

예수님의 갈릴리 1차 사역
(성서지도, 지계석)

(1) 나사렛

예수님이 처음으로 방문한 곳은 그의 어린 시절과 젊은 시절을 보낸 고향 나사렛이었습니다(누가 4:16). 당시 회당에서 예수님이 회중에게 읽어 준 성경말씀은 이사야 61장 1-2절의 메시야의 강림과 사역에 관한 것이었습니다.

> 예언 : '주의 성령이 내게 임하셨으니 이는 **가난한 자에게 복음을** 전하게 하시려고 내게 기름을 부으시고 **나를 보내사 포로된 자에게 자유를, 눈먼 자에게 다시 보게 함**을 전파하여 **눌린 자를 자유케** 하고 주의 **은혜를 전파**하게 하려 하심이라'(이사야 61:1-2).

> 성취 :'이 글이 오늘날 **너희 귀에 응하였느니라**'(누가 4:18-19).

이 말씀은 이사야의 예언이 예수님에게서 성취되었다는 뜻입니다. 이 말을 들은 마을 사람들의 반응은 이 마을에서 일하고 있던 목수(목수 아들)가 아닌가? 이 사람은 요셉과 마리아의 아들이 아닌가? 그의 여동생은 이 마을 사람과 결혼하지 않았던가? 하면서 무시하였고, 예루살렘에서 행하였던 표적을 보기를 원하였는데 예수님은 **'선지자가 고향에서 환영을 받는 자가 없느니라(누가 4:24)고 하시면서 불신의 무리들에게는 이적을 보일 수 없다'**고 하셨습니다. 이에 분노와 질투로 가득 차 일어나 동네 밖으로 쫓아내어 산 낭떠러지로 끌고 가서 밀쳐 내리치고자 하였으나 예수님은 저희 가운데로 지나서 가시었습니다(누가 4:28-30).

✾ 나사렛 예수

나사렛은 예수님이 공생애를 시작하기 전까지 약 30년간 살았던 고향동네입니다. 그리하여 예수님을 '나사렛 예수'라고 부르기도 하였습니다. 나사렛은 사방이 얕은 돌산으로 둘러싸여 있는 분지와 같은 곳으로, 들판이나 푸른 초장은 어디에도 없습니다. 예루살렘 북쪽 약 134km 지점에 있으며, 갈릴리 바다에서는 서쪽으로 32km떨어져 있는 작은 동네였으나, 지금은 이 지역의 중심도시가 되었습니다.[683] 콘스탄틴 황제의 어머니 헬레나가 예루살렘을 직접 방문하여 326년경 가브리엘 교회와 마리아 수태고지 교회를 세웠으며, 그후 여러 차례 파괴되고 재건되는 과정을 반복한 후 현재의 건물은 다섯 번째 교회로 1969년에 헌당되어 현재 성지에서 가장 규모가 큰 교회당입니다. 오늘날에는 인구가 약 8만 명 정도가 되는데, 아랍인이 대부분을 차지하지만 80%기독교인라고 합니다. 특이한 것은 교회 안에는 세계 여러 나라에서 보내온 기도문이 벽에 진열되어 있는데, 한국에서 보내온 한복을 곱게 입은 마리아와 그의 품에 안긴 색동 한복을 입은 아기 예수님의 모습과 한국어 기도문도 있습니다.[684]

마리아 수태고지교회가 보이는 나사렛
(성서지도, 지계석)

(2) 가버나움

① 고향을 떠난 예수님의 활동 중심지는 갈릴리 바다 북서쪽 해안에 접하고 있는 가버나움이었습니다. 예수님은 그 곳에서 18개월 정도를 머무셨습니다. **이후 가버나움에 내려가 계셨으며, 첫 유월절을 다녀와서 8개월 후 나사렛 고향에서 배척을 당하신 후에는 가버나움으로 이사를 하셨습니다. 갈릴리 사역의 중심도시는 바로 가버나움이었습니다.**

683) 이원희, 성지순례가이드북, 하늘기획, 2015, 43쪽. 각기 자기나라의 풍속 배경을 기도문의 배경에 넣어 보내왔는데, 아프리카에서 보낸 것은 성모 마리아와 예수님은 흑인의 모습입니다.
684) 조정구, 예수님의 삶의 흔적을 찾아, 121-124쪽.

② 갈릴리 가버나움은 분지에 있어서 분주한 생활의 중심지였으며 그 지방 각처로 다니는데 교통의 요지이기도 하였습니다. 비교적 인구도 많았고 모든 마을에는 회당이 있었다고 여겨집니다(마태 1:39/누가 4:44). **지중해를 거쳐 다메섹으로 올라가려면 가버나움을 거쳐야 하는 교통의 요지이며, 갈릴리의 요지로 전략상 좋은 위치에 있었습니다.**

③ 베드로의 집이 있었으며(마가 9:35), 세리 마태를 부르셨습니다(마태 9:9). 또한 회당에서 생명의 떡 말씀을 하셨고(요한 6:59), 예수님께서 권능을 가장 많이 행하신 마을들이 회개하지 않으므로 경고(책망)를 하시었습니다(마태 11:23이하).

> **'가버나움아 네가 하늘에까지 높아지겠느냐 음부에까지 낮아지리라 네게 행한 모든 권능을 소돔에서 행하였더라면 그 성이 오늘까지 있었으리라 내가 너희에게 이르노니 심판 날에 소돔 땅이 너보다 견디기 쉬우리라 하시니라'**(마태 11:23-24).

④ 처음 약 1년 동안은 많은 사람들이 환호하였으며 또한 많은 병자들을 치유하시기도 하였습니다. 하지만 그후 6개월 동안은 전혀 다른 반응을 보였는데, 그 이유를 다음과 같이 분석하고 있습니다.

첫째, 처음부터 예수를 반대하였던 바리새인들과 서기관들의 태도가 일반 민중들에게 영향을 준 것이었고,

둘째, 사람들이 예수님을 알아볼 수 없을 정도로 죄에 물들어 눈이 멀었기 때문이며,

셋째, 예수님의 출생이 천하다는 것이었습니다.

넷째로, 금식이나 식사 후에 손을 씻는 결례식을 행하지 않았을 뿐 아니라, 제자들에게도 권하지 않았으며 안식일에 관한 개념도 달랐기 때문입니다.[685]

그리하여 예수님은 이후 6개월 동안은 대중 설교 보다는 제자들의 교육과 훈련에 집중하였습니다.

⑤ 이 마을은 끝까지 회개하지 않으므로 멸망을 예고 받은 대로 6세기에 퇴락하여 사람이 살지 않게 되었습니다.

✾ 예수님의 사역 본부 가버나움

나훔의 마을'이란 뜻. 예수의 제2고향으로 불리는 곳이며 이스라엘 갈릴리 호수 북쪽 끝에 있습니다. 신약에만 언급되는 성읍인데, 이 곳은 신약 당시 로마 군대가 주둔하고 세관이 있는 큰 성읍이었고, 예루살렘과 아크레에서 다메섹(다마스쿠스)을 거쳐 바벨론으로 통하는 주요 중계지로 번성하였으며, 지

685) 신성종, 앞의 책, 157쪽.

중해 방면으로 교역과 상업이 번창하여 세관이 있었고, 큰 종교회당이 있었다고 전해집니다. 세관 문으로 들어서면 돌기둥이 늘어서 있고, 4세기경에 세워진 시나고그(회당) 유적이 있습니다. 이것은 갈릴리에서는 가장 큰 2층 회당이었으며, 1층은 남성, 2층은 여성 예배소였습니다. 앞쪽에는 베드로 장모의 집터에 세워졌던 초기 교회의 유적도 남아 있습니다. 예수님의 제자 중 하나인 세리 마태는 이 곳 가버나움 세관에서 제자로 부름 받았습니다(마태 9:9-13). 예수께서는 이 마을에서 많은 기적들을 행하셨는데, 특히 백부장의 중풍병 걸린 하인(마태 8:5-13), 앓아 누운 베드로의 장모(마태 8:14-15), 들것에 실려 온 중풍병자(마가 2:1-12) 그리고 왕의 신하의 아들(요한 4:46-54) 등을 치유하신 사건이 있었습니다. 또 이 곳에서 예수님은 오병이어(五餠二魚) 사건과 관련하여 생명의 떡에 관한 강화와 많은 다른 말씀들을 전해 주셨습니다(마가 9:33-50). 하지만 이런 놀라운 기적과 교훈에도 불구하고 가버나움 사람들이 회개하지 않았으므로 예수님은 가버나움이 멸망하게 될 것이라고 예언하셨습니다(마태 11:21-24/누가 10:15). [네이버 지식백과] 가버나움 [Capernaum] (라이프성경사전, 2006. 8. 15., 가스펠서브)

(3) 가이사랴

① 빌립보 지역의 수도인 가이사랴입니다. 본래 이 도시는 주전 3년에 영주에 의해 건설되었고, 로마 황제의 허영심을 만족시키기 위하여 가이사랴라고 이름이 지어졌습니다. 이스라엘에는 또 다른 항구도시 가이사랴가 있기 때문에 그 곳과 구별하기 위해 여기는 가이사랴 빌립보라고 부릅니다.

② 나라는 모두 판신에게 봉헌되었고 큰 마을의 이름은 파네이스라고 지어졌습니다. [686] 여기서 요단 강이 시작되어집니다.

③ 이 곳에서 베드로의 신앙고백이 이루어졌습니다.

베드로는 예수님에 대하여 **'주는 그리스도시오 살아계신 하나님의 아들이십니다'**(마태 16:16)라는 신앙고백을 하였습니다.

④ 또한 예수님은 제자들에게 앞으로 자신이 예루살렘으로 올라가서 십자가를 지고 죽으시게 될 것임을 말씀하시었습니다. 아직 제자들은 현세적인 욕구와 희망에 차 있었기 때문에 이 말씀의 의미를 이해하지 못하였던 것입니다.

> **'인자가 많은 고난을 받고 장로들과 대제사장들과 서기관들에게 버린 바 되어 죽임을 당하고 사흘 만에 살아나야 할 것을 비로소 그들에게 가르치시되'**(마가 8:31).

(4) 가나

가나는 예수님이 첫 번째 기적을 베푸신 곳으로 혼인집에서 포도주가 동이 나자 어머니 마리아의 요청으로 물이 포도주가 되게 하신 곳입니다(요한 2:1-11). 또한 이후 다시 방문

686) 오늘날은 바니아스로 바뀌었습니다.

하는 기회에는 가버나움으로부터 온 왕의 신하가 예수님을 찾아와 열병으로 죽게 된 아들을 살려달라고 하자 예수님이 낫게 하여 준 곳으로(요한 4장), 예수님의 제자 나다나엘(바돌로매)의 고향이기도 합니다(요한 1:45; 21:2). 나사렛에서 북동쪽으로 14킬로미터쯤 떨어져 있는 곳으로 오늘날 인구는 약 8천 명 정도 되며 2500명이 그리스도인들이고, 나머지는 아랍의 회교도들이라고 합니다.

'사흘째 되던 날 갈릴리 가나에 혼례가 있어 예수의 어머니도 거기 계시고…'(요한 2:1).

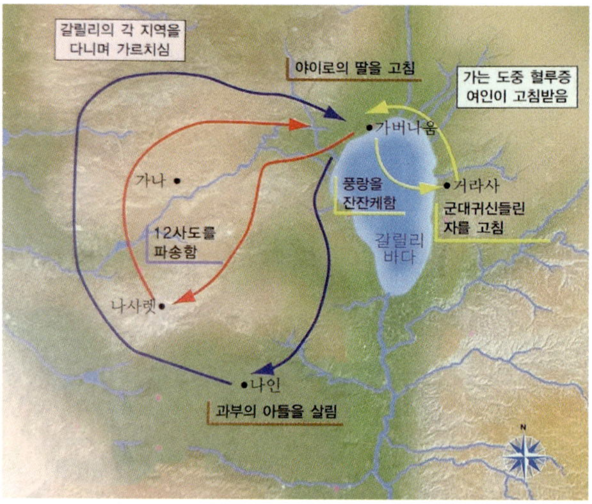

예수님의 갈릴리 2차 사역의 지역들
(성서지도, 지계석)

가나의 기적교회에 있는 기적의 항아리
(성서지도, 지계석)

2. 중간 지대 사마리아

1) 팔레스틴의 중간 지대

사마리아는 예루살렘에서 북쪽으로 70킬로 떨어져 있는 곳으로 예수님 당시에는 팔레스타인의 한 지역이었습니다(누가복음 17장 11-19절). 팔레스타인 중앙부에 있으며 로마제국의 지배하에 들어간 후부터 **북쪽의 갈릴리, 남쪽의 유대 땅 사이의 구릉지대**를 가리키는 지방명이 되었습니다. BC 722년 앗수르에 의해 점령된 후에 이 곳으로 이주한 이민족과 잔류 유대인과의 혼혈 때문에 바빌론 포로 생활에서 돌아온 유대인이 고통을 받았던 곳입니다. 역사 속에서 뿐만 아니라 오늘날도 이스라엘과 팔레스타인의 분쟁지역입니다.

2) 북이스라엘의 수도

① 사마리아는 구약시대 북이스라엘의 수도에 속하였던 곳으로 이스라엘은 솔로몬 왕 이후 남유대 왕국과 북이스라엘 왕국으로 분리되었는데(열왕기상 16:24-29절, 때로는 북이스라엘 전체를 나타내 주는 상징적인 말로 사용되기도 하였습니다(열왕기상 21:1).

② 사마리아는 고대 시대에는 정치경제적으로 풍족했고, 종교적으로도 국제 정치의 차원에서 여러 민족 사람들에게 매력적인 도시로 고대 근동의 제국들이 끊임없이 탐내는 도시였습니다. 경제적으로 요충지에 위치해 있었고, 국제 군사 관계에서도 중심적인 지위를 가지고 있었습니다. 특히 북이스라엘 오므리 왕조 내내 지중해와 메소포타미아 문화가 융합을 이룬 도시였습니다.

③ 사마리아는 북이스라엘 수도였으나 변함없이 지속된 것은 아니었습니다. 북이스라엘 수도는 이방의 신전이 있는 곳으로 세겜 ⇨ 브누엘 ⇨ 디르사 ⇨ 사마리아[687] 등 다양한 변화를 겪어야만 했습니다.

'그(하나님의 사자)가 여호와의 말씀으로 벧엘에 있는 제단을 향하고 또 **사마리아 성읍들에 있는 모든 산당을 향하여 외쳐 말한 것이 반드시 이룰 것임이라**'(열왕기상 13:32).

'**우리 조상들은 이 산(그리심 산)에서 예배하였는데 당신들의 말은 예배할 곳이 예루살렘에** 있다 하더이다'(요한 4:20).

3) 앗시리아에게 정복된 땅

① 사마리아는 앗시리아에게 정복되었고, 앗시리아에는 당시 27,280명이 포로로 잡혀갔다고 기록되어 있습니다(열왕기하 17:23).

② 이후 앗시리아는 타 지역의 사람들을 사마리아에 이주시켜 사마리아는 순수 유대민족에서 이방인과 혼혈족이 되어 감으로써 순수 유대인들(남유다 사람들)은 그들을 매우 경멸하고 저주하였습니다. 그리하여 유대인과 사마리아인 사이에는 큰 적의와 미움이 생기게 되었습니다(열왕기하 17:24-41).

③ 바빌론 포로 귀환 이후 성전 재건에 동참할 것을 구하였으나 거절하기도 하였습니다(스가랴서 4:1-4).

---

687) 호세아 10:7/이사야 10:10-11에 의하면 사마리아에는 북이스라엘 아합 왕이 세운 바알 신전과 아세라 산당이 있었습니다.

④ 예수님이 야고보와 요한을 이 곳에 파견하였으나 이 전도자들에게 잠자리 빌려 주는 일을 거절하였습니다. 그러자 이에 분개한 제자들이 **'주여 우리가 불을 명하여 하늘로 좇아 내려 저희를 멸하라 하기를 원하시나이까?'**하고 말하자 예수님은 제자들을 꾸짖으신 후 다른 마을로 여행을 하였습니다(누가 9:54).

⑤ 요한복음에는 예수께서 사마리아 여인과 우물가에서 대화하는 내용이 기록되어 있습니다. 그들은 메시야 즉 그리스도를 기다리는 소망 중에 있었습니다(요한복음 4장 25절). 이 여인의 전도로 복음이 전파되었으며, 예수님은 기독교는 그리심 산이나 예루살렘 같은 성소에서 예배 드려야 하는 공간종교가 아니라, 국가도 국경도 초월한 신령과 진정으로 예배드리는 종교임을 알려 주었습니다(요한 4:5-42).

> '유대를 떠나사 다시 갈릴리로 가실새 사**마리아를 통과하여야** 하겠는지라 사마리아에 있는 수가라 하는 동네에 이르시니 야곱이 그 아들 요셉에 준 땅이 가깝고' (요한 4:3-5).

⑥ 누가복음에 나오는 강도 만난 사람을 구해준 선한 사마리아인은 실제로 있었던 일이라기보다는 예수님이 누가 우리의 진정한 이웃인지를 깨닫게 하기 위한 비유의 사례로 말씀하신 것으로 봅니다. [688]

⑦ 오순절 이후에 이 곳 사마리아 지역에 복음이 전해지고(사도행전 1:8), 개종자들이 생겨났으며(사도행전 8:5-25), 교회가 세워졌으며(사도행전 9:31), 이후 바울이 복음을 전하기도 하였습니다(사도행전 15:3).

[정리] 사마리아와 예루살렘

구분	사마리아	예루살렘
소속된 왕국	북이스라엘 왕국	남유다 왕국
도시의 성격	수도	수도
성지	그리심 산	시온 산
관계	제2성전 건립 방해	사마리아인 멸시

688) 신성종, 앞의 책, 161쪽.

3. 예루살렘

① 예수님은 3번의 유월절을 맞이하기 위하여 예루살렘을 방문하신 것으로 볼 때 예루살렘을 크게 세 번 방문하신 것으로 볼 수 있습니다. 그리고 최후를 맞으신 곳도 예루살렘이었습니다. 당시의 예루살렘은 **유대민족의 수도로 정치, 경제, 사회, 문화의 중심지**라고 할 것입니다. 특히 종교적인 의미에서도 그들의 **성전이 있는 성지**였습니다. 북쪽 갈릴리에서 남쪽으로 내려가는 것이 되나 예루살렘은 지형적으로도 높은 지역이며, 종교와 문화의 중심지이기 때문에 **올라가는 것**이 되므로 예수는 예루살렘으로 올라가십니다.

② 누가는 그의 복음서에 이 행적을 보다 자세히 기록하고 있습니다. "예수께서 승천하실 기약이 차가매 예루살렘을 향하여 올라가기로 굳게 결심하시고"(누가 9:51). 예수는 사마리아를 경유하는 지름길로 가시는(누가 9:51이하) 반면, 베뢰아를 경유해서 돌아가는 길에 여리고로 지나가십니다(누가 19:1). 그리고 마르다와 마리아의 동네 베다니(요한 11:1)에 계시는가(누가 10:38) 하면, 사마리아와 갈릴리 사이에 계십니다(누가 17:11).

> **'예루살렘에 가까이 가서 감람산 벳바게에 이르렀을 때… 예수께서 성전에 들어가사 성전 안에서 매매하는 모든 사람을 내 쫒으시며…'**.(마태 21:1-12).

4. 기타 지역

1) 베레아

① 갈릴리에서 2년간 전도생활을 마친 후 예수님은 장막절을 지키기 위해 예루살렘으로 돌아갔습니다. 바리새인들은 그에게 사람을 보내어 교묘히 그를 함정에 빠뜨리려고 했습니다. 그렇지만 그들은 번번이 실패하자 예수님을 죽이려고 찾았습니다. 하지만 예수님에 대한 사람들의 지지가 너무 커서 쉽사리 그들의 뜻을 이루지 못했습니다. 이 일이 있은 후에 **예수님은 요단강을 건너서 베레아로 여행을 하셨습니다. 예수님이 십자가에 못 박혀 돌아가시기 전까지는 이 곳과 유대 지방에서 가르치고 전도하셨습니다. 이 두 지방을 왕래하시면서** 예수님은 세상을 떠날 때를 대비해 제자들을 훈련시키셨던 것입니다.

② 베레아는 요단강 동쪽 이방 땅으로 **'건너편의 땅'** 이라는 뜻으로 요단강 동편 요단 골짜기를 따라서 사해 북동쪽 지역을 말합니다. 동으로는 거라사(제라시)와 필라델피아(랍바암몬), 히스반, 마다바와 경계를 이루고 있습니다. 하스몬 왕가의 마카비는 주위 아랍 나바테안 들로부터 이 지역에 유대인들을 보호하였고, 요한 힐카누스 1세는 나바테아 도시들을 점령하면서 베레아 지역을 확장하였습니다. 헤롯의 뒤를 이어 그의 아들 갈릴리의 통치자 헤롯 안티파스가 이 지역을 다스렸으며, 제1차 유대인 폭동 때에는 로마에 대항하는 전쟁의 중심 역할을 하였습니다.

③ 예수님이 베레아에 3개월 정도 머물고 계실 때(요한 10:40)에 헤롯 안디바가 그를 죽이려 한다는 사실을 알게 되자 **'가서 저 여우에게 말하라'**고 하셨습니다.

④ 베레아에서 일어난 사건에 대해서는 요한복음 7장, 11장, 누가복음 9장, 18장, 마태복음 8장에 자세히 기록되어 있습니다. 또한 마지막 갈릴리를 떠날 즈음에 **70인 전도단을 베레아 쪽으로 파송**하시고 이후 전도보고를 받으십니다.

⑤ 예수님은 베레아에 계실 동안에 많은 비유의 말씀을 하시었습니다. 즉, 잃은 양, 돌아온 탕자, 불의한 청지기, 불의한 재판관 등에 관한 비유들입니다.

[정리] 공간복음을 중심으로 본 베레아 지역에서 예수님의 사역

마태복음	마가복음	누가복음
		1. 제자교육 *배척한 사마리아인들(9:51-56) *제자의 길(9:57-62) *70인 제자들의 파송(10:1-12) *고라신,벳세다,가버나움에 대한 저주(10:13-16) *70인 제자들의 보고(10:17-20) *예수님의 감사기도(10:21-24)
		2. 예수님의 다양한 가르침 *사랑의 계명(10:25-28) *선한 사마리아 사람(10:25-37) *마르다와 마리아(10:38-42) *기도에 대한 가르침(11:1-13) *바알세불 논쟁(11:14-26) *요나의 표적(11:27-32) *눈은 마음의 등불(11:33-36)
		3. 다양한 심판과 경고의 말씀 *바리새인과 서기관들에 대한 심판(11:37-54) *제자들에게 하신 경고(12:1-12) *재물에 대한 경고(12:13-34) *깨어 준비하라(12:35-48) *시대를 분별하라(12:49-59) *회개하라(13:1-9)

		4. 18년 동안 등이 굽은 여자 치유됨 (13:10-17)
		5. 하나님 나라 비유와 예루살렘 심판 *누룩과 겨자씨 비유(13:18-21) *좁은 문(13:22-30) *예루살렘 심판(13:31-35)
		6. 제자의 길 *수종병자 치유(14:1-6) *혼인잔치 비유(14:7-14) *큰 잔치 비유(14:15-24) *제자의 길(14:25-35)
		7. 잃은 것을 찾는 기쁨 *잃은 양을 찾은 목자 기쁨(15:1-7) *잃은 동전 찾은 여인 기쁨(15:8-10) *잃은 아들을 찾은 아버지의 기쁨 (15:11-32)
부유하고 젊은 관원 (19:16-30)		8. 재물에 대한 비유 *불의한 청지기 비유(16:1-13) *하나님 나라와 율법, 선지자(16:14-18) *부자와 나사로(16:19-31) *부유하고 젊은 관원(18:18-30)
이혼(19:1-2)	이혼(10:1-2)	9. 이혼에 대한 말씀(16:18)
		10. 제자들을 향한 교육 *열 명의 문둥병자(17:11-19) *하나님의 나라(17:20-37) *끈질긴 과부의 기도(18:1-8) *바리새인과 세리의 기도(18:9-14)
어린아이들(19:13-15)	어린아이들(10:13-16)	11. 어린아이들에 대하여(18:15-17)
포도원의 품꾼(20:1-6)		
수난의 예고(23:17-19)	수난의 예고 (10:32-34)	12. 수난의 예고(18:31-34)
야고보와 요한의 요청(20:20-28)	야고보와 요한의 요청 (10:35-45)	

[정리] 신약에서 베레아 지역 명칭 구분

공간복음	예수님의 사역 지역 **사마리아 지역과 예루살렘 중간 지역** 에 있음 사해 동쪽/페레아라고도 함	유대 이방 땅	누가 9:51 이하
사도행전	바울의 선교 지역(뵈뢰아) **그리스 반도 아가야 지역** 데살로니가에서 아덴으로 가는 길에 있음/베리아라고도 함	너그럽고 신사적인 사람들	사도행전 17:10 이하

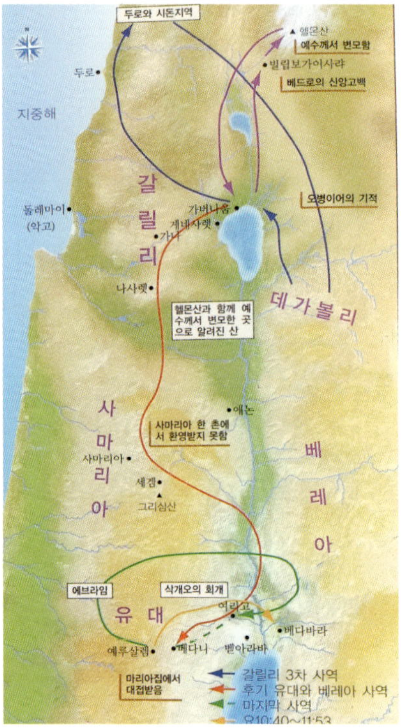

후기 유대와 베레아 사역
(성서지도, 지계석)

2) 여리고

① 여리고는 총독 빌라도의 땅이며, 국경의 도시였고, 중요한 세관 사무소가 있는 곳이었습니다.

② 삭개오는 세관 및 징세 청부인 가운데서 높은 자리에 있었고, 여기서 예수님은 삭개오를 만납니다. 그리고 그의 집에 머무르면서 친구가 되어 주셨습니다(누가 19:2-10).

③ 소경 거지 바디매오가 눈을 뜨게 된 사건이 일어난 곳이기도 합니다(마가 10:46-52).

3) 데가볼리

로마가 이 지역을 점령한 후 몇몇 도시들이 새로이 지어지고, 10개의 도시들이 하나의 연맹체를 구성하였는데 이것을 데카폴리스 연맹이라 하였습니다. 신약에서는 북부 요르단 지역을 총칭합니다. 이들 도시들은 남쪽으로는 베뢰아, 북쪽으로는 헤롯 빌립의 영지와 경계를 이루며, 이 도시들 중 요단강 서편의 스키토폴리스(벧산)는 가장 큰 도시로 지중해를 잇는 해변 길의 교통 중심지입니다(마가 5:20 ; 7:31 / 마태 4:25).

4) 이두매 지역

에돔 지역을 헬라화시켜서 부른 이름으로, '붉다'는 의미를 지닌 '에돔'에서 파생되었고, 사해 남단의 이스라엘과 요르단을 포함하고 있습니다. 이 지역 출신인 헤롯의 통치시기에 이두매 사람들은 왕실 친위대의 핵심 세력을 이루었다고 합니다(마가 3:8).

⇨ 벳세다 들판에서 오병이어 기적
갈릴리 바다 동북쪽에 있는 한적한 들판에서 오병이어의 기적이 일어납니다
(요한 6:9-13).

⇨ 두로와 시돈(베니게 쪽, 지중해바다 쪽의 이방 땅) 지역, 데가볼리(갈릴리 바다 동쪽의 이방 땅), 헬몬 산 줄기에 있는 가이사랴 빌립보와, 마가단(막달라) 지역은 데가볼리에서 배타고 서쪽으로 건넌 곳 등으로 사역을 수행하였습니다.

제7절 예수 그리스도께서 행하신 기적과 이적은 어떤 것이었나요?

예수님의 사역 활동 가운데 많은 부분은 기적과 이적이라고 할 수 있습니다. 죽은 자를 살리시고, 물 위를 걸으시며, 바람을 잠재우시고, 물고기 두 마리와 보리떡 다섯 개로 5천 명을 먹이신 것이며, 유전적인 병이나 중증 환자를 고치신 것, 물이 포도주가 되게 하는 것 등은 보통의 사람들이 할 수 없는 초월적인[689] 기적과 이적에 해당하는 것이었습니다.

---

689) 초월(超越)이란 어떤 한계나 표준을 뛰어넘은 것(경지)을 말합니다. 또 인간의 인식이나 경험의 범위 밖에 존재하며 의식의 범위에 속하는 않는 일을 말하기도 합니다. 민중서림, 엣센스 국어사전, 2003, 2474쪽.

1. 죽은 자를 살리심(죽음을 초월하심)

1) 죽은 나사로를 살리심

베들레헴에서 한 오리(2킬로미터)쯤 되는 **베다니라는 마을**에 마리아와 마르다라는 누이와 오빠 나사로가 있었는데, 어느 날 나사로가 심한 병이 들었습니다. 이때 그 누이들이 사람을 보내어 오빠가 몹시 아파 죽어가는 상황이니 오셔서 고쳐 주시기를 간청하였습니다. 그런데 예수님은 제자들에게 나사로는 죽을 병은 아니라고 하시면서 **'이 병은 죽을 병이 아니라 하나님의 영광을 위함이요 하나님의 아들로 이를 인하여 영광을 얻게 하려 함이라'**고 하셨습니다. 그 곳에서 2일을 더 머무르신 후에 제자들에게 이제는 나사로의 집으로 가자고 하시니, 제자들이 예수님께 '얼마 전까지도 유대인들이 돌로 쳐 죽이려고 하였던 동네 아닙니까? 그 곳에 왜 또 가시려하십니까?' 하면서 만류하자. 예수님은 '잠든 나사로를 깨우러 가자'고 하시자, 제자들은 이 말씀을 이해하지 못하고 '그러면 일어나겠네요 문제없는 것 아닙니까?'하고 대답하자, 예수님께서는 '나사로가 죽었다'고 하시면서, **'내가 거기 있지 아니한 것이 도리어 기쁜 일이 되었는데 이것은 너희들로 죽은 자가 살아나게 될 수 있음을 믿게 하기 때문이다.**'라고 하시면서 가시었습니다. 그런데 예수님이 베다니에 도착하니 이미 나사로가 죽은 지 4일이나 지났습니다.

여동생들은 대성통곡을 한 후였고 이웃과 친구들이 속속 찾아와 조의를 표하고는 함께 울었습니다. 유력한 유대인들도 예루살렘에서 많이 왔습니다. 예수님을 만난 마르다와 마리아는 예수님이 늦게 오시게 된 점을 아쉬워하면서 말하기를 '주께서 여기 계셨더라면 내 오라비가 죽지 아니하였겠나이다.'하고 말하였습니다. 이에 대하여 예수님은 '마르다야, **나는 부활이요 생명이니 무릇 살아서 나를 믿는 자는 영원히 죽지 아니하며 또한 나를 믿는 자는 죽어도 살리라'**라고 대답하셨습니다.

예수님은 마리아를 불러 나사로의 무덤이 있는 곳을 안내하라고 하셨습니다. 그리로 가신 예수님은 무덤 앞에서 외치시기를 '나사로야 일어나 나오라'고 말씀하시자 어둠 속에서 나사로는 수의에 싸인 채 머리는 감긴 채 천천히 햇빛 아래로 나왔습니다. 모두들 그 자리에 얼어 붙었습니다. 나사로와 마르다와 마리아는 기쁨이 넘쳐 서로 얼싸안고 눈물을 흘렸고, 함께 있던 많은 사람들도 이것이 꿈이 아닌 것을 알고서 놀라움과 눈물과 환호로 얼룩졌습니다(요한 11:1-44).

[정리] 나사로 사건

예수님이 큰 소리로 외치심	죽은 자들을 다시 살리시는 메시야가 왔으며 그의 나라가 시작된 것을 선포하신 것
선포에 대한 반응	* 예수님을 믿게 됨(많은 유대인들) * 바리새인들에게 가서 하신 일을 보고함(어떤 사람) * 예수를 죽이기로 모의함(바리새인들)
종말론적인 의미	* 하나님의 나라가 시작되었다. * 누구든지 예수님을 믿으면 죽어도 살게 된다. * 예수님은 죽음의 권세를 이기셨다.
나사로를 살리신 목적	* 하나님의 영광을 위함(요한 11:4) * 하나님의 아들이 이로 인하여 영광을 얻게 하려고

[정리] 신약 성경에 나오는 2명의 서로 다른 나사로

구분	내용	성경구절
죽은 후에 살아난 나사로	마르다와 마리아의 오빠 하나님께 영광을 돌리기 위함	요한복음 11장 1절-44절
죽은 거지 나사로	순종하지 않고 회개하지 않는자의 최후에 대한 교훈	누가복음 16장 19절-31절

2) 나인 성 과부의 죽은 아들을 살리심

예수께서 나인 성 성문에 가까이 오실 때 사람들이 한 죽은 사람을 메고 나왔는데, 그 사람은 어느 과부의 독자였습니다. 울고 있는 과부를 보시고 울지 말라고 하시면서 관에 손을 대시니 관을 멘 사람들이 서게 되었고, 그때 예수님은 말씀하시기를 "청년아 일어나라" 하시니 죽은 자가 일어나 말을 하게 되었고 그 어미에게 가게 하였습니다(누가 7:11-15).

3) 회당장 야이로의 죽은 딸을 살리심

예수님은 회당장인 야이로가 와서 자신의 12살 된 딸이 병들어 거의 죽게 되었으니 구해달라고 간청하자, 그를 따라 그의 집으로 가게 되었습니다. 가는 도중 어떤 여인이 자신의 옷가를 만진 사건이 있어 생각보다는 야이로의 집에 도착하는 시간이 늦어졌습니다. 야이로의 집에 도착했을 때는 그의 딸은 이미 죽었고, 울어주는 사람들이 슬피울고 피리 부는 사람들이 피리를 불고 있었습니다. 예수님은 그런 짓을 하지 말라고 하시면서, **회당장의 딸이 죽은 것이 아니라 잔다**고 하시었습니다. 그들은 분명 죽은 상태를 확인하고 그들이 해야 할 일인 대신 울어주는 일과 피리부는 일을 하고 있었으므로 예수님의 말이 전혀 맞지 않는 말이므로 (비)웃게 되었습니다. 이때 예수님은 베드로와 야고보와 요한만을 데리고 딸이 죽은 방으로 부모를 따라 들어갔습니다.

예수님은 딸이 죽은 채 머무르고 있는 방으로 들어가 손을 가만히 잡고는 **'달리다쿰, 소녀야 일어나라'**라고 명령합니다. 그러자 소녀가 눈을 뜨고 자리에서 일어나 침대에 내려와서는 부모에게 달려가 두 팔을 벌리고 인사했습니다. 예수님은 이어서 '소녀에게 먹을 것을 주라'고 일렀습니다.

2. 바람과 바다를 잔잔하게 하시고 바다 위를 걸으심(자연법칙을 초월하심)

1) 바다를 잠잠케 하심

예수님이 제자들과 함께 바다를 건너실 때 바다에 큰 물결이 일어 배를 덮치자 제자들은 무서워하는데, 예수님은 배에서 주무시매 제자들이 다가가 깨우니 예수님께서 일어나 바다를 잔잔케 하시었습니다(마태 8:23-26).

2) 바다 위를 걸어가심

예수님이 오천 명을 먹이신 후 무리들을 차례로 보낸 후에 가시기 위해 제자들을 먼저 배를 타고 건너편으로 건너가라고 하시었습니다. 무리들을 보낸 후 기도하러 산에 올라가신 후에는 벌써 제자들의 배는 육지에서 수 마일을 가고 있었습니다. 밤 4경에 **예수께서 바다 위를 걸어서 제자들에게 가니** 제자들이 놀라 처음에는 유령이라고 생각하고 무서워 소리 지르자 예수님이 **'내니 두려워말고 안심하라'**고 하자 베드로가 **'만일 주님이시면 나를 물 위로 걸어오라고 명령하여 보시기를 바랍니다'**고 하자 예수께서 오라고 말씀하시니 **베드로가 물 위를 걸어가게 되었습니다**(마태 14:25-29).

3. 4천 명과 5천 명을 먹이심(양을 초월하심)

1) 5천 명을 먹이심

예수께서 세례 요한이 죽은 후에 빈들에 나가시니 많은 무리들이 좇은 지라 날이 저물어 무리를 잔디에 앉게 하고 제자들이 가져온 **떡 다섯 개와 물고기 두 마리를 축사하시고 떼어 나누어 주니** 다 배불리 먹고 남은 조각이 12바구니에 가득하였으며, 먹은 사람은 여자와 어린아이를 제외하고도 **오천 명이었습니다**(마태 14:15-21, 30-44/누가 9:10-17/요한 6:25-59).

[정리] 만나와 생명의 떡

구분	만나	생명의 떡
일어난 시대	모세 시대 출애굽 후 광야에서	예수 그리스도 사역 시대
주어진 방식	기적적 방식	기적적 방식
누가 주었는가?	하나님	예수 그리스도(성자이신 하나님)
받은 사람	이스라엘 백성	말씀을 들은 백성 배고픈 모든 자
기적의 성격	일시적 육체 생명의 유지	영원한 영적 생명의 양식
한계	먹은 후 다시 배고픔	받은 후 영원한 해결
성경 근거	구약 출애굽기 16:31	신약 요한 6:25-59

2) 4천 명을 먹이심

예수께서 사흘 동안 무리들이 따라 다니면서 제대로 먹지 못하여 기진할까 염려하시면서 떡 일곱 개와 작은 생선 두어 마리를 축사하시고 나누어 주게 하니, 다 배불리 먹고 남은 조각을 일곱 광주리에 차게 거두었고, 먹은 사람은 여자와 아이를 제외하고도 4천 명이었습니다(마태 15:32-38).

4. 물을 포도주가 되게 하심(질을 초월하심)

예수님이 공생애를 막 시작한 때에 갈릴리에 있는 친척 집에 혼인 잔치가 있어 초대되어 가시게 되었는데, 예수님의 어머니인 마리아는 미리 일을 돕기 위해 가 계셨는데, 마침 예수님이 도착하였을 때 혼인집에 포도주가 모자라게 되자 어머니 마리아가 예수께 나아와 포도주가 없다고 하자 예수님은 처음에는 자신의 때가 아직 이르지 아니하였다고 하였지만, 그 어머니가 하인들을 불러 예수께서 무슨 말을 하시든지 시키는 대로 하라고 하면서 보내자 예수님은 빈 항아리에 물을 가득 채우게 하고 연회장에 갖다 주라고 말씀하시자 물이 포도주로 변하게 되는 표적이 나타나게 되었습니다(요한 2:1-11).

[정리] 물이 변하는 것에 관하여 구약과 신약의 비교

구약(율법)	모세의 첫 번째 이적 : 물이 변하여 피로 만든 것(출애굽기 4장 9절)
신약(복음)	예수의 첫 번째 이적 : 물이 변하여 포도주로 만든 것(요한복음 2장 1-12절)

5. 왕의 신하의 아들을 고치심(공간을 초월하심)

예수님이 가버나움에 들어가시려고 할 때에, 어떤 백부장의 사랑하는 종이 병들어 죽게 되자 백부장은 예수님의 소문을 듣고 유대인의 장로 몇 사람을 예수께로 보내어 오셔서 그 종을 구해 주시기를 청하였습니다. 이러한 부탁을 받은 이 사람들이 예수님께 와서는 간절히 구하면서 말하기를 ' 이 일을 하시는 것이 이 사람에게 하실 만한 일입니다. 그 사람은 우리 민족을 사랑하고 또한 우리를 위하여 회당을 지어 헌당하기도 하였습니다'. 하니 예수님께서 함께 가시고 계실 때 백부장이 이 소식을 듣고는 친구들을 보내어 예수님께 말씀 드리기를 '주님 저희 집에 오시는 수고까지 하실 것 없으십니다. 저의 집에 오심을 감당하지 못하겠습니다. 말씀만 하셔도 내 하인이 나을 것을 믿습니다. 저도 남의 명령을 받은 사람이고 내 아래에도 병사가 있어 그들도 제 명령이면 그대로 수행합니다. 그러므로 내가 가라면 가고 오라 하면 오고 내 종에게는 이것을 하라고 하면 합니다'라고 말씀 드렸습니다. 예수님께서는 이 백부장의 단순 솔직한 믿음을 보시고 칭찬하시면서[690] 백부장이 보낸 사람들을 백부장의 집으로 돌려보내시었는데, 그들이 백부장의 집에 도착하여 보니 그 종은 이미 나아 있었습니다. 그러므로 이 사건은 **예수님과 백부장의 종(환자)가 공간적으로 떨어져 있었지만 병 나음을 얻게 된 것**으로 공간을 초월하심을 나타내 준 사건인 것입니다 (누가 7:2-10).

[정리] 기적과 이적 그리고 표적

1. 표적(Sign)이나 이적(Wonder), 또는 기적(Miracle)

주로 같은 상황에서 등장하고 있습니다. 특별히 예수님의 행적을 다루는 4복음서에서 이 용어들은 거의 비슷한 용어처럼 등장할 때가 많습니다. 그러나 이적과 기적은 비슷한 말로써 놀라운 행적을 묘사하는 용어지만 표적은 그렇지 않습니다.

2. 이적이나 기적은,

놀라운 일(Wonder), **보통 인간이 할 수 없는 일,** 또는 자연법칙을 넘어서는 초자연적인 (Miracle)을 가리키는 말입니다. 하나님께서 이집트에서 10가지 재앙을 내리신 일이나, 여호수아가 전쟁 때 태양을 멈추게 한 일, 또는 예수님께서 소경의 눈을 뜨게 하고, 빵 5덩이와 물고기 2마리로 5000명을 먹이신 일과 같은 일들은 모두 '기적' 또는 '이적'이라고 부르고 있습니다. 이러한 이적이나 기적을 행하는 것은 하나님의 위대하심과 신성, 놀라우신 위엄 등을 나타내기 위한 것입니다.

---

690) '내가 너희에게 이르노니 이스라엘 중에서도 이만한 믿음은 만나 보지 못하였노라'고 칭찬하셨습니다 (누가 7:9).

3. 표적(Sign)은,

그것을 **행하는 사람이 말하려는 것을 증명하는 도구**입니다.'표시', 또는 '징조'로 이해할 수 있는 말입니다. 쉽게 말해서 하나님께서 어떤 일을 말씀하시거나 주장하실 때에 표적을 통해서 그 말씀이 하나님으로부터 온 것임을 증거해 주십니다. 하나님은 이적이나 기사를 통해서 표적을 나타내실 때가 있습니다. 예를 들어서 (마가 16:16)이하에 나오는 마귀들을 쫓아내는 것과, 독을 마셔도 해를 입지 않는 일, 또는 병자들에게 안수하여 치유하는 일들은 이적인 동시에 '표적'이라고 불려지고 있습니다. 이러한 일들은 성령께서 복음 전도자의 말이 진리라는 것을 증거하기 위해 나타나는 표적이라고 볼 수 있습니다. 하나님은 모세를 이집트로 보내려고 했지만, 모세는 이렇게 대답했습니다. **'보소서! 그들이 나를 믿지도 아니하고 내 음성에 귀를 기울이지도 아니하리니, 그들이 말하기를 '주께서 네게 나타나지 아니하셨다 하리이다'**(출애굽기 4:1). 모세는 하나님께서 자기를 보내셨다는 증거를 요구했습니다. 그때에 하나님은 막대기로 뱀을 만들어 보이셨고, 모세의 손에 문둥병을 발하게 했다가 다시 치유해 주셨습니다. 하나님께서는 이 두 가지 이적들을 자신이 모세를 보내셨다는 '표적'으로 제시하셨습니다. 그러나 표적 중에는 이적이나 기사가 아닌 것도 있습니다. 성경을 보면 안식일은'표적'이라고 부르고 있는데, 이것은 '이적'이나 '기적'에 속하지 않습니다(에스겔 20:20).

① 표적 가운데서 가장 중요한 표적은 바로 **치유의 표적**입니다. 왜냐하면 그것은 예수님께서 메시야로 오실 때에, 그분이 메시야라는 것을 알려주기 위한 **왕의 표적**이기 때문입니다. 예수님께서 자기 백성에게 오셨을 때 백성들은 어떻게 예수님이 메시야라는 것을 알 수 있을까요? 그것은 바로 예수께서 행하시는 표적을 통해서 알 수 있었습니다.

'그 때에 맹인의 눈이 밝을 것이며 못 듣는 사람의 귀가 열릴 것이며 그 때에 저는 자는 사슴 같이 뛸 것이며 말 못하는 자의 혀는 노래하리니 이는 광야에서 물이 솟겠고 사막에서 시내가 흐를 것임이라'(이사야 35:5-6).

'그 잃어버린 자를 내가 찾으며 쫓기는 자를 내가 돌아오게 하며 상한 자를 내가 싸매 주며 병든 자를 내가 강하게 하려니와 살진 자와 강한 자는 내가 없애고 정의대로 그것들을 먹이리라'(에스겔 34:16).

② 예수께서 5천 명을 먹이신 사건에서 기적을 표적이라고 말씀하셨습니다.[691] 이는 기적들에 (구원에 관한) 영속적인 의미가 있음을 나타내 주는 것이기도 합니다.

이러한 표적은 후에 사도들에게 이어졌는데, 이는 **사도들의 표적**이라고 부릅니다(고린도후서 12:12). 이러한 표적은 이 일을 행하는 자들이 하나님께서 보내신 자라는 것을 보여주는 **성령의 표적**이라고 할 수 있습니다. http://www.biblenara.org/q&a/Q567.htm인용

691) 표적은 예시적인 것으로 다양한 형태로 나타날 수 있는 것입니다.

6. 귀신을 제압하심

예수님은 귀신까지도 제압하시었는데, 공생애 기간 동안 귀신을 제압하신 사건과 귀신들린 사람을 고치신 사건이 여러 번 기록되고 있습니다(누가 4:33-36, 41; 6:18; 8:27-33).

[정리] 예수님이 이와 같은 기적과 이적을 행하신 까닭

1. 하나님의 나라가 임하심을 증거하기 위함이며,[692)]
2. 주님의 권능을 나타내시기 위해서이며,
3. 주님이 왕이심을 증거하기 위해서이고,
4. 죽은 자의 가족들을 사랑하셨기 때문이며,
5. 주님에 대한 믿음을 갖게 하기 위해서이다.[693)]

✽ 오늘날도 이런 기적이 일어날 수 있나요?

미국의 랜스 암스트롱은 1993년도 경륜 세계 챔피언이며 1992년과 1996년 두 번이나 올림픽에 출전한 경륜(사이클)계의 슈퍼스타입니다. 프랑스를 일주하는 유명한 국제 사이클 경기인 '뚜르 드 프랑스'에서 7연패를 거둔 미국 사이클 선수입니다. 미국 사이클링 매거진은 그의 승리를 "20세기 스포츠 역사상 가장 기억에 남는 사건"이라고 평가했습니다. 그런데 그는 불과 25세 나이인 1996년 10월 고환에 암이 퍼져 있는 것이 발견되었습니다. 그는 암 말기로 고환뿐 아니라 폐와 뇌에도 암이 전이 되어 있었습니다. 모두들 그가 죽을 것이라고 생각하였습니다. 그는 16개월에 걸쳐 두 번의 수술과 항암제 치료를 받았습니다. 일반적으로 암이라고 선고 받으면 은퇴하여 집에 머물며 그저 죽음을 기다리겠지만 그는 달랐습니다. 그는 절망의 늪에서 빠져나와 다시 경륜 훈련을 시작했습니다. 훈련을 계속한 그는 보기 좋게 컴백에 성공했습니다. 1998년 놀랍게도 그의 몸에서 모든 암이 사라진 것이 확인되었습니다. 정말 기적 같은 일이 일어난 것입니다. 그는 2000년에도 미국을 대표하는 경륜선수로 건재함을 과시했습니다. 그가 쓴 책에서 '단 1%의 가능성만 있어도 나는 달린다'라고 말하고 있습니다.

제8절 예수 그리스도가 하신 장래 일 예언은 어떤 것이었나요?

1. 고난의 예언

예수님께서는 이 땅에서 고난을 받고 죽으실 일을 예언하셨습니다. 인자가 많은 고난을 받고 장로들과 대제사장들과 서기관들에게 버린 바 되어 죽임을 당하고 사흘 만에 살아나야 할 것을 비로소 그들에게 가르치시되(마가 8:31), 예수께서 이 말씀을 다 마치시고 제자들에게 이르시되,

---

692) 이사야서 61장 1절~2절에서는 **하나님의 나라가 임하면 이런 기적이 일어난다고 예언**하고 있다.
693) 신성종, 앞의 책, 258쪽.

'너희가 아는 바와 같이 이틀이 지나면 유월절이라 **인자가 십자가에 못 박히기 위하여 팔리리라**'(마태 26:1-2).

2. 배반의 예언

예수님께서는 자신이 사람들에게 잡히시는 일이 일어날 것이며, 그때에는 제자들도 도망하고 또 배반(부인)하게 될 것임을 예언하였습니다. 심지어 앞장서서 예수님을 가장 따랐던 베드로조차 예수님을 부인할 것을 예언하셨습니다.

'베드로가 대답하여 이르되 **모두 주를 버릴지라도 나는 결코 버리지 않겠나이다**'(마태 26:33). 하니

예수께서 이르시되 '내가 진실로 네게 이르노니 **오늘 밤 닭 울기 전에 네가 세 번 나를 부인하리라**'(마태 26:34). 라고 말씀하셨습니다.

'제자들이 다 예수를 버리고 도망하니라'(마가 14:50).

'이에 **제자들이 다 예수를 버리고 도망하니라**'(마태 26:56).

3. 죽음과 부활(사망을 이기심)의 예언

예수님께서는 스스로 자신의 죽음과 부활에 대한 예언을 3번 이상 하시었습니다.

첫 번째는 빌립보 가이사랴 지방에서였습니다.

'예수께서 빌립보 가이사랴 지방에 이르러… 이 때로부터 예수 그리스도께서 자기가 예루살렘에 올라가 장로들과 대제사장들과 서기관들에게 많은 고난을 받고 죽임을 당하고 제삼일에 살아나야 할 것을 제자들에게 비로소 나타내시니'
(마태 16:13-21).

두 번째는 갈릴리에서였습니다.

'갈릴리에 모일 때에 예수께서 제자들에게 이르시되 인자가 장차 사람들의 손에 넘겨져 죽임을 당하고 제삼일에 살아나리라 하시니 제자들이 매우 근심하더라'
(마태 17:22-23).

세 번째는 예루살렘으로 올라가시기 전 감람산에서였습니다.

이에 그들이 찬미하고 감람산으로 가니라 예수께서 제자들에게 이르시되,

'너희가 다 나를 버리리라 이는 기록된 바 내가 목자를 치리니 양들이 흩어지리라 하였음이니라 그러나 내가 살아난 후에 너희보다 먼저 갈릴리로 가리라'(마가 14:28).

[정리] 예수님의 죽음과 부활에 대한 예언

구 분	예언하신 장소	성경구절
첫 번째 예언	빌립보 가이사랴 지방	마태16:13 마가 8:31
두 번째 예언	갈릴리 지방	마태 17: 22 누가 18:33
세 번째 예언	예루살렘으로 올라가시기 전 감람산에서	마태 20:17 마가 14:28 요한 16:16

4. 성령강림의 예언

예수님께서는 부활 후 40일 동안 제자들과 함께 이 땅에 계시면서 하나님 나라 일을 말씀하시면서, 제자들에게 성령을 받게 될 일을 또한 미리 말씀하셨습니다.

그들에게 분부하여 이르시되,

'예루살렘을 떠나지 말고 내게서 들은 바 아버지께서 약속하신 것을 기다리라 요한은 물로 세례를 베풀었으나 **너희는 몇 날이 못 되어 성령으로 세례를 받으리라**'고 말씀하셨습니다 (사도행전 1:4-5).

5. 복음 전파의 예언

예수님께서는 부활 후 제자들에게 성령강림의 예언과 더불어 복음 전파의 예언도 말씀하셨습니다.

'오직 성령이 임하시면 너희가 권능을 받고 예루살렘과 온 유대와 사마리아와 땅 끝까지 내 증인이 되리라'고 말씀하셨습니다(사도행전 1:8).

6. 재림(심판과 하나님나라 완성)의 예언

기독교 역사관은 창조와 십자가와 종말과 재림의 직선적인 역사관입니다. 특히 종말과 재림을 창조의 완성으로 보고 있습니다. 즉 하나님 나라의 완성은 예수 그리스도의 재림으로 완성될 것입니다. 예수 그리스도의 재림에 대해서는 예언되어 있습니다.

'인자가 자기 영광으로 모든 천사와 함께 올 때에 자기 영광의 보좌에 앉으리니' (마태 25:31).

'주께서 호령과 천사장의 소리와 하나님의 나팔로 친히 하늘로 좇아 강림하시리니 그리스도 안에서 죽은 자들이 먼저 일어나고 그후에 우리 살아남은 자도 저희와 함께 구름 속으로 끌어올려 공중에서 주를 영접하게 하시리니 그리하여 우리가 항상 주와 함께 있으리라'(데살로니가전서 4:16-17).

다만, **'그때와 시기에 대해서는 하나님 아버지의 권한에 두셨기에 아무도 모른다'**고 하셨습니다(사도행전 1:7).

[정리] 예수님의 예언

1. 고난의 예언	많은 고난(심문, 모욕, 채찍, 가시면류관, 침 뱉음 등)과 십자가 죽음	마가 8:31
2. 배반의 예언	제자들이 예수님을 버림	마가 14:50 마태 26:56
3. 부활의 예언	십자가 죽음과 3일 후 부활	마태 16:13-21 마태 17:22-23 마가 14:28
4. 성령강림의 예언	부활 후 오순절에 성령강림(세례)	사도행전 1:4-5
5. 복음전파의 예언	예루살렘과 유다와 사마리아와 땅 끝까지 증인	사도행전 1:8
6. 재림의 예언	재림과 심판과 하나님의 나라 완성	마태 25:31

성령강림
(조셉 이그나즈 밀도퍼, 헝가리, 1782)

제7장 예수 그리스도의 잡히심, 고난과 판결 그리고 죽으신 이야기

때가 되어, 예수님은 공생애 사역을 마치시면서 예루살렘으로 향하여 올라가십니다. 그 길이 고난의 길이며, 죽음의 길임을 아시지만 결코 피하지 아니하시고, 묵묵히 올라가십니다. 그리고는 유월절 만찬과 기도로 십자가 고난과 죽음을 준비하십니다. 여러 번의 심문 과정과 최후의 빌라도 판결 그리고 각종 참기 어려운 모욕과 가시면류관의 고통과 십자가 고통을 겪으시고 최후의 죽음을 맞이하십니다. 하지만 십자가상에서도 회개하는 강도를 용서하시고, 무지한 이스라엘 백성(인간)을 위한 기도를 하나님께 드립니다. 이미 제자들과 주님을 따르던 민중들은 온데간데없이 흩어져 버립니다만, 예수님은 죽음의 권세를 3일 만에 깨뜨리시면서 장엄한 부활의 아침을 맞이하게 됩니다.

제1절 예수 그리스도의 예루살렘 입성과 성전청결 사건 이야기
제2절 대제사장들과 장로들이 예수 그리스도를 잡으려고 의논한 이야기
제3절 베다니 문둥이 시몬의 집에서 향유를 예수님의 발에 부은 이야기
제4절 가룟 유다가 대제사장들을 찾아가 예수 그리스도를 팔려고 한 이야기
제5절 마지막 유월절 만찬 이야기
제6절 예수 그리스도의 잡히신 이야기
제7절 심문과 십자가형 판결 이야기
제8절 예수 그리스도의 죽으신 이야기

제1절 예수 그리스도의 예루살렘 입성과 성전청결 사건 이야기

1. 예수 그리스도의 예루살렘 입성 이야기

① 예수님은 십자가를 지시기 위해 마지막으로 예루살렘을 향하여 입성하시게 됩니다. 이때 이미 예언된 것처럼, 이스라엘 왕이심에도 불구하고 겸손히 나귀 새끼를 타고 예루살렘으로 들어오십니다.

> 예언: **'시온의 딸아 크게 기뻐할지어다 예루살렘의 딸아 즐거이 부를지어다 보라 네 왕이 네게 임하시나니 그는 공의로우시며 구원을 베푸시며 겸손하여서 나귀를 타시나니 나귀의 작은 것 곧 나귀 새끼니라'**(시편 62:11, 스가랴 9:9).

성취 : '제자들이 가서 예수께서 명하신 대로 하여 **나귀와 나귀 새끼를 끌고 와서 자기들의 겉옷을 그 위에 얹으매 예수께서 그 위에 타시니**'(마태 21:2-9, 요한 12:15).

② 또한 이 때 많은 무리가 하나님을 찬양하며 소리칩니다.

'호산나[694] 또 ' 찬송하리로다. 주의 이름으로 오시는 왕이여 하늘에는 평화요 가장 높은 곳에서는 영광이로다' 라고 외칩니다(누가 19:28-38).

예수 그리스도의 예루살렘 입성
(윌리엄 게일 作, 영국, 1823-1909)

③ 하지만 예수님은 예루살렘 성을 향하여 우시면서 말씀하십니다.

'너도 오늘 평화에 관한 일을 알았더라면 좋을 뻔 하였거니와 지금 네 눈에 숨겨졌도다 날이 이를지라 네 원수들이 토둔을 쌓고 너를 둘러 사면으로 가두고 또 너와 및 그 가운데 있는 네 자식들을 땅에 메어치며 돌 하나도 돌 위에 남기지 아니하리니 이는 네가 보살핌 받는 날을 알지 못함을 인함이니라'(누가 19:41-44).

④ 이 예언은 예수님이 부활하시고 승천하신 후 **70년이 지나 로마 장군에 의해서 예루살렘이 철저히 파괴된 사실**과 그대로 맞아떨어진 것입니다.

❃ 무화과나무 이야기

성전청결 사건 전 월요일 예수께서 제자들과 함께 베다니를 떠나 예루살렘으로 향하시는 길 이른 아침에 몹시 시장기를 느끼고 있었는데, 마침 길가의 주인 없는 아무나 따 먹을 수 있는 무화과나무가 서 있는 것을 보았으나 열매가 없는 것을 아시게 되었습니다. 그러자 예수께서는 무화과나무를 향하여 '이제부터 영원토록 네가 열매를 맺지 못하리라' 하시니 무화과나무가 바로 마르게 된 사건입니다(마태 21:19). 여기서 예수께서 주시려는 교훈은 무화과나무는 유대의 상징으로 메시야를 거절하고 의의 열매를 맺지 못한 유대인의 운명(심판)을 예고한 것이라고 할 것입니다.[695]

694) **'호산나'**는 **'하나님, 우리를 구원하소서'**라는 뜻입니다.
695) 신성종, 신약역사, 개혁주의신행협회, 1997, 167-168쪽./존 스토트, 김동규 옮김, 아바서원, 2017, 36쪽.

2. 성전청결 사건 이야기

성전청결 사건은 두 번에 걸쳐 있었는데, 성경은 각각 따로 기록되어 있어서 마치 한 번 있었던 것처럼 느낄 수도 있습니다. 즉 첫 번째 성전청결 사건은 예수님이 공생애를 시작하면서 일어났으며(요한 2:13-16), 두 번째는 십자가를 지시기 위해 마지막으로 올라가신 예루살렘 성전에서 이루어졌습니다(마태 21:12-13).

> '**성전 안에 소와 양과 비둘기 파는 사람들과 돈 바꾸는 사람들이 앉아 있는 것을 보시고 노끈으로 채찍을 만드사 양이나 소를 다 성전에서 내쫓으시고 돈 바꾸는 사람들의 돈을 쏟으시며 상을 엎으시고 비둘기 파는 사람들에게 이르시되 이것을 여기서 가져가라 내 아버지의 집으로 장사하는 집을 만들지 말라** 하시니'(요한 2:14-16).

✽ 성전청결 사건

예수께서 제자들과 함께 미문(美門)을 벗어나 이방인의 뜰에 들어서자 시끌벅적한 장터가 펼쳐졌습니다. 뜰 둘레와 주랑들 밑에는 환전상들이 앉아 있었는데, 순례자들은 특정한 동전(로마 또는 헬라의 화폐를 유대 화폐로 바꾸어)으로 성전세를 내야 했기 때문입니다. 또 넓고 긴 본 뜰은 양과 소들로 가득 찼습니다. 유월절 절기 동안 참배자들은 수송아지 14마리, 염소와 숫양 7마리, 어린 양 49마리를 제물로 바쳐야 했는데, 대부분의 순례자들은 짐승을 직접 가져오지 않고 여기서 돈을 주고 사서 제물로 바쳤는데, 로마에게 포위되기 전의 마지막 유월절 때는 자그마치 25만 5천 마리의 어린 양이 죽었다고 합니다.[696)]

예수의 성전정화
(야코프 요르단스 作, 벨기에, 1650년경)

제2절 대제사장들과 장로들이 예수 그리스도를 잡으려고 의논한 이야기

대제사장과 백성의 장로들이 대제사장인 가야바의 관정에 모여 예수를 흉계로 잡아 죽이려고 의논하였는데, 이들은 '**민란이 날 수 있으니 유월절인 명절에는 하지 말자**'고 말하였습니다(마태 26:3-5).

696) 존 폴락, 윤종석 옮김, 하룻밤에 읽는 예수의 생애, 좋은씨앗, 2006, 181쪽.

제3절 베다니 문둥이 시몬의 집에서 향유를 예수님의 발에 부은 이야기

예수님이 제자들과 함께 베다니 문둥이 시몬의 집에 계실 때 어떤 여자가 매우 귀한 향유(나드) 한 옥합[697]을 가지고 와서는 식사하시는 예수님의 머리에 붓고 발에도 뿌리게 되었습니다. 이때 제자들이 이러한 광경을 보고서는 이 여자에게 말하기를 **'이 비싼 향유를 팔아서 가난한 자들에게 줄 수 있는데 왜 이것을 허비하나요?'** 하자 예수님은 **'그녀를 내버려 두라, 그 사람은 나에게 좋은 일을 하였다. 가난한 자들과 너희들은 항상 너희와 함께 있으나 나는 항상 함께 있는 것이 아니다'**라고 하셨습니다.

[정리] 향유 부은 사건[698]

구 분	마태복음 26:6-13	누가복음 7:36-50
장소	베다니 문둥이 시몬의 집	갈릴리의 시몬의 집
향유 부은 사람	베다니의 마리아	죄인인 한 여인
향유 부은 곳	예수님의 머리	예수님의 발

제4절 가롯 유다가 대제사장들을 찾아가 예수 그리스도를 팔려고 한 이야기

① 가롯 유다가 예수님을 팔려고 함

열두 제자 중에 한 사람인 가롯 유다가 몰래 빠져 나와 대제사장들에게 찾아가서 말하기를 **'내가 예수를 여러분들에게 넘겨 드리겠습니다. 그러면 얼마나 주시겠습니까?** 하고 말하자 그들이 은 30냥을[699] 달아 주었습니다. 가롯 유다는 돈을 받은 후부터는 예수님을 팔아넘길 기회를 계속 엿보고 있었습니다(마태 26:14-16).

✽ 가롯 유다가 예수님을 팔 것에 대한 구약적 예언

'내가 그들에게 이르되 너희가 좋게 여기거든 내 품삯을 내게 주고 그렇지 아니하거든 그만두라 그들이 곧 **은 삼십 개를 달아서 내 품삯을 삼은지라**'(스가랴 11:12-13).

'여호와께서 내게 이르시되 그들이 나를 헤아린 바 그 삯을 토기장이에게 던지라 하시기로 내가 곧 그 **은 삼십 개를 여호와의 전에서 토기장이에게 던지고**'(스가랴 11:12-13).

697) 향유는 멀리 인도에서 온 것으로 품꾼의 한 해 품삯과 맞먹는 가격으로 봅니다.
698) 이 사건의 차이에 대하여 기록의 오류라는 견해와 각기 다른 두 번의 사건으로 보는 견해가 있습니다.
699) 은화 30냥은 그 당시 노예 한 사람의 몸값에 해당되는 금액이었습니다.

스가랴 선지자는 예언의 품삯을 요구하였고, 그때 유대인들은 스가랴에게 은 30개를 주었습니다. 하나님께서는 스가랴에게 은 30개를 토기장이에게 던지라고 말씀하셨습니다(스가랴 11:12-13). 은 30개는 구약시대에 노예 한 사람의 값으로 이것은 가장 낮은 액수로 모욕적인 의미를 담고 있는데, 선지자 스가랴에 대한 백성들의 과소평가와 부정직인 평가를 보여 준 것입니다. 이것은 또한 예수님이 가룟 유다에 의해 은 30개에 팔릴 정도로 부당하게 대우 받으실 것을 미리 보여 준 것입니다. 예수 그리스도의 생명이 적들에게는 은 30개 정도로 하찮게 취급되었지만 그 가치를 아는 자들에게 그것은 계산할 수 없을 정도로 귀한 것입니다. 그리고 하나님께서 유다 백성이 정한 품삯이 너무 불손하고 부적당하니 토기장이에게 던지라고 하셨던 것 역시 그리스도에게 그대로 성취되었습니다. 주님을 판 유다는 은 30개를 성전에 던졌고 대제사장은 그 은을 거두어 토기장이의 밭을 사서 나그네의 묘지로 삼았습니다(마태 27:5-10).

✽ 가룟 유다는 왜 예수 그리스도를 팔려고 했나요?

가룟 유다는 예수 그리스도가 메시야로서 이스라엘 왕이 되기를 기다렸으나 실제는 그러한 가능성이 없다는 판단을 하였기 때문이며, 또한 그는 계산에 능한 사람이라 재물에 눈이 어두웠기 때문이라는 견해가 있습니다. [700]마태는 그가 사탄의 유혹에 넘어갔다고 하였으며, 예수님은 그에 대해 차라리 이 땅에 태어나지 않았으면 좋았을 것이라고 하셨습니다. 그는 나중에 이 일을 후회하고 은 30냥을 도로 가져다 주었지만, 이미 늦었다는 것을 알게 되자 결국 자살하고 말았으며, 그가 남긴 돈으로 밭을 사서 그 곳에 묻어 주었습니다(마태 26:3-10).

제5절 마지막 유월절 만찬 이야기

1) 유월절을 어디서 지내실까?

그러던 어느 날 제자들이 예수님께 **'예수님 이번 유월절을 어디서 지내시렵니까?'**하고 묻자 예수님은 성 안의 아무에게든 가서 말하기를 **'선생님 말씀이 내 때가 가까웠으니 내 제자들과 함께 유월절을 당신 집에서 지내겠다고 하신다고 전하라'**고 말씀하셨습니다. 그리고 제자들이 예수님의 말씀대로 유월절 준비를 하였습니다(마태 26:17-19).

2) 제자들의 발을 씻겨 주셨습니다.

저녁 식사를 하시기 전 예수님은 자리에서 일어나 겉옷을 벗고 수건을 집어 허리에 두르시고 대야에 물을 담아 제자들 한 사람 한 사람의 발을 씻어 수건으로 닦아 주셨습니다.[701]

700) 마태 26:15/마가 14:10-11/누가 22:3-6/요한 18:2-3.

701) 먼지가 많았던 팔레스티나 지역에서는 멀리서 온 손님의 발을 씻어 주는 습관이 있었는데, 이것은 노예가 하는 일이었습니다. 또한 제자가 스승의 발을 닦아 주는 일도 많았습니다. 그런데 예수님은 사회의 관습에 매이지 않고 겸손이란 어떤 것인지 스스로 제자들에게 보여 주셨습니다.
한편 유대인들은 의식상 깨끗하지 않으면 먹지 않았습니다.

제자들의 발을 씻기시는 예수님
(야코보 틴토렌토 作, 이탈리아, 1518-1594)

몸 둘 바를 모른 베드로는 사양했으나 예수님은 **'내가 만일 씻어 주지 아니하면 너는 나와 아무 관계도 없게 된다'**라고 말하자 곧 마음이 변하여 발을 맡겼습니다. 이로써 예수님은 그의 겸손을 몸소 실천해 보이셨던 것입니다.

마가의 다락방

3) 예수님과 제자들의 마지막 유월절

예수님이 제자들과 함께 마가의 다락방에서 마지막 유월절 만찬을 하시게 되었습니다.

4) 제자 중에 한 사람이 자신을 팔 것을 예언하셨습니다.

제자들과 함께 만찬을 하시면서 예수님은 제자들에게 **'너희 중에 한 사람이 나를 팔 것이다'**라고 말씀하셨습니다. 그러자 제자들이 서로 **'주님 저 입니까?'**하고 물었습니다. 그러자 예수님은 **'나와 함께 그릇에 손을 넣는 그 사람이 나를 팔 것이다'**라고 말씀하시면서 **'인자는 기록된 대로 가거니와 그 사람은 차라리 나지 않는 것이 더 좋을 뻔 했다'**하고 말씀하시었습니다. 이때 예수님을 팔려고 하였던 가룟 유다가 말하기를 **'저 입니까?'**하자, **'그렇다, 너 다'**라고 대답하셨습니다. 그러자 가룟 유다는 그 자리에서 나가서 대제사장들에게 갔습니다.

5) 떡을 떼어 언약을 삼으셨습니다.

예수님은 먹을 때 떡을 떼어서 축복하시고 제자들에게 주시면서 **'이것은 (죄 사함을 얻게 하려고 많은 사람을 위하여 내어준 언약의)내 몸이니 받으라'**고 하셨습니다.

6) 포도주를 따라 언약을 삼으셨습니다.

예수님은 포도주를 따라 축복하시고 제자들에게 주시면서 **'이것은 죄 사함을 얻게 하려고 많은 사람을 위하여 흘리는 언약의 피'**라고 하셨습니다.

✾ 성찬식은 무엇인가요?

예수님과 제자들이 최후의 만찬에서 행하셨던 예수님의 살과 피를 상징하는 빵과 포도주를 먹고 마시는 행위로 기념하는 의식을 말합니다. 성찬식은 개신교회에서 부르는 이름으로 일 년에 여러 번 부정기적으로 예배 중에 행하고 있으며, 세례를 받은 교인은 참여 당시에 양심에 거리낌이 있는 일이 없다면 누구나 참여하게 됩니다. 특히 가톨릭 교회에서는 성체 성사라 부르며 매주 일요일 미사에 행하고 있습니다.

《마지막 유월절 만찬》 2m×1m 2003. 황학만 作. 트리니티 신학대학원대학교 소장

✾ 마지막 유월절 만찬

'레오나르도 다빈치'의 〈최후의 만찬〉은 대각선 구도의 중심인 '소실점(消失點)'을 적용해서 화면 중앙이 예수 그리스도의 얼굴이 되도록 배치한 작품이다. 그는 예수께서 '너히 중 하나가 나를 팔 것'이라는 말씀에 술렁이는 제자들을 좌우로 배치했다. 그리고는 정 중앙에 고요한 자태의 예수 그리스도를 대비시켜 극적인 장면이 되도록 구성했다.

그렇듯 르네상스의 거장은 '인간 재발견'이라는 관점에서 그 사건이 스승에 대한 제자의 배반이라는 초점에 맞추어 놓고, 더 나아가 '요한'을 여자로 보이도록 묘사했다. 그럼으로써 누가 '가롯 유다'인지, 누가 '베드로'인지 하는 궁금증과 더불어 '막달라 마리아'와 그리스도는 연인관계인가 하는 억측을 유도했다. 그는 역사적 마지막 '유월절(逾越節)' 의미를 이토록 말끔히 지우는 데 성공했다.

'다빈치'의 〈최후의 만찬〉이 그려진 지 실로 5세기만에 '황학만'화백에 의해 성경이 가리키는《마지막 유월절 만찬》이 복원되었다. 그의 작품에는 2천 년 전 예수께서 베푸시는 만찬과 오늘날의 감상자 사이에 '컵'을 배치함으로써, 다빈치가 타자로 몰아냈던 만인을 은총의 자리로 되돌려 놓았다. 이처럼 시·공의 간극을 걷어낸 그의 작품은, 구속의 복음이 현재적임을 역설하고 있다. [국민일보 2022. 9. 28. 내용 중]

제6절 예수 그리스도의 잡히신[702]이야기

① 유월절 만찬(최후의 만찬이라고도 한다) 후 예수님은 제자들과 함께 올리브 산[703] 기슭에 있는 겟세마네로 갔습니다. 그 곳은 예수님이 자주 기도하러 가셨던 곳이기도 하였습니다. 예수님은 제자들에게 **'유혹에 빠지지 않도록 기도하라'**고 말씀하시고 조금 앞으로 나아가 무릎을 꿇고 전력을 다해 기도하였습니다.[704]

예수님이 기도하는 동안 제자들을 세 번 보러 갔으나 세 번 모두 깊은 잠에 빠져 있었습니다. 예수님이 세 번째 피곤하여 깊이 잠들어 있는 제자를 깨우러 갔을 때, 검과 봉을 손에 든 군중이 다가 왔습니다. 이 군중은 모두 제사장과 율법학자들이 보낸 사람들로서 그 맨 앞에는 12제자 중 한 사람인 가룟 유다가 서 있었습니다.

② 유다가 앞으로 나와 예수님과 포옹하고 입을 맞추었는데, 이것은 미리 정해 놓은 신호였습니다. 여러 명의 남자가 재빨리 예수님 가까이 다가와서는 예수를 체포하였습니다. 이때 베드로가 허리에서 검을 빼어 대제사장의 하인 말고의 오른쪽 귀를 베어 떨어뜨렸습니다. 예수님은 베드로를 향하여 **'검으로 일어나는 자는 검으로 망한다'**고 하시면서 떨어진 귀를 하인에게 다시 붙여 주었습니다.

가룟 유다의 배반의 입맞춤
(조토 디 본도네 作, 이탈리아, 1306)

③ 예수님은 자신을 잡으러 온 사람들에게 세 가지를 지적하였습니다.[705]

첫째, 그들은 마치 강도를 대적하듯 검과 봉을 들고 **한 밤중에 예수를 잡으러 왔다**는 것입니다.[706]

---

702) 마태 26:47-52.

703) 예루살렘 성전 바로 옆에 있는 높이 약 800미터의 언덕을 말합니다.

704) 예수님의 기도하신 모습은 온몸에서 땀이 피 방울처럼 뚝뚝 떨어져 땅으로 흘러내렸습니다. 또한 예수님의 기도내용은 **'이 잔을 거두어 주시기를 기도하시면서 오직 하나님 아버지의 뜻대로 되기를'** 간절히 기도하였습니다.

705) 마태복음 26장 55-56절

706) 예수님은 평소에 아무런 무장도 하지 않은 상태였던 몸입니다. 낮에 예수를 체포할 경우 시내에 있었던 갈릴리 사람들의 분노를 살까보아 두려워 했기 때문이라고 봅니다. 또 밤중에 체포하여 그 밤 안으로 재판을 마쳐서 죄인으로 공포되면 동조자들을 겁나게 할 수 있을 것이라고 생각하였고, 예수가 동굴 속이나 숲 속에 있을 것으로 생각하여 달 빛이 있는 밤인데도 등불과 횃불을 들고 왔습니다(신성종, 신약역사, 171쪽).

둘째, 예수가 매일 성전에 앉아 군중을 가르치고 있을 때는 예수를 잡으려 하지 않았다는 것입니다.

셋째, **모든 일이 이렇게 된 것은 예언자들의 말씀을 실현하기 위한 것**이라고 하셨습니다.

④ 이때 이미 제자들은 모두 예수님을 버리고 도망가 버렸습니다. 그들은 **당장의 눈 앞에 나타난 자신들의 생명의 위협이 무서워서 대항할 용기를 잃어버렸던 것**입니다.

[정리] 예수님의 사역과 민중들의 예수님에 대한 이해

예수 그리스도 사역	예수님 당시의 민중들의 예수님에 대한 이해
복음 전파자, 이스라엘의 구원자 ⇨	메시야/마가 11:9-10/요한 4:42/요한 7:27
율법을 극복하고 새로운 율법을 가르치시고, 제자를 훈련시키신 교사 ⇨	랍비=선생님=교사/마태 19:16
질병을 치유하신 제사장, 치유자 ⇨	제사장/누가 5:12
죄를 사하여 주심 ⇨	하나님/누가 5:21
장래 일을 예언하심 ⇨	선지자/마태 21:11
죽은 자를 살리심 ⇨	선지자/누가 7:16
새로운 왕국을 건설하시고 다스림 ⇨	왕/누가 19:38

제7절 심문과 십자가형 판결 이야기

1. 제사장과 율법학자들의 심문

1) 안나스에게서 예비 심문

① 제자였던 가룟 유다의 안내에 따라 체포 되었던 예수님은 밧줄에 묶여 우선 가야바 대제사장의 장인 안나스[707] 앞으로 끌려갔습니다. 그의 심문에 대하여 예수님은 '사람들을 유대인이 모이는 회당이나 성전에서 항상 공개적으로 가르쳤으며, 우리의 일행은 비밀 조직도 정치성을 띤 활동도 하지 않았다'고 단호하게 말하였습니다.

② 또한 자신이 사람들에게 한 이야기의 내용은 이야기를 들은 사람들에게 직접 들어보라고 대답하였습니다. 그러자 옆에 서 있던 관리가 안나스에 대한 예수님의 태도가 무례하다며 얼굴을 손바닥으로 쳤습니다. 안나스는 이렇다 할 죄목을 찾지 못하자 예수님을 묶은 채로 가야바 대제사장에게 보냈습니다.

707) 대제사장인 가야바 이전에 대제사장으로 유대인의 지도자였습니다.

2) 대제사장 가야바의 심문

① 가야바 대제사장 밑에는 벌써 율법학자와 장로들이 모두 모여 있었습니다. 가야바 대제사장을 의장으로 한 산헤드린은 이미 예수를 사형하기로 결론지은 상태에서 형을 확정하기 위하여 예수는 하나님을 모독한 사람임을 법정에서 고소하고, 이 고소를 최소 2명 이상의 증언으로 입증해야만 했습니다. 이를 위해 대제사장과 장로들은 거짓 증거도 많이 준비해 두었으며, 소문도 모아 두었습니다. 그러나 아무리 찾아도 확실한 증거와 증언이 나오지 않자 예수님에 대해 유죄를 선고하기는 힘들었습니다.

② 이에 초조해진 대제사장 가야바는 예수님을 추궁하기 시작합니다. '나는 살아 있는 하나님의 이름으로 명한다. **네가 정말 하나님의 아들이냐?** 대답하라' 이에 대하여 예수님은 **'너의 말 그대로이다'**고 대답하였습니다.

③ 이 말을 들은 대제사장은 자신이 입고 있던 옷을 찢으며 **'이것은 하나님에 대한 모독이다. 더 이상 무슨 증거가 필요하겠는가.** 너희들은 하나님을 모독하는 말을 들었다. 어떻게 생각하느냐?'라며 그 자리에서 예수님의 말을 듣고 있던 의원들에게 판단을 재촉하자, 그들은 모두 **'사형에 처해야 합니다'**라고 대답하였습니다.[708] 그들은 예수님의 얼굴에 침을 뱉으며 때리고 모욕하였습니다.

④ 다음날 아침, 산헤드린 전체 회의가 소집되었습니다.

✽ 제자 베드로가 세 번씩이나 예수님의 제자가 아니라고 말하다.

1. 예수님이 잡히시기 전 감람산에서 제자들에게 이르시기를 '오늘 밤에 너희가 다 나를 버리리라'고 하시자, 베드로는 '모두 주를 버릴지라도 나는 결코 버리지 아니하겠나이다'라고 대답하였을 때, 예수님은 오늘 밤 닭 울기 전에 네가 세 번 나를 부인하리라'고 미리 말씀하셨습니다. 그러자 다시 베드로가 '내가 주와 함께 죽을지언정 주를 부인하지 않겠나이다' 하고 대답하였고, 다른 모든 제자들도 이렇게 말하였습니다(마태 26:31-35).

2. 그런데, 예수님이 잡히시던 그날 밤, 제자들은 다 예수님을 버리고 도망하였으며(마태 26:56), 예수님이 잡히신 후 베드로는 멀찍이 예수님을 따라 대제사장의 집 뜰에까지 가서 그 결말을 보려고 안에 들어가 하인들과 함께 앉아 있었으며, 예수님이 공회 앞에서 심문을 당하는 것을 지켜보았습니다.

3. 그러자, 베드로가 바깥뜰에 앉아 있을 때, 한 여종이 나아와 말하기를 '당신도 갈릴리 사람 예수와 함께 있었던 사람이다'하자(마태 26:69), 베드로는 모든 사람 앞에서 '나는 네가 무슨 말 하는지 알지 못하겠노라'하고 예수님을 부인하였습니다(마태 26: 70),

---

708) 유대법에 의하면 이 재판은 법적으로 무효라고 할 것입니다. 왜냐하면 탈무드에 따르면 '만장 일치의 결정은 무효'라고 되어 있기 때문입니다.

4. 그리고 앞문까지 나아가니 다른 여종이 베드로를 보고 말하기를 '이 사람은 나사렛 예수와 함께 있었던 사람입니다'라고 말하자 베드로가 '나는 그 사람을 알지 못한다'고 두 번 째 부인하였습니다(마태 26:72).

5. 마지막으로 조금 후 곁에 섰던 사람들이 나와서 베드로에게 말하기를 '너도 진실로 네 말소리를 들으니 바로 그 (예수)와 함께 한 당이다'라고 말하자 베드로가 저주하면서 맹세하여 말하기를 '나는 그 사람(예수)을 알지 못하노라'고 세 번째 부인하자 곧 닭이 울었고, 베드로는 예수님의 말씀이 생각나서 밖에 나가 심히 통곡하였습니다(마태 26:73-75).

2. 빌라도 총독의 심문과정

① 새벽 무렵,[709] 제사장과 장로들은 예수를 고소하기 위하여 빌라도 총독의 관저로 예수를 데리고 갔습니다. 빌라도 총독은 그들에게 물었습니다. 무슨 죄목으로 판결하라는 것이냐고? 그들은 대답하기를 하나님을 모독한 죄 즉 **신성모독죄로 사형에 해당한다는 것**입니다. 하지만 빌라도 입장에서는 유대인의 종교문제에 관여하여 곤란을 당하고 싶지 않았습니다. 그리하여 빌라도 총독은 그들에게 '예수의 문제는 그들이 알아서 재판하라'고 명령하였습니다.

② 그런데 제사장과 장로들은 매우 곤란한 문제에 부딪히게 되었습니다. 당시 로마 제국의 지배하에 있었던 유대인들로서는 사형을 처할 권리나 권한이 없었기 때문입니다. 결국 빌라도가 필요하였던 것입니다. 그래서 빌라도에게 다시 고소하면서,

'예수가 스스로를 왕이라고 주장하였으며, 로마 황제에게 세금 내는 것을 반대한 역모자'라고 했습니다. 즉 유대인의 문제(종교범죄)를 로마 제국의 문제(반국가범죄)로 바꾸어 거짓말로 죄를 조작하기까지 하였던 것입니다.

[정리] 왜 예수님을 빌라도에게 데리고 갔는가?

마가복음 15장 1절	요한복음 18장 31절
언급이 없다.	제사장과 장로들이 예수를 고소하기 위하여 ⇨사형에 해당하는 죄는 로마(총독)만이 관장한다.

709) 예수님의 재판은 안식일이 시작되는 금요일 저녁이 되기 전에 빨리 처리해야 했습니다. 유대인은 안식일 규례상 안식일 동안에는 사람을 십자가에 달지 못하기 때문에 재판은 새벽부터 이른 아침에 이르기까지 대단히 신속하게 이루어졌습니다.

③ 빌라도는 예수가 아무런 병사도 무기도 없는 사람이 어떻게 반역자가 될 수 있겠는가라는 생각으로 예수가 위험한 반역자가 아니라는 생각을 하면서 호기심을 가지고 관저 안으로 예수를 불러 물었습니다.

'네가 유대인의 왕이냐?' 그러자 예수님이 대답했습니다. **'나의 나라는 이 세상의 것이 아니다'**라고 대답하시었습니다. 빌라도는 심문을 하면서 예수에게는 사형에 처할 만한 이유가 없다는 것을 유대인 제사장과 군중에게 말하고 예수를 돌려보냈습니다.

1) 빌라도 총독의 소극적 태도

빌라도 총독은 예수가 갈릴리 출신이라는 말을 듣고는 갈릴리는 헤롯 왕의 관할이고 마침 헤롯 왕이 유월절 축일 위해 예루살렘에 와서 하스몬 가의 궁전에 머물고 있어 헤롯 왕에게로 예수를 보냄으로써 골치 아픈 재판에서 빠져나올 길을 찾았다고 생각하였습니다.

2) 헤롯의 심문

마침 헤롯 왕은 오래 전부터 예수의 소문을 듣고 있었던터라 예수가 행한 기적을 직접 자신의 눈으로 확인하고 싶다는 욕구가 마음 속을 사로잡았습니다.

그러나 예수님은 헤롯 앞에서 어떤 기적도 행하지 않았고 또한 아무 대답도 하지 않았습니다. 완전히 무시당한 헤롯 왕은 무척 화가 나서 병사들과 함께 예수님을 조롱하였습니다. 그는 예루살렘 지역에 대해 아무런 권력도 가지고 있지 않았기 때문에 예수를 화려한 옷을 입히고 빌라도에게 돌려보냈습니다.

[정리] 왜 빌라도 총독과 헤롯 왕은 서로 예수 그리스도의 심판을 미루었나요?

빌라도 총독의 심판 기준이 된 관할	헤롯 왕의 심판 기준이 된 관할
예수님 활동지역 ⇨ 갈릴리 ⇨ 헤롯 왕의 관할 지역 ⇨ 헤롯 왕에게 보냄	예수님 잡힌 지역 ⇨ 예루살렘 ⇨ 빌라도 총독의 관할 지역 ⇨ 빌라도 총독에게 보냄

3) 빌라도 총독의 어리석은 재판

예수님을 다시 만나게 된 빌라도 총독은 예수님을 풀어 줄 한 가지 묘안을 생각해 내었습니다. 즉 예수를 채찍으로 벌한 다음 사면하는 것입니다.

매년 유월절 축일에는 관례적으로 총독은 유대인의 민심을 얻기 위해 그들이 원하는 죄

인 한 사람을 사면했습니다. 빌라도는 이 관례를 예수에게 적용하여 석방시키려고 생각하였던 것입니다. 유대인의 군중 앞에선 빌라도 총독은 당시 폭동을 일으켜 사람을 죽인 죄로 투옥된 바라바라는 죄인과 예수 중에 누구를 사면하기를 원하는지 물었습니다. 결과는 빌라도의 예상과는 달리 많은 군중들이 '바라바'요 라고 대답하였습니다. 무척 당황한 빌라도 총독은 예수가 사형에 해당하지 않는다고 확신하면서도 흥분된 군중들이 '만일 예수를 석방한다면 로마 황제에게 고소하겠다'는 협박과 성난 군중들이 폭동을 일으킬까 보아 결국 군중의 뜻대로 하기로 하여 '바라바를 석방하고 예수를 사형에 처하라'는 어리석은 판결을 하게 된 것입니다.[710] 그러면서 그는 '이 판결 결과 예수의 피에 대해서는 본인은 아무런 잘못이 없으며 유대인들이 그 책임을 져야할 것이라'고 말하고는 손을 씻었습니다.[711] 백성들은 이때 **'그 피를 우리와 우리 자손에게 돌릴지어다'**라고 외쳤습니다(마태 27:25).

✻ 피 흘림과 손 씻기

많은 사람 앞에서 손을 씻는 것은 죄 없는 사람을 죽여 피를 흘리게 한 죄를 없애기 위해 행하는 유대교의 의식입니다. 자신들의 영지에서 범인을 알 수 없는 피살자의 주검이 발견되었을 경우에 대한 규정으로, 강에서 암컷 송아지의 목을 꺾고 그 송아지 위에서 마을의 장로가 손을 씻으며 "우리는 이 사람을 죽이지 않았고, 이 사람이 살해되는 현장을 목격하지도 못하였습니다. 주님, 주께서 속량하여 주신 주의 백성 이스라엘의 죄를 사하여 주시고, 주의 백성 이스라엘 사람에게 무죄한 사람을 죽인 살인죄를 지우지 말아 주십시오."라고 증언하며 기도합니다(신명기 21:6-8).

손을 씻는 빌라도 (야코보 틴토레토 作, 이탈리아, 1518-1594)

710) 빌라도의 아내도 예수에게는 죄가 없다고 생각하여 재판석에 있던 남편에게 사람을 보내어 '올바른 사람을 유죄로 만들지 마셔요'라는 말을 전했습니다. 하지만 손을 씻는다고 불의한 판결의 책임을 면할 수는 없는 것입니다.

711) 마태복음 27장 24절

✿ 총독 빌라도

로마는 전쟁을 통해 정복한 정복지에 대해 그 지역의 자치 통치를 인정하였으나, 한편 총독을 보내 로마의 통치를 조종하는 역할을 맡도록 하였습니다. 특히 헤롯(헤롯 대왕)이 죽은 후 유대 예루살렘 지역을 다스리던 분봉왕인 그의 아들 아켈라오가 폭정을 하여 폭동이 일어나 유대인들이 헤롯 가문의 통치를 못 받겠다고 종식시켜달라고 청원하자 예루살렘 지역만 분봉 왕을 임명하지 않고 총독을 보내 직접 통치하는 방식을 채택하였고, 코포니우스(1대)를 시작으로 마르쿠스 암비룰루스(2대), 아니우스 루푸스(3대), 발레리우스 그라투스(4대), 폰티우스 필라투스(본디오 빌라도, 5대 A.D. 26~36)로 이어져 갔습니다. 총독의 관저는 영채가 있는 지중해변의 가이사랴에 있었는데, 예수님의 재판당시에는 예루살렘 성 안에 있는 관저에 와 있었던 것입니다. 발라도가 직접 로마황제에게 쓴 보고서에 따르면[712] 빌라도는 예수님에 대하여 '그는 범죄함으로, 어떤 법을 어김으로써 또 누구를 그릇되게 함으로써 비난을 산 적은 없었습니다. 이 모든 사실은 그를 지지하였던 사람뿐 아니라 그를 대항하였던 수많은 사람들까지도 인정하고 있습니다'라고 하였습니다. 역사가였던 '유세비우스'에 의하면 빌라도는 이 비극의 순간을 잊을 수 없었으며, 그로부터 수년 후에 유배를 당하여 고심하다가 자살했다고 합니다.

✿ '빌라도의 보고서'

이 보고서는 메시야 시대에 법정에서 만들어진 공문서로써, 원 제목은 '예수의 체포와 심문 및 사형에 관하여 가이사에게 보낸 빌라도의 보고서'로 되어 있습니다. 현재 터키의 성 소피아 사원에 소장되어 있으며, 50권으로 되어 있는 이 원고는 각 권이 약 60X120센티미터로 되어 있고, 서기관에 의해 쓰여졌습니다. 이 책은 그 전문을 옮긴 것입니다. 이 보고서의 내용은 도날드 N.리드만 박사가 소정의 요금을 지불하고 특별허가를 얻어 읽고, 영어로 번역하여 예루살렘에서 간행되고 있는 월간 '시온산 보고서:1974'에 게재한 것을 우리말로 옮긴 것입니다. 이 보고서는 빌라도 총독이 예루살렘에 부임한 이후 예수님을 심문하여 십자가에 처형하고 부활 후의 상황까지를 기록하고 있습니다.[713] 이 내용은 4복음서의 내용과 대부분 일치하고 있음을 알 수 있으며 복음서에 나타나지 않은 부분까지도 기록된 내용을 통해 알려 주고 있습니다. 이로서 예수님의 재판에 관하여는 당시의 이스라엘에서 일어난 알려지지 않은 작은 하나의 사건에 불과한 것이 아니라, 로마 제국의 통치하에 일어난 역사적 중대사건으로 객관적으로 기록된 역사적 사실임을 알 수 있습니다.

712) 발레루스 피테쿠러스, 발라도 보고서(원제목:'예수의 체포와 심문 및 처형에 관하여 가이사에게 보낸 빌라도의 보고서'), 도날드 N.리드만 영어번역, 구영재 옮김, 아가페, 2004, 48쪽.

713) 발레루스 피테쿠러스, 빌라도 보고서, 5-7쪽 참조.

[정리] 예수님이 받으신 재판[714)]

재판 회수	재판을 주관한 사람	성경구절
1	전 대제사장 안나스 앞에서	요한 18:13-24
2	대제사장 가야바 앞에서	마태 26:57-68/마가 14:53-65/누가 22:42
3	산헤드린(공회) 앞에서	마태 27:1/마가 15:1/누가 22:66-71
4	총독 빌라도 앞에서	마태 27:1, 11-14/마가 15:1-5/누가 23:1-5/ 요한 18:28-38
5	분봉 왕 헤롯 앞에서	누가 23:6-12
6 최종 회	총독 빌라도 앞에서	마태 27:15-26/마가 15:6-15/누가 23:13-25/ 요한 18:28-19:16

3. 예수님의 죄목

1) 신성모독죄 : 자신을 하나님, 하나님을 아버지라고 함

① 예수님은 스스로 하나님이라고 하셨고, 또 하나님을 아버지라고 하셨습니다. 이것은 유대인들로서 도저히 이해할 수 없었으며, 또한 하나님을 함부로 아버지라고 하는 것을 용납할 수 없는 행위(신성모독죄)로 해석하였던 것입니다.

'내 아버지께서 이제까지 일하시니 나도 일한다'(요한 5:17).

'나와 하나님은 하나이니라' '우리가 하나가 된 것 같이'(요한 17:22).

'선한 일을 인하여 우리가 너를 돌로 치려는 것이 아니라 신성모독을 인함이니 네가 사람이 되어 자칭 하나님이라 함이로다'(요한 10:33).

② '아브라함'이 있기 전부터 있었다고 하여 유대인들로부터 심히 화나게 하였습니다.

'너희 조상 아브라함은 나의 때 볼 것을 즐거워하다가 보고 기뻐하였느니라, 진실로 진실로 너희에게 이르노니 아브라함이 나기 전부터 내가 있느니라'
(요한 8:56,58).

2) 안식일을 범한 죄 : 안식일에 일하심

유대인들에게 있어서 안식일은 거룩한 날이며 일하지 않고 쉬는 날입니다. 그리고 안식

714) 3번은 유대의 권력자 앞에서, 나머지 3번은 로마인들 앞에서 치러졌으며, 누가복음은 전 제사장 안나스 앞에서 받은 첫 번째 재판 외의 5번에 대해서 모두 기록하고 있습니다.

일에는 하지 말아야 할 39가지 행동이 있었습니다. 그런데 예수님은 병자를 고치시고, 제자들은 안식일에 밀 이삭을 잘랐습니다(마태 12:1). 이에 대하여 유대인들은 예수님이 안식일을 범한 죄를 지었다고 비난하였던 것입니다. 예수님의 대답은,

'안식일은 사람을 위하여 있는 것이요 사람이 안식일을 위하여 있는 것이 아니라' 고 말씀하시고 더 나아가, **'인자는 안식일에도 주인이니라'** 고 하시면서 또한 **'안식일에 선을 행하는 것과 악을 행하는 것, 생명을 구하는 것과 멸하는 것, 어느 것이 옳으냐?'** 고 질문하시면서 안식일에 대한 잘못된 인식을 일깨우고, 새로운 그리고 올바른 해석을 내어 놓으셨습니다.

✻ 안식일에 대한 새로운(올바른) 해석

1. 안식일은 하나님이 창세시대부터 온 인류에게 주신(세우신) 삶의 기준입니다. 즉, 하나님이 온 우주 만물과 인간을 창조하시고 마지막 날인 7일차에 안식하시면서 말씀하십니다. **'하나님이 그가 하시던 일을 일곱째 날에 마치시니 그가 하시던 모든 일을 그치고 일곱째 날에 안식하시니라 하나님이 그 일곱째 날을 복되게 하사 거룩하게 하셨으니 이는 하나님이 그 창조하시며 만드시던 모든 일을 마치시고 그 날에 안식하셨음이니라'**(창세기 2:2-3). **'너희는 나의 안식일을 지키라 이는 나와 너희(이스라엘 자손) 사이에 너희 대대의 표징(영원한 표징)이니 나는 너희를 거룩하게 하는 여호와인 줄 너희가 알게 함이라'**(출애굽기 31:12-17). 이러한 언약적 말씀에 따라 이스라엘 백성들은 안식일을 철저하게 지키는 것을 생활의 기준으로 하였습니다. 그러므로 안식일에 일하는 것은 죽음을 의미하는 것이었습니다(출애굽기 31:14-15절).

2. 특히 유대인들은 극단적 형식주의로 흘러 오늘날도 심지어 안식일에는 엘리베이트 층의 표시를 누르는 일도 일하는 것으로 해석하여 자기의 집이 있는 층을 자동적으로 열리도록 만들어 놓은 우스운 모습도 있다고 합니다.[715] 이러한 구약적인 안식일 개념을 고수하는 기독교회 교파가 제7일 안식교입니다. 이 사람들은 토요일 날은 휴무하고 일요일(주님의 날, 기독교인들의 안식일)에는 일하는 날로 합니다.

3. 하지만 예수님께서는 안식일에 대하여 새로운 그리고 올바른 해석을 선포하셨습니다. 즉 안식일의 진정한 의미는 하나님과 만나는 예배하는 날로써 거룩하게 지내는 일은 좋으나(예배를 방해하는 일을 하지 않음), 사람이 안식일을 위해 있는 것이 아니라 안식일은 하나님이 창조하신 사람(자녀들)을 위해 있는 것이므로 안식일에 선을 행하는 일은 결코 금지되지 않는다(허용된다)는 것입니다.

4. 만일 안식일을 형식적으로 이해한다면 오늘날 지구과학적 지식에 따르면 미국의 주일과 이태리의 주일과 한국의 주일은 모두 시차에 의해 다른 날임을 어떻게 이해할 수 있겠습니까? 또한 안식일 날 선을 행하는 일조차 할 수 없다면 진정한 하나님의 말씀을 따르지 않는 (영광을 가리는)결과가 나타나기도 할 것입니다. 그러므로 안식일에 대한 예수님의 말씀을 따라야 합니다.

---

715) 문봉주, 앞의 책, 451쪽에서는 이러한 실제적 경험 사례를 소개하고 있습니다.

[정리] 안식일에 대한 구약(율법)과 신약(복음)

구분	구약	신약
안식일은 언제	일주일의 일곱째 되는 날(토요일)	일주일의 첫째 날(일요일) 예수님이 부활하신 날을 기념 예수님이 부활하신 날을 재창조일로 이해함
안식일의 의미	거룩한 날, 안식(휴식)의 날, 아무 일도 하지 않는 날(극단적 형식주의), 모세의 율법에 속함, 주일의 원형	거룩한 날, 안식(휴식)의 날, 부활하신 날, 하나님과 만나는 날(예배의 날), 안식에 방해되는 일을 하지 않는 날(소극적 의미), 하나님께 영광이 되는 (선한)일을 행하는 날(적극적 의미),예수님의 복음에 속함, 안식일의 변형, 안식일의 연장선상에 있음[716]
적용 대상	이스라엘 민족	모든 사람들
성경구절	출애굽기 31:17/신명기5:12-14/레위기 23:3	히브리서 4:4

3) 죄 사할 권세가 있다고 하심

(1) 네 죄가 사하였다

예수님은 사람들에게 말씀하시길 자신이 죄를 사하고 생명을 줄 권세가 있으며 장차 그들의 심판자가 되리라고 주장하셨습니다.

> **'내 말을 듣고 또 나 보내신 이를 믿는 자는 영생을 얻었고 심판에 이르지 아니하나니 사망에서 생명으로 옮겼느니라'**(요한 5:24).

또 침상에 누운 중풍병자를 사람들이 데리고 오자 예수님은 그들의 믿음을 보시고 중풍병자에게 이르시되,

> **'작은 자야 안심하라 제 죄 사함을 받았느니라'**(마태 9:2).
>
> '어떤 서기관들이 속으로 이르되 **이 사람이 신성을 모독하도다**'(마태 9:3).[717]

716) 장차남, 가인의 성, 생명의말씀사, 1998, 77-78쪽.

717) 유대인들은 죄를 사하여 줄 권한은 오직 여호와 하나님에게만 있다고 믿었기 때문에 예수께서 죄를 사하시는 행위(죄 사함을 받았다고 선포하는 행위)는 결국 예수께서 스스로 하나님이라는 것을 선포하는 것으로 신성모독(죄)이라고 판단한 것입니다.

4) 죄인들과 함께 먹고 마심

예수님은 평판이 나쁜 사람들(세리, 창녀, 문둥병자, 귀신들린 자 등)의 집에 들어 갔을 뿐만 아니라, 그들과 함께 먹고 마시기도 하였습니다. 이러한 소문을 유대인(특히 바리새인들과 서기관들)이 듣고 확인한 후 예수님을 비난하였습니다. 이에 대해 예수님은 '**건강한 자(의인)에게는 의원이 필요 없고, 병든 자(죄인)에게 쓸데 있다 내가 의인을 부르러 온 것이 아니요 죄인을 부르러 왔노라**'고 대답하시었습니다.

[정리] 예수님의 죄목

예수님의 죄목	이유 및 근거	성경구절
1. 신성모독죄	자신을 하나님이라고 함 하나님을 아버지라고 함	요한 5:18
2. 안식일을 범한 죄	자신을 안식일의 주인이라 함 안식일에 일(사람을 고침)을 함	누가 6:8
3. 죄 사할 권세가 있다고 함	죄 사할 권세는 하나님에게만 있음	마태 9:2-6
4. 죄인들과 함께 먹고 마심	'건강한 자(의인)에게는 의원이 필요 없고, 병든 자(죄인)에게 쓸데 있다. 내가 의인을 부르러 온 것이 아니요 죄인을 부르러 왔노라'고 대답하심	누가 6:30-32
5. 항명 및 괘씸 죄	지도자들을 공격하고 비판함	마태 23장

[정리] 예수님의 십자가형을 결정한 사람들

안나스	대제사장 가야바의 장인으로 서기 6-15년까지 대제사장을 역임하였습니다. 아들 5명도 대제사장이며 사위 가야바도 대제사장이었습니다. 예수님의 살해 당시에는 대제사장직에서 물러나 있었으나, 산헤드린의 실력자였으며 가끔 대제사장으로도 불렸습니다.	요한 17:13
가야바	당시의 대제사장이었으며 산헤드린의 최고 실력자로 예수님의 살해를 주도한 사람이었습니다.	마태 26:65 요한 17:14
본디오 빌라도	당시 팔레스티나 지역을 맡아 다스릴 로마의 총독으로 유대 전체를 지배하고 있었는데, 헤롯과는 사이가 좋지 않았습니다. 그는 로마 제국으로부터 유대를 통치하기 위해 파견된 사람으로 유대인의 인심을 사려고 하였습니다.	마태 27:1-26 요한 18:28-19:1-9

[정리] 예수님에 대한 거부자(반대자)들의 잘못된 판단

거부자 (반대자)	이 유
고향 나사렛 사람들	*우리와 같이 지낸 평범한 사람 아닌가?
유대 지도자들 : 바리새인, 사두개인, 제사장들, 랍비와 장로	***신성모독을 하고 있다.** : 하나님의 아들이라고 함 /자신을 하나님이라고 함/창조주라 함 : (하나님만 할 수 있는)죄를 사하여 줌 ***율법을 지키지 않는다.** : 안식일을 지키지 않는다 ⇨ 예수 그리스도는 사실상 안식일을 새롭게 해석함 : 음식법이나 정결법 등을 어김 ***율법을 깨뜨린다.** ⇨예수 그리스도는 사실상 율법의 형식보다 내용과 동기까지 생각 *자신들을 무시, 모욕하고 비판한다. "독사의 자식' '회칠한 무덤'
유대 민중들	*기적과 이적을 본 결과 *병고치고, 먹을 것을 주시는 눈앞의 욕구 *로마의 압제로부터 해방을 기대하였으나, 로마에 대항할 힘이 없음을 확신하고 돌아 섬
제자인 가룟 유다	*예수님의 정치적 능력을 의심하게 됨 *돈에 대한 유혹 있음

제8절 예수 그리스도의 죽으신 이야기

1. 골고다 언덕까지 가는 길

예수님은 십자가를 메고 골고다 언덕으로 향하시게 되었습니다.[718] 가는 도중 예수님은 여러 차례 쓰러지자 로미 병사들이 구레네(지금의 리비아) 사람(알렉산더와 루포의 아버지) 시몬에게 억지로 십자가를 지게 하여 언덕까지 가게 되었습니다.

2. 골고다 언덕 위에서 십자가에 못 박히심

골고다에 이르러 예수님은 목이 너무 말라 하시니 병사들이 쓸개 탄 포도주를 주어 마시게 하려 하였으나 예수님이 맛보시고는 마시려고 하지 않으셨습니다. 그리고 병사들은 예수님의 양 손과 양 발에 못을 박고 십자가를 높이 세웠습니다. 머리에는 **'유대인의 왕 예수'** 라는 죄 패를 붙이고는 예수님의 옷을 제비뽑아 나누어 가졌습니다.[719]

718) 예수께서 골고다(해골의 곶)까지 지고 가신 십자가는 무게가 약 120킬로그램이나 되는 것이었으며, 걸어가신 길을 '비아 돌로로사(슬픔의 길)'이라고 합니다.

719) 겉옷 뿐만 아니라 속옷까지도 나누어 가졌는데, 이 당시 옷은 대단히 귀한 것이었기 때문이었습니다.

❋ 예수 그리스도의 십자가

예수 그리스도의 십자가는 하나님의 아들인 예수 그리스도께서 자신을 직접 제물로 드린 것을 의미합니다. 즉, 예수께서 대제사장이 되어서 하나님께 제사를 드리며, 우리를 대신하여 그 자신을 (속죄) 제물로 드렸다는 것입니다. 그러므로 우리는 하나님 앞에서 예수님 때문에 죄가 없어졌으며, 속죄제를 위하여 다른 대제사장을 필요로 하지 않습니다.[720)]

3. 지나가는 사람들과 대제사장들, 서기관들과 장로들의 비웃음

지나가는 사람들은 예수님을 모욕하여 말하기를 '성전을 헐고 사흘 만에 지을 수 있는 사람아 만일 당신이 하나님의 아들이라면 자기를 구하여 십자가에서 내려와 보시오, 또 대제사장들과 서기관들 그리고 장로들도 같은 말로 만일 **당신이 하나님의 아들이라면서 남은 구하면서 왜 자기는 구하지 못하는가?**'고 하면서 조롱하였습니다. 또 '이스라엘의 왕이라면 지금 십자가에서 내려와 보시오 그러면 우리가 믿을 수 있겠소', '당신의 말대로 하나님이 기뻐하시는 아들이라면 하나님이 지금 당장이라도 구원해 주시지 않겠는가?'라고 조롱하기도 하였습니다.

[정리] 예수 그리스도에 대한 조롱과 멸시 : 예수 그리스도의 거룩한 모습과 대조

조롱과 멸시의 내용	조롱과 멸시의 이유	성경구절
나사렛 사람 예수	출신의 불분명 및 무시	요한 19:19
죄인, 세리, 창녀 친구	죄인, 세리, 창녀들과 함께 함	누가 7:34
십자가에서 내려오라	남(죄인)은 구하면서 자기는 구하지 못함	마태 27:42

4. 십자가 양편의 강도 둘

예수님과 함께 십자가형을 당한 강도 둘이 각각 예수님 양편에 있었습니다. 그 둘 중 한 사람은 예수님을 모욕하면서 말하기를 '당신은 그리스도이니 자신과 우리를 구원하여 보시오'라고 하였습니다(누가 23:39).이에 대해 예수님은 침묵으로 대하면서 고통을 참아내었습니다. 그러나 다른 한 사람은 그 사람을 나무라면서 '우리는 자신의 행위에 상당한 벌을 받아 죽게 된 것이 당연한 일이겠으나, 이 사람은 옳은 일만 행하고도 이같이 죽게 되었

---

720) **예수 그리스도의 십자가**와 예배에 대하여는 **제2부 십자가의 사랑**에 관한 이야기와, **교회에 관한 이야기**에서 자세히 이야기합니다.

으니 우리와 같을 수 있느냐? 하고 말하였습니다(누가 23:31-40). 그리고 그 강도는 예수님에게 '예수님 당신의 나라에 임하실 때에 저를 생각해 주시옵소서 하고 말하니 예수께서 **오늘 네가 나와 함께 낙원에 있을 것이다**'라고 하시었습니다(누가 23:42-43).[721)]

[정리] 구원의 은혜를 언제까지 받을 수 있나요?

하나님은 비록 강도로 **사형(죽음) 직전에 있는 사람이라도 그 죄를 고백하고 용서를 구하면 구원의 은혜를 베푸신다**는 것을 잘 보여 준 사건임을 알 수 있습니다.

✻ 예수님이 말씀하신 낙원의 의미

예수님은 십자가 위에서 회개한 강도에게 '오늘 네가 나와 함께 낙원에 있으리라'(누가 23:43)고 말씀하셨는데, 이때 낙원은 어떤 의미인가?하는 의문을 갖게 됩니다. 이에 대하여 예수님의 부활 이후의 신약 성도들은 죽어서 곧장 셋째 하늘 즉 천국으로 가지만(빌립보서 1:23/고린도후서 5:8) 구약 성도들은 죽어서 곧장 천국으로 가지 않았으며 '스올'이라 불린 **지하 세계에서 큰 구렁텅이(혹은 무저갱)를 사이에 두고 불꽃이 있는 부분으로부터 격리되어 '아브라함의 품'이라 불리는 낙원**에 거하면서 거기서 위로를 받았습니다(누가 16:19-31). 예수님의 부활 이후에 이 낙원은 셋째 하늘로 옮겨졌습니다(에베소서 4:8-10).

본래 〈에덴〉은 수메르 아카드어로 〈평편한 토지〉를 의미한 것으로, 메소포타미아 지방의 평원을 가리킨 것으로 보입니다. 창세기와 고대 이스라엘(유대인들) 전설에서, 평원에 하나의 높은 산이 우뚝 솟아 있고, 그 꼭대기에 신이 만든 낙원이 있었다고 하는데 그것이 〈에덴동산〉으로 인류의 시조 아담은 그 낙원에 있었습니다. 그러나 후에 아내 이브와 함께 금단의 지혜의 나무 열매를 먹었기 때문에 낙원에서 영원히 추방되었습니다(창세기 2:8-3:24). [네이버 지식백과]낙원 [樂園, paradise] (종교학대사전, 1998. 8. 20.)

✻ 예수님의 마지막을 지켜본 사람

예수님이 십자가에서 모욕과 고통을 받으시며 운명하실 마지막을 지켜본 사람은 11제자들은 모두 다 도망가고 오직 요한만이 그 자리에 있었으며, 많은 여자들이 최후를 지켜보았습니다. 이들 가운데는 막달라 마리아, 요셉의 어머니 마리아, 세베대의 아들들의 어머니, 야고보 등이었습니다.

721) 마태복음(27장 44절)과 마가복음(15장 32절)에서는 강도의 구원에 관하여 언급이 없습니다.

5. 예수 그리스도의 죽으심

1) 십자가상의 고통과 죽으심

예수님은 십자가상에서 오전 9시에서 오후 3시까지 약 6시간에 걸쳐 못 박히신 채로 죽음을 맞이하였습니다.

십자가에서 내려지는 예수 그리스도
(렘브란트 반 레인 作, 네덜란드, 1634)

✽ 십자가상의 사망원인은 출혈사인가 질식사인가?

십자가 처형은 출혈사가 아니라 질식사라고 봅니다. 나무 십자가 위에 못으로 두 손과 발을 박기 때문에 몸무게를 이기지 못하여 상체가 밑으로 끌려 내려가다 기도가 막혀 질식사 하게 됩니다. 본능적으로 다시 발에 힘을 주어 몸을 끌어 올리는 데 두 발에 못이 박히어 있으니 고통이 이루 말할 수 없다고 합니다.

[정리] 예수님이 십자가 위에서 하신 마지막 말씀

마태복음 27:46 마가복음 15:34	누가복음 23:46	요한복음 19:30
엘리 엘리 라마 사박다니 **'나의 하나님 나의 하나님 어찌하여 나를 버리셨나이까?**	**'아버지 내 영혼을 아버지 손에 부탁하나이다'**	**'다 이루었다'**
하나님의 도우심을 기다림 고난 받는 자의 모습		지상사역의 완성 위대한 승리자 모습

[정리] 예수께서 십자가 위에서 하신 7가지 말씀(架上七言)

자신을 죽인 사람에 대한 중보기도	'아버지여 저희를 사하여 주옵소서 자기의 하는 것을 알지 못함이니이다'	누가 23:34
십자가 위의 강도에 대한 약속	'오늘 네가 나와 함께 낙원에 있으리라'	누가 23:43
어머니와 제자 요한에게 하신 말씀	'여자여 보소서 아들이니이다' '보라 네 어머니라'	요한 19:26 요한 19:27
하나님 아버지께 하신 말씀	'나의 하나님 나의 하나님 어찌하여 나를 버리셨나이까'	마태 27:46 마가 15:34 시편 22:1
육체적 고통 중에 외치신 말씀	'내가 목마르다'	요한 19:28
성취와 승리의 말씀	'다 이루었다'	요한 19:30
신뢰와 확신의 기도	'아버지의 내 영혼을 아버지 손에 부탁하나이다' *유대인이 저녁 잠자리에 들 때 하는 기도	누가 23:46

2) 예수님의 죽으심과 세 가지 기적

예수님이 십자가상에서 마지막 숨을 거두실 때 세 가지 기적이 일어났습니다.

첫째는, 성전의 휘장이 위에서 아래로 둘로 찢겨졌습니다.[722]

둘째는, 지진이 일어나 바위가 깨져 무덤이 열리며 잠들어 있던 많은 사람들이 살아났습니다.

셋째는, 백부장 이하 처형에 관계한 사람들이 "이 분은 진실로 하나님의 아들이었다"라고 신앙 고백을 한 것입니다.

[정리] 예수님이 십자가상에서 돌아가신 날

복음서	예수님이 돌아가신 날	성경구절
마태, 마가, 누가 복음	유월절 당일 날(니산월 15일)	마태 27:45-50 마가 15:33-37 누가 23:44
요한복음	유월절 하루 전날 = 예비일(니산월 14일)	요한 19:31

722) 이것은 하나님과 인간 사이에 죄로 인하여 단절된 관계가 예수 그리스도의 십자가 죽음으로 그 담(휘장)이 무너져(찢겨져) 회복된 것을 의미합니다.

3) 요셉의 무덤에 묻히다.

예수님이 십자가상에서 죽으시자 남자 제자들 가운데 요한을 제외하고는 모두 도망치고 말았습니다. 하지만 예수를 따르던 많은 여자들은 예수의 최후를 지켜보았습니다. 아리마대[723] 사람인 요셉은 힘도 있고 유복했던 산헤드린 의원이기도 했는데, 그는 예수의 제자였지만 신앙고백을 하지 못한 숨은 제자였습니다. 저녁 무렵 의인이었던 아리마대 요셉은 용기를 내어 빌라도에게 시체를 내어달라고 부탁하자 빌라도는 병사들에게 예수의 죽음을 확인한 후 시체를 가져가도록 허락하였습니다. 시체를 십자가 위에서 내린 요셉에게 이전에 예수를 밤에 방문했던 산헤드린 의원 니고데모가[724] 몰약과 알로에를 섞은 약 39킬로그램을 가지고 와서 깨끗한 세마포로[725] 싸고 바위를 뚫어서 만든 요셉의 새 무덤에 묻었습니다.

예수님 당시의 무덤들

그리스도의 장사
(티차아노 베첼리오 作, 이탈리아, 1559)

[정리] 의인이었던 요셉

마리아의 남편 요셉	아리마대 사람 요셉
마리아와 정혼(결혼)하기로 약속한 사람으로 마리아가 임신한 소식을 알게 되자 그녀를 위해 드러내지 아니하고 가만히 끊고자 하였던 의로운 사람이었습니다(마태 1: 19).	*공회의 회원으로 예수님의 사형에 찬성하지 않았습니다. *아무도 돌보지 않은 사형 당한 예수님의 장례를 주관하였습니다(마태 27:57-60/마가 15:43-46/누가 23:50-53/요 19:38- 40).

723) 아리마대라는 유대와 사마리아 접경지역으로 예루살렘에서 약 30킬로 정도 떨어진 곳입니다.
724) 니고데모는 예수님께 '어떻게 하면 영생을 얻을 수 있는가'하고 질문했던 사람인데 그는 예수님의 영생과 구원에 관한 설명을 겸손히 듣고 믿게 되었습니다(요한 3:1-16). 그리고 예수님의 시신을 아리마대 사람 요셉과 함께 수습하였던 것입니다(요한 19:39/요한 3:1-9).
725) 요한 19:39-40.

＊ 아리마대 사람 요셉과 니고데모는 그리스도인이라고 볼 수 있나요?

이스라엘 사람들 가운데는 순수 혈통을 자랑할 수 없는 사람들이 있는데 이들은 개종자(改宗者)들이었습니다. 개종자들은 다시 문(門)의 개종자와 의(義)의 개종자로 나누데, 의의 개종자는 완전한 개종자를 말하고 할례와 세례와 희생제물을 바칠 때 이루어집니다. 한편 문의 개종자는 유대교의 교훈을 즐거이 따르면서도 할례를 받지 않은 반쯤 개종된 사람들을 말합니다. 사도행전에서 바울이 놀라운 선교적 효과를 거두게 된 것은 바로 이 문의 개종자들을 통해서입니다. 아리마대 사람 요셉과 니고데모는 개종자였습니다.

4) 무덤을 지킨 병사들

예수님은 살아있을 때 자신은 **'죽은 후 3일 만에 부활하게 된다'고 예언**하였는데, 제사장과 장로들은 이 말에 불안하였습니다. 혹시 제자들이 예수님의 시체를 훔쳐 부활했다고 주장할까 두려워하여 안식일임에도 불구하고 빌라도를 찾아가 제자들이 그를 흉내 내어 죽은 사람들 가운데서 부활했다고 주장하며 군중을 혼란시킬 수 있으므로 십자가형으로부터 3일까지는 무덤에 병사들을 배치하여 지키게 해달라고 간청하였습니다. 그러자 빌라도는 이 제안을 받아 들여 무덤 앞에 큰 돌로 봉인하고, 병사를 세워 시체가 도둑맞지 않도록 조치하였습니다.[726]

[정리] 고난 주간의 시간표[727]

요일	사 건	성경구절
주일	예루살렘으로 승리의 입성	마태 21:1-17/마가 11:1-11/ 누가19:29-44/요한 12:12-19
월요일	무화과나무를 저주하심	마태 21:18-19/마가 11:12-14
월요일	성전을 청결하게 하심	마태 21:12-13/마가 11:15-18/ 누가 19:45-48
화요일	종교지도자들과 논쟁하심	마태 21:23,39/마가 11:27; 12:40, 누가 20:1-47
화요일	감람산에서의 강론	마태 24:1-25/마가 13:1-37/ 누가 21:5-36

726) 마태 27:62-66.
727) 폴, 벤웨어, 앞의 책, 77쪽.

화요일	주를 배반하는 가룟 유다	마태 26:14-16/마가 14:10-11, 누가 22:3-6
수요일	기록된 사건은 없음	
목요일	마지막 만찬	마태 26:17-29/마가 14:12-25, 누가 22:7-20/요한 13:1
목요일	다락방에서의 강론	요한 13:2-14:31
목요일	겟세마네로 가시기 전의 가르침	요한 15:1-18:1
목/금요일	겟세마네 동산에서	마태 25:30-46/마가 14:43-52, 누가 22:39-46
금요일	배반당하고 결박당하심	마태 26:47-56/마가 14:43-52, 누가 22:47-53/요한 18:2-12
금요일	예수께서 받으신 재판(심문)들 -안나스 앞에서 -바야바 앞에서 -산헤드린 앞에서 -빌라도 앞에서 -헤롯 앞에서 -다시 빌라도 앞에서	요한 18:13-24/마태 26:57-68, 마가 14:53-65/누가 22:42 마태 27:1/마가 15:1, 누가 22:66-71/마태 27:1,11-14, 마가 15:1-5/누가 23:1-5, 요한 18:28-38/누가 23:6-12/ 마태 27:15-26/마가15:6-15, 누가 23:13-25/요한 18:28-19:16
금요일	십자가에 달리심	마태 27:27-56/마가 15:16-41, 누가 23:26-49/요한 19:17-30
금요일	십자가 위에서의 말씀들 -아버지여 저희를 용서하소서 -오늘 네가 나와 함께 낙원에 있으리라 -여자여 보소서 -나의 하나님 나의 하나님 -내가 목마르다 -다 이루었다 -아버지여, 아버지의 손에…	누가 23:34 누가 23:43 요한 19:26-27 마태 27:46/마가 15:34 요한 19:28 요한 19:30 누가 23:46
금요일	장사되심	마가 15:42-45/요한 19:31-38

제8장 예수 그리스도의 부활에 관한 이야기

부활은 죽었던 육체가 다시 되살아나는 것을 말합니다. 신약성경을 압축하여 단 두 개의 단어로 이야기하자면, **예수 그리스도의 십자가와 부활**이라고 할 수 있을 것입니다.[728] 그런데 부활은 인간의 지성으로는 이해하기 어려운 가르침이며, 오직 **믿음의 영역**이라고 할 수 있습니다. 왜냐하면 육체의 부활이란 인류 역사에서 오직 단 한 번 예수 그리스도에게서만 있었던 사건이었기 때문입니다.[729] 아무튼 이 **부활신앙이야말로 기독교의 알파와 오메가**인 셈입니다. 하지만 오늘날 기독교 현실은 예수 그리스도의 부활에 관하여는 인간 이성으로는 설명하고 이해하기 어렵다는 이유로 교회에서 적극적으로 가르쳐지지 않고, 오히려 때로는 소극적으로 피하려는 모습조차 보일 때도 있습니다. 사도 바울의 말씀처럼 **기독교에서 부활을 빼어 버린다면 그것은 마치 뼈대만 남은 집과 같은 것**입니다.

제1절 예수 그리스도의 부활은 하나님의 계획인가요?

하나님은 죽기까지 복종한 아들을 사랑하사 죽은 자 가운데서 부활하게 하셨습니다.

> 그 능력이 그리스도 안에서 역사하사 **죽은 자들 가운데서 다시 살리시고** 하늘에서 자기의 오른 편에 앉히사 모든 정사와 권세와 능력과 주관하는 자와 이 세상 뿐 아니라 오는 세상에 일컫는 모든 이름 위에 뛰어나게 하시고 또 만물을 그 발 아래 복종하게 하시고 그를 만물 위에 교회의 머리로 주셨느니라"(에베소서 1:20-22).

---

728) 부활에 관한 보다 **자세한 것은 제2부에서** 다루게 됩니다.
729) 하지만 성경기록에 의하면, 예수님이 십자가에서 죽음을 맞이하시는 날, 많은 성도들이 육체의 부활을 맞이하였다고 기록하고 있습니다(마태 27:51-53).

제2절 예수 그리스도의 부활은 예고되었는가요?

① 예수님 자신이 자신의 부활에 대하여 공생애 기간 동안 **세 번에 걸쳐 예고**하였습니다. 그리고 이미 오래 전에 구약시대에도 그리스도의 부활이 예고되었던 일입니다.

> **'예수 그리스도께서 자기가 예루살렘에 올라가 장로들과 대제사장들과 서기관들에게 많은 고난을 받고 죽임을 당하고 제삼일에 살아나야 할 것을 제자들에게 비로소 나타내시니'**(마태 16:21절/마가 8:31절/누가 9:22).

> '갈릴리에 모일 때에 예수께서 제자들에게 이르시되 **인자가 장차 사람들의 손에 넘겨져 죽임을 당하고 제삼일에 살아나리라** 하시니 제자들이 매우 근심하더라' (마태 17:22-23).

> **'이방인들에 넘겨주어 그를 조롱하며 채찍질하며 십자가에 못 박게 할 것이나 제삼일에 살아나리라'**(마태 17:19/마가 10:34).

> '주의 **죽은 자들은 살아나고 그들의 시체들은 일어나리이다**'(이사야 26:19).

> '땅의 티끌가운데서 **자는 자 중에서 많은 사람이 깨어나 영생을 받는 자도 있겠고…**'(다니엘서 12:2).

> '내가 너(뱀 = 사탄)로 여자와 원수가 되게 하고 네 후손도 여자의 후손과 원수가 되게 하리니 **여자의 후손은 네 머리를 상하게 할 것이요 너는 그의 발꿈치를 상하게 할 것이니라**'(창세기 2:15).

여자의 후손이 발꿈치를 상하게 할 것이라 ⇨ 십자가의 죽음을 의미
여자의 후손이 네 머리를 상하게 할 것이요 ⇨ 부활하신 주님이 사탄의 세력에게 치명타를 가함[730]

② 예수님의 육체적 부활은 장차 그리스도인들의 육체적 부활을 예고하는 원형입니다. 청함을 받은 사람들에게 비유로 말씀하여 이르시되

> **'의인들의 부활 시에** 네가 갚음을 받겠음이라'(누가 14:14).

730) 한홍, 기독교에센스, 규장, 2014, 42쪽.

예수께서 이르시되,

'저 세상과 및 죽은 자 가운데서 부활함을 얻기에 합당히 여김을 받은 자들은 장가 가고 시집 가는 일이 없으며, 그들은 다시 죽을 수도 없나니 이는 **천사와 동등이요 부활의 자녀로서 하나님의 자녀임**이라'(누가 20:35-36).

예수께서 그들에게 이르시되,

'선한 일을 행한 자는 생명의 부활로, 악한 일을 행한 자는 심판의 부활로 나오리라'(요한 5:29).

예수께서 이르시되,

'나는 부활이요 생명이니 **나를 믿는 자는 죽어도 살겠고** 무릇 살아서 나를 믿는 자는 영원히 죽지 아니하리니 이것을 네가 믿느냐'(요한 11:25-26).

제3절 부활 과정은 어떠했나요?

1. 먼저 달려가 부활을 확인한 막달라 마리아와 야고보와 요셉의 어머니

안식일 후 첫날(죽은 후 3일 만에) 이른 아침 어두울 때에 제일 먼저 막달라 마리아와 야고보와 요셉의 어머니 마리아가 예수님의 몸에 바를 향유를 가지고 무덤으로 달려가 보니 무덤 앞에 있던 거대한 돌이 무덤에서 옮겨간 것을 보았습니다(요한 20:1). 큰 지진이 일어나 큰 돌은 한쪽으로 굴러 떨어져 있었으며 주의 천사가 하늘로써 내려와 돌을 굴려 내고 그 위에 앉아 있었는데, 구름과 같이 흰 옷을 입은 천사의 얼굴이 눈부시게 빛나고 있었습니다. 천사를 본 병사들은 너무나 두려워 죽은 사람처럼 숨도 쉬지 못하고 있었습니다. 이때 천사가 여자들에게 말하기를 **'두려워 말라 십자가에 못 박힌 예수는 부활하였다. 무덤 속을 보라 그가 여기 계시지 않고 그의 말씀하시던 대로 살아나셨다'**고 하였다(마태 28:2~6). 그리고 '예수가 이전부터 너희들에게 말한 것처럼 먼저 갈릴리로 향해 가셨다고 다른 제자들에게 전하라'고 하였습니다.

'나를 붙들지 마라'
막달라 마리아에게 나타나신 그리스도
(외스타슈 르 쉬외르 作,
프랑스, 1616-1655)

2. 부활하신 예수님과 대화한 막달라 마리아

요한과 베드로와 함께 다시 무덤으로 간 막달라 마리아는 무덤 안으로 들어가지 않고 밖에서 울고 있었는데, 예수님이 나타나 서 있는 것을 보았으나 그녀는 예수님인 줄 모르고 동산 관리인인 줄 알고서 그에게 만일 예수가 있는 곳을 알고 있다면 시체를 가져와야겠으니 알려달라고 말했습니다. 그러자 예수님은 그녀에게 '마리아야'하고 부르자 드디어 그녀는 예수님을 만난 것을 알고서 크게 기뻐하며 제자들에게 알렸습니다.

3. 요한과 베드로의 부활 확인

요한과 베드로는 무덤을 향해 달려가서 무덤 안으로 들어가 본 즉 시체가 놓여 있던 곳에 아마포만 남아 있고 예수의 시체가 없는 것을 발견했습니다. 여인들이 이야기한 그대로였습니다. 그들은 돌아가 동료들에게 본 것을 증언했습니다.

제4절 예수님의 부활에 대한 제자들의 반응은 어떠했나요?

1. 의심하는 제자들

제자들은 예수님의 부활에 대하여 최후의 만찬에서 고별설교를 통하여 들었으나, 실제로 부활하신 주님을 만나보고서도 더러는 유령이 아닌지 의심하였습니다(마 28:16~17).

[정리] 왜 제자들이 예수님의 부활을 믿지 않았을까?

이미 세 번에 걸쳐 죽은 자를 살리신 현장을 목격한 제자들이 왜 예수님의 부활은 믿지 못하였을까?

제자들이 예수님의 부활을 믿지 못한 이유	부활 후 예수님을 만나고 믿은 이유
세 번의 사건을 시간이 흐른 후 잊어버렸기 때문	예수님의 부활 예언이 기억났기 때문이다.
죽은 자가 살아난 사건을 내면화하지 않았기 때문	눈으로 보고 확신하였기 때문이다.
	손으로 만지고 확신하였기 때문이다.
자기중심적으로 이해하여 의심하였기 때문	타인 중심으로 변했기 때문이다. 예수님과 함께 여러 사람이 식사함

2. 부활의 확신을 주기 위한 예수님의 나타나심

부활 후 예수님은 마리아와 제자들과 여러 사람들을 만나 주셨습니다. 즉 예수님은 부활 후 40일 동안 이 땅에 계시면서 많은 사람들에게 여덟 번 나타나셨습니다.

첫 번째, 제일 먼저 막달라 마리아를 만나 주셨습니다(요한 20:16).

두 번째, 열 명의 제자들에게 나타나셨는데, 도마는 없었습니다(요한 20:19-20).

세 번째, 도마가 의심하자 주님이 도마가 있을 때 열한 명의 제자들 앞에 나타나시고 도마에게 상처 자국을 만지게 하였습니다(요한 20:26-29).

네 번째, 베드로를 만나 주셨습니다(누가 24:34).

다섯 번째, 엠마오로 가는 두 제자와 길을 같이 가면서 모세와 선지자로 더불어 성경에 쓰인 자신에 관한 것을 풀어서 설명해 주셨습니다(누가 24:13-35).

여섯 번째, 갈릴리 호수 옆에 있는 산에서 오백여 명의 사람들을 만나 천국에 관한 말씀을 전하셨습니다(고린도전서 15:6).

일곱 번째, 갈릴리 호숫가에서 일곱 제자 등을 만나 주셨습니다(요한 21장).

여덟 번째, 예수님의 동생인 야고보에게 나타나셨습니다.

✾ 베드로의 세 번 부인과 주님의 세 번 확인

베드로는 예수님이 잡히신 후 자신의 목숨의 위해를 두려워하여 예수님의 제자임을 세 번 부인하였습니다(마태 26:33-35). 그런데 예수님의 부활 후 실의에 차 고향 바닷가로 돌아가 예전의 어부가 된 베드로에게 예수님이 나타나셔서 세 번이나 예수님을 사랑하는 지 물어 보시고, 베드로의 대답을 들으신 후 베드로에게 내 어린 양을 먹이라고 부탁하시었습니다(요한 21:15).

3. 사도 도마의 의심과 확신

12제자 중 하나인 디두모라 하는 도마는 예수님이 오셨을 때 함께 있지 아니한 탓으로 다른 제자들이 "부활하신 주님을 보았다"고 하자 믿지 못하고 **'내가 그 손의 못 자국을 보며 내 손가락을 그 못 자국에 넣으며 내 손을 그 옆구리에 넣어 보지 못하고는 믿지 아니 하겠다'**고 하였습니다. 8일 후 도마가 제자들과 함께 집 안에 있을 때 예수님께서 나타나시어 도마에게 **'네 손가락을 내밀어 내 손을 보고 내 옆구리에 넣어보라 그리고 믿음 없는 자가 되지 말고 믿는 자가 되라'**고 하시었습니다. 이러한 모습을 확인한 도마는 **'예수님은 나의 주시며 나의 하나님이십니다'**고 고백하였습니다(요한 20:24-28).

도마의 의심
(카라바즈 作, 이탈리아, 1571-1610)

제5절 부활 후 예수님이 제자들에게 무슨 말씀을 하시었나요?

예수님이 부활하신 후 제자들에게 명령하신 말씀과 약속은,
첫째, 너희들은 나아가 모든 나라 사람들을 제자로 만들어라.
둘째, 그들에게 성부, 성자, 성령의 이름으로 세례를 받게 하라.
그리고 더불어 이 세상이 끝날 때까지 제자들과 함께 할 것을 약속하시었습니다.

[정리] 부활 후의 그리스도의 나타나심[731)]

번호	만난 사람	지리적 위치	때	성경구절
1	막달라 마리아	예루살렘	주일	마가 16:9-11 요한 21:11-18
2	다른 다섯 명의 여인들	예루살렘	주일	마태 28:9-10
3	베드로	예루살렘	주일	누가 24:34 고전 15:5
4	엠마오로 가던 제자들	엠마오 가던 길	주일	누가 24:13-35
5	열 제자들	예루살렘	주일	막 16:14 누가 24:26-43 요한 20:19-25
6	열한 제자들	예루살렘	일주일 후	요한 20:26-31 고전 15:5
7	일곱 제자들	갈릴리		요한 21:1-25
8	500명에게 일시에 나타나심	갈릴리 호수 옆 산		고전 15:6
9	야고보(예수님의 동생)			고전 15:7
10	열한 제자들	갈릴리		마태 28:16-20 마가 16:15-18
11	열한 제자들	예루살렘	40일 후	누가 24:44-53 사도행전 1:3-12

731) 폴 N. 벤웨어, 곽철호 옮김, 앞의 책, 78쪽.

제6절 예수님의 부활 이후 제자들의 삶은 어떠했나요?

1. 예수님의 사망과 갈릴리로 돌아간 제자들

① 예수님의 제자들은 3년 동안 예수님과 함께 다니면서 많은 사역현장을 목격하고 경험하였습니다. 때로는 예수님을 대신하여 전도하고, 병고치고, 가르치기도 하였습니다. 하지만 예수님이 십자가상에서 죽으시기 전까지 그들은 예수님께서 그렇게 허무하게 돌아가실 것이란 생각은 거의 하지 못하였던 것입니다. 그리고 새로운 나라를 예수님께서 세우시면 나름대로 한 자리 하면서 어떤 역할을 맡을 것으로 기대하고 꿈을 꾸었던 것입니다.

② 그런데 어느 날 갑자기 하나님의 아들답지 않게 십자가 위에서 아주 맥없이 돌아가시자 대부분의 제자들과 예수님을 따랐던 많은 무리들은 이제 예수님과 함께 한 모든 일은 과거의 한 장면이 되어 역사와 추억 속으로 사라진 것으로 생각하면서 아쉽고 또 허탈하기도 하였습니다. 특히 자신들의 생업을 팽개치고 일생을 걸고 3년 동안 함께 다녔던 제자들은 그야말로 정신적 공허 상태가 되었다고 할 것입니다.[732] 이제 미래에 대한 아무런 소망도 비전도 그리고 소명도 없이 인생의 방향성을 잃어버린 그들은 공포와 죽음의 도시 예루살렘을 떠나 자신들이 처음 예수를 맞았던 고향 갈릴리로[733] 다시 돌아갔습니다.

[정리] 예수님의 부활 사건이 가져다 준 것

구분	부활 사건 이전의 상황	부활 사건이 가져다 준 것
죄와 심판	죄에 대한 심판을 받게 됨	심판은 예수 그리스도에게 맡겨져 있다.
죽음	영원히 죽을 수밖에 없는 인간	죽음을 이기고 영생의 구원을 얻은 인간
제자들의 삶	인간적인 욕망의 세계에서 생활	제3의 삶으로 거듭남 *부모로부터의 육체의 탄생 *그리스도를 믿음으로 거듭남 *그리스도를 위한 삶으로 거듭남 *슬픔 ⇨ 기쁨, 두려움 ⇨ 담대함

732) 이애실, 앞의 책 255쪽에서는 "한 때 꿈을 갖고 예수를 좇던 모든 일들이 일장춘몽인 양, 꿈을 꾼 듯, 폭풍이 휘몰아 친 듯, 해석되지 않는 과거 3년의 경험을 정리하지 못한 채 진공상태에 빠져 버렸다'고 기술하고 있습니다.

733) 갈릴리는 예수님을 믿고 따르는 사람들이 많은 복음의 본거지라고 할 수 있습니다.

2. 부활하신 예수님이 다시 나타나서 제자들에게 주신 것

부활하신 예수님은 다시 제자들 앞에 나타나 그들이 **살아갈 방향을 제시**하십니다. 즉 예수님께서 3가지를 구체적으로 그들에게 주셨습니다.

1) 사명을 주심

베드로를 대표자로 세우시고 그를 처음 제자 삼았던 갈릴리 바다에서[734] 바로 그 현장에서 '내 양을 치라' 즉 **목양의 사명**을 주셨습니다.

2) 행동지침을 주심

① 예수님께서는 구체적으로 그들이 있어야 할 곳, 가야할 곳 목양지는 바로 예루살렘이라는 것을 말씀하시면서 **'예루살렘을 떠나지 말라'**고 하십니다. 즉 이제 갈릴리를 떠나 다시 예루살렘으로 올라가라고 하십니다.

② 되돌아보면 예루살렘은 얼마 전 기억도 생생한 죽음의 장소였습니다. 자신들의 지도자였던 예수님이 허무하게 사형당하신 곳으로, 그들도 그 죽음의 공포를 피하여 도망 오다시피 하여 고향으로 돌아왔는데 다시금 그 '예루살렘으로 올라가라'고 단호하게 명령하십니다. 어쩌면 자신들에게도 죽음이 앞에서 기다리고 있을지도 모른다는 생각을 할 때 감히 나서고 싶지 않았을 수 있었습니다. 하지만, 예루살렘으로 올라가기로 결단하였고 또 행동하였습니다.

③ 어떻게 이런 용기가 생긴 것일까요?

사도들이 예수님의 부활을 목격하고 그에 대한 믿음이 있었기 때문이었습니다. 즉 예수님에 대한 **지난 3년간의 삶에 대한 체험적 믿음이 다시 살아났기 때문**이었던 것입니다.

3) 성령을 보내겠다는 약속을 주심

① 예수님은 위와 같은 당부를 하신 후 하늘로 승천하시기 전 마지막으로 **'오직 성령이 너희에게 임하시면 너희가 권능을 받고 예루살렘과 온 유대와 사마리아와 땅 끝까지 이르러 내 증인이 되리라**(사도행전 1:8)'고 하시면서 예루살렘을 떠나지 말고 성령을 받을 때까지 기다리라고 하십니다. 즉 성령[735]을 보내겠다는 약속을 하십니다.

② 예루살렘에서 목양을 할 수 있으려면 무엇으로 할 것인가?

---

734) 예수님께서 고기를 잡고 있던 어부 베드로에게 '이제 사람을 낚는 어부가 되게 하리라'라고 하셨던 것을 기억할 수 있습니다(마태복음 4장 19절).

735) 여기서 성령은 제자들의 앞으로의 사역(전쟁)을 위해 필요한 도구(무기)라고 할 것입니다.

예수님과 같은 능력도 없는 그들에게는 참으로 앞에 닥쳐올 일을 생각할 때에 막막한 상태였던 것입니다. 그런데 예수님께서 이 문제를 해결하여 주신 것입니다. 즉 **성령을 통하여 권능**을 받도록 하신 것입니다. 이제 **제자들에게는 앞으로 갈 방향(목양)**과 **그 사명을 수행할 권능(권세와 능력)을 갖게 됨**으로써 용기 있게 예루살렘과 온 유다와 사마리아와 땅 끝으로 향할 수 있게 되었습니다.

제7절 예수님의 부활과 기독교 신앙은 어떤 관계인가요?

1. 예수님의 부활은 어떻게 증거 되나요?

1) 예수 그리스도의 부활에 대해 증거하는 성경

예수님의 부활을 알 수 있는 방법으로 성경으로 돌아가는 것이 중요합니다. 성경은 예수님의 부활을 증거하여 줍니다.

첫째, 그의 빈 무덤입니다.

둘째, 예수의 부활을 목격한 사람 500명 이상의 증언입니다.

셋째, 베드로를 비롯한 예수님의 제자들이 절망에서 새로운 용기와 소망을 갖게 되었고, 그들은 결국 순교의 자리에 까지 이를 수 있도록 하였다는 것입니다.

넷째, 예수님이 부활 후에 40일 동안 이 땅에서 있으면서 많은 사람들을 만났으며, 승천한 후에는 성령을 보내시어 현재적으로 우리와 만나고 계신다는 점입니다.

✽ 예수님의 수의(壽衣) 발견

최근 이탈리아 토리노에서 십자가에 못 박혀 처형된 예수님의 시신을 감싼 것으로 알려진 수의가 발견되었습니다. 전시장에 이것을 증명하는 자료, 엑스레이 사진과 예수님의 밀랍 인형까지 있습니다. 손과 발이 묶여 있고, 십자가에 못 박히기 전에 괴롭혔던 채찍도 있으며 채찍 끝 부분에 쇠뭉치가 달려 있어 예수님의 살과 뼈를 찢고 파괴했습니다. 이것은 예수님의 부활에 대한 성경 이외의 구체적인 증거라고 할 수 있는데, 그 사실 여부는 아직 판명되지 않았습니다. 실제 수의는 세인트존 침례교회에 보관되어 있습니다. 영구히 보관하기 위해 습기 등을 조절한 특수 관에 넣어 두었습니다.

2) 부활에 대한 사도 요한의 증언

예수님의 부활을 목격한 사도 요한은 요한복음을 통하여 부활에 대하여 '무덤 속에 있는 자가 다 그의 음성을 들을 때가 오나니 선한 일을 행한 자는 생명의 부활로, 악한 일을 행한 자는 심판의 부활로 나오리라'(요한 5:28-29).

2. 예수님의 부활과 기독교 신앙 : 기독교에서 부활이 없으면 어떻게 되나요?

사도 바울은 만일 죽은 자의 부활이 없다면 그리스도도 부활하지 않았을 것이고, 그리스도가 부활하지 않았다면 **성도의 믿음도 거짓이며 전도하는 것도 헛된 일이고, 죄의 문제도 해결 받을 수 없기에 성도들이 가장 불쌍한 존재들일 것**이라고 했습니다(고린도전서 15:13-19).

① 죽은 자 가운데서 부활하신 예수님은 잠자는 자들의 첫 열매가 되셨습니다(고린도전서 15:20).

② 부활하신 예수님을 영접한 우리도 주님처럼 영원히 죽지 않을 몸을 입고 다시 살아날 것입니다(고린도전서 6:14절/15:52).

그러므로 우리에게 **죽음은** 곧 부활하신 예수님과 함께 영원히 사는 것이기 때문에 죽음은 **끝이 아니며 또 다른 삶의 시작**입니다.

③ 예수님이 무덤에서 살아나 부활하심으로 이제까지 말씀하신 모든 것이 진실이라는 것이 증명되었습니다.

④ 제자들은 예수님의 부활을 통하여 (죽음으로부터)승리의 기쁨을 경험하였으며, 그들이 두 눈으로 직접 본 사실을 부인할 수 없었고 이 경험은 그들을 영원히 떠나지 않았으며, 죽음의 고통을 달게 받게 하는 순교의 결심(결과)을 낳게 되었습니다.[736)]

[정리] 죽은 자가 다시 살아난 사건과 예수님의 부활 사건의 차이

- 제자들의 삶의 변화 -

구분 및 차이점	죽은 자가 다시 살아난 사건	예수님의 부활 사건
죽은 후의 세계	흙에서 왔으니 흙으로 돌아 가다.	하늘로부터 오셨으니 하늘로 올라 가다.
죽은 자가 살아남	결국 또 다시 죽는다. 죽음을 이길 수 없다.	영원히 사신다. 죽음을 이기신다.
제자들의 삶	죽은 자가 살아난 이적에 놀라다. 하지만 이 사건은 일회적인 것으로 영원한 생명이 아니다.	제자들은 제3의 탄생을 경험하다. 1.영원한 생명의 확신을 하게 됨 2.성령을 받아 성령의 능력을 입음 3.예수님으로부터 사명을 받게 됨 4.복음 전도에 헌신하고 순교함

736) Charles Ferguson Ball, 이수철 역, 사도 바울의 생애, 뉴욕 만백성교회, 2000, 65쪽.

제9장 예수 그리스도의 승천에 관한 이야기

주님이 하늘로 올라가시기 직전에 제자들은 이스라엘을 회복하실 때가 언제인지 물었습니다. 이 질문에 답하시면서 주님은 미래에 건설될 왕국에 대해 부정하지 않으셨으나, 오히려 그들에게 **'때와 기한은 하나님이 결정하신다'**고 가르쳐 주셨습니다. 대신에 주님은 그들에게 온 세상에 나가 주님의 복음을 전파하라는 명령을 주셨습니다. 주님은 **성령의 능력으로 인해 그렇게(복음 전파) 할 수 있다**는 말씀으로 그들을 격려하셨습니다. 주님은 그들이 해야 할 일이 무엇인지 충분히 분명하게 하신 후 그들을 떠나 아버지께로 올라가셔서 하나님 우편에 앉으셨습니다(마가 16:19). 승천은 아들이 이루신 일에 대한 아버지의 승인을 드러내 주는 것입니다. 주님이 사도들의 눈에서 사라진 후에도 그들은 계속해서 한동안 하늘을 바라보았습니다. 그들이 묵상에 잠겨 있을 때 두 천사가 갑자기 나타나 예수께서 언젠가 다시 오실 것이라는 복된 소망을 선포하였습니다.

제1절 예수님이 승천하신 장소는 어디였나요?
제2절 예수님의 승천에 대한 의문들은 무엇인가요?
제3절 예수님의 승천 과정은 어떠했나요?
제4절 예수님이 승천하시 전에 하신 말씀은 무엇이었나요?

제1절 예수님이 승천하신 장소는 어디었나요?

예수님이 승천하신 장소는 예루살렘에 있는 올리브 산(감람산) 동쪽 베다니 근처에서 있었습니다(누가 24:50).

감람산 이야기

1. 감람산은 해발 830미터의 높이로 기드론 골짜기 건너편에 있고, 예루살렘보다 더 높은 지역 3-5킬로 미터 떨어져 있기 때문에 이 곳에서는 예루살렘 전체를 한 눈에 볼 수 있고, 안식일에도 걸을 수 있는 거리입니다. 또 감람나무가 많이 있었기 때문에 부르게 된 이름입니다.

2. 예수님은 마지막으로 예루살렘에 입성하실 때 벳바게와 베다니를 거쳐 이 곳 감람산을 통해 들어가셨고 (누가 19:28),

3. 예루살렘에 입성하신 후 낮에는 성전에서 가르치시고, 밤에는 이 산에서 쉬셨습니다(누가 21:37).

4. 또 예수님은 자주 이 산을 찾아와서 묵상과 기도를 하셨으며, 주기도문을 가르치기도 하시고, 예루살렘의 멸망을 예언하시기도 하셨습니다.

5. 부활 후에는 마지막으로 이 곳에서 제자들에게 세상 끝 날에 나타날 여러 가지 징조를 말씀하시고, 복음전도의 사명을 분부하시고 하늘로 승천하셨습니다(사도행전 1:9-12).

제2절 예수님의 승천에 대한 의문들은 무엇인가요?

1. 왜 누가만이 예수님의 승천을 기록하였나요?

① 예수님의 승천에 대한 기록은 누가(누가복음, 사도행전)만이 기록하고 있습니다. 그렇다면 다른 제자들은 왜 기록하지 않았던 것일까? 하는 의문이 듭니다. 예수님의 승천에 대하여는 비록 누가만이 복음서 기자 중 유일하게 이야기하고 있기는 하지만, 신약 어디서나 당연한 것으로 여겨지고 있습니다.

② 즉, 요한은 부활하신 예수님이 마리아에게 자신이 아직 아버지께로 올라가지 않았으므로 자신을 만지지 말라고 말씀하신 것을 기록하고 있습니다(요한 20:17). 또 베드로는 오순절 설교에서 **'하나님이 오른손으로 예수를 높이신' 것**은 부활과는 다르며 부활 이후에 일어난 일로 말하며(사도행전 2:31), 그에 대하여 그의 첫 번째 서신에서 그것을 확인하고 있습니다(베드로전서 3:21-22). 뿐만아니라 사도 바울도 종종 예수님이 가장 명예롭고 권세 있는 곳으로 높이 올리심을 받았다고 쓰고 있으며, 그것을 그분의 부활과는 구분하여 이야기하고 있습니다(히브리서 1:3; 4:14 이하, 8:1; 9:11 이하, 13:20).

> '그는 **하늘에 오르사 하나님 우편에 계시니** 천사들과 권세들과 능력들이 그에게 복종하느니라'(베드로전서 3:22).

2. 승천은 단 한 번 일어난 사건인가요, 아니면 여러 번 일어난 사건인가요?

누가는 예수님의 승천이 마치 두 번에 걸쳐서 일어난 것처럼 기록하고 있습니다. 즉 첫 번째는 부활하신 날(누가 24:51)에 그리고 두 번째는 그로부터 40일 후에(사도행전 1:9) 일어난 것처럼 보입니다. 하지만 복음서 전체를 살펴보면 부활하신 예수님이 40일 동안 계속해서 여러 번에 걸쳐서 때와 상황에 따라 나타나신 것을 알 수 있습니다. 그러므로 누가는 이제는 더 이상의 나타나심이 없는 최후의 즉 단 한 번의 승천만을 승천으로 인정하고 강조하고 있는 것입니다.[737)]

3. 예수님은 정말로 승천하셨나요?

오늘날 많은 사람들이 이 승천의 역사성을 부인하고 있습니다. 즉, 과학이 오늘날처럼 발달하지 않았던 우주관에 따라 누가 시대에는 하나님의 나라는 하늘 저 위쪽에 있어 예수님이 거기에 가기 위해서는 들리어 올라가야 한다고 생각한 것으로 이해한 이야기로써 신화로 평가하려는 것입니다. 하지만 성경의 모든 기록들을 신화로 자리매김한다면 남는 것은 무엇인가요? 성경 기자들의 역사적 경험은 무엇으로 설명할 수 있을 것인가요? **예수님의 부활과 승천이라는 독특한 역사적 경험은 기독교의 본질과 연결된다**는 것을 부인하면서 그리스도인이라고 할 수 없는 것입니다. 신약성경 전체 특히 복음서와 사도행전의 이러한 역사적 증언들을 충분히 믿을 수 있습니다.

제3절 예수님의 승천 과정은 어떠했나요?

부할 후 40일 째 되던 날 많은 제자들이 보고 있는 가운데 예수님은 하늘로 올라가십니다(사도행전 1:9-11).

제4절 예수님이 승천하시기 전에 하신 말씀은 무엇이었나요?

1. 성령을 기다리라

예수께서는 돌아가신 뒤에 다시 살아나셔서, 사십 일 동안 사도들에게 여러 번 나타나셨습니다. 또한 그 동안에 자신이 여전히 살아 계시다는 것을 여러 가지 방법으로 증명하시었고, 하나님 나라에 관하여서도 말씀하시면서 사도들에게 **"예루살렘을 떠나지 말고 아버지께서 약속하신 것(성령)을 주실 때까지 기다리라"**고 말씀하셨습니다(사도행전 1:4).

2. 복음을 전파하라

① 예수께서는 하늘로 들려 올라가시기 전 제자들에게 **'성령께서 너희에게 오시면, 너희**

737) 존 스토트, 정옥배 옮김, IVP, 2019, 63쪽.

는 능력을 받고 예루살렘과 온 유대와 사마리아와 이 세상 끝까지 가서 나에 관한 이야기를 전할 것이다'라고 말씀하시었습니다(사도행전 1:8).

② 그후 예수님은 사도들이 바라보는 가운데 하늘로 들려 올라가셨습니다. 제자들이 그러한 모습을 보고 있는데, 천사들이 나타나서는 **'너희를 떠나 하늘로 들려 올라가신 예수께서는 너희가 본 그대로 다시 오실 것이다'**라고 말하였습니다(사도행전 1:11).

예수 그리스도의 승천
(존 싱글턴 코플리 作, 미국, 1775)

제10장 예수 그리스도의 재림에 관한 이야기

이 땅에 오신(초림) 예수님께서 부활하신 후 '다시 오신다'고 하셨으므로 **예수님의 재림은 분명하게 약속된 것**으로 신약성경에는 예수님의 재림에 대하여 318번 언급되어 있습니다. 예수님의 재림에 대하여는 몇 가지 의문을 갖게 됩니다. 첫 번째는 재림은 예언되어 있는가? 하는 점이며, 두 번째는 재림은 언제인가? 하는 점이고, 세 번째는 어떻게 재림하시는가? 입니다. 그런데 다행스럽게도 이 모든 의문에 대한 대답은 성경 안에서 제시되어 있다는 것입니다. 중요한 것은 우리가 그것을 믿고, 재림을 맞이할 자세 즉, 다시 오실 메시야를 맞이하기 위한 소망과 태도인 것입니다.

제1절 재림은 예언되어 있었나요?

예수 그리스도의 재림은 그분의 오심이며, 강림이며, 귀환이고, 임하심입니다. 성경은 우리에게 그리스도의 육체적이며 유형적인 재림을 기다리라고 가르치고 있습니다, 재림은 세계의 심판과 자기 백성의 구원을 완성하게 할 목적으로 있게 됩니다.[738]예수님 자신도 십자가를 지시기 바로 전날 밤에 **다시 오실 것이라고 예언하셨습니다.**

'하늘로 올리우신 이 예수는 하늘로 가심을 본 그대로 오시리라'(사도행전 1:11).

'가서 너희를 위하여 거처를 예비하면 **내가 다시 와서** 너희를 내게로 영접하여 나 있는 곳에 너희도 있게 하리라'(요한 14:3).

'볼지어다 **그가 구름을 타고 오시리라** 각 사람의 눈이 그를 보겠고 그를 찌른 자들도 볼 것이요 땅에 있는 모든 족속이 그로 말미암아 애곡하리니 그러하리라 아멘'(계시록 1:7).

---

738) 기초교리학, 78쪽. 예수님의 재림에 대하여 신약성경에는 약 300번 이상 말씀하고 있습니다.

'내가 또 환상 중에 보니 인자 같은 이가 **하늘 구름을 타고 와서** 옛적부터 항상 계신 이에게 나아가 그 앞으로 인도되매'(다니엘 7:13).

❀ 재림에 대한 두 가지 뜻

재림은 두 가지로 표현 및 해석 되는데, 그 하나는 예수 그리스도의 초림에서 재림 때까지의 모든 기간을 말하며, 두 번째는 승천하신 예수님 자신의 직접적인 재림의 때라고 말할 수 있습니다. 대부분의 사람들이 예수님의 재림을 예수님의 재림의 그 날로 이해하고 있는 것입니다.

제2절 재림의 시기는 언제인가요? 재림의 목적은 무엇인가요?

재림의 시기는 오직 하나님께서 주관하실 일이시므로 누구도 알 수 없습니다(마태 24:36). 하지만 무화과 잎이 무성하면 여름이 가깝다는 것을 알 수 있는 것처럼 재림 시에 나타날 현상으로 재림의 징조는 알 수 있을 것입니다(마태 24:32). 주의 날이 도둑같이 오게 됩니다(베드로후서 3:10). 하지만 어떤 사람들이 재림이 더디다고 생각하는 것처럼 재림이 지연되는 이유는 **아무도 멸망치 않고 다 회개하기에 이르기를 원하시기 때문**입니다(베드로후서 3:9). 또한 **재림의 목적은,**

1. 사망을 멸망시키고, 성도의 구원을 이루기 위함입니다.

'그가 모든 원수를 그 발 아래에 둘 때까지 반드시 왕 노릇 하시리니 **맨 나중에 멸망 받을 원수는 사망**이니라'(고린도전서 15:25-26).

'이와 같이 그리스도도 많은 사람의 죄를 담당하시려고 단번에 드리신 바 되셨고 구원에 이르게 하기 위하여 죄와 상관 없이 자기를 바라는 자들에게 **두 번째 나타나시리라**'(히브리서 9:28).

2. 어두움에 감추어진 것들을 드러내고 성도에게서 영화를 얻기 위함입니다.

'그러므로 때가 이르기 전 곧 주께서 오시기까지 아무것도 판단하지 말라 **그가 어둠에 감추인 것들을 드러내고 마음의 뜻을 나타내시리니**'(고린도전서 4:5).

'그날에 **그가 강림하사 그의 성도들에게서 영광을 받으시고** 모든 믿는 자들에게서 놀랍게 여김을 얻으시리니'(데살로니가후서 1:10).

3. 심판하시기 위함입니다.

'**하나님 앞과 살아 있는 자와 죽은 자를 심판하실 그리스도 예수 앞에서 그가 나타나실 것과** 그의 나라를 두고 엄히 명하노니'(디모데후서 4:1).

또 **재림의 시기는,**

무엇보다 우리는 **주께는 하루가 천 년 같고 천 년이 하루 같다**는 이 한 가지를 잊지 말아야 합니다(베드로후서 3:8).

제3절 재림의 과정은 어떻게 되나요?

재림은 어떤 과정을 거쳐 어떤 형태(방법 으)로 이루어질까요? 이에 대하여 성경은 예수님은 **'하늘로 올라가신 그대로 다시 오십니다'**고 말씀하고(사도행전 1:11), 또 다음과 같이 말씀하고 있습니다.

1. 인자가 구름을 타고 능력과 큰 영광으로 오며 눈에 보이게 큰 호령과 함께 오실 것입니다 (마태 24:30, 마가 13:26).
2. 누구나 다 들을 수 있도록 천사의 소리와 나팔소리가 있게 될 것이며, 그들이 택하신 자들을 사방에서 모을 것입니다(마태 24:31).
3. 하늘이 큰 소리로 떠나가고 물질이 뜨거운 불에 풀어지고 땅과 그 중에 있는 모든 일이 드러나게 될 것입니다(베드로후서 3:10)
4. 죽은 자들이 먼저 육체 부활을 하게 될 것입니다(데살로니가전서 4:16).
5. 살아있는 사람들은 변화되어 그리스도를 만나기 위해 구름 속으로 들어 올려지게 될 것입니다(데살로니가전서 4:17).

제4절 재림 시에 일어날 일은 어떤 것일까요?

예수 그리스도의 재림(종말) 시에 있을 징조에 대한 제자들의 질문에 대해 예수님께서는 직접 대답해 주셨는데, 그것은,

1. 거짓 메시야가 나타날 것이며(마태 24:5),
2. 전쟁과 전쟁의 소문이 많이 있을 것이며(마태 24:7, 마가 13:8),
3. 처처에 기근과 지진이 있을 것이며(마태 24:7),
4. 불법이 성하므로 많은 사람의 사랑이 식어질 것(마태 24:29,32)이라고 하셨습니다.

5. 배교하는 일이 있고, 불법의 사람(= 멸망의 아들 = 대적하는 자)이 나타나 자기를 높이고, 하나님의 성전에 앉아 자기를 하나님이라고 내세웁니다(데살로니가후서 2:3-4).

그리고 천국 복음이 모든 민족에게 증거 되기 위하여 온 세상에 전파되리니 그제야 끝이 오게 될 것이지만(마태 24:14), 하나님께서는 택함을 받은 모든 백성의 구원이 있기까지 기다리십니다(마태 24:22).

제5절 재림은 어떻게 준비해야 하나요?

믿는 자들은 그날을 준비하고(마태 24:44), 언제 올지 모르기 때문에 깨어 기도하며(마태 24:42), 그날이 아이 밴 자들에게 닥치지 않도록 하며(마태 24:19), 도망하는 일이[739] 겨울이나 안식일에 되지 않도록 기도하여야 합니다(마태 24:20). 또한 주님이 강림하실 때 우리가 담대함을 얻어 그 앞에서 부끄럽지 않게 되기 위해서는 주님 안에 거하여야 합니다(요한일서 2:28). 그리고 무법한 자들의 미혹에 이끌려 우리가 굳센 데서 떨어지지 않도록 삼가야 합니다(베드로후서 3:17). 또한 근신하여 깨어 있어야 합니다(베드로전서 5:8).

우리는 예수 그리스도의 재림의 날 즉 **새 하늘과 새 땅을 바라보면서** 주 앞에서 점도 없고 흠도 없이 평강 가운데서 나타나도록 힘쓰는 삶을 살아야 합니다(베드로후서 3: 13-14).

❀ 예수님의 재림에 대한 참 뜻을 왜곡하는 일

예수님의 십자가 죽으심과 부활과 승천 그리고 재림은 하나하나 별개의 사건이 아니라 하나의 연속되고 통일된 역사적 증언인 것입니다. 그것은 인간의 죄와 타락과 구원이라는 구속사의 관점에서 일관되고 통일성 있게 이해되어야 하는 것입니다. 그러므로 재림은 결국 인류의 구원을 위한 예수 그리스도의 소망의 날인 동시에 또 다른 한편 심판의 날이기도 합니다. 그러므로 그리스도인들은 예수님의 재림을 기다리면서 하늘을 쳐다보는 것이 아니라 **잃어버린 세상(땅)을 향한 구원의 메시지를 전하는 소명과 사역을 감당하는 일이 중요**한 것입니다. 이를 위해 예수님은 하늘로 되돌아가셨고(승천), 성령이 오셨으며(오순절), 교회가 증언하러 나가고(선교), 그리고 최후에는(언젠가는) 예수님이 다시 오실 것(재림)입니다. 이러한 맥락을 무시하고 단순히 예수님의 재림의 때가 가까웠다고 선전하고, 현실을 무시하고, 세상에서 도피하는 삶으로 인도하는 어떤 지도자라도 예수님의 재림을 왜곡하고 재림을 팔아먹는 경계해야 할 이단임을 알 수 있습니다.

739) 대환난의 날에 유대에 있는 자들은 산으로 도망할지어다(마태 24:16).

[정리] 예수님의 일생과 사역

잉태	요셉과 약혼한 동정녀 마리아에게 성령으로 잉태됨	마태 1:18-20 누가 1:26-31
탄생	유대 땅 베들레헴에서 탄생	마태 2:1 누가 2장
	말씀이 육신이 되심	요한 1:14
정결예식	예루살렘에서 정결예식을 행함 시므온과 안나의 축복을 받음	누가 2:22-40
피난	헤롯 왕의 살인 명령으로 애굽(이집트)로 피난함	마태 2:13

정착	*애굽으로부터 돌아와 갈릴리 나사렛에 거주함	마태 2:23
어린시절	*12살 유월절에 예루살렘으로 가서 성경말씀을 토론하심	누가 2:41-52
	*육신의 아버지인 요셉과 함께 목수 일을 하심	

사역준비 세례	*요단 강 건너편 베다니에서 세례 요한에게 세례를 받으심	마태 3:13-17 마가 1:9-11 누가 3:21 요한 1:33
사탄의 시험	*광야에서 40일 금식 후 사탄에게서 시험을 받으심	마태 4:1-10 마가 1:13 누가 4:1-13

다섯 제자 만남	*요단 강 하류(베레아 지역)에서 안드레, 베드로, 요한, 빌립, 나다나엘 다섯 사람을 만남	요한 1:40-51
갈릴리 가나	*혼인잔치 집에서 물이 포도주가 되게 하심	요한 2:1-11
가버나움에 유숙	*가나 혼인잔치 후 가버나움에서 며칠 동안 계심	요한 2:12

예루살렘 행	*첫 번째 유월절 맞이하러 올라가심	요한 2:13
예루살렘 성전	*첫 번째 성전청결 사건	요한 2:14-16
유월절	*많은 표적을 행하심으로 많은 사람이 믿음	요한 2:23
영생에 관하여	*니고데모의 질문에 대한 대답으로 물과 피로 거듭나 야 영생을 얻게 됨을 설파하시다.	요한 3:3-16

독생자의 보내심	*하나님이 세상을 사랑하사 독생자를 보내시어 누구든지 그를 믿는 자는 영생을 얻게 하심	요한 3:16-21
예루살렘을 떠남 제자들의 활동	*예루살렘에서 약 8개월 정도 사역하신 후 떠나 갈릴리로 향하여 내려가심[740] *제자들도 사람들에게 세례를 줌	요한 4:3 요한 4:1

사마리아에서	*갈릴리로 가는 길에 사마리아를 지나가시면서 우물가에서 여인을 만나 영생과 예배에 대해 말씀하시고 자신이 그들이 기다리는 메시야임을 밝히심 *사마리아에 계신 때는 12월경 임[741]	요한 4:4-26

갈릴리 가나	*사마리아에서 2일 후 갈릴리 가나에 도착하심 *왕의 신하가[742] 갈릴리로 와서 '가버나움에 살고 있는 자신의 아들이 병들었으므로 고쳐 주십사'고 간청하자 고쳐 주심(갈릴리에서 두 번째 기적임)	요한 4:46-53
나사렛으로 감	*예수님이 고향 나사렛으로 가서 회당에서 자신을 소개하셨으며, 예루살렘에서 사역을 소문으로 알고 있었으나, 예수님을 받아들이지 않고 도리어 배척함	마태 13:53-58 마가 6:1-6 누가 4:16-30

가버나움 이사 (갈릴리지역임)	*고향 나사렛에서 배척당하신 예수님은 낮은 해변가이면서 교통의 요지인 스블론과 납달리 부근 가버나움으로 이사하심	마태 4:13-17
	*백부장 하인의 중풍병을 고치심	마태 8:5-13
안식일 사역	*어느 안식일에 회당에서 가르치심	누가 4:31-37
	*베드로의 장모의 열병을 고치심	마태 8:14-15 마가 1:29-31 누가 4:38-39
	*소문을 듣고 해질 무렵에는 많은 병자와 귀신 들린 자가 와서 예수님으로부터 고침을 받음	마태 8:16-17 마가 1:32-34 누가 4:40-41

740) 예루살렘 성전이 중심이므로 지방에서 예루살렘으로 올라가며, 예루살렘에서 지방으로는 내려간다는 생각으로 이러한 표현을 사용하고 있습니다.

741) 이스라엘 땅에서 곡식거둘 때는 4월 경이므로 예수님께서 말씀하시길 앞으로 넉 달 후에는 곡식 거둘 때라고 하셨으므로 사마리아에 계실 때는 12월경임을 알 수 있습니다.

742) 분봉 왕 헤롯 안티파스의 신하임을 미루어 알 수 있습니다.

전도활동	*다음날 새벽에 베드로의 장모 집에서 나와 갈릴리 지역 여러 회당에서 전도하십니다.	마가 1:35-39 누가 4:42-44
가버나움에 감	* 수 일 후 다시 본 동네인 가버나움의 집으로 가십니다. 그리고 환자 친구 네 사람이 지붕에서 내린 중풍병자를 고쳐 주십니다.	마태 9:1-7 마가 2:1-11 누가 5:17-24
도시와 마을 *거라사 지방 *데가볼리	*주변 모든 도시와 마을을 두루 다시시며 회당에서 가르치시며, 천국복음을 전파하시며 모든 병과 악한 것들을 고치십니다. *한 관리(회당장 야이로)의 죽은 딸을 살리심 *열두 해 혈루증 앓은 여인이 예수님의 옷을 만짐 *맹인들이 눈을 뜨게 됨/말 못하는 사람이 말을 함 *귀신이 쫓겨남	마태 9:35 마태 9:18-33 마가 5:22-43 마가 5:25-34
예루살렘에 감 (2번째)	* 약 4개월 후 유월절에 예루살렘 행입니다. * 베데스다 연못 옆에 누워 있었던 38년 된 병자를 고쳐 주심	요한 5:1-9
12사도 택함	*마태(레위)를 부르시다 *제자들 가운데 12사람을 뽑아 전임 사역자로 삼으심	마태 9:9/10:1-4 마가 3:14 누가 6:13
산상수훈	*예수께서 12사도들과 함께 산으로 올라가시어 하나님의 나라와 새로운 복음에 대해 말씀하심	마태 5:1-7장 누가 6:20-49
제자들 전도함	*12제자들을 예수께서는 권능과 성령을 주시고 여러 지방으로 보내어 전도하게 하심	마태 10:1-42 마가 3:13-19

다시 갈릴리로	*예루살렘에서 유월절을 지내신 후 다시 갈릴리로 돌아오셨습니다.	누가 7:1
백부장의 종	*백부장의 종을 고쳐 주심	누가 7:1-10
나인 성에서	*나인 성 과부의 죽은 아들을 살리 심	누가 7:11-15
세례 요한 질문	*세례 요한이 예수님의 소문을 듣고 제자 2사람을 예수님께 보내어 질문을 함	누가 7:18-23
죄 지은 여인	*죄 지은 여인이 귀한 향유를 담은 옥합을 깨트려 예수님의 발에 부음 *예수께서 죄를 사하여 주심	누가 7:36-50
귀신들린 자	*귀신들려 눈 멀고 벙어리된 자를 고치심	마태 12:22-37

13개의 비유	*예수께서 13개의 비유로 말씀하심 :외식하는 자/부자/하나님의 나라/깨어 있으라/ :시대를 분간/화해/회개/열매/말씀 밭 등	마태 13장 마가 4:26-28 누가 12:16-48
바다를 잔잔케	*예수께서 천국을 비유로 설명하신 후 저녁 때 갈릴리 바다를 건너 가실 때 풍랑이 일자 주무시다가 일어나 바다를 잔잔하게 하심	마태 8:23-27 마가 4:35-41
가다라 지방	*귀신들린 자를 고치심	마태 8:28-34
마태의 집	*마태를 부르심	마태 9:9 마가 2:13-17 누가 5:27-32
마태의 초대	*마태의 부르심 후에 마태가 자신의 집에 초대함	마태 9:10-13
고향 나사렛 감	*고향 나사렛에게 가셔서 또 한 번 배척을 당하심	마태 13:54-58
오병이어 기적	*벳세다 들판에서 물고기 두 마리와 보리떡 다섯 개로 오천 명을 먹이심	요한 6:1-15
위 갈릴리에서	*두로와 시돈 베니게 사람들 수로보니게 여인의 믿음을 보시고 딸을 고쳐주심	마태 15:21-28 마가 7:24-30
데가볼리에서	*데가볼리에서 4천 명을 먹이심	마태 15:32-38
마가단 지역에서	*마가단(막달라) 지역에서 표적에 대한 말씀	마태 15:39-16:4
가이사랴 빌립보	*가이사랴 빌립보에서의 질문: 나는 누구인가?	마태 16:13-28
변화산에서	*변화산에서의 사건: 베드로, 요한, 야고보	누가 9:28
갈릴리로 돌아옴 가버나움 집에서	*돌아오는 길에 제자들 누가 더 큰 사람이냐?	마가 9:33-35
예루살렘 행	*초막절(10월 12일), 수전절(12월 25일), 유월절(4월 16일경)을 향하여 마지막 길을 나아 가심 :활동기간은 약 6개월(그중 베레아 지방 3개월)	누가 9:51-56
사마리아	*사마리아인들이 영접하지 않아 제자들이 분노	누가 9:51-56
베레아에 파송	*사해 동편 갓 지파의 땅이었던 베레아 지방에 미리 70인 제자들을 보내심	누가 10:1-12

예루살렘에 도착	*초막절 중간과 끝에 예루살렘 성전에서 가르침	요한 7:14-8장
마리아와 마르다	*마리아는 말씀을 듣고 마르다는 음식을 만듦	누가 10:38-42
주기도문	*주께서 기도문을 가르치심	누가 11:1-15
수전절에	*수전절(12월 25일)에 '목자와 양'에 대한 설교	요한 10:1-30
죽은 나사로	*마리아의 남동생인 나사로가 죽었으나 살리심	요한 11:1-27
베레아에서 사역	*나사로를 살리신 때로 3개월 기간 동안 머무심	누가 13장-16장
예루살렘으로	*베레아에서 3개월 정도 사역하신 후 최종적으로 예루살렘으로 들어오심	누가 19:1-
삭개오를 만남	*예루살렘으로 들어오시는 길에 삭개오를 만나심	누가 19:1-10
마리아의 집에 (토요일)	*베다니에 있는 마리아(동생은 나사로 언니는 마르다)의 집에 유숙하시며 마리아가 향유를 부음	요한 12:1-8
나귀 타고 입성 (일요일)	*예수께서 나귀를 타시고 예루살렘에 입성하심	누가 19:29-48
성전청결 사건 (월요일)	*두 번째 성전청결 사건이 발생함	마태 21:18-22 마가 11:·11-19
질문과 답변 (화요일)	*종교지도자들의 질문과 예수님의 답변, 그리고 감람산 말씀	마태 21:12-25장
최후의 만찬 (목요일)	*유월절 최후의 만찬이 제자들과 함께 이루어짐	마태 26:17-75
	*가룟 유다에 의해 인도된 군인들에게 잡히심	누가 22:47-48
	*철야 심문	누가 22:66-23:10
	*베드로의 배반	누가 22:54-62
빌라도의 재판 (금요일)	*빌라도에 의해 재판을 받게 됨	마태 27:1-66
	*십자가에서 돌아가심	누가 23:46
	*요셉의 무덤에 묻히심	누가 23:53
부활하심 (토요일-주일)	*무덤에서 부활하심	요한 20:1-9

부활 후 보이심 (40일 동안)	*막달라 마리아에게 보이심 *11제자들에게 보이심 *디베랴 호수에서 7제자들에게 보이심 *엠마오로 가는 2제자들에게 보이심 *500명에게 보이심(갈릴리호수 옆 산에서) *다섯 명의 여인들에게 보이심 *베드로에게 보이심 *야고보에게 보이심	요한 20:14-16 요한 20:19 요한 21:1 누가 24:15
제자들에게 사역을 주심	*목양사역⇨내 양을 먹이라/치라 *전도사역⇨만민에게 복음을 전파하라/누가 24:47 *선교사역⇨모든 민족에게 가르치라	요한 21:15-17 마가16:15, 20 마태 28:19-20
승천하심	*베다니에 있는 감람산에서 하늘로 승천하심	누가 24:51 사도행전 1:9

엠마오 교회 터
부활한 예수께서 두 제자와 유하러 들어가서 식사했던 곳
(성지순례 가이드북, 하늘기획)

✻ 예수 그리스도의 공생애 활동(사역)의 시간적 순서

예수 그리스도의 공생애 사역(가르치고, 전도하고, 치유하신 사역)의 사실상의 지역과 시간적 순서는 사복음서와 요한복음을 통하여 정리해 볼 때 반드시 그 순서대로 기록을 정리하기 어렵다고 할 것입니다. 즉, 사탄의 시험까지와 최종적인 예루살렘 입성 이후 승천까지는 일어난 순서대로 정리될 수 있지만, 그 사이에 일어난 정확한 시간적 순서는 정리하기 어렵다고 할 것입니다.

제3편 사도들의 사역에 관한 이야기

[성안聖顔]

'베로니카'는 혈루병(血漏病)을 앓던 여인의 뒷이야기가 전설로 이어지며 붙여진 이름이다. 그녀가 12년간을 앓았던 병을 고치기 위해 가산을 탕진하고도 율법은 부정한 여인으로 규정하고 있어 집밖을 나오지 못하는 비운의 여인이었다.

어느 날, 회당장(會堂長)이 예수께 와서 죽게 된 어린 딸을 살려달라고 간청할 때였다. 예수께서 몰려든 인파 속에 자신의 능력이 나간 것을 아시고 옷에 손을 댄 자를 찾으셨다. 옷자락에 손을 댄 그 여인은 자신의 몸에서 혈루병이 떠났음을 깨닫고 예수께 나와 엎드렸다. "딸아 네 믿음이 너를 구원하였으니 평안히 가라. 네 병에서 놓여 건강할지어다."

예수께서 그녀의 병으로 인해 동족으로부터 따돌림당했던 그녀를 '딸'이라 부르며 '언약백성'으로 받아 주셨다. 그러는 사이에 회당장의 딸이 죽었다는 전갈을 들은 예수께서 그의 집으로 가셨다. 소녀의 손을 잡고 "얘야 일어나라" 하시니 소녀가 일어나 걸었는데, 그 소녀는 12세였다. 혈루병으로 12년을 앓던 여인과 죽었다가 살아난 소녀의 나이가 12세라고 복음서가 굳이 밝힌 것에는 이스라엘의 모든 12지파의 저주와 부활의 함의가 있다. 여기까지가 성경이 밝히고 있는 내용이다.

그 여인은 피가 낭자한 채 형장으로 끌려가다 쓰러진 예수께 다가가서 자신의 혈루병을 고쳐주신 것처럼 얼굴을 닦아드렸더니, 그 수건에 피 묻은 얼굴이 찍혀 있었다는 전설의 여인 '베로니카', 야수파(fauvisme) 거장 『조르주 루오』가 그녀의 손수건에 찍힌 얼굴을 [성안聖顔]이라는 명제로 그린 작품이다.

성안聖顔 91 X 65cm 1933년 조르주 루오(프랑스) 作

제3편 사도들의 사역에 관한 이야기

예수 그리스도의 복음은 수많은 제자들과 평신도들에 의해 예루살렘과 온 유다와 사마리아와 땅 끝까지 전하여지게 되었습니다. 특히 그중에서도 12사도들은 예수님과 3여 년간 **함께 생활하면서 양육과 훈련을 받고** 예수 **그리스도의 사랑을 몸소 실천**하여, 그들의 남은 **일생의 전부를 바쳐 헌신과 전도와 선교**를 하고, 마지막에는 장렬하게 **순교한 삶이 기독교를 세계화**하게 만든 든든한 기초가 되었습니다. 기독교 초기교회 시대에 수제자 **베드로**의 복음 설교와 능력 행함으로 인하여 수많은 사람들의 회개와 변화를 가져왔으며, **사도 요한**은 예수 그리스도의 12사도 중에서 가장 오랜 세월을 보내면서 기독교회의 신앙과 역사를 계승한 예수 그리스도의 직계로서 여러 서신들을 쓰기도 하였습니다. 물론 누구보다도 기독교 역사에서 빠질 수 없는 사람은 **사도 바울**입니다. 그의 위대한 사역은 누가가 쓴 사도행전과 그가 기록한 서신들에서 잘 나타나고 있습니다. 하지만, 이들 외에도 기록 없는 수많은 제자들의 신앙과 전도와 선교 그리고 순교의 역사가 있는데, 이는 그들의 행적이 지면 부족이 아니라 복음 사역의 아름다운 발자취가 너무나 많기 때문입니다.[743)]

제1장 새로운 탄생을 맛본 사도들에 관한 이야기

1. 예수님의 십자가상에서의 죽음과 제자들의 정신적 공항상태

지난 3년간 예수님과 동고동락을 함께 하였던 사도들은 예수님이 십자가상에서 아무런 저항 없이 돌아가시자 그들은 **정신적 공항상태**가 되었습니다. 왜냐하면 제자들은 예수님과 함께 하여온 지나간 시간들을 돌이켜 보면서 그들이 기대하고 소망하였던 것은 이 땅(당시의 유대 땅 예루살렘)에 하나님의 나라(왕국)가 하나님의 아들에 의해 건설되고 이후

743) 수많은 사도들의 복음 사역에 대한 문서적 기록이 적은 이유는 무엇보다 그들의 사역을 드러내지 않으려는 겸손의 결과라고 해석할 수도 있을 것입니다.

제자들은 왕 되신 예수님과 더불어 하나님 나라를 통치하는 주역으로 쓰임 받으리라(중요한 자리를 차지하리라)는 세속적인 생각을 하였던 것입니다. 하지만, 이제 그러한 기대는 예수님의 십자가 죽음으로 하루아침에 물거품이 되어 버렸습니다.

2. 예수님의 부활 후 나타나심을 목격하게 됨

한동안 그들은 정신적 혼란과 방향감각을 잃고 방황한 후 점차 기운을 차리고는 다시 당장 눈앞에 닥친 먹고사는 문제가 있는 냉정한 현실세계로 돌아오기 시작하였습니다. 그래서 그들은 예수님을 만나기 이전에 살아 온 고향 갈릴리 바닷가 일자리로 돌아가고자[744] 하였습니다. 그런데, 그들의 앞에 기적이 나타난 것입니다. 그것은 예수님이 죽음과 사망 권세를 이기시고 부활하시고 부활 후 바로 승천하시지 않고 **제자들 앞에 살아계실 때의 모습으로 나타난 것**입니다. 물론 이미 예수님께서 죽음 이후에 부활이 있으리라는 것을 미리 알려 주셨지만 그때는 그 말씀이 깊은 마음과 귀에 들어오지 않았습니다. 왜냐하면 그들의 눈과 귀는 눈앞에 보이는 현실에만 관심이 있었으므로 죽음 후의 일까지 깊이 생각하지 못하였던 것이었습니다. 그리고 이렇게 빨리 예수님이 돌아가시리라는 것은 예상하지도 못하였기 때문입니다.

3. 사도 도마의 부활 확인과 제자들의 깨달음

처음에는 도마 같은 사도는 부활에 대해서 믿지 못하고 의심하기도 하였습니다. 심지어 부활하신 예수님이 나타나신 후 **실제 못 자국과 창 자국을 만져보고서야 믿게 되었습니다.** 하지만 부활하신 예수님께서 제자들 앞에 다시 나타나시고 그리고 옛날처럼 대화도 하시며 식사도 같이 하시자, 그들은 이 기적과 이적 앞에 그들이 예수님과 함께한 지난 3년간의 생활과 예수님이 하신 **말씀의 진정한 깊은 뜻을 그제야 깨닫게 되었던 것**입니다.

4. 사도들에 대한 예수님의 사역 명령과 성령을 주실 것을 약속함

사도들에게는 인간이 가장 두려워하는 죽음의 공포를 이기는 용기와 담대함이 생겨나게 되었고, 그 위에 **예수님께서 구체적인 사명(사역)과[745] 사역 수행을 할 수 있는 능력(성령)을 주실 것이라는 약속**에 제자들 모두는 완전히 **그들 앞에 새로운 세계(진정한 새 하늘과 새**

744) 마태와 같은 세리는 당시 사회의 구조상 다시는 그 자리로 돌아가기 어려웠을 것입니다.
745) 내 양을 치라는 말씀, 명령(사역) 즉 목회와 복음을 예루살렘과 사마리아와 땅 끝까지 전하라는 말씀, 명령(사역) 즉 세계 전도 및 선교에 대한 말씀입니다.

땅)가(이) 놓여 있다는 확신을 갖게 된 것입니다. 그것은 다름 아닌 진정한 복음(빛 과 생명= 예수 그리스도)을 어둠의 세계에 비추어야 하겠다는 신앙관이 만들어지게 된 것입니다.

[정리] 하나님 나라의 권능과 인간 (세상) 나라의 권능

하나님 나라는 성령에 의해 하나님의 백성들의 삶에 구현되는 그분의 통치입니다.

하나님 나라의 권능	세상 나라의 권능
성령에 의해 통치되는 나라	힘 (권력)에 의해 통치되는 나라
증인(사역의 역사)들에 의해 증언/수행	군인(힘과 권력 가진 자)들에 의해 증언/수행
평화의 복음을 통해 통치	전쟁의 선포에 의해 통치
성령의 역사에 의해 점차 확장됨	군사력이나 정치적 술책이나 혁명적 폭력에 의해 확장됨
백성은 예수님에게만 충성	국민은 황제(왕, 통치자)에게 충성

5. 예루살렘 마가의 다락방에서 성령강림을 기다림

예수님은 사도들에게 갈릴리를 떠나 다시 예루살렘으로 올라가라고 하십니다. 즉 **'예루살렘을 떠나지 말라'**고 하시자 사도들은 다시금 예루살렘으로 향하여 올라가 당시 예루살렘에서 모임 장소였던 마가네 집에 모였습니다. 사역을 수행하기 위한 능력인 성령을 받기 위해 **기다리라**고 하셨기 때문입니다. **약 120명 정도**가 **모였습니다.**[746] 예수님은 부활하신 이후 40일 동안[747] 이렇게 제자들을 직접 만나서 격려하시고 또 예루살렘 교회를 세우기 위해 애 쓰신 것입니다.

> '사도와 함께 모이사 **그들에게 분부하여 이르시되 예루살렘을 떠나지 말고 내게서 들은 바 아버지께서 약속하신 것을 기다리라 요한은 물로 세례를 베풀었으나 너희는 몇 날이 못 되어 성령으로 세례를 받으리라** 하셨느니라'(사도행전 1:4-5).

746) 유대법에 따르면 자체 공회를 가진 공동체를 설립하기 위해서는 최소한 120명 정도의 유대인 남자들이 있어야 하는데, 이미 제자들은 새로운 공동체를 구성하기에 충분한 숫자였다는 것을 보여 줍니다. 존 스토트, 정옥배 옮김, 사도행전, 1VP, 2019, 70쪽

747) 40일은 사도들로 하여금 땅 끝까지 그의 증인이 되도록 준비시키는 기간이라고 할 수 있습니다. 이는 이스라엘 백성의 광야 40년과 대비되는 것으로 볼 수 있습니다. 레이몬드 E. 브라운, 김경수 외 공역, 신약개론, CLC, 2017, 413-414 쪽.

6. 예수님의 승천과 재림의 약속

이와 같은 일을 모두 마치신 예수님은 부활 후 40일째 되는 날 감람산에서 하늘로 승천하셨습니다. 이때 예수님 옆에 흰 옷 입은 두 사람이 나타나 **'너희 가운데서 하늘에 올리우신 예수는 하늘로 가심을 본 그대로 오시리라'**고 말했습니다(사도행전 1:11).

❀ 예수님의 부활과 구분하여 승천에 관한 증언들

예수님의 승천에 관한 증언	성경구절
예수께서 제자들을 데리고 베다니 앞까지 나가서 축복하시고 저희를 떠나 하늘로 올려지시니, 승천하심	누가 24:50-52
부활하신 예수님이 마리아에게 자신이 아직 아버지께로 올라가지 않았으므로 자신을 만지지 말라고 말씀하심	요한 20:17
하나님이 오른손으로 예수를 높이심	사도행전 2:31 베드로전서 3:21-22
예수님이 가장 명예롭고 권세 있는 곳으로 높이 올리심을 받았다.	고린도전서 15:1-28 에베소서 1:18-23 빌립보서 2:9-11 골로새서 3:1 히브리서 1:3; 4:14; 8:1; 9:11 등
예수 그리스도께서는 높은 곳에 계시며, 승천하신 자 곧 하나님의 예수, 그가 하늘에서 위엄의 보좌 우편에 앉으셨다, 그리스도께서 장차 좋은 일의 대제사장으로 오사 등으로 승천을 분명하게 기술하고 있음	히브리서 1:3

7. 마가의 다락방에서 성령강림과 사역 수행

오순절 날 마가의 다락방[748]에 모인 제자들은 전심으로 기도하던 중 **성령의 세례를 받게 됩니다**(사도행전 2:2-4). 이제 예수님의 부활과 사역명령 그리고 성령의 능력 더 나아가 재림에 이르기까지 약속된 말씀을 듣고 눈앞에 현실이 되는 것을 직접 스스로가 경험함

748) 오순절은 하나님이 시내 산에서 이스라엘에게 주신 언약을 기념하는 것으로, 이때 이스라엘은 하나님의 소유된 백성이라고 불리워졌습니다.

으로써 사도들은 더 이상 제 자리 걸음할 수도, 옛날로 돌아갈 수도 없게 되었고, 오직 앞으로 전진하는 일만 남아 있음을 깨닫게 된 것입니다. 그리고 그들은 주어진 이 (선교)**사명을 훌륭하게 수행**하다가[749] 모두 장렬하게 순교함으로써 영원한 생명과 하늘나라 상급(면류관)을 받고 예수 그리스도와 함께 천국에서 지내게 된 것입니다.

✻ 예수님 사후에 사도들이 어떻게 복음 전파의 소명을 다할 수 있었는가요?

1. 예수님의 제자들이 땅 끝까지 나가서 예수님이 명령하신 모든 것을 지키도록 가르치는 일을 하기 위해서는 이들에게 하나님이 그들을 보내셨다는 것을 **인정받을 수 있는 신적 권위와 능력이 필요**하였습니다. 선지자로 인정받으려면 그가 외친 하나님의 말씀이 그대로 이루어져야 합니다. 하지만 대부분의 경우 그들의 외침은 당장 이루어지는 것이 아니므로 하나님이 사람들 앞에서 제자들이 초자연적인 기적이나 능력을 행하게 하십니다.

2. 제자들은 제사장이나 레위인과 같은 성직자도 아니고 그렇다고 당대의 이름 있는 랍비들의 문하생도 아니었으며, 다양한 생업에 종사하다가 예수님을 따르게 된 평범한 사람들이었습니다. 예수님은 이 점을 아시고 제자들에게 보혜사 성령을 약속하신 것입니다(요한 14:16-21:26). 사도행전 제2장의 **오순절 성령세례**는 제자들에게 말씀의 종, 곧 새 언약의 선지자로서 그 직분을 위임받는 예식(의식)이었던 것입니다.[750]

3. 이후 제자들은 **방언(외국어)으로 말씀을 전하고 가르쳤으며, 기적과 이적을 행함**으로써 제자들은 선지자적인 권위를 인정받게 된 것입니다. 물론 당시의 기득권 세력(종교지도자들과 정치지도자들)은 이러한 일들을 인정하지 않으려 하고 핍박하였던 것입니다.

4. 제자들도 복음 전파 초기에는 로마의 정치적 핍박이 아닌 예수님처럼 바로 동족인 **유대인으로부터의 핍박**이 먼저 행하여졌던 것입니다.

[정리] 사도들의 삶의 변화 과정과 일생

예수님의 사도들(12사도들)의 삶의 전개과정을 정리해 볼 수 있습니다. 그들의 삶을 통하여 예수님을 더 잘 알 수 있으며, 기독교(회)의 초기 역사를 되짚어 보면 보다 예수님을 더 깊이 이해할 수 있게 됩니다.

선택 이전의 삶 ⇨ 예수님에 의한 선택 ⇨ 제자 훈련 ⇨ 예수님의 십자가 사건 ⇨ 예수님의 부활 ⇨ 소명을 받음 ⇨ 성령을 받음 ⇨ 복음사역 ⇨ 순교

---

749) 선교에 대한 부활하신 주님의 명령은 사도행전에서 성취되기 시작합니다.
750) 손석태, 앞의 책, 118-126쪽 참조.

사도들의 삶의 변화 과정	주요 일생	성경구절
각자의 일상적인 생활	평범한 사람으로서의 삶	마태 4:18 마가 1:16 누가 5:2
예수님을 만남	변화된 삶의 기회 앞에 서게 됨	마태 4:19 마가 1:17 누가 5:5
예수님의 선택	제자로 선택된(쓰임 받은) 삶	마태 4:20 마가 1:18-20 마가 3:13-14 누가 5:10-11 누가 6:13-16
예수님과 함께 함	제자로서 양육과 훈련을 받음(3년간)	마태 9:10 마가 6:7 누가 9:1-6
예수님을 팔고 넘겨 줌 예수님의 고난을 외면함	예수님을 팔고 넘기는 배신행위와 예수님의 잡히심과 십자가 처형 당시에 모두 제 갈 길로 감, 사도 요한은 제외	마태 26:50 마가 14:10-11 마가 14:50 누가 22:48 누가 22:61 마태 28:16
예수님의 최후의 운명과 죽음의 수습	요한을 제외한 모두는 예루살렘을 떠나가 버렸으며, 아리마대 요셉과 니고데모가 수습함	마가15:42-46 마태 27:58-60 누가 23:50-53
예수님이 부활 후 나타남	제자들은 부활을 의심하였으나, 확인 후 영생을 확신하게 됨	마가 16:12-13 누가 24:45 요한 20:27
예수님과 함께 40일간 생활	제자들의 삶의 전환이 일어남	사도행전 1:3
예수님께서 파송 명령하심 예수님이 성령 보냄을 약속	제자들은 삶의 확실한 전도와 선교의 비전을 갖게 됨	마가 16:14-15 누가 24:49 요한 20:21 사도행전 1:4-8
성령님이 임하심을 체험	제자들은 능력을 갖게 됨	마가 16:17-18 누가 24:49 요한 20:22 사도행전 2:2-4
예수님이 승천하심을 목격	제자들은 본격적인 전도와 선교를 향하여 활동함	마가 16:19 누가 24:51 사도행전 1:9-11
제자들의 최후	대부분의 제자들은 선교지 등에서 순교하게 됨	마가 16:20

[정리] 예수님과 함께 한 천사들

천사들이 나타난 사건	천사들의 활동	성경구절
예수님의 탄생 전	마리아에게 나타나 예수님의 잉태 계획 알려 주었습니다.	마태 1:16 누가 1:31
예수님이 탄생하신 때	목동들에게 나타났습니다.	누가 2:10-14
예수님이 금식하실 때	마귀를 물리치시니 천사들이 예수님의 수종을 들었습니다.	마태 4:11
예수님이 부활하신 때	무덤의 돌을 굴려내고, 여자들과 제자들에게 예수님의 부활을 알려 주었습니다.	마태 28:2-7
예수님이 승천하신 때	예수님은 하늘로 가신 그대로 오실 것이라고 이야기하였습니다.	사도행전 1:10-11

[정리] 오순절 사건751)

구분	내용
농업적인 의미	유대의 세 번의 추수 절기 중 가운데 있는 것으로 맥추절임 추수가 마쳐졌음을 경축하는 것으로 칠칠절 또 오순절이라 함
역사적인 의미	시내 산에서 율법을 받은 기념일로 지켜지기 시작함 즉 출애굽한 후 50일 후에 일어났다고 간주함
성령의 세 가지 경험	바람, 불, 말은 새 시대를 상징하고, 초자연적인 현상임 바람은 권능을, 불은 정결을, 다른 나라 말은 교회의 보편성(국제성)을 상징하는 것으로 해석함
모인 사람들의 국제성	1. 카스피해 서쪽 사람들 바대인, 메대인, 엘람인, 메소포타미아 지방에 사는 사람들 2. 소아시아 혹은 터키 지역 사람들 갑바도기아(동), 본도(북), 아시아(서), 브리기아와 밤빌라(남) 3. 북아프리카 지역 사람들 이집트, 구레네 근방의 리비아 지역 4. 지중해 건너 로마로부터 온 사람들 5. 크레타 사람들과 아라비아 사람들

751) 존 스토트, 정옥배 옮김, 사도행전, IVP, 85-90쪽 까지의 내용을 도표화 하였습니다.

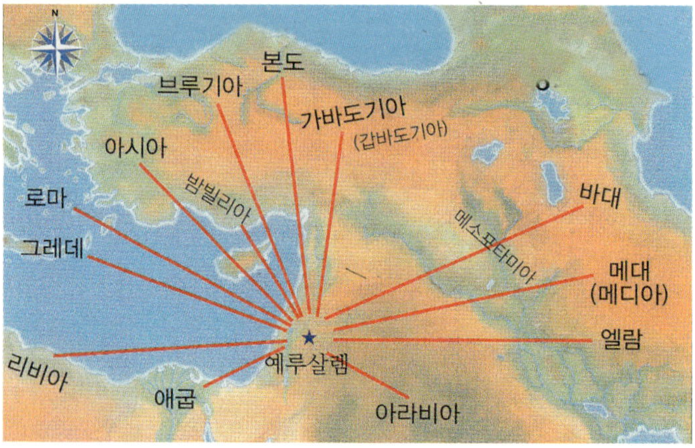

오순절 날 예루살렘에 찾아온 사람들
(성서지도, 지계석)

[정리] 바벨탑 사건과 오순절 사건[752)]

바벨탑 사건	오순절 사건
땅(인간)이 교만하여 하늘(하나님)에게까지 오르려고 했던 사건	하늘(성령)이 겸손하게 땅(인간)에 내려온 사건
언어의 장벽과 인간의 흩어짐(분리)과 불통	언어 장벽의 초자연적 극복으로 인간의 연합과 소통
하나님 밖으로 나감	그리스도 안으로 들어옴

752) 존 스토트, 정옥배 옮김, 사도행전, IVP, 95-96쪽 까지의 내용을 도표화하였습니다.

제2장 초대 그리스도 교회 이야기

초대교회의 모형은 구약시대 광야교회에서 시작되었고, 초대교회는 인간 사랑과 하나님의 구원 계획(섭리)에 의해 예수 그리스도를 통하여 실현 되었으므로 **교회의 본질은 예수 그리스도(=복음)입니다.** 즉, 예수 그리스도는 기독교회의 복음 자체이며, 기독교회의 근원이십니다.[753] 예수님 당시의 유대인과 유대사회의 신앙은 형식화되고, 무기력하였으며, 헬라와 로마의 이질적인 문화가 모든 영역에서 침투되고 있어 힘을 잃었는데, 예수님과 그의 12제자들은 이를 딛고 참된 진리를 선포하자, 많은 사람들이 예수 그리스도를 메시야로 믿고 따르게 되었으므로 그들은 기독교회의 신앙과 역사를 형성한 중추적인 사람들이었습니다. 특히 유대사회를 넘어 아시아와 유럽에까지 복음을 전파하고 교회를 세운 **사도 바울은 기독교회가 확산되고 굳건한 반석 위에 놓이게 하는데 결정적인 역할**을 한 인물로 하나님의 쓰임을 받게 되었습니다. **사도 요한의 신앙**은 그의 제자 폴리캅(Polycarpus, A.D. 69-155)으로 다시 이레니우스(Lreaneus, A.D. 115-200)와 어그스틴(St. Augustine, A.D. 354-430)에게 계승되고, 근대 루터와 칼빈을 통하여 **개신(개혁)교회로 이어져 왔습니다.**

제1절 초대 그리스도 교회는 언제 어떻게 탄생하게 되었나요?

1. 교회란 무엇인가요?

교회의 머리이신 그리스도 아래 하나로 모이는 피택자들의 총수를 말하며,[754] 또한 교회란 전 세계를 통하여 참 종교(믿음, 신앙)를 고백하는 모든 자들과, 그들의 자녀로 구성된

753) 대한예수교장로회, 교회사, 2016. 17쪽.
754) 이것을 무형교회라고 합니다.

것을 말합니다.[755] 교회라는 낱말은 마태복음에만 3회 사용되었고,[756] 마가복음과 누가복음 그리고 요한복음에는 나타나지 않습니다.[757]

2. 초대 그리스도 교회는 언제 어떻게 탄생하게 되었나요?

초대 그리스도 교회는 **오순절 성령 강림 이후에 탄생**된 것입니다.[758] 신약시대의 교회는 초기에는 하나의 작은 예수운동에서 시작하였다고 봅니다. 예수님도 하나의 독립된 종교를 조직할 의도가 없이 유대교 내에서 하나님 나라를 선포한 것에 의해 운동을 시작하였습니다. 부활하신 예수님의 나타나심을 체험한 후에 새 힘을 얻어 예루살렘에 모여 있던 사도들과 제자들에 의해 **예수님을 가리켜 메시야 하나님의 아들이며 주님으로 고백**한 최초의 신앙공동체가 만들어졌습니다. 이 **공동체를 초대교회**라고 합니다.

> **'오직 성령이 너희에게 임하시면 너희가 권능을 받고 예루살렘과 온 유대와 사마리아와 땅 끝까지 이르러 내 증인이 되리라** 하시니라'(사도행전 1:8).[759]

오순절 성령운동의 특징과 현대 교회

신약성경을 비추어 볼 때 오순절 성령운동은 오순절 날 성령강림과 함께 시작된 초대교회로부터 출발합니다(사도행전 1-2장). 2천 년 전 예루살렘의 한 다락방에 모여 기도하던 120여 명의 제자들에게 성령이 임하심으로 교회가 탄생되었고, 그후 교회는 성령의 능력에 힘입어 지속적으로 성장하였습니다. 그러므로 현대 오순절 운동의 발생 이전에도 성령은 교회와 성도들 속에서 계속해서 역사하여 왔으며,[760] 특별히 20세기 성령운동은 초대교회로부터 이어져 온 성령운동의 흐름을 잇는 거대한 영적 파도로 밀려왔고, 21세기에도 오순절 성령운동의 역동적 활동이 현대 교회를 새롭게 깨우고 있습니다. 오순절 성령운동의 특징으로는 유연성, 개방성, 공동체성, 역동성, 인격성 등을 들 수 있으며, 현대에 와서도 그 계속성과 (중생과 성령세례의)구별성을 특성으로 하고 있습니다. 특히 하나님의 성회 교단에서는 오순절 성령운동의 특징으로 방언을 강조하기도 하지만,[761] 이에 대한 다른 주장도 있습니다.

---

755) 이것은 유형교회라고 합니다. 그러므로 교회는 무형의 그리고 유형(제도와 건물 등)의 두 종류로 구분된다고 할 수 있습니다.

756) 마태복음 16장18절에서 1회, 18:17절에서 2회 사용되었습니다.

757) **교회**에 관한 이야기는 **제2부에서 자세히 설명**하게 됩니다.

758) 사도행전에는 교회라는 낱말이 23회 사용되고 있습니다.

759) 이런 의미에서 성령충만한 **교회는 본질적으로 선교적 교회**입니다.

760) 이영훈, 성령운동의 발자취, 서울말씀사, 2014. 33쪽. **오순절 성령론에 대한 자세한 내용은 제2부** '성령에 관한 이야기'에서 살펴볼 수 있습니다.

761) 배현성, 영산의 성령론, 순복음영산목회대학원, 2019, 36-44쪽. 참조.

제2절 초대 그리스도 교회의 목적

1. 복음의 전파입니다.

예수님 이후 초대교회가 탄생한 목적(사명)과 이유가 무엇일까요? 그것은 예수님의 말씀으로부터 이끌어 내 볼 수 있을 것이다. 즉 예수님은 부활 이후에 베드로와 제자들에게 **'내 양을 먹이라'**, 또 **'예루살렘과 사마리아와 땅 끝까지 복음(=말씀=진리=예수 그리스도)을 전하라'**고 하셨습니다. 그러므로 초대교회의 탄생 목적과 이유는 바로 복음 전도에 있습니다.

[정리] 구약시대 교회와 신약시대 교회의 비교

구분	구약시대 교회	신약시대 교회
존재목적	하나님께 대한 예배 : 말씀과 찬양	하나님께 대한 예배 : 말씀과 전도(선교)
대상	유대인	유대인+이방인

2. 복음으로 통일을 이루게(하나가 되게) 하십니다.

교회의 머리 되신 예수 그리스도를 통하여 사람과 사람, 사람과 만물이 하나(통일)가 되게 하십니다. 즉 교회는 분열과 분리와 분쟁이 아닌 **그리스도의 사랑 안에서 통일과 합치와 화목을 이루어 하늘에서 영광이 되고, 땅에서는 평화와 기쁨이 되게 하는 것**입니다.

'하늘에 있는 것이나 땅에 있는 것이 다 그리스도 안에서 통일되게 하려 하심이라' (에베소서 1:10).

'지극히 높은 곳에서는 하나님께 영광이요 땅에서는 하나님이 기뻐하신 사람들 중에 평화로다'(누가 2:14).

제3절 초대 그리스도 교회의 모습

초대교회는 놀라운 성령체험을 하고 성령의 인도 가운데 한 마음으로 이루어진 이상적인 교회의 모습을 나타내 주고 있습니다.

1. 죄의 고백과 용서와 성령의 역사로 가득 찼습니다.

초대교회는 사도들이 전하는 말씀을 듣고 마음에 찔려 **죄를 고백하고**[762] **세례를 받으므로** 죄의 용서함을 받고 성령을 선물로 받는 **성령의 역사**로[763] 가득 찼습니다.

> **'베드로가 이르되 너희가 회개하여 각각 예수 그리스도의 이름으로 세례를 받고**[764] **죄 사함을 받으라 그리하면 성령의 선물을 받으리니 이 약속은 너희와 너희 자녀와 모든 먼 데 사람 곧 주 우리 하나님이 얼마든지 부르시는 자들에게 하신 것이라'** (사도행전 2:38-39).

2. 가르치고 교제하고 기도에 힘쓰며 서로 필요를 채워 하나가 된 생활 공동체였습니다.

초대교회와 교인들은 예수님이 승천하신 이후 성령세례를 받아 예수님에 대한 믿음을 굳건히 하였고, 많은 사람들에게 **복음을 가르치고 서로 믿음 안에서 기도에 힘쓰며 서로에게 필요한 것을 나누고 채우면서 예수님의 사랑 안에서 하나가 된 생활 공동체**였습니다.

초대교회의 중요한 사역은 ① 복음을 가르치는 일(말씀 사역)과 치유 사역, ② 서로를 위한 기도(나중에는 찬양까지 포함하게 됨), ③ 구제하는 일 외에도 ④ 떡을 떼는 일(유월절을 기념하고 성만찬으로 발전함), ⑤ 성도 간의 교제(코이노니아)이었습니다.

> '그들이 **사도의 가르침을 받아 서로 교제하고 떡을 떼며 오로지 기도하기를 힘쓰니라**' (사도행전 2:42).

> **'믿는 사람들이 모두 함께 지내며 그들의 모든 것을 공동소유로 내어 놓고 재산과 물건을 팔아서 모든 사람에게 필요한 만큼 나누어 주었습니다. 그리고 한 마음이 되어 날마다 마음으로 기쁘게 음식을 함께 먹으며 하나님을 찬양하였습니다'**(사도행전 2:44-47).

> **'그들 가운데 가난한 사람은 하나도 없었습니다. 땅이나 집을 가진 사람들이 그것을 팔아서 그 돈을 사도들 앞에 가져다 놓고 저마다 쓸 만큼 나누어 받았기 때문입니다'** (사도행전 4:34-35).

3. 기사와 표적이 많이 나타났습니다.

초대교회에는 성령과 권능을 받은 사도들을 통하여 기사와 표적을 많이 나타내었습니다.

---

762) 죄의 고백(회개)은 마음, 사고의 방식, 견해를 바꾸는 것을 말합니다. 즉 죄인들이 마음을 바꾸는 것은 회개와 관련되는 것입니다.

763) 성령에 관한 **자세한 사항은 제2부 성령편에서** 다루고 있습니다.

764) 베드로는 사람들에게 예수님을 받아들인다는 고백에 대한 눈에 보이는 증거로 또 확증하는 증거로 세례를 요구하였습니다. 레이몬드 E. 브라운, 신약개론, 419쪽.

1) 나면서 앉은뱅이 된 자를 일으켜 세웠습니다.

'나면서부터 걷지 못하게 된 이를 사람들이 메고 오니 이는 성전에 들어가는 사람들에게 구걸하기 위하여 날마다 **미문**이라는[765] 성전 문에 두는 자라 그가 베드로와 요한이 성전에 들어가려 함을 보고 구걸하거늘 베드로가 요한과 더불어 주목하여 이르되 '우리를 보라' 하거늘 그가 그들에게서 무엇을 얻을까 하여 바라보거늘 베드로가 이르되 **은과 금은 내게 없거니와 내게 있는 이것을 네게 주노니 나사렛 예수 그리스도의 이름으로 일어나 걸으라** 하고 오른손을 잡아 일으키니 발과 발목이 곧 힘을 얻고 뛰어 서서 걸으며 그들과 함께 성전으로 들어가면서 걷기도 하고 뛰기도 하며 하나님을 찬송하니'(사도행전 3:2-8).

[정리] 예루살렘 성문

예루살렘은 구시가와 신시가로 나누어지는데, 구시가는 약 6킬로미터 길이의 예루살렘 성으로 둘러싸여 있습니다. 예루살렘 성은 다윗 성으로부터 시작하여 솔로몬 성, 그리고 제1성전과 제2성전의 성으로 개축되었고, 오늘날의 성은 오스만 터키제국의 슬레이만 대제가 1537년 공사를 시작하여 1542년에 완성된 성입니다. 성벽 높이는 땅의 형태에 따라 다르나 평균 17미터 높이의 요새 형태의 성으로 구약시대에는 예루살렘 성에는 성을 둘러싸고 있는 10개의 성문이 있었으며, 4개의 망대와 40여 명의 책임자가 있었습니다. 오늘날은 성벽을 따라 8개의 성문이 있으며, 성벽에는 34개의 탑과 24개의 망루가 있고, 10개의 성문 중에서 다마스커스 문, 야포 문, 시온 문 만이 원래 모습을 그대로 유지하고 있습니다.

성문 이름	증축자 및 가문	성문의 기능 및 상징적 의미	성경
1. 양문 사자문	대제사장들	제사할 양들이 들어온 문 예배생활	느헤미야 3:1
2. 어문	하스나아 자손	고기가 들어가는 문/전도생활	느헤미야 3:3
3. 옛문	요야다와 므술람	예루살렘의 처음 문/선한행실	느헤미야 3:6
4. 골짜기문	하눈과 사노아 거민	기드론 골짜기로 내려가는 문 겸손한 생활	느헤미야 3:13
5. 분문	레갑 자손	오물과 쓰레기가 나타나는 문 회개와 성결의 삶	느헤미야 3:14

765) 느헤미야가 바빌론으로부터 돌아와 불에 타 황폐화한 예루살렘 성과 성문을 재건하기로 하여 52일 만에 재건한 문들을 말하나(느헤미야 6:15), 이후에도 예루살렘 성은 파괴되어 새롭게 건축되기도 하였습니다. 누가가 말한 미문은 이방인의 법정에서 성전 경내로 들어오는 동쪽의 주 입구인 니카노르 문이라고 봅니다. 그것은 요세푸스가 '금과 은으로만 덮여 있는 것보다 훨씬 낫다'고 말한 고린도산(産) 놋쇠로 만들어진 문이었을 것으로 추정하며, 약23미터 높이에 거대한 이중문이 달려 있었다고 추정합니다(존 스토트, 사도행전, 130쪽).

6. 샘문	골호셋의 아들 쑬룬	실로암 못을 보호하는 문 성령충만(생명)한 생활	느헤미야 3:15
7. 수문	드디님 사람들	주민들의 식수를 공급한 못 앞에는 넓은 광장이 있었음 말씀 충만한 삶	느헤미야 3:26 느헤미야 8장
8. 마문	제사장들	말을 탄 사람들의 출입문 맞은 편 제사장들 집	느헤미야 3:28
9. 동문	스마야	성전 문/레위인들 문지기 성화된 생활 예수 그리스도의 재림 상징	느헤미야 3:29
10. 함밉갓문	금장색 말기야	감옥문/충성하는 생활 그리스도의 심판 예표	느헤미야 3:31

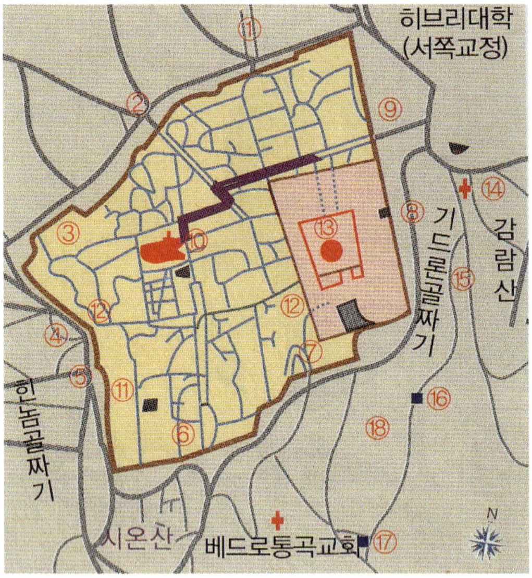

고대 예루살렘 지역
(성지순례 가이드북, 하늘기획)

2) 병든 사람들과 귀신들린 사람들이 나았습니다.

사도들의 손을 통하여 민간에 표적과 기사가 많이 일어났습니다. 그리하여 예루살렘 부근의 수많은 사람들도 모여 병든 사람과 더러운 귀신에게 괴로움을 받는 사람을 데리고 와서 다 나음을 얻었습니다(사도행전 5:12-16).

4. 온 백성들에게 칭송을 받았습니다.

초대교회는 온 백성들로부터 칭송을 받게 되었는데, 이는 초대교회가 성령의 충만함을 입어 사도들의 가르침에 따라 서로 교제하고 떡을 떼며 오로지 기도하기를 힘쓸 뿐만 아니라, 모든 물건을 서로 통용하고 또 재산과 소유를 팔아 각 사람의 필요를 따라 나누어 주며 ,날마다 마음을 같이 하여 모이기를 힘쓰고, 기쁨과 순전한 마음으로 음식을 먹고 하나님을 찬미하는 생활을 함으로써, 예수님을 **믿지 않은 사람들과는 구별된 삶**을 살게 됨으로써 온 백성들에게 칭송을 받았습니다(사도행전 2:44-47).

5. 교회가 부흥되었습니다.

초대교회는 주께서 구원 받는 사람을 날마다 더하게 하시어 어떤 날은 3천 명이 구원을 받게 되고, 어떤 날은 남자의 수만 5천 명이 새롭게 주님을 구주로 믿는 사람이 되어 교회가 부흥의 불길이 치솟아 오르게 되었습니다(사도행전 2:41-47;4:4).

6. 가정교회의 모습이었습니다.

초기시대 교회들은 가정적인 모습이었습니다. 즉 가정이 회집의 장소였고 예배의 처소였습니다. 가정을 닮은 교회는 외형의 단순, 소박한 모습에 정겹고 힘 있고 아름다운 교회였습니다. 예루살렘 교회는 마가요한의 다락방에서 시작하였고(사도행전 1:12-14; 12:12), 빌립보 교회는 루디아의 집에서 시작하였고(사도행전 16:40), 에베소에선 아굴라 부부의 집(고린도전서 16:19)에서, 라오디게아에선 눔바의 집(골로새서 4:15)에서 시작되었으며, 빌레몬의 집에도 교회가 있었습니다.

[정리] 초대교회는 가정교회에서 시작

교회 이름	설립 가정 및 장소	성경구절
예루살렘 교회	마가 요한의 다락방	사도행전 1:12-14/12:12
빌립보 교회	루디아의 집	사도행전 16:40
에베소 교회	아굴라부부의 집	고린도전서 16:19
라오디게아 교회	눔바의 집	골로새서 4:15
빌레몬의집 교회	빌레몬의 집	빌레몬서 1:2

제4절 초대 그리스도 교회의 주요사역

1. 복음을 가르치고 전파(전도)하였습니다.

초대교회는 복음 즉 예수 그리스도를 메시야로서 그리고 구원자로 가르치고 또 복음을 전파하는데 온 힘을 쏟았습니다. 즉 초대교회 사도들은 **'예수 그리스도는 예언된 메시야로서 그리고 그가 하나님의 아들로서 이 땅에 왔으나 유대인들이 그를 십자가에 내어 주었지만 하나님께서는 사망으로부터 살리셨으니 누구든지 회개하고 그를 믿는 자는 영생과 구원을 얻게 된다'**고 유대인들과 이방인들에게 전파, 전도, 선교하는 일을 사명으로 알았습니다.

2. 많은 병든 자를 고쳤습니다.

초대교회 사도들은 성령의 권능을 받아 많은 병든 자를 고쳤습니다. 이를 통해 예수 그리스도의 사역은 증거 되고 믿음(자)을 더하게 된 것입니다(사도행전 4:30; 5:16).

3. 어려운 이웃을 구제하였습니다.

초대교회는 어려운 이웃을 구제하는 일을 행하였습니다. 특히 사도 바울은 이 구제의 일을 앞장서 여러 교회들에게 권면하고 전달하는 일을 담당하였습니다.

> '아가보라 하는 한 사람이 일어나 성령으로 말하되 천하에 큰 흉년이 들리라 하더니 글라우디오 때에 그렇게 되니라 제자들이 각각 그 힘대로 유대에 사는 **형제들에게 부조를 보내기로 작정하고 이를 실행하여** 바나바와 사울의 손으로 장로들에게 보내니라'(사도행전 11:28-30).

✾ 초대교회의 생활 : 오순절의 결과

초대교회는,

1. (가르치고) 배우는 교회,
2. 사랑(구제)하는 교회,
3. 예배(말씀, 기도, 찬양)하는 교회,
4. 선교와 전도하는 교회였습니다.

제3장 제자들의 삶과 증언 그리고 가르침에 관한 이야기

예수 그리스도는 이스라엘 그리고 작은 동네 베들레헴에서 나시고 나사렛에서 성장하셨으며, 갈릴리 가버나움으로 이사하시어 사역의 본부로 삼으시고, 3여 년에 걸쳐 이 땅에 오신 사명인 진리(= 하나님 나라 = 죄사함과 구원 = 영생)를 가르치시고, 병든 자를 고치시고, 천국복음(하나님 나라)을 전파하시다 십자가에서 돌아가셨고, 사흘 만에 부활하시어 죽음을 이기시고 승리하셨으며, 복음 전파의 사명을 제자들에게 주시고 하늘로 승천하셨습니다.

그런데 이후 전 이스라엘을 넘어 로마의 세계로, 전 유럽으로 그리고 동방에까지 퍼져나가 전 지구촌에 오늘날과 같이 기독교가 세계적인 종교가 된 것은 복음이 펴져나가는 씨앗을 심은 **예수님과 함께 훈련받은 12명의 사도들의 목숨을 건 순교의 삶과 그들에 의해 다시 양육과 훈련 받은 제자들과 믿음의 형제자매들 그리고 교회들에 의해** 자라고 퍼져나간 결과입니다. 물론 이 모든 일의 앞과 뒤에는 하나님의 섭리와 은혜가 있었던 것입니다.

제1절 새로운 사도를 어떻게 세웠나요?
제2절 성령을 받은 후 사도들에게 나타난 변화와 삶은 어떠했나요?

제1절 새로운 사도를 어떻게 세웠나요?

예수님이 승천하신 후, 사도들은 올리브 산(감람산)에서 내려와 마가의 집에 모여 계속 기도하였는데, 모인 사람은 약 120명쯤 되었습니다. 어느 날 사도들과 신자들 120여 명은 예루살렘의 한 집(마가의 다락방)에 모여 회의를 시작하자 베드로가 '배반자 유다의 자리를 대신하는 사도를 뽑자'고 말하였습니다. 그들은 예수님을 배반하고 자살한 가룟 유다의 자리를 대신할 사도를 뽑기로 했는데, 그 선출 조건과 함께할 사도의 기준은 **'예수님과 처음부터 끝까지 같이 다니고 부활 승천하실 때까지 우리들과 함께 있었던 사람이어야 한다'**(사도행전 1:21-22)고 말했습니다. 즉 생전의 예수님과 행동을 같이 했으며,[766] 예수님의 부활을 목격한 증인이어야 했습니다. 이 조건을 충족시키는 사람은 바사바(유스도)와 맛디아였습니다. 사도들은 두 사람을 후보로 내세워 기도한 후 투표하였는데, 구약의 관습대로(잠언 16:33) 제비를 뽑아 맛디아를 새로운 열두 번째 사도로 세웠습니다(사도행전 1:16-26).

766) 사도는 예수 그리스도에 의해 직접, 개인적으로 택함을 받고, 임명을 받았습니다.

제2절 성령을 받은 후 제자들에게 나타난 변화와 삶은 어떠했나요?

1. 베드로는 오순절 설교를 하였습니다.

베드로는 이러한 성령 강림에 대한 사람들의 의문을 해소하기 위해 유대인들과 예루살렘에 사는 사람들을 향하여 설교를 하였는데, 그 내용은 크게 두 가지였습니다.

그 하나는 이러한 **성령의 역사**가 이미 **구약시대에 예언되어 있었던** 일이라는 것이며, 또 하나는 이러한 성령의 역사가 우리 주 예수 그리스도를 증거하는 것으로 유대인들이 십자가에 못 박은 **예수 그리스도를 영접하여 구원을 받으라**는 것이었습니다.

> '내가 **내 신을 만민에게 부어 주리니** 너희 자녀들이 장래 일을 말할 것이며 너희 늙은이들은 꿈을 꾸며 너희 젊은이는 이상을 볼 것이며 그때에 내가 또 **내 영을 남종과 여종에게 부어 줄 것이며**'(요엘 2:28-29).
>
> '그런즉 이스라엘 온 집은 확실히 알지니 **너희가 십자가에 못 박은 이 예수를 하나님이 주와 그리스도가 되게 하셨느니라** 하니라'(사도행전 2:36)
>
> **'누구든지 주의 이름을 부르는 자는 구원을 받으리라'**(사도행전 2:21).

2. 베드로와 제자들이 사람들에게 회개케 하고 세례를 베풀었습니다.

회개하여 각각 예수 그리스도의 이름으로 세례를 받고 죄 사함을 받으며 성령의 선물을 받으라는 것이었습니다. 이 날 하루에 삼천 명, 즉 새 신자가 3천 명이나 되었습니다.[767)]

3. 제자들과 신자들은 초대교회적 모습이 나타났습니다.

모든 물건을 서로 통용하고 또 재산과 소유를 팔아 각 사람의 필요를 따라 나누어 주고 날마다 마음을 같이 하여 성전에 모이기를 힘쓰고 집에서 떡을 떼며 기쁨과 순전한 마음으로 음식을 먹고 하나님을 찬미하며 백성에게 칭송을 받게 되고 구원 받는 사람들이 날마다 더하여 갔습니다(사도행전 2:44-47).

767) 이 당시 3천 명이나 되는 사람들에게 물세례(침수침례)를 주는 것은 불가능하다고 보고, 약식 물세례가 생겨났었다고 말하는 사람이 있습니다.

✽초대교회의 모습(경제활동)으로 돌아가자?

1. 현대 교회가 초대교회의 모습으로 돌아가기를 소망하는 경우가 있을 뿐만 아니라 목회하시는 분들 가운데서도 이러한 모습, 특히 경제활동과 물질관이 가장 이상적인 것으로 보고 이를 추구하는 경우도 있습니다. 이러한 초대교회 물질관의 모습에서 우리는 일종의 공산사회(共産社會)를 연상하게 됩니다.

2. 하지만, 초대교회도 여러 가지 운영상의 문제점이 나타났음을 알 수 있습니다. 강요하면 위선이 생기며(사도행전 5장), 아무런 노력 없이도 필요한 물건이 얻어지자 노동을 하지 않고 게으름을 피우는 사람들이 많이 생겨났으며, 시간을 때우려고 남의 일에 참견하거나 음란한 행동을 하는 사람들도 생겼다고 기록되어 있습니다(데살로니가후서 3장). 또한 신약시대 말기에 이르러서는 기독교 공동체가 균열되고 있다는 증거도 찾을 수 있습니다.[768)]

'그들이 우리에게서 나갔으나 우리에게 속하지 아니하였나니 만일 우리에게 속하였더라면 우리와 함께 거하였으려니와 그들이 나간 것은 우리에게 속하지 아니함을 나타내려 함이니라'(요한일서 2:19).

3. 또 초대교회의 재산과 소유를 팔아 서로 물건을 통용하였던 것은 어디까지나 사랑의 마음으로 자발적인 것이었으며, 필요를 서로 채워주는 형식이었고, 전 사유재산을 폐지한 것은 아니었던 것으로 20세기 나타난 공산주의사회와는 다른 개념이었습니다.

4. 이후 2000년이나 지나 공산사회나 사회주의 국가를 실현하고자 소련연방이나 동구권 여러 나라, 아시아의 일부 국가(중국, 베트남 등), 쿠바, 심지어 북한에서 행한 실험도 사실상 실패한 것으로 검증되었습니다.

5. 그러므로 근본적으로 죄의 세계에 있는 인간(공동체)에게 있어서 초대교회와 같은 모습을 그리면서 함부로 따라가려는 시도는 심각한 고민을 해보아야 합니다. 특히 오늘날 이단들은 이러한 이상적인 모습(공동체 생활)으로 유혹을 하여 현대인들의 마음을 사로잡는 경우도 종종 있음을 유의하여야 할 것입니다. 인류에게 있어 분배의 문제를 해결하는 시스템으로 자본주의와 공산주의는 인간 욕구의 양면을 하나씩 즉, 자본주의는 자유의 모습을 공산주의는 평등의 모습을 나타내 주는 것이므로 어느 한쪽이라도 완전한 해답이 될 수 없는 것입니다. 왜냐하면 인간욕구(욕심, 죄 성) 때문입니다.

'너희 하나님 여호와께서 너희에게 명령하신 대로 너희는 삼가 행하여 좌로나 우로나 치우치지 말고'(신명기 5:32).

6. 오늘날 지금까지의 역사적 경험을 반영하여 각 나라마다 자유에 평등을, 평등에 자유를 더하여 결국 인류와 국민의 행복과 복지를 추구하여 나가는 정치를 하고자 하고 있습니다. 교회 공동체 역시 말씀과

768) 레이몬드 E. 부라운, 신약개론, 422 쪽 각주 참조.

진리 안에서 자유를, 그리고 성삼위 하나님과 십자가 앞에서 평등을 실천하고자 끊임없이 몸부림치면서 (변증법적으로)나아가야 한다고 할 것입니다. 우리 주님이 오셔서 온전한 하나님의 나라가 건설되어 온전한 자유와 평등이 실현될 때까지…….

4. 기사와 표적을 많이 나타내었습니다.

1) 앉은뱅이를 일어나게 하였습니다.

기도시간에 베드로와 요한이 성전에 올라 갈 때였습니다. 나면서부터 걷지 못하는 사람을 다른 사람들이 성전에 들어가는 사람들에게 구걸하게 하기 위하여 그를 메고 날마다 미문이라는 성전 문에 두었습니다. 그가 성전에 들어가려는 베드로와 요한에게 구걸하자, 베드로와 요한이 그를 보고는 불쌍히 여기며 그에게 말하기를 **'우리를 똑 바로 보시오'** 하자 앉은뱅이는 혹시 무엇을 줄까하고 쳐다보자 베드로가 말하기를 **'은과 금은 내게 없으나 내게 있는 것을 당신에게 드립니다. 나사렛 예수 그리스도의 이름으로 일어나 걸으라'**하고 오른손을 잡아 일으키니 발과 발목이 곧 힘을 얻고 뛰어 서서 걸으며 그들과 함께 성전으로 들어가면서 걷기도 하고 뛰기도 하며 하나님을 찬송 하였습니다. 이를 본 그를 아는 많은 사람들도[769] 놀라움으로 가득 차게 되었습니다(사도행전 3:6).

2) 아나니아와 삽비라를 죽게 하였습니다.

① 당시 제자들 중에 아나니아와 그의 아내 삽비라가 있었습니다. 다른 제자들이 소유를 팔아 그 판 것의 값을 가져다가 사도들의 발 앞에 두면 사도들이 제자들의 필요에 따라 나누어 주게 되었습니다. 이에 아나니아와 삽비라도 동참하기로 하고 그들의 소유를 팔았습니다.

② 그런데 그들은 갑자기 욕심과 걱정 그리고 의심이 생겼습니다. 만일 이 모든 재산을 다 드리고 나면 우리들은 어떻게 살아가지? 그리고 우리는 일부를 남겨 가난한 삶은 피하여야지 하는 생각에 그 판돈의 일부를 따로 남겨두었습니다. 물론 이러한 일은 아나니아의 아내 삽비라도 알고 있었습니다. 그리고 판돈의 일부만 가져다가 사도들 발 앞에 두었습니다.

[정리] 바나바와 아나니아

바나바 : 사도행전 4:36-37	아나니아 : 사도행전 5:1-11
*예루살렘 초기 교회(공동체)의 구성원 나중에 안디옥 교회 선교사로 파송됨	*예루살렘 초기 교회(공동체)의 구성원

769) 이 앉은뱅이는 수십 년 동안 성전 미문 앞에서 구걸하여 왔으므로 유대인 중에는 많은 사람들이 그를 알고 있었습니다.

*구브로(키프로스) 출신, 레위 사람 *요셉인데 사람들을 잘 도와주었기 때문에 붙여진 별명이 바나바(위로의 아들)임 *밭을 팔아 돈을 전부 사도들 앞에 둠	*다른 제자들이 소유를 팔아 돈을 내는 것을 보고 자신들도 동참하고자 함 *밭을 팔아 돈을 사도들 앞에 둠 *하지만 처음 마음과 달리 일부를 떼어놓고 나머지만 가져감(부정직과 속임수, 위선)

③ 그러자 베드로가 **'아나니아야 어찌하여 사탄이 네 마음에 가득하여 네가 성령을 속이고 땅 값 얼마를 감추었느냐? 땅이 그대로 있을 때에는 네 땅이 아니며 판 후에도 네 마음대로 할 수가 없더냐 어찌하여 이 일을 네 마음에 두었느냐 사람에게 거짓말 한 것이 아니요 하나님에게**[770] **한 것이다'**라고 호통을 치니 이 말을 들은 아나니아는 그 자리에서 엎드러져서 혼이 떠나 죽게 되자 젊은 사람들이 시신을 싸서 메고 나가 장사하였습니다(사도행전 5:1-6).

④ 세 시간 쯤 지나 아나니아의 아내 삽비라가 이런 사실을 모른 채 들어오니 베드로가 삽비라에게 **'그 땅 판 값이 이것뿐이냐 말해 보아라 하니, 예 그것 뿐입니다'**[771] 라고 대답하자 베드로가 말하기를 **'어찌 당신네 부부가 함께 이 일을 꾸며 하나님의 영을 시험하려 하느냐 보라 네 남편을 장사한 사람들이 문 앞에 왔으니 너도 메어 내가리라'** 하니 그가 베드로의 발 앞에 엎드려져 혼이 떠나 죽은 지라 젊은 사람들이 메고 나가 그의 남편 곁에 장사하였다(사도행전 5:7-11). 이 일을 목격한 사람들은 크게 두려워하게 되었습니다.

[정리] 아나니아와 삽비라 사건과 아간의 사건

아나니아와 삽비라 사건	아간의 사건
*구제에 동참하고자 밭을 팔아 돈을 사도들 앞에 두었으나, 처음 마음과 달리 일부를 떼어놓고 나머지만 가져감(부정직과 속임수, 위선)	*하나님께 바쳐야 할 물건을 자신을 위해 몰래 숨겨둠
*심판을 받아 죽게 됨	*심판을 받아 죽게 됨(아골 골짜기에서)
*초기 기독교 공동체의 순수함을 잃게 만듦	*이스라엘이 아이 성 전투에서 패하게 됨
*사도행전 5장 1-11절	*여호수아 7장 1-26절

770) 성령을 하나님이라고 말하고 있습니다. 즉 성령은 성삼위 하나님의 한 분이십니다.
771) 삽비라는 베드로가 준 회개의 기회를 놓쳤습니다.

✾ 아나니아와 삽비라에 대한 심판

아나니아와 삽비라 부부의 심판 결과(육체적 죽음)이 때로는 너무 가혹하지 않는가?라는 의문을 할 수도 있을 것입니다. 하지만, 이 사건을 통한 하나님의 뜻을 살펴볼 수 있다면 유익이 될 것입니다. 먼저 교회를 망하게 하는 거짓과 위선에 대하여 일벌백계로 다스리신 것입니다. 주님은 우리의 생각과 의도도 다 아시는데 이를 깨닫고 인정하지 아니한 것입니다. 그리고 이 일을 통하여 많은 사람들이 하나님을 경외하는 마음을 갖게 되었고, 외식을 버리고 거룩하게 살아야 한다는 깨달음을 주셨습니다.[772] 또한 성도들의 기도에 대한 응답으로 이 사건 이후 사도들을 통한 하나님의 권능이 계속해 나타났습니다.[773] 다른 한편으로는 교회의 모임에 끼어들기를 두려워했고, 다른 한편에서는 믿고 주께로 나오는 사람이 많아졌습니다.[774] 사탄의 방해는 오히려 교회를 부흥하게 하는 결과로 나타나 예루살렘 교회는 대교회로 성장하였으며, 인근 여러 마을에까지 믿게 되었습니다.[775] 이 사건에서 베드로가 지적한 아나니아의 죄는 사탄으로부터 왔다는 점을 알 수 있으며(사도행전 5:3), 또한 그의 마음으로부터 왔다는 것입니다(사도행전 5:4). 그리고 이후 사도 베드로를 통하여 능력의 복음화 운동이 일어나게 되었습니다.[776]

오늘날 우리들에게도 이러한 태도 즉 하나님의 왕권을 인정하지 않고 교회의 지도자가 되고 싶은 즉, 육적이면서도 영적으로 인정받고 싶어 하고 교회에 바치는 것을 생색내고 칭찬을 받고 싶어 하는 태도를 보인다는 것입니다. 스스로 경계해야 할 모습입니다.

[정리] 아나니아와 삽비라 사건의 교훈

1. 하나님 앞에서 거짓말하는 죄가 얼마나 심각한 죄인지,
2. 회개의 기회를 놓치는 것이 얼마나 큰 불행을 가져오는지,[777]
3. 하나님은 하나님 나라 백성들의 죄를 보시고 그냥 넘어가시지는 않는다.
4. 외식과 위선을 버리고 거룩하게 살아야 한다.
5. 사탄은 믿는 자들의 하나님의 뜻에 반하는 마음을 읽고 그것을 이용한다.[778]

772) 사도행전 5장 5절, 11절에 따르면 '이 일을 듣는 사람이 다 크게 두려워하더라'고 하였습니다.
773) 사도행전 4장 29절-31절.
774) 사도행전 4장 13절-14절.
775) 사도행정 4장 14절에 따르면 '남녀의 큰 무리더라'고 표현하고 있습니다.
776) 사도행전 4장 15절-16절에 따르면 '병든 사람이 많이 치유 받고 많은 사람이 구원을 받게 되었다'고 기록하고 있습니다.
777) 교회의 징계(회개)의 필요함을 가르쳐 줍니다.
778) 사탄의 시험(파괴 전략)이 먼저는 교회공동체(사도들)의 외부(제사장들과 성전 맡은 자와 사두개인들의 박해)로부터 왔고, 그리고 또 교회공동체의 내부(제자들의 재산 나눔과 구제)에 또 가해졌습니다.

3) 일곱 집사들을 선출(피택)하였습니다.

① 예루살렘 교회 안에는 크게 두 그룹의 신자들이 있었습니다. 하나는 히브리어를 사용하는 히브리파 유대인이고, 다른 하나는 그리스어를 사용하는 헬라파 유대인 그룹이었습니다. 히브리파는 유대에 살고 있던 토착 유대인이며 헬라파는 외국에 흩어져 살던 유대인 중에 본국으로 돌아와 정착한 사람들이었습니다. 말과 습관이 다른 두 부류의 유대인이 예루살렘 교회라고 하는 하나의 공동체 안에서 살았던 것입니다. 그들 사이에는 여러 가지 차이로[779] 인하여 마찰과 오해가 생겨났습니다. 안타까운 것은 자신의 죽음으로써 그러한 구분을 폐지하신 예수님의 새로운 공동체 안에서도 경쟁이 지속되었다는 점입니다. [780]

② 제자들이 많아지자 헬라파 유대인의 과부들이 이들을 접대(구제)하는 일에 헌신적인 것에 대하여 **히브리파 유대인들이 헬라파 유대인들에게** 불만을 갖게 되었습니다. 이를 지켜본 열두 제자들은 모든 제자들을 불러서 말하기를 '우리가 하나님 말씀을 제쳐놓고 접대를 일삼는 것은 마땅하지 않은 일입니다. 그러니 여러분 가운데 성령과 지혜가 충만하여 칭찬받을 만한 사람 일곱을 택하여 그 일을 맡기고 우리는 오로지 기도하는 일과 말씀 사역에 힘쓰도록 하여야 할 것입니다.'라고 하자, 모인 사람들이 이 말을 기쁨으로 받아 **스데반, 빌립, 브로고로, 니가로르, 디몬, 바메나, 니골라 이렇게 일곱 집사를 택하여 세우고** 사도들이 기도하고 안수하였습니다(사도행전 6:1-6).

③ 그런데 12사도들을 중심으로 한 히브리파는 성전과 유대교의 관례를 부정하지 않았으며 유대교 속의 예수파로 존재함으로써 유대교 신도의 미움을 사지 않았으나, 스데반으로 대표되는 헬라파는 성전을 비판하고 예수를 메시야 하나님으로 믿은 신앙을 강화함으로써 유대교와 갈등을 피할 수 없었으며 종교분쟁이 일어나게 되었습니다.

[정리] 초대교회 제자들과 전통 유대인 사회 관계

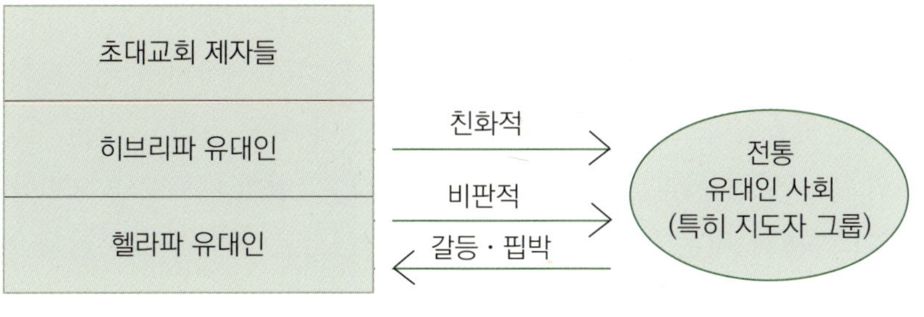

779) 생각과 언어 그리고 생활습관 즉 **문화의 차이**를 말합니다.
780) 갈라디아서 3:28, 에베소서 2:41 이하, 골로새서 3:11을 참고하면 알 수 있습니다.

✾ 예루살렘 초대교회의 공동체 구성

부활하신 예수님의 나타나심을 직접 체험한 뒤에 새로운 힘을 얻은 제자들이 오순절 성령체험과 함께 예수님을 '메시야' '하나님의 아들' '주님'으로 고백하는 최초의 신앙공동체가 만들어졌으며 이 공동체가 초기시대교회가 되었습니다. 그리고 이러한 초대교회는 전적으로 유대인으로 구성된 공동체였습니다. 그런데 초대교회의 구성원들은 아람어를 말하는 팔레스타인 유대인들(=히브리파 사람)들 뿐만 아니라, 팔레스타인 본토 밖에서 살다가 본토로 귀향해서 주로 그리스어를 말하는 유대인들(=헬라파 유대인)로 구성된 공동체였습니다. 이러한 예루살렘 초대교회 안에서 교회 공금을 나누는데 헬라파 유대인들이 자기네 과부들이 차별대우를 받는다고 불평한 데서 문제가 생기기 시작하였습니다. 그리고 이러한 최초 교회 안에서 헬라파 유대인이 히브리파 유대인과는 구분되는 독자적인 메시지를 선포하고 독자적인 조직으로 발전하는 과정이 생기게 되었습니다. 그리하여 초대교회에 대한 박해는 주로 이러한 헬라파 유대인 공동체를 향한 것이었던 것으로 이해할 수 있습니다[781]

5. 제자들과 교회에 대한 박해

1) 제자들의 복음 전도의 부흥

대제사장과 사두개파 사람들은 예수를 십자가에 못 박아 죽임으로써 모든 문제가 해결될 것으로 기대하였는데, 예수님의 부활 이후 성령 세례를 받은 제자들의 삶은 예수님의 삶을 닮아 갔고, 복음을 담대하게 전하며 병자를 고치는 등 기적과 이적을 행하여 많은 이스라엘 사람들에게 새로운 소망을 불어 넣었고, 이들을 따르는 무리가 날마다 더하여져 갔습니다.

> '하나님을 찬미하며 또 온 백성에게 칭송을 받으니 **주께서 구원 받는 사람을 날마다 더하게 하시니라'**(사도행전 2:47).

> **'말씀을 들은 사람 중에 믿는 자가 많으니 남자의 수가 약 오천이나 되었더라'**
> (사도행전 4:4).

2) 유대 지도자들의 위기의식으로 인하여 제자들에게 닥친 위험

유대교 지도자들은 이 새로운 복음 운동에 위기를 느끼기 시작하여 베드로와 요한을 체포하여 감옥에 넣었습니다. 그리고 대제사장 안나스, 가야바, 그리고 다른 지도자들은 예루살렘에 모여 두 사람의 처리문제를 의논하였습니다. 그런데 베드로와 요한을 만나본 그들은 두 사도가 특별히 배운 적도 없는 평범한 사람들임을 확인하고는 더욱 놀랐습니다. 그러자 그들은 두 사도들에게 '다시는 예수의 이름을 들먹여서는 안 된다. 만일 이것을 지키지 않으면 엄한 벌을 내리겠다'고 위협하였습니다. 하지만 예수님의 제자들은 예수님의

781) 김창선, 앞의 책, 102-107참조.

십자가 죽음과 부활을 체험하였고, 그리고 성령세례 받기 이전의 제자들과 같이 용기도 없고 확신도 없었던 사람들이 아니었습니다. 그들은 **'하나님의 말씀을 따르는 것과 당신들을 따르는 것 중 어떤 것이 하나님 앞에서 떳떳하겠는가 판단해 보시오 우리는 예수 이름으로 복음을 전하러왔소'**하고 담대히 말하였습니다.[782] 유대 지도자들은 많은 사람들이 보는 앞에서 생각 없이 행동할 수 없어 하는 수 없이 이 두 사람을 석방하였습니다(사도행전 4:1-41).

3) 제자들의 투옥과 천사들에 의한 석방

그들(유대교 지도자들)의 권위는 흔들렸고 백성들에게 존경을 받지 못하였으며, 직업상의 위기까지 느끼게 되었습니다. 그리하여 그들은 제자들을 체포하여 감옥에 넣고 도망하지 못하도록 견고한 자물쇠로 잠그고 병사에게 지키게 하였습니다. 그러나 한밤중에 천사가 내려와 자물쇠도 부수지 않고 제자들을 석방시켰고, 제자들과 사도들은 다시 회당에서 사람들을 모아 복음을 전하였습니다(사도행전 5:17-20).

4) 유대 지도자들에 의한 제자들 살해 계획

유대 지도자들은 드디어 제자들을 살해할 계획을 세웠습니다. 다만 이때 바리새파의 학자로 모두에게 존경을 받고 있었던 가말리엘(바울의 스승)이 이의를 제기하고 권고하여 그들은 살해 계획을 유보하게 되었습니다(사도행전 5:33-40).

✽ 가말리엘의 권고

바리새인으로 율법교사로 모든 백성들에게 존경을 받고 있던 바울의 스승이었던 가말리엘은 공회 중에 일어나서 사도들을 잠깐 밖으로 나가게 한 다음 말하기를 '이스라엘 사람들 너희가 이 사람들(예수님과 그의 복음을 전하는 사람들)에 대해서 어떻게 하려든지 조심하여야 합니다. 이 전에 **드다**라는 사람이 나타나 스스로 자신을 (메시야라고)주장하고 다닐 때 그를 따르는 사람들이 약 400명이 되었는데, 그가 죽임을 당하자 모두 흩어졌습니다. 그후 호적할 때에 갈릴리의 **유다**라는 사람이 역시 나타나 (자신이 메시야라고 하면서)백성들을 꾀어 따르게 하다가 그도 망하자 따랐던 사람들이 모두 흩어졌습니다. 이 사람들도 상관하지 말고 내 버려 두시요, 이 사상과 소행(예수님이 메시야이며 구세주라는 복음 전하는 행위)이 사람으로부터 났으면(사람이 만든 것이나 생각이면) 무너질 것이요 만일 하나님으로부

782) 그리스도인들은 양심적인 시민이 되어야 하며 일반적으로 인간의 권위에 순복하여야 합니다. 하지만 만일 관계 당국이 하나님이 주신 권세를 오용하여 하나님이 금하신 것을 명한다든지, 하나님이 명하신 것을 금한다면, **하나님의 권위에 순종하기 위해 인간적 권위에 불순종해야** 하는 것이 그리스도인의 의무입니다(존 스토트, 사도행전, IvP, 169쪽).

터 났으면 당신들이 그들을 무너뜨릴 수 없으며 도리어 하나님을 대적하는 자가 될 것입니다'(사도행전 5:34-39)라고 주장하자 대제사장들과 사두개파의 사람들이 이를 옳다고 생각하고 사도들을 불러들여 채찍질 하고는 **예수 이름으로 말하는 것을 하지 말라**고 하면서 풀어 주었습니다(사도행전 5:40).

6. 스데반 집사의 순교

1) 스데반 집사에 대한 심문

스데반이[783] 은혜와 권능이 충만하여 큰 기사와 표적을 사람들에게 행하니 자유민들[784]이 회당에서 스데반과 논쟁하나 당하지 못하였습니다. 대제사장과 사두개파 사람들이 백성과 장로와 서기관들을 충동시켜 와서 잡아가고, 공회에 넘겨 거짓 증인들을 세웠습니다. 그들은 사람들을 매수하여 '이 사람이 모세와 하나님을 모독하는 말을 들었다(신성모독죄)고 하라'고 하였습니다. 또 '그들은 나사렛 예수가 이 곳을 헐고 또 모세가 우리에게 전하여 준 규례를 고치겠다(율법을 범함)고 하라'고 하였습니다. 대제사장이 스데반에게 말하기를 사실이냐?고 물을 때 공회에 앉은 사람들이 스데반을 보니 그 얼굴이 마치 천사의 얼굴과 같았습니다(사도행전 6:8-15).

2) 스데반의 대답

스데반은 유대인의 조상 아브라함에서부터 솔로몬의 성전 헌당까지의 역사를 정리하여 말하기 시작하였고, 마지막 결론으로 **'목이 곧고 마음과 귀에 할례를 받지 못한 사람들아 너희도 너희 조상과 같이 항상 성령을 거스리는도다. 너희 조상들이 선지자들 중에 누구를 박해하지 아니하였느냐 의인이 오시리라 예고한 자들을 그들이 죽였고 이제 너희는 그 의인을 잡아 준 자요 살인한 자가 되었도다. 너희는 천사가 전한 율법을 받고도 지키지 아니하였도다'**. 그들이 이 말을 듣고 마음에 찔려 그(스데반)를 향하여 이를 갈거늘 스데반이 **'보라 하늘이 열리고 인자가 하나님 우편에 서신 것을 보노라'**(사도행전 7:51-56)고 하자,

스데반 설교에 언급된 인물과 지명 (성서지도, 지계석)

783) 사도행전에서 베드로와 바울(그의 동료 바나바)을 제외하고는 아주 길게 다루어지는 유일한 인물입니다.
784) 구레네인, 알렉산드리아인, 길리기아와 아시아에서 온 사람들을 말합니다(사도행전 6장 9절).

[정리] 스데반에 대한 죄목과 스데반의 대답

스데반에 대한 대제사장과 사두개인들이 붙인 죄목	스데반의 대답
성전 모독죄 '나사렛 예수가 이곳을 헐고'라고 하셨다.	성전은 하나님이 임재하는 곳으로 장소적 개념이 아니라 하나님이 계신 곳으로 하나님은 이스라엘과 언제나 함께 하셨다.
율법을 범한 죄 '모세가 우리에게 전하여준 규례를 고치겠다' 함을 우리가 들었다.	스데반 자신은 모세와 율법을 존중하고 있고, 오히려 고소인인 그들(대제사장과 사두개인, 장로들)이 율법을 어기고 있다. *그들은 하나님의 호소를 거부함으로 성령을 거스리고 있으며, *그들의 조상들은 모든 선지자들을 박해하고, (예수 그리스도까지도) 죽였다. *율법을 받는 특별한 특권을 누렸으나 그것을 지키지 않았다. (육체의 할례를 하였으나, 마음의 할례는 없었다).

3) 스데반을 돌로 쳐 죽임

그들이 큰 소리를 지르며 귀를 막고 일제히 그에게 달려들어 성 밖으로 내치고 돌로 칠 때 증인들이 옷을 벗어 사울이라 하는 청년의 발 앞에 둡니다. 그들이 돌로 스데반을 치니 스데반이 부르짖으며 **'주 예수여 내 영혼을 받으시옵소서. 무릎을 꿇고 크게 불러 이르되 주여 이 죄를 그들에게 돌리지 마옵소서'**, 이 말을 하고 죽게 됩니다. 사울은 그가 죽임을 당하는 것이 마땅하다고 생각하였습니다(사도행전 7:57-60).

스데반 순교기념교회 (성서지도, 지계석)

스데반의 순교 (시고리 Cigoli, 이탈리아, 1559-1613)

7. 예루살렘 교회의 박해[785)]

1) 유대를 다스린 통치자들의 죽음

서기 30년 예수 그리스도를 십자가에 못 박아 죽이도록 한 정치권력자 두 사람이 물러났습니다. 총독 빌라도는 서기 41년에 로마로 불려갔고, 당시 갈릴리를 통치했던 헤롯 안티파스는 39년에 죽었습니다.

2) 새로운 악행을 하는 왕의 통치

헤롯 대왕의 손자 헤롯 아그립바(보통 헤롯 왕으로 부름)가 서기 41년부터 44년까지 유대 전 영토를 다스렸습니다. 그는 할아버지 못지않은 잔인하고 악행을 저지른 폭군이었습니다. 그로부터 예루살렘 교회는 핍박을 받게 되었습니다. 자신이 혼혈집안이라는 것에 열등감을[786)] 가지고 있던 헤롯 왕은 유대인 사회의 지도자층에게 인기를 얻기 위해 그들이 미워하는 예수 그리스도를 믿는 사람들을 탄압하기로 마음먹은 것입니다.

3) 야고보의 순교

헤롯 왕의 손으로부터 요한의 형(갈릴리 호수의 어부 세베대의 아들)인 사도 야고보가 칼로 죽임을 당하여 **12사도 중 가장 먼저 순교**하게 되었습니다. 유대인들은 기뻐했습니다(사도행전 12:1-3).

4) 베드로의 체포

야고보를 죽인 헤롯 왕은 유월절에 백성 앞에 베드로를 끌어내어 죽이면 더욱 지지를 얻을 것으로 생각하고, 베드로를 체포하여 쇠사슬로 묶고 감옥에 넣고는 도망가지 못하도록 16명의 병사들로 하여금 엄중하게 감시하도록 하였습니다(사도행전 12:3-4).

5) 베드로에게 일어난 하나님의 기적

예루살렘 교회의 최고 지도자 베드로가 체포되자 믿는 사람들은 하나님에게 온 힘을 다하여 기도하였습니다. 할 수 있는 일이란 오직 기도 외에는 없었던 것입니다. 헤롯 왕이 베드로를 백성 앞에 끌어내려 했던 바로 전날 밤, 모두들 깊이 잠든 때에 천사들이 나타나 베드로를 깨우고 묶여 있던 사슬을 풀고 감옥의 자물쇠를 열어 도망하게 하였습니다. 처음에

785) 이쿠다 사토시, 김수진 옮김, 앞의 책, 323-324쪽 정리.
786) 유대인들은 순수 유대인이 아닌 혼혈인 사람들(예, 사마리아인)을 멸시하였습니다.

는 베드로도 환상을 본 것이라고 생각했으나, 천사가 사라지고 난 후 정신을 차리고 주 예수 그리스도가 구해 주었음을 깨닫게 되었습니다. 그는 동역자들이 있는 곳으로 돌아와 자신의 무사함을 알리고 함께 하나님의 은혜를 찬양하였습니다(사도행전 12:5-16).

6) 예루살렘 교회의 지도자 야고보

베드로가 체포된 후 예루살렘 교회는 **예수님의 동생 야고보가 중심**이 되어 선교활동을 하고 있었습니다. 헤롯 왕의 부하들이 곧 베드로를 잡으러 올 것으로 예상되어 베드로는 야고보에게 예루살렘 교회의 지도를 맡기고 다른 곳으로 피하였습니다(사도행전 12:17).

7) 헤롯 왕의 죽음

① 헤롯 왕은 베드로의 도주 소식을 듣고는 직접 예루살렘에서 100킬로 가까이 떨어진 가이사랴까지 베드로를 찾아 갔습니다. 베드로를 찾지 못하자 베드로를 감시하였던 부하들을 의심하여 그들을 조사하였고, 아무리 조사해도 베드로의 도망에 동조한 사람이 나타나지 않자 감시했던 부하들을 전부 처형했습니다. 그는 마치 미치광이 같은 왕이었습니다(사도행전 12:19).

② 헤롯 왕은 자신의 나라에서 식량을 사 가지고 가는 북 팔레스티나 해안 도시, 두로와 시돈 사람들에게 좋지 않은 감정을 품고 있었습니다. 하지만 그들은 계속 식량을 사야 했으므로 헤롯 왕과 화해를 요청하였고, 화해 기념식에 온 헤롯 왕에게 두로와 시돈의 외교관들은 준비해온 선물을 정중하게 올렸습니다(사도행전 12:20).

③ 헤롯 왕은 기분이 좋아져서 그들 앞에서 당당하게 연설을 하였습니다. 왕의 호화로운 의상은 빛을 받아 아름답게 빛이 났습니다. 이 모습을 본 외교관들은 놀라서 소리쳤습니다. '와 굉장하구나 이것은 신의 소리와 모습이며 인간이 아니야'라고 외치며 마치 **헤롯 왕을 하나님 보듯 숭배하였습니다.** 그러자 천사가 헤롯 왕을 그 자리에서 쓰러뜨렸고, 벌레가 그를 물어 죽였습니다. **왕을 신격화한 결과 헤롯 왕은 서기 44년에 갑자기 사망**한 것입니다(사도행전 12:21-23).

8) 과격파 열심당의 공격

미치광이 헤롯 왕이 서기 44년에 죽기는 하였으나 예루살렘 교회에 대한 핍박이 사라진 것은 아니었습니다. 유대교의 과격파 그룹인 열심당이 예수 그리스도를 따르는 사람들을 유대교의 배신자로 여기고 폭력으로 공격하였기 때문입니다.

8. 베드로의 전도와 선교활동

예수님의 부활 승천 이후 전도와 선교활동을 크게 나누어 보면 베드로의 유대인에게의 전도와 선교 그리고 사도 바울의 이방인에의 전도와 선교활동으로 기독교는 유대와 오늘날 중동지역(아시아)과 유럽세계에 전파되었습니다. 또한 박해와 고난 속에서도 기독교는 전 세계에 전파되고 확산되었고, 나아가 **로마 시대에는 세계의 종교가 되었습니다.** 베드로는 여러 도시에서 사역하였는데 주목할 만한 것은 가이사랴에서의 사건이었습니다. 여기에서 일단의 이방인(유대교로 전향한 자가 아님)들이 예수 그리스도를 믿게 되었습니다(사도행전 9 : 32; 11:18).

1) 베드로의 선교여행

(1) 1차 선교여행

베드로와 사도 요한이 사마리아에 파송되어 선교를 하고 예루살렘으로 돌아간 것입니다. 특히 여기서 시몬이라는 무당이 베드로와 요한이 성령님의 능력으로 행한 사역을 보고는 **성령을 값으로 사려는 사건**이 있었습니다(사도행전 8:14-25).

(2) 2차 선교여행

베드로가 룻다에 내려가 중풍병자를 고쳤고, 룻다에 가까운 욥바에 가서 죽은 다비다를 살리셨으며, 또한 가이사랴의 고넬료라 하는 백부장의 집에 성령에 의해 청빙되어 가서 설교하고 고넬료의 가족뿐만 아니라, 고넬료가 청한 많은 사람들을 주님께로 인도하였습니다(사도행전 9:32-11:2).

✻ 욥바 이야기

1. 욥바는 '아름답다'라는 뜻으로 예루살렘 서북쪽 65킬로 정도 지중해에 있는 고대에는 가나안 지역의 가장 중요한 항구 도시였다고 합니다. 오늘날은 바로 인근에 20세기에 새로 생긴 이스라엘 수도로 예루살렘 다음 가는 제2의 도시 텔아비브가 있어 1950년부터 행정적으로 통합되어 욥바텔아비브라고 부릅니다.

2. 신약성경에서 욥바는 특히 베드로의 이방선교와 깊은 관련이 있는 곳으로, 먼저 선행과 구제하는 일이 많았던 여자 제자 다비다(사도행전 9:36)의 죽음입니다. 모든 사람으로부터 존경받았던 다비다(도르가)의 갑작스런 죽음을 맞아 사람들은 베드로가 욥바에서 멀지않은 곳에 왔다는 소식을 듣고 사람들을 보내어 그(베드로)를 그 곳(욥바)에 오도록 간청하여 베드로가 욥바의 다비다 집에 왔습니다. 그(베드로)는 하나님께 간절히 기도한 후 다비다의 시신을 향하여 **'다비다야 일어나라'** 하고 큰 소리로 외치자 다비다가 살아나는 기적이 일어났습니다.

3. 또한 베드로가 피장(皮匠/가죽을 다루는 직업)이 시몬의 집에 머무르면서(사도행전 9:43) 어느 날 지붕에서 기도하다가 하늘이 열리면서 네 귀가 있는 큰 보자기가 내려와 그 안에 있는 네 발 가진 짐승, 기는 짐승, 공중에 나는 부정한 짐승들이 있었고, 하늘에서 소리가 들리기를 **'베드로야, 일어나 그것들을 잡아먹어라'**고 하자 베드로는 **'속되고 깨끗하지 않는 것으로 먹을 수 없다'**고 대답하였는데 3번씩이나 되풀이 하였습니다. 이 일이 있은 후 욥바에 있던 이탈리아인 백부장 고넬료가 사람을 보내어 자기를 찾았고, 성령께서 **'의심하지 말고 함께 가라 내가 저를 보내었노라'**고 하여 환상의 의미를 깨닫고 **이방인인 고넬료의 집에 가서 복음을 전하였습니다.** 즉 예수 그리스도의 복음이 유대인뿐만 아니라 온 세계 누구에게나 전해야 할 것으로 알게 되었고, 그때부터 모든 이방 사람에게도 그리스도의 복음을 전하게 되어 **복음의 세계성을 알려준 곳**입니다(사도행전 10:1-48).

4. 구약성경에는 욥바는 단 지파가 살던 곳으로 솔로몬 왕 시절에 성전을 짓기 위한 레바논의 백향목을 두로 왕 히람으로부터 공급받아 뗏목을 바다에 띄워 레바논에서 욥바까지 와서 육로로 예루살렘까지 끌고 갔던 곳입니다(역대하 2:16).

5. 또한 여로보함 2세 때 선지자 요나가 적대국가인 북쪽 앗 수르(앗시리아) 수도 니느웨로 가서 심판의 경고를 전하라는 하나님의 명령을 거역하고 그 반대쪽인 남쪽으로 내려와 욥바에서 지나가는 상선을 타고 다시스(스페인)으로 도망치게 된 곳이기도 합니다(요나 1:3).

(3) 3차 선교여행

예루살렘 공의회에서 바울과 바나바의 이방인 선교에서의 할례문제에 대해 베드로가 말하기를 '하나님께서 유대인뿐만 아니라 **이방인에게도 복음의 말씀을 전하게** 하셨다'는 개방성을 보여주는 주장을 하고 있습니다. 또한 **안디옥에 가서 선교와 전도를 하였음**을 바울의 기록을 통하여 알 수 있습니다(사도행전 15:7-/갈라디아서 2:11).

[정리] 베드로의 이방지역 선교여행

구분 및 선교지	사역 내용 및 특징	성경구절
1차 : 사마리아	*베드로와 사도 요한 함께 감 *빌립 집사가 먼저 가서 전도함 *무당 시몬이 성령을 사려고 함	사도행전 8:14-25
2차 : 룻다	*중풍병자를 고침	사도행전 9:32-11:2
: 욥바	*죽은 여제자 다비다를 살림	사도행전 9:36
	*백부장 고넬료의 가족에 복음 전함	사도행전 10:1-48
3차 : 안디옥	*복음 전파함	사도행전 15:7- 갈라디아서 2:11
	*먼저 바나바와 바울이 공동목회 중	사도행전 11:26

2) 베드로 선교여행의 특징

베드로는 **주로 예루살렘을 중심**으로 하여 유대인에게 선교를 하였습니다. 하지만 베드로는 다른 여러 도시에서도 사역하였는데, 가이사랴에서의 사건은 일단의 (유대교로의 전향자가 아니고)이방인들이 예수 그리스도를 믿게 되었습니다. 베드로 설교 후 성령께서 초자연적인 표적을 통해 그들 믿음의 정당성을 확증하셨습니다. 또한 하나님이 유대인과 동등하게 **이방인을 교회**로 이끄셨음을 이 표적을 통해 유대인 신자들에게 확실히 하였습니다.[787] 즉, 복음이 이방인에게 전파된 두 가지 중요한 사건이 베드로의 선교여행과 사도 바울의 선교여행이었습니다.

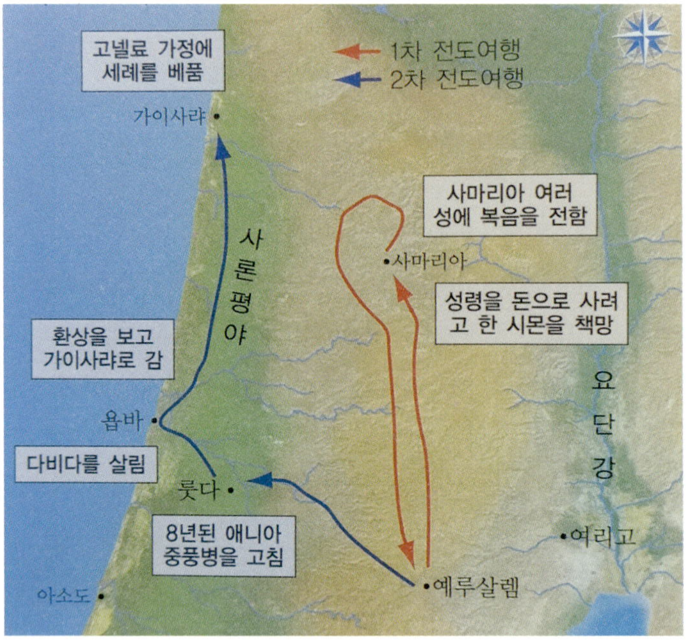

베드로의 전도사역 (성서지도, 지계석)

787) 벤훼어 신약성경개론, 159쪽

제4장 사도행전의 중요한 세 가지 사건 이야기

제1절 스데반 집사의 순교에 관한 이야기

1. 스데반은 초대교회 일곱 집사 중 한 사람

스데반은 **초대교회의 일곱 집사 가운데 한 사람**으로서 빌립과 함께 베드로와 바울의 이방선교를 이어주는 다리 역할을 하여 줍니다.

2. 은혜와 권능이 충만한 사람

스데반이란 이름은 면류관이라는 뜻으로 그는 은혜와 권능이 충만하여 큰 기사와 표적을 사람들에게 행하였습니다(사도행전 6:8). 회당에서 스데반이 지도자들과 더불어 변론했으나 지혜와 성령으로 말함을 저희가 능히 감당치 못하였습니다(사도행전 6:10).

3. 스데반에 대한 고소와 죄목 그리고 스데반의 예언 이야기

① 유대 지도자들은 백성과 장로와 서기관들을 충동질하여 스데반을 체포하여 산헤드린 공회의에 넘겨 주었습니다(사도행전 6:12). 그들은 **뇌물로 거짓 증인들을 동원**시켜 두 가지 내용으로 고소하였습니다. 첫째는 성전 모독죄요, 둘째는 율법을 파괴하였다는 것이었습니다.

② 스데반이 예수님을 증거하는 가운데 **'예루살렘 성전이 멸망할 것이라는 것과, 유대교는 지나가고 보편적 기독교가 확립되며, 주님이 재림할 것'**이라고 예언했던 것입니다.

> **'지극히 높으신 이는 손으로 지은 곳에 계시지 아니하시나니'**(사도행전 7:48).
>
> **'목이 곧고 마음과 귀에 할례를 받지 못한 사람들아 너희도 너희 조상들과 같이 항상 성령을 거스르는도다'**(사도행전 7:51).
>
> **'너희는 천사가 전한 율법을 받고도 지키지 아니하였도다'**(사도행전 7:53).

4. 스데반의 순교에 관한 이야기

1) 주님에 대한 분명한 환상을 보았습니다.

'스데반이 성령 충만하여 하늘을 우러러 주목하여 하나님의 영광과 및 예수께서 하나님 우편에 서신 것을 보고'(사도행전 7:54). '보라 하늘이 열리고 인자가 하나님 우편에 서신 것을 보노라'(사도행전 7:56)고 하였습니다.

2) 용서하는 주님의 모습을 보여 주었습니다.

'스데반은 죽임을 당하면서도 주여 이 죄를 저들에게 돌리지 마옵소서'(사도행전 7:60) 하고, **'주 예수여 내 영혼을 받으시옵소서'**(사도행전 7:59)라고 기도한 것은, 예수님이 자신을 죽음으로 몰고 간 자들을 용서하신 것과 같은 모습을 보여 준 것입니다.

3) 그리스도의 평안이 스데반의 역경 속에서도 그의 심령 속에 충만했습니다.

스데반은 그 얼굴이 천사의 얼굴과 같았고, 성령이 충만하였습니다. 스데반의 장례 시에는 경건한 유대인들이 장사지낸 후 크게 울었습니다(사도행전 8:2).

5. 스데반의 순교의 결과 이야기

1) 복음의 확산

사울은 예수를 믿은 유대인들은 누구라도 적으로 규정하고, 남녀를 가리지 않고 끌어내 감옥에 가두었습니다. 그리스도 신도 사이에서 사울은 두려운 박해자로 이름이 알려지게 되었고, 박해를 피해 사도들을 제외한 예루살렘 교회 신자 모두가 유대와 사마리아 지방으로 도망을 갔습니다. 이러한 과정에서 다른 지역으로 간 그리스도인들이 그 곳에서 예수 그리스도의 복음을 전파하여 복음은 각지로 퍼져나가게 된 것입니다.

[정리] 베드로 사도의 설교와 스데반 집사의 순교의 결과

베드로 사도의 설교의 결과 (영향)	교회가 세워지고 부흥이 일어남
스데반 집사의 순교의 결과 (영향)	교회에 박해가 일어나 복음이 열방으로 확산(전파)됨

2) 사울의 개종

한편 스데반의 순교는 직접적으로는 사울이라는 청년을 개종시키는 동기가 되었고, 간접적으로는 기독교에 대한 박해의 불씨가 되었으며, 그것은 마침내 복음을 예루살렘 밖으로 전파시키는 계기가 되었습니다.

제2절 하나님의 구원이 이방인들(열방)에게 전파된 이야기

예수님의 부활 승천 이후 성령세례를 받고 제자들이 예루살렘과 사마리아와 온 유대를 넘어 땅 끝(이방 땅)에까지 복음을 전함으로써 이제 복음은 동방과 서양에 전해지게 되었으며 기독교는 세계인의 종교가 되었습니다.

'그러므로 누구든지 그(예수 그리스도)를 믿고 주의 이름을 부르는 자는 구원을 얻게 된 것'(로마서 10:12-13)입니다.

'하나님의 이 구원이 이방인에게로 보내어진 줄 알라 그들은 그것을 들으리라 하더라'(사도행전 28:28).

[정리] 흩으심과 보내심

인류를 흩으심의 축복	이스라엘을 흩으심의 징계	열방으로 보내심의 사랑
노아홍수 이후에 나누어짐	이스라엘을 앗수르와 바벨론에 넘기시다.	사도들을 열방으로 보내심
창대하게 하시고 땅에 충만	하나님에 불순종한 징계	구원과 영생의 복음을 전함
구약 창세기 10장	구약 열왕기하 17:20 구약 예레미야 9:16	신약 마태복음 28:18-20 신약 마가복음 16:15 신약 사도행전 1:8

'노아의 아들 셈과 함과 야벳의 족보는 이러하니라 홍수 후에 그들이 아들들을 낳았으니… 이들로부터 **여러 나라 백성으로 나뉘어서** 각기 언어와 종족과 나라대로 바닷가의 땅에 머물렀더라'(창세기 10: 1, 5).

'예수께서 나아와 말씀하여 이르시되 하늘과 땅의 모든 권세를 내게 주셨으니 그러므로 너희는 **가서 모든 민족을 제자로 삼아** 아버지와 아들과 성령의 이름으로 세례를 베풀고 내가 너희에게 분부한 모든 것을 가르쳐 지키게 하라'… (마태 28:18-20).

'또 이르시되 너희는 **온 천하에 다니며** 만민에게 복음을 전파하라'(마가 16:15).

'오직 성령이 너희에게 임하시면 너희가 권능을 받고 **예루살렘과 온 유대와 사마리아와 땅 끝까지 이르러** 내 증인이 되리라(사도행전 1:8).

[정리] 12사도들과 사도 바울의 선교

구분	12사도들의 선교	사도 바울의 선교
선교의 소명	* 예수님의 직접적인 명령 (마태복음 28장 19절) (마가복음 16장 15절) (요한복음 21장 15-17절) (사도행전 1장 8절) * 성령님의 가르치심	* 예수님의 직접적인 명령 (사도행전 22장 10, 21절) * 성령님의 가르치심 (사도행전 13장 1-2절)
선교의 준비	예수님으로부터의 훈련 : 체험과 성령세례	어릴 때부터 준비와 스스로 훈련 : 학문과 언어, 직업기술(천막제조) 등
선교의 계기	외부로부터의 박해	회심과 바나바로부터 세워짐
선교의 방법과 전략	개별적, 비체계적, 비전략적	협력적, 체계적, 전략적(계획적)
선교의 기록	자세한 기록이 없음	자세한 기록이 있음 (누가의 사도행전, 바울의 서신)

[정리] 12사도의 최후 : 기록과 전해온 이야기에 따름

12사도 이름	12사도 최후	비고
야고보	헤롯 왕에게 참수형을 당함	*요한의 형제
안드레	그리스에서 십자가에 매달려 죽음	
요한	밧모 섬에 유배 됨	*자연사 함
야고보	애굽(이집트)에서 십자가에 달려 죽음	*알패오의 아들
유 다	화살에 맞아 죽음	*알패오의 아들
마태	에디오피아(이디오피아)에서 죽음	

나다나엘	인도에서 산 채로 살가죽을 벗기어 죽음	*바돌로매
베드로	로마에서 십자가에 거꾸로 매달려 죽음	
빌립	교수형으로 죽음	
시몬	십자가에 매달려 죽음	*열심당
도마	인도에서 창에 찔려 죽음	

제3절 바울에 대한 폭동 이야기

바울이 에베소에 머물며 선교하는 동안 이곳에서 은장색인 데메드리오라는 사람이 은으로 아데미상을 만들어 파는 장사를 하면서 돈을 버는데, 바울이 이 아데미상은 사람의 손으로 만든 우상임을 선포하자, 그들의 영업을 방해하는 결과가 되는 위험으로 알고서 그 영업하는 사람들을 선동하여 바울 일행인 가이오와 아리스다고를 연극장 안으로 붙들어 간 사건이 일어났습니다. 이 일로 에베소 사람들 사이에서는 큰 소동이 일어나게 되었고, 로마 서기장이 데메드리오와 그 직공들을 향하여 **'바울에 대하여는 적법한 절차에 의하여 민회에 고소할 것을 변호하고 불법집회라는 주장을 함'**으로써 그 모임을 흩어지게 하여 바울 일행은 위기를 모면하게 되었습니다(사도행전 19:21-41).

✽ 아데미 여신상

희랍(그리스)의 아데미 여신(로마의 다이아나에 해당함)을 기리는 에베소의 아데미 신전은 BC 7세기에 세워진 것으로, 전면 폭이 70미터, 길이가 130미터, 높이가 20미터나 되는 거대한 건물로 파르테논 신전보다 4배가 더 컸습니다. 이 건물의 둘레에는 이오니아 양식의 돌기둥이 127개 둘러져 있으며, 건축미의 웅장함과 아름다움을 자랑하였습니다. **세계 7대 불가사의 중의 하나**이지만, BC 356년 알렉산더가 출생한 해에 한 정신병자에 의해 방화로 불타 버리고 말았습니다. '아데미 여신은 자기 신전을 불태우는 것도 막지 못할 정도로 무력하다는 말인가?'라는 질문에 대하여 '아데미 여신은 바로 그때 마케도냐(마케도니아) 지방에서 탄생한 알렉산더를 축하하기 위하여 출타 중이었다'고 변명을 합니다. 아데미 여신은 **다산과 풍요를 가져다준다는 여신**으로 만민을 먹여 키워 준다고 주장하여 유방이 여러 개입니다. 이 신상은 사람의 손으로 만든 것이 아니고 하늘에서 스스로 강하했다고 주장합니다. 바울 당시 에베소에는 아데미 신상을 만들어 파는 것이 성행하였습니다(사도행전 19:24-28).[788]

아데미 여신상

788) 이원희, 성지순례가이드북, 94쪽.

제4편 세계로 향한 기독교

[반 고흐의 저녁 카페]

'반 고흐'는 벨기에 보리나주(Borinage) 탄광촌교회에 부임하여 그의 조부와 부친처럼 목회자로 살고자 했던 후기인상파의 대표적 화가다. 그는 한 목자로서 막장일을 하는 광부들의 고달픔과 궁핍한 삶에 연민을 갖고 그들처럼 생활했던 탓에, 선교단체로부터 해고되어 교회를 떠났다. 그는 화구를 둘러메고 거리를 헤매는 중에 많은 풍경화를 비롯해서 인물화와 정물화를 남겼는데, 그중 복음의 메시지가 두드러진 작품이《밤의 카페 테라스》다.

광채를 뿜어내는 별빛 아래 불 밝힌 옥외 카페가 있는 작품 속 밤거리에는 아직도 사람들이 오가고, 테라스에는 사람들이 있다. 식탁에는 열한 사람이 앉아 있고, 한 사람이 왼쪽 문을 열고 들어가려는 그 안은 칠흑 같은 어둠이다. 손님들 사이에 포도주를 들고 서 있는 웨이터는 흰옷을 입었고, 그 등 뒤로는 십자가 형태의 문틀이 보인다. 영락없이 예수께서 제자들과 마지막 나누시는 유월절 만찬의 현장이다.

아를르 포름 광장의 카페 테라스 81 X 65.5cm 1888년 빈센트 반 고흐(네덜란드) 作

제4편 세계로 향한 기독교

기독교가 오늘날처럼 전 세계적인 종교가 될 수 있게 된 것은 하나님의 계획과 섭리와 은혜입니다. 그럼에도 불구하고 이러한 **하나님의 사역은 사람을 통하여 이루어지도록 하신다**는 면에서, 많은 선택받은 하나님의 사도와 제자들에 의해 그리고 믿는 신실한 평신도들에 의해 세계 여러 곳으로 퍼져나가게 되었습니다.

선택받은 사람 중 **가장 공헌한 사람은 바로 사도 바울**이라 점에는 대부분의 기독교 신자들은 공감합니다. 복음을 동방세계에 그리고 서양세계에 널리 퍼지도록 전파한 주도적인 사람은 사도 바울이었습니다. 그는 앞에 놓인 온갖 시련과 어려움과 고난을 헤치고 팔레스타인과 시리아를 넘어 로마 제국 전역으로 널리 복음을 전파한 사람입니다. 또한 바울의 복음 전파는 **지리적인 영역을 넘어 무엇보다 참된 기독교 진리(복음)를 전하는데** 그의 일생을 바쳤습니다. 그러므로 사도 바울은 복음 전파자로서는 선교사이며 전도자였습니다.

바울은 다메섹 도상에서 예수님을 만나 회개와 회심을 한 후, 성령의 능력을 받고 복음주의자로 변화됩니다. 그리고 10년 이상 훈련을 받은 후 본격적으로 선교사역에 나섭니다. 이방 교회의 선두주자인 안디옥 교회의 지도자 그룹에 들어가 사역하던 중 바나나와 함께 이방 선교를 위해 부름을 받습니다. 바울은 이 도시에서 저 도시로 선교여행을 하면서 수많은 사람들을 예수 그리스도에게로 돌아오게 하고, 가는 곳마다 교회를 세웁니다.

또한 바울은 자신이 세운 교회들과 끊임없이 관계를 유지하고, 할 수 있는 대로 그들을 다시 방문합니다. 더 나아가 바울은 그 교회들에게 신앙적 교훈과 지침을 주려고 편지를 보냅니다. 그가 교회들에 보낸 9편의 편지들과 개인들에게 보낸 4편의 편지들이 신약성경에 들어 있습니다. 그는 또한 초대교회 시대의 가장 위대한 신학자이기도 합니다. 바울의 가장 위대한 복음적 진리에 대한 신학은 **구원은 오직 믿음에 있다**는 것, 예수 그리스도의 **십자가의 구속, 부활신앙, 율법을 넘어선 사랑의 법** 등입니다. 바울에 대한 가장 압축적인 말씀은 다음과 같습니다.

'이 사람은 내 이름을 이방인과 임금들과 이스라엘 자손들에게 전하기 위하여 택한 나의 그릇이라'(사도행전 9:15)는 말씀입니다.

[정리] 기독교의 세계화

구분	주요 내용	비고
예수 그리스도의 탄생	예수님의 족보	이방 여인을 포함하고 있음
예수 그리스도의 가족	마리아,요셉, 형제와 자매	"내 형제와 자매는 아버지의 뜻대로 행하는자"이다.
예수 그리스도의 활동 지역	유대 땅(이스라엘)	개도 주인의 상에서 떨어진 부스러기를 먹습니다.
예수 그리스도의 지상명령	땅 끝까지 전하라	유대를 넘어 이방세계에까지
사도들의 선교활동 지역	유대지역의 내부와 외부	사도 베드로
	유대지역의 외부 사마리아	빌립 집사
	소아시아	사도 바울
	유럽	사도 바울
복음을 전하는 언어	헬라어	헬레니즘 세계의 공용어

제1장 사도 바울의 등장에 관한 이야기

① 소아시아의 길리기아 출신인 바울은 기독교에서 여러 가지 위치를 차지하고 있습니다. 먼저 그는 복음 사도로 준비된 인물이었음을 알 수 있습니다. 즉, 유대인으로 구약의 율법에 관한 최고의 지식을 갖춘 인물로 당시 국제어인 헬라어를 익혔으며, 다소에서 자라면서 당시의 최고 지성을 갖추게 되었고, 직업으로써 천막 수선을 할 수 있는 기술자였습니다. 그의 인생의 반전은 **다메섹(다마스쿠스) 도상에서 부활한 예수님을 만남**으로써 이루어졌습니다. 그럼에도 불구하고 그의 사도권은 지속적으로 도전을 받게 되었음은 그가 기독교 초기에는 그리스도인들을 핍박한 인물이었기 때문이었습니다.

② 그는 일생을 전도자(선교사)로서 복음을 이방지역에 전하는데 헌신함으로써 기독교를 세계화하는 데 결정적인 공헌을 하였고, 아시아와 유럽을 넘나들며 복음을 전하고 교회를 세웠으며, 목회 지도자를 훈련시켰습니다. 또한 세운 교회들을 지속적으로 지도하기 위해 쓴 편지들이 신약성경의 1/3에 해당하는 서신서로 신학적 체계를 염두에 두고 쓴 것은 아니지만 심오한 기독교 진리를 설파한 내용으로 되어 있으며, 무엇보다 그를 위대한 인물로 평가하게 한 것은 복음 전파를 위한 엄청난 고난에도 불구하고 굽히지 않고 헌신한 삶이 오늘날까지 영향력을 주고 있기 때문입니다.

'세 번 태장으로 맞고 한 번 돌로 맞고 세 번 파선하고, 일주야를 깊은 바다에서 지냈으며 여러 번 여행하면서 강의 위험과 강도의 위험과 동족의 위험과 이방인의 위험과 시내의 위험과 광야의 위험과 바다의 위험과 거짓 형제 중의 위험을 당하고 또 수고하며 애쓰고 여러 번 자지 못하고 주리며 목마르고 여러 번 굶고 춥고 헐벗었노라'(고린도후서 11:23-27). 또한 **그는 복음 전하는 일로 여러 번 감옥에 갇히는 신세가 되기도 하였습니다.**

왜 바울은 엄청난 고난에도 불구하고 굽히지 않고 복음을 전하려고 하였는가? 무엇이 그를 그러한 고난에도 불구하고 복음 전파와 선교에 헌신하게 하였는가? 이제 그 이야기를 시작하려고 합니다.

제1절 사도 바울은 누구입니까?

1. 바울은 다소 출신이었습니다.

사도 바울은 주후 11년경 봄 길리기아의 다소에서 베냐민 지파의 가정에서 태어났습니다.[789] 그의 이름은 사울로 지어졌으며,[790] 생후 8일 만에 할례를 받았습니다. 그의 아버지는 시장에서 직물업을 하는 상인이었습니다. **다소 지방은** 비옥한 평지 위에 자리 잡고 있었기에 직물산업의 중심도시였으며 곡물과 포도가 많이 재배되었고, 무역업이 번성한 곳으로 당시 **헬라문화의 중심지**였습니다. 주후 28년 사울이 열세 살이 되는 해에 그의 아버지는 조상들의 땅인 예루살렘으로 가서 하나님의 율법을 배우도록 보내어 예루살렘에서 당시의 가장 영향력 있는 **바리새파의 가말리엘 문하생**으로 들어가 배웠습니다.

바울의 인물적인 면에서 체구는 건장하지 않고 왜소하였으며, 몸에 중병을 지니고 있었고, 유창한 설교자이기보다는 어눌한 사람이었다고 합니다.[791] 또한 산헤드린 회원이었기에 결혼을 한 것으로 추측합니다.[792]

✾ 다소는 어디이며 어떤 곳이었습니까?

바울은 길리기아 지방의 수도인 다소(지금의 터키 지역)에서 태어나서 자랐습니다. 다소는 기원전 171년 안티오커스 에피파네스에 의해 희랍(그리스)의 도시국가로서 건설되었습니다. 유대인들이 도시가 건설될 때부터 정착하여 시민의 권리를 부여 받았던 것입니다. 바울은 자신이 로마 시민임을 주장하였는데(사도행전 21:39), 로마 시민권은 시민권을 가진 부친에 의해서만 계승 될 수 있는 것이 원칙이었으므로 오래 전부터 바울 가문에 의해 획득되어진 것 같습니다. 바울의 로마 시민권은 그가 복음을 전하기 위해서 로마 세계를 여행할 때 가치 있는 것으로 드러났습니다. 또한 다소는 대학이 있는 배움의 장소였습니다. 특히 로마의 아우구스투스 황제의 개인 교사이기도 하였던 스토아 학파의 철학자였던 아테노도루스가 고향인 다소에 내려와 대학의 학장이 되었을 뿐만 아니라 교육을 통해 도시전체를 개혁하였습니다.[793] 그러므로 바울은 유대인으로서는 맛보기 어려운 헬라식 사고방식에 접해 봤을 것으로 봅니다(디도서 1:12). 다소는 바울을 이방인의 사도가 되도록 준비시키는데 있어서 아주 귀중한 곳이었습니다.

---

789) 사도행전 21:39 '나는 유대인이라 소읍이 아닌 길리기아 다소 시의 시민이니'

790) 사도행전 13:9 사울은 그의 히브리 이름이었고, 바울은 그의 라틴어(헬라식) 이름이었습니다. 초기 유대인 선교를 할 때는 사울로 불리다가 이방인 쪽으로 바뀌면서 바울이라는 이름으로만 기록되고 있습니다.

791) 고린도후서 10:10에는 '그들의 말이 그의 편지들은 무게가 있고 힘이 있으나 그가 몸으로 대할 때는 약하고 그 말도 시원하지 않다 하니…

792) 바울은 결혼하지 않았다는 주장도 있습니다.

793) 천세종, 하이브리드 바울, 135쪽.

2. 바울은 유대 애국자였습니다.[794]

바울은 그의 동족 이스라엘 민족을 향한 깊은 사랑을 항상 가지고 있었습니다(로마서 3:1; 9:1-3). 어렸을 때 율법교육과 직업 기술(천막을 만드는 일)을 배운 것을 생각해 보면 그가 진정한 이스라엘인의 사고 체계를 가진 집안에서 컸다는 것을 알 수 있습니다.

> **'그들이 히브리인이냐 나도 그러하며 그들이 이스라엘인이냐 나도 그러하며 그들이 아브라함의 후손이냐 나도 그러하며'**(고후 11:22).

> **'나도 이스라엘인이요 아브라함의 씨에서 난 자요 베냐민 지파라'**(로마서 11:1).

3. 바울은 바리새인이었습니다.

바울의 아버지는 바리새인(사도행전 23:6)이었고 자신도 열렬한 바리새인이었습니다. 그는 성경 지식과 외적 의와 금식과 십일조를 강조하는 바리새주의를 따르는데 있어서는 누구보다도 열심이었습니다. 바리새인인 바울의 기독교인으로의 변화는 한편으로는 바리새인들로부터 미움과 박해를 받는 계기가 되었으며, 또 다른 한편으로는 그들의 협조를 받는 입장(우호적인 입장)이 될 수 있었던 것입니다.

> **'나는 팔일 만에 할례를 받고 이스라엘 족속이요 베냐민 지파요 히브리인 중의 히브리인이요 율법으로는 바리새인이요 열심으로는 교회를 박해하고 율법의 의로는 흠이 없는 자라'**(빌립보서 3:5-6).

4. 바울은 구약성서의 탐구자였습니다.

다소의 회당에서 바울은 아마도 히브리 성경을 배웠을 것입니다. 13세가 되기까지 히브리 글을 배웠을 것이고, 율법과 선지자에 관하여 또한 유대 역사에 대해서도 충분히 배웠을 것입니다. 그가 성장하자 부모가 13세 때 바리새파의 위대한 교사 가말리엘 문하에서 계속해서 배우게 하기 위해 예루살렘으로 보냈던 것입니다.

> **'나는 유대인으로 길리기아 다소에서 났고 이 성에서 자라 가말리엘의 문화에서 우리 조상들의 율법의 엄한 교훈을 받았고 오늘 너희 모든 사람처럼 하나님께 대하여 열심 있는 자라**(사도행전 22:3).

---

794) 폴 앤 벤웨어 지음, 앞의 책, 166-168쪽.

5. 바울은 율법 선교사였습니다.

① 가말리엘의 제자로서 바울은 아마 매년 모든 유대인이 한 사람의 개종자를[795] 얻을 목표를 가지고 있다는 사실을 알았을 것입니다. **'하나님의 진리를 다른 사람들에게 전파한다'**는 이 생각이 어렸을 때부터 그의 마음속에 뿌리 박혀 있었을 것입니다.

② 바울은 그리스 문화에 대한 식견과 로마 시민권, 그리고 바리새파 유대교도라는 자긍심을 갖춘 당시에는 보기 드문 엘리트였습니다.

[정리] 바울의 일생

연도(서기)	활동 및 사건	성경구절
-1	지중해의 국제도시 다소에서 바리새파 부모 밑에서 태어난 순수 혈통의 유대인, 태어난 지 8일만에 할례를 받음	사도행전 21:39
13-	예루살렘의 가말리엘 문하에서 교육을 받음	사도행전 22:3
30	스데반의 순교에 개입 됨, 그리스도 교도의 탄압에 앞장 서 핍박함	사도행전 7:5-8:3
33	다마스커스로 가던 중 예수님을 만나 회개함	사도행전 9:1-19
33-36	아라비아에서 3년간 수도생활을 함	갈라디아서 1:17-18
36-45	다소에서 10년간 조용히 생활함	
46-48	제1차 선교여행 : 소아시아를 중심으로	사도행전 13:1-15:35
49-52	제2차 선교여행 : 그리스를 중심으로	사도행전 15:36-
53-57	제3차 선교여행 : 에베소를 중심으로	
57-59	가이사랴에서 붙잡혀 2년간 감옥살이를 함	사도행전 23:31-
60-61	체포되어 로마로 감 : 로마에서 전도	사도행전 27:1-
61-63	로마에서 연금 상태로 있게 됨	사도행전 28:16-31
63	로마에서 석방 됨	사도행전 28:16-
63-67	**자유로운 선교 활동을 한 것으로 봄(스페인 선교?)**	
67	**체포되어 투옥된 후 순교함**	

795) 보다 구체적으로는 결국 바리새파 유대인을 말한다고 할 것입니다.

제2절 사울은 무슨 일을 한 사람이었나요?

사울은 삼십 전후의 젊은 나이였지만 70인으로 구성된 이스라엘 최고 회의인 산헤드린 공의회의 회원이었으며, 대제사장으로부터 중요한 직책을 위임받고 있었습니다. 그것은 바로 **그리스도인들을 잡아 투옥하는 일을 전담**하는 일이었습니다. 이러한 일을 수행하는 중에 그는 스데반 집사의 죽음에 관여하게 되었습니다. 청년 사울이 스데반 집사의 사형 집행을 마땅한 것으로 여겼다(사도행전 8:1)는 것은 단순히 피동적인 동의를 뜻하기보다는 보다 적극적인 가담을 한 것으로 볼 수 있습니다.[796)]

✻ 기독교 박해에 앞장 선 사울

사울은 예수를 그리스도라고 하는 사람들을 박해하는 것은 참 유대인으로써는 당연한 일이라고 믿었고 따라서 그 신념에 따라 움직였습니다. 그는 집집마다 다니면서 믿는 사람들을 찾아내어 감옥으로 보내는 일에 앞장섰습니다(사도행전 8:3). 그는 믿는 사람들에게는 위협적인 존재였고, 특히 **기독교 세력이 외국 도시들에까지 확산되는 것을 보고 그것을 막아야 한다**는 신념에 불타서 대제사장에게 가서 다메섹(현재 시리아의 수도 다마스커스)에 있는 여러 회당에 보내는 공문을 달라고 하여 받았던 것입니다. 사울은 예수님의 제자들(예수님의 도를 따르는 사람들)을 반 유대교, 유대교(율법주의)를 위협하는 세력으로 생각하고 그의 마음에는 증오로 가득차 있었으며, 그의 정신은 편견에 사로잡혀 있었습니다.[797)]

제3절 사도 바울은 기독교 역사에서 어떤 위치를 갖는가요?

주후 50년대 초반에 기록된 **바울 서신은 신약성경 가운데 가장 먼저 기록된 문서**입니다. 즉 사실상 우리가 신약성경 가운데 가장 이른 시기에 만나는 인물은 다름 아닌 사도 바울입니다. 그런데 기독교 역사에서 사도 바울이 차지하는 위치에 있어서 그는 **'대표적인 기독교 교사이며, 선교사이고 위대한 사도일 뿐만 아니라 기독교 신학의 창조자이자 설립자'** 라고 까지 부르고 있습니다. 바울(위치)에 대한 평가는 크게 다음과 같습니다.

---

796) 신성종, 앞의 책, 244쪽.

797) 사울은 당시에 **'교회를 잔멸하려는 자'**(사도행전 8:3), **'위협과 살기가 등등한 자'**(사도행전 9:1), **'예루살렘에서 이 이름(예수 그리스도)을 부르는 사람을 멸하려던 자'**(사도행전 9:21)로 평가되었습니다. 즉 마치 야생동물(멧돼지나 잔인한 늑대 등)이 사람을 해치려고 달려드는 상황에 비유되기도 합니다.

1. 바울은 기독교가 세계로 향하도록 하는 데 중심적인 인물이었습니다.

바울은 예수님을 만나고 난 이후 그는 복음을 전하는 데 있어서 유대인들에게보다는 이방세계에 전하는 자로 쓰임을 받게 되었습니다. 그는 이미 어렸을 때부터 이방세계 선교를 위하여 준비된 인물이었던 것입니다. 로마시민권과 헬라어 그리고 유대교(구약)에 대한 그의 해박한 지식 등은 이방세계(특히 디아스포라 유대인들)에 기독교를 널리 전하여 기독교가 세계로 향하도록 하는 데 중심적이고 모범적인 인물이 되도록 하였습니다.

2. 바울은 교회의 설립에 중심적인 인물이었습니다.

바울은 이방세계에 선교를 하면서 가는 곳마다 교회를 설립하게 됩니다. 그의 선교방법은 오늘날도 세계 선교의 모범이 되고 있습니다. 특히 선교지의 **중심 도시 위주로 교회를 세워 그 곳으로부터 다시 작은 도시로 확장되게 하였습니다.** 또한 **지역 교회는 스스로 자립할 수 있도록 지도자를 세우고** 교회 운영을 위한 지도를(돌봄을) 지속적으로 하였습니다. **교회가 선교지에서 믿는 자들의 신앙생활의 중심역할을 하도록** 하였던 것입니다.

3. 바울은 기독교 신학을 세우는 데 중심적인 인물이었습니다.

신약의 공간복음이 예수 그리스도와 그의 생애와 말씀에 대한 사실적 기록을 한 것이 라면, 사도 바울은 신약과 구약을 총괄하여(전부를 엮어서) 예수 그리스도를 중심에 두고 깊은 기독교의 근본적인 진리를 체계적으로 설명함으로써 기독교 신학을 세우는 데 중심적인 인물이 되었습니다. 다시 말하면 기독교 신학을 형성하는 데는 **공관복음의 예수님의 생애와 말씀에 대한 기록, 요한복음을 통한 기독교의 핵심적인 진리, 그리고 사도 바울에 의한 체계적인 기독교 진리의 설명이 기독교 신학의 틀이 되었다**고 할 것입니다. 그러므로 사도 바울에 대하여 가장 많이 강조되어 온 것이 신학자로서의 바울이라고 할 것입니다.[798]

798) 천세종, 하이브리드 바울, 27쪽.

[정리] 사도 바울의 기독교 신학에 끼친 영향

구분	구약적 관점	신약(바울신학)적 관점
인간론	*피조물인 인간 *하나님과 (선택된)이스라엘과의 언약(율법준수)과 보상	*피조물인 인간 *죄인인 인간/구원받아야 할 인간 *예수 그리스도의 십자가 대속의 희생과 구원
기독론	*유일신 하나님	*삼위일체 하나님
구원론	*현재의 삶에서의 하나님의 구원	*예수 그리스도를 믿음으로 구원 *죄와 죽음으로부터/미래와 현재
교회론	*광야교회(하나님의 백성)	*예수 그리스도는 교회의 머리되심 *지체론과 지체간의 연합 및 평등
목회론	*선지자에 의한 하나님의 말씀 선포와 대행	*목자(사도와 제자와 교사 등 지도자들)에 의해 목양
선교론	*유대인들에 대한 신앙전승	*온 인류를 향한 복음 전파

사도 바울
(렘브란트 반 레인 作, 네덜란드, 1606-1669)

제2장 사도 바울의 회심에 관한 이야기

제1절 바울의 회심은 언제 어디서 이루어졌나요?

바울은 당시 예루살렘 동북쪽으로 20킬로 떨어진 유대인이 많이 살고 있는 가장 오래된 상업도시였던 다메섹(다마스커스)으로 가던 길이었습니다. 이 당시 다메섹에는 흩어진 유대인들도 많이 살았을 뿐만 아니라 예루살렘에서 박해를 피해서 간 그리스도인들도 있었습니다. 거기에 사는 그리스도인들을 없애는 일은 **그 세력이 북방으로 확산되는 것을 막는다**는 의미를 갖고 있었던 것입니다. 바울의 이러한 광적인 박해는 점차 커지고 있는 그의 내적 불안감을 드러내는 것이라고 볼 수 있을 것입니다. 바울과 일행이 그 곳으로 가고 있을 때는 정오였습니다(사도행전 22:6; 26:13).

제2절 바울의 회심은 어떻게 이루어졌나요?

① 바울의 회심은[799] 다메섹으로 가던 길에서 그리스도를 돌연히 만남으로써 일어났습니다. 갑자기 하늘로부터 매우 강렬한 빛이 비치었고, 영광스런 부활의 주님이 나타났으며 동행하였던 사람들은 모두들 두려워서 땅에 엎드렸습니다(사도행전 26:14). 즉 사도 바울의 회심은 오직 예수 그리스도를 통한 하나님의 주권(은혜)의 결과입니다.

② 그러나 그 순간적인 사건이 있기 전부터 바울의 마음을 찔렀던 것(가시채를 뒷발질하기:26:14)은 스테반의 증거와 순교, 사울이 핍박했던 그리스도인들의 경건한 삶, 그리고

799) **회심이란 다른 신이나 세상의 어떤 신념들을 향해 서 있던 사람이 하나님께로 온전히 돌아서는 것**을 의미합니다. 사울은 다메섹 사건 후에 이전의 그의 모든 신념과 신앙에서 완전히 벗어나 오로지 예수 그리스도와 하나님께로 돌아섰습니다. 바울이 다메섹으로 가던 당시 몇몇 다메섹 회당이 많은 유대인 거류민(예수를 따르던 제자들)을 돌보아 주고 있었으므로 바울은 탈주한 제자들을 잡으러 가기로 결심하고, 대제사장에게 이러한 심문자 임무를 간청하여 다마스쿠스 회당에 보내는 공문(망명자 소환 집행명령)으로 무장하여 예루살렘을 떠났습니다(존 스토트, 정옥배 옮김, 사도행전, IVP, 252쪽).

그가 알고 있었던 주 예수의 기적과 가르치심 등이었을 것으로 봅니다.

③ 갑자기 하늘로부터 찬란한 한 줄기 강렬한 빛이 비추었고, 그 빛에 압도되어 땅에 엎드리게 된 그에게 하늘로부터 소리가 **'나는 네가 핍박하는 예수이다'**(사도행전 9:5). **'사울아 네가 어찌하여 나를 핍박하느냐'**(사도행전 26:14)라고 했을 때, 그의 내적 갈등은 끝났고 그는 그리스도인으로 거듭나게 된 것입니다.[800)]

④ **'너는 일어나 시내로 들어가라 거기서 네가 행할 일을 네게 일러줄 사람을 만날 것이다'**(사도행전 9:6)라고 하시었습니다. 사람들의 손에 이끌리어 다메섹에 들어가 사흘 동안 아무것도 먹지도 마시지도 않은 채 다음 지시를 기다리던 중 예수님의 지시를 받은 다메섹의 아나니아라는 제자를 만나 안수 기도를 받은 후 눈을 뜨게 되어 다시 보게 되었고, 그를 향한 하나님의 뜻을 전달받게 되었던 것입니다(사도행전 9:17).

* 바울의 회심을 도운 아나니아 이야기

1. 다메섹의 제자 아나니아에게 예수님은 '직가' 라는 거리로 가서 유다의 집에 머무르고 있는 사울을 찾아 안수하여 다시 보게 하고, 그에게 앞으로의 사명을 일러주라'는 명을 받았습니다.

2. 그는 처음에는 그 명을 따르는 것이 두려웠습니다. 왜냐하면 사울은 그때까지만 해도 그리스도인들을 핍박하는 선봉에 섰던 사람이었기 때문입니다. 하지만 주님의 명령을 받들기로 하고, 사울을 찾아가서 안수하면서 **'형제 사울아 , 주 곧 네가 오는 길에서 타나나셨던 예수께서 나를 보내어 너로 다시 보게 하시고 성령으로 충만하게 하신다'**고 하였습니다. 그러자 즉시 사울의 눈에서 비늘 같은 것이 벗겨지면서 다시 볼 수 있게 되었습니다. 사울이 하나님의 능력을 확인하는 순간이었습니다. 사울은 즉시 일어나 세례를 받고 음식을 먹고 건강을 되찾았습니다.

3. 아나니아는 사울에게 자기가 주님께로부터 들은 바, 그에게 주어질 사명에 대해서 이야기 해 주었습니다. **그가 주님의 이름을 이방인들과 임금들과 이스라엘 자손들에게 전하기 위해 택한 바 된 주님의 그릇**이라는 이야기와 **그가 주님의 이름을 위하여 많은 고난을 받게 되리라**는 이야기였습니다. 그리고 그는 사울의 회심 사실을 다메섹에 있는 다른 그리스도인 형제들에게 알리고 그를(사울을) 그들(형제들)에게 소개해 주었습니다(사도행전 6:10-19).

---

800) 이를 중생이라고도 합니다.

[정리] 바울의 회심과 오늘날 우리들의 회심[801)]

바울의 회심의 특성	오늘날 우리들의 회심에 적용
*극적이고 초자연적인 사건 ⇒ 빛이 비침, 이름을 부르는 소리	*극적인 사건인 경우(체험)가 있음
*부활하신 예수께서 나타나심	*그리스도와 인격적으로 만남
*구체적으로 이방인의 사도로 임명하신 것	*회개와 믿음으로 그분께 굴복하며 섬기라는 그분의 명령을 받을 경우도 있다.
특별한 일, 극적 외부적인 사건	보편적인 일, 본질적인 내적 체험

[정리] 두 사람의 아나니아는 누구인가요?

아나니아와 삽비라 : 사도행전 5장	아나니아와 바울 : 사도행전 9장
하나님(성령)을 속인 제자	하나님(성령님)의 명령을 이행한 제자
자기 소유를 팔아 일부를 남겨 둠	직가에 가서 바울을 만나 안수하여 다시 보게 하고 성령이 충만하게 함
즉시 죽게 됨	바울에게 세례를 주게 됨

제3절 바울은 회심 이후 어떻게 되었으며 이는 어떤 의미를 갖나요?

1. 사울이 바울이 되었습니다.

사울은 회심 이후 완전히 변화된 사람과 삶을 갖게 되었습니다. 그리고 이러한 변화의 표시로 그가 지금까지 자신의 삶을 나타내 준 옷과 같은 것이었던 이름을 바꾸게 됩니다. 즉 사울이 바울로 바뀌었습니다. [802)]

801) 존 스토트, 정옥배 옮김, 사도행전, IVP, 2019, 248쪽 내용을 도표화 하였습니다.

802) 여러 주석서에는 바울은 로마식 이름으로 부모님으로부터 주어졌다고 합니다. 즉, 사울이 다메섹 도상에서 회개와 소명을 받은 후 개명한 것이 아니라는 말입니다. 하지만 사울이라는 종래의 이름은 예수님을 만난 이후 이방 선교를 본격적으로 수행하면서 성경에는 **사울대신 바울이라는 이름**으로 기록되어 있는 것을 볼 때 그는 과거의 사울이 아닌 새로운 바울로 거듭난 것임을 알 수 있습니다.

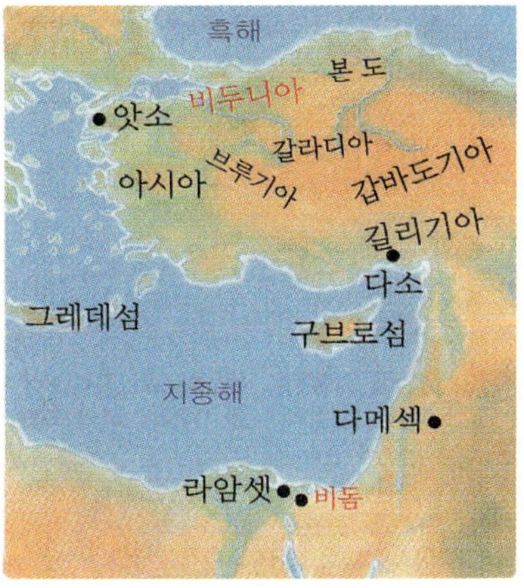

다소와 주변 지역
(포토 성경사전, 하늘기획))

다소의 바울의 생가터 (성서지도, 지계석)

2. 주님으로부터 소명을 받게 되었습니다.

이때 사울은 주님으로부터 직접 소명을 받게 되었습니다. 그것은 이방인들에게 복음을 전하는 증인의 사명이었습니다.

> **'일어나 다메섹으로 들어가라 네가 해야 할 모든 것을 거기서 누가 이르리라'** (사도행전 22:10).

> '(아나니아가 말하기를)**네가 그를 위하여 모든 사람 앞에서 네가 보고 들은 것에 증인이 되리라'**(사도행전 22:15).

> '나더러 또 이르시되 떠나가라 **내가 너를 멀리 이방인에게로 보내리라'** (사도행전 22:21).

> **'이스라엘과 이방인들에게서 내가 너를 구원하여 저희에게 보내어 그 눈을 뜨게 하여 어두움에서 빛으로, 사단의 권세에서 하나님께로 돌아가게 하고 죄 사함과 나를 믿어 거룩케 된 무리 가운데서 기업을 얻게 하리라'**(사도행전 26:16-18).

3. 성령의 권능을 받아 예수 그리스도의 증인이 되었습니다.

그리스도의 증인이 되기 위해서는 필수적으로 성령의 권능을 받아야 하는데(사도행전 1:8), 바울은 아나니아의 안수를 통하여 성령 충만과 세례를 받았습니다. 그리고 즉시로 각 회당에서 예수가 하나님의 아들이심을 전파하였습니다(사도행전 9:20).

[정리] 바울이 증언한 복음은 무엇이었나요?

바울이 증언한 복음	성경구절
구약성경에 이미 예언 된 것이다.	로마서 1:2
하나님의 아들에 초점이 맞추어진 것이다.	로마서 1:3
복음을 믿는 모든 이에게 구원을 주시는 하나님의 능력이다.	로마서 1:16
신실한 사람들에게 하나님의 의의 계시를 포함하고 있다.	로마서 1:17

[정리] 사도 바울의 사역과 평가

사도 바울의 사역	평가자	성경구절
그리스도의 종, 사도	바울 스스로 소개한 내용	로마서 1:1
많은 백성들에게 파송	바울	로마서 1:5
기도하는 사람	바울	로마서 1:9,10
진지한 사역자	바울	로마서 1:13-15
복음을 부끄러워하지 않은 사람	바울	로마서 1:16

사울의 회심 (바르톨로메 에스테반 무리오 作, 스페인, 1617-1682)

제3장 사도 바울의 훈련에 관한 이야기

바울은 다메섹으로 가는 도중에 예수님을 만나 회심한 후 13년 동안 아리비아, 다소, 안디옥 등지에서 전도와 목회 경험을 통하여 선교사로서 준비를 하였으며, 마침내 성령의 부르심을 받아 안디옥 교회에 의하여 선교사로 세움을 받게 된 것입니다. 특별히 아라비아(오늘날 요르단)에서 3년간 강한 복음적 선교훈련과 묵상을 한 것이라는 주장을 뒷받침하는 사도 바울의 증언이 있습니다.

> '그의 아들을 이방에 전하기 위하여 그를 내 속에 나타내시기를 기뻐하셨을 때(=다메섹 체험)에 내가 곧 혈육과 의논하지 아니하고 또 나보다 먼저 사도 된 자들을 만나려고 예루살렘으로 가지 아니하고 **아라비아로 갔다가 다시 다메섹으로 돌아갔노라 그후 삼 년 만에** 내가 게바(베드로)를 방문하려고 예루살렘에 올라가서 그와 함께 십오 일을 머무는 동안 주의 형제 야고보 외에 다른 사도들을 보지 못하였노라 그 후에 내가 수리아와 길리기아 지방에 이르렀으나'(갈라디아 1:16-21).

[정리] 사도 바울의 회심 후 행적에 관한 기록상의 차이점[803)]

사도 바울의 기록 갈라디아서 1:17-18; 2:1, 로마서 15:25-32	사도행전의 기록 사도행전 9:23-29; 15:4; 21:17
하나님의 계시를 받음	다메섹 도상에서 부활하신 그리스도를 만나 회심하게 됨
아라비아로 간 후 다메섹으로 감	다메섹 성에 들어가 전도한 후 예루살렘으로 돌아옴
3년 후 예루살렘으로 감	예루살렘의 사도들과 제자들은 바나나의 설명을 듣고 바울을 받아들임
주의 형제 야고보만 만남	예루살렘을 드나들면서 예수님의 이름을 담대히 말하기도 하고 논쟁함
14년 후에 예루살렘을 방문함	안디옥 교회 파송을 받아 여러 번 선교여행 후 예루살렘으로 돌아옴

803) 천세종, 하이브리드 바울, 133-134쪽 각주.

✽ 바울의 길 안내자들

바울은 여러 번의 위기를 극복하도록 위기 때마다 길 안내자들을 주께서 보내주셨습니다. 첫 번째는 다메섹으로 가던 중 예수 그리스도를 만나 회심한 후 다메섹에 들어가 복음을 전할 때, 바울에 대한 의심과 두려움을 갖고 있던 제자들에게 (하나님의 명령을 받아 바울의 눈을 뜨게 하고, 세례를 준 제자) **아나니아**가 그들을 안심시켜 복음을 전하게 하였을 것으로 추정되며, 그럼에도불구하고 다메섹의 유대인들이 바울을 죽이려고 공모하고 밤낮으로 성문을 지키고 있다는 것을 알고 **바울의 제자들(사도행전 9:23-25)**이 바울을 광주리에 담아 성벽에서 달아 내려 탈출하게 하였고, 예루살렘으로 돌아간 바울이 제자들과 교제하고 특히 사도들에게 인사하도록 **바나바**가(사도행전 9:26-28) 바울의 회심과 복음 전도자로의 변화를 자세히 알려주고 소개(보증)하였습니다. 또 여기서도 헬라파 유대인 중 일부가 바울을 죽이려 하므로 **그리스도인 형제들**이 그를 데리고 가이사랴 연안까지 인도하여 그를 고향인 다소로 배를 태워 보냈습니다(사도행전 9:30). 이같이 주께서는 때에 맞게 길 안내자와 동역자를 보내주시어 위기를 극복하게 하셨습니다.

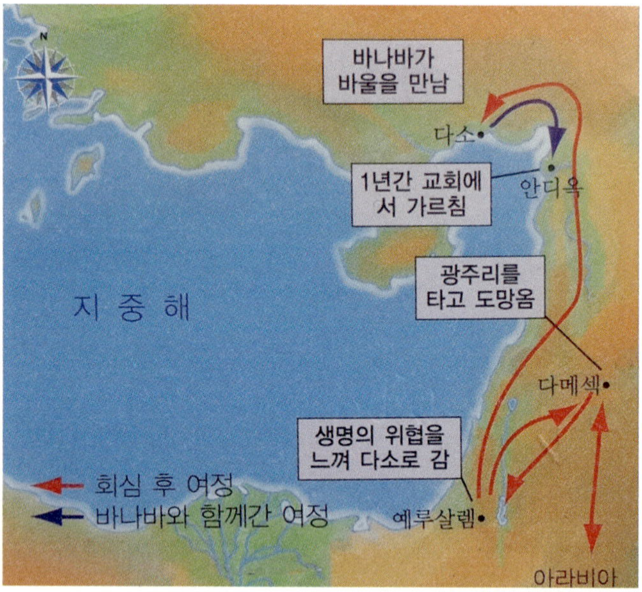

바울의 회심 직후의 여정 (성서지도, 지계석)

제4장 사도 바울의 해외선교의 여정에 관한 이야기

신약성경을 통하여 바울의 해외선교가 1차, 2차, 3차에 걸쳐 이루어진 것을 알 수 있습니다. 하지만 이러한 구분이 쉽게 이해가 가지 않는 것은 그 구분의 기준을 모르기 때문입니다. 즉 바울 선교는 그의 **선교 캠프의 중심지인 안디옥 교회를 기준으로 하여 구분**한 것입니다. 안디옥 교회에서 출발하여 다시 안디옥 교회로 돌아온 것이 3회에 걸쳐 이루어진 것입니다.

제1절 제1차 선교여행 이야기

1. 최초의 선교지 구브로[804] 섬으로 감

1) 바보에서의 전도

바울이 바나바와 함께[805] 수리아의 안디옥[806] 교회가 파송한 선교사로 임명을 받아[807] 성도들의 전송을 받으며 실루기아에서 배를 타고 처음으로 간 선교지는 지중해에 있는 바나바의 고향인 구브로라는 섬으로, 먼저 그 곳의 수도인 바보라는 도시와 살라미의 회당에서 전도하였습니다. 또 구브로에서 바나바의 조카인 마가를 동역자로 합류시켰습니다.

804) 오늘날 터키와 그리스가 영토분쟁을 벌이고 있는 키프로스(사이프러스) 섬을 말합니다.
805) 이때부터 사울이 바울로 소개되고 헬라 문화가 지배하는 이방 지역의 선교가 시작되었습니다.
806) 안디옥은 셀루코우스 1세가 자기 아버지 안티오쿠스(안디옥)의 이름을 기리며 세운 16개의 도시 이름입니다. 그중의 하나 '수리아 안디옥'에 세워진 교회가 수리아의 안디옥 교회입니다.
807) 바나바는 예루살렘 교회의 파송을 받았고, 바울은 안디옥 교회의 파송을 받았습니다.
이후 '바나바와 바울'이라는 표현대신 '바울과 동행하는 사람들'이라는 표현으로 바뀐 것으로 볼 때 선교의 주도권이 바나바(예루살렘 교회)에서 바울(안디옥 교회)로 넘어갔다고 볼 수 있습니다.

✻수리아의 안디옥과 안디옥 교회

안디옥은 예루살렘에서 북쪽으로 300마일 정도 떨어져 있는 수리아 지방의 로마 수도로 여러 나라에서 많은 사람들이 사업이나 문화 활동을 위해 모여들었던 국제적인 대도시였습니다. 그리고 그 도시에는 예수를 믿는 이방인 신도들이 들어와 많은 그리스인들에게 선교활동을 하여 그리스인들이 예수님을 메시야로 믿게 되었습니다. 안디옥 교회는 **예루살렘 밖의 지역에 세워진 최초의 교회**였습니다. 이후에 다른 지역 선교의 중심이 되었습니다. 이 소식이 예루살렘 교회에 알려지면서 안디옥 교회를 지도하기 위해 누군가를 보내야 한다는 의견이 모아져 구브로(키프로스) 출신 바나나를 보내었습니다. 안디옥에 도착한 바나바는 이 곳을 함께 맡아 지도할 인물로 바울을 떠 올리고는 다소로 찾아가 이러한 제안을 하자 바울은 예수님을 만난 이후 사도가 되어 13년이라는 시간을 보낸 뒤라 이를 기쁘게 받아들였습니다. 바나바와 바울은 안디옥에서 1년 동안 전력을 다해 지도하자 많은 사람들이 예수님을 믿게 되었고, 이때 처음으로 예수님을 따르는 사람들을 **'그리스도인'**이라고 부르게 되었습니다.[808] 즉 그리스도인이라는 명칭의 발상지가 된 것입니다. 이 곳에서는 사도들을 제지할 대제사장도 없었으므로 복음 사역은 아무런 장애를 받지 않고 교회는 급성장을 하였습니다. 안디옥의 크리스천들은 로마 제국 전역에 흩어져 살고 있는 친척들에게도 귀한 예수 그리스도의 복음을 전파하여야겠다고 생각하고, 선교단을 구성하여 바나바와 바울을 선교사로 파송하는 것이 하나님의 뜻이라고 생각하였습니다.[809]

✻ 누가가 기록한 그리스도인에 대한 칭호의 변화

누가는 그리스도인에 대하여 제자[들](사도행전 6:1), 성도[들](사도행전 9:13), 형제들(사도행전 1:16;9:30), 신자들(사도행전 10:45), 구원받은 사람들(사도행전 2:47), 도를 따르는 사람들(사도행전 9:2)이라고 불렀으나, 안디옥 교회에서 드디어 그리스도인(사도행전 11:26)이라 불리게 되었음을 기록하고 있습니다.

[정리] 1차 선교여행의 변화

이름의 변화	사울 ⇨ 바울로 소개됨
선교여행의 주도자의 변화	바나바와 바울 ⇨ 바울과 바나바로 소개됨
선교지의 변화	이스라엘 주변지역 ⇨ 헬라 문화 지역으로

808) D.A. 카슨 외, 손에 잡히는 신약 개론, 77쪽. 안디옥 교회 안에는 유대인과 이방인이 섞여 있었으므로, 예수님을 믿는 신자들을 **구별된 새로운 이름으로 불러야 할 필요**가 생겼습니다.

809) Charles Ferguson Ball, 이수철 역, 사도 바울의 생애, 135쪽.

✽ 구브로(키프로스) 섬의 바보와 살라미(살라미스)

바보와 살라미는 구브로 섬의 주요 지역으로 일찍이 베니게(페니키아) 식민 통치에 의해 설립된 곳입니다. BC 400년경 에바고라스가 구브로의 대부분을 지배하면서 살라미를 수도로 정하였고, BC 58년에는 로마의 지배에 속하였습니다. 바보는 로마시대 수도로 총독의 주재지였습니다. 헤롯 왕이 이 섬에서 구리를 채굴했기 때문에 유대인이 많이 이주해 있었으며,[810] 바울과 바나바는 이곳 회당에서 전도하였습니다(사도행전 13:5). 바울이 40에 하나 감한 매를 맞은 곳이며 바나바는 이곳 출신이었으며, 이곳에서 유대인들의 폭동에 몰리어 매 맞아 순교하였다고 전하여집니다(사도행전 22-23장).

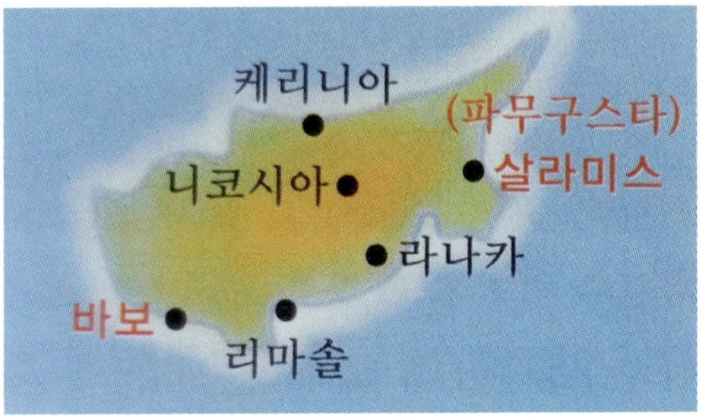

구브로 섬과 바나바 기념교회 (성지순례 가이드북, 하늘기획)

2) 마술사의 선교사역 방해 행위

바예수(엘루마)라는 마술사가[811] 자신의 직업에 방해가 된다고 생각하여 바울과 바나바의 선교를 정면으로 훼방하였으므로 바울이 성령의 능력으로 바예수를 잠시 소경으로 만드는 이적을 행사하였습니다.

> '모든 궤계와 악행이 가득한 자요 마귀의 자식이요 모든 의의 원수여 주의 바른 길을 굽게 하기를 그치지 아니 하겠느냐 보라 **이제 주의 손이 네 위에 있으니 네가 소경이 되어 얼마 동안 해를 보지 못하리라**'(사도행전 13:10-11).

[정리] 베드로의 선교지와 바울의 선교지에서 마술사

내용	베드로의 선교지에서 마술사	바울의 선교지에서 마술사
선교 사역지	사마리아	키프로스의 주도 바보

810) 이원희, 성지순례가이드북, 132-133쪽.
811) 바예수는 유대인이면서도 모세가 마법사들을 저주하고 그들을 모두 하나님께서 택한 백성들로부터 떠나게 하였기 때문에 사실상 모세의 율법에 구애받지 않고 사는 사람이었습니다. Charles Ferguson Ball, 이수철 역, 사도 바울의 생애, 140쪽.

마술사의 선교사역 방해행위	시몬	마술사 엘루마가 총독이 믿지 못하게 방해함
사도들의 대응	회개를 촉구함	얼마 동안 맹인으로 만듬
성경구절	사도행전 8:14-24	사도행전 13:6-11

3) 구브로 총독 서기오 바울이 그리스도인이 됨

구브로의 총독 서기오 바울이 사도 바울을 초대하여 설교를 듣고 예수 그리스도를 믿게 되었습니다. 특히 그는 바예수가 바울이 행한 하나님이 주신 능력행함과 하나님의 심판하시는 것을 직접 두 눈으로 보고는 확신을 얻었습니다. 역사적 자료에 의하면 총독의 딸이 기독교 신자가 되었고, 그녀의 아들인 프론토(G.C. Fronto)가 비시디아의 안디옥 교회의 등록 교인이 되었다고 합니다.

(4) 마가의 선교계획 포기

바울과 바나바와 마가가 비시디아로 출발하기 전 버가라는 마을에 이르렀을 때, 바나바의 생질인 요한 마가가 선교계획을 포기하고[812] 버가에서 배를 타고 집이 있는 예루살렘으로 돌아갔습니다(사도행전 13:13). 이 일은 훗날 바울과 바나바가 갈라지는 계기가 되었습니다.

✽ 버가에서 생긴 이야기

버가는 세스트루스(현재 아쿠스) 강구에서 13킬로 내륙의 평원에 위치한 소아시아 남부의 밤빌리아도(道)에 있는 고대도시 중의 하나로 이 성읍은 헬라 시대 이전에 생겼고, 트로이 전쟁 이후에 이 성읍은 번성하였습니다. 바울은 제1차 전도여행 시 왕복 2회에 걸쳐 이 땅을 통과하였으며(사도행전 13:13; 14:24-25), 마가가 여기서 힘든 나머지 선교여행을 포기하고 예루살렘으로 귀환한 곳이기도 합니다. 이 성은 토착민의 요소가 강하고, 비옥한 토지는 아니었습니다.

버가의 중심거리와 버가의 아고라 터 (성지순례 가이드북, 하늘기획)

812) 마가가 선교계획을 포기하고 집으로 돌아가게 될 만큼 중대한 사건이 생겼다고 추측됩니다.

✽ 마가는 왜 선교여행에서 돌아가게 되었을까?

첫째, 아직 젊고 평안한 삶을 살아왔던 마가는 장기간의 힘든 선교사역여행에 지쳐 있었을 것입니다.

둘째, 그는 예루살렘에 있는 어머니가 보고 싶고 고향이 그리워 향수를 느끼게 되었을 것입니다.

셋째, 로마정부가 해상의 해적선을 바다로부터 추방하자 그 결과 이들 해상 약탈자들이 산으로 피신하여 노상 강도들이 되어 장거리 여행자들을 못살게 굴었기 때문에 바울과 바나바가 산골길로 해서 갈라디아 지방에 있는 비시디아 안디옥에 가려는 계획을 알고 마가는 산적들과 맹수들 생각에 겁이 났기 때문이었을 것입니다.[813)]

2. 밤빌리아로 감[814)]

1) 버가의 선교 취소

바울은 두 번째 선교지인 지금의 터키 땅인 밤빌리아의 버가에 도착하였으나, 버가에서 열병으로 큰 고통을 당하여 버가의 내륙 지방의 전도를 취소하고 고원 지대인 비시디아의 안디옥으로[815)] 갔습니다. 지중해 연안과는 달리 내륙으로 들어가면 도로 사정이 나빠서 걷는 것조차 힘든 때도 있었으며 때로는 도적떼가 자주 나타나기도 하였습니다.

3. 비시디아의 안디옥에서 환영과 추방

1) 안디옥에서의 환영

바울은 소아시아 내륙으로 들어가는 관문의 역할을 한 비디시아의 안디옥에서 열렬한 환영을 받았으며, 깊은 감동을 받아 후에 바울이 그들에게 보낸 편지(갈라디아서)에서 **'오직 나를 하나님의 천사와 같이 또 그리스도 예수와 같이 영접하였도다'**(갈라디아서 4:4)라고 그 당시를 회상하였습니다.

✽ 비시디아의 안디옥 이야기

비시디아 지역의 안디옥은 BC 25년경 로마의 아우구스투스 황제에 의해 재정비되고, 티베리우스 황제 치하에서 꾸준한 발전을 이룩한 도시로, 사도 바울 당시에는 비시디아 지역의 수도로서 유대인들뿐만 아니라 헬라인, 이방인들도 많이 거주하는 대도시였습니다. 오늘날 터키 중부의 알바취(이스파르타 지

813) Charles Ferguson Ball, 이수철 역, 사도 바울의 생애, 141쪽.
814) 밤빌리아는 오늘날 터키 남서 해안지역입니다.
815) 안디옥은 버가에서 100마일이 넘는 지역에 위치하고 있습니다. 이 곳은 로마의 식민지로 갈라디아 지방의 남반부의 군사적 행정적 중심지로 로마인들 외에도 많은 유대인들이 살고 있었습니다.

방)에서 동쪽으로 3.2킬로 떨어진 곳으로 알바취 평원이 내려다보이는 자연적인 요새로 잘 보호되어 있는 고원 위에 위치하고 있습니다. 바울은 1차 전도여행 때에 이곳 회당에서 안식일에 유대인들과 헬라어를 사용하는 이방인들에게 설교하여 많은 유대인과 유대교에 입교한 경건한 사람들이 따랐습니다. 하지만 유대인들 중 일부가 시기하여 바울을 반박하고 비방하였고, 도시의 유력자들을 선동하여 박해하자 바울과 바나바는 발의 티끌을 떨어 버리고 안디옥을 떠나 이고니온으로 갔습니다(사도행전 13:43-52). 로마시대에는 산업의 중심지였고, 비잔틴 시대에도 중요한 도시였으며, 십자군 전쟁 때에는 요새로 이용되었습니다.

비시디아 안디옥의 막시무스 길과 비잔틴 때의 교회터 (성지순례 가이드북, 하늘기획)

✾ 사도행전에서 안디옥이라는 지명

사도행전에서 안디옥은 두 곳인데, 하나는 비시디아의 안디옥과 수리아의 안디옥입니다. 바울이 선교 중심지로 삼았던 곳은 **수리아의 안디옥**입니다. 안디옥은 바울을 선교사로 세운 모교회이기도 합니다. 안디옥은 지금은 안타키아라고 부릅니다. 이 곳은 로마 제국의 (로마와 알렉산드리아 다음으로) 제3의 도시로 자리 잡은 곳으로 지중해 동북쪽 끝 지점으로 오론테스 강구에서 32킬로 북쪽으로 올라간 지점의 남쪽 해안에 자리잡은 곳입니다. 수리아의 안디옥은 주전 300년 알렉산더 대제의 장군들 중 한 사람인 셀레우쿠스 니카토르에 의해 설립되었는데, 그는 자기 아버지 안티오쿠스의 이름을 따서 안디옥이라 하였고, 그 도시의 항구는 자신의 이름을 따서 셀레우키아라고 이름 지었습니다. 멋진 건물들이 있어 아름다운 도시 안디옥으로 알려졌습니다. 50만 명에 이르는 시민들은 전 세계에서 온 사람들이었습니다. 주전 64년에 폼페이우스에 의해 로마 제국에 흡수되었으며, 시리아 지방(나중에 길리기아도 편입되어)의 수도가 되었습니다. 또한 기독교 선교에서는 중요한 이방 선교의 본고장이 되었습니다. 베드로가 이 곳에 와서 선교하였는데, 이 곳에서 외식으로 인하여 바울에게 책망을 받기도 하였습니다(갈라디아서 2:11), 초대교회 일곱 집사 중에 니골라(사도행전 6:5)는 이 곳 출신으로 나중에 음행을 용납하는 이단자가 되었다고 합니다(계시록 2:6,15).

[정리] 수리아의 안디옥과 비시디아의 안디옥

수리아의 안디옥(교회)	수리아에 있는 지역, 바울의 선교센터	사도행전 11:19-
비시디아의 안디옥	버가(터키)의 고원지대에 있음, 바울의 선교지	사도행전 13:13-

2) 비시디아 안디옥 회당에서의 설교

① 비디시아의 안디옥 회당에서 설교하였는데, 청중은 유대인만이 아니고 문의 개종자들(하나님을 경외하는 이방인들)도 포함되었습니다. 바울의 설교 및 전도내용은,

첫째, 이스라엘의 역사를 하나님의 역사와 그 성취로 설명했으며,

둘째, 하나님의 궁극적인 목적인 구원이 예수 안에서 완성되었으나 이스라엘이 거절하여 부활을 통하여 나타나게 되었고,

셋째, 그리스도에 대하여 인격적 만남과 믿음을 강조하는 메시지가 선포되었습니다.

✻ 바울의 설교와 복음(사도행전 13장 23절-48절)

비시디아 안디옥에서 바울의 설교 내용에는 복음의 기본이 되는 키워드가 모여 있습니다. 즉, 죄(38절), 율법, 칭의(의롭다고 인정하심), (예수 그리스도의 죽음과 부활[복음]을) 믿음(39절), 하나님의 은혜(43절)입니다.

② 바울의 설교에 대한 반응이 세차게 일어나 다음 안식일에도 복음을 전해달라고 하여 거의 모든 시민들이 하나님의 말씀을 들으려고 모였지만, 유대인들이 시기하여 그 곳의 로마 고관 부인들과 남편을 충동하여 바울은 많은 매를 맞고 추방당하였습니다. 이 곳에서의 핍박에 대해서는 디모데에게 보낸 편지에 잘 나타나 있습니다(디모데후서 3장 11절).

'그 다음 안식일에는 **온 시민이 거의 다 하나님의 말씀을 듣고자 하여 모이니'** (사도행전 13:44).

'하나님의 말씀을 마땅히 너희에게 먼저 전할 것이로되 너희가 그것을 버리고 영생을 얻기에 합당하지 않은 자로 자처하기로 우리가 이방인에게로 향하노라' (사도행전 13:46).

[정리] 베드로와 바울의 설교 구조와 복음[816)]

설교 구조와 복음	베드로	바울
복음의 사건들	십자가와 부활	십자가와 부활
복음의 증인들	구약선지자들과 신약의 사도들	구약의 선지자들과 신약의 사도들
복음의 약속들	성령을 통한 그리스도 안에서 구원의 새 생활	성령을 통한 그리스도 안에서 구원의 새 생활
복음의 조건들	회개와 믿음	회개와 믿음
설교 장소 및 시기	오순절날 예루살렘에서	비시디아 안디옥에서
성경구절	사도행전 3:12-4:12	사도행전 13:13 이하

3) 이방인만의 최초 교회인 안디옥 교회 설립

① 바울은 선교기회를 지혜롭게 잘 활용하여 그곳에 유대인의 회당과는 구별되는 순수한 이방인들만으로 구성된 최초의 교회가 설립되었습니다. 그리고 이 교회는 자립할 만큼 충분히 성장하여 '기쁨과 성령이 충만한 교회'(사도행전 13:52)로 성장하였습니다.

② 바울과 바나나는 안디옥을 떠나기 전에 새로운 교회의 많은 지도자들을 모아 놓고 핍박이 심하더라도 믿음을 굳게 지켜 나가라고 권고하였습니다.

4. 이고니온을 거쳐 루기오니아 지방으로 감

바울과 바나바는 이고니온으로 가서 전도하였는데(사도행전 14:1), 유대인과 허다한 무리가 믿었습니다(사도행전 14:1). 하지만 이 곳에서도 유대인들의 핍박을 받게 되었는데, 폭도들을 동원하여 돌로 치려하여 바울은 이 곳을 피하여 18마일 떨어진 루기오니아 지방으로 갔습니다. 이 곳은 루스드라[817)]와 더베가 있는 지역이었습니다.

✽ 이고니온은 복음을 배척한 도시

이고니온은 소아시아의 중심부 남쪽에 위치한 곳으로, 오늘날 터키의 도청 소재지 '코냐'에 해당합니다. 이 도시는 BC 3세기 이후 셀류코스 왕조, 버가모(BC 187년), 갈리디아(BC 165년), 본도(BC 129년), 갈라디아(BC 36년)의 지배를 차례로 받다가 BC 25년 이후 로마에게 점령되었습니다. 루가오니아의 수도로 비옥한 평야로 둘러싸여서 매우 번영한 옛 도시였습니다. 시리아와 에베소와 로마에

816) 존 스토트, 사도행전, 345쪽 내용을 도표화한 것입니다.
817) 로마제국의 지배 아래 있었던 갈라디아의 작은 도시입니다.

이르는 대로가 있는 도시로 바울이 제1차 전도여행 때(AD 47-49년) 복음을 전하였던 곳이며(사도행전 12:51), 해발 1천 미터 고지에 있는 도시로 로마 통치권에서 지리적으로 멀리 떨어져 있었으며 각색 인종의 전시장이었던 이고니온은 자연스럽게 치안 부재 현상을 낳았습니다. 현재는 터키에서 가장 이슬람 색채가 강한 도시에 해당합니다. 디모데가 이곳 출신으로 이 곳에서 칭찬 받는 제자였습니다.

이고니온의 바울 기념교회
(성지순례 가이드북, 하늘기획)

5. 루스드라에서의 활동

루스드라에서는 나면서 앉은뱅이가 뛰어 걷는 이적이 일어나자 이런 이적을 본 그 지역 사람들은 바나바를 '쓰스'(제우스 신)이라고 부르고 바울을 '허메'(제우스 신의 대변자)라고 불렀습니다(사도행전 14:15-17).[818] 이러한 이적에 따른 활동에도 불구하고 여전히 선교사들에게는 핍박이 뒤따랐습니다. 비시디아의 안디옥과 이고니온에서 복음에 반대하는 유대인들이 루스드라까지 따라와 군중을 에워싸고 바울을 돌로 쳐서 죽은 줄 알고 성 밖으로 끌어내어다 버린 것입니다. 하지만 이 곳에서의 가장 큰 수확 중 하나는 **제자 디모데**가 회개한 것입니다.

루스드라로 추정되는 클리스트라와 하툰사라이 (성지순례 가이드북, 하늘기획)

818) 루스드라는 퇴역한 로마 군인들의 집단 거주지로 조성되었던 도시로 수준이 낮고 미신적 경향이 짙은 도시였습니다.

✻ 루스드라에서 기적이 일어난 이야기

1. 바울은 터키 중앙 이고니온 북동쪽 32킬로 지점에 자리 잡은 루스드라에 와서 전도할 때에 나면서부터 발을 쓰지 못하는 앉은뱅이를 고쳐서 일으켜 세우는 기적을 행하였습니다.
'바울이 말하는 것을 듣거늘 바울이 주목하여 **구원 받을 믿음이 그에게 있는 것을 보고 큰 소리로 이르되 네 발로 바로 일어서라 하니 그 사람이 일어나 걷는지라**'(사도행전 14:9-10).

2. 무리가 바울이 한 일을 보고 루가오니아 방언으로 소리를 지르면서 신들이 사람의 형상으로 우리 가운데 내려오셨다고 바울과 바나바를 신처럼 부르게 되었습니다.

3. 이에 대하여 두 사도 바나바와 바울이 듣고 옷을 찢고 무리 가운데 뛰어 들어가 소리를 질러 이르되 '여러분이여 어찌하여 이러한 일을 하느냐 **우리도 여러분과 같은 성정을 가진 사람이라 여러분에게 복음을 전하는 것은 이런 헛된 일을 버리고 천지와 바다와 그 가운데 만물을 지으시고 살아계신 하나님께로 돌아오게 함이라**'(사도행전 14:15) 하면서 그들을 만류하였습니다.

✻ 그리스의 신 제우스와 허매(제우스의 아들 헤르메스) 이야기[819)]

바울이 루가오니아 지방 루스드라에서 선교할 당시보다 약 50년 전에 라틴 시인 오비디우스(Ovid)가 쓴 '변용'이라는 작품에서 오래된 그 지방의 전설을 기록하였습니다. 그에 따르면 최고 신 제우스와 그의 아들 헤르메스는 인간의 모습으로 변장을 하고 브루기야의 산지를 방문했는데, 그들은 몰래 다니면서 사람들의 집에서 나그네로 묵으려 했으나 수없이 여러 번 거절을 당했습니다. 그러나 마침내 그들은 지푸라기와 늪에 나는 갈대로 지붕을 이은 한 초라한 오두막에 묵어 갈 수 있게 되었습니다. 여기에는 필레몬과 바우커스라는 늙은 농부 내외가 살고 있었는데, 그들은 비록 가난한 살림이었지만 그 손님들을 후하게 대접하였습니다. 나중에 그 신들은 그들에게 보상을 내렸지만, 그들을 맞이하지 않았던 집들은 홍수로 다 쓸어 버렸습니다. 루스디아 사람들은 그들의 이웃에 대한 이이야기를 잘 알고 있었을 것이며, 또한 만일 신들이 그 지역을 다시 방문한다면 불친절했던 브루기아 사람들과 같은 운명을 당하지 않으려고 했을 뿐만 아니라 바나바와 바울에 대해 신들이 그들을 다시 방문했다는 믿음을 가졌음을 알 수 있습니다. 한편 루스드라 근처에는 두 개의 비문과 돌로 된 제단 하나가 발견되었는데, 이는 제우스와 헤르메스가 함께 그 지역의 수호신으로 숭배를 받았음을 보여 줍니다.

6. 1차 선교지 종착역인 더베로 감

① 바울은 바나바와 함께 루스드라에서 96킬로 떨어진 더베로[820)] 갔습니다. 더베에서 '많은 사람을 제자로 삼은'(사도행전 14:20) 성공적인 전도활동을 마치고,

819) 존 스토트, 사도행전, 352쪽.
820) 오늘날 터키 남부의 도시입니다.

② 바울은 여기서 처음으로 장로들을 공적으로 임명하여 그들에게 가르침과 행정을 위임하고,

③ 바울은 다시 이전에 전도하였던 장소인 루스드라와 이고니온과 비시디아 안디옥을 돌면서 '믿음에 거하라'(사도행전 14:22)고 권면하였고, 세운 교회들의 양 떼들을 생활화된 신앙으로 인도하기 위하여 순회를 하였습니다. 그리고 갈라디아 지방을 떠나 다소와 로마제국 전체에서 가장 큰 항구의 하나인 앗달리아로 가서 배를 타고 항해하면서 밤빌리아 높은 산들을 바라보면서 그의 모든 이방전도의 중심지인 수리아의 안디옥 교회로 돌아와 선교보고를 하게 되었습니다.

앗달리아 항구 / 현, 안탈리아 항구
(성지순례 가이드북, 하늘기획)

❀ 바울 선교 사역의 사명감

사도 바울과 바나바는 제1차 선교사역을 마치고 안디옥으로 돌아가는 길은 우리가 다시금 주목해 보아야 할 여정입니다. 더베에서 다소로 가는 길리기아 관문을 통해서 그들에게 익숙한 땅을 통하면 수리아의 안디옥으로 가기에 훨씬 쉬웠을 것입니다. 그럼에도 불구하고 바울과 바나바는 오직 예수 그리스도의 복음 선교의 사명감으로 애써 세운 교회들은 어떻게 되어 있을까? 그들이 신앙의 핍박을 믿음으로 잘 견디고 있는지? 믿음의 성장과 이방신들에게로 다시 돌아가는 것을 걱정하면서 다시 한 번 확인하고자 온 길을 돌아가기로 결심하고 실행하였습니다. 그들의 선교사역의 진지하고 성실한 자세와 불타는 사명감에 2000년의 시간과 수만 리 떨어진 공간을 뛰어 넘어 머리 숙여 존경심을 갖지 않을 수 없습니다.

④ 1차 선교여행지는 특별히 갈라디아 지방에 집중(13장-15장)하였고, 마케도니아와 아가야 지방(16장-18장)과 그리고 아시아 지방에 집중(19장-20장)되었습니다.

[정리] 바울의 1차 선교여행 과정

안디옥 ⇨ 실루기아 ⇨ (바다를 통해)살라미 ⇨ 바보 ⇨ (바다를 통해)버가 ⇨ 비시디아 안디옥 ⇨ 이고니온 ⇨ 루스드라 ⇨ 더베 ⇨ 루스드라 ⇨ 이고니온 ⇨ 비시디아 안디옥 ⇨ 버가 ⇨ 앗달리아 ⇨ (바다를 통해) 수리아 안디옥

바울의 1차 선교여행 (성서지도, 지계석)

7. 바울과 바나바의 선교보고

바울과 바나바는 제1차 선교여행을 하나님의 은혜 가운데 무사히 마치고 파송지인 수리아의 안디옥 교회로 돌아왔습니다. 이 소식을 들은 안디옥 교인들은 교회에 모여 선교보고를 듣고 선교사님들의 무사귀향에 대한 축하와 격려 그리고 감동으로 밤새는 줄도 몰랐습니다. 또한 많은 어려움과 고난을 이기고 선교의 열매가 맺어지고 교회가 세워진 이야기를 들으며 이러한 이방인들을 향한 하나님의 섭리를 깨닫고 기뻐서 많은 사람들은 울었습니다.

제2절 제1차 예루살렘 공회의(A.D 50) 이야기

1. 예루살렘 공회의가 열린 이유

1) 유대인들의 그리스도인이 되는 과정에 관한 논쟁

바울과 바나바가 1차 선교여행을 마치고 돌아와 안디옥에서 가르칠 때 유대로부터 내려온 예루살렘 교회의 지도급 인사인 유대인들(사도행전 15:1)[821]과 맞서게 되었는데(사도행전 15:2), 그들은 **사람이 구원을 받기 위해서는 할례를 받아야 하며 모세의 율법을 지켜야 한다**고 가르쳤습니다(사도행전 15:1)[822]. 이에 바울이 이방에 전한 복음의 진리(갈라디아서 2:5)는 위험에 처하게 되었고, **이방 출신의 성도들은 이 문제로 마음에 고통**을 가지게 되었습니다(사도행전 15:19). 이를 해결하기 위해서는 예루살렘에 가서 사도들과 함께 결정해야 했고 또한 해결책을 찾아야 하는 중대한 문제였습니다. 이에 안디옥 교회는 바울과 바나바를 몇 사람과 함께하여[823] 예루살렘 교회로 파견하도록 결정하였습니다(사도행전 15:2).[824]

✽ 할례 : 언약의 표징[825]

할례는 남성의 성기의 표피 끝부분을 잘라버리는 것으로 이는 하나님과 이스라엘(아브라함)사이에 언약의 징표로 주어졌습니다. 이것은 하나님께 선택되어 언약을 맺은 백성으로써 하나님께 순종하고 헌신하겠다는 약속의 상징입니다. **할례는 유대인들에게 공동체의 일원이 되었음을 의미하였으며, 하나님의 흔적을 몸에 지니게 된다**는 점에서 매우 자랑스럽게 여겨졌습니다. 하지만 바울은 이러한 할례의 외적 형식보다 내적인 변화에 더 중요성을 부여하였으며(고린도전서 7:18-19), 예수 그리스도를 위한 고난의 흔적을 가장 자랑스럽게 생각하였습니다(갈라디아서 6:13-18).

2) 율법과 복음의 갈등

① 유대인 특히 디아스포라 유대인(특히 바리새인)들은 율법 준수자들로 **율법(율법적 전통)에 의한 유대인의 징표인 할례와 바울이 말한 복음적 진리가 갈등**을 일으키게 된 것입니다. 즉 한편에서는 유대인이 그리스도인이 되기 위해서는 디아스포라 유대인 및 이방인⇨

821) 예루살렘 모(母)교회에서 온 예루살렘의 사자(使者)라고 하는 어떤 사람들은 마치 이들이 어떤 큰 권한이라도 위임 받은 것처럼 행동하였던 것입니다.
Charles Ferguson Ball, 사도 바울의 생애, 166쪽.

822) 이는 **이방인이 그리스도인이 되기 위해서는 먼저 유대교로 전향한 후에 하여야 한다**는 의미를 말하는 것입니다. 예루살렘에서는 많은 사람들이 **교회를 유대교의 한 개 분파로 보았기** 때문입니다.

823) 바울은 유대인으로 할례를 받은 바나바와 이방인으로써 기독교인이 된 헬라인 출신인 무할례자인 디도를 대동하였습니다.

824) 할례 문제는 안디옥 교회뿐만 아니라 예루살렘 교회 역시 분열의 위기를 맞게 된 문제였습니다.

825) 비전성경, 구약편, 20쪽.

유대인(할례) ⇨그리스도인(복음)으로 과정을 거쳐야 함을 강조한 반면에 바울은 디아스포라 유대인 및 이방인 ⇨예수 그리스도(복음)를 믿음 ⇨그리스도인으로 되는 과정임을 강조한 것이 갈등을 일으키게 된 것입니다.

> '아브라함이나 그 후손에게 세상의 상속자가 되리라고 하신 **언약은 율법으로 말미암은 것이 아니요 오직 믿음의 의로 말미암은 것이니라**'(로마서 4:13).

> '그러므로 **사람이 의롭다 하심을 얻는 것은 율법의 행위에 있지 않고 믿음으로 되는 줄** 우리가 인정하노라'(로마서 3:28).

> **'그리스도는 모든 믿는 자에게 자기 의를 이루기 위하여 율법의 마침이 되시니라'** (로마서 10:4).

> **'그런즉 누구든지 그리스도 안에 있으면 새로운 피조물이라 이전 것은 지나갔으니 보라 새 것이 되었도다'**(고린도후서 5:17).

② 이 문제는 바울에게는 대단히 심각하고도 중대한 문제가 아닐 수 없습니다. 바울의 복음적 진리 선포 전체가 무너질 수도 있는 일이기도 하기 때문입니다.

③ 이에 대하여 안디옥 교회는 지혜롭게도 해결책으로 예수 그리스도의 직접 사도들이 있는 예루살렘 교회에서 정확한 해석을 통하여 정리함이 필요하다고 판단하였던 것입니다.

④ 그리하여 바울과 바나나와 그 외 몇 사람을 함께 예루살렘에 보내기로 하였습니다. 바울 일행은 안디옥에서 예루살렘까지 육로로 약 700마일이나 떨어진 걸어서는 대략 6주간 이상 떨어진 거리를 올라가기로 하고 교우들의 전송을 받으면서 출발하였습니다. 가는 도중 여러 교회에 들러 교인들에게 힘을 북돋아 주고 바울의 선교여행 중 일어났던 일에 대해서도 상세하게 이야기하면서 그들의 신앙을 확신시켜 주었습니다.

'그들이 **교회의 전송을 받고 베니게와 사마리아로 다니며 이방인들이 주께 돌아온 일을 말하여 형제들을 다 크게 기쁘게 하더라**'(사도행전 15:3).

2. 예루살렘 공회의의 시기

안디옥 교회의 문제로 예루살렘 공회의가 열리기로 한 것은 주후 50년경으로 보는데, 이것은 바울과 바나바가 1차 선교여행을 마치고 안디옥으로 돌아온 후 안디옥에 머물러 있었던 약 1년간의 시기에 예루살렘 공회의가 열리게 되었으므로 주후 50년경으로 추정하는 것입니다.

3. 예루살렘 공회의의 과정

1) 모인 사람들

이 모임은 기독교회 역사상 최초로 모인 총회였습니다. 예루살렘 공회의에 모인 사람들은 사도들과 장로와 온 교회였읍니다(사도행전 15:6-22). 이때는 아직 아무런 조직도 갖추지 못한 시기였습니다. 바울은 예루살렘에 도착하는 즉시 예루살렘 교회의 영향력 있는 사람들, 그중에는 예루살렘 교회의 기둥(대표)인 야고보와 사도 베드로와 사도 요한과 사적으로 접촉하였습니다.

2) 예루살렘 공회의 연설

① 먼저 베드로가 일어나 그 자신을 통한 하나님께서 시작한 이방 전도에 대하여 자신이 전한 복음을 듣고 예수를 믿게 된 전도 사역을 소개하면서, **하나님은 유대인과 마찬가지로 이방인에게도 성령을 내리며 어떤 차별도 없이 신앙으로 정결하게 만들어 준다**고 말했습니다. 그리고 유대인조차 지키기 어려웠던 모세 율법을 이방인에게 지키라고 하는 것은 하나님의 의를 거스르는 것이라고 하였습니다. 즉, 베드로는 **하나님이 인정하신 성령의 역사와, 율법의 실천 불가능성**과 **오직 은혜로 얻게 되는 구원**에 대하여 말하였습니다.

> **'우리는 그들이 우리와 동일하게 주 예수의 은혜로 구원 받는 줄을 믿는다'**
> (사도행전 15:1).

② 그리고 바나바와 바울이 연설하였는데, 그들은 1차 선교여행 중 그들이 행한 것과 본 것, 특별히 이방인 중에 나타난 표적과 기사에 대하여 언급함으로써 하나님께서 이방 세계에도 역사하고 계심을 역설하였습니다.

> '형제들아 너희도 알거니와 하나님이 이방인들로 내 입에서 복음의 말씀을 들어 믿게 하시려고 오래 전부터 너희 가운데서 나를 택하시고 또 마음을 아시는 하나님이 우리에게와 같이 저희에게도 성령을 주어 증거하시고 믿음으로 저희 마음을 깨끗이 하사 저희나 우리나 분간치 아니하셨느니라 그런데 지금 너희가 어찌하여 하나님을 시험하여 우리 조상과 우리도 능히 매지 못하던 멍에를 제자들의 목에 두려느냐 **우리가 저희와 동일하게 주 예수의 은혜로 구원받은 줄을 믿노라**'
> (사도행전 15:7-11).

③ 마지막으로 주님의 동생인 야고보가 일어나 기독교가 유대교 예언의 성취임을 역설하면서 유대인 성도들의 교제를 위하여 네 가지를 제외시켰습니다. 즉 최소한 우상의 제물, 음행, 목메어 죽인 것, 피 흘림을 멀리하도록 제의했고, 그것은 채택되었습니다.

'이방인 중에서 하나님께로 돌아오는 자를 괴롭게 하지 말고 다만 우상의 더러운 것과 음행과 목매어 죽인 것과 피를 멀리하라고 편지하는 것이 옳으니'(사도행전 15:20).

4. 공회의 중요한 논의 결과

1) 할례와 율법에 관한 논의

첫째, 할례에 관하여,

할례는 구약시대의 이스라엘과 하나님과의 약속이었으나, 신약시대에는 이는 폐기된 것이며 더욱이 그리스도를 헛되게 할 뿐만 아니라, 이방인 선교의 문을 닫히게 하는 것이므로 할례는 폐지된 것으로 보았습니다. 즉, **'이방인들은 할례를 받을 필요가 없고, 오직 예수 그리스도를 믿음으로 구원 받는다'**는 것을 공식적으로 채택한 것입니다. 하지만, 이미 구약에서도 진정한 할례는 형식에 있는 것이 아니라 그 마음에 있는 것이라는 선포가 있었습니다.

'**할례는 마음에 할지니** 영에 있고 율법 조문에 있지 아니한 것이라…'
(로마서 2:29).

'그러므로 **너희는 마음에 할례를 행하고** 다시는 목을 곧게 하지 말라
(신명기 10:16).

'유대인과 예루살렘 주민들아 **너희는 스스로 할례를 행하여 너희 마음 가죽을 베고** 나 여호와께 속하라'(예레미아 4:4).

[정리] 할례에 대한 구약과 신약의 관점의 변화

구분	구약	신약
할례의 형식	*육체에 행한 표식	*마음에 행한 표식
할례의 의미	*하나님의 선택(이스라엘)된 사람	*구원의 은혜(모든 기독교인) 예수 그리스도를 구주로 믿는 사람
성경구절	*창세기 17:10-14, 예레미아 4장4절	*로마서 2:17

둘째, 율법과 복음에 관하여,

할례에 대하여 베드로와 바울과 바나바의 간증을 들은 후 구원을 얻기 위해 이방인들이 율법을 지킬 필요가 없다는 것이 결정되었습니다. 당시 예루살렘의 대부분의 율법주의자들은 바울의 옛 바리새파 친구들이었습니다.

'율법의 행위로는 그의 앞에 의롭다 하심을 얻을 육체가 없으며(로마서 3:20), 은혜를 인하여 믿음으로 말미암아 구원을 받는 것이다'(에베소서 2:8).

'**유대인이나 헬라인이나 차별이 없음이라** 한 분이신 주께서 모든 사람의 주가 되사 그를 부르는 모든 사람에게 부요하시도다 **누구든지 주의 이름을 부르는 자는 구원을 받으리라**'(로마서 10:12-13).

[정리] 모세의 율법에 대한 관점 변화

구분	구약에서 율법	신약에서의 율법
의미변화	*선택된 민족의 행위의 기준(준칙)	*하나님 나라 백성의 행위 기준(준칙)
형식변화	*십계명과 각종 율례(규례)들	*사랑의 법 : 예수님의 말씀(가르침) 복음
한계변화	*지나치게 형식화 되어 실질로부터 멀어짐	*형식을 뛰어 넘어 실질(본질)에 도달

[정리] 예루살렘 공회의 쟁점과 세계 선교의 전환점 : 사도행전 15장

구분	바리새인의 주장	사도들의 주장
육체의 할례	유대인(공동체)의 일원 하나님의 백성됨의 약속 구원의 조건	마음의 할례 세례를 통하여 기독교 공동체 일원으로 됨 하나님의 은혜와 믿음으로 무조건 구원
율법의 준수	하나님의 백성으로서의 인정 그리스도를 모세가 완성시킴 율법이 복음을 보충	예수 그리스도에 대한 믿음이 중심 예수그리스도가 모세를 완성시킴 복음이 율법을 완성
하나님의 섭리 영역	유대인과 유대교 안에 닫힌 문	전 세계로 열린 문
유대인과 이방인	차별적 사고	평등적 사고

공회의의 결과로 이방 선교의 장애가 되었던 할례와 율법에 대한 해결을 주었으며, 바울의 자격 문제에 대해서도 결론을 내렸습니다. 즉 베드로가 할례자의 사도인 것처럼 **바울은 무 할례자의 사도(갈라디아서 2:8)**라는 것이 공적으로 확인되었으며, 그 표로써 바울과 예루살렘 지도자인 야고보, 베드로, 요한과의 교제의 악수를 한 것입니다(갈라디아서 2:9).

[정리] 예루살렘 공회의(사도회의)의 결과

기독교의 성격	*이방인도 교회의 형제로 인정한다. 모두가 한 형제이다. *기독교의 범세계, 범인종(만민평등주의 : 코스모폴리탄)주의 *예수님 안에서는 모든 인종과 문화의 장벽이 무너진다.
바울의 사역	*바울도 사도이다(예수님의 사도로서의 객관적 인정).
유대교(유대인) 관계	*기독교의 탈 유대교 선언과 유대인의 박해가 심하여짐

2) 유다와 실라를 안디옥 교회에 보내기로 함

공회의 결정을 유다와 실라를 통하여 안디옥 교회에 보내기로 함으로써 공적으로 전달된 것입니다(사도행전 15:23-29). 이것은 교회에 보내는 모든 회람서신의 첫 번째 경우로 후에 바울 자신도 교회들에게 서신을 보내는 데 이 방법을 사용하였으며, 베드로와 요한도 그러하였습니다.

'저희가 작별하고 안디옥에 내려가 무리를 모은 후에 편지를 전하니 읽고 그 위로 한 말을 기뻐하더라'(사도행전 15:30).

[정리] 바울의 예루살렘 방문

방문 시기	방문 목적	성경구절
다메섹에서 회개한 3년 후	베드로와 함께하여 사도적 사명 확인	사도행전 9:26 갈라디아서 1:18
주후 44년경 예루살렘 흉년으로 성도들이 굶주릴 때	바나바와 함께 구제금을 전달하려고	사도행전 11:29
제1차 예루살렘 공회의 때	할례와 율법문제에 대한 해결을 위함	사도행전 15:6 갈라디아서 2:2
제2차와 제3차 선교여행 사이	잠시 들른 것	사도행전 18:22
성전에서 잡힌 때	로마와 스페인 전도를 위한 섭리	사도행전 21:

제3절 제2차 선교여행 이야기

1. 동역자 실라의 선택

① 바울은 AD 49년에서 52년경 1차 선교여행 때 개척했던 교회들을 살펴볼 필요를 깨달아 다시 제2차 선교여행을 계획하였습니다. 동역자인 바나바가 그의 조카 마가를 데리고 가기를 바랐는데 바울은 그 제안을 거절하였습니다.[826] 이 사건으로 바나바는 마가를 데리고 고향 구브로를 다시 방문하였고, 바울은 함께 갈 동역자로 실라를[827] 선택하였습니다. 두 사람은 안디옥 교회의 성도들의 전송을 받으며 선교여행을 출발하였습니다.

> **'우리가 주의 말씀을 전한 각 성으로 다시 가서 형제들이 어떠한가 방문하자'**(사도행전 15:36)고 바울은 바나바에게 제안하였습니다.

② 제2차 선교여행의 중요성은 복음이 소아시아를 넘어 유럽 세계로 뻗어갈 수 있었다는 것입니다.

2. 수리아와 길리기아에 들른 후 루스드라로 감

바울은 먼저 수리아와 길리기아를 다녀가며 교회들을 굳게 하였습니다(사도행전 15:41).

3. 루스드라에서의 전도

바울은 수리아와 길리기아를 떠나 루스드라로 갔습니다. 여기서 봄과 여름을 지나면서 전도를 하였습니다. 이 곳에는 1차 선교여행 때의 열매인 디모데가 있었습니다. 젊은 디모데가 교회를 위해 매우 충실하게 열심히 일하여 왔고 많은 교인들이 그를 칭찬하였습니다. 이 곳을 떠나기 전에 디모데에게 할례를 시행하였으며, 교회 장로들이 바울과 실라와 더불어 디모데의 머리에 손을 얹어 안수하며 엄숙하게 기도를 드림으로써 그를 복음을 전하는 선교사로 임명하였습니다.[828] 그리고 여기 전도의 결과 **'여러 교회가 믿음이 더욱 굳어지고 수가 날마다 더해져 갔습니다'**(사도행전 16:5).

---

826) 마가는 1차 선교여행 때 그들과 계속해서 선교에 동참하지 못하고 그 그룹에서 이탈하였습니다.

827) '실라'는 라틴화(로마의 문자를 말한다)된 이름으로 '실루아노'라고도 불렸습니다(데살로니가전서 1장 1절). 실라는 예언과 설교에 능하였고, 로마 시민권을 가진 유대인이었습니다.

828) Charles Ferguson Ball, 이수철 역, 사도 바울의 생애, 183쪽.

❀ 바울이 디모데에게 왜 할례를 행하였나요?

바울은 예루살렘 공회의 때는 디도에게 할례를 베풀기를 거부하였는데, 왜 디모데에게는 할례를 베풀었을 까요? 이에 대하여 두 경우가 서로 다르다는 점을 강조합니다. 할례 받지 못한 이방인이 성전에 들어갈 때 유대인들이 가지는 혐오감은 대단한 것이었습니다(사도행전 21:29). 그래서 이러한 불필요한 마찰을 피하기 위하여 디모데에게 할례를 베푼 것으로 봅니다. 즉, 바울에게 있어서 복음의 원리는 변함없으나 복음을 전하는 방법(적용면)에서는 지혜롭게 유연하게 대처하였던 것입니다.[829]

4. 브루기아와 갈라디아를 거쳐 드로아로 감

① 바울과 실라는 새로운 동역자 디모데와 함께 비시디아 안디옥에서 떠나 갈라디아 지방을 가기 위하여 동북쪽으로 향하여 걸어 갔습니다. 약 100마일을 걸어서 비두니아의 비옥한 산림지대에 이르렀으나 성령님의 인도로 되돌아 서쪽으로 가면서 전도를 하여 아시아로 가기로 결정하였습니다. 그러나 바울은 육체의 피곤으로 인하여 극도로 쇠약해졌고 또 병의 고통으로 말미암아 쉬어야 하였습니다. 그 곳에 있는 교인들의 지극한 간호와 돌봄으로 인하여 건강을 회복하게 되었습니다. 훗날 바울은 이때의 상황을 다음과 같이 회고하였습니다.

> **'내가 처음에 육체의 약함을 인하여 너희에게 복음을 전한 것을 너희가 아는 바라 너희를 시험하는 것이 내 육체에 있으되 이것을 너희가 업신여기지도 아니하며 버리지도 아니하고 오직 나를 하나님의 천사와 같이 또는 그리스도 예수와 같이 영접하였도다** 너희의 복이 지금어디 있느냐 내가 너희에게 증거하노니 너희가 할 수만 있었다면 너희의 눈이라도 빼어 나를 주었으리라'(갈라디아서 4:13-15).

② 드로아는 원래 **알렉산드리아 드로아**였는데, 신약성경에는 그냥 드로아 또는 알렉산드리아라고 부릅니다. 바울 일행이 이 곳에 간 것은 소아시아 지방에 복음을 전하기 위함이었습니다. 그런데 성령이 아시아에서 말씀을 전하지 못하게 막았고(사도행전 16:6), 여기서 바울은 환상을[830] 보게 되었는데, 마케도니아 인이 **'와서 우리를 도우라'**는 것이었습니다.

---

829) 신성종, 앞의 책, 271쪽.

830) 신약 시대에 하나님은 자신의 뜻을 알리기 위하여 종종 잘 때 꿈을 통하여, 깨어 있을 때는 환상을 사용하셨습니다.

[정리] 바울의 선교 과정에 나타난 하나님의 계획과 섭리

바울의 선교 계획과 뜻	하나님의 계획과 섭리
소아시아 지역에 대한 선교 열정	하나님의 계획과 섭리는 유럽 지역 복음화
에베소에 가려고 함	마케도니아를 거쳐 고린도로 보내심

[정리] 바울에게 나타난 환상

나타난 환상	환상의 의미 (하나님의 뜻)	성경구절
다메섹 도상에서 부활한 그리스도의 환상	기독교로의 회심(개종)	사도행전 9:3-9
아나니아가 자신에게 안수함	눈을 뜨고 보게 함	사도행전 9:12
마케도니아인의 환상(부름) '건너 와서 우리를 도우라'	마케도니아 지방에 복음전도를 위하여	사도행전 16:9
고린도 전도 시 '함께 하시겠다'	두려움 없이 복음전파	사도행전 18:9-10
'예루살렘에서 나가라'	이방인에게로 보내기 위하여	사도행전 22:18-21
'하나님이 함께 하시겠다'는 환상	로마에서 증언을 위하여	사도행전 23:11
낙원에 이끌려 가는 환상	삼층천의 영광을 보게 하기 위하여	고린도후서 12:1-4

[정리] 사도행전에 나타난 환상

나타난 환상	환상의 의미 (하나님의 뜻)	성경구절
아나니아에게, '다메섹에서 사울을 돌보라'	바울의 눈을 뜨게 함	사도행전 9:10-16
고넬료에게, '베드로를 욥바로 가서 청하라'[831]	베드로의 복음 전도를 위하여	사도행전 10:3-6
베드로에게, '부정한 동물을 먹으라'	이방인에게 복음 전하라	사도행전 10;9-38
바울에게, '마케도니아로 건너와 도우라'	유럽선교의 필요성 깨달음	사도행전 6:9-10

③ 드로아는 그 옛날 트로이 목마의 전설이 있는 곳으로 트로이 성이 있고, 수많은 전쟁이 있었으며, 이 성읍을 둘러싸고 있는 낮은 언덕에서 지중해에 있는 그리이스의 많은 섬들을 볼 수 있었는데, 이 섬들을 바라보노라면 어떤 거인이 있다면 신발을 적시지 않고 바다를 건너갈 수 있을 정도로 디딤돌같이 섬들이 연이어 있었습니다. 이 섬들 저 너머에는 유럽대륙이 땅 끝이라고 알려진 곳까지 뻗어 있다는 것을 바울은 알고 있었습니다. 또한 거기에 이방인들의 무지로 인한 흑암과도 같은 혼돈이 깔려 있는 것입니다. 거기에 또한 그리이스 문화의 중심지가 있으며, 그 너머에는 위대한 로마시가 있고 그리고 로마 황제의 나라가 있었던 것입니다.[832]

④ 여기서 바울은 훗날 그의 가장 절친한 친구가 된 한 사람을 만나게 됩니다. 그는 사랑받는 의사이며, 이미 그리스도인이 되어 있었으며, 그 곳에서 존경받는 의사였으나 앞으로는 영혼을 치료하는데 그의 일생을 바치기로 결심하고 세 명의 선교단에 합세하게 되었는데 그가 바로 복음서의 저자이며, 사도행전을 저술한 **누가**입니다.

5. 빌립보로 감

그래서 바울은 실라와 디모데 그리고 이 곳에서 누가를 일행으로 동행시켜 바로 시행하게 되어 **드로아에서 환상을 보고** (그리스로 건너와서 도와주기를 간청하는 마게도니아 사람의 환상) 배를 타고 드로아를 출발한 다음날 이 곳 네압볼리에[833] 상륙하여 유럽 전도를 시작하였고, 이틀 만에 마케도니아의 제1의 도시인 빌립보에[834] 도착하였습니다(사도행전 16:11,12). 빌립보는 로마의 식민도시로 로마 사람들이 많이 와서 살고 있었습니다. 하지만 유대인들은 숫자가 적었으므로 유대인의 회당은 없습니다.

1) 루디아를 새신자로 얻음

바울은 빌립보에 도착하여 안식일에 유대인들이 모이는 강가의 예배에 참석하였는데, 주로 여자들을 중심으로 모인 작은 집회였고, 여기서 새신자인 루디아를 얻게 되었습니다. 그녀는 이방인이었으나 유대교로 개종한 사람이었는데 옷에 물감을 들이는 자주 장사였습니다.[835]

---

831) 가이사랴로 초청합니다(사도행전 10장 24절).
832) Charles Ferguson Ball, 이수철 역, 사도 바울의 생애, 187쪽.
833) 마케도니아의 대도시로 터키의 드로아 항구에서 바닷길로 185킬로쯤 떨어진 곳이요, 빌립보까지 16킬로 떨어진 오늘날은 그리스의 까발라라고하는 항구입니다.
834) 빌립보는 에게 해에서 16킬로 내륙으로 들어간 평지에 있으며, 주전 4세기 때 마케도니아 정복자 필립 2세 왕을 기념하기 위하여 지어진 이름으로 판가시난 산의 언덕에 자리 잡고 있습니다.
835) 자주색은 귀족들이 입는 옷 색깔이었는데 당시 소아시아 두아디라 성의 특산물이었습니다. 루디아는 두아디라에서 온 사람이었습니다.

2) 빌립보 교회가 탄생함

루디아는 그 자신만이 아니라 가족 전체가 다 세례를 받고 믿게 되었는데, 여기서 **유럽 최초의 교회인 빌립보 교회가 탄생**하게 되었고, 루디아의 절대적인 헌신과 끝없는 충성이 빌립보 교회를 든든히 세우는 밑거름 역할을 하였습니다(사도행전 16:11-40).

3) 로마의 관원에게 고발당함

이후 **점치는 귀신들린 여종**이 '이 사람들은 지극히 높은 하나님의 종이다'(사도행전 16:17)이라고 외치면서 바울 일행을 거리에서 그들을 기다렸습니다. 하지만 이를 언짢게 여긴 바울이 '주 예수의 이름으로 말하노니 그녀로부터 나오라'하고 명하는 말을 하자 악령이 떠나고 자유의 몸이 되었는데, 이렇게 되자 **그녀를 통해서 많은 돈을 벌던 주인**이 재산상의 피해가 너무 커지자 바울과 실라를 로마관원에게 이상한 풍속을 전하여 빌립보 성을 요란하게 한다는 죄목으로 **고발하였습니다.** 그 결과 바울과 실라는 지하 감옥에[836] 갇히게 되었습니다.

4) 바울의 옥중 전도

① 바울과 실라가 감옥에 있을 때, 큰 지진이 일어나 옥문들이 열리고 몸에 채워둔 착고들이[837]풀렸습니다. 이에 놀란 것은 간수였습니다. 그는 이러한 사태에 놀라 자살하려고 하였습니다.[838] 바로 그때 바울이 큰 소리로 **'당신 몸을 상하게 하지 마시오 우리가 다 여기 있어요'**(사도행전 16:28)라고 말하였습니다. 그러자 등불을 가지고 감옥 안으로 들어와 확인을 하였습니다. 사람들이 그대로 있는 것을 확인한 간수는 두려움에서 **'어떻게 하여야 구원을 얻을 것인가**'하고 물어보자 바울은 **'주 예수를 믿으라 그리하면 네 집이 구원을 얻으리라**'(사도행전 16:31)고 대답해 주었습니다. 그리하여 간수와 가족들이 다 믿고 세례를 받았습니다.

836) 당시의 감옥은 주로 땅 속에 있어 습하고 추우며 햇볕은 들지 않고 냄새는 코를 찌르며 죄수는 발에 착고로 채워졌습니다(렘 38:6, 빌 4:11). 지금도 이 지역에서는 지진이 간혹 발생합니다.

837) 죄수들이 함부로 도망가지 못하게 손과 발에 채워두는 쇠고랑 등을 말합니다.

838) 당시 로마법은 간수가 죄수들을 놓칠 경우, 간수가 대신 그 죄수들의 형을 받도록 되어 있었기 때문에 끌려가서 불명예스럽게 당하느니 차라리 자살하는 것이 명예로울 것이라고 생각했기 때문에 자살하려고 하였던 것입니다.

[정리] 바울이 갇힌 옥문이 열린 사건과 베드로가 갇힌 옥문이 열린 사건

바울이 갇힌 옥문이 열린 사건	베드로가 갇힌 옥문이 열린 사건
바울의 2차 선교여행 시 빌립보 감옥에서 생긴 일	사도들이 표적과 기사를 일으키고 많은 사람들이 그들을 따르게 되어 대제사장과 사두개인 당파가 시기하여 베드로와 제자들을 옥에 가둔 후에 생긴 일
빌립보 감옥의 간수와 그 집안(이방인)에 복음이 전하여짐	(유대인) 성전에 들어가서 생명의 말씀을 전한 후 복음을 가르치고 전함
사도행전 16:31	사도행전 5:12-42

✤ 바울과 간수의 씻음

먼저 바울과 실라가 감옥에서 기도와 찬송을 함에 지진이 일어나 옥문이 열리자 간수가 스스로 자결하려고 하는 것을 바울이 막았습니다. 이어 간수가 구원을 얻는 길을 묻자 바울이 말하기를 '주 예수를 믿으라 그리하면 너와 네 집이 구원을 얻으리라'고 하여 그가 믿고 그의 죄를 회개하였고, 그의 온 가족이 믿게 되었습니다. 한편 간수는 바울과 실라가 맞은 상처를 물로서 씻어 주었습니다. 즉 바울은 간수의 죄를 씻어 주었고, 간수는 바울의 상처를 씻어 주었던 것입니다. 이와 같이 이날은 서로가 씻음을 주고받게 된 복음의 아름다운 이야기를 남기게 된 것입니다.

> '그 밤 그 시각에 **간수가 그들을 데려다가 그 맞은 자리를 씻어 주고 자기와 그 온 가족이 다 세례를 받은 후**'(사도행전 16:33).

✤ 바울과 실라의 석방

하룻 밤을 지나고 난 후 상관들(치안관들)이 부하를 간수에게 보내어 바울과 실라를 놓아 주라고 명령했고 바울과 실라가 조용히 그 도시를 떠나기를 바랐으나, 바울은 이에 대하여 항의를 표시하였습니다. 즉, '바울이 이르되 로마 사람인 우리를 죄도 정하지 아니하고 공중 앞에서 때리고 옥에 가두었다가 이제는 가만히 내보내고자 하느냐[839] 아니라 그들이 친히 와서 우리를 데리고 나가야 하리라 한대' 라고 말하여 결국 그들이 와서 바울과 실라를 석방하는 절차를 진행하였습니다.

여기서 첫째, 로마 관리들의 불의를 입증하여 인정하려고 하였고, 둘째, 그의 선교 사역이 하나님의 일로써 그들이 방해하지 않도록 하여, 그가 그곳에 남겨 두게 될 교회의 자유를 방해 받지 않게 하였으며, 셋째, 바울과 실라의 선교행위가 옳음을 증명하고 불법적인 것이 아님을 입증하게 되었음을 알게 됩니다.

839) 고대 로마법에 따르면 로마 시민은 치안관이나 다른 사람에 의해서도 재판도 받지 않고 판결도 받지 않은 상황을 물론 어떤 상황에서도 매를 맞거나 구속되어서는 안 되며, '나는 로마 시민이다'라고만 말하면 처벌에서 면제되는 특권을 가지고 있었으며 이를 침해하면 중한 벌을 내리도록 규정되어 있었습니다.

② 이후 빌립보에서 많은 신자들을 얻었고 빌립보 교인들에게서 선물(재정적인 지원)도 받았으며, 로마 옥중에 있을 때에도 디도편에 위문품을 보냈습니다(빌립보서 4:18). 바울은 그에 대한 감사의 편지를 쓰게 되었는데 그 편지가 빌립보서입니다. 이후 누가만 남고 바울과 실라와 디모데는 빌립보를 떠나게 되었습니다.

✻ 빌립보

빌립보는 **유럽에서의 복음전파의 출발점**이었습니다. 이 지역은 BC 42년경 율리우스 카이사르를 암살한 부루투스와 카시우스의 군대를 대적하는 옥타비아누스와 안토니우스 사이의 그 유명한 전쟁이 있었던 곳입니다. 이 싸움 후에 옥타비아누스는 이 도시를 로마의 식민지로 통합하였습니다. 그래서 로마제국 도시의 모델을 따르게 되었으며 주민들은 그들의 시민권에 자부심을 가지고 있었습니다(사도행전 16:20,21). 이 도시는 마케도니아 왕 필립 2세가 이 지역을 크게 확장하고 자신의 이름을 따서 빌립보라고 하였으며, 그 유명한 로마가 만든 로마로 통하는 큰길의 하나인 아그나티아 길로써 주요 군사 및 동 서양의 무역로였습니다. 지진으로 많은 유적지가 파괴된 상태입니다.

✻ 빌립보에서 나타난 복음의 능력[840)]

빌립보에서 사도 바울과 실라의 선교를 통하여 나타난 복음의 능력을 살펴봅시다. 등장하는 인물은 루디아, 귀신들린 여종, 감옥의 간수입니다. 그리고 사건은 루디아에게 설교, 귀신들린 여종에게 귀신을 쫓아 냄, 감옥에서의 옥문이 열린 것입니다. 그런데 이 세 사람은 서로 다른 인종적 사회적 심리적 배경을 갖고 있었던 사람이었습니다. 루디아는 아시아 사람으로 빌립보에 이민와서 상업에 종사하였고, 여종은 노예(아마도 다른 곳에서 팔려와 그 지방 사람이 아닐 수도 있습니다)로 자신의 것이라고는 아무것도 없는 재산도, 자유도 심지어 생명조차도 자신의 것이 아닌 사람이었고, 간수는 로마 말단 (아마도 퇴역군인으로) 관리로 로마인이었을 것입니다. 한편 루디아는 진리와 믿음에 갈망하는 사람이었고, 여종은 육적으로 영적으로 자유함을 갈급함을 가지고 있었으며, 간수는 구원의 길을 얻고자 하였습니다. 이러한 상황 속에서 그들은 모두 같은 복음(예수 그리스도)에 의해서 변화되었고, 같은 (빌립보)교회의 창설 멤버들이 되었습니다. 즉 아무런 차별 없이 평등하게 교회에 받아들여졌으며, 그리스도(복음) 안에서 형제자매(연합)가 될 수 있었습니다. 복음은 그것을 받아들이는 사람들을 하나되게 하는 능력입니다.

6. 데살로니가에 도착함

① 빌립보를 떠난 바울은 남서쪽 28마일 떨어진 암비볼리를[841)] 거쳐 다시 남서쪽 28마

---

840) 존 스토트, 사도행전, 411-414쪽 참조.

841) 암비볼리는 빌립보 남서쪽 약 60킬로 스트림 강 유역에 있으며 에게해안으로부터 내륙으로 약 4.8킬로 지점으로 이곳은 마케도니아 첫 번째 지방의 수도였는데, BC 480년에 페르시아의 크세르크세스(아하수에로)의 침공을 받았는데 그는 침략 시 이 곳에 다리를 놓고 강을 건넜습니다. 당시에는 공회당과 경기장까지 있었던 큰 도시였으나, 지금은 수백 명이 사는 작은 마을입니다.

일 떨어진 (믹도니아)아볼로니아를[842] 통과하여 오늘날의 그리스 살로니키만에 위치한 옛 마테도니아(마케도니아)의 중요 항구인 데살로니가에 도착하였습니다.

✻ 데살로니가 시와 교회

데살로니가는 빌립보에서 약 160킬로 떨어져 있는 델마 연안에 자리 잡고 있는 항구 도시로 카산더가 그의 아내 알렉산더 대왕의 이복 여동생인 데살로니가를 위하여 주전 315년경에 지은 도시입니다. 발칸반도의 관문이자 마케도니아 지방의 수도였습니다. 알렉산더의 고향으로 그의 동상이 해안가에 세워져 있습니다. 또한 이 도시로 들어가는 입구에 아름다운 대리석 아취가 있는데, 화환을 목에 건 다섯 개의 황소머리로 조각되어 있습니다. 이 문은 빌립보 전투에서 승리한 옥타비아누스 장군과 안토니우스 장군을 기념하기 위하여 만들어진 개선문이었습니다. 데살로니가는 당시 정복하는 장군들을 도와주었기 때문에 자유시로 지명되었습니다. 데살로니가에는 유대교 회당이 한 개 있었고 사도들은 이 곳에서 처음 말씀을 선포했습니다. 데살로니가에는 디미트리우스 교회가 있는데, 이 교회는 콘스탄틴 황제가 기독교를 공인하기 직전에 23세의 군인인 디미트리우스는 그리스도교인을 죽여서는 안 된다고 막아 나섰다가 잡혀서 신앙을 위해 생명을 바친 순교 장소에 세워진 교회입니다. 그가 죽자 유골함에서 기름이 흘러 내려 그 기름을 발랐던 많은 사람들이 치유가 되는 기적이 일어났다고도 합니다. [843]이외에도 비잔틴 시대에 세워진 20여 개의 역사적인 교회가 남아 있습니다.

② 사도 바울은 디모데와 실라와 함께 여기서 3주 동안 머물면서 전도활동을 하였는데, 회당을 통하여 몇몇의 유대인과 많은 헬라인 개종자들과 적지 않은 귀부인들을 얻게 되었습니다. 이렇게 하여 **데살로니가 교회가 세워집니다.**

③ 불신 유대인들이 기독교인들은 로마 황제를 예배하지 않고 '예수라는 다른 왕'을 섬기는 자들이라고 불량배를 동원한 선동과 압력으로 바울 일행에 숙소를 제공한 야손 일가는 큰 변을 당했고, 야손이 보석금을 내고 풀려난 후 기독교인들은 바울과 실라의 신변을 걱정한 나머지 밤중에 다른 곳으로 피신하도록 하여 이 도시를 떠나게 되었습니다(사도행전 17:1-10).

> **'온 세상을 돌아다니며 소란을 피우던 자들이 여기에도 있습니다. 그런데 이 야손은 그런 자들을 자기 집에 맞아들였습니다. 그자들은 모두 예수라는 또 다른 왕이 있다고 말하며 가이사의 법을 어기고 있습니다'**(사도행전 17:6-7).

842) **'아볼로에 속한 곳'**이란 뜻으로 암비볼리로부터 48킬로 떨어지고, 데살로니가로부터 6킬로 남쪽으로 떨어져 있는 오늘날의 폴리나라는 도시입니다. BC 432년에 만들어진 도시라고 추정합니다. 바울이 지나가면서 바위 위에 서서 복음을 선포하였다고 전하여지고 있습니다. 같은 이름의 다른 도시가 있어 믹도니아 아볼로니아라고 구분하여 불렀습니다.

843) 허대영, 바울의 발자취를 따라가는 길, 예맥, 2016, 287쪽.

✽ 데살로니가 교인들의 질문과 데살로니가전서

바울이 고린도에 있을 때, 데살로니가 교인들이 바울에게 '예수님을 영접한 후에 어떻게 살아야 하는지?' 또 예수님을 믿었는데도 왜 기쁨과 감사의 마음이 없는지?'를 질문하자, 바울은 데살로니가 전서(편지)를 써 답변하였습니다. 그 내용 중에 '항상 기뻐하라 쉬지말고 기도하라 범사에 감사하라'(데살로니가전서 5:16-18)고 권면합니다.

7. 베뢰아를 방문한 후 아덴을 거쳐 고린도에 감

1) 베뢰아 전도

① 바울과 실라는 데살로니가에서 남서쪽으로 80킬로 떨어진 마게도냐의 한 도시였던 베뢰아를[844] 방문했는데, 데살로니가 사람들과는 달리 베뢰아 사람들은 신사적이었고 간절한 마음으로 말씀을 받고 이것이 그러한가 하여 날마다 성경을 상고하였습니다(사도행전 17:11).

② 이 곳의 북쪽에는 로마와 소아시아 지역을 연결하는 로마 때의 길인 에그나티아 대로가 놓여 있어 신약 시대에는 번잡한 도시 중 하나로, 바울의 2차 전도여행 시 실라와 함께 데살로니가 다음으로 선교한 마을입니다. 또 바울의 아시아 선교여행의 동행자 중 부로의 아들 소바더는 베뢰아 성의 출신입니다(사도행전 20:4).[845]

✽ 베뢰아(오늘날은 베리아) 시와 베뢰아 교회

데살로니가에서 남서쪽으로 약 80킬로 떨어져 있는 베뢰아 시는 마케도니아의 한 도시이며, 현재는 인구 약 1만 명 정도입니다. 바울과 실라는 데살로니가에서 핍박으로 이곳 베뢰아에 와서 회당에서 말씀을 전하였는데, 이곳 사람들은 말씀을 간절히 받고 성경을 열심히 공부하여 많은 그리스인들이 믿는 자가 되었습니다. 누가의 기록에 의하면 바울의 설교에 대한 그들의 열성 및 성경 연구에서 보인 근면함과 편견 없는 개방성을 더불어 칭찬하고 있으며, 그들은 수용성과 비판적 질문을 겸비하고 있었습니다. 이곳 사람들은 손으로 물건을 만드는 일에 종사하였고(장색, 세공업), 농업과 식공업의 중심지였습니다.

베뢰아 회당 터와 사도 바울이 말씀을 전했던 기념 장소 (비마 Bema : 돌로 만든 일종의 단)
(성지순례 가이드북, 하늘기획)

844) 펠라(Pella) 근처 벨미우스 산 밑에 자리 잡고 있는 도시였습니다.
845) 이원희, 성지순례가이드북, 하늘기획, 119쪽.

③ 그러나 데살로니가 사람들(열성파 유대인들)이 이곳까지 따라와 바울의 전도활동을 방해하였으므로 바울은 실라와 디모데를 이곳에 남게 하고, 베뢰아를 떠나 아가야 지방의 중심도시인 아덴으로[846] 향하였습니다.

[정리] 신약성경에 나타난 베뢰아(베레아)

예수님의 선교지 베레아	유대 지역	누가복음 9:51-
바울의 선교지 베뢰아	데살로니가 남서쪽	사도행전 17:11

2) 아덴의 '아레오바고' 설교

① 바울은 아덴에서 실라와 디모데가 베뢰아에서 오는 것을 기다리는 동안 아덴의 시내를 구경하였는데 아덴 사람들이 순수한 마음으로 마술을 즐기는 것을 넘어 우상을 숭배하는 것을 보고는 실망하였습니다. 아덴은 '그리이스의 어머니'라고 불리웠으며, 이 도시를 압도하고 있는 것은 아크로폴리스(아레오바고) 광장이었는데, 이 곳은 수많은 대형 신전들이 창건된 넓고 큼직한 암반으로 이루어진 언덕이었습니다.

② 이후 아덴의 아레오바고라는 법정(학술 토론장)이 있는 곳에서 당시의 헬라 철학자들로 이 세상 쾌락을 금지하고 생활할 것을 주장하는 금욕주의자 스토아 학파들과 이 세상의 쾌락을 추구하는 쾌락주의자 에피쿠르스 학파들에게 설교와 논쟁을 하게 되었습니다(사도행전 17:22-31).

> '아덴 시민 여러분, **내가 보기에 여러분은 여러모로 강한 신앙심을 가지고 계십니다. 내가 아덴 시를 돌아다니며 여러분이 예배하는 곳을 살펴보았더니, '내가 알지 못하는 신에게'라고 새겨진 제단까지 보았습니다. 여러분이 미처 알지 못한 채 예배해 온 그분에 관해서 나는 이제 여러분에게 알려드리겠습니다'**(사도행전 17:22-23).

③ 아레오바고의 청중은 지금까지 바울이 회당에서 만난 청중들과는 전혀 다른 거짓 신을 섬겨온 이방인들이었습니다. 이전의 유대인 출신자들에게 행한 설교는 구약에 대해 적어도 기초적 지식을 가진 사람들이었기 때문에 메시지의 중심은 '예수는 그리스도이시다'라는 것이었으나 여기서는 **'참 하나님에 대한 지식'**을 보여 주는 데 목적이 있었습니다.

846) 성경에서 말하는 아덴은 고대 그리스의 도시 아테네를 말합니다.

④ 바울은 몇 시간에 걸쳐 복음을 전했습니다. 설교의 결과에 대해서는 알려진 기록이 없으나,[847] 여기서 아레오바고 법정의 관원이었던 디오누시오와 다마리란 여성과 그밖에 몇몇 사람이 회개하게 되었다는 것은 사실입니다(사도행전 17:34). 이후 바울은 고린도로 가게 되었습니다.

⑤ 이후 교회가 크게 왕성하여 바울의 전도로 믿은 디오누시오가 제1대 감독이 되었고, 1453년 이후 콘스탄티노플이 이슬람에 함락된 후에는 동로마교회의 중심지가 되었습니다.

[정리] 아테네에서 바울의 설교 내용

1. 우주를 창조한 하늘과 땅의 주인인 하나님은 사람의 손으로 만든 성전에 살지 않는다. 또한 형상으로 만들 수 있는 것도 아니다.[848]
2. 하나님은 모든 사람을 한 사람(아담)으로부터 창조하셨다. [849]
3. 하나님은 우상 숭배를 금하시고 이에 대해 회개하기를 원하신다.[850]
4. 하나님은 예수를 메시야로 이 땅에 보냈으며, 십자가 위에서 죽음으로써 모든 사람의 죄를 대신 하도록 하였고, 죽은 자들 사이에서 살아나게 하였다.[851]

우주의 창조에서 시작하여 인간의 역사와 그 전개과정을 이야기하였고 마지막으로 예수 그리스도의 오심과 십자가 죽음과 부활, 죄와 사망으로부터 구원과 영생을 설교하였습니다.

✻ 아테네의 역사와 종교현상 이야기

1. 고대 유럽 문화(철학, 정치, 문학, 예술 등)의 발상지인 그리스의 아테네의 역사는 작은 도시국가에서 시작되었습니다. 그들은 정치적으로는 직접 민주주의를 실천하였고, 철학은 소크라테스, 플라톤과 아리스토텔레스를 통하여 발달하였습니다. 물론 바울 당시의 철학사조는 플라톤 주의와 스토아 학파와 에피쿠르스 학파가 형성되었습니다.

2. 아테네는 당시 종교의 중심지로 여신 아테나를 비롯하여 많은 신전이 있었습니다.

3. 아덴은 그리스의 수도인 아테네를 지키는 여신 아테네의 이름에서 유래한 명칭입니다. 미케네 시대(BC 1400-1500년)에는 헬라 최강을 자랑했으나, 모리스인의 침공으로 7세기 동안 암흑기를 지낸 뒤

---

847) 추측컨대, 그들은 예수 그리스도의 부활에 대해서는 받아들이지 않았을 것입니다. 그들은 사물의 이치를 이성적 학문으로 접근하고 이해하려고 하였던 틀에 박힌 자들이었기 때문입니다.
848) 사도행전 17:24.
849) 창세기 1:27.
850) 출애굽기 20:4-5/사도행전 17:24-30.
851) 누가 24:46-47/사도행전 17:31.

BC 6세기에 세계 최초의 민주적인 도시 국가를 형성하였습니다. BC 6세기에는 페르시아(바사)의 공격에 대비하여 견고한 성벽을 쌓는 등 내실을 다졌으나, 아테네의 민주정치는 선동가에 의해 중우정치로 변질되면서 시민들의 단합이 약화되어 스타르타와의 펠로폰네소스 전쟁에서 패한 후에 점차 약화되어 이후 마케도니아 지역의 테베에서 일어난 알렉산더 대왕에 의해 점령되었습니다. 그후 BC 87년경 로마의 지배하에 들어갔습니다. 하지만, 로마 제국에 합병되고 난 이후에도 아테네는 당당한 지적 독립성을 보유하고 있었으며, 또한 자유도시로 로마 제국의 지적 중심지였습니다.

4. 아테네 시는 미네르바 여신, 다이아나 여신, 비너스 여신 외에도 전쟁신, 명예신, 연민신, 겸손신 등 3천 개 이상의 신상과 신전, 사당, 제단이 있었고, 많은 신전이[852] 있는 500피트 아크로폴리스 광장 언덕 주변에 자리 잡고 있습니다. 그리스의 원시종교는 만물에는 영혼이 있다는 애니미즘에서 점차 제우스를 중심으로 한 올림포스의 12주신(主神)을 공통의 신앙대상으로 삼았습니다.

5. 바울은 AD1세기 초에 복음을 전하면서 이들의 신앙을 **'알지도 못하는 신'을 숭배하는 사람들**이라고 판단하기도 하였습니다.

아테네 / 아덴 시 오늘날 모습

아크로폴리스

파르테논 신전

아레오바고 / 바울이 설교한 바위 언덕으로
학설이나 사상을 발표하던 장소이다.

* 그리스의 대표적인 아크로(높은 지대) 폴리스(작은 국가)로는 아테네와 스파르타가 있다

(성지순례 가이드북, 하늘기획)

852) 대표적인 신전이 파르테논 신전입니다. 여기에는 거대한 금과 상아로 만들어진 아테네 여신상이 서 있고, 그 상의 번쩍이는 창끝은 64킬로미터 떨어진 곳에서도 보였으며, 여러 신들을 모신 신전이었습니다.

[정리] 아테네에서 바울[853)]

구분	내용	성경구절
1. 바울이 본 것	온 성에 우상(숭배)이 가득한 것	17:16
	하나의 거대한 제단, 제물이라고 할 수 있음	17:23
2. 바울이 느낀 것	몹시 격분, 분노, 화가 남	17:16
	우상 숭배에 대한 하나님의 노하심(질투), 혐오감	17:30
	하나님께만 드려야 할 영광과 찬송을 우상들에게 바치고 있는 타락한 인간의 모습에 분노	17:16
3. 바울이 행한 것	회당에서 유대인과 이방 예배자들과 변론함	17:17
	광장에서 우연히 지나치던 사람들과 변론함	17:17
	에피쿠로스 학파와 스토아 학파의 철학자들과 논쟁함	17:18
4. 바울이 말한 것	창조주 하나님과 예수 그리스도의 복음을 전함 첫째, 하나님은 우주의 창조주시다. 둘째, 하나님은 생명을 유지하시는 분이시다. 셋째, 하나님은 모든 민족을 다스리는 분이시다. 넷째, 하나님은 인간의 아버지시다.	17:24이하

3) 고린도에서의 전도활동

① 바울은 베뢰아에 남아 있는 실라와 디모데와 베뢰아 그리스도인들을 생각하면서 소식을 기다리던 중, 박해가 심하였던 데살로니가 교회를 생각하면서 아덴의 그리스도인 중 한 사람을 데살로니가로 보내 그 곳에 있는 신자들이 어떻게 견디어내고 있는지를 알아보도록 한 후, 바울은 디모데와 실라가 오면 수도인 고린도에서 기다릴 테니 그들을 그 곳으로 보내달라고 부탁하고 고린도를 향하여 떠났던 것입니다.

② 바울은 고린도에서[854)] 약 1년 반 동안 전도활동을 하였습니다. 또한 천막 수선을 통하여 선교비용을 벌었습니다. 그는 로마에 있다가 글라우디오의 칙령에 의하여 쫓겨난 아굴라와 그의 아내 브리스길라의 집에 머물렀습니다. 이 곳에서 베뢰아에 머물러 있던 디모

853) 존 스토트, 사도행전, 423-445쪽 참조.

854) 고린도는 아테네에서 40마일 정도 떨어진 도시로 아가야 지방의 수도였습니다. 주전 146년에 로마인들이 파괴하였지만 주전 46년에 줄리어스 시저가 재건하였고, 바울이 도착했을 때(주후 50-52년)에는 인구가 약 50만의 대 도시로 상업도시였습니다.

데와 실라도 다시 합류하였습니다. 브리스길라와 아굴라는 바울의 신실한 동역자로서 고린도 교회와 에베소 교회를 함께 섬겼습니다. 또한 그들도 바울과 같은 직업(천막 짜는 일)을 가졌습니다.

③ 비록 회당에서는 쫓겨났으나 회당장 그리스보와 그의 온 집이 그리스도에게로 돌아왔으며, 회당에 참석하였던 '디도 유스도'라는 사람이 회개한 후 그의 집을 바울의 집회를 위하여 개방함으로써 **고린도의 첫 교회가 탄생**하게 되었습니다.

④ 어느 날, 실라와 디모데가 마케도니아의 빌립보에서 선물과 자금을 가지고 와 바울을 격려해 주었고, 이것으로 잠시 동안이나마 바울은 복음 전도에 전념할 수 있었습니다. 또한 환상 가운데 주님의 음성을 듣게 됨으로써 새로운 열정으로 열심히 전도하였습니다.

> **'두려워 하지 말며, 잠잠하지도 말고 말하라. 내가 너와 함께 있으며, 아무 사람도 너를 대적하여 해롭게 할 자가 없을 것이니 이는 성중에 내 백성이 많음이라'**
> (사도행전 18:9-10).

⑤ 고린도의 유대인들은 바울이 로마의 법을 어기고 하나님을 경배하라고 사람들을 강요한다고 하여 새로 부임한 총독인 갈리오에게[855] 고소했습니다. 그런데 갈리오는 바울을 재판함에 있어 유대인의 종교분쟁에 개입하지 않겠다고 하면서 '부정한 일이나 괴악한 행동을 발견치 못한다'고 판단하여 석방하였습니다(사도행전 18:14).

> **'이 사람은 불법적인 방법으로 하나님을 공경하라고 사람들을 충돌하고 있습니다'**
> (사도행전 18:13).

> **'만일 이 사건이 무슨 범법이나 악질적인 범행에 관련된 것이라면 당신들의 고발을 들어주겠소. 그러나 이것은 말과 명칭과 당신들의 율법에 관련된 것이니만큼 당신들이 알아서 처리하시오, 나는 이런 사건을 처리하는 재판관 노릇을 하고 싶지 않소'**(사도행전 18:14-15).

✾ 갈리오 총독의 판결과 바울의 복음 전도

유대인들이 갈리오가 아가야의 총독이 되었었을 때인 주후 51-52년에 바울을 법정으로 끌고 갔습니다. 그는 스토아 학파 철학자이며 청년 네로의 가정교사였던 세네카의 동생이었으며, 세네카는 동생의 관대한 친절함을 칭찬하였을 정도였습니다. 아가야는 당시 로마 제국의 원로원 주로서 총독이 다스렸습니다.

---

855) 당시 총독 갈리오는 로마의 유명한 철학자 세네카의 동생으로서 후에 이집트에서 간 출혈로 세상을 떠난 사람입니다. 갈리오의 판결은 당시 로마의 공식적인 입장을 대변하는 것으로 이때까지만 해도 로마는 기독교를 핍박하지 않았습니다.

유대인들은 '유대교는 공인된 종교였으나 바울의 가르침은 새롭고 비유대적인 것으로 공인되지 않은 종교이며 따라서 로마법에 의해 금지되어야 한다'고 주장하였으나, 갈리오는 '문제가 된 사건은 언어와 명칭과 유대법에 관한 것이면 너희가 스스로 처리하라'고 하면서 심리하지 않기로 결정하고 그들을 법정에서 쫓아내었습니다. 갈리오의 판단에 따라 로마법에 의해 복음이 불법적인 것이라는 비난은 받지 않고 복음 전파의 자유를 인정받게 되었고, 로마법에 의해 보호된다는 것을 의미하였습니다. 이처럼 기독교 초기 시대에는 기독교 복음과 로마제국과는 긴장 관계에 놓이지 않았음을 알 수 있습니다.

바울이 재판을 받던 고린도의 아고라(광장) 터의 비마(Bema, 돌로 만든 단)
(성지순례 가이드북, 하늘기획)

⑥ 바울은 고린도에서 실라와 디모데가 데살로니가 교회로부터 가져온 기쁜 소식과 헌금에 감사하면서 그들에게 쓴 최초의 편지가 데살로니가 전서입니다. 그후 수개월이 지나 데살로니가 교회에 보낸 첫 번째 편지를 갖고 갔던 사람들이 돌아왔으며, 그들이 전한 소식 중 일부 사람들이 예수 그리스도의 재림에 대하여 곧 예수님의 재림이 임박한 것으로 오해하여 현실적인 삶을 헛되이 보낸다는 말을 듣고 두 번째 편지인 데살로니가 후서를 쓰게 되었습니다.

> '교우 여러분, 굳건히 서십시오, 그리고 우리가 전한 말이나 써 보낸 편지들을 통하여 여러분에게 **가르쳐준 가르침을 굳게 믿고 지키십시오.** 교우 여러분, **낙심하지 말고 꾸준히 선한 일을 하십시오.** 우리가 이 편지에 적어 보내는 말에 복종하지 않는 사람이 있거든 그 사람을 지목하여 그와 사귀지 마십시오. 그러면 그는 부끄러움을 당하게 될 것입니다' 라고 말하였습니다(데살로니가후서 2:15; 3:13-14).

8. 겐그레아로 갔다가 에베소와 예루살렘을 거쳐 안디옥으로 돌아옴

① 총독 갈리오의 재판 이후에 수개월을 머문 후 고린도에서 1년 6개월이 지난 뒤에 바울은 브리스길라와 아굴라를 데리고 고린도 동쪽에 있는 항구도시인 겐그레아를 거쳐 에베소까지 갔습니다. 에베소에 있는 바울에게 애굽의 알렉산드리아에서 온 '아볼로'라는 사람이 찾아옵니다. 바울은 아볼로를 고린도에 있는 브리스길라와 아굴라에게 보냅니다. 여기서 바울은 서원(겐그레아에서 로마까지 가서 말씀을 전하기로 함)이 있어 머리를 깎았습니다.

② 바울은 에베소에서 배에서 내려 회당에 들러 유대인들에게 말씀을 전하자, 그들은 바울이 에베소에 더 오래 머물기를 간청하였습니다. 하지만 바울은 오래지 않아 다시 방문하겠다고 약속하고, 아굴라와 브리스길라 부부에게 에베소에 남아 복음 사역을 계속할 것을 당부하고 배에 돌아왔습니다. 바울은 에베소에서 잠시 머문 후에 다시 배로 지중해 연안의 항구도시인 가이사랴로 떠났습니다.[856]

③ 그리고는 예루살렘으로 가서 교회와 사도들(야고보와 시몬 베드로 등)과 믿는 이들과 인사를 한 후 시리아의 안디옥으로 돌아옴으로써 제2차 선교여행은 마무리 되었던 것입니다.

[정리] 2차 선교여행 일정

안디옥 ⇨ 다소 ⇨ 더베 ⇨ 루스드라 ⇨ 비시디아 안디옥 ⇨ 드로아 ⇨ (바다를 건너) 네압볼리 ⇨ 빌립보 ⇨ 데살로니가 ⇨ 베뢰아 ⇨ (바다를 건너)아덴 ⇨ 고린도 ⇨ 겐그레아 ⇨ (바다를 건너) 에베소 ⇨ (바다를 건너)로도 ⇨ (바다를 건너)가이사랴 ⇨ 예루살렘 ⇨ 시리아 ⇨ 안디옥

바울 2, 3차 선교여행 (성서지도, 지계석)

856) 브리스길라와 아굴라는 에베소에 머문 후 로마로 돌아간 것으로 봅니다(고린도전서 16:19).

제4절 제3차 선교여행 이야기

수리아 안디옥에서 얼마의 시간을 보낸 후에 바울은 선교 사역을 다시 시작하였습니다, 제3차 선교여행은 안디옥에서 출발하여 소아시아를 거쳐 고린도와 예루살렘으로 다시 돌아오는 과정이었습니다. 소아시아까지 여행을 하려면 겨울 눈이 산길을 막기 전에 떠나야 하기에 바울은 안디옥 교회에서 송별예배를 드리고, 교우들은 바울을 하나님이 늘 함께 하시면서 붙들어 주실 것을 기도한 후, 가는 동안에 쓸 여비와 식량을 준비해 주고 성문까지 배웅하였습니다. 그들은 바울이 언덕 저 너머로 사라져 보이지 않을 때까지 서서 그의 가는 길을 보면서 손을 흔들어 배웅하였습니다. 그런데 이후 그의 사랑하는 **안디옥 교회는 바울을 다시 보지는 못한 마지막 작별**이 되었던 것입니다.

1. 전에 세웠던 교회를 돌아봄

① 먼저 길리기아를 거쳐 고향인 다소를 지나 더베와 루스드라, 이고니온, 부르기아와 갈라디아를 방문하여 성도들의 신앙을 굳게 하였습니다. 갈라디아 지역은 1차 선교여행 때 개척했던 곳입니다. 각 도시에는 바울이 전한 복음을 받아 잘 자리잡힌 교회가 되었고, 많은 새로운 회심자들이 하나님 앞으로 인도되어 있는 것을 볼 수 있어 바울은 매우 기쁘게 생각하였습니다.

② 하지만, 순회 전도자들이라고 부르는 거짓 교사들이 수차에 걸쳐서 이들 초대 그리스도인들의 순수한 믿음을 실족케 하고, 바울의 사도직분을 의심하고, 그의 권위를 얕잡아 보면서 바울의 복음 사역을 훼방하고 변질시키고 있었습니다.

③ 바울은 그가 세운 초대교회들을 방문하여 문제들을 해결해 주고, 거짓 교사들에 대한 대응책을 마련해 주고, 경고도 하고, 견책도 하며, 용기도 북돋아 주며 그들의 믿음을 굳세게 해 주었습니다.

> **'그리스도의 은혜로 너희를 부르신 이를 이같이 속히 떠나 다른 복음을 따르는 것을 내가 이상하게 여기노라 다른 복음은 없나니 다만 어떤 사람들이 너희를 교란하여 그리스도의 복음을 변하게 하려 함이라 그러나 우리나 혹은 하늘로부터 온 천사라도 우리가 너희에게 전한 복음 외에 다른 복음을 전하면 저주를 받을지어다 우리가 전에 말하였거니와 내가 지금 다시 말하노니 만일 누구든지 너희가 받은 것 외에 다른 복음을 전하면 저주를 받을지어다'**(갈라디아서 1:6-9).

[정리] 세계 복음화의 결과로 교회를 세움

교회가 세워진 시기	복음 지역과 세워진 교회	성경구절
오순절 성령체험 이후	*예루살렘 교회	사도행전 1장-2장
스데반의 순교 이후	*안디옥 교회 : 수리아 ⇨ 스데반 순교 이후 흩어진 기독교인에 의해 세워진 교회 ⇨ 예루살렘 교회가 바나바를 선교사로 파송	사도행전 11장 20절 사도행전 11장 22절
바울의 1차전도 여행	*안디옥 교회 : 비시디아 ⇨ 이방인 만에 의해 세워진 최초의 교회	사도행전 13장 1절 이하
바울의 2차전도 여행	*빌립보 교회 ⇨ 유럽 땅에 최초로 세워진 교회	사도행전 15장 40절 이하
바울의 3차전도 여행	*에베소 교회 ⇨ 두란노에서 유대 회당으로부터 독립한 교회	사도행전 19장 1절 이하

* 로마 교회는 로마로부터 온 유대인들(디아스포라)의 성령 강림 이후 로마로 돌아가서 혹은 로마에 들어간 유대인에 의해 세워진 교회라고 봅니다.

2. 에베소에 옴

1) 에베소에서 선교

바울은 제3차 선교여행의 대부분을 보낸 에베소에[857]와서 약 3년간을 보내게 되었습니다. 이때 실라는 예루살렘 교회에 남게 되고 그 대신 디모데와 누가가 동행한 것으로 보입니다. 그리고 아굴라와 브리스길라 부부도 먼저 와서 활동하여 바울의 사역을 준비해 주는 역할을 하였습니다. 또한 바울은 아굴라 부부와 함께 천막 수선업을 통하여 자신의 생활비와 선교비를 벌었습니다(사도행전 20:34).

✽ 사도 바울이 애써 선교하려고 하였던 에베소는 어떤 곳인가요?

사도 바울은 제2차 선교여행 때 에베소로 가려고 하였으나, 하나님의 성령이 막아 유럽의 고린도에 가서 선교하게 되었습니다. 그리하여 제3차 선교여행은 이 곳 에베소로 향한 선교가 주된 목표 지역이었

857) 에베소는 항구도시로 로마와 아시아로 가는 문이었습니다. 이 도시에는 다이아나 여신을 섬기는 도시이며, 마술이 성행한 도시였습니다. 교통, 문화, 무역의 중심을 이루었던 에베소는 각종 종교와 미신의 집산지였습니다. 따라서 사회적, 영적으로 매우 혼탁하였습니다.

습니다. 사도 바울이 왜 에베소 선교를 간절히 소망하였을까요? 그것은 에베소는 소아시아 지역의 로마령의 수도로 안디옥에 가까운 중심 도시였기 때문에 아시아 복음의 중심지가 될 수 있기 때문이었습니다. 수천 년에 걸쳐 있었던 다이아나 신전이 파괴된 후 재건하였는데, 에베소 사람들의 생활의 중심지가 되었습니다. 이곳은 무시아, 루디아, 카리아, 루시아, 서부 브루기아 등을 포함하는 지역입니다. 사도 바울은 제2차 선교여행 말기에 브리스길라와 아굴라와 함께 잠시 들렀을 때 그들 부부를 남겨 놓았는데, 그들이 제3차 선교여행을 잘 준비하고 있었던 것입니다. 특히 아볼로가 왔을 때 그를 가르쳤고 이후 사도 바울은 아볼로를 고린도 교회 목회를 위해 파송합니다. 여기에는 사도행전의 저자이며 바울의 복음 여행에 참여하였던 의사 누가의 묘가 있습니다. 로마의 유적지에는 전형적인 다섯 가지가 있는데, 에베소도 거대한 신전, 운동이나 군인이 무술을 단련한 수련장, 공중목욕탕, 야외 원형극장, 바실리카(공중공간, 성당)입니다. 에베소 유적지에는 헬라어로 물고기를 뜻하는 익투스 문양을 볼 수 있는데, 그 뜻은 '예수 그리스도는 하나님의 아들이요 구세주'라는 신앙고백의 내용입니다.[858]

에베소와 주변 지역(좌)과 에베소의 중심 도로 (우) (포토 성경사전, 하늘기획)

❀ 실라는 누구입니까?

유대인으로 로마의 시민권을 소지한 바울의 선교 조력자였습니다. 그는 이방인의 구원 문제에 대한 예루살렘 총회의 결정을 안디옥 교회에 전하기 위하여 택함을 받았습니다. 안디옥에서 2년간 사역하다가 예루살렘으로 돌아온 뒤 바울의 2차 전도여행에 동행하였습니다(사도행전 15:40). 빌립보에서 귀신들린 점치는 여종을 고쳐 준 이유로 투옥되지만 하나님의 은혜로 감옥에서 벗어나(사도행전 16:16-24), 박해를 피해 아덴으로 피신한 바울을 대신하여 베뢰아에서 디모데와 더불어 사역하였습니다(사도행전 17:13-14).

858) 허대영, 바울의 발자취를 따라가는 길, 161쪽.

3. 에베소에서 3년간 지냄

1) 아볼로와의 관계

① 당시 에베소에는 알락산드리아 태생의 아볼로라는[859] 지도자가 있었는데 그는 유능한 사람으로 전도에 열심이었고, 바울이 전도한 곳을 다니면서 구약성경에 나타난 메시야의 예언과 또 아굴라 부부를 통하여 믿게 된 신앙으로 메시야 소망이 예수 그리스도에게서 어떻게 성취되었는가를 가르쳤습니다. 그리하여 바울은 **'나는 심었고 아볼로는 물을 주었으나 오직 하나님은 자라나게 하셨다'**(고린도전서 3:6)고 말하기도 하였습니다.

② 하지만 한편으로는 많은 교인들이 그를 따르게 됨으로써 그는 교회 안에 파벌과 분열의 요인이 되기도 하였습니다(고린도전서 1:12).

✾ 교회와 파벌문제

오늘날도 교회 안에서는 파벌이 생기는 경우가 있습니다. 교회의 문제로 인해 생각과 의견의 차이 때문에 파벌이 생기고 목사님파니 장로님파니 하면서 파벌이 생깁니다. 우리에게 주어진 사명은 심고(전도와 선교), 물을 주는(양육) 사역이지만 열매를 맺게 하시는 이는 하나님이십니다. 우리는 생명의 씨앗을 전해 주는 통로인 그릇일 분입니다. 그러므로 교회 안에 파벌을 만들어 주인 행세를 하려고 다툴 이유가 없습니다.

어떤 이유로든, 어떤 은사를 행하든지, '자기보다 남을 낫게 여기고(빌립보서 2:3), '주도 하나요 믿음도 하나요 세례도 하나요 하나님도 하나이시니'(에베소서 4:5-6) 교회의 머리 되신 주님을 중심으로 하나가 되어야 합니다(에베소서 2:22).[860]

자신의 생각과 의견만이 옳다는 주장과 자신의 유익만을 생각하는 이기심이 다툼과 파벌을 만들게 합니다. 그러므로 우리가 같은 말, 같은 마음과 같은 뜻으로 온전히 합한다면 파벌을 이길 수 있을 것입니다.

> '형제들아 내가 우리 주 예수 그리스도의 이름으로 너희를 권하노니 모두가 **같은 말**을 하고 너희 가운데 분쟁이 없이 **같은 마음**과 **같은 뜻**으로 온전히 합하라'
> (고린도전서 1:10).

2) 두란노 서원에서 개척교회 탄생과 부흥

바울은 회당에서 담대히 하나님 나라에 대해 설교하여 많은 사람들이 회개하고 믿었지

859) 아볼로는 학문이 많고 웅변에 능하였으며, 구약성경에 능통하여 많은 사람이 그를 따랐다고 합니다. 그는 알렉산드리아 대학에서 성서와 철학을 공부하고 아굴라 부부에게 예수 그리스도에 관한 신앙적 가르침을 받아 그리스도의 제자가 되었습니다. 그후 아가야 지방에서 전도한 것으로 봅니다.

860) 문봉주, 성경의 맥을 잡아라, 532쪽.

만 또 다른 사람들은 마음이 굳어져 불신하며 비방하여(사도행전 19:9) 하는 수 없이 회당을 떠나 새로운 예배처소를 필요로 하게 되었는데, 바로 그 곳이 두란노 서원입니다.

> **'바울이 회당에 들어가 석 달 동안 담대히 하나님 나라에 관하여 강론하며 권면하되 어떤 사람들은 마음이 굳어 순종하지 않고 무리 앞에서 이 도를 비방하거늘 바울이 그들을 떠나 제자들을 따로 세우고 두란노 서원에서 날마다 강론하니라'** (사도행전 19:8-9).

✾ 두란노 서원 이야기

두란노는 헬라의 변사(말 잘하는 변론가)였고 학자였으며, 유대의 교법사(교사)로 일하던 '두란노'라고 하는 사람이 에베소에서 운영하던 유대인의 큰 서원(학교)이었다고 합니다. 우상이 즐비한 이 도시에서 바울이 힘든 전도 사역을 감당하면서 아시아에 거주하는 유대인과 헬라인을 많이 믿게 하였습니다. 바울이 마케도니아로 떠난 뒤 그 자리에 셀시우스 도서관이 세워지면서 두란노 서원은 흔적도 없이 사라져 버렸다고 합니다.

3) 마술사들의 회심

에베소에는 마술이 성행하였고 몇 명의 유대인 마술사들이 있었는데, 그중에는 제사장인 스게와의 일곱 아들도 마술을 하고 다녔습니다(사도행전 19:14). 마술사들은 바울이 행한 큰 능력에 압도당하여 마술을 중지하였고, 은 5만에[861] 해당하는 그들의 책을 불살랐으며 주의 말씀이 사방으로 퍼져 나갔습니다.

4) 에베소에 있었던 폭동 사건

바울의 전도와 이적행위의 영향으로 이 곳에서 아데미 신의 신상 모형을 만들고 미신과 우상으로 경제적 이득을 챙기던 사람들이 영업의 어려움이 있자, 은세공업자 데미드리오란 사람이[862] 중심이 되어 동업인들을 모아 폭동을 일으켜 바울의 동료인 마케도니아 사람 가이오와 아리스다고를 잡아 연극장으로 끌고 가서 인민재판을 하려고 하였습니다. 이때 구리세공업자인 알렉산더가 억지로 사회를 보면서 도와주어 바울 일행의 신변상의 위협의 위기를 넘기게 되었습니다.

861) 현재의 시세로 하면 대략 6천만 원 정도가 된다고 봅니다.
862) 은으로 아데미 신의 신상 모형을 만들어 팔아서 경제적 부를 누리고 살았던 사람입니다.

4. 드로아에[863] 도착함

이 폭동으로 인하여 바울은 에베소를 떠나 알렉산드리아의 드로아로 가게 되었습니다. 드로아에서 만나기로 하였던 디도는 바울이 예정보다 일찍 도착하여 만나지 못했습니다. 그래서 바울은 디도를 만나기 위해 다시 마게도냐로[864] 갔습니다(고린도후서 2:12,13).

✻ 사도 바울은 왜 드로아에서 선교활동을 하지 않고 마게도냐로 갔나요?

디도는 사도 바울이 눈물로 쓴 편지를 가지고 고린도 교회에 갔는데, 드로아에서 디도를 만나지 못하여 그를 만나기 위해서 마게도냐로 간 것입니다. 즉 바울이 쓴 편지를 받고 고린도 교회가 회개하고 사도 바울을 다시 사도로 인정하고 거짓 사도들과 교회 안의 반대자들을 물리치고 견고하게 서게 될지, 아니면 그 편지를 보고 오히려 격분하여 사도 바울을 더 멀리하고 그 결과 잘못된 복음이 교회를 사로잡을지가 큰 문제였기 때문입니다. 만일 사도로 인정하지 않을 경우 교회를 설립한 것이 물거품이 될 뿐만 아니라 이후 바울의 사역에도 나쁜 영향을 줄 것이기 때문입니다. 다행히 마게도냐에서 디도를 만나 눈물로 쓴 책망의 편지를 읽은 고린도 교회 성도들이 회개하고, 바울을 반대하던 자들을 교회에서 치리하고 정리해서 교회가 바로 되었다는 소식을 디도로부터 듣고는 기쁨 가운데 고린도 후서를 쓰게 되었습니다.

마게도냐와 주변 지역
(포토 성경사전, 하늘기획)

5. 마게도냐에서의 선교

바울은 마게도냐 지방의 빌립보에서 디도를 만나게 되었습니다. 디도를 통하여 고린도 교회의 소식을[865] 들은 바울은 그들을 권면하기 위해 고린도후서를 쓰게 되었습니다. 이후

863) 드로아는 그 옛날 트로이 목마의 전설이 있는 도시입니다. 바울의 선교 당시에는 새롭게 도시를 건설하여 드로아라고 했습니다.

864) 당시의 마게도냐는 한 도시의 이름이기보다 한 지방의 이름으로 빌립보, 데살로니가, 베뢰아를 포함하는 넓은 지역을 말합니다.

865) 고린도 교회의 거짓 교사(팔레스틴에서 온 히브리인이며 다른 복음을 전하는 자)들은 바울의 사도직에 대한 비판을 계속하였습니다.

디도는 더욱 간절함으로 자원하여 고린도 교회에 갔다고 합니다(고린도후서 8:16,17). 이러한 디도에 대하여 바울은 **'나의 동무요' 고린도 교회를 위한 '나의 동역자'**(고린도후서 8:23)라고 불렀습니다. 디도가 떠난 후에도 바울은 마게도냐 지역에서 전도를 계속하였습니다.

✿ 고린도전서와 후서를 쓰게 된 배경

1. 바울이 맨 처음 고린도에 온 것은 AD 51년 봄이었으며 그 곳에서 일 년 반 동안 목회를 하였습니다. 52년 가을 브리스길라와 아굴라와 함께 에베소로 간 바울은 예루살렘으로 여행을 계속하였고, 이들 부부는 에베소에 머물렀습니다.

2. 53년 가을 아볼로가 고린도에서 목회하고(사도행전 18:18-28) 있을 무렵에 바울은 제3차 전도여행에서 에베소로 돌아왔습니다. 그 곳에서 바울은 2년 반 동안 머물면서 전도의 중심지로 삼았습니다(사도행전 19장).

3. 그러던 중 바울은 글로에의 집 사람들을 통하여 고린도 교회 안에 여러 분쟁이 발생하였다는 것을 알게 되었고(고린도전서 1:11), 또한 바울은 고린도 교회의 공식적인 대표인 스데바나, 브드나도, 아가이고의 방문을 받았으며(고린도전서 16:17), 이들로부터 더욱 확실한 소식을 들었고, 교회를 분열시키는 문제에 대한 답변을 요청받았습니다. 바로 이에 대한 응답으로 기록한 것이 고린도전서입니다.

4. 그러나 교회 내의 문제들이 여전히 해결되지 않았음이 분명합니다. 그래서 바울은 에베소로부터 바닷길을 통하여 고린도까지 가기로 작정하였는데 이것은 그의 두 번째 방문이었습니다(고린도 후서 2:1).

5. 에베소의 은장색 소요 사건 이후 56년 봄, 바울은 에베소를 출발하여 드로아에서 미리 쉰 후 마케도니아 지방에서 선교여행을 하였습니다(사도행전 20:1). 마케도니아에서 바울은 디도를 만났으며 그를 통하여 고린도 교회의 사정이 일반적으로 좋아졌으나 바울에 반대하는 사람들이 있다는 소식을 듣고 바울은 마케도니아에서 고린도후서를 써서 보냈습니다.

6. 고린도로 다시 돌아 옴

① 그해 겨울 바울은 고린도 교회에 다시 돌아왔습니다. 고린도에서 3개월 동안 머무르면서 많은 일을 하였습니다.

✽ 고린도 교회의 분열과 회복

하나님(성령)의 인도로 유럽의 선교 전진 기지인 고린도에서 전도한 후 사도 바울은 제2차 선교여행을 마치고 안디옥으로 돌아왔습니다. 그런데, 이후 제3차 선교여행 시에 고린도 교회에 대한 소식은 사도 바울로 하여금 매우 근심되게 하였습니다. 다름 아니라 고린도 교회 안에 반 신앙적인 여러 문제가 있다는 소식이었습니다. 특히 그중에는 바울에 대한 비판으로 바울의 사도성을 부인한다는 소식도 있었습니다.

이러한 소식은 바로 바울의 선교 앞길에 커다란 위기가 아닐 수 없었습니다. 특히 고린도 교회에는 지도력에 대한 분열로 바울파, 아볼로파, 베드로파로 나누어지는 아픔이 있다는 소식이었습니다. 이에 대하여 바울은 교회론적(몸으로써의 교회)이면서도 윤리적인 답변(교회의 덕을 세우며, 궁극적으로 사랑으로 해결 함)을 하였습니다.[866]

② 바울은 고린도에서 머무르는 동안 로마서를 쓰게 되었습니다. 로마 교회는 바울이 개척한 교회는 아니었지만, 당시의 세계에서는 정치, 경제, 문화, 종교의 중심이 되며 가장 큰 도시로 꼭 가보아야 되겠다고 생각하였습니다. 왜냐하면 그 곳에서 예수 그리스도의 구원의 메시지를 전하는 것은 **세계 선교에서 중대한 의미를 갖는 것**이기 때문입니다. 바울이 그리스도인이 된 지도 어느덧 24년이라는 세월이 흘렀으며, 그동안 많은 경험을 쌓았고 또한 많은 어려움도 겪었습니다.

③ 바울은 로마서를 통하여 예수 그리스도의 복음의 핵심을 설명하였으며, 또한 복음적 생활에 대해서도 자세히 적었습니다. 로마에는 바울의 많은 친구들이 벌써부터 그 곳에 살고 있었는데, 이는 그가 방문하였던 각 도시로부터 많은 신도들이 로마에까지 가서 그 곳에서 사업을 하고 있었기 때문이었습니다.[867]

④ 로마서의 내용의 핵심은 하나님께서 구원을 선물로 주시겠다고 약속하셨으므로 누구든지 이를 받기만 하면 된다는 것입니다. 자신의 의를 가지고 하나님에게 용납될 수 있는 사람은 한 사람도 없기 때문입니다.

'의인은 없나니 한 사람도 없다'(로마서 3:10).

또한 사람은 율법을 지키는 것과 선행과 관계없이 믿음을 통하여 하나님과 올바른 관계를 가진다는 것입니다.

866) 심상법, 바울의 영성, 19-20쪽.
867) Charles Ferguson Ball, 이수철 역, 사도 바울의 생애, 236-237쪽.

'사람이 의롭다 하심을 얻는 것은 율법의 행위에 있지 않고 믿음으로 되는 줄 우리가 인정하노라'(로마서 3:28).

⑤ 바울은 로마서 편지를 잘 싸서 사업차 로마로 가는 고린도의 항구인 겐그레아 항구에서 겐그레아 교회의 여신도 뵈뵈에게 전해 주었습니다. 그후 바울의 반대파들은 바울이 배로 수리아로 돌아가려는 계획을 알고서는 바울을 죽이려고 계획하였습니다. 그런데 이런 계획을 미리 알게된 바울의 친구가 여행길을 육지로 변경하라고 조언하여, 적들이 바다로 가는 길목에서 바울을 기다리고 있는 동안 육지를 따라 마게도니아로 향해 떠나 빌립보에 도착하자 누가가 바울과 동행하였습니다.

⑥ **각 도시와 성읍에서 선출된 일곱 사람**이 바울의 귀향길에 동행하기로 하였습니다. 그들은 예루살렘에 있는 교우들을 구제하기 위하여 교회에서 걷은 특별헌금을 위임받은 사람들이었습니다. 바울 자신도 고린도 교회에서 보내는 헌금을 지참하였습니다. 일곱 명의 특사들은 배를 타고 드로아를 향해 먼저 떠났으며, 바울과 누가는 유월절을 지키고 떠나기 위해 빌립보에 남았습니다.

[정리] 사도 바울의 편지(신약성경)들이 쓰여진 배경

바울의 쓴 편지 (신약성경)	편지를 쓴 장소와 동기	성경구절
데살로니가 전후서	*고린도에서 씀:2차전도 여행 당시 *데살로니가 교회 교인들이 그리스도인으로 생활하는데 교훈을 주기 위함	사도행전 17:2,3 데살로니가전서
로마서	*고린도에서 씀:3차전도 여행 당시	로마서 15:26,28 로마서 16:1 사도행전 20:3
고린도전서	*에베소에서 씀:3차전도 여행 당시	고린도전서 16:8
고린도후서	*마게도니아의 빌립보에서 씀 *3차전도 여행 당시	고린도후서 2:12-13/7:4-16
갈라디아서	*고린도에서 씀:3차전도 여행 당시 *바울의 사도직 변호, 이신칭의	갈라디아서 1장

[정리] 바울서신의 집필 순서

데살로니가 전·후서 ⇨ 갈라디아서 ⇨ 고린도전·후서 ⇨ 로마서 ⇨ 골로새서 ⇨ 빌레몬서 ⇨ 에베소서 ⇨ 빌립보서 ⇨ 디모데전서 ⇨ 디도서 ⇨ 디모데후서 순

[정리] 바울서신(신약성경)의 성격

바울서신(신약성경)	성격 특징	성격 분석
로마서	기독교의 헌법	기독교의 근본 진리를 다룸 '믿음으로 말미암아 의롭게 된다' : 이신칭의
갈라디아서	기독교의 대헌장	율법인가 복음인가 선택할 것을 요구
고린도 전서, 후서	기독교의 복음 서신	기독교의 진리를 다룸 '하나님의 영광을 위하여 생활하라' : 성화, 기독교인의 생활면을 강조

7. 예루살렘으로 올라가기 위한 여정

바울은 드로아를 거쳐 밀레도와[868] 드로,[869] 가이사랴를[870] 지나 예루살렘으로 올라가게 되었습니다.

드로아와 밀레도의 터키 지역 (성서지도, 지계석)

---

868) 드로아에서 앗소에 갔다가 배로 디둘레네로 간 후 기오를 지나 사모에서 쉬고 마침내 밀레도에 도착하였습니다.

869) 밀레도에서 여섯 시간의 항해 끝에 고스 섬에 도착한 후 로도를 거쳐 루시아 지방의 항구도시인 파타라에서 베니게로 가는 배를 탓는데 이 배는 파타라에서 직접 두로로 가는 배였습니다.

870) 두로에서 팔레스틴의 행정적(로마의) 수도인 가이사랴를 거쳐 예루살렘으로 갔습니다.

1) 드로아에서 머문 1주일 동안의 유두고 사건

① 드로아는 소아시아 서북지방 무시아도(道) 내에 있으며, 에게 해안의 테네도스 섬 맞은편에 있는 항구도시로 트로이 목마가 있는 고대 트로이에서는 남쪽으로 40킬로 정도 거리에 있습니다.

② 바울의 2차 전도여행 때 이 곳에서 기도하는 중 마게도니아인의 환상을 보고 유럽전도의 길에 올랐으며, 3차 전도여행 귀로에도 드로아에 와서 7일간 머무르면서 집회를 하였습니다.

③ 바울이 드로아에 도착하자마자 그 도시 일대에 사는 모든 그리스도인들이 그리스도의 복음을 듣기 위해 모여들었습니다. 바울은 최근에도 더 머물러 달라는 그들의 간청에도 불구하고 고린도 교회의 문제들 때문에 고린도로 급히 떠났던 일들이 떠 올랐습니다.

④ 주일날 저녁 다락방에 많은 사람들이 모여 떡을 떼며 바울의 말씀 선포에 빨려 들어가고 있을 때 장소가 협소하여 유두고라는 청년이 창가에 앉아 피곤하여 졸다가 바닥으로 떨어져 즉사하였는데, 많은 사람들이 공포와 혼란에 빠져들게 되었습니다. 이때 바울이 내려가 **그를 살리는 이적을 베풀었습니다.** 바울은 드로아에서 사랑하는 의사 누가를 만나기도 하였습니다(사도행전 20:4-6).

[정리] 바울의 유두고 사건과 베드로의 다비다 사건

사도 바울이 유두고를 살린 사건	사도 베드로가 다비다를 살린 사건
* 바울이 3차 선교여행 시 드로아에서 주일 저녁 다락방에서 말씀 선포 중 유두고라는 청년이 창가에서 졸다가 떨어져 죽음 * 바울이 그를 살아나게 하여 많은 성도들이 위로를 받게 됨	* 베드로가 룻다에서 선교활동을 하던 중 욥바의 여제자 다비다(도르가)가 병들어 죽어갈 때, 제자들이 룻다에 사람을 보내어 베드로에 간청하여 가서 죽은 다비다를 향하여 기도하며 말하기를 '다비다야 일어나라'고 하자 살아남 * 이 소식을 들은 욥바의 많은 사람들이 주를 믿게 됨
* 사도행전 20:7-12	사도행전 9:36-42

✾ 트로이 목마의 전설과 드로아

사도행전에 나오는 드로아는 옛날 목마의 전설로 알려진 트로이입니다. 오랫 동안 많은 역사가들은 트로이 전쟁을 기원전 850~800년경 고대 그리스의 시인 호메로스가 서사시 〈일리아드〉와 〈오디세이〉에서 당시 내려오던 전설과 그의 상상력을 동원하여 정리한 문학작품 속의 한 사건으로 간주해왔습니다.

하지만 트로이 유적지가 발견되면서 트로이의 존재가 사실이었음이 증명되었습니다. 호메로스는 스파르타의 메넬라오스 왕의 아름다운 아내 헬레네를 트로이의 프리아모스 왕의 아들 파리스가 사랑으로 유혹하여 트로이로 데려옵니다. 이 일 때문에 전쟁이 일어나게 되었다고 말하고 있습니다. 그러나 그 실제 원인은 다르다넬스 관문을 통과하여 흑해에서 교역을 시도하던 그리스인들이 그 곳을 지키며 일종의 통과세를 요구하는 트로이인들과의 사이에서 충돌이 발생하면서 비롯되었을 것으로 봅니다.

아무튼 그리스인들은 2년간 전쟁준비를 마치고 대함대의 군대를 트로이 해안에 상륙시켰습니다. 약 25,000명으로 추산되는 그리스군은 상륙하자마자 진지를 보호하는 데 힘을 기울였습니다. 트로이는 주위를 잘 통제할 수 있는 요새로서 성내에는 왕궁이 있고, 약 3천 명 가량으로 추산되는 수비대가 있었습니다. 사방에 탑이 있어 접근하는 적을 한눈에 바라볼 수 있고, 높이 6m, 두께 4.5m의 성벽으로 보호되었습니다. 이 정도의 성벽만으로도 트로이군은 그리스군의 엉성한 공성작전을 충분히 막아냈습니다.

트로이는 그리스 군대가 공격하자 성문을 굳게 잠그고 지루한 대치를 합니다. 굳게 닫힌 성문을 열기 위해 계략을 세웁니다. 후퇴한 것처럼 모든 군대를 숨기고 목마를 만들어 성 앞에 두었습니다. 밤사이 그리스 군대가 물러갔다고 생각한 트로이 군사들은 성문 앞에 놓인 목마를 논쟁 끝에 성 안으로 들이게 됩니다. 그 목마 속에 오디세이를 비롯한 그리스 전사들이 숨어 있다는 것을 알아채지 못했습니다. 트로이가 승리에 취한 그날 밤, 목마 속에 있던 전사들은 성문을 열고 들어와 트로이를 짓밟게 됩니다. 그렇게 하여 트로이는 멸망하게 되었습니다. 그리스의 아킬레우스는 트로이의 지휘관 헥토르와 싸워 그를 쓰러뜨렸습니다.[871)]

사도 바울 당시의 트로이는 폐허가 된 상태로 인근에 새롭게 도시를 건설하고 드로아(트로이)라고 했던 것입니다.

기둥만 남아 있는 드로아의 항구 터

드로아의 교회 터 (성지순례 가이드북, 하늘기획)

871) [네이버 지식백과] 트로이전쟁(세계전쟁사 다이제스트 100, 2010. 7. 16, 정토웅)

2) 밀레도에서의 고별 설교

① 에베소 남쪽 20마일 가량 떨어져 있는 밀레도는 소아시아 서해안에 있는 유명한 희랍의 항구 도시로 네 개의 숨겨진 부두가 있었으며 근해의 여러 섬들에 가려 숨겨진 위치에 있습니다. [872)]

밀레도의 야외극장

밀레도의 인공 항만 터
(성지순례 가이드북, 하늘기획)

② 바울은 에베소에 들리지 않고 사람을 보내 교회의 장로들을 청하여 오게 하였습니다. 밀레도에서의 바울의 고별 설교는,

첫째, 그의 행위에 대한 변호로 그의 겸손과 충실한 봉사, 슬픔과 유대인들의 적대 감정과 공모로 인한 생명의 위험 속에서도 복음을 전한 것(사도행전 20:18-21)과,

둘째, 자기가 떠난 후에 흉악한 이리가 들어와 교회를 해칠까 염려스러우니 잘 관리하라고 부탁하였으며(사도행전 20:17-38),

셋째, 그는 앞으로의 일에 대하여 예루살렘으로 가서 체포되어 감옥에 갇히게 될지는 모르나 **'살든지 죽든지 내 몸에서 그리스도가 존귀하게 되게 하려는 것'**(빌립보서 1:20)만 행할 것임과,

네째, 그의 모범을 본받을 것을 말하였습니다.

다시는 그 얼굴을 보지 못하리라는 말 때문에 온통 울음바다가 되었고 바울의 목을 안고 입을 맞추면서 마지막 이별을 고했습니다.

---

872) 이원희, 성지순례가이드북, 하늘기획, 2015. 100쪽.

[정리] 바울의 고별설교와 서신서의 주제

고별설교와 서신서의 주제	사도행전 구절
하나님의 은혜	20장 24, 32절
하나님의 나라	20장 25절
하나님의 뜻	20장 27절
그리스도의 구속의 피	20장 28절
회개와 믿음	20장 21절
하나님의 교회와 그것을 세움	20장 28절, 32절
고난의 불가피성	20장 23-24절
거짓 교사의 위험	20장 29절-30절
깨어 있는 삶	20장 28, 31절
경주를 하는 신앙생활	20장 24절
우리가 궁극적으로 받을 기업	20장 32절

③ 바울 일행은 작별 후 배를 타고 고스를 향하여 직행하여 이튿날 로도에 들렀고, 루기아에 있는 바다라에서 일행 9명이 내렸습니다. 이 곳이 이 배의 최종 행선지였는데, 마침 이곳에서 수리아로 가는 배를 바로 타고 곧 구브로가 보이는 데까지 항해하였습니다. 그곳에는 들르지 않고 두로 시를 향하여 넓은 바다로 접어 들었는데, 두로 시에서 7일 동안 그리스도인들과 같이 지냈습니다.

3) 가이사랴에서 빌립 집사를 만남

① 바울은 가이사랴에서 7곱 집사 중 한 사람이었던 전도자 빌립 집사를 방문하였습니다. 빌립은 과거 바울의 박해를 피해 예루살렘에서 사마리아, 가사, 아스돗 등을 열심히 전도한 후 가이사랴에 정착하여 제자들을 지도하고 있었습니다. 빌립은 바울을 자신의 집에서 며칠 동안 머무르게 하면서 환대하여 주었습니다. 그리스도의 사랑과 믿음 안에서 과거의 적이었던 두 사람은 이제 좋은 친구가 되었습니다.

② 빌립은 아내와 사별한 후 네 딸을 훌륭하게 키웠고 성령이 가득한 딸들은 독신으로 살며 아버지의 전도활동을 도와주었습니다. 딸들이 예언하여 모두 바울에게 **'예루살렘은 위험하니 가이사랴에 그대로 머물러 있으라'고 진심으로 설득**하였으나, 바울은 그들의 만류를 뒤로 하고 예루살렘을 향하여 떠났습니다(사도행전 21:8-15).

③ 한편 두로 항에서도 아가보라는 선지자가 바울의 허리에서 긴 허리띠를 풀어서 자기가 웅크리고 앉아서 자기의 발과 손을 묶고는 바울에게 예루살렘에서 겪게 될 어려움을 예고하면서 가지 말라고 만류하였습니다(사도행전 21장 10-15절).

> **'성령께서 말씀하십니다. 유대인들이 이 허리띠의 주인을 예루살렘에서 이렇게 묶어 로마인들의 손에 넘겨줄 것입니다.'**(사도행전 21:11).

④ 하지만 바울 자신이 **성령의 지시를 받은 일이 그 모든 것들보다 우선하는 것**이었으므로 예루살렘에 가서 체포 수감될 것을 예상하지만 주님을 위해 죽음도 각오하고 있다는 그의 결심을 밝혔습니다.

> **'여러분이 우니까 내 마음이 아픕니다. 나는 주 예수를 위하여 예루살렘에 가서 묶이는 것 뿐 아니라 죽는 것까지도 각오가 되어 있습니다.'**(사도행전 21:13).

✾ 빌립 집사와 아가보의 만류와 바울의 예루살렘 행의 각오

여러 날 머물러 있더니 아가보라 하는 한 선지자가 유대로부터 내려와 우리에게 와서 바울의 띠를 가져다가 자기 수족을 잡아매고 말하기를 '성령이 말씀하시되 예루살렘에서 유대인들이 이같이 이 띠 임자를 결박하여 이방인의 손에 넘겨 주리라 하거늘 우리가 그 말을 듣고 그 곳 사람들과 더불어 바울에게 예루살렘으로 올라가지 말라 권하니 바울이 대답하되 '여러분이 어찌하여 울어 내 마음을 상하게 하느냐 나는 주 예수의 이름을 위하여 결박당할 뿐 아니라 **예루살렘에서 죽을 것도 각오하였노라**' 하니 그가 권함을 받지 아니하므로 우리가 주의 뜻대로 이루어지이다' 하고 그쳤노라.

이 여러 날 후에 여장을 꾸려 예루살렘으로 올라갈 때(사도행전 21:10-15)에 나타난 내용에서 바울의 예루살렘 행의 각오를 엿볼 수 있습니다.

⑤ 가이사랴에 사는 그리스도인들 중 몇 사람이 바울과 동행하였으며, 그중 한 사람은 믿는 사람들 중 가장 오래된 평신도 나손이라는 사람이었는데, 그는 예루살렘에 집을 갖고 있었고, 바울은 그가 예루살렘에 있는 동안 나손의 집에 머물러 모든 위험으로부터 보호를 받을 수 있었습니다.[873)]

---

873) Charles Ferguson, 이수철 역, 사도 바울의 생애, 246쪽. 나손은 예루살렘 교회의 창립 멤버였으며, 키프로스 출신이었습니다. 가이사랴에서 예루살렘까지의 거리는 약 100킬로미터였으므로 대략 2일 정도가 걸렸을 것으로 봅니다.

[정리] 바울의 선교여행에 동행(동역)한 사람

바울의 선교여행	선교여행에 동행한 사람	성경구절
제1차 선교여행	바울, 바나바, 마가(구브로 섬에서 합류) ⇨마가는 중간에 예루살렘으로 복귀함	사도행전 13:4~
제2차 선교여행	바울, 실라, 디모데(루스드라에서 합류) 누가는 마케도니아에서 합류함 ⇨누가는 이후 빌립보에 남아 전도활동함 ⇨실라와 디모데는 베뢰아에 남아 전도활동 ⇨바울 혼자서 아테네로 가서 설교 및 전도	사도행전 16:1~
제3차 선교여행	바울, 디모데, 누가	사도행전 18:21~ 21:16

[정리] 사도 바울의 제3차 선교여행 일정

안디옥 ⇨ 다소 ⇨ 이고니온 ⇨ 에베소 ⇨ 미둘레네 ⇨ 앗소 ⇨ 드로아 ⇨ (바다를 건너)빌립보 ⇨ 데살로니가 ⇨ 베뢰아 ⇨ 고린도 ⇨ 베뢰아 ⇨ 데살로니가 ⇨ 빌립보 ⇨ (바다를 건너)드로아 ⇨ 앗소 ⇨ 미룰레네 ⇨ (배 타고 기오, 사모를 거쳐) 밀레도 ⇨ (배 타고 고스, 로도를 거쳐)바다라 ⇨ 두로 ⇨ 가이사랴 ⇨ 예루살렘(체포)

바울의 2, 3차 선교여행 (성서지도, 지계석)

제5장 사도 바울의 해외선교의 마감에 관한 이야기

제1절 예루살렘에서 바울의 활동

1. 예루살렘 공회의에서의 선교보고

예루살렘에서는 예수님의 동생 야고보에 의해서 공회의가 소집되었고, 바울은 여기서 지난 예루살렘 방문 후 4년간의 선교 활동을 보고하였는데, 이방 가운데서 행한 하나님의 역사에 대하여 자세히 보고하였으며(사도행전 21:19), 각 지방의 교회에 관해서도 보고를 하였습니다. 또한 바울은 해외의 교회에서 가져온 선물과 많은 헌금을 건넸습니다. 참석한 많은 사람들이 깊은 감명을 받았고, 하나님께 영광을 돌렸습니다(사도행전 21:20).

2. 예루살렘 공회의가 바울에게 제안

모임 끝에 그들은 바울에게 예루살렘의 그리스도인 가운데 바울이 모세의 율법을 거부하고 할례와 유대인의 관습을 버리도록 가르친다고 믿는 사람들이 있으므로, 그들의 증오심을 없애기 위해 바울도 율법을 지킨다는 것을 증명할 수 있는 방안으로 무엇인가를 실행해야 한다고 제안한 것이 나사렛 결례[874]였던 것입니다.

제2절 바울에 대한 폭동 이야기

제안한 나사렛 결례를 바울이 실행하였습니다. 그런데 이것이 오히려 소동의 동기가 되고 말았습니다.

874) 머리를 깎고 포도주를 금하는 헌신예식을 말합니다.

✾ 바울의 가르침에 대한 예루살렘 사도들의 반응과 바울의 타협적 행동

바울의 이방인에 대한 설교에 관하여 이미 예루살렘(제자들)에 전해져 있었으며, 그곳 장로들은 그들이 들은 바에 대하여 불안하게 생각하고 있었습니다. 즉 바울이 이방인들 가운데 사는 모든 유대인들에게 모세를 배척하고 자식들에게 할례를 베풀지 말고 유대인의 풍속을 지키지도 말라고 가르친다는 말을 전해 듣고 있었던 것입니다. 그래서 야고보는 '아시겠지만, 형제들이여 우리들은 이방인 그리스도인을 진심으로 환영합니다. 그러나 유대인들 가운데서도 예수를 믿는 사람이 굉장히 많습니다. 그러므로 성결 예식을 행하면 당신에 대하여 전해 들은 것이 전혀 사실이 아니고, 도리어 당신도 모세의 율법을 지키며 산다는 것을 다 알게 될 것입니다'(사도행전 21:20-24). 바울은 그의 조언을 듣고 깊이 생각해 보았습니다. 그리 중요하지 않은 세부적인 문제에 대하여 바울은 언제나 양보할 수 있다고 늘 말하여 왔고, 이제 반대파들과 화평을 가져올 수 있는 좋은 기회가 왔다는 생각이 간절하여 야고보의 제의를 받아들였습니다. 하지만, 이러한 바울의 타협은 실제에 있어서는 바울의 생애에 종지부를 찍게 하는 첫 단추가 되었습니다. 결국 비참한 과오를 낳은 것으로 판명되었고, 이는 편협한 유대인 크리스천들을 설득시키기 위한 하나의 행동이 도리어 바울을 대항하는 데 사용되는 무기가 되어 버린 것입니다. 성전 안에 있던 소아시아로부터 온 한 무리의 유대인들에 의해서 '이 사람은 어디를 가든지 우리 동포와 율법과 성전을 반대하라고 가르치고 있습니다'(사도행전 21:28)라고 외치자, 성난 군중들이 바울을 에워싸고 몽둥이로 때리고 주먹으로 얼굴을 심하게 치면서 죽이려고 성전 앞에 있는 거리로 끌고 나왔습니다.

제3절 죄수가 된 바울

1. 무리들의 소동

아시아에서부터 온 유대인들이 바울이 헬라인들을 성전으로 데리고 들어와 성전을 더럽히는 불경죄를 범하였다고 하면서 사람들을 충동시켰던 것입니다. 무리들은 오해를 하였으나 그들의 소동은 극에 달해 바울을 죽이려 하자 천부장인 루시아가[875] 병정들을 데리고 현장에 나타났습니다. 천부장의 질서유지 행위에 조용히 복종하던 중 바울이 이방인의 사도로 부름 받았다고 하자 또 다시 광적인 분노가 폭발하였고, [876]천부장은 바울을 채찍질하려 하였습니다. 이때 바울은 자신은 로마 시민임을 밝히고 위기를 모면하였습니다. [877]

875) 천부장 루시아는 로마 시민권을 뇌물을 주고 산 것이라고 봅니다. 그리하여 그는 자신의 신분을 황제에게 경의를 표하는 식으로 앞에 글라우디오(황제)를 붙인 다음 신분상의 족명인 루시아라는 가명을 붙였습니다.

876) 유대인의 민족적 자존심을 상하게 하였기 때문입니다.

877) 사도행전 22:26-29. 로마 시민권을 가진 사람에게는 함부로 채찍질(고문) 할 수 없었기 때문입니다. 만일 이를 함부로 어기면 큰 벌을 받게 되어 있었습니다.

✾ 천부장의 사도 바울에 대한 오해

바울이 천부장에게 '내가 당신에게 말할 수 있느냐? 그러자 천부장은 '네가 헬라 말을 아느냐? 그러면 … 애굽인이 아니냐? 고 했습니다(사도행전 21:37-38). 천부장은 사도 바울을 당시에 문제를 일으키던 애굽인 정도로 생각하고 있었는데, 사도 바울이 유식한 사람들에게나 통용되던 코이네 헬라어를 말하자 놀랐던 것입니다. 당시 문제를 일으킨 애굽인이란 역사가 요세프스에 따르면 AD 54년에 감람산에 올라가서 자기의 지지세력(광신적인 민족주의 자객들)을 규합하고 자기 명령에 따라 예루살렘에 쳐들어가 성벽들이 무너지면 로마인들을 이길 수 있다'고 하면서 선동하였으나, 로마 (총독 벨릭스) 군대에 의해 진압되었습니다(비젼성경, 신약성경 227쪽). 그러나 그 이집트 사람은 사라졌으며 그가 다시 나타난 것으로 오해하였던 것입니다.

[정리] 로마 시민이 되는 경우

1. 태어나면서부터 로마 시민이 되는 경우 출생(아버지의 혈통)의 신분으로 로마 시민이 되는 길	사도행전 22:8
2. 많은 돈을 주고 로마 시민권을 사는 경우	사도행전 22:28
3. 21년 이상 로마군 복무를 하여 로마 시민권을 얻는 경우	
4. 로마제국에 큰 공을 세운 사람에게 로마 시민권을 주는 경우	

2. 산헤드린 공회의 소집

① 천부장 루시아는 이 사건의 진실 된 모습을 알기 위해 다음 날 산헤드린 공회의의 소집을 요구하였습니다. 공회의는 소집되었고, 이때 바울이 그가 모든 일을 양심을 가지고 하나님을 섬겨 왔다고 말했습니다. 이 말에 분노가 치민 대제사장인 아나니아는 '바울의 입을 치라'고 명령하였습니다. 그러나 바울은 이에 대하여 다음과 같이 답변하였습니다.

'회칠한 벽 같은 위선자여 하나님께서 너를 치실 것이로다. 너는 율법대로 나를 재판하려고 거기 앉아 있으면서 도리어 율법을 어기고 나를 때리라고 하느냐'(사도행전 23:3)고

② 많은 사람이 고함을 치면서 '당신은 하나님의 대제사장을 모욕하고 있소'라고 말하였고, 바울에 대한 죄가 즉시 성립되었습니다. 바울도 실수를 저지른 것을 깨닫고 즉시 사과하였습니다.[878]

878) **바울이 대제사장 아나니아를 알아보지 못한 실수를 한 이유에 대한 여러 가지 해설이 있는데, 아마** 눈의 시력이 약한 관계로 멀리 있는 대제사장을 알아보지 못하였던 것이라는 해설이 설득력이 있습니다. **존 스토트, 사도행전, 543쪽.**

'형제 여러분, 나는 그분이 대제사장인 줄 몰랐습니다. 네 백성지도자를 욕하지 말라고 성경에 씌여 있는 것을 나도 잘 알고 있습니다'(사도행전 23:5).

③ 바울은 거기에 바리새파와 사두개파가 있는 것을 알았고 그들의 의견이 갈리게 될 것을 알고 큰 소리로 말하였습니다.

'형제 여러분, 나는 바리새파 중에서 진짜 바리새파 사람입니다. 내가 이렇게 재판을 받고 있는 것은 우리 바리새파 사람들이 믿는 대로 나도 죽은 자들의 부활에 대한 희망을 가지고 있기 때문입니다'(사도행전 23:6).

④ 그들(바리새파)은 만일 성령이나 천사가 바울에게 말하였다면 그들은 하나님에 대하여 싸우는 입장이 되므로 사도 바울에 대하여 반대한 태도를 바꾸어 **'우리는 이 사람에게서 조금도 잘못을 찾을 수 없습니다'**(사도행전 23:9)라고 말하였습니다.

[정리] 신약성경 사도행전에 나타난 세 사람의 아나니아

구분	내용
아나니아 (사도행전 5장)	자기 소유를 팔아 일부를 감추고 일부만 사도들 앞에 가져오자, 베드로가 성령을 속인 죄를 나무라자 즉석에서 죽게 된 사건의 주인공 그의 아내 삽비라도 이를 모르고 똑 같이 대답하여 죽게 됨
아나니아 (사도행전 9장) (사도행전 22장)	바울이 유대인들을 잡기 위해 다메섹으로 가는 도중 주님을 만나고 눈이 어두워졌을 때 다메섹에서 바울을 안수하여 눈을 뜨게 한 사람
아나니아 (사도행전 23장)	바울이 예루살렘에서 잡혀 로마로 이송하기 전 천부장이 공회를 모으고 심문할 때 모인 사람들에게 바울의 입을 치라고 한 대제사장

3. 바울에 대한 암살 계획과 보호

이후 바울의 대적들은 바울을 죽이려는 암살 계획을 세우고 있었습니다. 그러나 하나님은 바울에게 환상으로 나타나셔서 **'담대할 것과 로마에 가서 증거하라'**고[879] 하셨습니다. 적들에 의해 세워진 암살 계획은 미리 바울에게 전달되었고,[880] 이를 안 천부장은 백부장

879) 사도행전 23장 11절.
880) 40명이 넘는 사람이 바울을 죽이려고 맹세하고 은밀하게 음모를 꾸미고 준비하였으며(사도행전 23:12), 이러한 정보를 알게 된 바울의 생질이 바울에게 이를 미리 알려 주었습니다(사도행전 23:16).

두 사람에게 보병 200명과 마병 70명, 호송군인 200명을 거느리고 바울을 당시 총독의 관저가 있는 가이사랴로 호송하여 벨릭스 총독에게[881] 보내어졌습니다(사도행전 23:31,32).

4. 총독의 처분

1) 원고의 공소 제기

가이사랴에 있는 바울에 대하여 고소한 원고들의 진술이 신속히 이루어지지 않고, 닷새가 지난 후에(사도행전 24:1) 대제사장인 아나니아와 산헤드린 몇몇 회원들이 나타났으며, 그 들을 대표하여 더둘로가 공소를 하였습니다. 바울에 대한 공소의 내용은

'이 사람은 (전)염병이라 천하에 퍼진 **유대인들을 다 소요케 하는 자요, 나사렛 이단의 괴수**라 저가 또 **성전을 더럽게 하려 하므로** 우리가 잡았사오니 당신이 친히 그를 심문하시면 우리의 송사하는 이 모든 일을 아실 수 있나이다'(사도행전 24:3-8) 이었습니다.

2) 바울의 반박과 판결 연기

바울은 더둘로가 공소한 죄목에 대하여 하나하나 반박하였습니다.

'제가 순례차 예루살렘에 올라온 지가 열이틀 밖에 되지 않았다는 것을 각하께서도 곧 아실 수 있습니다. 제가 성전에서나 회당에서나 또는 거리에서 어느 누구와도 논쟁을 한 일이 없으며 군중을 선동한 일도 없습니다. 그들은 지금 저를 고소하는 내용에 대하여 아무 증거도 각하께 제시할 수 없을 것입니다. 그러나 저는 각하 앞에서 이것만은 인정합니다. 저는 그들이 이단이라고 하는 그리스도교를 따라 우리 조상의 하나님을 섬기고 율법과 예언서에 기록된 모든 것을 믿습니다. 저를 고소하는 사람들이 인정하는 것과 마찬가지로 저도 하나님을 믿으며 올바른 사람이나 악한 사람이나 다 같이 부활하리라는 희망을 가지고 있습니다. 그래서 저도 하나님과 사람들 앞에 언제나 거리낌 없는 양심을 가지려고 노력하고 있습니다.

저는 제 동족에게 전달할 구제금과 하나님께 바칠 제물을 가지고 여러 해 만에 고국에 돌아왔습니다. 그들이 저를 성전에서 보았다고 하는 것은 바로 이 때문입니다. 실상 저는 성전에서 성결예식을 행하였을 뿐 군중을 선동하거나 소란을 피운

881) 안토니우스 벨릭스 총독은 주후 52년에 글라우디오 황제에 의해 총독으로 임명되었습니다. 그는 아그립바(1세) 왕의 딸인 두루실라를 그녀의 전 남편으로부터 빼앗아 결혼하였는데, 벨릭스는 한 때 노예의 신분이었으며, 자유의 몸이 된 이후에도 지금의 위치를 잘 감당하지 못하였고, 그의 통치 방법은 보복과 잔인한 행위를 하는 것이었으며, 부정직성은 뇌물을 주고 받은 사실로 입증되었습니다. Charles Ferguson Ball, 이수철 역, 사도 바울의 생애, 261쪽.

일은 없습니다. 그때 자리에는 아시아에서 온 유대인 몇 사람이 있었는데 저를 걸어 고소할 일이 있다면 그들이 직접 각하 앞에 와서 고소했어야 할 것입니다. 그것도 아니라면 제가 예루살렘 의회에 불려 갔을 때 제게서 무슨 죄목을 찾아냈는지 이 사람더러 말해보라고 하십시오.'(사도행전 24:11-20).

[정리] 바울에 대한 공소자(더둘로)의 공소 내용과 바울의 변론

바울에 대한 공소 내용(죄목)	바울의 변론
1.유대인을 다 소요하게 하는 자(전염병)	*반란과 선동을 할 틈이 없었고 그럴 생각도 없었으며 순례자로서 예배하려고 왔다.
2. 나사렛 이단의 우두머리	*조상들의 믿음에 충실한 사람이다. *그들(유대인)의 조상들의 하나님을 예배했으며 성경(구약)의 가르침을 믿는 사람이다. *바울의 공적 신앙 고백 같은 하나님을 섬기고, 같은 진리(율법과 예언)를 믿고, 같은 소망(부활)과 같은 열정(꺼리낌 없는 양심유지)를 품고 있는 사람이다.
3. 성전을 더럽게 하려 하였다.	*예루살렘을 방문할 목적은 종교적인 것으로 민족 구제(금)전달과 제물을 가지고 왔다. *체포당시 성결의식을 행하고 있는 상태였다.

이에 총독 벨릭스는 '천부장 루시아가 올 때까지 판결을 연기하고 그동안 바울을 지키되 자유를 줄 것과 친구들의 접견을 금하지 말라'고 명령하였습니다(사도행전 24:22).[882] 이 재판에 대한 더 자세한 기록은 없으나, 며칠 후 벨릭스가 그의 아내 드루실라와[883] 함께 바울의 설교를 듣고, 의와 절제와 장차 오는 심판(사도행전 24:25)에 대해서 강론할 때에 벨릭스가 두려워 떨었다고 합니다. 그러나 그는 **'지금은 가라 내가 틈이 있으면 너를 부르리라'**(사도행전 24:25)고 말한 것으로 보아 회개에까지 이르지 못한 것으로 보입니다.

882) 이때 가이사랴에 있던 전도자 빌립과 네 딸이 바울을 방문하여 위로하고 먹을 것을 가져다 주었습니다.

883) 드루실라는 헤롯 아그립바 1세의 막내딸이었으며, 아그립바2세와 버니게의 여동생이었습니다. 또 그녀는 매혹적이고 발랄한 미녀로 벨릭스는 키프로스의 마술사의 도움을 빌려 그녀를 꾀어 합법적인 남편을 버리도록 하여 자기의 세 번째 아내로 삼았습니다. 바울은 이러한 그들 앞에서 설교하면서 의와 절제와 그에 대한 심판에 관한 말씀으로 그들의 도덕적 관념을 비추자 벨릭스는 두려워하였던 것입니다.

✽ 왜 벨릭스가 바울의 무죄를 알면서도 그렇게 오랫 동안 재판을 연기했을까요?

이에 대한 대답을 누가가 하고 있습니다.

첫째로, 바울에게서 뇌물을 받을 것을 기대하였던 것입니다(사도행전 24:36).[884)]

둘째로, 그러한 기대가 무너지자 유대인의 환심을 사려고 2년 동안이나 옥에 가두었습니다.

3) 베스도 총독의 부임

그런데 벨릭스의 후임으로 베스도가 총독이 되어 왔습니다. 새총독이 오자 유대 지도자들은 이를 이용하여 바울을 예루살렘으로 호송케 하여 중간에서 암살하려는 계획을 세워 베스도에게 고소를 제기하였습니다.

4) 바울이 로마에서의 재판 받기를 주장

① 재판 과정에서 베스도는 유대인의 환심을 사려고 예루살렘에 올라가서 재판을 받겠느냐고 바울에게 물어보자 바울은 이러한 음모와 계획을 눈치 채고 있었으므로 로마 시민임(로마 시민권자임)을 밝히고[885)] 로마에서 재판(가이사 앞에서 재판)을 받겠다고 하였습니다(사도행전 25:10,11).

> **'나는 지금 가이사의 법정에 서 있습니다. 나는 여기서 재판을 받아야 할 사람입니다. 각하께서 잘 아시는 바와 같이 나는 유대인들에게 조금도 잘못한 것이 없습니다. 만일 내가 무슨 죽을 죄를 저지른 죄인이라면 사형도 마다하지 않겠습니다. 그러나 이 사람들이 나를 고발하는 것이 아무런 근거가 없다면 아무도 나를 그들에게 넘겨줄 수가 없습니다. 나는 가이사에게 상소합니다.'**(사도행전 25:10-11).

② 이러한 바울의 주장은 승인되었으나, 이후 로마 호송이 지체되다가 헤롯 아그립바 2세가 그의 여동생인 버니게와 함께 총독취임 인사차 와서 바울의 면담을 요청하여 면담한 후 바울이 사형이나 결박당할 만한 죄가 없다고 베스도에게 말하자, 베스도는 로마에 있는 가이사(황제) 에게 바울을 보내기로 결정하였습니다.

884) 바울은 해외의 교회에서 가져온 선물과 많은 헌금이 있다는 정보를 알고 있었기에 이러한 기대를 한 것으로 보입니다.

885) 사도 바울 시대에 로마시민권자는 로마법에 따라 재판을 받을 권리가 있었습니다.

[정리] 3차 선교 여행 후 바울이 받은 다섯 번의 재판

구분	재판 내용	성경구절
첫 번째	성전 지역의 북서쪽 모퉁이에서 유대인 무리 앞에서 받음	사도행전 22:1 이하
두 번째	예루살렘에서 유대의 최고 회의 앞에서 받음	23:1 이하
세 번째	유대총독 벨릭스와 베스도 앞에서 받음	24:1 이하
네 번째	유대총독 벨릭스와 베스도 앞에서 받음	25:1 이하
다섯 번째	가이사랴에서 헤롯 아그립바 2세 앞에서 받음	26:1 이하

[정리] 예수 그리스도와 사도 바울의 재판의 공통점

예수 그리스도의 재판	사도 바울의 (3차 선교여행 후) 재판
1. 동족에게 배척당하였고, 이유 없이 체포되어 투옥되었습니다.	
2. 부당하게 고소당했으며, 거짓 증인들이 고의적으로 허위 진술을 했습니다.	
3. 법정에서 얼굴을 맞았습니다.	
4. 은밀한 유대인들의 음모에 의한 불운한 희생자였습니다.	
5. '그를 없이하자(죽이자)'고 외치는 광포한 폭도(군중)들의 무서운 소리를 들었습니다.	
6. 다섯 번에 걸친 재판을 받았습니다.	

③ 이러는 사이에 이곳 가이사랴에서 바울은 2년(서기 57-59년) 동안 감옥에 갇혀 있게 되었던 것입니다.

가이사랴 전경(포토 성경사전, 하늘기획)

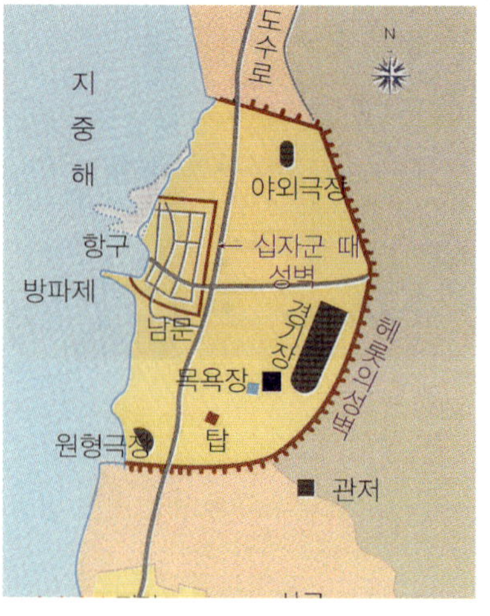

가이사랴 평면도

제4절 로마로 가는 길

1. 로마 관원들에 의한 호송

서기 60년 어느 날 날짜가 정해져 바울은 누가, 디모데, 데살로니가의 신자 아리스다고도와 함께 백부장 율리오의 호송을 받으며 다른 죄수들과 '아드라뭇데노'라고 하는 배를 타고 **가아사랴 항구**를 떠나 다음 날 배는 시돈이란 곳에 머물렀습니다. 그리고 다시 시돈을 떠나 배는 소아시아의 남단 구브로 북쪽을 지나 무라 성에 도착하였습니다. 이 곳에서 로마(이태리)로 가는 알렉산드리아 배를 타게 됩니다(사도행전 27:6). 이 배에는 총 276명이 타고 있었습니다.

[정리] 사도 바울이 가이사랴 항구 방문

첫 번째 방문	예루살렘의 헬라파 유대인들에게 쫓겨 고향 다소로 갈 때 이용함	사도행전 9:10-30
두 번째 방문	고린도에서 모은 헌금을 가지고 예루살렘으로 들어가는 마지막 전도 여행을 할 때 거쳐 감	사도행전 21:8
세 번째 방문	예루살렘에서 체포되어 로마로 가서 재판을 받기 위해 호송되어 가는 길에 들르게 됨	사도행전 23:33-35

2. 광풍을 만난 사도 바울의 호송단

배는 여러 날을 항해하여 니도로 가려했으나 마주쳐 불어오는 바람 때문에 방향을 바꾸어 그레데 섬을[886] 향하여 가다가 간신히 미항(페어 헤븐)이란 곳에 도착했습니다. 미항에서 상당한 시간이 지난 후(사도행전 27:9), 때는 이미 10월 하순으로 심한 폭풍우가 몰아칠 겨울이 가까웠으므로 계속 항해하는 것은 무리라고 여겨 바울은 '이대로 항해를 계속하면 배는 물론, 사람들의 생명까지도 위험하다'고 호송관인 율리오에게 말했으나 선장과 항해사들은 이를 듣지 않고 같은 섬 서쪽 80킬로 지점에 있는 겨울을 나기 쉬운 뵈닉스 항을

---

886) 지중해 동부, 에게 해 남부에 있는 그리스령의 섬으로 크리티 섬이라고도 합니다. 행정상 카니아, 레팀논, 이라클리온, 라시티의 4개 주로 나뉘어져 있습니다. 기원전 2000년 직후 화려한 미노아 문화가 꽃피었으며 기원전 17세기에는 크노소스 왕권 아래 섬 전역이 통일된 것으로 추정되는데, 기원전 1400년에 그리스 인에 의해 크노소스 궁전은 파괴되고 기원전 66년에는 로마의 속주가 되었습니다. 823~961년 이슬람 교도의 지배를 받았으며, 13세기 초 제4차 십자군 원정 이후 베네치아에 속하게 되면서 칸디아라고 불리었습니다. 17세기 후반 오스만 제국의 지배하에 들었으며, 1913년 그리스령으로 복귀하였습니다. 포도, 올리브, 감귤류가 주로 생산됩니다.
[네이버 지식백과] 크레타 섬 [Creta I.] (세계지명 유래 사전, 2006. 2. 1., 송호열)

향해 떠났습니다. 처음에는 순풍이 불어 왔으나 얼마 지나지 않아 '유라굴라'라고 하는 광풍이 불기 시작하였습니다(사도행전 27:14).

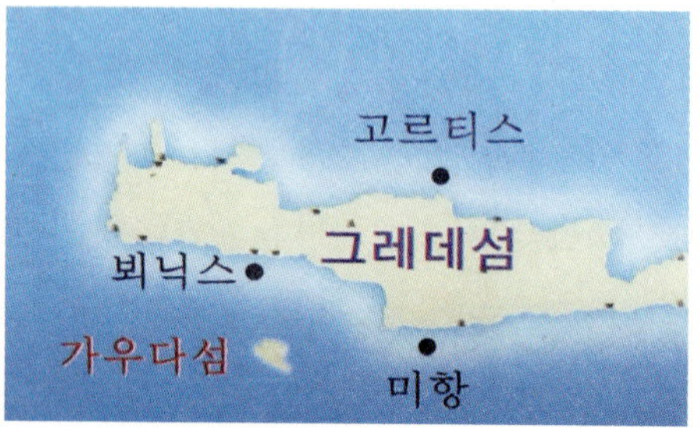

그레데 섬
(포토 성경사전, 하늘기획)

3. 바울의 세 가지 조언

1) 용기를 잃지 말라

바울은 하나님의 약속에 근거하여 배에 타고 있는 모든 사람(276명)에게 용기를 내라고 권유하였습니다.

> 여러 사람이 오래 먹지 못하였으매 바울이 가운데 서서 말하되 '여러분이여 내 말을 듣고 그레데에서 떠나지 아니하여 이 타격과 손상을 면하였더라면 좋을 뻔 하였느니라. 내가 너희를 권하노니 **이제는 안심하라 너희 중 아무도 생명에는 아무런 손상이 없겠고** 오직 배뿐이라 내가 속한 바 곧 내가 섬기는 하나님의 사자가 어제 밤에 내 곁에 서서 말하되, **바울아 두려워하지 말라 네가 가이사 앞에 서야 하겠고 또 하나님께서 너와 함께 항해하는 자를 다 네게 주셨다** 하였으니 그러므로 여러분이여 안심하라 나는 네게 말씀하신 그대로 되리라고 하나님을 믿노라 그런즉 우리가 반드시 한 섬에 걸리리라 하더라'(사도행전 27:21-26).

2) 함께 머물러 있으라

배가 크레타 해안을 출발하여 표류한 지 열나흘째 되는 날 한밤중쯤 되어 사공들은 육지에 가까워졌음을 짐작하였습니다. 그런데 사공들이 배를 탈출하고자 하자 바울이 백부장과 군인들에게 말하기를 사공들이 도망가면 배 안에 있는 사람들이 구조될 수 없다고 말하자 거룻줄을 끊어 거룻배가 떠나가게 하였는데, 이는 하나님이 바울에게 그 배에 있는 모든 사람을 다 주시겠다는 약속은 그들이 함께 머물러 있어야 함을 전제하고 있는 것이었습니다.

> '열나흘째 되는 날 밤에 우리가 아드리아 바다에서 이리저리 쫓겨가다가 자정쯤 되어 사공들이 어느 육지에 가까워지는 줄을 짐작하고 물을 재어 보니 스무 길이 되고 조금 가다가 다시 재니 열다섯 길이라 암초에 걸릴까 하여 고물로 닻 넷을 내

리고 날이 새기를 고대하니라 **사공들이 도망하고자** 하여 이물에서 닻을 내리는 체 하고 거룻배를 바다에 내려 놓거늘 **바울이 백부장과 군인들에게 이르되 이 사람들 이 배에 있지 아니하면 너희가 구원을 얻지 못하리라** 하니 이에 군인들이 거룻줄을 끊어 떼어 버리니라'(사도행전 27:27-32).

3) 음식을 먹으라는 권유

바울은 모든 사람에게 음식을 먹으라는 권유를 하였습니다.

'날이 새어 가매 바울이 여러 사람에게 음식 먹기를 권하여 이르되 너희가 기다리고 기다리며 먹지 못하고 주린 지가 오늘까지 열나흘인즉 음식 먹기를 권하노니 이것이 **너희의 구원을 위하는 것이요 너희 중 머리카락 하나도 잃을 자가 없으리라** 하고 떡을 가져다가 모든 사람 앞에서 하나님께 축사하고 떼어 먹기를 시작하매 그들도 다 안심하고 받아 먹으니 배에 있는 수는 전부 276명이더라 배부르게 먹고 밀을 바다에 버려 배를 가볍게 하였더니…'(사도행전 27:33-38).

이상에서 보여 주는 사도 바울의 모습에서 우리는 영성과 건전한 분별력, 믿음과 행위를 결합시킨 통합된 그리스도인의 품성을 볼 수 있으며, 바울은 하나님의 사람이었으며 행동하는 사람이었고, 성령의 사람이었으며 또한 상식적인 사람이었음을 알 수 있습니다.[887]

✽ 바울을 통한 하나님의 보호하심

심한 폭풍이 불어 배가 난파되어 14일 동안 표류한 끝에 배는 얕은 바다로 올라와 좌초하여 움직일 수 없게 되었습니다. 게다가 거센 파도가 몰아쳐 선체까지 부서지고 말았습니다. 이 때문에 헤엄칠 수 있는 사람은 바다로 뛰어들어 육지로 올라갔으며 남은 사람들은 선체 조각을 붙잡고 헤엄쳤습니다. 다행스럽게도 (하나님의 보호하심으로) 처음부터 배에 타고 있던 276명 모두 무사히 육지로 올라갈 수 있었습니다.

파선당한 사도 바울
(폴 귀스타브 도레 作, 프랑스, 1866)

887) 존 스토트, 사도행전, 606쪽.

4. 멜리데 섬에서의 바울 전도활동

① 700킬로 정도를 밀려가다가 밀레도라는 곳에서 난파를 당한 후 열 나흘째 되는 날 밤에 항만 가까이 배가 도착하여 날 새기를 기다려 다음 날 육지에 상륙하니 배에 탔던 276명 모두 생명의 구원을 받게 되었습니다. 이들이 상륙한 섬이 '멜리데'였습니다.[888]

✾ 바울이 독사에 물린 사건

멜리데 섬에 내려 주민들의 친절한 영접을 받았으며 나무를 모아 불을 지피자 뜨거운 열 때문에 독사 한 마리가 나와서 바울의 손을 물게 되었습니다. 그런데 바울의 손은 아무런 이상이 없었던 것입니다. 이를 본 섬사람들은 바울을 신처럼 여기게 되었습니다.

② 멜리데 섬에서 3개월 동안 머물러 있으면서 바울은 많은 이적을 베풀었습니다. 섬의 총독인 보블리오 아버지의 병을 고쳐 주었고(사도행전 28:8),[889] 그 밖에도 많은 사람들의 병을 고쳐 주었습니다(사도행전 28:9).

③ 제1차 대전 후에 영국의 영토가 되었다가 독립하여 몰타 공화국이 되었고, 바울과 관련된 교회들이 많이 있습니다.

멜리데 섬 앞의 작은 바울 섬의 꼭대기에 바울 동상이 세워져 있다.

멜리데 섬의 바울 기념교회
(성지순례 가이드북, 하늘기획)

888) 이탈리아 남부 시실리섬 남쪽에서 약 100킬로 지점 지중해의 중앙에 있는 섬(몰타 섬)입니다.
889) 알려진 바에 의하면 누가가 말하는 열병과 이질은 '몰타 열병'으로 그것은 오랫동안 몰타와 지브롤타와 다른 지중해 지방에서 흔한 병으로 그 병을 일으키는 미생물은 1887년에 밝혀진 바로는 몰타의 염소 젖에서 나온 것으로 그후 백신이 개발되었습니다. 열병은 평균 4개월 동안 지속되며, 때로는 2-3년간 지속되기도 합니다. 그 당시 바울은 이러한 치명적인 질병을 기도와 안수로 기적적으로 고침받게 함으로써 그 섬의 주민들이 바울의 능력에 놀라고 선물을 주고 필요한 것들을 공급해 주면서 감사하였습니다(사도행전 28:10). 이러한 초자연적 치유는 사도의 사역 중 일부였던 것입니다. 존스토트, 사도행전, 610쪽.

5. 로마에 도착한 사도 바울

겨울이 지나고 3월이 되자 바울 일행은 겨울 동안 이 섬에서 보낸 알렉산드리아 배를 타고 로마로 향하였습니다. 지중해의 제일 큰 섬인 시실리의 남동쪽에 위치한 수라구사에서 3일 동안 머문 후 이탈리아 반도의 남서부에 있는 레기온에 들른 후 나폴리 옆에 있는 도시 보디올 항구에 도착하여 배 여행은 마쳤습니다.[890] 이후에는 육로를 통하여 북서쪽으로 약 240킬로 떨어진 제국의 수도인 로마 시로 향하여 갔습니다. 바울은 그처럼 가기를 소망하였던 로마에 자유인이 아닌 죄수의 몸으로 서기 61년 도착하였습니다(사도행전 27:1-28:16).[891]

바울의 로마 여정(성서지도, 지계석)

---

890) 브디올에서 바울은 그리스도 신도들과 일주일을 보냈습니다. 그후 로마의 신도들은 트레스까지 바울을 마중 나왔습니다.

891) 하나님의 섭리는 인간의 생각과는 다른 것을 알 수 있습니다(이사야 55:8). 죄수로서 그는 로마 군대의 호위를 받으며 (방해하는)사람들로부터의 위험 없이 안전하게 로마에 도착할 수 있게 된 것입니다.

❀ 로마는 어떤 곳인가요?

로마는 로마 제국의 수도이며 상징이었고, 고대 도시들 중 가장 크고 가장 화려했던 곳이었습니다. 로마는 그들이 정복한 신민들과 그들의 종교를 비교적 자비롭고 관대하게 다루었고, 로마인들과 그리스인들과 유대인들과 '야만인'(이민족)들을 그 사회 내에서 통합시킬 수 있었던 당시 알려져 있던 전 세계를 당당하게 관장했습니다. 그들은 그리스 문화와 언어를 보호했으며, 법치를 존중해야 한다는 것을 가르쳤고(로마법), 효율적인 행정과 우편 통신으로 명성을 날렸습니다. 군단과 해군의 관리하에 있는 도로망과 항만조직에 의해 로마의 광장에 있는 황금으로 된 이정표로부터 도로가 사방팔방으로 로마 제국의 전 지역으로 뻗어 나가 이동과 여행을 쉽게 만들었고, 모든 사람을 위해 오랫동안 지속된 팍스 로마나 곧 로마 지배하의 평화를 유지했습니다. 즉 로마는 고대 세계의 중심지였습니다. 그곳의 건축물은 유명하여 세 개의 경기장과 거기서 벌어지는 대담한 전차경주, 황제의 궁전들, 빛나는 공적 세운 사람들의 무덤, 신전들(특히 아우구스투스가 세운 파르테논 신전), 바실리카들(법정, 교회 등으로 사용된 정방향의 회장), 극장들과 공중 목욕탕과 도수관, 그리고 특히 그 도시의 상업적. 사회적. 정치적. 종교적 생활의 중추였던 번잡한 공회용 광장 등이 있었습니다.[892]

로마의 정치제도는 초기 왕정에서 공화정으로 그후 (황제가 다스리는) 제정으로 변화되었고, 이탈리아와 그리스 반도를 넘어 전 유럽과 지중해 세계와 오리엔트 세계를 아우르는 제국이 되었습니다. 사회는 귀족과 자유민과 노예로 구성된 계급으로 나뉘고, 군사적으로 얻은 영토는 속주로 나누어 총독을 보내어 식민정책을 실시하였습니다. [893]

로마에 대하여 지성에서는 그리스인보다 못하고, 체력에서는 켈트인이나 게르만인보다 못하고, 기술력에서는 에크루리아인보다 못하고, 경제력에서는 카르타고인보다 뒤떨어지는 것이 로마인이지만 번영과 오랫동안 커다란 문명권을 유지할 수 있었던 것은 그들의 다른 민족에 대한 개방적이면서도 공동체 의식이 강한 것과 실용성을 존중하는 태도 등을 들 수 있다고 봅니다.[894]

제5절 로마에서의 바울의 활동

1. 로마에서 재판의 지연

바울이 로마에 도착하였으나 그를 고소한 자(원고)들이 오지 않아[895] 재판은 2년이나 지연되었습니다. 바울에 대한 고소의 내용이 팔레스타인(이스라엘) 안에서 뿐만 아니라 로마 제국 전역에서 행한 것이기 때문에 증인들이 유대뿐 아니라 수리아, 길리기아, 비시디아, 마케도니아 등에서 와야 했기 때문입니다.

892) 존 스토트, 사도행전, 591-592쪽.
893) 조좌호, 세계문화사, 박영사, 1980, 95-98쪽.
894) 시오노 나나미, 김석희 옮김, 로마인 이야기 1, 한길사, 1999, 155-156쪽.
895) 로마법은 원고(原告) 없이 재판할 수 없도록 되어 있습니다.

2. 로마에서 바울의 전도활동

그동안 바울은 로마의 치안 책임자인 시위대장 부루스의 감시 아래 셋집에 감금되어 있었으나(사도행전 28:30) 다른 사람들과의 접촉은 허락되었습니다. 바울은 그의 셋집에 사람들을 모아 가르칠 수 있었으며 이 기간 중에 많은 회심자를 얻었습니다. 그중에 한 사람이 오네시모와 같은 사람입니다(빌레몬서 10절). [896]소망이었던 로마에 있는 믿는 자에게도 복음 전하는 소원(로마서 1:15)은 결심한 지 7년이 지나서 마침내 성취되었습니다.

[정리] 바울이 로마에서 유대인들에게 자신의 사정을 변호한 내용

자신은 유대인의 종교 전통을 전혀 위반하지 않았다.	* 바울은 기독교인이지만 한편으로는 유대인임에 틀림없었기 때문이다.
로마제국의 법률을 위반하지 않았다.	* 바울은 로마 시민이므로 로마법을 지킬 의무가 있다.
예루살렘과 가이사랴에서 로마인 관리가 죄 없는 자신을 석방하려 했으나, 유대인이 죽이려 했으므로 하는 수 없이 로마 황제에게 상소하였다.	* 바울은 로마 시민권자이므로 로마법정에서 재판받을 권리가 있다.
자신이 쇠사슬에 묶여 있는 것은 메시야와 하나님의 나라의 도래를 바라는 유대인의 희망을 위해서이다.	* 바울의 고난과 선교여행 목적의 핵심은 복음 전도이다.

3. 로마(옥중)에서 바울의 서신서 집필

바울은 로마(옥중)에 있는 동안 여러 서신서를 썼습니다. 이것은 나중에 신약성경의 내용으로 자리 잡게 되어 오늘날까지 많은 사람들에게 감동을 주고 있습니다.

✻ 로마 감옥(고난)이 바울의 사역에 유익하였나요?

바울은 완전 자유의 몸이 아닌[897] 2년간 감옥의 고난에 처함이 로마에서 바울의 사역에 유익이 되었을까? 그리고 이러한 환경이 과연 하나님의 섭리라고 할 수 있을까? 하는 의문이 듭니다. 하지만 그의 고난은, 첫째, 그의 증언이 확장될 수 있었습니다. 사람들이 끊임없이 사도 바울을 방문했기 때문입니다.

896) 성경기록에 따르면 오네시모는 노예로 있다가 탈출한 것으로 보입니다.
897) 로마 당국에 의해 사도 바울을 지키는 군인과 함께 따로 (셋집)에 있게 허락되었으므로 반쯤 자유 상태에 있었다고 할 것입니다.

둘째, 가이사(황제) 앞에서 복음을 전할 수 있게 되었습니다. [898]

셋째, 옥중 서신을 통해 풍부한 영적 유산을 후세에 전하게 되었습니다.

넷째, 그의 사역은 그가 받은 고난을 통해 확증되었습니다. 그의 믿음의 진실성은 더 잘 증명하게 되었기 때문입니다.

이러한 관점에서 볼 때 사도 바울의 로마에서의 감옥(고난)은 그의 사역에 유익이 된 것입니다.

> '**고난 당한 것이 내게 유익이라** 이를 말미암아 내가 주의 율례들을 배우게 되었나이다'(시편 119:71).

[정리] 바울의 옥중 서신과 집필 목적

로마 옥중 서신	집필 목적	성경구절
골로새서:주후 62년	골로새 교회의 문제에 대한 해결	골로새서 2장 이하
에베소서:주후 62년 봄	이단을 막고 그리스도인의 생활교훈	에베소서 4,5,6장
빌레몬서:주후 62년 봄	빌레몬과 오네시모의 화해 두기고가 전달	빌레몬서 1장
빌립보서:주후 62년 봄	빌립보 교회의 재정적 도움에 감사하고, 교인들이 확고하고 겸손한 신앙 갖도록 빌립보 교회에는 에바브로 디도를 파견	빌립보서 2:19 이하

4. 로마에서 바울과 함께 한 사람들

로마에서 바울과 함께 한 사람들은 의사인 누가와 믿음의 아들 디모데(빌레몬서 1:1, 골로새서 1:1, 빌립보서 1:1)와 고린도에서 에베소까지 따랐던 두기고(골로새서 4:7, 8 에베소서 6:21, 사도행전 20:4, 디도서 3:12), 그리고 제1차 선교여행 때 바울을 버리고 떠났던 마가와 후에 바울을 버린 데마(빌레몬서 1:24) 등이었습니다.

[정리] 로마에서 바울과 함께 한 사람들

누가	의사	빌레몬서, 골로새서, 빌립보서
디모데	믿음의 아들	빌레몬서, 골로새서, 빌립보서

898) 그 당시 시대에는 보통 시민이 황제를 마음대로 대면하여 말할 수 없었기 때문입니다. 물론 복음을 들은 황제가 믿음을 갖게 되었다고 단정할 수는 없지만 사도 바울은 전하는 자체가 그의 몫입니다.

두기고	고린도에서 에베소까지 따라 갔음	골로새서 4:7,8, 에베소서 6:21, 사도행전 20:4, 디도서 3:12
마가	1차 선교여행 때 바울을 버린 후 합류	빌레몬서 1:24

5. 로마에서의 바울의 재판

2년 후 바울은 네로 황제 앞에서 재판을 받게 되었습니다. 하지만 그 재판 결과에 대해서는 알려진 기록이 아직까지는 없습니다. 누가의 사도행전 기록도 거기까지는 언급하고 있지 않습니다. 하지만 여러 증거들에 의해 무죄로 석방되었다가 몇 년 후에 제2차 감옥생활 후 네로에게 사형되었다는 견해가 설득력이 있습니다.

6. 바울의 마지막 여정

① 바울의 마지막 여정에 대해서는 정확한 기록이 없어 여러 가지 증거들에 의해 추측하게 됩니다. 바울은 무죄로 석방된 후 마케도니아와 엘라와 그레데, 그리고 에베소와 드로아, 니고볼리 등에서 전도했던 것으로 봅니다. 이러한 추측을 하게 된 것은 로마에서의 재판 이후에 일시 풀려나 로마를 중심으로 4-5년간 선교하다가 AD 64년 로마황제 네로가 로마 시에 불을 지른 후 사도 바울은 체포되어 2차 감옥생활을 하게 되며, 이 **옥중에서 마지막 목회서신인 디모데전후서와 디도서가 집필 되었다**고 보아지기 때문입니다.

② 또 디모데를 후계자로 에베소에 떨어뜨려 놓고 목회를 잘 하라고 편지를 쓰게 된 것이 디모데 전서와 디도서입니다. 디도는 고린도 교회문제를 해결하고 그 이후 사도 바울과 함께 하다가 마지막에는 그레테 섬에서 목회를 하게 됩니다.

[정리] 로마와 사도 바울 이야기

사도 바울은 왜 그토록 로마에 가고 싶어 하였을까? 이러한 의문에 대하여 다음과 같이 미루어 짐작해 볼 수 있을 것입니다.

첫째, 로마는 복음이 전해져야 할 필요가 강한 곳이었기 때문입니다. 즉, 로마의 화려함 뒤에는 도덕적 타락이 널리 퍼져 있는 도시였기 때문입니다(로마서 1:18-32).

둘째, 로마는 당시 고대 세계의 중심지였기 때문에 복음의 중심지가 될 수 있을 것이라고 생각하였을 것입니다. 특히 오순절날 성령의 은혜를 받은 로마인(유대인 디아스포라)에 의해 로마에 이미 그리스도인이 교회를 설립하여 활동하고 있었으므로 그들과 연합하여 실행할 사역을 꿈꾸었을 것입니다.

셋째, 로마의 도로와 행정력 그리고 군사력에 의해 보호되는 안전성과 특히 로마세계에 공통적으로 통용되었던 언어인 헬라어 등을 통한 세계 복음화는 훨씬 효과적이라는 생각을 하였을 것입니다.

즉, 바울은 유대인과 이방인 모두가 구원을 얻도록 하는 것이(복음 전파가) 자신 사역의 목표임을 분명하게 인식하고 이를 성취하기 위한 도구가 로마였던 것입니다.

예루살렘이 예수 그리스도 사역의 최종 목적지였다면, 로마는 바울 사역의 최종 목적지였다고 할 수 있을 것입니다. 그리고 이 모든 역사의 뒤에는 바로 하나님의 섭리가 나타나 있었다고 할 것입니다.

'그 날 밤에 주께서 바울 곁에 서서 이르시되 **담대하라 네가 예루살렘에서 나의 일을 증언한 것같이 로마에서도 증언하여야 하리라**'(사도행전 23:11).

[정리] 복음 전파와 중요 5개 지역 교회

* 예루살렘 교회	*기독교 복음의 탄생지이며 뿌리와 출발점이 됨
* 안디옥 교회	*기독교 (이방 세계) 선교 최초의 중심 기지가 됨 *이방인들만으로 구성된 최초의 교회가 됨
* 빌립보 교회	*유럽 지역에 복음 전파의 출발점이 됨
* 에베소 교회	*아시아 복음의 중심 기지가 됨
* 로마 교회	*고대 세계의 정치, 경제, 군사력의 중심도시로 기독교 공인으로 전 세계 복음 전파의 전진 기지가 됨

7. 스페인에 전도

사도 바울은 예수님이 말씀하신 **'땅 끝까지 복음을 전하여 내 증인이 되라'**는 지상명령을 수행하기를 간절히 소망하여 로마 전도 이후 스페인[899] 까지 가기를 바랐다고 합니다. 그러므로 로마에서 석방된 이후 스페인에까지 전도하였을 것으로 많은 학자들이 추측합니다.[900]

899) 당시의 사람들은 서쪽 끝(땅 끝)을 스페인(당시는 스바냐라고 불렀음)으로 생각하였습니다.
900) 하지만 아직까지 바울이 로마를 넘어 스페인까지 가서 직접 전도하였다는 어떠한 확실한 증거도 발견하지 못하고 있습니다.

[정리] 바울의 생애 연표[901)]

연대(AD)	사건들	비고
1	사도 바울의 출생 : 길리기아 다소, 베냐민 지파	사도행전 22:3
14	사울이 가말리엘 문하에서 배우기 위해 예루살렘으로 가다. 천막제조법을 배움	사도행전 22:3 사도행전 18:3
	히브리인이며 바리새인 사울이 교회를 핍박함	빌립보서 3:5 사도행전 8:3
34	바울의 회심 : 다메섹 도상에서 부활하신 주님 만남 직가거리에서 성령 충만을 받음	사도행전 9:1-19 사도행전 9:17
44	안디옥에서 바울의 사역 이방인에게 복음을 전함	사도행전 12:25-30 갈라디아서 2:7-10
47	바울의 1차 선교여행	사도행전 13-14장
49	예루살렘 공의회	사도행전 15:1-21
50	바울의 2차 선교여행	사도행전 15:36-21:16
54	바울의 3차 선교여행	사도행전 21:17-24:22
58	바울의 가이사랴 투옥	사도행전 24:23-26:32
60	바울의 첫 번째 로마 투옥	사도행전 28:16
62	바울의 로마 감옥으로부터의 석방	사도행전 28:30-31
64	바울의 두 번째 로마 투옥과 순교	디모데후서 1:8

[정리] 바울의 복음과 예수 그리스도[902)]

바울이 전하고자 한 복음의 핵심은 예수 그리스도였습니다(로마서 1:3-4).

① 그가 증언한 예수 그리스도는 인성과 신성을 모두 가지신 분으로 확증하였습니다.
그리스도는 육신으로는 다윗의 혈통에서 나셨고(로마서 1:2), **죄가 없으시지만** 죄 있는 육신의 모양으로 이 땅에 오셨으며(로마서 8:3), 겸손히 순종하는 종의 형상이시고(골로새서 1:15) 그 안에 신성의

901) 폴 벤웨어 지음, 앞의 책, 170쪽.
902) 폴 라이트, 이용중 옮김, 손에 잡히는 성경지도, 356-357쪽.

모든 충만이 육체로 거하시며(골로새서 2:9) 하나님의 본체이시고(빌립보서 2:6) 모든 이름 위에 뛰어난 이름(빌립보서 2:9-11)인 '주님'이라는 이름[903]을 소유하신 분입니다.

② 바울은 예수님은 죄가 없으심으로 인하여 죄인들과 하나님이 관계를 회복시킬 희생 제물이 되시기에 합당하다고 믿었습니다(고린도후서 5:21). **십자가에서 죽으심**으로 예수님은 **죄에 대한 저주의 대상(갈라디아서 3:10-14)이자 불의한 자들을 위해 죽은 의인**이 되셨습니다(로마서 5:6-8).

③ **구원은** 그리스도인(信者)들에게 베풀어진 **값없는 선물**이며 오직 **하나님의 은혜**에만 바탕을 두고 있습니다. 구원은 인간의 공로나 활동이나 노력에 근거한 것이 아니라 오직 **하나님의 과분한 사랑에 근거한 것**입니다(에베소서 2:8-10/로마서 6:23). 구원을 위해 예수님을 믿고 예수님을 주로 고백하며 하나님이 예수님을 죽은 자들 가운데서 살리셨다고 믿는(로마서 10:9) 사람들은 **하나님의 진노에서 구원받고** 하나님이 보시기에 **의롭게 되며**(로마서 5:9) **하나님의 자녀로 입양되고**(로마서 8:15-17) **성령의 능력으로 변화될 것**입니다(갈라디아서 5:22-24).

④ 또한 **죽음을 이기시고 깨뜨리신(부활하신)** 그리스도가 다시 오실 때에 신자들은 부활하고(고린도전서 15:12-57), 성자의 의로운 성품을 충만히 나누어 가지며(빌립보서 3:20-21) 주님과 함께 영원히 살게 될 것입니다(데살로니가전서 4:17). 신자들은 믿음을 통한 그리스도와의 연합으로 이미 그리스도의 죽으심과 부활과 승천에 영적으로 동참하였습니다(로마서 6:1-7:6/에베소서 2:4-5). 따라서 **신자들은 죄와 사망과 율법의 권세에서 해방**되었습니다.

⑤ 신자들은 아직 불완전하지만 **계속해서 그리스도를 닮아가는 새로운 피조물**입니다(골로새서 3:9-10/고린도후서 5:17). 신자들은 더 이상 글로 쓰여진 율법의 권세 아래 있지 않습니다. 그 대신 **성령이** 신자로 하여금 율법의 의로운 요구를 자연스럽게 자발적으로 충족시키도록 인도하는 **새로운 내적인 법의 역할**을 하게 됩니다(로마서 8:1-4). 따라서 **율법에서 자유로운 복음**이 불의한 행실을 권장하지는 않습니다. 불의한 행실은 신자라는 새로운 정체성과 모순됩니다.

⑥ **신자와 그리스도의 연합**은 신자를 그리스도의 몸인 교회 안에 있는 다른 신자들과도 연합하게 합니다. 신자들은 서로의 성숙을 돕고, 그리스도를 섬기며, 그리스도께 영광을 돌리기 위해 자신의 영적인 은사를 발휘합니다. 이것이야말로 교회의 가장 큰 목표입니다(에베소서 3:21; 4:11-13). **그리스도는 이제 교회의 머리**이자 교회의 가장 높은 권위를 지니신 분으로서 **교회를 다스립니다**(에베소서 1:22).

⑦ 그리스도가 **다시 오실 때** 온 세상에 대한 **그리스도의 통치는 완성**되며 존재하는 모든 것은 그분의 절대적인 지배 아래 놓이게 될 것입니다(빌립보서 2:10-11; 4:20/에베소서 1:10). 그리스도는 죽은 자들을 일으켜 불신자들에게는 심판과 형벌을 내리고, 신자들에게는 영광과 상급을 주실 것입니다(데살로니가후서 1:5-10).

903) '주님'은 구약 시대에는 하나님에 해당하는 헬라어 명칭이었습니다.

제5편 성경 이야기의 미래

[아버지의 사랑]

돌아온 탕자를 연상시키는 그림들은 빨강 파랑 흰색 노란색 녹색 등 원색으로 단순하게 구성되어 있다. 구체적인 형태나 표정이 없는 단순한 그림 앞에서 자신을 투영시키며 깊은 생각에 빠져 들게 한다.

그림을 통해서 영혼을 구원하려는 마음으로 작품을 전도 대상자, 실의에 빠져 있는 지인이나 교우들에게 건네 줄 때, 하나님 앞으로 돌아오고, 치유와 회복의 기쁜 일들이 일어나는 것을 보면서 하나님께서 그림을 통해 만져 주신다는 생각을 하게 된다고 작가는 말하고 있다.

왼쪽부터 아버지의 사랑 28 X 21cm 2020년, 25 X 19cm 2015년

윤 문 선(참좋은교회 담임목사 / 화가) 作

제5편 성경 이야기의 미래

신, 구약 성경에서 나타난 하나님의 창조 세계와 인간 사랑과 그 증거로 예수 그리스도의 오심과 십자가에서의 죽음과 부활에 관한 이야기는 마치 인간 과거 역사를 이야기하는 것으로 생각될 수 있습니다. 하지만 하나님은 죽은 자(과거)의 하나님이 아닌 **'산 자(아브라함과 이삭과 야곱)의 하나님이시라'**(마태 22:32)고 하시었습니다. 그러므로 성경은 오늘 **우리들과 성삼위 하나님의 관계에 관한 말씀**입니다. 또한 이 성경은 **오늘날 우리들의 삶(구원)에 관한 이야기**에 그치지 않고 **우리들의 미래 즉 영생(구원)에 관한 말씀**이라는 것을 알 수 있습니다. 예수님의 **다시 오심(재림)과 새 하늘과 새 땅(성취될 하나님의 나라)에 관한 말씀**임에 틀림이 없다는 것을 이미 성경 안에서 기록하여 전하고 있습니다.

그러므로 기독교인들은 이 성경 말씀(이야기)를 통하여 과거와 현재 그리고 미래를 통찰하고 믿음으로 나아가는 삶이 되어야 함을 보여 주고 있습니다. 우리들이 걸어가야 할 그리고 우리 앞에 펼쳐질 미래(의 삶) 역시 성경을 통하여 알 수 있는 것입니다.

'내가 오늘 명하는 모든 명령을 너희는 지켜 행하라 그리하면 너희가 살고 번성하고 여호와께서 너희의 조상들에게 맹세하신 땅에 들어가서 그것을 차지하리라' (신명기 8:1).

'네가 먹어서 배부르고 아름다운 집을 짓고 거주하게 되며, 네 소와 양이 번성하며 네 은금이 증식되며 네 소유가 다 풍부하게 될 때에… (신명기 8:12-13).

'… 젖과 꿀이 흐르는 땅에서 너희의 날이 장구하리라'(신명기 11:9).

'내 명령을 너희가 청종하고 하나님 여호와를 사랑하여 마음을 다하고 뜻을 다하여 섬기면 여호와께서 너희의 땅에 이른 비, 늦은 비를 적당한 때에 내리시리니 너희가 곡식과 포도주와 기름을 얻을 것이요 또 가축을 위하여 들에 풀이 나게 하시리니 네가 먹고 배부를 것이라'(신명기 11:13-15).

'손으로 수고한 일에 복 주심으로…, 여호와께서 의롭게 여기시는 일을 행하면 너와 네 후손이 복을 누리리라, 너를 번성케 하실 것이라'(신명기 12:7, 25; 13:17).

'만물이 주에게서 나오고 주로 말미암고 주에게로 돌아감이라 그에게 영광이 세세에 있을지어다 아멘'(로마서 11:36).

이제 이 성경(복음) 이야기의 제1부 성경 이야기 숲의 종착점에 와 있습니다. 이 말씀의 여행을 마무리하는 시간입니다. 성경이 우리에게 주려는 것은 **성삼위 하나님(나라) 안에서의 자유와 평등을 통한 공의의 실현**이었습니다. 그리고 이러한 자유와 평등의 행복한 나라는 **그리스도께서 우리에게 주신 (하나님과 인간) 사랑(관심, 나눔, 섬김, 세움, 겸손, 자비, 긍휼, 용서 등)을 통하여 온전해지게 됩니다.** 그리고 이러한 **하나님 말씀을 굳게 믿고 나아가는(실천하는) 삶을 통하여 구원과 영생을 얻게 된다는 믿음 안에서 새 하늘과 새 땅을 소망하면서** 주님께서 다시 오실 날까지 이 땅에서 하루하루 신령과 진정으로 살아가기를 하나님께서는 원하고 계신다는 것입니다.

하나님은 성경을 통해 우리와 대화하시기 때문에 우리는 반드시 성경을 읽어야 합니다. 부쉬 목사님의 말씀처럼 성경은 크리스천들에게 있어 물자조달의 통로이며, 이 길을 통해서 취사반이 오고, 폭탄이 조달되며, 하나님의 후발대가 옵니다.[904)]

이제 우리 모두는 **오직 성경(말씀)으로 돌아가야 할 것입니다. 그 곳에 우리들이 가야할 (미래의) 길과 깨달아야할 진리와 얻게 될 생명(예수님)이** 있기 때문입니다.

> **'너희가 내 말에 거하면 참으로 내 제자가 되고 진리를 알지니 진리가 너희를 자유케 하리라'**(요한 8:31-32).

그동안 이 이야기를 끝까지 들어 주시고 읽어 주신 여러분께 감사를 드립니다. 이 책은 여러분들이 성경을 읽고 이해하는 데 도움을 드리기 위한 참고서와 같은 역할을 하고자 한 것입니다. 이 책을 통하여 성삼위 하나님, 우리 주 여호와 하나님과 예수 그리스도 그리고 성령님에 관하여 보다 더 잘 알게 되셨다면 이 책은 소명을 다 한 것이라고 생각합니다.

이에 더하여 좀 더 깊이 알고 싶으신 분은 **제2부 성경 이야기의 나무**를 읽어 주시길 바랍니다. *

여러분의 수고에 감사를 드립니다. 모든 영광을 하나님께 올려드립니다.

904) 빌헬름 부쉬, 홍혜정 옮김, 예수 우리의 운명, 100쪽.

아름다운 [복음] 이야기 1

– 신약 성경의 숲 –

초판 펴낸 날 2023년 5월 28일

지은이 김명환

펴낸이 김종관

북디자인 함명희

펴낸 곳 도서출판 에벤에셀

등록번호 제2-1587호

등록일자 1993년 7월 15일

주소 서울특별시 중구 필동로8길 65

전화 (02) 2273-8384, 팩시밀리 (02) 2273-1713

이메일 ebenbooks@hanmail.net

홈페이지 www.ebenbooks.com

ISBN 979-89-6094-134-2 04230
ISBN 979-89-6094-141-0 (세트)

값 38,000원

본서는 전자출판진흥사업에서 제공된 Kopub world체와 함초롬체를 사용하여 제작하였습니다.